1月3日　北京建筑大学荣获"全国厂务公开民主管理先进单位"

1月11日　成人高等教育2014届春季毕业典礼

1月13日　住房和城乡建设部副部长仇保兴来北京建筑大学作学术报告

1月14日　北京建筑大学举行2014届冬季硕士研究生毕业典礼暨学位授予仪式

2月19日　教育部副部长刘利民视察北京建筑大学大兴校区

2月20日　北京建筑大学群众路线教育实践活动总结会暨校级领导班子和领导干部测评

3月4日　北京建筑大学接受党建先进校评选入校考察

3月11日　北京建筑大学与西城区签署合作框架协议

4月10日　北京建筑大学与北京城建设计发展集团产学研联合培养基地挂牌仪式

4月15日　北京建筑大学隆重举行奖学金颁奖大会暨2014年青年学生发展论坛

4月16日　2014年党风廉政建设工作大会

4月19日　2014年北京建筑大学校园开放日

5月5日　北京建筑大学获评北京市"党的建设和思想政治工作先进普通高等学校"

5月19日　北京建筑大学与中国兴业太阳能技术控股
有限公司签约成立"分布式能源及微电网联合研究中心"

6月5日　第二届中国绿色建筑产业专家论坛

6月19日　北京建筑大学与丰台区签署合作协议

6月21日　2014年全国建筑院系数字技术教学研讨会在北京建筑大学举行

7月1日　北京建筑大学召开纪念中国共产党成立93周年暨"七一"表彰大会

7月4日　北京建筑大学举行2014届毕业典礼暨学位授予仪式

7月8日　北京建筑大学举行2014届夏季硕士研究生毕业典礼暨学位授予仪式

7月17日　首届中国高等建筑教育高峰论坛在北京建筑大学举行

7月18日　北京建筑大学获评教育部"2014年度全国毕业生就业典型经验高校"

9月9日　北京建筑大学秦红岭教授（右）获得"全国优秀教师"荣誉称号

国家级教学成果奖一等奖《注重中国优秀文化传承的建筑学专业人才培养体系研究与实践》

9月9日　北京建筑大学汤羽扬教授（右二）等共同完成的教学成果《注重中国优秀文化传承的建筑学专业人才培养体系研究与实践》获得国家级教学成果奖一等奖

9月9日　北京建筑大学秦红岭教授（右）获得"全国优秀教师"荣誉称号

9月15日　北京建筑大学获批设立建筑学博士后科研流动站

9月18日　北京市政协教文卫体委员会教育界委员来北京建筑大学调研

9月19日　英国机械工程师学会东北亚地区2014年年会在北京建筑大学隆重开幕

10月12日　第五届中国建设教育协会会员代表大会在北京建筑大学召开

10月21日 市委组织部、市委教育工委来北京建筑大学宣布党委书记王建中任命决定

王建中书记作任职讲话

10月23日　北京市教委主任线联平一行来校考察座谈

11月4日　全国建筑高校就业联盟暨第二届校企合作论坛在北京建筑大学举行

11月26日　住房和城乡建设部村镇建设司乡村规划研究中心在北京建筑大学举行揭牌仪式

12月27日　北京建筑大学大兴校区图书馆开馆仪式

北京建筑大学 2014 年年鉴

北京建筑大学年鉴编委会　编

中国建筑工业出版社

图书在版编目(CIP)数据

北京建筑大学2014年年鉴/北京建筑大学年鉴编委会编.—北京：中国建筑工业出版社，2017.2
ISBN 978-7-112-20225-6

Ⅰ.①北… Ⅱ.①北… Ⅲ.①北京建筑大学-2014-年鉴 Ⅳ.①G649.281-54

中国版本图书馆CIP数据核字(2016)第313269号

本书由北京建筑大学组织编纂，内容综合反映了北京建筑大学发展现状，属于文献史料性工具书。内容主要包括：北京建筑大学概况、重要讲话、机构设置、教育教学、学科建设与科学研究、人才队伍建设、对外合作交流、学生发展、管理与服务、党建与群团工作、院系工作、教学辅助工作、社会服务、毕业生名单、表彰与奖励、大事记、新闻建大等。内容丰富，资料来源权威可靠，具有很强的指导性和文献性。可为校内外人士了解北京建筑大学发展情况提供信息。本书具有重要的史料价值和收藏价值。

*　*　*

责任编辑：王　磊
责任校对：李欣慰　李美娜

北京建筑大学2014年年鉴
北京建筑大学年鉴编委会　编

*

中国建筑工业出版社出版、发行(北京海淀三里河路9号)
各地新华书店、建筑书店经销
北京红光制版公司制版
北京圣夫亚美印刷有限公司印刷

*

开本：787×1092毫米　1/16　印张：27½　插页：8　字数：687千字
2017年2月第一版　2017年2月第一次印刷
定价：118.00元
ISBN 978-7-112-20225-6
(29711)

版权所有　翻印必究
如有印装质量问题，可寄本社退换
(邮政编码 100037)

《北京建筑大学 2014 年年鉴》编纂委员会

主　任：王建中　　张爱林

副主任：何志洪　　汪　苏　　李维平　　张启鸿　　张大玉　　李爱群
　　　　吕晨飞　　张素芳

委　员：白　莽　　孙景仙　　孙冬梅　　高春花　　黄尚荣　　牛　磊
　　　　王德中　　朱　静　　郝　莹　　冯宏岳　　陈静勇　　戚承志
　　　　邹积亭　　李雪华　　高　岩　　陈红兵　　贝裕文　　孙文贤
　　　　刘　蔚　　周　春　　赵晓红　　牛志霖　　吴海燕　　沈　茜
　　　　魏楚元　　王锐英　　丛小密　　刘临安　　何立新　　李俊奇
　　　　杨　光　　姜　军　　杜明义　　杨建伟　　孙希磊　　崔景安
　　　　杨慈洲　　赵静野

《北京建筑大学 2014 年年鉴》编委会

主　　任：张爱林
副 主 任：张启鸿　白　莽
委　　员：李大伟　吴建国　齐　勇　詹宏伟　陈　娟
　　　　　高士杰　扈恒畅　李文超

《北京建筑大学 2014 年年鉴》撰稿人、审稿人名录

撰　稿　人（按姓氏笔画排序）

丁　帅	丁　锐	丁建峰	马小华	王　刚	王　玮
王　珏	王　茜	王　亮	王　梦	王子岳	王恒友
王德中	车晶波	牛志霖	毛　静	孔　娟	左一多
龙佩恒	申桂英	田　芳	冯萃敏	曲　杰	曲秀莉
吕书强	朱洁兰	朱晓娜	伊勇适	刘　伟	刘　芳
刘　杰	刘　倩	刘艳华	齐　群	关海琳	孙　强
孙文贤	孙金栋	芦玉海	杜明义	李　飞	李　伟
李　莹	李　维	李　鹏	李小虎	李长浩	李晓飞
李翠红	杨　倩	杨国康	杨益东	肖　冰	何立新
何伟良	何其锋	谷天硕	邹　娥	宋奇超	宋桂云
张　岩	张　俊	张　莉	张　曼	张　蕊	张文成
张国伟	张捍平	张健钦	张媛媛	张群力	张瑶宁

陈亚飞　陈笑彤　陈靖远　陈雍君　罗　辉　周　霞
周晓静　周理安　宛　霞　房雨清　赵　亮　赵西安
赵林琳　赵春超　赵翠英　郝　迈　姚　远　秦立富
袁伟峰　聂跃梅　贾海燕　倪　欣　徐敬明　高　韬
高　蕾　高士杰　高方红　高兰芳　高丽敏　郭燕平
黄　兴　黄　琇　黄　静　章　瑾　梁　凯　董天义
董新华　韩　敏　韩　淼　韩忠林　韩京京　廖维张
薛东云　霍丽霞　魏　祎

审 稿 人（按姓氏笔画排序）

王　昀　王秉楠　王建宾　王崇臣　王锐英　王震远
王德中　贝裕文　牛　磊　牛志霖　毛发虎　白　荞
冯宏岳　朱　静　朱俊玲　刘　蔚　刘志强　刘国朝
汤羽扬　那　威　孙冬梅　孙景仙　李　红　李云山
李俊奇　李海燕　李雪华　杨　光　杨慈洲　吴海燕
汪长征　沈　茜　张素芳　陈红兵　邵宗义　周　春
赵晓红　赵静野　郝　莹　姜　军　高　岩　高春花
高瑞静　黄尚荣　戚承志　彭　磊　程士珍

编 辑 说 明

一、《北京建筑大学 2014 年年鉴》是一部综合性资料工具书，是学校教育全面发展的史料文献；在学校党委领导下，由北京建筑大学年鉴编纂委员会主持编写，由中国建筑工业出版社正式出版。

二、本年鉴汇集了学校各方面工作状况的重要资料，全面反映了北京建筑大学 2014 年在党建与思想政治工作、教学改革、学科建设、科学研究、人才培养、国际交流与合作等方面的发展状况和取得的主要成绩。

三、年鉴收录了学校各单位 2014 年 1 月 1 日 - 12 月 31 日期间的情况。选入的文章、条目和图表均由学校各单位、各部门组织编写和提供，并经单位领导审核确认。统计数据由学校各职能部门提供。学校重要事件、重要活动的主题图片由党委宣传部等提供。

本年鉴的编写和出版得到了学校各级领导的高度重视和各单位的大力支持，在此表示衷心感谢。由于编辑力量和水平有限，经验不足，书中疏漏、错误之处在所难免，恳请广大师生和读者批评指正。

目　　录

第一章　北京建筑大学概况	1
第二章　重要讲话	3
一、党委书记钱军在 2014 年开学中层干部会上的讲话	3
二、党委书记钱军在第七届教代会（工代会）第二次会议上的讲话	11
三、党委书记王建中在 2014 年干部研讨班上的讲话	13
四、校长朱光在 2014 年暑期开学处级干部会上的讲话	16
五、校长朱光在 2014 届学生毕业典礼暨学位授予仪式上的讲话	26
六、校长朱光在 2014 届夏季研究生毕业典礼上的讲话	28
七、校长朱光在全国建筑类高校就业联盟 2014 年年会暨第二届校企人才培养合作论坛上的致辞	30
第三章　机构设置	32
一、学校党群、行政机构	32
二、学校教学、教辅、附属及产业机构	33
第四章　教育教学	34
一、本科生教育	34
二、研究生教育	42
三、国际教育	46
四、继续教育	49
五、体育教育	52
六、计算机教学与网络信息	60
第五章　学科建设与科学研究	62
一、学科建设	62
二、科学研究	63
第六章　人才队伍建设	74
一、基本情况	74
二、人才引进	75
三、教师培养	75
四、人事管理（考核、聘任、档案等）	81
第七章　对外合作交流	82
一、国际交流与合作	82
二、港澳台交流与合作	83
三、国际友好往来	84
四、港澳台友好往来	84

五、因公出国 ··· 84
　　六、因公出境 ··· 86
　　七、国际教育 ··· 86
　　八、外国专家 ··· 86
　　九、港澳台专家 ··· 87
　　十、其他 ··· 87
第八章　学生发展 ·· 88
　　一、本科生招生工作 ··· 88
　　二、就业工作 ··· 95
　　三、校友工作 ··· 103
第九章　管理与服务 ·· 104
　　一、党政管理 ··· 104
　　二、财务工作 ··· 105
　　三、审计工作 ··· 108
　　四、资产管理工作 ·· 109
　　五、校园建设 ··· 110
　　六、安全稳定工作 ·· 112
　　七、大兴校区管委会工作 ···································· 115
　　八、后勤服务工作 ·· 118
第十章　党建与群团工作 ·· 121
　　一、组织工作 ··· 121
　　二、宣传思想工作 ·· 126
　　三、统战工作 ··· 129
　　四、纪检监察工作 ·· 130
　　五、工会、教代会工作 ······································· 134
　　六、学生工作 ··· 138
　　七、离退休工作 ··· 151
　　八、机关党委工作 ·· 152
　　九、共青团工作 ··· 154
第十一章　院系工作 ·· 166
　　一、建筑与城市规划学院 ···································· 166
　　二、土木与交通工程学院 ···································· 174
　　三、环境与能源工程学院 ···································· 187
　　四、电气与信息工程学院 ···································· 192
　　五、经济与管理工程学院 ···································· 199
　　六、测绘与城市空间信息学院 ······························· 208
　　七、机电与车辆工程学院 ···································· 214
　　八、文法学院 ··· 220
　　九、理学院 ·· 235

第十二章　教学辅助工作 ... 261
一、图书馆 ... 261
二、学报编辑部 ... 270
三、建筑遗产研究院 ... 271
四、建筑设计艺术（ADA）研究中心 ... 275

第十三章　社会服务 ... 287
一、北京建大资产经营管理有限公司 ... 287
二、北京建工京精大房工程建设监理公司 ... 292
三、北京建工建筑设计研究院 ... 295
四、北京建工远大建设工程有限公司 ... 302
五、北京建达兴工程咨询有限公司 ... 304
六、北京建工建方科技公司 ... 305
七、北京致用恒力建筑材料检测有限公司 ... 308
八、北京学宜宾馆有限公司 ... 310
九、北京建广嘉业房地产开发有限公司 ... 311

第十四章　毕业生名单 ... 312
一、2014年北京建筑大学本科毕业生名单 ... 312
二、2014年北京建筑大学本科生结业名单 ... 327
三、2014年外国留学生本科毕业生名单 ... 327
四、2014年北京建筑大学学士学位获得者名单 ... 327
五、2014年北京建筑大学硕士毕业生名单 ... 343
六、北京建筑大学2014届夏季结业硕士研究生名单 ... 355
七、2014年北京建筑大学硕士学位获得者名单 ... 355
八、2014年北京建筑大学继续教育学院毕业生名单 ... 370
九、2014年北京建筑大学继续教育学院本科毕业生获得学士学位名单 ... 372
十、2014年北京建筑大学自学考试本科毕业生名单 ... 372
十一、2014年北京建筑大学自学考试本科毕业生获学位名单 ... 373

第十五章　表彰与奖励 ... 374
一、单位和教师所获表彰与奖励 ... 374
二、学生所获表彰与奖励 ... 379

第十六章　大事记 ... 395

附录一　2014年新增、减员工一览表和名单 ... 412
附录二　学校高级职称人员名单 ... 415

第一章　北京建筑大学概况

北京建筑大学是一所以土建类专业为特色，以工为主，工、管、理、法、艺等学科相互支撑、协调发展的多科性大学，是"北京城市规划、建设、管理的人才培养基地和科技服务基地"、"北京应对气候变化研究和人才培养基地"和"国家建筑遗产保护研究和人才培养基地"。

学校始建于1936年的北平市立高级工业职业学校土木工程科，近80年来，历经高工建专、中专和大学三个发展阶段。1982年被确定为国家首批学士学位授予高校，1986年获准为硕士学位授予单位。2011年被确定为教育部"卓越工程师教育培养计划"试点高校。2012年"建筑遗产保护理论与技术"获批服务国家特殊需求博士人才培养项目，成为博士人才培养单位。2013年4月经教育部批准更名为北京建筑大学。2014年获批设立"建筑学"博士后科研流动站。

学校有西城和大兴两个校区。西城校区占地12.3万平方米，校舍建筑面积20.2万平方米；大兴校区占地50.1万平方米，一、二期工程30万平方米已全部竣工启用，三期工程正在积极推进。校图书馆纸质藏书103.5万册，其中与住房城乡建设部共建共享中国建筑图书馆，共享图书38万册，电子图书122万册，大型电子文献数据库40个，是全国建筑类图书种类最为齐全的高校。

学校学科专业特色鲜明，人才培养体系完备。学校现有11个学院和3个基础教学单位。有32个本科专业，其中国家级特色专业3个，北京市特色专业7个；有1个服务国家特殊需求博士人才培养项目；12个一级学科硕士点，涵盖55个二级学科硕士点，有8个硕士专业学位授权点，1个交叉学科硕士点。有一级学科北京市重点学科3个（涵盖15个二级学科）、一级学科北京市重点建设学科2个。在2012年教育部组织的全国学科评估中，建筑学、测绘科学与技术名列第9名，城乡规划学名列第12名，风景园林学名列第15名。学校现有12个省部级科研基地和大学科技园，其中，教育部工程研究中心1个，教育部重点实验室1个，国家测绘局重点实验室1个，北京市重点实验室2个，北京市高校工程研究中心1个，北京市工程技术研究中心2个，北京市哲学社会科学研究基地1个，共建浙江省工程研究中心1个，北京市研究和培养基地1个，北京建筑科技－大学科技园1个。

学校名师荟萃、师资队伍实力雄厚。现有教职工998人，其中，专任教师548人，包括教授101人、副教授226人。外籍教师5人。享受政府特殊津贴专家26人，"长江学者奖励计划"特聘教授1人，北京市百名领军人才1人，北京市留学人员创新创业特别贡献奖获得者1人，北京市有突出贡献的科学、技术、管理人才1人，长城学者2人，市级新世纪百千万人才工程入选者2人，教育部、住建部专业指导和评估委员会委员9人，省部级优秀教师、高层次人才、青年拔尖人才、青年英才、学术创新人才、科技新星等53人，教育部创新团队、北京市优秀教学团队、学术创新团队、管理创新团队25个。

学校坚持质量立校，教育教学成果丰硕。学校2014年获得国家教学成果一等奖，并在近三届北京市教学成果奖评选中获得教学成果奖21项，其中一等奖9项。学校是首批国家级工程实践教育中心建设高校，拥有国家级实验教学示范中心、国家级土建类人才培养模式创新试验区、国家级虚拟仿真实验教学中心、国家级校外人才培养基地等10个国家级本科教学工程项目。另有4个北京市实验教学示范中心、7个市级校外人才培养基地、2个市级校内创新实践基地、119个校内外实践教学基地。2014年，学生在全国和首都高校"挑战杯"等科技文化活动中，获得省部级以上奖励272项。

学校坚持立德树人，培育精英良才。现有各类在校生11599人，其中全日制本科生7283人，博士、硕士研究生1217人，成人教育学生3027人，留学生72人，已形成从本科生、硕士生到博士生和博士后，从全日制到成人教育、留学生教育全方位、多层次的办学格局和教育体系。

多年来，为国家培养了6万多名优秀毕业生，他们参与了北京60年来重大城市建设工程，成为国家和首都城市建设系统的骨干力量。校友中涌现出了原党和国家领导人李瑞环，核工业基地建设的奠基人赵宏，中国工程院院士张在明，全国工程勘察设计大师刘桂生、沈小克、张宇、罗玲、胡越、包琦玮、高士国，在国际上有重要影响的中国建筑师马岩松等一大批优秀人才。学校毕业生全员就业率多年来一直保持在95%以上，2014年进入"全国高校就业50强"行列。

学校始终坚持科技兴校，不断强化面向需求办学的特色，科学研究硕果累累。近五年以来，在研各类科研项目2000余项，其中国家863、国家973计划、国家科技支撑等省部级以上科研项目470余项；获省部级以上科技成果奖励70余项，其中荣获国家科技进步奖、技术发明奖共11项，2010年、2011年、2012年连续三年以第一主持单位获得国家科技进步二等奖，2014年以第一主持单位获得国家技术发明奖。科技服务经费连年超过2亿元。学校重视科技成果转化，不断提高服务社会的能力和水平，建设具有建筑行业特色的大学科技园，是中关村国家自主创新示范区股权激励改革工作首批试点的2所高校之一。

学校面向国际，办学形式多样。学校始终坚持开放办学战略，广泛开展国际教育交流与合作。目前已与美国、法国、英国、德国等23个国家和地区的44所高等院校和科研机构建立了交流与合作关系。

学校全面加强党的建设，党建和思想政治工作成效显著。近年来，获评北京市"党的建设和思想政治工作先进高等学校"、"首都高校平安校园示范校"、"全国厂务公开民主管理先进单位"、"北京市厂务公开民主管理示范单位"、"首都文明单位标兵"、"北京市文明校园"等荣誉称号。

站在新的历史起点上，学校正按照"提质、转型、升级"的工作方针，围绕立德树人的根本任务，全面推进内涵建设，全面深化综合改革，全面实施依法治校，全面加强党的建设，持续增强学校的办学实力、核心竞争力和社会影响力，以首善标准推动学校各项事业上层次、上水平，向着把学校建设成为国内一流、国际知名、具有鲜明建筑特色的高水平、开放式、创新型大学的宏伟目标奋进。

（高士杰　白　莽）

第二章 重 要 讲 话

一、党委书记钱军在 2014 年开学中层干部会上的讲话

同志们：

今天召开全校中层干部会，主要是部署 2014 年的工作。2014 年是全面贯彻十八届三中全会精神的开局之年，是学校更名大学后创建有特色高水平建筑大学的元年，做好今年的工作，对学校的长远发展至关重要。

下面，首先请朱校长代表学校党委和行政，对 2014 年工作进行部署。

刚才，朱校长对学校 2014 年工作进行了全面部署，希望大家认真消化吸收，结合本部门、本单位实际细化工作方案，抓好贯彻落实。

回顾过去的一年，2013 年是学校发展史上重要的一年，全体教职员工保持近几年来良好的工作劲头，不断深化质量立校、科技兴校、人才强校、开放办校"四大战略"，推动各项事业快速发展，尤其是在以下四方面取得突破进展。

第一，全面完成"三大工程"建设，各项事业跃上新的平台。一是成功更名大学，并充分利用承办北京市高招校园开放日、首都高校第 51 届大学生运动会等时机，积极宣传"新大学、新风貌、新发展"；二是依托"建筑遗产保护理论与技术博士人才培养项目"，与国家文物局联合培养，招收了学校首届博士生，并在国家文物局的大力支持下，成为"国家建筑遗产保护研究与人才培养基地"，为下一步推动学校特色学科发展提供了良好示范；三是完成新校区建设工程，一、二期工程 30 万平方米建筑基本完工，一座"规划理念先进、建筑布局合理、条件设施一流"的现代化校园基本建成，根本改善了学校办学条件，破解了长期制约学校发展的空间瓶颈，为下一步发展转型、全面提升奠定了很好的基础。

第二，统筹做好"创建有特色高水平建筑大学大讨论活动"与群众路线教育实践活动，为学校新一轮发展及时充电续航。一方面，在更名大学后，及时提出新的"三步走"发展战略，提出了到建校 100 周年即 2036 年建成国内一流、国际知名的有特色、高水平建筑大学的百年发展目标。围绕这一目标，组织全校师生用半年的时间开展"创建有特色高水平建筑大学大讨论"活动，在广泛讨论、深入研讨中形成新的发展共识，汇聚新的发展合力。另一方面，以教育实践活动为契机，深入查摆学校发展目前面临的突出问题，自觉树立忧患意识，防止党员领导干部在成绩面前裹足不前、不思进取，赞扬声中骄傲自满、脱离群众，强化了困难面前敢于担当的锐气和攻坚克难的勇气，进一步振奋了精神，形成了共识，增进了团结，为学校新一轮快速发展充电续航。

第三，探索推进"四大改革"工作，为学校全面深化改革开好头、探好路。顺应新大学的发展形势，学校率先提出了深入实施人事制度改革、管理体制改革、教学管理改革、

财务管理改革等"四大改革"工作，在职称评审制度、年薪制、学位授予制度、绩效考评机制等方面，出台了相应的改革措施，在机制体制改革上也进行了改革尝试，比如成立建筑遗产保护研究院、建筑设计艺术研究中心等，取得了一定成效。这些探索与尝试，一方面在全校师生中提前形成深化改革的共识，在学习贯彻党的十八届三中全会精神、全面深化学校改革中，更好地增强了自觉性和坚定性；另一方面推动的相关改革举措，为下一步全面深化改革提前探好路，明确了改革的重点方向，让我们在改革发展中更好地把握主动性。

第四，完成与西城区政府的谈判工作，根本解除了西城校区全部被置换的隐患。经过三年时间的艰难谈判，在多方的共同努力下，抓住时机达成了学校利益最大化、让广大教师满意的谈判结果，既解除了西城校区全部被置换的隐患，又为加快学校发展、两校区改造升级、改善教职工工作生活提供了良好的契机与条件。

回顾2013年工作，对比年初定下的目标任务，我们全面达标，而且在某些方面是超标完成，可以说交上了一份让师生满意的答卷。

展望2014年的工作，我们重新启程，在更大的舞台上力争创造新的辉煌，任务更重、挑战更大、要求很高、时间也很紧。为了做好各项工作，下面我讲几点意见。

一、认清学校发展面临的新形势，找准自身发展方向

今年是贯彻落实党的十八届三中全会精神、全面深化改革的第一年，无论是教育领域，还是各行各业，就是一个关键词——"深化改革"。在这一大的环境背景下，尤其是对于我们这类迫切需要转型发展的地方大学，按部就班、原地踏步显然已经不能适应新形势的发展需要。只有及时领会相关国家部委、市委市政府、主管部门的新政策、新精神，拓宽发展视野，找准发展方向，在涉及学校发展的核心领域实施超常规的发展举措，才能适应新要求，迎接新挑战，实现跨越发展。

（一）国家着力推进地方高校转型，加快发展才能跟上步伐

在教育部2014年工作要点中，明确提出"研究制订关于地方本科高校转型发展的指导意见，启动实施国家和省级改革试点，引导一批本科高等学校向应用技术类型高等学校转型。"地方高校转型已经说了很多年，尽管这一意见目前还未出台，但是应该说还是为转型明确了方向，简而言之就是分类发展、不进则退，原地踏步只能走入死胡同。对于一批发展势头好、特色鲜明、办学实力强的地方大学，政府将加大支持力度，逐步引导向教学型研究型甚至是研究型大学转变，着力服务地方区域经济，提供专业人才支持特别是智力支持；对于一批发展势头一般、有一定特色但还不够鲜明，尤其是学生就业越来越困难的地方大学，政府将逐步引导向应用技术类型高等学校转型，说白了就是高职院校的升级版，培养专门技术类人才。当然，这两者配套的政策、资金、人才等各方面支持条件也将有着截然的差别。

对我们学校自身而言：一方面，通过前几年的努力，尤其是"三大工程"建设，学校发展成绩得到了上级部门、兄弟高校的高度认可，从市属学院建制高校中成功突围，为下一步转型发展打下了好的基础；另一方面，更名大学后，学校及时提出加快转型发展，推动向教学研究型大学转型，有利于我们更好地顺应地方高校发展趋势，同时也鞭策我们必

须加快发展脚步，跟上发展形势，只有这样才能充分抓住分类发展带来的良好契机，真正实现学校整体办学水平的跃升。

（二）扩大高校办学自主权是必然趋势，未雨绸缪才能占据主动

中央全面深化改革，一个核心点就是捋顺政府与市场之间的关系，对教育领域而言，推进"管办评分离"也是改革的重心，这一点在教育部2014年工作要点中已经作了明确，并将陆续出台相关政策。从政府来讲，扩大省级政府结构调整、教师队伍建设、教育对外交流合作、教育经费使用等方面的统筹权，就是为了让省级政府更好地因地制宜，进一步规范学校办学行为，服务高校自主办学；从高校来讲，在放权范围内更多地运用法律法规、政策、标准、公共财政、信息服务等手段，探索建立新的管理体制和工作机制，就是为了不断扩大高校自主办学权，激发发展活力。

尽管推进这一改革需要一个长期的过程，但可以肯定的是，高校在自主发展中将拥有越来越多的主动权。在这一过程中，我们必须围绕学校发展面临的问题，跳出现有的政策环境去探寻解决途径，比如在人才培养、学风建设上，我们是否可以考虑推行精英教育，探索实施本硕连读等方式，并提前做好相关准备，抓住时机寻求政策支持。机会总是给有准备的人，我们只有不断扩宽思路，提前准备，才能充分发挥自主办学权的积极作用，在把握政策机遇上达到事半功倍的效果。

（三）教育领域积极推行社会评价办学、高考制度改革，学校社会声誉作用凸显

2014年教育领域深化改革的另一个重要方面就是推行"社会评教育"以及高考制度改革，两者都与学校声誉、社会影响力有着密切的联系。从"社会评教育"来看，一是加快建立行业企业评价机制，吸收行业企业参加教育质量评估，把行业企业的评价作为衡量办学质量的一项重要指标；二是加大学科专业结构调整力度，深化人才培养机制改革，完善就业与招生、人才培养的联动机制，把学生创新创业能力、毕业生就业创业状况作为行业企业评价高校的重要内容；三是委托社会组织开展教育评估监测，组织第三方机构开展教育现代化监测和教育满意度测评。从北京高考制度改革来看，与我们密切相关的主要是调整志愿设计与投档方式，即对本科一批、二批、三批的志愿设置由原来的4所学校扩大到5所学校，每批次第一志愿为两所平行的学校，第二志愿为三所平行的学校，第一志愿、第二志愿均采用平行志愿投档的方式。这就把选择权更多地交给考生，使高校在优质生源的竞争中面临着更加激烈的形势。

在多年的办学过程中，尤其是通过这几年办成几件大事，我们学校形成了一定的社会声誉，逐步扩大了社会影响，但是实事求是地讲，与高水平行业大学的要求相比，我们还差距甚远，必须抓住人才培养、服务社会等重要因素，通过长期的积淀，才能让学校发展的崭新形象深入人心。

（四）国家推进新型城镇化建设新举措，把握机遇才能助推发展

去年年底，我参加了住房城乡建设部全国住房城乡建设工作会议，会上姜伟新部长在部署2014年工作时，重点提出了要加大力度保护传统村落和民居，制定全国传统村落保护发展规划设计，推进重点镇建设。目前住房城乡建设部已经将1561个具有重要保护价值的村落列入了中国传统村落名录，目前这一数字还在扩大。同时，今年住房城乡建设部将会同有关部门把全国重点镇数量扩大到3000个以上，并研究制定重点镇规划建设的指导意见。与此同时，在《中共北京市委关于认真学习贯彻党的十八届三中全会精神全面深

化改革的决定》中,也提出要推进以人为核心的城镇化,促进城镇化和新农村建设协调推进,打造一批特色小城镇,注重保留村庄传统风貌,建设新型农村社区。

对于我们学校而言,这无疑是一次很好的发展机遇。一方面,通过获批"建筑遗产保护理论与技术"服务国家特殊需求博士人才培养项目,我们成为建筑遗产保护领域全国唯一具有本、硕、博完整人才培养体系的高校,并被国家文物局确定为"国家建筑遗产保护研究和人才培养基地"。在传统村落保护与规划制定中,将更好地发挥在建筑遗产保护领域的优势;另一方面,去年我们前瞻性地成立了建筑遗产研究院、建筑设计艺术研究中心;目前还在积极申报"中国历史建筑与传统村落保护协同创新中心",就是希望依托这些平台更好地组织学校专门力量,在服务新型城镇化建设中集体攻关。若是能够在3000个重点镇、1561个传统文化村落中占据一定的份额,对于我们交叉学科发展、服务行业需求、扩大社会影响力上都将极其有利。

（五）北京集中精力治理"城市病",聚焦需求才能大有作为

北京已经把治理"城市病"特别是大气污染摆在了前所未有的高度,王安顺市长已经向中央立了军令状。去年底召开的北京市委十一届三次全体会议,在决议中明确要求全力破解首都可持续发展中的重大问题和百姓关心的热点难点问题,把握特大型城市发展建设的特点和规律,着力推进治理"城市病"的攻坚战向纵深发展。把治理"城市病"写入地方党委每年一次的全会决议,这在北京是首次。在市委全面深化改革的决定中也从"深化研究人口调控机制、健全大气污染防控机制、完善交通治污机制、健全城市精细化管理体制机制"四个方面进行了部署,并积极推进了多项举措。这四个方面中后面三个方面都是我们大有可为的领域,都是可以大有作为的发展方向。

过去几年,我们学校主动服务北京治理城市病的需求,应该说做出了一些积极贡献,比如整合资源创建了"北京节能减排关键技术协同创新中心",加强建筑节能、建筑垃圾资源化、雨水综合利用和城市节水技术、烟气余热回收利用等节能减排技术研发、标准制定和人才培养,以回收利用的环保方式,为北京减少能源消耗、消减建筑垃圾、减少烟气排放、加强污水治理做出了积极的贡献。此外,在城市交通、城市精细化管理方面也做出了积极的努力。我们学校是以"立足北京、面向全国,依托建筑业、服务城市化"为办学定位的建筑高校,有责任、有条件为北京市治理"城市病"提供服务。但是客观地讲,我们目前的服务更多还是停留在技术研发层面上,主动开展相关科技成果转化还太少,推广应用不够有力;主动牵头甚至参与相关技术标准制定还太少,缺乏核心竞争力;主动发挥智库作用,参与有关问题决策咨询更少,缺乏话语权。而这些恰恰都是一个学校核心竞争力与社会影响力的综合体现。我们要更加积极主动服务国家、北京重大战略需求,加强"北京应对气候变化科学研究与人才培养基地"等有关科研平台的建设,进一步强化节能减排、地下工程、数字城市等特色优势研究领域,在进一步提高技术服务能力的基础上,寻找机会主动参与有关标准制定,整合全校资源包括管理学、法学等学科的力量创建具有我校特色的智库,积极参与有关决策,提高话语权,提高学校影响力和美誉度。

（六）高水平大学竞争更加激烈,人才成为制约地方高校新时期发展的最大瓶颈

在教育领域全面深化改革的推动下,高等教育将面临更加激烈的竞争形势,尤其是在高水平大学之间,都在走内涵建设、特色建设道路,以学科建设为龙头,聚焦国家重大战略需求推动科技创新,抢占学科、科研和人才的制高点。在原先的发展短板——科研工作

率先突破后，我们深刻地感受到人才不足特别是高端人才短缺成为新时期制约学校发展的最大瓶颈，引培两难。

要实现新的发展目标，我们必须以超常规的热情、超常规的举措、超常规的努力，全力加强人才工作，集聚提升水平的第一资源。因为科研的可持续快速发展，学科的特色强化与实力提升，高素质专业人才的培养，优质社会服务的提供，良好社会声誉的打造，都有赖于拥有一支高水平的师资队伍。我们要抓住教育部统筹实施高校高层次人才计划，建立新的长江学者奖励计划体系，加大对创新团队和青年拔尖人才的支持力度，在人才工作上不断争取新的突破。

二、集中精力抓好几项重点工作，推动学校持续发展

（一）全力以赴做好党建先进校迎评工作

三月初我们将迎来党建先进校评审考察组入校评估，这是新学期的第一件大事。入校时间我们向市委教育工委提出的是3月4日或6日，具体时间教工委很快就会确定。党委最初之所以决定申报党建先进校，一方面这是我们的既定目标。学校第五次党代会上，我们提出了"六大突破"的奋斗目标，已经有五大突破提前实现了，目前还只剩下"党建先进校"这项突破还没有完成。另一方面现在机遇较好。近几年学校发展势头很好、成绩很多，赢得了各界特别是上级和兄弟院校的广泛认可，在这样的有利条件下不乘势而上，以后再申报恐怕会更难。

北京市每三年评选表彰一次党建先进校，每次评选党建先进校5所，提名奖5所。按照隔次申报的原则，2010年表彰的5所党建先进校：首师大、北外、北师大、北林大、北理工，本次不申报。党组织关系在北京的高校共有60所，本次可以申报的高校有55所。目前，已有我们学校和北大、清华、北航、中国石油大学、对外经贸大学、中国矿大、北工大、中央美院、中央音乐学院、电影学院、印刷学院、联大、城市学院、北青政、财贸职业学院等16所高校申报党建先进校。这次申报的高校实力非常强，竞争会比较激烈，我校申报党建先进校，既有一定的优势，又面临极大的挑战。

这次北京市将评选党建和思想政治工作先进校5所、提名奖5所，并以市委名义命名表彰。党建先进校评选实行打分制，满分为100分。考察组入校考察前，教工委组成的评委会投票占40%；考察组入校考察占30%；考察组入校考察工作结束后，高校党委书记、主管书记或组织部长在集中听取申报学校陈述报告后的投票占30%。经过评委会提名、工委审议和公示，确定先进校和提名奖学校。

先进校考察组将于3月4日或6日入我校考察，时间为一天。在16所高校中我校应该是第一所，就是希望给考察组留下深刻的印象。考察组将重点考察我校落实《基本标准》、党建工作促进事业发展、党建特色工作与创新等情况。考察方式包括：听取学校党委汇报、召开不同类型的座谈会、实地查看、查阅有关资料等。考察组预计由近20位专家组成。考察地点在大兴校区。考察组入校后，将集中听取党委工作汇报，观看学校宣传片，然后分组召开几个座谈会，查阅学校党建工作相关材料，并在下午走访几个党总支，听取总支书记和行政一把手的汇报，查阅相关材料。

经过近一年的努力，我们各项准备工作已经基本就绪，接下来的工作的重点和关键是

做好迎接专家进校考察的各项准备工作。各职能部门负责人要熟悉本部门牵头指标的内容，认真检查相关材料，确保各类数据、名称、时间等内容准确无误，并搞好办公室及校园环境建设。各党总支书记要认真准备考察组走访汇报，并在班子成员、总支委员、党支部书记和党员中做好动员培训工作。各单位、部门要在广大师生员工中做好宣传动员工作，切实做好座谈会等有关准备工作。考察组入校考察在即，希望大家再接再厉，以完成"三大工程"的拼搏精神做好党建先进校最后准备工作，举全校之力，争取在考察组入校考察中取得好成绩。

（二）采取超常规措施全力做好人才工作

学校现在最大的难题就是师资队伍建设，这也是地方高校的共有的难题。只有真正实现人才队伍的高水平，建设高水平大学才有可能，否则都是空谈，"恒大足球"的发展模式再次印证了这一点。在这里，我要特别强调的是，我们在底子薄、可持续发展后劲不足的条件下，要实现新的跨越式发展，四平八稳的发展模式肯定不行，只有打破常规，才能实现突破发展，带动整体跨越。为此，我们要推进新的思想解放，建立新的话语体系，为实现新的跨越提供新的舆论环境和理论支持。虽然底子薄、基础尚差，但近几年的快速发展，显著增厚了我们发展的根基，我们站在了更好的发展新起点上。对于人才这个制约我们今后跨越发展的最大瓶颈，我们必须首先聚焦于它，首先对它采取非常规的发展措施。我们通过与西城合作共建体育场馆，有了加快发展的资金保障，我们不仅要用这些钱来加快大兴新校区建设、实现西城老校区改造提升，更要用它来支持事业发展。在新的发展时期，我们要不惜血本，投入重金引进长江学者、国家杰出青年基金获得者等高端人才，迅速提升人才队伍的水平，以此为突破口，带动学校实现新的跨越。

（三）抓好学校新时期的顶层设计工作

去年下半年，学校启动了"创建有特色高水平建筑大学大讨论"活动，分思想发动、调研及研讨、凝练成果三个阶段进行。期间全体校领导及相关部门负责人分四个专题调研组，围绕如何"凝练办学特色，加强学科建设，提高人才培养、科学研究、服务社会的水平"、"加强师资队伍建设，突破制约学校发展的瓶颈"、"加强内部管理体制改革，以改革促发展"、"弘扬与培育建大精神，进一步加强校园文化建设"等四个问题，对全校十六个二级单位进行多次走访调研，通过广泛讨论和调研分析，查找差距，统一思想，形成共识。今年上半年，我们将着力做好大讨论的成果转化工作，围绕百年建大发展目标和新的三步走发展战略，制定中长期发展规划，重点是做好学校"新三步走"战略中的第一步，即到2020年推进学校转型为教学研究型大学阶段的顶层设计工作，明确目标任务，用全面跨越发展的宏伟目标继续激发广大师生员工的拼搏斗志，推动学校实现新的发展跨越，争取早日把学校建成高水平的行业院校。

（四）全面推进学校深化改革工作

学校新的最主要的发展动力源是而且只能是"改革创新"。在全面深化改革的时代，学校站在新的发展起点上，全面深化改革是发展所需、大势所趋，是解决学校发展中面临各种问题和挑战的唯一选择。必须牢固树立进取意识、机遇意识、责任意识，切实把全面深化改革作为关系学校发展全局和长远的战略任务，作为全面提升学校办学水平的重要机遇，通过深化改革不断开创学校发展的新局面。要加快改革的步伐，以改革推动发展，以改革提高质量，以改革增强活力，消除制约学校事业创新发展的体制机制障碍，形成充满活力、富有效率、有利于科学发展的管理机制。去年学校探索推进了人事、管理、教学、财务"四大改革"工作，有一些取得了初步成效，但是更多地还停留在改革措施上，有些还处于试点阶段。今年，我们一方面要继续抓好"四大改革"的落实工作，严格督促各部门按照既定方针，深入实施各项改革措施；另一方面要加大改革力度，全面深入地推进学校各项改革工作。比如校院两级管理制度改革、推行教授治学等方面，目前还只是试点进行，后续要根据实施情况及时总结经验，并逐步在所有学院推行。同时，根据新校区建设的进度，我们两校区办学的主体和重点将逐渐向大兴校区转移，我们的教学运行、机关管理、财务管理等改革上都要充分考虑这些实际情况。此外，结合学校大力推进人才工作，在人事制度改革上，我们也要加大力度，探索符合新时期发展要求的人事管理制度。

（五）统筹做好新校区建设与老校区改造升级工作

与西城区政府谈判一项重大成果就是为学校新老校区建设与改造升级带来了资金与政策条件，可以说是根本改变我校办学条件的重大契机。下一步，我们一方面要进一步加快新校区二期工程建设，力争在今年下半年开学时，以完全崭新的形象展现在新生和家长面前，同时加快做好三期工程的规划设计工作；另一方面抓住时机，立足长远，及时上报西城校区规划调整和升级改造方案，争取今年完成各项审批手续。这一方案假期里我们也已经基本研究确定，可以说是一个非常振奋人心的方案，西城校区的面貌将会发生根本的改变，将会改造升级成为精品校园。

（六）巩固深化教育实践活动成果，在作风建设上常抓不懈

今天上午，我们刚刚召开了群众路线教育实践活动总结大会。活动虽然结束了，但是我们必须充分认识到反"四风"、抓整改、转作风是一个长期的过程，正如习近平总书记说的那样，"作风建设永远在路上"。我们要把教育实践活动的成果持续巩固深化。一是继续抓好整改落实。要严格按照班子及个人的整改方案，抓好各项整改措施的长期落实，真正做到标本兼治。二是聚焦作风建设，坚决反对"四风"。要严格按照中央八项规定，在作风建设上常抓不懈。

这里我特别强调，大家一定要坚决做到严于律己、严谨做事，在花钱上更要严上加严。我们学校现在的规范意识很差。说得难听点，有些干部、有些老师成心就想占便宜，管理极不规范。中央八项规定出台以后，陆续出台了很多配套的规定，对很多方面特别是经费管理方面规定越来越严格。许多老师认为自己不是领导干部就无所谓，这是误解和错觉。比如科研经费管理问题很多，也是审计的重点，都是与教师密切相关的。这点大家回去一定要做好宣传教育，财务处也要继续做好财经纪律的宣讲工作，一律按章办事，否则出了事情就是对我们老师的不负责。另外，财务工作也要向规范化、科学化转型。我们学校目前每年有4亿的专项经费，如何申请、如何来花这些钱要做到心中有数。一些部门和单位却是心中无数，瞎报、乱花，容易出问题。这两年比较好的是有新校区，是个大框，申报时什么都往里面装。新校区完成后呢？所以，大家都要琢磨清楚，要提前有详细的计划。今年我们将专题研究报专项的基本方法，提前建立专项库，就是希望着力解决这一问题，否则，这将是一个很大的隐患。

三、提几点希望

借此机会对大家提三点希望,并与大家共勉:

(一) 加大解放思想,形成新的共识

我们要充分认识到,尽管通过前几年不断解放思想,我们的工作视野不断拓宽,但是我们的办学思想还是相对陈旧、发展理念还是相对保守,还停留在"办学院"的层面,尚未真正提升到"办大学"的层面。必须坚持延续前几年以思想的率先突破带动事业发展的好做法,以更大的力度推进思想解放,动真碰硬地进行深层次的思想变革,自觉站在创建高水平行业大学的高度思考问题,汇聚办大学的共识,共谋办大学的思路,才可能按照高水平大学的要求推进制度变革和管理改革,实现学校发展的"凤凰涅槃、浴火重生",实现新的跨越。

(二) 切实振奋精神,鼓足工作干劲

要始终保持在"三大工程"建设中勇于攻坚克难的工作劲头与精神状态,在新的发展目标与规划的指引下,坚定对学校事业发展的信心,不断增强自豪感与使命感。在各自的工作岗位上,我们既要做好自己,更要带动周边,切实在本部门、本单位形成一级带着一级干、感召群众一起干的生动局面。

(三) 勇于开拓创新,主动谋划发展

学校提出了宏伟的发展目标,明确了各项发展任务,落实的关键在于各单位、各部门。大家要善于把学校的决策同本部门、本单位的实际结合起来,主动靠前抓住新机遇,解决新问题,创造新办法,开拓新思路,开创新业绩。要努力克服因循守旧、墨守成规等观念对思想的束缚,尤其是在全面深化学校改革的进程中,要力戒"四平八稳"的保守思想,敢于打破常规,突破发展,勇当学校事业发展的"先行军"、"开拓者"。

同志们,转型发展迫在眉睫,强化特色刻不容缓,深化改革是大势所趋。面对建设高水平行业大学的新要求,面对百年建大梦想的新蓝图,我们必须更加解放思想、团结一致,高标准、高水平、高效率地做好各项工作,努力开创学校发展的新局面。

2014年2月20日

二、党委书记钱军在第七届教代会（工代会）第二次会议上的讲话

各位代表、同志们：

第七届教代会（工代会）第二次会议已经顺利完成各项议程，马上就要闭幕了。在此，我谨代表学校党委、行政向大会的成功召开表示热烈的祝贺！向各位代表，并通过你们向为学校建设发展付出辛勤劳动的全体教职员工表示衷心的感谢！

这次会议本着精简的原则，我们把原来一天半的会期压缩为一天。议程安排虽然紧凑，但是总体感觉主题突出，开得民主、团结、务实又比较有效率，充分发扬了学校两代会"想全局、议大事、办实事"的优良传统。在一天的会期里，各位代表按照"想主人事、说主人话、尽主人责"的要求，以高度负责的态度，认真听取审议了学校行政工作报告、工会教代会工作报告以及教代会提案办理工作报告，审议通过了《职工福利费管理办法》和《工会工作细则》，并围绕西城校区的规划设想、职称评审两个点题公开的选题充分建言献策。这些中肯的意见和建议，充分体现了大家对学校建设发展的关心和期盼。会后，学校和有关职能部门将认真研究代表们的提案和意见，及时修改相关文件，采取切实有效的措施，将各项工作落到实处。下面，就如何更好地做好工会工作，充分发挥教代会工代会作用，我谈几点意见。

一、立足学校全局，谋划工会发展

前几天，北京市委下发了《关于进一步做好工会工作的意见》，对如何做好新时期工会工作提出了16条具体要求，包括全心全意为职工群众服务、提高工会组织凝聚力吸引力等多个方面。如何抓好贯彻落实，我认为首要就在于将工会工作立足于学校的整体发展大局上。回顾近年来学校的发展，无论是三大工程、四大战略，还是六大突破，其中一条宝贵的经验就是全校师生员工共同"搭台唱戏"，共同营造和谐发展环境。在这一过程中，工会、教代会发挥了重要的作用，特别是在一些涉及学校整体发展的重大决策中，积极建言献策，促进科学民主决策。

今天，面对创建有特色、高水平建筑大学这一全新的挑战，作为学校的一名普通教职员工，我们要按照学校党委确定的发展方向，沿着新的"三步走"发展战略，积极投身学校发展建设；作为一名教代会代表，我们更要充分调动周边职工群众的工作热情和创造活力，引导教职工做学校全面深化改革的推动者、参与者。要从党政所急、教职工所需、工会所能出发，切实发挥好桥梁纽带作用，做好服务工作，牢牢把握"如何建设有特色、高水平建筑大学"与实践"立德树人、办好人民满意的大学"这个根本问题的契合点，为学校发展营造积极向上的良好氛围，推动"中国梦"、"建大梦"植根于教职员工的工作生活之中。

二、强化自身建设，提升服务水平

打铁还需自身硬。校院两级要始终坚持"党政工共建一个家"，制度上保障、效果上

落实。一是抓好制度建设。不断完善教代会的选举、议事、表决、监督等各项程序和规则，完善组织健全、议事规范、监督完善的教代会制度，提高教代会工作的科学化、民主化、规范化水平。二是抓好代表队伍建设。加强对教代会代表的培训，组织代表学习了解党和国家关于教育改革发展的方针政策，了解学校工作的全局，了解教代会的地位和作用，不断提高思想政治素质和履职议事能力。每一位代表都要增强责任感，积极关心学校改革发展，积极反映教职工的意愿和呼声，积极发表意见和建议。三是抓好提案工作。提案是反映教职工意见最直接的方式。一方面要鼓励教代会代表围绕学校事业发展和教职工关心的实际问题，提出高质量、有价值、建设性的提案；另一方面要健全提案办理制度，完善立案、交办、研究、落实、答复、满意度评议等环节，做到条条有答复、件件有落实。四是抓好二级教代会建设。建立二级教代会，是推进校院（系）两级管理的必然要求，是完善院系内部治理结构的重要内容。目前，各单位二级教代会建设的水平还不平衡，质量还需进一步提高。我们要认真总结分析，继续扎实推进二级教代会建设，完善相关制度，规范议事程序，促进作用发挥，保证教职工对本单位工作行使民主参与、民主管理和民主监督的权利，推动院系发展。

此外，各级工会组织要不断巩固党的群众路线教育实践活动成果，将作风建设常抓不懈。工会干部要深入广大教职工，发扬敢于担当、敢于碰硬、敢于创新精神，努力把工作做到所有职工群众中去，把更多教职工吸引到工会和工会活动中来，让教职工真正感受到工会是"职工之家"、工会干部是最可信赖的"娘家人"。

三、深入师生群众，共建和谐校园

作为全校教职工合法权益的代表者和维护者，各级教代会工会组织拥有广泛的代表性和覆盖面，既有优秀人才群体的代表，更有基层普通教师、普通职工的代表，是学校一支具有鲜明特点和独特优势的重要力量。各级教代会工会组织既要珍惜民主权利，真正代表广大教职工群众议大事、谋全局，全面参与和推动学校改革发展；又要牢牢扎根于群众之中，关心教职工群众的切身利益，真实反映各个层面教职工的合理意愿和不同诉求，包括生活困难教职工、特殊个体教职工的核心利益与核心诉求，真正发挥上下沟通、解疑释惑、化解矛盾、增进共识的作用。

我们每一位代表都要切实履行好教代会"建议、通过、决定、监督"四项职权，推动学校科学管理、民主管理；积极发挥好工会的"维护、教育、建设、参与"四项职能，为促进学校和谐发展形成合力；认真梳理总结教代会工会工作，把好的经验和做法通过制度固化下来，在继承优良传统的基础上，进一步改进和创新工作方式、方法，进一步扩大工作的覆盖面和影响力，使教代会工会组织成为广大教职工信赖的温馨家园。

各位代表、同志们：站在学校新的历史起点上，我们将进一步坚定发展的信心，继承和发扬优良传统，努力抢抓发展机遇，把一切为了职工、一切依靠职工作为所有工作的出发点和落脚点，以高度的责任感和使命感，不断探索，团结一心，为实现"建设国内一流、国际知名的有特色、高水平建筑大学"的百年建大梦想而奋斗！

2014年4月22日

三、党委书记王建中在2014年干部研讨班上的讲话

同志们：

今天我们把大家集聚在一起，就学校2014年干部研讨班有关工作进行动员部署，全面启动干部研讨班的各项任务，为谋划好学校发展的未来和下一年度重点工作做好积极准备。这也是学校更名后启动"大学建设"，推动学校又好又快发展的一项重要举措。在此，我讲两点意见，做个简要的动员。

一、充分认识举办本次干部研讨班的重要意义

一是举办本次培训班是深刻领会市委教育工委、市教委对学校更名后"大学建设"新的发展要求的需要。

10月21日，市委教育工委常务副书记刘建同志在我校干部宣布大会上的讲话中，对我校下一步的发展明确提出了三点意见。一是深入学习贯彻习近平总书记系列讲话精神，以首善标准培育和践行社会主义核心价值观；二是把握首都高等教育综合改革的重大机遇，加快创建特色鲜明的高水平建筑大学；三是巩固和拓展党的群众路线教育实践活动成果，坚持以改革创新精神不断加强党的建设。

10月23日，北京市教委线联平主任来校调研时针对我校下一阶段的发展也明确提出了四点要求。一是学校的战略选择应瞄准在首都发展战略急需上；二是希望学校积极地出成果，市教委将支持学校加入到教育部、住建部和北京市共建，通过共建的形式了解国内高等教育和行业发展信息，积极争取行业和教育主管部门的政策支持；三是学校应积极参与"三高"计划项目的实施；四是学校在现有的工作基础上进一步加强管理，提高学校管理水平。

刘建书记和线主任的讲话进一步明确了学校未来发展的方向，对学校下一阶段的发展提出了新的更高的要求，对学校在新起点上全面推动各项事业发展上层次、上水平，加快创建特色鲜明的高水平建筑大学具有重要指导意义。需要我们认真分析当前高等教育和行业发展动态，瞄准国家特别是北京市重点战略发展需求，发现并抢抓机遇，找准发展参照系，总结经验，认清差距，精心谋篇布局，做好顶层设计，明确发展目标及相关指标体系，勇于改革创新，研究提出推动学院发展的新思路和新举措，为学校各项事业发展上层次、上水平做出新的更大贡献。

二是举办干部研讨班是全面谋划学校未来发展，推进学校新时期顶层设计的需要。

谋划决定出路，战略决定未来。这段时间一直在各个学院、部门调研，感觉收获很大，其中很重要的一方面就是对北建大过去几年为什么能够实现突破发展有了更深的体会，我总结有两点经验：一是大家齐心协力，二是学校目标明确。特别是在和各学院班子成员、老师、学生的交流中，大家对学校过去发展成绩的自豪感，对学院、学校的下一步发展表现出来的强烈使命感和责任感，都让我感到非常振奋、非常鼓舞。所以我想，从学校层面，一方面要继续坚持我们过去的宝贵经验，带领大家团结一致、齐心协力；另一方面要尽早谋划我们下一步的发展目标，凝心聚力，引领师生共同推进北建大的未来发展。

人们常说,"低头看五年,抬头看十年,走起来想着五十年",就是要早谋划、早主动,抢占发展先机。前些年,学校通过"解放思想、真抓实干、抢抓机遇、重点突破"的发展方针,全面实施了"三大工程"和"四大战略",取得了更名大学、获批博士人才培养项目和新校区建设的成功,获评了北京市党建先进校,获得了10项国家科技奖和国家级教学成果一等奖等多项标志性成果,通过突破一个个工作瓶颈带动学校整体跨越发展,探索了一条"小学校"实现"大发展"的特色发展道路。这些都是学校精心谋划发展布局,全面开展顶层设计的成功表现。更名后,学校进入了"大学建设"的新时期,步入了"提质、转型、升级"的关键期。需要我们站在新的历史起点上谋划新发展,加快学校改革发展步伐,这既是学校当前和今后一个时期的重大现实课题,也是学校发展的又一次历史机遇,也是顺应社会各界和广大师生对学校发展新期待的需要。所以,我们举办这样一个干部研讨班,是为编制好"十三五"发展规划和学校中长期发展战略规划做准备,这是一个学校层面上的、宏观的、谋划未来的规划。包括确定学校新时期的使命与愿景、战略思想与发展目标、战略重点与举措等。涉及事业发展、学科建设、队伍规划和基础保障能力以及职能部门、院部规划等方面。希望大家通过广泛深入系统的调研,能够以宽阔的眼光和前瞻的思维,站在新的历史起点上谋篇布局,希望在这次研讨班上,大家解放思想,开阔眼界,热烈讨论,谋发展、谋全局、谋未来,做好学校新时期发展的顶层设计和系统规划。

三是举办干部培训班也是进一步解放思想,转变观念,激发新的发展活力和内生动力的需要。

这次干部研讨班之所以安排这么紧,就是想充分利用年底这段时间,让大家集中做些调研、仔细思考些问题,共同交流研讨事关学校改革发展大计的工作,从而为学校的发展战略和规划编制更好的集思广益、献计献策。通过举办研讨班,各个部门对过去五年的发展成绩和经验进行总结,进一步认清学校在队伍建设、人才培养质量、学科专业建设、科技创新与社会服务、国际交流合作、内部管理体制等方面面临的机遇和挑战,使大家能够清晰地看到学校未来发展中的目标和任务,进一步激发新的发展活力和内生动力。开展本次研讨班的过程也是一个汇集智慧、凝聚人心的过程,也是增强全校师生员工热爱建大、坚定实现发展目标决心的过程。希望通过举办这样一次研讨能够形成大家的共识,达到人心思齐的效果,为学校更好地把握现实、谋划未来奠定思想基础。

二、以高度的责任感和使命感参与到培训研讨的各项任务中去

认识决定方向,使命决定目标。当前我国正处在一个伟大的变革时代,高等教育综合改革方兴未艾,学校在新的起点上面临着难得的发展机遇和巨大的挑战,步入了发展的又一个关键时期。在学校发展新的历史起点上,我们必须从更宽的视野深刻认识教育发展面临的时代特征,从更新的角度深刻认识经济社会发展对教育的新要求,全面审视高等教育发展的新形势、新变化,瞄准国家特别是北京市重点战略发展需求,努力把握学校发展的阶段性新特征,为新一轮的大发展做好准备。

一是通过调研找准学校当前的发展定位和下一步的发展目标。

党的十八届三中全会对全面深化改革的重要领域和关键环节做出重大部署,在此背景

下，高等教育领域综合改革阔步前进。行动较快的清华、北大等名牌高校的综合改革方案已经经教育部审核通过，人大、北航等一些985高校的综合改革也在如火如荼地展开。可以说，当前的高等教育发展态势、高水平大学建设趋势都已发生了一系列的变化，呈现出了更加明显的转型期的阶段性特征，需要我们回过头来总结和反思，北建大目前身在何处？未来的发展道路又在何方？以便更好地审视和把握发展的脉搏。所以，这次干部研讨的一个重要任务就是通过与985、211高校的比较，准确把握学校所处的地位，进一步明确下阶段的发展目标。这里，一方面是和谁比的问题，要选准几所985和211重点高校以及行业内的高水平大学进行比较，找准契合学校发展实际的参照系；另一方面是比什么的问题。比之前自身先要有个指标体系，明确对比的指标，也是学校下一步要重点发展的目标，在整体竞争环境、优势、劣势、师资力量、学科专业水平、科研实力等各个方面都要进行比较。比较是为了认清差距，更好地发展，所以大家要解放思想，主动出击，拿出追赶甚至超越、引领的气魄去对比分析。

二是通过调研积极寻求成功发展经验。

我们这次调研就是要走出学校、开阔视野、寻求可借鉴的发展经验。调研主要围绕创建特色鲜明的高水平建筑大学的目标，制定学校中长期发展规划、"十三五"规划和2015年工作要点展开，通过深入走访交流和认真学习借鉴，一方面，全面关注了解当前高等教育和行业发展的动态，通过持续深入的学习、调研，养成勤思考、善思考、会思考的良好习惯，进而发现和把握发展机遇；另一方面，学习借鉴其他高校的先进经验和成功做法，研究提出推动学校发展的新思路和新举措。我们既要关注走在高教综合改革前沿的高校，把握高教综合改革的最新动态，提前筹划学校综合改革工作；又要关注市属高校、行业院校的发展态势，取其所长，为我所用，力争在下一步跨越发展探索新的捷径。

三是通过研讨研究破解发展难题之策。

学校下一步创建特色鲜明的高水平建筑大学，必须打破当前制约学校发展的瓶颈问题。大家要清醒地认清这个形势，进一步转变观念，树立大视野、大智慧和大目标，敢于突破传统的思维模式和路径依赖，大胆研讨和提出破解发展难题，实现百年建大梦想的良策。一方面，对标一流、审视自身、打破束缚。通过对发展目标的确定、重大问题的识别、有效措施的建立，抓住国家教育领域综合改革的发展契机，把握好新型工业化和新型城镇化两化融合发展的战略机遇，找准切入点和落脚点，持续推动北建大快速发展。另一方面，创新引领，改革发展。进行机制创新和制度设计，通过一系列新思路和新举措，努力实现学校办学能力的发展转型和支撑发展目标的机制转型，并通过一致的行动计划持续推动落实。

同志们，举办好本次研讨班对于谋划好学校下一阶段的发展战略规划具有重要意义，希望大家切实担当起学校新时期改革发展的历史重任，立足新起点，瞄准新目标，认真做好本次干部研讨班的各项工作。让我们一起努力，为全面谋划好学校新阶段的发展积极贡献力量，开个好头！

谢谢大家！

2014年11月19日

四、校长朱光在2014年暑期开学处级干部会上的讲话

同志们：

新学期开学在即，今天我们召开全体处级干部会议，通报上半年学校主要工作，并就新学期工作进行具体部署。大家都刚刚经历了近年来又一个时间较长的假期，同时也是非常繁忙的假期。对很多单位和部门来说，是有长假、没长休，是暑期，不是假期。暑假期间，我经常看到许多中层干部和老师们放弃休息时间，坚守在自己的工作岗位上，积极开展各项工作。许多职能部门和院（部）的同志坚守一线，克服困难，不辞劳苦地做好学校的各项工作。许多教师利用假期时间，认真备课，开展科研，取得了不少成果。特别是基建部门的同志们，顶着烈日、冒着酷暑，不分昼夜、加班加点抢抓工期，确保了大兴校区二期工程各建设项目的顺利完工。在此，我代表学校向暑期坚持工作的各位同志表示衷心的感谢，大家辛苦了！

同志们，刚刚过去的上半年，也是学校发展历史上的又一个大丰收期，学校实现了多个历史性突破。获评北京党建先进校，一举完成了第五次党代会上确立的"六大突破"目标；获得国家级教学成果一等奖，实现了国家级教学成果奖的零突破；同时获得2项国家科技大奖，国家科技奖项突破两位数，并作为主持单位首次获得国家技术发明奖；成功增列为博士后科研流动站单位，新增4个省部级科研平台，获批国家自然基金16项、社科基金1项；成功入选全国高校就业50强行列，学校的社会影响力持续提升。可以说2014年的上半年是学校更名大学后的一个发展小高潮，延续了学校发展的劲头势头，实现了学校的可持续快速发展。

一、上学期工作总结

对照年初制定的党政工作要点，上半年学校各项工作在党委的领导下，在全校师生员工的共同努力下，取得了"时间过半，任务超半"的成绩，有些工作已提前完成了工作目标，有些工作正在积极推进中，确保年底能够实现工作目标。主要有以下几个方面的成绩。

（一）教育教学改革向纵深推进，人才培养质量稳步提高

一是"本科教学工程"再创佳绩。经过相关学院、职能部门的通力协作以及多位老师的共同努力，学校成功获得国家级教学成果一等奖，这是我校在办学历史上第一次获得国家级教学成果奖，并一举拿下一等奖，是对我校本科教学质量的充分肯定。北京市教委主任线联平形象地比喻为：我校在本科教学工作上又放了一颗卫星。学校同时注重加强教学过程管理，实行全体教学管理人员坚持每周听课制度，组织了校级教学优秀奖、先进教学基层组织单位和优秀教学管理人员的评选工作，促进了教职工参与教学运行和管理的积极性。

二是人才培养体系改革深入推进。积极推动人才培养体系改革，完成了《2014版本科人才培养方案》的制定工作，设计了2014版培养方案理论教学、实践教学和素质教育安排表，强化了实践教学，突出了创新精神、体现了学生学习的自主性。

三是"卓越计划"向纵深发展。成功举办首届中国高等建筑教育高峰论坛，牵头成立了由中国建设教育协会以及哈尔滨工业大学、同济大学、重庆大学、西安建筑科技大学等27所高校和中国建筑工程总公司、中国建筑设计研究院、中国冶金科工集团、中国新兴建设集团、北京建工集团等14家企业组成"中国建设领域卓越工程师教育联盟"，这也是国内首个建筑教育领域的校企联盟。联盟的成立使学校在推动建筑类高校校企合作培养卓越人才上占领了先机，加快了校企联合培养人才的步伐。同时对三个学院卓越计划工作的实施情况进行了总结，理清了下一阶段的发展目标和任务。加强实践教学基地建设，完成了北京建工集团、中国城市规划设计研究院、北京市市政工程设计研究总院3个市级校外人才培养基地的验收工作，促进了优质资源共享和辐射。

四是招生就业工作成绩喜人。连续三年开展承办北京最大规模高招咨询会，接待考生家长近6万人，学校的社会影响力和知名度持续提高。完成本科招生计划1985人，实现扩招25人。在2014年北京地区高考填报志愿方式改革的情况下，我校录取分数逆势上扬，一批次提档线持续升高，二批次提档线大幅上升，北京地区录取考生排名在5%～25%，高招录取分数位居市属工科高校第二。京外实现24个省市本科一批次录取，录取考生的排名在5%～10%，录取最低分大部分都在当地一批次分数线40分以上，个别省份高达80多分，生源结构进一步优化。就业工作成效显著，被教育部授予"2014年度全国毕业生就业典型经验高校"。

五是学生综合素质和实践创新能力显著提升。学生获市级以上各类竞赛奖项60多项，其中国家级奖项20多项。荣获2014全国大学生"西门子杯"工业自动化挑战赛总决赛特等奖。在首都大学生创业大赛中获得金奖1项、银奖2项、铜奖4项，并首次荣获"优胜杯"，是本届大赛中唯一获此殊荣的市属院校，其中3项金银奖作品晋级全国比赛，创历史最好成绩。包括团中央全国社会实践重点团队在内的128支社会实践团队深入基层、社区展开宣传、调研，受到社会及媒体的广泛关注。社会实践的层次和水平大幅提高，获批团中央全国社会实践重点团队，测绘学院"情系泡桐 助力兰考"暑期社会实践团把社会实践与践行社会主义核心价值观结合起来，发挥专业优势服务兰考城镇化建设，受到新浪、腾讯等多家门户网站的报道。

（二）人才队伍建设保持良好势头，师资队伍水平稳步提升

一是人才强教计划成效显著。经过3年"人才强教深化计划"的建设，我校入选高层次人才项目2人，入选学术创新人才1人，入选学术创新团队项目10个，入选管理创新团队1个，入选讲座教授7人，32名青年教师入选中青年骨干教师项目。

二是继续加大申报高层次人才项目的支持力度。推荐上报高层次人才1名、特聘教授3名、长城学者1名、创新团队2个、青年拔尖人才9名。支持长江学者配套项目1个、校级创新团队配套项目11个、科技新星配套项目6个，资助经费468万。

三是改革职称晋升评审制度。完成了教师专业技术职务评审条件的修订工作，顺利完成了新规定施行后的首次职称评审，从12名正高申报人中聘任3名教授，从27名副高申报人中聘任6名副教授和1名高级实验师，评聘工作做到了安排有序、信息公开、评比公正、聘任公平。

四是继续加大人才引进和培养工作力度。上半年共接收调入各层次人才入34人，其中正高级职称人员1人、副高级职称人员7人、博士25人（含博士后4人）。支持10多

名教师参加出国访学、双语教学培训、学历教育、脱产研修等各类继续教育培训。积极推荐教师参加各类人才评选活动，我和郝晓地老师进入政府特殊津贴北京市公示名单、季节老师进入科技部2014年创新人才复选、秦红岭教授参评全国优秀教师通过北京市教委审核。

（三）科技创新和科研平台建设稳步推进，科研成果可持续发展

一是科研项目保持在高位水平。获批国家自然基金项目16项、国家社科基金1项，实现了国家社科基金项目的连续三年不断线。同时在北京市社科基金评选中，获批重大项目1项（全市仅5项），这是我校首次承担市社科基金重大项目，此外获批1项重点项目和7项面上项目，获批项目数位于在京高校第18位和市属高校第6位。

二是科技奖励工作再创佳绩。同时获得2项国家科技奖，使我校获奖项目数量进入两位数行列。其中王随林教授负责的"防腐高效低温烟气冷凝余热深度利用技术"获得国家技术发明奖二等奖，这是我校首次以第一主持单位获得国家技术发明奖。另一项为哈工大负责我校合作完成，刘栋栋教授参加的"混凝土结构耐火关键技术及应用"项目获得国家科技进步二等奖。此外还获得中国地理信息科技进步一等奖1项。今年上半年还组织申请各类专利91项，获得授权的知识产权共计70项，较去年增加了1倍，其中发明专利15项。

三是科研基地建设保持快速发展。新增"北京市可持续城市排水系统构建与风险控制工程技术研究中心"、"北京市建筑能源高效综合利用工程技术研究中心"2个北京市工程技术研究中心和"北京市电子废物资源化技术、标准与产业政策研究基地"、"北京市城市交通基础设施建设国际科技合作基地"2个北京市国际科技合作基地等4个省部级科研平台，我校省部级科研平台增加到19个。

（四）学科引领作用进一步突出，研究生招生教育工作扎实推进

一是学科建设扎实推进。重点开展交叉学科建设，寻找学科建设新的突破口。组织开展了"建筑技术科学"在建筑学院、环能学院、电信学院、机电学院的协同建设工作，完成了持续建筑能源科学与工程、建筑法律、城市文化空间、建筑数字媒体技术、产品开发科学与工程等5个拟申请增列硕士学位交叉学科点的初步论证、经费支持和培育建设工作，为形成我校学科建设新特色和新突破奠定了基础。

二是学位点建设再创佳绩。获批"社会工作"硕士专业学位授权类别点和"机械工程"、"工业设计工程"2个工程硕士专业学位授权领域点，其中"社会工作"实现了我校在法学学科门类研究生教育布局上的新突破，使我校硕士专业学位教育布局更加合理，专业学位类型结构更加完善，基本实现了本科专业与研究生专业的全面对接。继续深化博士人才培养项目实施工作，完善了博士研究生招生、培养、学位授予、质量保证等方面的规章制度。依托行业和国际化的优质科教资源，筹备开展了博士研究生专业实践、国外访学等工作。

三是研究生教育质量稳中提升。加强研究生培养改革力度，完成了2014版博士、硕士研究生培养方案的修订工作。研究生招生规模持续增长。今年实际录取全日制博士研究生2人、硕士研究生461人，硕士研究生录取人数比2013年增长7%；实际录取非全日制（在职）硕士生180人。截至本学期，在校全日制博士研究生4人；各类硕士研究生1878人，其中全日制硕士研究生1300人（占69.2%），在校全日制研究生与本科生比例

达到1∶5.6。

（五）美丽校园建设取得重大进展，两校区运行模式趋于成熟

大兴校区二期工程基本完成，新增建筑面12万平方米，包括新校区标志性建筑——图书馆等一批建筑的陆续启用，一座布局完整、环境优美、设施先进、气势壮观的现代化校园基本建成。西城校区升级改造规划和校园总体功能布局等工作同步推进，教一楼、学生宿舍等改造工程高质量完成，校园环境进一步改善。

多方筹措建设资金，在贷款难、贷款利率不断上涨的环境下，争取到2亿元低息贷款。积极推动西城校区16.2亿元土地补偿款使用申请工作，提前获市财政局拨付新校区一期欠款和二期进度款3.64亿元，为两校区建设提供的资金保障。

两校区运行管理模式逐渐成熟，"统一领导、职能延伸、以条为主、条块结合、科学管理、精简高效"和"条条负责、块块协调"的工作原则进一步强化，大兴校区管理的制度化、规范化、人文化和精细化水平不断提高，运行成本得到有效控制。

（六）开放办学水平进一步提升，国内外合作取得新进展

国内国际交流与合作取得新进展。与3所国内外大学签署了合作协议，至此我校已经与39所大学建立了合作关系，合作伙伴覆盖24个国家和地区。成功输送出第一届"中美合作2+2"学生，拓宽了与美国奥本大学合作的范围，新增了风景园林专业"4+1+1"本硕联合培养项目。同时与英国南威尔士大学签订本科生交流协议、与新西兰联合理工学院开展"3+2"学生交流项目。学校知名度和社会声誉进一步提升，上半年先后有16个境外团组访问我校。留学生教育快速发展，长短期留学生达到119人，今年共有2位本科生、7位硕士生顺利取得学位。师生出国学习的支持力度进一步加大。上半年派出教师出访团组22个。连续第三年荣获"北京市高等学校学生公派境外学习奖学金"49万元，支持参与境外学习和研修的学生50多人。

国内合作持续推进。积极开展与部委行业、校地、校企、校校、校所的合作，与西城区人民政府和丰台区人民政府分别签署了战略合作协议。完成与10家知名企业共建产学研联合研究生培养基地的签约挂牌工作，与相关行业企业共建产学研联合研究生培养基地达到30多家。

（七）机制体制改革深入推进，各项改革取得阶段性成果

进一步推动管理重心下移，校院两级管理体制改革深入推进，二级学院办学自主权进一步扩大。对人事制度、财务管理、教育教学等改革试点工作进行了总结梳理，为下一步全面深化改革做好充分准备。积极推进依法治校，完成了《北京建筑大学章程》的报批准备工作。

（八）党的建设全面加强，平安和谐校园建设成效显著

一是群众路线教育实践活动整改工作取得阶段性成果。制定的39项整改措施，已经完成35项，一些广大师生员工关心的实际问题得到解决，营造了风清气正的校园发展环境。

二是出色完成了党建先进校评选工作。通过全校上下的共同努力，圆满完成了迎评的各项任务，全面展现了学校近年来党建工作的成果和特色，受到市委教育工委和专家组的一致好评，以优异的成绩和北大、清华、北航、北工大一起获评北京市党建先进校。

三是深入开展理论学习和思想武装。以学习十八大、十八届三中全会精神和习近平总书记系列讲话精神为主要内容，加强干部教育培训，处级干部在线学习参学率和通过率均为100%。

四是扎实推进党风廉政建设。召开党风廉政建设工作会。开展多种形式的党风廉政建设教育，深入推进廉政风险防范管理工作，加强招生录取工作监督，认真做好教育收费检查工作。

五是坚持民主办学、科学决策，全心全意为教职工办实事。

教职工收入水平进一步提高。在职人员核增一次性绩效工资人均8000元，共计发放685万元；同时累计发放一次性绩效奖金1270万元；住房公积金缴费基数提高30%，人均增加125元，年增资333万元。离退休政策全面落实，完成了退休人员校内共享津贴的增加工作，年增资245万元。完成了离休人员护理费的调整工作，年增资16万。组织了硕博公寓二期的租赁工作，311户教师入驻家具配备齐全的新公寓。文兴街小学正式更名为北京建筑大学附属小学，并与黄村镇第二中心幼儿园达成协议，协助完成了26位青年教师子女入学、入托问题。为15位教职工办理了配偶进京手续，解决了夫妻两地分居问题。积极推进教师发展项目，两校区同时启动"咱家午茶"活动，完成30余项主题活动，涉及教职工近3000人次。

六是大学生思想政治工作务实有效。实施立德树人工程，改进和落实校领导联系学生班级及听课制度，为每一个学生党支部配备了理论学习导师；继续加强辅导员和班级导师队伍建设，荣获北京高校辅导员职业能力大赛一等奖和优秀组织奖。7项课题中标2014年度首都大学生思想政治教育课题，10项成果获评全国高校学生工作优秀学术成果奖；继续强化学风建设成效，英语四级和基础课教学取得积极进步，主考年级四级一次通过率达到68%；继续强化人文关怀，学生心理健康和助学帮扶工作有效进行。

（九）各项工作协同推进，学校发展呈现良好局面

资产管理与后勤服务方面。顺利完成了学校产权登记工作，西城校区盘盈房产4484.39平方米，大兴校区转固房产150381.03平方米，新增资产106357件，价值4722.2214万元，进一步规范了学校资产管理工作。

财务工作方面。顺利实现了部门决算由财政局转入市教委决算管理系统的平稳过渡，获得了北京市属高校决算工作二等奖。在2014年预算编制质量综合评分中位列北京市属高校第2名。

审计工作方面。完成各类审计项目189项，审计总金额5.8亿元，节约建设资金7226万元。

校产工作方面。企业产值持续增高，企业利润较去年同期稳定增长。

继续教育工作方面。继续开展一级注册建造师建筑工程专业继续教育培训工作。承办了勘察设计协会技术人员培训工作，培训相关人员600多人。

信息化工作方面。完成了校园网出口链路万兆升级。

图书馆工作方面。全面启动了图书馆新馆的搬迁工作，为新学期顺利开馆做好了准备。

高等教育研究方面。成功召开了中国建设教育协会普通高等教育委员会五届二次全体会员单位会议，做好了中国建设教育协会普通高等教育委员会秘书处的相关工作。

学报工作方面。报刊质量和办刊水平稳步提高，期刊影响因子、基金论文比趋于稳定。

校友工作方面。组织多期校友返校活动，积极拓展校友资源。

离退休工作方面。增加了离退休教职工改革共享津贴，建立了退休教职工大病特困补助机制。

统战工作方面。开展"心桥"主题活动，搭建党外人士发挥作用的平台。

体育工作方面。勇夺2014年全国大学生"三对三"篮球联赛总冠军；连续九届蝉联首都高校学生田径运动会乙组男子团体冠军和男女团体冠军；在第十四届全国大学生田径锦标赛上取得乙组男女团体总分第三名、女子团体总分第三名、男子团体总分第六名的历史最好成绩。

以上成绩的取得是全校师生员工共同奋斗的结果，特别是广大干部在各项工作中，率先垂范，带头奉献，发挥了中坚作用。借此机会，我谨代表学校向大家长期以来的辛勤工作表示衷心的感谢！

二、本学期的主要工作

同志们！当我们看到成绩的同时，我们也必须清醒地认识到，学校的全面改革才刚刚破题，内涵式发展也刚刚起步。要实现建成国内一流、国际知名的高水平建筑大学的目标还有很长一段路要走，学校未来发展仍会面临更为严峻的挑战和考验。当然，我们也面临着十分有利的发展机遇。一是教育领域综合改革全面推进，为学校综合改革提供了前所未有的政策支持和发展机遇；二是国家推进新型城镇化发展战略和京津冀协同发展战略为学校的发展提供了广阔的空间；三是学校自身发展潜力十足。我们现在已经拥有了一批较高水平和较好发展潜力的学科和科研方向；有一支坚守学术传统，潜心学术研究，在行业产生着积极影响的教师队伍；有一股团结向上的精神状态和期盼学校实现"百年建大梦想"的精神动力。这些都为学校的深化改革和快速发展提供了有力的支撑。我们要善于抓住这些有利的契机，乘势而上，实现学校的可持续快速发展。前几天，学校班子成员就学校下一步的顶层设计以及发展思路等问题召开了务虚会，深入研究学校改革与发展问题。大家一致认为，就当前而言，全面深化改革、加速推进内涵发展，是学校当前乃至相当长的历史时期发展进步的主题。实现内涵发展需要我们以推进内涵建设为主线，以提升人才培养质量为核心，练内功、强底气、出特色、上水平。练内功，需要我们抓好几件实事，在提高人才培养水平、提升协同创新能力、加强教师队伍建设、推进体制机制改革、扩大开放办学等方面提高学校的核心竞争力；强底气，就是要继续集中力量在科研和学科建设上狠抓标志性成果，并逐渐摸索出一套适合自己的发展规律和体制机制，在行业内创出特色和一流；出特色，需要我们在打牢现有几个有影响力的特色方向的基础上，努力挤入学科的主航道和主阵地，扩大在学科和行业的话语权；上水平，就是我们要始终保持这种快速的发展势头，狠抓内涵建设，全面提升人才培养、科学研究、社会服务和文化传承创新能力，加快创建有特色、高水平建筑大学的步伐。当然，内涵发展是一个长期的过程，不可能一蹴而就，需要我们脚踏实地，真抓实干。我们要进一步解放思想，更新观念，把智慧和力量凝聚到内涵式发展上来，把内涵式发展理念贯穿到各项具体工作之中，全面提高学校的办学质量和综合实力。同时，对照党政工作要点，根据新形势提出的新目标与新要求，结合上学期工作的完成情况，在做好各项常规工作的同时，本学期我们要重点做好以下几个方面的工作。

（一）全面加强党建和思想政治工作，为学校发展提供坚强保障

一是大力培育和践行社会主义核心价值观。组织全校党员干部、广大师生通过各种形式深入学习、深刻领会、贯彻落实党的十八届三中全会和习近平总书记系列重要讲话精神。按照中央和市委关于培育和践行社会主义核心价值观的要求，切实加强社会主义核心价值观宣传教育活动。这项任务是党委今年下半年至明年上半年的重要任务和工作，全校上下要高度重视，积极行动，把思想和行动统一到中央和市委的决策部署上来。学校党委将于近期成立机构，制定实施办法和政策措施，搭建培育和践行社会主义核心价值观的长效工作机制；宣传、学工、思政等相关部门要迅速行动，积极营造氛围，及时制定落实措施；教学、科研、人事等各个部门也要全力配合，各个院部要主动出击，组织各种各样的学习宣传活动，切实把社会主义核心价值观融入学校的教学、科研等各个环节，融入到校园的每一个角落，融入党员干部和师生员工的精神世界，成为日常学习、工作、生活的基本遵循。

二是结合党的群众路线教育实践活动全面深化整改工作，进一步巩固和深化党的群众路线教育实践活动成果，确保教育实践活动敬终如始、善作善成。

三是加强基层党组织建设。深入推进服务型党组织建设，进一步提升基层党建工作的整体性、规范性和实效性。做好《发展党员工作细则》的学习落实工作，进一步提高党员发展质量。

四是开展处级后备干部的集中调整工作，不断提高干部队伍综合素质和推动事业发展的能力。

五是加强党风廉政建设和审计工作，重点做好科研经费的使用管理。

（二）谋划好学校的中长期发展规划和做好"十三五"规划的准备工作

一是制定学校中长期发展规划，做好新时期学校发展的顶层设计。系统研究学校当前面临的新形势、新机遇、新挑战，按照新的"三步走"战略以及"到2036年建校100周年时建成国内一流、国际知名的有特色、高水平建筑大学"的百年建大梦想，确定各阶段的发展目标、主要任务和发展举措。

二是启动学校"十三五"规划的编制工作。"十三五"是学校创建有特色、高水平建筑大学的关键阶段，也是学校新的"三步走"发展战略的起始阶段。我们要把"十三五"规划编制工作与制定学校中长期发展规划结合起来，真正把新"三步走"战略的第一步走扎实、走稳，为把学校建成有特色、高水平建筑大学打好坚实的基础。规划编制要密切关注国家、部委、行业、区域的规划与改革动态、发展形势，根据自身特点和需求，结合学科发展前沿，抓住机遇；要把握校情，全面细致地分析总结"十二五"规划完成情况，确定学校、学院"十三五"的定位和目标。在规划的制定过程中，要广泛发动，充分听取师生员工的意见和建议，使规划的制定成为统一思想、凝聚共识的过程。要加强调研，做好计划，统筹安排，充分了解兄弟高校和行业企业的情况，关注相关学科发展。各学院和职能部处领导要高度重视，组成强有力的班子，按照学校的统一安排，切实把"十三五"规划工作做好，使其成为未来五年学校发展行动的依据和纲领。

（三）全面深化学校各项改革，为学校发展提供强大动力

一是积极推进省部共建工作，争取使学校成为住建部与北京市共建高校，为学校争取更多资源，提高在行业的影响力奠定基础。

二是做好"校院两级管理体制"改革的试点总结工作。进一步完善校院两级管理体制，全面推进管理重心下移，根据试点情况逐步扩大改革范围。

三是完善学术委员会工作。根据教育部最新颁布的《高等学校学术委员会规程》，修订《北京建筑大学学术委员会章程》，理顺校学术委员会与其他学术管理机构的关系，使其统筹行使学术事务的决策、审议、评定和咨询等职权。

四是完成《北京建筑大学章程》的报批核准和备案工作。按照市委教育工委、市教委、市政府教育督导室制定的《北京市属高等学校章程建设工作实施方案》的要求，完成章程报批核准和备案工作。以章程建设为切入点，落实《全面推进依法治校实施纲要》，加快现代大学制度建设，推进学校治理体系和治理能力现代化。

（四）统筹两校区发展工作，增强整体发展合力

一是做好大兴校区二期工程的全面完工和交接使用工作。推进土木、测绘学院楼、膜体育馆工程按期完工；加快新食堂、8、10号楼和土木学院地下工程实验室、结构实验室工程建设；做好图书馆、学生宿舍7、9号楼，电信、机电楼的使用交接工作；推进体育馆、行政楼等建筑的规划设计工作，争取年底开工建设。做好二期各项工程的投入使用工作，切实做到管理工作精细化、服务保障人文化、办学效益最大化。

二是做好西城校区整体规划的调整工作。做好西城校区的规划调整、升级改造工作。积极推动西城校区16.2亿元土地补偿款下一阶段的使用申请工作，强化学校新校区建设和老校区改造的资金保障。

三是做好两校区的功能布局调整工作。随着8个学院3个年级学生入驻大兴校区，学校的本科教学主体已转移至大兴，要根据新形势统筹做好两校区的功能布局调整和管理运行工作，做好相关职能部门工作主体南移、相关学院腾退西城校区教学办公用房以及教职工两校区岗位的安排工作，确保两校区安全、高效运转。

（五）继续深化"质量立校、人才强校、科技兴校、开放办校"四大战略，推动学校内涵式发展新跨越

在质量立校上，全面提高教育教学质量。把立德树人作为根本任务，把社会主义核心价值观融入人才培养的全过程，着力培养学生的社会责任感、创新精神、实践能力；深入实施"本科教学工程"，重点做好2014版培养方案的宣传实施工作以及测绘学院的学分制试点改革工作，全面深化教育教学改革；全面推进"卓越计划"的实施，做好试点专业培养方案的修订与实施工作，发挥好中国建设领域卓越工程师教育联盟的作用。积极推进同城高校联盟建设工作，争取实现联盟间学分互认。强化实践教学，强化基地建设，争取在实践教学上上水平、出成果。做好相关专业的复评估工作。组织编写具有学校特色的核心课教材。

在人才强校上，统筹做好人才队伍的引进和培育工作，重点加强领军人才和国际化高水平人才引进，完善人才引进的配套政策措施，形成由科研经费、住房补助、团队配备等方面构成的高层次人才安家计划。

在科技兴校上，着力构建以重大科研平台和重大项目为支撑的科研创新体系，继续深

化学校科研管理体制和评价机制改革，落实好《北京市加快推进高等学校科技成果转化和科技协同创新若干意见（试行）》，调动和引导教师以更大的热情参与科学研究，建设扶持高水平科研创新团队。大力推动产学研合作及科技成果转化，探索和建立新的产学研合作体制机制，制定更加合理的分配政策。逐步提高横向课题在全校科研总量中所占的比重，更好地服务地方和企业的发展。大力推进协同创新中心建设，重点培育"建筑遗产保护技术"和"节能减排"两个协同创新中心，进一步加强探索与实践，主动保持与主管部门的信息沟通，了解国家在该项工作的最新进展，为创建国家级协同创新中心做好相关准备工作。

在开放办校上，全面提升学校的国际化水平。努力发挥各学院的主体作用和创新精神，推进与世界知名高校的实质性合作，争取年内在合作办学实体和合作办学项目等方面都能实现更大突破。继续推进"北奥国际学院"的报批工作。进一步提升教师参与国际学术交流合作、海外培训的规模和水平，积极支持教师申请各类国际科技合作项目，开展实质性、深度合作。继续扩大学生的国际交流规模，支持本科生、研究生赴世界名校分别从事毕业设计和合作研究。进一步扩大留学生规模。积极推进全英文授课专业建设和留学生教育趋同化管理。

（六）进一步加强学科引领作用，做好研究生教育与管理工作

一是推动实施学科内涵建设。重点组织开展建筑学、土木工程、测绘科学与技术、管理科学与工程、城乡规划学、环境科学与工程等6个一级学科申请北京市重点（建设）学科的建设工作和增设博士点的准备工作，按照申请博士点的标准，认真查找差距、列出清单、建立台账，逐一攻破，为学校增列博士点打牢基础。按照申请增列硕士学位授权交叉学科点的要求，做好可持续建筑能源科学与工程、建筑法律、城市文化空间、建筑数字媒体技术、产品开发科学与工程等交叉学科的论证公示和报送等工作。

二是做好相关学科的评估工作。重点组织数学、工商管理两个学科学位授权点专项评估建设工作。根据国务院学位委员会、教育部相关通知要求，做好其他学位授权点合格评估建设的自我评估阶段工作。

三是加强研究生教育管理工作。高度重视"中国研究生教育成果奖"的申报工作，集中力量把学校近年来在研究生教育上取得的成果凝练好、总结好，力争获得"中国研究生教育成果奖"。做好硕士生推免资格申请的准备工作。落实北京高等学校"城乡建设与管理产学研联合研究生培养基地"项目建设实施工作。建立和完善研究生奖惩助贷等各项制度，认真做好研究生思想政治教育工作。

（七）坚持全员育人，做好大学生思想政治工作

在广大学生中广泛宣传和践行社会主义核心价值观，把它与学风建设和日常学生管理工作结合起来。进一步提高学生工作队伍建设的整体战斗力，使其在社会主义核心价值观宣传教育和学生的各项教育中发挥好示范引领作用。做好三个年级学生入驻和新生入学、军训等相关工作，继续实施"新生引航工程"、"朋辈助新计划"，加强对学生思想动态的调研，针对需求开展引领服务，帮助学生树立正确的人生观、价值观、世界观。继续下大力气抓学风建设，努力提高考研率和基础课程的优秀率。加强校园文化建设，继续做好校园文化艺术节工作，推进学生文化艺术活动的精品化、专业化、项目化。加强学生班级、团支部、学生社团等基层组织建设，把学生工作做细做实。加强学生资助中心建设，加大

对经济困难学生的帮扶力度。加强学生心理素质教育工作，把关心关爱送到每一位学生的心中。统筹学校和社会资源，建设多层次的学生实践基地，打通"就业见习—生产实习—毕业设计—就业"的绿色通道。加强就业工作队伍建设，维护和拓展就业渠道，做好就业指导与服务，推进职业发展与就业指导课程体系建设。

（八）关注民生，加大为师生办实事工作力度。

全面落实年初制定的为师生办实事计划。增开两校区班车，实现两区班车早中晚的双向对发。在大兴校区食堂三层开设午餐自助餐，持续改善广大师生员工的工作、生活和学习条件。

同志们，新的学期，学校的发展任务依然很重，希望大家共同努力，进一步学习把握高等教育的发展规律，客观认识学校面临的形势和挑战，深入推进各项改革，全面加强内涵建设，振奋精神，真抓实干、攻坚克难、开拓创新，按照学校的部署和要求，把各项工作一项一项抓实，为全面完成2014年的工作任务而努力奋斗。

谢谢大家！

2014年9月5日

五、校长朱光在2014届学生毕业典礼暨学位授予仪式上的讲话

点赞青春　　激扬梦想

亲爱的同学们，老师们，家长朋友们：

大家上午好！

今天是我们的节日，在这里我们隆重举行北京建筑大学2014届本科生毕业典礼暨学位授予仪式。首先，我代表学校向全体毕业生表示热烈的祝贺！向默默支持你们完成学业的亲人们致以衷心的感谢！向为你们的成长呕心沥血的老师们表示衷心的感谢和崇高的敬意！

时间过得真快，一晃就是四年。在你们即将告别母校的时候，我们在这里隆重集会，既是为了庆祝你们的毕业，也是为了纪念你们难忘的大学时光，更是为了祝福你们追求的人生理想。

请你们记住今天。对于别人，它可能是一个极为平常的日子，但是对于你们，却是人生长河中的一个重要时刻。因为，今天最具实质的意义是：你们将告别丰富多彩的大学生涯，从此走上自力更生闯荡社会的征途。在座的同学们刚刚完成了一段精彩、也许也不乏荆棘的旅途。当大家还在感慨"时间都去哪儿了"，讨论"且行且珍惜"是什么含义的时候，转眼间就到了你们毕业的季节。这里，留下了你们的青春记忆，有甜蜜与欢笑，有不羁与张扬，也有辛酸与泪水。这里，同样记载着你们的梦想与彷徨，也洋溢着你们张扬的青春力量。此时此刻，当我们回首大学生活，我看到了，你们是思维敏捷，开拓创新的一代，是勤于思考，乐于奉献的一代，是敢于担当，有所作为的一代！明天是属于你们的！这几天，我通过校园网看到你们的毕业感言、毕业留影，感受到了你们对母校的依依不舍，你们的一张张笑脸，一声声呐喊，以及声像背后的故事，共同集成了大家的"北建大印象"。

同学们，时光如白驹过隙，转瞬即逝。在北建大求学的这几年，留下了你们辗转于三个校区的艰辛，更留下了你们自信执着的岁月和激情飞扬的汗水。从图书馆、实验楼里的聚精会神、凝思苦想，到专业实习、毕业设计时的专注实验、精心演算，你们在知识的海洋里尽情遨游；从学校更名、新校区建设中的积极参与、热情奉献到大运会赛场上的激情拼搏；从倾听院士讲座、学术论坛的科海琳音，到你们摘取科技创新实践中的科研果实；从活跃于主题党团日、学生社团活动的身影，到铭刻在志愿服务、"三下乡"社会实践中的坚实脚印。你们在自己成长过程中的同时，也为母校赢得了声誉；你们在激情燃烧的岁月里镌刻上了属于自己的北建大荣誉。

同学们，你们在北建大的这几年，也是学校大发展、大建设、大提高的时期。2013年，学校迎来了更名大学的梦圆时刻，向全社会展现了一个崭新的大学形象。我们的大兴校区已经成为北京地区美丽校园的一张崭新名片。博士人才培养项目的申报成功、全国学科排名中创造佳绩、国家科技进步奖、科研平台建设上的捷报频传，都是我们共同经历的难忘瞬间。你们也一定亲身体会到了学校日新月异的变化。在我们共同努力下，学校的人才培养质量进一步提高了，学术氛围更加浓厚了，科研水平大大提升了。可以说，你们是

新校区校园文化建设的开拓者,也是学校事业飞速发展的参与者和受益者,你们见证了学校事业发展的日新月异,亲身感受到了北建大人从未有过的骄傲和自豪。

习近平总书记在今年的五四青年节讲话中指出"有信念、有梦想、有奋斗、有奉献的人生,才是有意义的人生。"习总书记的讲话告诉我们要把个人的梦想和祖国的需要结合起来,把人生理想融入国家和民族的事业中去,珍惜韶华、奋发有为,勇做走在时代前面的奋进者、开拓者、奉献者,努力使自己成为祖国建设的有用之才、栋梁之材。同学们,今天你们就要毕业了,面对即将走向社会的你们,在这里,我作为师长,提三点希望,与大家共勉。

1. 希望大家坚持远大的理想,把个人理想与国家需要、社会需要结合起来

外面的世界,大浪淘沙。同学们初涉社会,创业过程中难免遇到挫折和失败。希望大家树立远大的思想,把个人奋斗与国家需要、社会需求紧密结合起来,不为任何风险所惧、不为任何干扰所惑,矢志不渝朝着理想奋进,依靠奋斗创造人生辉煌。这样你的人生道路也会越走越宽。

2. 希望大家坚持终身学习,增强创新意识,培养与时俱进的品质

大学生活的结束,并不意味着学习的终结。前人创业成功的模式经验对你或许有借鉴,但是也不一定完全适用。这就要求我们一定要继续学习,学会学习,终身学习。通过学习,不断充实自己、提高自己、丰富自己。要坚持与时俱进,增强创新意识,不墨守成规。要"有那么一种勇立潮头的浩气,有那么一种超越前人的勇气,有那么一种与时俱进的朝气",要立足岗位、立足实际,讲求科学、讲求方法,把创新潜能充分发挥出来,使自己真正成为对国家和社会的有用之才。

3. 希望大家坚持脚踏实地,积极上进,开创美好未来

外面的世界,风风雨雨。我们每个人都应该以积极的心态来面对生活。人生成长的路途上信心是第一位的。"自信人生二百年,会当水激三千里"。在挫折和困难面前要有信心才能笑对人生,相信挫折和困难是暂时的,恰恰是我们进步的阶梯。我们要干成一番事业,就必须脚踏实地,艰苦奋斗。希望同学们能够从身边的小事做起,感受点滴成功,厚积薄发,最终实现人生的理想。有道是"大礼不辞小让,细节决定成败"。"把每一件简单的事做好就是不简单,把每一件平凡的事做好就是不平凡"。

我知道,在你们告别母校的时候,必有割不断的留恋。你们一定会常常想起校园里的花开花谢,宿舍里的欢声笑语,课堂里的紧张考试,生活中的逸闻趣事,还有你喜欢的老师和同学。这个校园和你们的青春实在难分难解,北建大已经是你生命的一个重要驿站,是你生活的一处重要港湾。关心她,我想,应该是你们乐于担当的义务;炫耀她,我想,应该是你们按捺不住的心思。我也知道,在你们告别校园的时候,必有无法弥补的遗憾。你们中一定有人遗憾在图书馆没有占到座位或精彩课程的不足、一定有人抱怨食堂的伙食和宿舍的拥挤,可能也有人有更多的牢骚和抱怨,好在俱往矣,好在明天会更好。拥有78年建校历史的北建大和你们一样,正在不断自我完善,正在蓬勃发展,正在为建设一所特色鲜明、高水平的多科性建筑大学而奋斗。

最后,衷心祝愿大家在今后的人生道路上"青春不散场,且行且珍惜"!祝愿同学们工作顺利、生活幸福。母校期待你们成功的喜讯!谢谢大家!

2014 年 7 月 4 日

六、校长朱光在2014届夏季研究生毕业典礼上的讲话

老师们、同学们：

大家好！今天我们隆重举行2014届研究生毕业典礼。这是一个光荣、庄严、喜悦且充满希望的时刻。在此，我谨代表学校向同学们取得的成绩表示最诚挚的祝贺！向为你们的成长倾注无数心血的老师们表示最衷心的感谢！

在今天我们感到喜悦与欣慰的同时，我想借此机会，和同学们共同讨论"选择"与"成功"的问题，并将此作为临别的赠言吧。

先谈谈"选择"。人的一生关键的选择屈指可数。同学们刚刚毕业，你们正在面临的选择无疑是人生中重要的选择之一。有些人可能会将收入情况作为选择工作的标准，有些人可能会将所在城市的生活质量高低等环境因素作为选择工作的取向，如此等等。其实，这样的选择从个人的基本需要出发，无可厚非。但是我想跟大家说的是，尽管我国高等教育已经进入大众化普及化阶段，而你们在高等教育殿堂中接受的确是处于顶层设计的研究生教育，从接受专业教育角度看仍是精英教育。因此在择业上，首先从专业发展考虑是明智的选择，而且于国于民于己均为有利。此外，年轻人还应该将社会需要作为选择的价值取向，这样既符合市场经济的需求，又能将人的潜能充分发挥，且可以得到社会的承认，使你们真正获得一个豁达的人生。正如马克思所说，人是各种社会关系的总和。我们可以讲利益，但不仅仅是个人利益，不仅仅是眼前利益，更有社会的、国家的、长远的利益；我们可以关注环境，但不仅仅是自己生活的环境，还要关注并且愿意投身去建设相对落后地区的环境，从劳动中获得精神享受。"对待选择，眼光要看远些，视野要开阔些。"这是我送给同学们的第一句话。

送给同学们的第二句话是："成功，要不断进取，也要学会忍耐。"世界是你们的，也是我们的，但是归根结底是你们的。信息时代的到来和高新技术的发展产生了所谓"海量信息"和"知识爆炸"。要成为时代的弄潮儿，就要拥有广博而坚实的基础知识和最新的专业知识。面对于此，人们采用了不同的对策。互联网和移动数据技术的迅猛发展可以解决"海量信息"的实时应用问题。而人们面对浩瀚的知识海洋，则只能通过有选择地学习强势知识（掌握在现实中起支配地位的知识）和坚持终身学习的对策。胡适先生在1929年给其学生的一句毕业赠言，也在告诫年轻人"不要抛弃学问"。从今以后，根据社会的需要，根据你所从事的工作，根据你的兴趣，你们需要自主独立地去学习和做学问了。所以，希望同学们尽快在实践中培养和加强自学的能力，不断进取，成为创新型、学习型的人才。

同时，要学会忍耐。有了选择，有了工作之后，并不意味着一定踏上了通往成功的大道。你得到的一份工作决不应成为你避风的港湾，而应看成是你登上的一艘与风浪搏击的航船，进取和忍耐永远是水手们到达成功彼岸必备的品质。更重要的是脚踏实地地做事，最重要的东西都是从脚下一步步走出来的。原美国国务卿鲍威尔是一个牙买加黑人移民后裔，在美国其实是受歧视的。他第一份工作是进一个大公司当清洁工。他做每一件事都很认真，很快找到一种拖地板的姿势，拖得又快又好，又不容易累。老板观察很长时间后断定这人是个人才，然后很快就破例把他提升上去了。这就是他人生经历的第一个经验：要

认真做好每一件事。其实机遇就蕴藏在脚踏实地地做事之中。在大学里，在书本上，同学们学到的往往是抽象孤立的事实，似乎这个世界是非常逻辑的。但在现实中不一样，你会经常发现一些令人难堪的复杂性，真正的矛盾不是一方错了，一方对了，而是从各自的环境与角度出发，各有道理。一件事发生，你只有把它放在真实的环境与历史中，才能领略其意义。遇到一些不如意、不理解的事情要挺得住，要理性地认识环境，要学会宽容别人，宽容自己，只有会忍耐、会宽容的人才可能生存下来，并得到发展的机会，才能理解和谐发展的真谛！

　　同学们，从今天开始你们将翻开人生新的一页，我衷心地祝愿同学们的人生奋斗之舟满载希望，直挂云帆，乘风破浪。母校将永远是你们精神的家园，也希望同学们今后一如既往地关心、支持母校。由于学校条件所限，在过去的几年中，对同学们的学习和生活造成的不便之处请大家谅解，感谢你们对学校的理解与支持。

　　谢谢大家！

2014 年 7 月 8 日

七、校长朱光在全国建筑类高校就业联盟2014年年会暨第二届校企人才培养合作论坛上的致辞

尊敬的赵琦司长、张辉主任：

各位领导、各位来宾、各位老师：

今天，我们相聚在北京建筑大学大兴校区，共同举办全国建筑类高校就业联盟2014年年会暨第二届校企人才培养合作论坛，一起交流建筑类高校人才培养和就业工作的经验成果，深入探讨校企联合培养人才的途径和策略。首先，我代表学校全体师生员工，对各位领导、各位嘉宾的莅临表示热烈的欢迎，并对长期以来关心支持北京建筑大学事业发展的各位领导、各位同仁、企业界朋友表示衷心的感谢！

北京建筑大学作为北京地区唯一一所建筑类高校，是"北京城市规划、建设、管理的人才培养基地和科技服务基地"、"北京应对气候变化研究和人才培养基地"和"国家建筑遗产保护研究和人才培养基地"。学校现有34个本科专业，1个服务国家特殊需求博士人才培养项目，12个硕士学位授权一级学科点，55个硕士学位授权二级学科点，5个专业学位授权类别点和8个工程专业学位授权领域点。各类在校生12000余人，其中全日制本科生7575人，博士、硕士研究生近2000人。现有专任教师671名，具有博士学位的占到近50%，其中高级专业技术职务的教师近400人，教授105人。近年来，学校积极抢抓发展机遇，以更名、申博、新校区建设"三大工程"为主要抓手，深入实施质量立校、人才强校、科技兴校、开放办校"四大战略"，通过突破一个个工作瓶颈带动学校整体跨越发展，探索了一条"小学校"实现"大发展"的特色发展道路。一是"三大工程"全部完成。自筹资金高标准建成了一座面积达30万平方米的现代化校园；和其他3所建筑类兄弟高校一起成功实现更名大学的目标；获批"建筑遗产保护理论与技术"服务国家特殊需求博士人才培养项目、成功增列为建筑学博士后科研流动站，构建了全国唯一的建筑遗产保护领域从本科、硕士、博士到博士后一体的完成人才培养体系。二是教育教学成果显著。本科教学质量得到广泛认可。学校围绕建筑学学科建设探索的"注重中国传统文化传承的建筑学专业人才培养体系研究与实践"在今年的国家级教学成果奖评选中获得一等奖。此外，学校还拥有国家级实验教学示范中心、国家级土建类人才培养模式创新试验区、国家级虚拟仿真实验教学中心、国家级校外人才培养基地等8个国家级本科教学工程项目。学校2011年被确定为教育部"卓越工程师教育培养计划"实施高校；2012年成为首批国家级工程实践教育中心建设高校。三是科学研究取得突破。获得国家技术发明奖、国家科技进步奖10项，其中2010、2011、2012连续三年以第一主持单位获得国家科技进步奖，2014年以第一主持单位获得国家技术发明奖。省部级科研平台从2008年的1个增加到目前的20个，主持国家863计划等国家级和省部级科研项目390余项。科研经费连续3年过亿，科技服务经费连续8年过亿，2013年达到2.6亿。四是学科建设取得长足进步。拥有5个学科为一级学科北京市重点学科，涵盖22个二级学科，在2012年教育部组织的全国学科评估中，4个一级学科进入全国前15名，其中建筑学、测绘科学与技术2个一级学科进入全国前10名。

立足人才培养，服务社会需求，是北京建筑大学始终坚持的办学使命。学校始终高度

重视学生就业工作，把就业质量视为学校办学的生命线，放在和教学工作同等重要的位置通盘考虑，放到学校改革发展的全局来统筹安排，逐步形成了"多元联动、特色鲜明"的就业工作格局。一是积极推动就业工作的科学化、规范化建设，建立了"领导主抓、部门统筹、学院为主、全员参与"的四级联动工作机制。二是牢牢把握人才培养这一根本任务和首要功能，把人才培养质量作为就业工作的"一个核心"环节抓好抓实。创新了一套行业需求导向的土建类工程技术人才培养新模式，通过优化专业结构、修订培养方案，不断提高人才培养的社会契合度和适应度。三是创立了一套行业指导、校企联合培养人才的新机制，在培养方案制定、实践教学基地建设、人才培养评价、校内外课程学习和工程实践等多个方面实现了校企联合。并于今年7月份召开了首届中国高等建筑教育高峰论坛，牵头成立了由27所高校和12家大型企业组成的"建设领域土建类专业卓越工程师教育校企联盟"。四是利用就业反馈，把毕业生就业率和就业质量作为检测和带动人才培养各个环节的标尺，搭建了"招生－培养－就业"联动的长效机制，形成了学校抓宏观看就业，专业抓落实盯企业，教师瞄准企业核心技术抓课程改革的良性互动局面。五是构建专兼结合的"全员化"就业队伍体系、贴近需要的"全方位"就业服务体系和以体验为核心的"全程化"职业指导体系，为学校就业工作提供了坚强保障。在以上措施的共同作用下，学校就业工作取得了显著成效。毕业生一次就业率连年保持在97%以上，平均签约率保持在92%以上。先后荣获"北京地区高校示范性就业中心"、"北京地区高校毕业生就业工作先进集体"等多项荣誉称号，并于今年6月份成功进入全国高校就业50强行列。

作为服务大学生就业的一流平台，全国建筑类高校就业联盟自2013年5月在山东建筑大学成立以来，紧紧围绕"校校合作、校企合作、助推毕业生就业"的宗旨和"关怀学生就业、服务企业招聘、促进学校发展"的理念，在信息宣传、市场共享、人才培养、拓展交流等方面开展了大量卓有成效的工作，真正搭建起了建筑类高校间相互学习以及校企合作交流的平台，发挥了促进各校共同提高人才培养质量和就业工作水平、实现协同发展的重要作用。今年的年会以"探索校企深度合作之道，提升建筑类人才培养质量"为主题，把问题聚焦在了校企深度合作提高人才培养质量这一关键点上。接下来，与会的领导和专家将就校企深度合作途径探索、择才视野下建筑类高校人才培养、就业联盟可持续发展策略探究等问题展开深入探讨。我相信，通过本次论坛的充分交流，一定能给当前建筑类高校的就业工作带来新思路、新见解，一定能进一步推进全国建筑类高校学生就业工作再上新台阶。在此，我代表承办单位向为年会和论坛筹备付出辛苦努力的各成员单位、各企业代表表示衷心的感谢。

最后，再次感谢各位领导、专家、同仁长期以来对北京建筑大学的大力支持，我们将竭诚为大家提供热情、周到、满意的服务，确保年会和论坛各项任务圆满完成。预祝"论坛"研讨硕果累累、圆满成功！预祝全国建筑类高校就业联盟蓬勃发展、越办越好！

谢谢大家！

2014年11月4日

第三章 机 构 设 置

一、学校党群、行政机构

（一）学校党群机构
北京建筑大学党政办公室
中共北京建筑大学委员会组织部
中共北京建筑大学委员会党校
中共北京建筑大学委员会宣传部
中共北京建筑大学委员会统战部
中共北京建筑大学纪律检查委员会
中共北京建筑大学机关委员会
中共北京建筑大学委员会保卫部
中共北京建筑大学委员会学生工作部
中共北京建筑大学委员会武装部
中共北京建筑大学委员会研究生工作部
中国教育工会北京建筑大学委员会
共青团北京建筑大学委员会

（二）学校行政机构
党政办公室
监察处
学生处
研究生处
保卫处
离退休工作办公室
大兴校区管理委员会
教务处
招生就业处
校友工作办公室
科技处
重点实验室工作办公室
人事处
财务处
审计处

资产与后勤管理处
规划与基建处
国际合作与交流处
校产经营开发管理办公室

二、学校教学、教辅、附属及产业机构

（一）教学机构
建筑与城市规划学院
土木与交通工程学院
环境与能源工程学院
电气与信息工程学院
经济与管理工程学院
测绘与城市空间信息学院
机电与车辆工程学院
文法学院
理学院
体育教研部
计算机教学与网络信息部
国际教育学院
继续教育学院

（二）教学辅助、附属及产业机构
图书馆
高等教育研究室
学报编辑部．
建筑遗产研究院
建筑设计艺术（ADA）研究中心
后勤服务产业集团

（高士杰　白　荞）

第四章 教育教学

一、本科生教育

（一）概况

北京建筑大学始终坚持把人才培养作为学校的中心工作，把人才培养质量作为学校的生命线，把教学工作作为学校的中心工作，以本科生教育为主体，全面推行素质教育，为国家和社会输送了一批优秀高素质专门人才和拔尖创新人才。

（二）专业设置

【2014年招生专业设置一览表】

学院名称	专业名称	学制	学科门类
建筑与城市规划学院	建筑学	五年	工学
	城乡规划	五年	工学
	风景园林	五年	工学
	工业设计	四年	工学
	历史建筑保护工程	四年	工学
土木与交通工程学院	土木工程（建筑工程方向）	四年	工学
	土木工程（城市道路与桥梁工程方向）	四年	工学
	土木工程（城市地下工程方向）	四年	工学
	无机非金属材料工程（建筑材料方向）	四年	工学
	交通工程	四年	工学
测绘与城市空间信息学院	测绘工程	四年	工学
	地理信息科学	四年	理学
	遥感科学与技术	四年	工学
环境与能源工程学院	给排水科学与工程	四年	工学
	给排水科学与工程（中美合作2+2）	四年	工学
	建筑环境与能源应用工程	四年	工学
	能源与动力工程	四年	工学
	环境工程	四年	工学
	环境科学（资源循环利用方向）	四年	理学

续表

学院名称	专业名称	学制	学科门类
机电与车辆工程学院	机械工程	四年	工学
	机械电子工程	四年	工学
	车辆工程（汽车工程方向）	四年	工学
	车辆工程（城市轨道交通车辆方向）	四年	工学
	工业工程	四年	工学
经济与管理工程学院	工程管理	四年	管理学
	工程造价	四年	管理学
	工商管理类（含工商管理和市场营销）	四年	管理学
	公共事业管理（招标采购方向）	四年	管理学
电气与信息工程学院	电气工程及其自动化	四年	工学
	自动化	四年	工学
	计算机科学与技术	四年	工学
	建筑电气与智能化	四年	工学
文法学院	法学	四年	法学
	社会工作	四年	法学
理学院	信息与计算科学	四年	理学
	电子信息科学与技术	四年	理学
	理科实验班	四年	理学

（三）培养计划

【制定2014版本科人才培养方案】 2014年9月，北京建筑大学2014版本科人才培养方案修订工作历时一年多，在全校老师的共同努力下圆满完成，并从2014级本科新生入学起开始实施。北京建筑大学2014版本科培养方案以先进的教育教学理念为引领，以质量内涵建设为核心，以深化人才培养模式为载体，按照"夯实基础、注重创新、立足行业、走向国际"的基本思路，完善和优化与学校人才培养定位相适应的本科人才培养体系。2014版培养方案的制定与实施包括方案论证、方案审定、实施监测三个阶段。方案论证阶段，充分吸收高校专家、行业教育协会、行业协会、企业负责人的意见和建议，更好的体现和凝练北京建筑大学专业建设和人才培养的特色；方案审定阶段，确保培养方案的修订顺应国家高等教育改革的需要，顺应为人民办满意大学的要求，同时要顺应学校的发展需求，为学校的进一步发展提供有力的保障；方案实施阶段，方案实施过程中注重创新，对于教学过程进行及时的监测与调整，关注学科以及行业的发展动向，及时将最新的科研成果融入本科教学中，总结和凝练各专业的特色，切实提高学校本科教学水平。前期学校已圆满完成了前两个阶段的工作，后续将持续进行第三阶段即培养方案的实施与监测工作。

（四）本科教学工程

【2014年本科教学工程获批项目一览表】

序号	项目名称	市级及以上质量工程项目明细	学院名称	主要负责（完成）人
1	国家级虚拟仿真实验教学中心	建筑全过程虚拟仿真实验教学中心	建筑学院	刘临安
2	"十二五"普通高等教育本科国家级规划教材	工程项目管理（第四版）	经管学院	丛培经
3	北京高等学校教育教学改革立项面上项目	基于"慕课"理念的实践类课程教学改革与探索——以《力学结构模型加工与性能检测综合实验》为例	机电学院	周庆辉
4	北京高等学校教育教学改革立项面上项目	工程认证背景下测绘工程专业培养机制与教学方法改革	测绘学院	丁克良
5	国家级教学成果一等奖	注重中国优秀文化传承的建筑学专业人才培养体系研究与实践	建筑学院	汤羽扬　朱光　胡雪松　吴海燕　刘临安　欧阳文　金秋野　李雪华
6	精品视频公开课	国家级精品视频公开课——《建筑与伦理》	文法学院	秦红岭

（五）教学质量

【教学质量稳步提升】 学校大力加强教学质量建设，学生学习效果较好，近年来学校毕业率、学位率维持在较好水平，且处于稳定增长态势，2014届本科毕（结）业1593人，其中结业生24人，毕业率为98.49％。2014应届本科生授予学位1539，学位授予率为96.61％。2014届本科毕业生考取国内研究生109人，升学率为6.84％。其中，考取本校研究生69人，占升学总数的63.30％。出国攻读研究生78人，占毕业生总数的4.89％。学校高度重视学生就业工作，学生就业情况良好，2014届本科毕业生总体就业率为98.37％，签约率96.86％，学校的就业工作得到北京市和教育部的认可，2014年度学校是北京市唯一一所进入全国就业工作50强的高校。

（六）实践教学和基地建设

【实验教学中心建设情况】 2014年，北京建筑大学新增国家级虚拟仿实验中心1个（建筑全过程虚拟仿真实验中心）。截至2014年底，学校共有国家级实验教学示范中心1个，国家级虚拟仿真实验中心1个，北京市实验教学示范中心3个。

2014年11月，受北京市教委委托，北京建筑大学组织校内外专家召开了建筑与环境模拟市级实验教学中心和水环境市级实验教学中心验收汇报会。专家组成员在听取了建筑与环境模拟市级实验教学中心和水环境市级实验教学中心的建设情况和未来发展规划的汇报后，查阅了相关支撑材料，并现场考察了两个中心。经过认真评议，一致同意北京建筑大学建筑与环境模拟市级实验教学中心和水环境市级实验教学中心通过验收。

【校内外实践教学基地建设情况】 截至2014年底，北京建筑大学拥有校内外实践教育基地

119 个，其中国家级工程实践教育中心 1 个（北京建工集团有限责任公司），国家级大学生校外实践教育基地 1 个（中国新兴建设开发总公司），北京市高等学校市级校外人才培养基地 5 个，北京市示范性校内创新实践基地 1 个。

北京建筑大学校外实践教学基地一览表

序号	基地级别	委托学院	基地单位名称	联系人	使用有效期限
1	国家级 / 市级	土木学院	北京建工集团有限责任公司	吴徽	2011.04-2016.04
2	国家级 / 市级	环能学院	中国新兴建设开发总公司	孙金栋	2011.12-2016.12
3	市级	建筑学院	中国城市规划设计研究院	张忠国	2011.04-2016.04
4	市级	土木学院	北京市市政工程设计研究总院	吴徽	2011.04-2016.04
5	市级	建筑学院	中国建筑设计研究院	马英	2012.06-2017.06
6	校级	环能学院	北京市建筑材料科学研究总院有限公司	孙金栋	2011.04-2016.04
7	校级	建筑学院	北京市建筑设计研究院	刘临安	2011.04-2016.04
8	校级	建筑学院	清华大学建筑设计研究院有限公司	刘临安	2011.04-2016.04
9	校级	建筑学院	中国中元国际工程公司	刘临安	2011.04-2016.04
10	校级	环能学院	北京城市排水集团有限责任公司科技研发中心	冯萃敏	2011.04-2016.04
11	校级	环能学院	北京市燃气集团研究院	冯萃敏	2011.04-2016.04
12	校级	环能学院	北京市热力集团有限公司	冯萃敏	2011.04-2016.04
13	校级	环能学院	苏州浩辰软件股份有限公司	冯萃敏	2011.04-2016.04
14	校级	环能学院	北京市自来水集团安德投资管理有限责任公司	冯萃敏	2011.04-2016.04
15	校级	环能学院	北京格瑞那环能技术有限责任公司	王瑞祥	2011.04-2016.04
16	校级	土木学院	北京国道通公路设计研究院	龙佩恒	2011.04-2016.04
17	校级	测绘学院	北京林业大学	陈秀忠	2012.03-2013.03
18	校级	土木学院	北京北大资源地产有限公司	杨湘东	长期
19	校级	测绘学院	河北农业大学林场	陈秀忠	长期
20	校级	经管学院	中国招标投标协会	张俊	长期
21	校级	机电学院	用友新道科技有限公司	王跃进	2012.07-2015.07
22	校级	机电学院	北京住总集团有限公司	朱爱华	长期
23	院级	建筑学院	北京筑邦建筑装饰工程有限公司	陈静勇	2009.01-2019.01
24	院级	建筑学院	北京市建筑设计研究院第八设计所	陈静勇	2009.01-2019.01
25	院级	建筑学院	北京红衫林环境艺术工程有限公司	陈静勇	2009.01-2019.01
26	院级	建筑学院	中国建筑设计研究院环境艺术设计研究院室内设计所	陈静勇	2009.01-2019.01
27	院级	土木学院	北京住总集团有限公司	侯敬峰	2011.04-2016.04
28	院级	土木学院	北京首都公路发展有限责任公司	吴徽	长期
29	院级	土木学院	北京市公联公路联络线有限责任公司	吴徽	长期
30	院级	土木学院	北京华通公路桥梁监理咨询公司	吴徽	长期
31	院级	土木学院	北京城建集团有限责任公司土木工程总承包部	廖维张	2012.06-2017.06

续表

序号	基地级别	委托学院	基地单位名称	联系人	使用有效期限
32	院级	土木学院	北京城乡建设集团有限责任公司	廖维张	2011.04-2016.04
33	院级	土木学院	北京金隅混凝土有限公司	李崇智	2012.07-2017.07
34	院级	土木学院	北京敬业达新型建材有限公司	李崇智	长期
35	院级	土木学院	北京市榆树庄构件公司	李崇智	长期
36	院级	土木学院	北京华联丽合科技公司	李崇智	长期
37	院级	土木学院	北京市加气混凝土公司	李崇智	长期
38	院级	土木学院	北院金隅砂浆	李崇智	长期
39	院级	土木学院	北京宝贵石艺科技有限公司	李崇智	长期
40	院级	土木学院	北京市成城交大建材有限公司	李崇智	长期
41	院级	土木学院	北京琉璃河水泥厂	李崇智	长期
42	院级	土木学院	北京东方雨虹公司	李崇智	长期
43	院级	土木学院	北京市政路桥控股建材集团	李崇智	长期
44	院级	土木学院	北京远通水泥制品有限公司	李崇智	长期
45	院级	土木学院	和创新天（北京）环保科技有限公司	李崇智	长期
46	院级	环能学院	北京鸿业同行科技有限公司	冯萃敏	2009.12-2015.12
47	院级	环能学院	北京市自来水集团门头沟分公司	冯萃敏	2009.12-2015.12
48	院级	环能学院	北京市自来水集团门城污水处理有限公司	冯萃敏	2009.12-2015.12
49	院级	环能学院	北京泰宁科创科技有限公司	冯萃敏	2009.12-2015.12
50	院级	环能学院	北京市建筑设计研究院 3M1 工作室	冯萃敏	2009.12-2015.12
51	院级	环能学院	中国建筑设计研究院机电专业设计研究院	冯萃敏	2009.12-2015.12
52	院级	环能学院	北京卢南污水运营有限责任公司	冯萃敏	2009.12-2015.12
53	院级	环能学院	北京市市政四建设工程有限责任公司	冯萃敏	长期
54	院级	环能学院	北京城市排水集团有限责任公司方庄污水处理厂	冯萃敏	2010.01-2016.01
55	院级	环能学院	北京京城中水有限责任公司再生水水质监测中心	冯萃敏	2010.01-2016.01
56	院级	环能学院	北京自来水集团禹通市政工程有限公司	冯萃敏	2010.01-2016.01
57	院级	环能学院	同方人工环境有限公司	冯萃敏	2010.11-2015.11
58	院级	环能学院	北京白石工程技术有限公司	冯萃敏	长期
59	院级	环能学院	北京大河环球科技发展有限公司	冯萃敏	长期
60	院级	环能学院	北京味知轩食品有限公司	冯萃敏	长期
61	院级	环能学院	北京兴杰恒业石油化工技术有限公司	冯萃敏	长期
62	院级	环能学院	北京中联志和工程设计有限公司	冯萃敏	长期
63	院级	环能学院	北京金源经开污水处理有限责任公司	冯萃敏	长期
64	院级	环能学院	北京金迪水务有限公司	冯萃敏	2012.03-2017.03
65	院级	环能学院	徐州建邦环境水务有限公司	冯萃敏	长期
66	院级	环能学院	太仓建邦环境水务有限公司	冯萃敏	长期
67	院级	环能学院	盐城建宜环境水务有限公司	冯萃敏	长期

续表

序号	基地级别	委托学院	基地单位名称	联系人	使用有效期限
68	院级	环能学院	盐城建工环境水务有限公司	冯苹敏	长期
69	院级	环能学院	宜兴建邦清源污水处理厂	冯苹敏	长期
70	院级	环能学院	宜兴建邦张渚污水处理厂	冯苹敏	长期
71	院级	环能学院	宜兴建邦和桥污水处理厂	冯苹敏	长期
72	院级	环能学院	宜兴建邦徐舍污水处理厂	冯苹敏	长期
73	院级	环能学院	宜兴建邦周铁污水处理厂	冯苹敏	长期
74	院级	环能学院	北京启祥凯鑫特科技有限公司	孙金栋	2012.02-2017.02
75	院级	环能学院	北京澳作生态仪器有限公司	孙金栋	2010.07-2015.07
76	院级	环能学院	北京信德科兴科学器材有限责任公司	孙金栋	2010.07-2015.07
77	院级	电信学院	北京石油化工学院	岳云涛、栾茹	长期
78	院级	电信学院	北京互联立方技术服务有限公司	王佳	2011.10-2014.10
79	院级	电信学院	中国建筑科学研究院防火研究所	张雷	2013-2018
80	院级	电信学院	北京北变微电网技术有限公司	张雷	2013-2018
81	院级	电信学院	北京安工科技有限公司	张雷	2013-2018
82	院级	电信学院	北京中易云物联网科技有限责任公司	魏东	2013-2018
83	院级	电信学院	北京筑讯通机电工程顾问有限公司负责人	魏东	2013-2018
84	院级	经管学院	北京伟业联合房地产顾问有限公司	张俊	长期
85	院级	经管学院	思泰工程造价咨询有限公司	赵世强	长期
86	院级	经管学院	北京中原房地产经纪有限公司	张俊	长期
87	院级	经管学院	北京居而安装饰有限公司	张俊	2012.03-2017.03
88	院级	经管学院	北京龙腾房地产开发有限公司	张俊	2011.09-2016.09
89	院级	测绘学院	北京市测绘设计研究院	吕书强	2012.07-2015.07
90	院级	测绘学院	北京鹫峰国家森林公园	吕书强	2012.09-2015.09
91	院级	机电学院	北京广达汽车维修设备有限公司	陈宝江	长期
92	院级	机电学院	北京永茂建工机械制造有限公司	陈宝江	2010.11-2016.11
93	院级	机电学院	参数技术（上海）软件有限公司	秦建军	长期
94	院级	文法学院	北京市西城区展览馆街道办事处	孟莉	长期
95	院级	文法学院	北京市洪范广住律师事务所	李志国	长期
96	院级	文法学院	北京市西城区悦群社会工作事务所	郑宁	长期
97	院级	文法学院	北京市顺义区绿港社会工作事务所	孟莉	长期
98	院级	文法学院	夕阳红老人心理危机救助中心爱心传递热线	郑宁	长期
99	院级	文法学院	北京市西城区人民法院	李志国	长期
100	院级	文法学院	北京市朝阳区安贞社区卫生服务中心	孙希磊	长期
101	院级	文法学院	北京厚德社会工作事务所	孙希磊	长期
102	院级	理学院	北京国网中电自动化技术有限公司	代西武	2012.07-2017.07
103	院级	理学院	北京道和卓信科技有限公司	张长伦	2014.07-2017.07

续表

序号	基地级别	委托学院	基地单位名称	联系人	使用有效期限
104	院级	理学院	北京同美世纪科技有限公司	张健	2014.07-2017.07
105	市级	教务处	工程实践创新中心	邹积亭	长期
106	校级	建筑学院	建筑与环境模拟实验教学中心	邹越	长期
107	校级	电信学院	建筑电气与智能化实验教学中心	蒋志坚	长期
108	校级	环能学院	水环境实验教学中心	孙金栋	长期
109	校级	土木学院	建筑结构与材料实验教学中心	张国伟、李飞	长期
110	校级	测绘学院	测量遥感信息实验教学中心	陈秀忠	长期
111	校级	机电学院	机电与汽车工程实验教学中心	田洪森	长期
112	校级	理学院	物理与光电实验教学中心	马黎君	长期
113	校级	计信部	计算中心	张堃	长期
114	校级	环能学院	中法能源培训中心	郭全	长期
115	校级	校产	北京建工建筑设计研究院	王建宾	长期
116	校级	校产	北京建工京精大房工程建设监理公司	王建宾	长期
117	校级	校产	北京建工建方科技公司	王建宾	长期
118	校级	校产	北京建工远大市政建筑工程公司	王建宾	长期
119	校级	校产	北京致用恒力建筑材料检测有限公司	王建宾	长期

【成立建设领域土建类专业卓越工程师教育校企联盟】 2014年7月16-18日，"首届中国高等建筑教育高峰论坛——建设领域土建类专业卓越工程师教育"在北京建筑大学大兴校区隆重举行。论坛汇聚了政府部门、行业协会、科研机构、高等院校及行业企业等多个领域专家学者300余名，围绕建设领域"卓越工程师教育培养计划"的实施进行总结与研讨，会上成立了国内首个土建类卓越工程师联盟——建设领域土建类专业卓越工程师教育校企联盟。住房和城乡建设部副部长王宁和教育部高等教育司张大良司长共同为联盟揭牌。该联盟首批成员由中国建设教育协会以及哈尔滨工业大学、同济大学、重庆大学、西安建筑科技大学、北京建筑大学等27所高校和中国建筑工程总公司、中国建筑设计研究院、中国冶金科工集团、中国新兴建设集团、北京建工集团等14家企业组成。联盟接受教育部、住房和城乡建设部以及地方教育及行业主管部门的指导，坚持"平等、自愿、协作、资源共享、协同育人、共同发展"的原则，在卓越工程师人才培养的课程体系与教学内容建设、教材建设与师资队伍培养、实习实训、研究生教育、学生就业等方面展开全方位的校企合作。联盟将围绕校企合作机制的改革与探索，打造具有行业特色的校企合作人才培养模式，建立建筑行业人才培养和国家级工程实践教育中心建设行业标准，以推动"卓越工程师教育培养计划"的发展。

（七）教学改革与创新

【完全学分制试点】 北京建筑大学测绘学院自2014级起试点完全学分制。完全学分制以"提高学生全面素质和应用能力"为根本宗旨，为使学生自主学习和教师因材施教相结合，在学分制中，选修课占有一定比重，学生可以根据自己的兴趣自主选择选修课进行修习，抛却了所有同专业学生所有课程设置相同的教学体制的死板僵化，促进了学生的个性化发展和全面富有特色的人才养成。

【2014年学校首次实行大类招生】2014年学校首次实行宽口径招生，在学校经管学院内部同属于工商管理类的工商管理和市场营销专业进行试点，工商管理和市场营销在专业基础课上相通，宽口径招生便于管理，便于集中教学，有利于教师在教学上投入更多的精力。使学生通过大学一年或两年的学习，找到自己喜欢和擅长的专业。

（八）学籍管理

【学籍处理情况】本年度，本科生学籍管理工作逐渐规范化、系统化，各类学籍事务工作办理及时有效，加大了对在校生的校院两级管理力度。2014年度，北京建筑大学本科生各类学籍事务处理共计441次（详情见下表）。

学籍处理情况统计表

处理事项	保留学籍	复学	更改姓名	留降级	退学试读	跳级	退学	未报到	休学	转学	转专业	保留入学资格	取消学籍
人次	42	36	2	59	41	6	65	61	102	9	14	1	3

（九）教学运行

【课程及考试情况】2014年，北京建筑大学测绘与城市空间信息学院在全校范围内率先实行学分制管理，2014级学生开始在导师的指导下进行自主选择课程、选择任课教师的教学管理模式。2014年，本科生教学分别在大兴和西城两校区进行，由教务处统一安排课程1223门次，教学运行平稳。

2014年，由北京建筑大学教务处统一安排的校内考试包括开学前重考、期末考试及毕业前清考等。其中开学前重考177场次，期末考试1064场次，毕业清考45场次；除教师参加监考外，机关人员参与期末监考329人次；校外考试主要有全国大学英语四六级考试和专升本考试。全国大学英语四六级考试考前都分别在大兴校区和西城校区举办考前培训，覆盖到每一位监考老师及考务人员，使英语四六级考试工作得以圆满完成，得到了上级的认可。

（十）教学研究与成果

【2014年度北京高等学校教育教学改革立项】根据国家和北京市中长期教育改革和发展规划纲要、教育部《关于全面提高高等教育质量的若干意见》（教高〔2012〕4号）、北京市教育委员会《关于进一步提高北京高等学校人才培养质量的意见》（京教高〔2012〕26号）等文件要求，着力推动和深化首都高等学校教育教学改革，促进人才培养模式创新，优化教育资源结构，加速首都高等教育现代化进程，提高高等教育质量。2014年，北京建筑大学教务处组织相关专家对申报材料严格把关，最终获批3项北京市高等学校教育教学改革项目，其中包括2项面上项目和1项联合项目。

2014年度北京市高等学校教育教学改革立项名单

编号	项目名称	项目负责人	项目申请学校	项目类别
2014-ms155	基于"慕课"理念的实践类课程教学改革与探索——以《力学结构模型加工与性能检测综合实验》为例	周庆辉	北京建筑大学	面上

续表

编号	项目名称	项目负责人	项目申请学校	项目类别
2014-ms156	工程认证背景下测绘工程专业培养机制与教学方法改革	丁克良	北京建筑大学	面上
2014-lh03	三位一体市属高校大学英语教育改革模式研究	张喜华	北京第二外国语学院、北京联合大学、北京服装学院、首都师范大学、北京石油化工学院、北京城市学院、北京第二外国语学院中瑞酒店管理学院、首都医科大学、北京信息科技大学、北京工商大学嘉华学院、北京农学院、北京建筑大学	联合

【2014年度校级教育科学研究项目结题】根据《北京建筑工程学院教育科学研究项目管理办法》等文件的要求，北京建筑大学教务处于2014年9月组织开展2014年度校级教育科学研究项目结题验收工作，共有18项校级教育科学研究项目申请验收，其中15项通过专家评审完成结题，3项暂缓验收。

【2014年度校级教材建设项目结题】根据《北京建筑工程学院教材建设项目管理办法》等文件的要求，北京建筑大学教务处于2014年9月组织开展2014年度校级教材建设项目结题验收工作，共有10项校级教材建设项目申请验收，并通过专家评审完成结题。

【2014年度校级实践教学专项基金项目结题】根据《北京建筑工程学院实践教学改革研究项目管理办法》等文件的要求，北京建筑大学教务处于2014年9月组织开展2014年度校级实践教学专项基金项目结题验收工作，共有7项校级实践教学专项基金项目申请验收，并通过专家评审完成结题。

（赵林琳　梁　凯　倪　欣　宋奇超　刘　杰　赵春超　毛　静）
（刘志强　那　威　王崇臣）

二、研究生教育

（一）概况

2014年，研究生工作部（处）认真贯彻《北京建筑大学2014年党政工作要点》和北京建筑大学更名大学后的发展新要求，落实本部门的年度工作计划，以学科建设为引领，落实深化研究生教育改革实施工作，推动北京建筑大学事业科学发展，为创建特色鲜明的高水平建筑大学扎实推进工作。

按照博士人才培养项目实施工作要求，开展了博士研究生教育管理工作调研、研讨和相关管理文件制订与汇编等工作。

深入分析梳理导师队伍及科研项目、科研成果、培养研究生质量现状，全面施行导师考核，提升导师队伍水平；探索学术型、专业学位研究生分类培养模式，强化创新应用型专业学位人才的培养力度；改革研究生教育教学研究模式，培育高级别研究生教育教学成果产出。进一步加强研究生优质课程项目建设，组织凝练研究生教育创新成果，参与"2014年中国研究生教育成果奖"的申报工作。

（二）研究生招生专业设置

北京建筑大学2014年获批"社会工作"硕士专业学位授权类别点和"机械工程"、"工业设计工程"2个工程硕士专业学位授权领域点。

2014年，北京建筑大学录取全日制硕士研究生461人，比2013年增长7%；2013年（2014年春季入学）录取非全日制（在职）硕士生180人，比2012年增长7.8%，实现了北京建筑大学全日制和非全日制招生规模双增长，进一步巩固了北京建筑大学学术型硕士学位一级学科点和交叉学科点培养在职硕士生教育共发展的格局。

2014年，北京建筑大学进一步加强标准化考点建设，在满足北京教育考试远程电子巡查系统科学、规范、统一的使用要求的基础上，北京建筑大学再次补充购置一批身份证鉴别仪，实现考场每个出入口身份证鉴别仪全覆盖，确保用高科技方式提高防作弊检测手段不留死角。

（三）研究生导师

2014年1月7日和7月3日，分别召开冬季和夏季校学位评定委员会全体会议，会议表决新增学术型学位硕士研究生指导教师63人，新增专业学位硕士研究生指导教师93人。北京建筑大学2014级学术型学位硕士研究生指导教师队伍增加到478人，2014级专业学位硕士研究生指导教师队伍增加到532人，北京建筑大学导师队伍人数较去年整体增长18.3%。

2014年夏季，启用"学科建设与研究生教育信息管理系统"导师管理模块，成功开展导师遴选与聘任网上申报、审核等工作，提高了管理工作信息化建设水平；进一步优化校院两级管理，扩大学院自主权，实行由学院学位评定分委员会组织落实、备案的导师聘任机制。

（四）研究生培养

按照博士人才培养项目实施工作要求，开展了博士研究生教育管理工作调研、研讨和相关管理文件制订与汇编等工作。

按照国家、北京建筑大学对创新型研究生培养的要求，为进一步优化硕士研究生培养方案，提升硕士研究生培养质量，满足2014级硕士研究生培养要求，组织对北京建筑大学学术型学位授权学科点及专业学位授权类别（领域）点硕士研究生培养方案进行修订，并完成相关培养方案纸质版本印制。组织修订了北京建筑大学2014版《研究生指导教师手册》、《全日制硕士研究生手册》、《非全日制（在职）硕士生手册》等研究生教育管理文件，于2014/2015学年第一学期下发使用、上网公布。

为进一步规范北京建筑大学研究生教学管理，建立研究生培养质量长效机制，提升研究生教学管理专业化水平，于2014年5月制定《北京建筑大学研究生课程成绩及教学基础资料管理办法》，将《办法》下发各学院和相关研究生教学单位，规范研究生课程成绩登录、审核、教学基础资料归档等工作。

为加强研究生教学质量长效机制建设，进一步提高研究生培养质量，于2014年5月及2014年10月重点开展了教学期中检查工作，针对发现的问题进行情况通报，并组织相关部门进行整改。在研究生教育信息管理系统中添加"教学评价"模块，全面了解研究生对于教师授课能力、课程设置、讲授效果等方面的意见和建议。

进一步落实北京高校"城乡建设与管理产学研联合研究生培养基地"项目建设实施工作，完成了与24家知名企业共建培养基地的签约挂牌工作；组织开展了第二期培养基地项目实施工作，63项研究生申请项目获得培养基地项目资助，研究生进入培养基地企业开展项目研究和专业实践；组织开展了第三期培养基地项目立项工作，47项培养基地项目通过评审。

（五）学位授予

2014年，北京建筑大学授予毕业研究生硕士学位460人，比2013年增长17%，其中学历教育硕士学位208人，专业硕士学位252人，专业硕士学位比2013年增长37%。33名毕业研究生获得"校级优秀硕士学位论文"荣誉。

为保证学位论文质量，提高研究生的学术水平和科研能力，修订和完善了对研究生的学术活动要求、学术不端检测要求等相关文件，强化了对新学科、新专业、新导师、历史成绩不佳、申请提前毕业等多种情况下的学位论文双向盲审制度，协助建筑与城市规划学院、环境与能源工程学院、经济与管理工程学院、电气与信息工程学院、机电与车辆工程学院依据学科实际制定针对本院研究生学术活动成果特殊要求的实施细则，这些措施均有力保证了研究生学位授予质量。

作为"研究生教育管理信息系统"的子系统，学位管理信息系统在2013年全面启动后，继续在2014届毕业研究生中顺利完成论文开题、中期检查、实践环节考核、学术成果采集、论文评审、答辩及学位授予工作，并针对各环节出现的具体操作问题进行了系统改进和调整，使之更好地服务于研究生学位日常工作管理。通过信息化系统的建设使用，规范了学位工作过程管理，提高了管理水平和工作效率。

（六）学籍管理

完成2014级全日制研究生新生学籍复查、电子注册及研究生在校生学年注册工作。按照《北京市教育委员会办公室转发教育部办公厅关于做好2014年普通高等学校录取新生复查和学籍电子注册工作文件的通知》，在规定时间内完成452名2014级全日制研究生（含450名全日制硕士研究生、2名博士研究生）学籍信息注册。在规定时间内完成1284名全日制在校研究生学年注册。

按照北京市教育委员会学生处《关于做好北京地区2014年春季普通高等教育毕业生学历证书电子注册工作的通知》及《关于做好北京地区2014年暑期普通高等教育毕业生学历证书电子注册工作的通知》，在2014年1月完成2014届春季5名全日制硕士生学历注册，2014年7月完成2014届夏季375名全日制硕士生夏季学历注册。完成5人次休学（复学）、2人次退学、1人学籍注销流程审核及在线操作。

通过参加北京市教育委员会学生处组织的工作培训及政策学习，规范研究生学籍管理相关流程，加强全日制研究生日常学籍维护及管理。

（七）教学质量提升与成果

北京建筑大学研究生优质课程建设项目已有62门课程参与或完成了课程建设，涵盖了公共学位课、专业学位课及专业选修课。2014年10月31日，"建设法规"等6门优质课程获批2015年度研究生优质课程建设项目。

此外，依据中国学位与研究生教育学会《关于开展"2014年中国研究生教育成果奖"

评选工作的通知》要求，组织开展了"中国研究生教育成果奖"的申报工作。经北京建筑大学评审、公示，以建筑与城市规划学院牵头申报的《基于文化传承与创新的建筑遗产保护专业人才培养与实践》项目，以土木与交通工程学院牵头申报的《面向首都城市建设需求的应用创新型土木工程研究生培养探索与实践》项目，作为北京建筑大学申报"2014年中国研究生教育成果奖"的项目。

（八）研究生思想政治教育工作

把研究生思想政治教育与发挥导师的育人作用相结合，把研究生思想政治教育与研究生学术诚信活动相结合，把研究生思想政治教育与关注研究生的身心健康相结合，把研究生思想政治教育与发挥研究生党员作用相结合，把研究生思想政治教育与解决研究生实际困难相结合。

召开3场全日制研究生座谈会，广泛征集在校研究生（包括一、二、三年级）对学习、就业、生活等方面的意见和建议，并协调相关部门解决。

组织研究生到人民大会堂参加了2014年首都科学道德和学风建设宣讲教育报告会；组织研究生开展了社会主义核心价值观征文活动等。邀请企业人力资源主管为研究生做职业生涯规划和就业指导讲座，介绍优秀校友事例，指导诚信就业，友善待人。结合学位评审工作，做进一步严格学位论文查重和匿名评审工作宣传教育，保障学位论文质量和育人质量。

创办"京津冀地区高校'城乡建设与管理'领域研究生学术论坛"，提高研究生创新能力，开展京津冀地区高校研究生合作交流。

开展了"研师亦友－我心目中的优秀研究生指导导师"评选工作，评选出优秀研究生导师10人，宣传了北京建筑大学研究生导师爱岗敬业、立德树人的先进事迹。

与组织部、宣传部、学生工作部等共同制定了《中共北京建筑大学委员会学生党员先锋工程实施方案》，组织在广大研究生党员中实施以理论学习和实践锻炼为主要内容的先锋工程，加强学习型、服务型、创新型学生党支部建设。土木与交通工程学院研究生党支部以研本联合为载体开展了考研交流会、红色"1+1"活动；环境与能源工程学院研究生党支部实施了"红帆领航"行动计划，以专业为依托开展理论指导。

利用入学和毕业两个重要教育节点，以硕士研究生毕业典礼暨学位授予仪式、全日制研究生开学典礼为抓手，对840名研究生进行系统的思想政治教育与学业指导。

（九）学生事务管理（奖学金、助学金、档案等）

制定了《北京建筑大学研究生奖助学金管理办法（暂行）》，评选获得国家奖学金研究生29人，获得学业一等奖学金研究生41人，获得学业二等奖学金研究生123人，获得学业三等奖学金研究生643人，获得一年级学业奖学金研究生447人，获得产学研联合研究生培养基地优秀项目奖学金7人，优秀研究生干部27人；共计1259人获得国家助学金。全年共计发放奖助学金1070余万元。

2014年通过展板展示和校园网宣传等途径，对39名优秀毕业研究生、193名获得奖学金的研究生进行宣传，营造了广大研究生在学习和科研中创先争优的氛围。

按照《北京建筑大学研究生档案管理办法（试行）》，本年度研究生查阅本人档案内党员材料和本科成绩单等、企业查阅研究生档案、到北京市机要局寄送研究生档案、办理2014年毕业生户档留存学校等共计831份。保证了档案保存无损毁、查阅无障碍、寄送无差错。

按照《研究生"三助"工作实施办法》，2014 年全年遴选、安排助管岗位研究生 136 人，共发放助管津贴 81.6 万元。为家庭经济困难研究生发放临时困难补贴 30000 元。

为 2012、2013、2014 级所有全日制研究生购买人身意外保险，为在校研究生人身安全提供了重要保障。

（刘　伟　丁建峰　姚　远　王子岳　薛东云）
（戚承志　李海燕　李云山　汪长征）

三、国际教育

（一）概况

国际教育学院成立于 2012 年，主要负责学校中外合作办学项目管理、留学生招生及管理、中国学生国际交流等事务。具体负责学校中外合作办学项目的申报、筹备及日常管理工作；留学生的招收、教学及日常管理工作；中国学生长短期派出及相关事务管理工作；接待外宾和外国专家来校访问及交流；为学校国际交流工作的决策提出意见和建议等。

（二）国际交流

【概述】2014 年，国际教育学院积极开拓、扩大与国（境）外高校间的合作与交流，取得丰硕成果。共联系美国罗格斯大学、奥本大学、南康涅狄格州立大学、英国卡迪夫大学、南威尔士大学、普利茅斯大学、伦敦南岸大学、澳大利亚南昆士兰大学、蒙古科技大学等国外高校，接待来访 10 批次。北京建筑大学获批成为第一批"外培计划"高校，2015 年在北京招收外培计划学生。

【校际交流】2014 年 3 月 1 日至 4 日，奥本大学建筑学院主管教学院长 Bret Smith，建筑系主任 David Hinson 教授，工业设计专业 Tin-man Lau，Bruce Claxton 教授访问北京建筑大学。就风景园林专业"4+1+1"本硕联合培养项目协议进行细节商讨，面试奥本大学硕士研究生，"4+1+1"项目的学生为 2014 年夏季派出第一批风景园林"4+1+1"学生做好准备。

3 月 13 日，蒙古科技大学土木与建筑学院院长 Peljee Otgonbayar 教授等一行 6 人来校参观访问。蒙古科技大学与北京建筑大学于 2010 年签署合作框架协议，在教师学生交流、科研合作等方面开展了相关合作。此次会谈，双方主要就本科生、研究生联合培养项目，教师赴蒙古短期讲学，蒙古国教师及工程人员来京专业培训等内容进行详细商谈，双方就以上合作项目达成初步共识，并将积极推进后续工作。

10 月 21 日，英国普利茅斯大学建筑学院院长 Alessandro Aurigi 来访，双方围绕校际合作、本科生和研究生联合培养、师生交流访问等问题展开了讨论。

10 月 23 日，英国伦敦南岸大学城市工程系主任 DavidTann（谭大维）来访。双方围绕伦敦南岸大学与北京建筑大学"3+1"、"4+1"联合培养项目的具体细节、教师培训、学生冬夏令营等问题展开深入讨论。谭教授在北京建筑大学大兴校区作了题为"伦敦南岸大学交流项目和英国留学规划"的讲座。

10月24日,北京建筑大学与美国南康涅狄格州州立大学副校长Better Bergeron和国际教育处Erin Heidkamp进行了会面并签订了校际交流合作协议。明确约定了双方在未来五年内将定期开展教师及学生间的交流互访、合作开展科研项目等合作事项。

11月4日,澳大利亚南昆士兰大学教授、北京建筑大学校友诸葛燕访问大兴校区,测绘与城市空间信息学院、环境与能源工程学院、电气与信息工程学院主管院长参加了会谈,探讨了下一步合作可能性,诸葛燕介绍了南昆士兰大学的学科专业发展情况。

11月17日,宋国华副校长带队,访问了澳大利亚南昆士兰大学,与该校共同签署了合作框架协议。根据此框架协议,北京建筑大学将在语言培训、交流,青年教师培养,土木工程相关专业学生交换,联合硕士、博士培养等多方面和南昆士兰大学展开合作。

12月9日,美国罗格斯大学中国办公室主任王建峰来访。副校长宋国华、国际合作与交流处、国际教育学院、土木与交通工程学院、文法学院参加了讨论会。本次重点就夏令营、土木工程专业本科生交换、社会工作专业青年教师、学生合作培养等方面展开了讨论。

【学生出国】2014年,共有165名学生通过交流、实习等各种渠道,获得境外学习或交流经历。1月19日-2月15日,20名学生在美国奥本大学进行了为期4周的语言培训,全体学生以优异的成绩通过了奥本大学的托福考试。此次赴美国奥本大学冬季小学期英语集训班是继2013年7月首次举办奥本大学夏季小学期英语集训班以来的两校第二次大型校际交流活动。3月18日英国南威尔士大学英语入学考试在西城校区举行,本次语言测试为北京建筑大学广大学生参与北京建筑大学与南威尔士大学"3+1"、"4+1"项目提供了除雅思考试之外的又一平台。7月8日上午,2014年夏季出国交流项目学生行前教育会在大兴校区举行。副校长宋国华出席会议,国际合作与交流处、国际教育学院、教务处、环境与能源工程学院、英国南威尔士大学中国办公室,经济与管理工程学院等部门人员参加教育会。共有24名学生经过奥本大学"2+2"、"4+1+1"项目、英国南威尔士大学"3+1"、"4+1"项目、新西兰UNITEC交换生项目出国学习,共有4名学生参加奥本大学夏季小学期英语集训班。9月,成立学生社团出国留学社,由国际教育学院黄兴老师担任社团指导老师,出国留学社在2014/2015学年共邀请国外教授、知名学者举办了10场"留学-建大"系列讲座,并通过外籍教师的参与、出国项目宣讲与指导、与留学生联谊等活动为北京建筑大学广大学生了解校际国际交流项目提供了新的平台。12月3日,国家留学基金委规划发展部主任龙嫚来校作"公派留学政策解读"专题报告,报告会在学宜宾馆地下报告厅举行。2014年,获批"青年骨干教师出国研修项目"教师7人,国家留学基金委资助项目为师生提供了更为宽广的出国留学平台和资助途径,对拔尖创新人才的培养和学科建设,以及与国际高水平大学的高层次合作有着重要的战略意义。

(三)合作办学

【概述】2014年3月,北京建筑大学和奥本大学共同向教育部递交了关于成立合作办学机构"北奥国际学院"的申请,国际学院承担了北奥国际学院的筹备工作,和国交处、人事处、财务处共同开展了外部调研工作,为申报文本准备了《合作协议》《合作办学章程》六个第一批合作办学专业培养方案《合作办学可行性报告》运行管理机构、人员聘任方案等多项文本准备工作。

2012年获批的中外合作办学项目"给水排水工程专业本科教育2+2项目",2014年招收第三批22名学生,2014年8月,中外合作办学水122班共派出第一批共11名同学赴美国奥本大学学习,并在2015年1月派出第二批共4名同学,在第一届中外合作办学"2+2"班高考不设英语单科录取线的情况下,派出率达到了60%。

【教学管理】2014年1月6日至10日,国际教育学院举办了首届"英美文化周"系列活动,本次活动为帮助中美合作办学"2+2"水122班的同学们更好地适应和融入美国本土文化和奥本大学校园生活而设计,体现了"人才培养,文化先行"的理念,也为国际教育学院更好的落实"2+2"合作办学项目和培养国际化人才做出有益探索。5月9日至5月15日,美国奥本大学工学院前院长Larry教授和赵东叶教授带领10名奥本大学学生来北京建筑大学交流参加北京建筑大学与奥本大学学分课程项目。同时,两位教授给即将赴奥本大学进行学习的中美合作办学水122班全体同学授课,课程内容包含奥本大学的学术规定、美国工程类专业的作业类型、完成要求及注意事项、专业概况等。6月底,国际教育学院召开中外合作办学水122班出国行前培训会及家长会,此次行前培训为中外合作办学"2+2"项目学生前往奥本大学继续学习提供了包括签证、体检、海外沟通方式、学业及选课指导等多方面的服务。

【学生活动】2014年1月初,国际教育学院举办英语作文竞赛和单词竞赛,中美合作"2+2"班全体同学参加。本次竞赛均参照托福考试标准来设置考题,共评出了一等奖4名,二等奖6名,三等奖11名,优秀奖若干;2014年5月举办英文读书会,这些活动是国际教育学院为激发学生学习英语的兴趣和热情,营造良好的英语学习氛围所进行的有益尝试。10月14日,由团委和文法学院共同主办的北京建筑大学英语演讲大赛在大兴校区举办。中外合作办学"2+2"水143班学生吴舒姗以《Human and nature》获得本次英语演讲比赛二等奖。12月30日,第二届"Culture Bridge"新年联欢会在大兴校区举行。国际教育学院院长吴海燕、副院长丁帅,环境与能源工程学院党总支副书记黄琇、外籍教师Susana等出席了本次联欢会,中美合作办学"2+2"水143班、水133班和部分留学生参加。本次新年联欢会在2015年即将到来之际通过联欢的形式来搭建起北京建筑大学留学生和"2+2"项目中国学生沟通的桥梁。给同学们提供了学习之外的另一个展示平台,增强了国际教育学院各班同学的凝聚力和归属感。

(四)留学生管理

【概述】2014年,共有来自19个国家和地区各类长短期留学生120人来校就读,其中长期生93人,短期生27人。学历生73人,其中硕士研究生22人,本科生51人。非学历学生47人,其中语言生16人,短期进修生31人。来自美国奥本大学、意大利马尔凯工业大学、韩国亚神大学等学校的校际交流学生在建筑与城市规划学院、环境与能源工程学院、国际教育学院学习进修。2014年春季、秋季,毕业本科生2人,硕士研究生7人。

【教学管理】2014年1月6日,韩国亚神大学留学生汉语班开班仪式在西城校区举行。这是国际教育学院与韩国亚神大学汉语系开展海外课程学分项目的第二期。4月,完善北京市政府奖学金评选办法,加大学习成绩权重,调动了学生学习的积极性,形成了努力学习的良好氛围。7月至8月,对两校区留学生公寓进行了装修改造,西城校区增加了7个房间,更换了部分老化电器与家具,大兴校区新设了5个房间,大大改善了留学生的住宿环境。8月,举办苏丹建设部规划师"Landscape design course"培训班,来自苏丹建设部的11名建筑师和规划师参加了培训。国际教育学院联合建筑学院,为学员们安排了丰富的课程，既有课堂讲授，又有实地考察，培训内容涵盖古代园林与现代建筑设计。9月，补充完善各项规章制度，将禁毒教育纳入留学生教育体系，与每位留学生签订禁毒责任书，杜绝涉毒贩毒。

【学生活动】2014年3月6日，北京理工大学足球队与北京建筑大学举办足球友谊赛，北京建筑大学留学生福来、易卜拉辛、贝斯麦克参赛。3月26日，北京建筑大学大学生足球联赛落下帷幕，留学生尤纳斯代表经管学院参赛并获得亚军。10月25日，国际教育学院组织留学生赴古北水镇进行秋季社会实践，留学生走到户外，了解中国文化和社会，既增长知识，又丰富了他们的业余生活。

（丁　帅　黄　兴　吴海燕）

四、继续教育

（一）概况

继续教育学院是北京建筑大学举办成人高等学历教育和非学历培训的教辅单位。学院下设学历教育科、非学历教育科、自学考试办公室，目前编制9人。承担着3000余名成人高等学历教育教学、管理工作，承担着年均1000余人次的继续教育培训工作，承担着"建筑工程"专业自学考试主考院校工作。

（二）学历教育

北京建筑大学1956年成立北京业余城建学院。1981年成立北京建筑工程学院夜大学。1988年建立了成人教育部。1997年成人教育部更名为成人教育学院。1999年成人教育学院更名为继续教育学院。在业余城建学院时期，开设的专业有工业与民用建筑工程、给水排水工程、道路与桥梁工程3个专业。成立夜大学以后，增加了起重运输与工程机械、供热通风与空调工程、城市燃气等专业。后又相继开设了城市规划管理、古建筑保护、建筑经济管理、工程造价管理、房地产经营管理、土木工程专升本、工程管理专升本、建筑环境与设备工程专升本、机械工程及自动化专升本、计算机科学与技术专升本、法学专升本、城市规划专升本、城市燃气工程、装饰艺术设计等专业。学院受北京市规划委员会委托，举办了城市规划专业大专和专升本教学班；受北京市委城建工委和市建设委员会委托，举办了建筑经济管理专业劳模大专班和土木工程专业专升本教学班；受国家文物局委托，举办了古建筑保护专业大专班；受北京市怀柔、密云、顺义、平谷等区县公路局委托，举办了交通土建工程专业大专班；受首钢集团委托，举办了房地产经营管理专业大专班；受通州区建委、密云县人事局、怀柔建筑集团委托，分别举办了土木工程专业专升本、工程管理专业专升本教学班。

目前，学院开设3个层次8个专业，其中高中起点本科有土木工程专业；高中起点专科（高职）有建筑工程技术、工程造价、供热通风与空调工程技术等专业；专科起点本科有土木工程、工程管理、建筑环境与设备工程、城市规划、英语（国际工程）等专业；在校生3000余人。共计培养了毕业生15000余名。

【日常教学管理工作】继续教育学院共有21个相关的教学管理规章制度，基本上覆盖了成人高等教育的教学、管理的各个环节，在日常教学管理过程中，可以做到有章可循，确保教育质量。

继续教育学院制订了成人教育教学质量管理手册，严格按照规定执行。如：进行开学前检查，对教师上课情况、教材到课率及学生注册等情况进行检查并通报。期中进行学生对任课教师的网上评教，对任课教师的教学态度、教学方法、教学效果等方面进行评估。任课教师可以通过数字化校园平台，及时了解学生对自己教学工作的评价和提出的建议，及时调整教学方法，为学生提供更好的教学服务。教师对学生进行评学，班主任通过任课教师的评价，针对学风、出勤等情况，及时管理班级，维持良好的学习环境。毕业班级还要进行毕业前的问卷调查，为学校的发展出谋划策。这些意见和建议，对完善规章制度、调整招生计划、修订教学计划、申办新专业提供了第一手资料。

继续教育学院数字化校园平台的使用，将日常的教务管理、学籍管理、考务管理、毕业管理等，全部实现网络化管理，既提高了工作效率，又规范了管理程序。

按照继续教育学院学历教育科工作流程和各岗位职责，认真完成了，包括：聘请任课教师、排课、调课、考试、实践环节、学籍变异、毕业审核、学位初审、毕业生评优、任课教师期中评测和班主任考核等工作。

【招生工作】2014年，北京建筑大学共录取成人高等教育3个层次（高起本、专升本、专科）、8个专业（土木工程高起本、土木工程专升本、建筑环境与设备工程专升本、城市规划专升本、工程管理专升本、建筑工程技术、工程造价、供热通风与空调工程技术）的新生769人，其中高起本：124人，专升本：559人，专科：86人。

2014年成人教育各专业录取人数一览表

项目		专业	计划数	上线情况		实际录取	
				上线人数	北京市最低分数线	实际录取人数	我校录取分数线
本科	工学	土木工程	104	124	145	124	145
		高起本小计	104	124	—	124	—
专升本	管理	工程管理	161	162	102	162	102
	工学	土木工程	270	235	105	235	105
		城市规划	75	82	105	82	105
		建筑环境与设备工程	70	80	105	80	105
		专升本小计	576	559	—	559	—
专科	理工	建筑工程技术	30	22	138	22	138
		供热通风与空调工程技术	26	19	138	19	138
		工程造价	30	51	138	45	156
		专科小计	86	92	—	86	—
		合 计	766	775	—	769	—

【开学典礼】2月22日，2014级1003名成人高等教育新生开学典礼，进行入学教育，报到、注册、审核新生资格、领取本学期课程表、填写《学生登记表》。其中高起本136人，专科114人，专升本723人。

【毕业典礼】1月11日，2014届春季成人高等教育毕业典礼。2014届春季毕业生679人，其中本科毕业生577人，专科毕业生102人。授予本科毕业生191人学士学位。授予高自考本科毕业生5人学士学位。

7月12日，2014届夏季成人高等教育毕业典礼，共毕业学生22名，其中高起本2名，专升本20名。授予本科毕业生44人学士学位。授予高自考本科毕业生1人学士学位。

【取得的成绩】在2014年北京高等学校继续教育大学生计算机应用竞赛中获团体三等奖，在全北京市排名第九位，动画短片组获一等奖，2048AI组获三等奖，王培老师获优秀组织奖。

【学位英语组考工作】根据北京市教委的安排，完成了2014年度的成人学位英语考试的组考工作。上半年考试报名864人，实到572人，通过96人，（按实考人数）通过率16.78%。下半年考试报名1028人，实到790人，通过157人，（按实考人数）通过率19.87%。

（三）非学历教育

北京建筑大学培训中心（以下简称"培训中心"）成立于2001年6月。培训中心自成立以来，陆续开展了"注册类建筑师、监理工程师、造价工程师、建造师、电气工程师执业资格考前培训"、"建筑行业各类上岗证"、"成人专科升本科考前辅导"、"AutoCAD2005－2010专业资格认证"等培训工作。近年又与政府机关、企业联合，根据政府机关、企业的要求，为他们有针对性的培养专门人才。培训中心多次被主管部门评为"先进培训机构"，2014年荣获"五星级示范学校"。2011年被住建部批准为"建筑工程专业一级注册建造师继续教育培训单位"；2014年被中国建筑业协会授予"全国建筑工程专业一级注册建造师继续教育先进单位"。2014年共计培训1442人次。

【举办AutoCAD2010专业资格认证班】2014年培训中心举办2期AuToCAD2010专业资格认证班，54人参加培训且通过考试，全部获得工程师资格认证。

【举办注册设备、电气工程师考前辅导班】2014年，培训中心举办注册设备、电气工程师考前辅导班，56人参加。

【举办土建、安装造价员考前辅导班】2014年，培训中心举办土建、安装造价员考前辅导班，351人参加。

【举办一级建造师继续教育培训班】2014年，培训中心共举办建筑工程专业一级注册建造师继续教育培训班4期，628人参加且获得继续教育培训证书。

【举办工程硕士考前辅导班】2014年，举办工程硕士考前辅导班55人参加。

（四）自学考试

北京建筑大学于1982年11月开考"房屋建筑工程"专科、"建筑工程"本科专业。具体工作由教务处负责。2000年初，根据北京市教委、北京市自考办的要求，经2000年11月1日校长办公会决定，成立校自学考试办公室，归属继续教育学院，继续教育学院院长牛惠兰兼自学考试办公室主任。主考学校的主要工作是专业课程的调整、部分课程的命题、网上阅卷、实践课考核及登分、毕业环节审核、学位审批及学位证书发放。自校自学考试办公室成立到2014年，共计有768人专科毕业；245人本科毕业；221人获学士学位。2005年在纪念北京市自学考试制度建立25周年时，北京建筑大学被北京市高等教育自学考试委员会评为北京市先进主考学校，宋桂云被评为北京市自学考试先进工作者；2010 年在纪念北京高等教育自学考试制度建立三十周年时，何浙浙、宋桂云被北京高等教育自学考试委员会评为优秀自考工作者、樊振和被评为优秀命题教师；2007 年、2011 年宋桂云两次被全国高等教育自学考试指导委员会评为全国自考工作先进个人。

【2014 年自学考试工作】自学考试办公室组织教师参加高自考阅卷 1085 份。组织参加高等教育自学考试有关实验、实习、课程设计的考生 298 人次。高等教育自学考试本科毕业生授予学位 17 人。

(五) 其他

1. 截至 2014 年 12 月 31 日，成人高等学历教育各专业在校生共 2916 人（2014 年 12 月录取 2015 级新生尚未报到，不在统计数内；2015 届毕业生将于 2015 年 1 月毕业，含在统计数内）。

2. 截至 2014 年 12 月 31 日，成人高等学历教育 1 月和 7 月共毕业 701 人。

3. 截至 2014 年 12 月 31 日，全年共培训 1442 人次。

（宋桂云　赵静野）

五、体育教育

(一) 概况

2014 年体育部承担学校体育教学工作。主要职责是：一、二年级的体育必修课教学，三、四年级及研究生的体育选修课教学；全校本科生的国家学生体质健康标准测试工作；全校课外体育锻炼工作；运动队训练及竞赛工作。

在体育教学方面，累计完成 113 个教学班 3390 节体育必修课、90 门次选修课；在课外群众体育活动方面，继续试行北京建筑大学"大学生阳光体育联赛"优胜评估办法；在运动队训练和竞赛方面，2014 年共参加北京市和中国大学生体育协会举办的各项比赛 47 项；在《国家学生体质健康标准》工作方面，2014 年累计完成 7088 名学生体质健康测试工作。

(二) 体育教学

【概述】2014 年体育部全体教职员工坚决贯彻党的教育方针，以教育教学为中心工作，将主要精力投入到教学工作中。坚持每两周一次的集体备课制度，主讲主问，教学相长；认真组织全校学生的国家学生体质健康标准的测试工作，全校合格率保持在 90% 左右。

【师资队伍建设】体育部师资队伍结构合理，教师实践经验丰富，2014 年共有在职教职员工 27 人，其中专任教师 25 人、教授 1 人、副教授 10 人、硕士 18 人、博士 1 人。体育部加强教师的业务培训，除每两周一次的集体备课学习外，全年有 63 人次的教师参加校外各级各类的业务学习，提升楼教师整体水平。注重对青年教师的培养，鼓励指导多名青年教师参加学校组织的教学优秀奖的评选活动，在经过体育部内部听课评选，推荐青年骨干教师参加学校的教学优秀奖的评选活动，并取得好成绩。

2014年体育部教师参加各类培训一览表

序号	时间	培训名称	地点	参加人员
1	2014年6月7-8日	跳绳技法培训		公民和学生
2	2014年3月15-16日	第三套大学生体能热力操规定动作培训		李金、王桂香
3	2014年4月12-13日	排舞培训班		李金
4	2014年6月18日	首都高校体育教学研讨会	印刷学院	施海波、付玉楠、代浩然、刘文、王桂香、公民、奇大力、刘金亮、李焓铷
5	2014年6月22日	拓展训练		王桂香
6	2014年6月9日	天津科技大学龙舟训练观摩学习		刘梦飞
7	2014年7月2-4日	板球培训		施海波、张宇、公民、李焓铷
8	2014年9月13-14日	首都高等学校第八届青年骨干体育教师培训班	怀柔	杨慈洲、施海波、代浩然、公民、付玉楠、刘金亮
9	2014年9月26-28日	中国体育法学研究会2014年年会	湖南省株洲市	刘梦飞
10	2014年9月28日-10月1日	ITF中国快易网球教练员讲习班	望京	智颖新
11	2014年10月24-26日	"教练型"老师培训	平谷	董天义、李金
12	2014年11月7-12日	高校体育场馆建设与管理座谈会	广州	代浩然、高金海
13	2014年11月14-16日	首届高校五人制足球论坛	宜昌	奇大力、刘文
14	2014年11月14-17日	全国高校田径教练员高级讲习班	长沙	李林云、肖洪凡
15	2014年12月26-28日	学习贯彻《高等学校体育工作基本标准》暨体育工作总结会	怀柔	体育部全体27人，体育运动委员会成员33人

【教学改革】 体育教学始终牢固树立"健康第一"的指导思想，坚决贯彻执行党的教育方针，认真执行党和政府有关学校体育工作的指导文件及精神；结合学校办学要求，坚持特色教学，即：一年级为必修必选课，以田径项目内容为基础，提供全体学生基本运动素质；以太极拳为特色教学，要求全校学生都学会一套太极拳，传承祖国优秀体育文化。二年级开设必修选项课，为学生开设了20多项体育项目，供同学选择，真正做到学生"自主选时间、自主选项目、自主选教师"的三自主教学。

【日常教学管理】 体育部加强日常教学管理和教学研究。坚持每两周一次的集体备课制度，加强教学监督，坚持部分项目教考分离制度。严格教学过程管理，严格考勤，始终保持学生出勤率在98％；严格考试管理，统一考试标准，实施教考分离，保证一年两个项目全部实施教考分离，对提高教学质量起到了积极作用。认真贯彻执行《学生健康体质标准》（试行）和《国家学生健康体质标准》，每学年有计划组织全体学生进行体质测试，每班测试任务落实到老师，坚持每学年全校学生测试一次。测试结果良好，达标率在93.75％以上。其中，优秀率在3.01％以上，良好率在30.57％以上。积极参加学校教学优秀奖和青年教师基本功比赛活动，获得学校先进基层教学组织单位称号。

2014年体育部体质测试成绩统计一览表

等级	优秀	良好	及格	不及格	达标	总计：7088人
人数（人）	213	2167	4265	443	6645	
比率	3.01％	30.57％	60.17％	6.25％	93.75％	

（三）科研与学术交流

【科研成果】 体育部积极组织和鼓励教师参加教研和科研工作，积极申报各类课题，努力提升教学业务水平。积极申报校级基金项目4项；发表论文28篇，其中核心期刊5篇，一般期刊23篇；专著2本。

2014年体育部教学项目一览表

序号	项目名称	负责人	项目来源	项目级别	合同经费（万元）	起止时间	项目类别
1	将"运动损伤的预防与处理"纳入我校体育选修课的可行性研究	刘金亮	青年项目	校级	0.5	2014.07 2016.07	基础研究
2	北京市高校棒垒球社团发展现状与对策研究	刘文	青年项目	校级	0.5	2014.07 2015.06	基础研究
3	北京市高校篮球选修课分层次教学的可行性分析及教学模式的构建	张宇	青年项目	校级	0.5	2014.07 2016.07	应用基础研究
4	学术创新团队建设计划	杨慈洲	北京市	校级	71.6618	2014.06 2015.07	教育教学

2014年体育部科研成果一览表

序号	所属单位	论文题目	第一作者	所有作者	发表/出版时间	刊物类型
1	体育部	首都高校龙舟运动发展现状与对策研究	智颖新	智颖新	2014.12.22	核心期刊
2	体育部	浅谈体育艺术与体育艺术类项目	孙瑄瑄	孙瑄瑄、刘利（外）、王玉婷（外）	2014.11.20	核心期刊
3	体育部	构建终身体育视域下的具有我校专业特色的教学模式	张宇	张宇	2014.07.30	核心期刊
4	体育部	《构建终身体育视域下具有我校专业特色的体育教学模式》	张宇	张宇	2014.07.30	核心期刊
5	体育部	略论终身体育视域下的高校体育教学模式探索	刘金亮	刘金亮	2014.01.29	核心期刊
6	体育部	对大学生体育组织门户网及信息化业务管理系统的设计研究	施海波	施海波	2014.12.15	国内学术会议论文集
7	体育部	瑞士球训练队女游泳队员成绩促进的实验研究	奇大力	奇大力	2014.12.10	国内学术会议论文集

续表

序号	所属单位	论文题目	第一作者	所有作者	发表/出版时间	刊物类型
8	体育部	对北京市部分高校武术套路代表队发展现状的调查与研究	付玉楠	付玉楠	2014.12.10	国内学术会议论文集
9	体育部	雾霾天气下开展室内跳绳课浅探	公民	公民、杨慈洲、康钧、施海波、孙瑄瑄	2014.12.05	国内学术会议论文集
10	体育部	普通高校篮球俱乐部式体育课内外一体化教学模式的讨论	张胜	张胜	2014.12.05	国内学术会议论文集
11	体育部	首都高校女大学生体育活动方式现状调查研究	李金	李金、韦春生（外）、张宇	2014.12.01	国内学术会议论文集
12	体育部	建立北京市普通高校田径教练员培养机制的必要性研究	胡德刚	胡德刚	2014.12.01	国内学术会议论文集
13	体育部	北京高校女生学校体育与终身体育有效结合的分析	张宇	张宇	2014.12.01	国内学术会议论文集
14	体育部	构建终身视域下具有我校专业特色的教学模式	张宇	张宇	2014.12.01	国内学术会议论文集
15	体育部	拓展训练对提高体育集体项目运动员团队凝聚力的研究	王桂香	王桂香、杨慈洲	2014.11.06	一般期刊
16	体育部	肘关节损伤及其防治	朱静华	朱静华	2014.11.06	一般期刊
17	体育部	大腿内收肌群的损伤与防治	朱静华	朱静华	2014.09.05	一般期刊
18	体育部	我国民族传统体育项目融入高校体育教学的必要性	刘金亮	刘金亮	2014.09.01	一般期刊
19	体育部	浅谈竞走运动员的力量训练	朱静华	朱静华	2014.07.07	一般期刊
20	体育部	体育科技在大学体育教学中的应用分析	刘金亮	刘金亮	2014.06.01	一般期刊
21	体育部	运动营养品与兴奋剂	朱静华	朱静华	2014.05.06	一般期刊
22	体育部	自然旋转发球的挥臂技术	张胜	张胜	2014.03.23	一般期刊
23	体育部	分享教学点滴事，共同成长齐进步	李金	李金	2014.03.16	一般期刊
24	体育部	业余马拉松运动员的科学饮食	朱静华	朱静华	2014.03.06	一般期刊
25	体育部	双反应该这样打	张胜	张胜	2014.02.23	一般期刊
26	体育部	优化管理模式下的科研档案管理研究	刘金亮	刘金亮	2014.02.12	一般期刊
27	体育部	从后备人才培养角度谈我国高校竞技体育教学现状	刘金亮	刘金亮	2014.02.06	一般期刊
28	体育部	业余马拉松运动员应注意的问题	朱静华	朱静华	2014.01.06	一般期刊

2014 年体育部著作成果一览表

序号	著作名称	第一作者	所属单位	出版单位	出版时间	著作类别	总字数（万字）	ISBN 号
1	女子抓举技术的测试与研究	王向东	体育部	人民体育出版社	2014.08.01	学术专著	27	978-7-5009-4638-0
2	全民健身知识问答丛书——网球	张冰	体育部	中国质检出版社	2014.07.01	编著	10	978-7-5066-7397-6

（四）体育竞赛

【竞赛获奖情况】体育部认真组织各运动队的训练工作，共有 3 个常训队 93 名队员、20 个短训队 400 余名队员，2014 年共参加北京市大学生体育协会举办的高校比赛 47 项、中国大学生体育协会组织的比赛 9 项，项目涉及乒乓球、沙滩排球、棒垒球、羽毛球、网球、橄榄球、藤球、毽球、高尔夫球、游泳、热力操、毽绳、传统体育、体育舞蹈、跆拳道、龙舟、男子健美、定向越野等，参赛队员累计达 1000 余人，获得团体奖前八名累计 40 余个，个人奖前八名不计其数。

积极承办了首都高校传统体育保健比赛、高校田径精英赛、高校慢投垒球赛、高校校园越野赛等多项首都高校的体育赛事，展现了我校体育的综合实力，扩大了我校在高校体育界的影响。

2014 年获得"阳光杯"和"朝阳杯"优胜奖。

2014 年体育部竞赛获奖情况一览表

时间	竞赛名称	地点	成绩	指导教师
2014 年 3 月 29 日	中国大学生篮球联赛	中国人民大学	1 队第三名，2 队第六名	张胜、张哲、张宇、张明
2014 年 4 月 12 日	首都高等学校第二届徒步运动大会	莽山	最佳组织奖	胡德刚
2014 年 4 月 26 日	2014 年首都高校大学生 STAR 杯篮球联赛	五棵松体育馆	男篮第八名，体育道德风尚奖	张胜、张哲
2014 年 4 月 26 日	2014 年首都高校大学生 STAR 杯篮球联赛	五棵松体育馆	女篮第三名	张宇、张明
2014 年 5 月 10 日	2014 首都高校"世纪两千杯"乒乓球锦标赛	清华	男团第一名，女团第四名	杨慈洲、王桂香
2014 年 5 月 10-11 日	2014 年首都高校武术比赛	北京中医药、北京工业大学	集体项目 1 个第一名、1 个第三名，获个人项目 3 个第三名、2 个第四名、2 个第五名、2 个第七名	施海波、付玉楠
2014 年 5 月	"威凯杯"2014 年北京市大学生台球挑战赛		最佳组织奖、学生个人四等奖	张明
2014 年 5 月 15-18 日	首都高校第 52 届学生田径运动会	中国人民大学	男子团体第一名、女子团体第三名、男女团体第一名	康钧、李林云、胡德刚、肖洪凡、董天义

续表

时间	竞赛名称	地点	成绩	指导教师
2014年5月18日	2013年首都高等学校阳光体育联赛优胜评估	中国人民大学	阳光杯优胜奖	
2014年5月18日	2013年首都高等学校阳光体育联赛优胜评估	中国人民大学	朝阳杯优胜奖	
2014年5月18日	首都高校大学生网球联赛		男子丙组第三名	智颖新
2014年5月19日	首都高校高尔夫球技能比赛	顺义金水河畔	获非专业组：男女团体第四名、女子团体第八名、男子团体第五名	康钧、胡德刚、肖洪凡
2014年5月24日	首都高校"汇佳杯"健美健身大赛	北京汇佳职业学院	获个人1个第二名、1个第六名	刘梦飞
2014年5月24日	首都高校第六届大学生毽球比赛	清华大学	获男子三人毽球比赛第四名	奇大力、刘文
2014年5月24日	首都高等学校第三届校园铁人三项赛暨全国高等学校第二届校园铁人三项邀请赛	中国石油大学	获精神文明奖、王浩同学获得"铁人精神"奖	康钧、胡德刚、李林云、肖洪凡
2014年5月26日	北京市大学生跆拳道精英赛	北京科技大学	获1个第二名、2个第三名、6个第五名，团体第六名	刘金亮
2014年6月7日	首都高校游泳冠军赛	首都贸易大学	获1项第一名、2项第五名、1项第三名	代浩然
2014年6月8日	首都高校学生定向越野锦标赛	北京警察学院	获男子团体第三名、女子团体第五名、男女团体第三名	康钧、胡德刚、李林云、肖洪凡
2014年6月8日	全国大学生"三对三"篮球联赛	中国人民大学	获男子冠军	张胜、张哲、张宇、张明
2014年7月18~24日	2014年全国学生定向锦标赛	贵州省安顺市镇宁布依族苗族自治县	程洪达同学获得男子甲组短距离赛全国二等奖	胡德刚、李林云、肖洪凡
2014年7月21~28日	"万里扬杯"第十九届全国大学生网球锦标赛	浙江金华	女单第八名	智颖新、孟超
2014年7月26~28日	中国国际露营大会（东平站）露营之家国际排舞邀请赛	山东东平	团体总分一等奖、集体舞二等奖、各人与双人二、三等奖	朱静华
2014年8月30日	第二十八届卢沟桥醒狮杯比赛	中国人民抗日战争纪念馆	男子团体第五名	无

续表

时间	竞赛名称	地点	成绩	指导教师
2014年8月26-29日	第十四届全国大学生田径锦标赛	北京体育大学	乙组男女团体总分第三名、男子团体总分第六名、女子团体总分第三名。学生1项第一名,1项第二名,4项第三名,3项第四名,4项第五名,1项第六名,4项第七名,1项第八名	康钧、胡德刚、李林云
2014年9月27日	首都大学生迎国庆健身展示活动	国家奥林匹克体育中心	2人次个人90秒跳绳优胜奖,2人次个人双脚90秒踢毽优胜奖,集体"趣味协力竞走"、"超级障碍跑"均获优胜奖,乒乓球获团体二等奖,网球第四名	王桂香
2014年10月12日	"通惠河畔杯"北京高校秋季龙舟赛	通惠河	第五名	刘梦飞
2014年10月16-18日	国际长征运动会暨2014中国大学生户外越野体验赛		二等奖	胡德刚
2014年10月19日	舞动中国-排舞联赛(北京赛区)	北京体育大学	普通院校组集体舞:排舞二队一等奖,排舞一队二等奖;普通院校组集体舞原创曲目:排舞二队一等奖;普通院校组集体舞广场舞曲目:排舞一队二等奖;双人项目:1个:一等奖;1个:二等奖;3个:三等奖;单人项目:1个:一等奖;2个:二等奖;2个:三等奖	朱静华
2014年10月18日	首都高校大学生网球单项赛	民大、国关	女单冠军,男双亚军,男单第五名	智颖新
2014年10月18-19日	首都高等学校第六届秋季学生田径运动会	邮电大学	乙组男女团体总分第三名、男子团体总分第二名、女子团体总分第五名	康钧、肖洪凡、李林云、胡德刚
2014年10月25日	首都高等学校第11届越野攀登比赛	鹫峰国家森林公园	乙组团体第六名	胡德刚
2014年10月25日	首都高校大学生网球精英赛	温度网球中心	女单第一名、男双第三名	智颖新

续表

时间	竞赛名称	地点	成绩	指导教师
2014年10月26日	北京市高校拓展运动会	北京大学	团体第五名，个人1个第一名、1个第二名、2个第四名、1个第五名	杨慈洲、王桂香
2014年10月25日	首都高校第二届"校友杯"高尔夫联谊赛			康钧
2014年11月15日	首都大学生"京都念慈庵杯"篮球赛	首都体育学院	女篮第一名、男篮第二名	张宇、张明、张胜、张哲
2014年11月16日	2014年度NFL大学腰旗橄榄球秋季赛	北师大	第二名	智颖新
2014年11月23日	首都高校第七届藤球比赛	华北电力大学	团体第六名	奇大力、刘文
2014年11月29日	首都高校跆拳道锦标赛	华北电力大兴	3个第三名、2个第五名	刘金亮
2014年11月29日	首都高校第十五届传统养生比赛	北京建筑大学	团体第三名	施海波、付玉楠
2014年11月29日	首都高校羽毛球单项赛	交通大学	混双第五名	智颖新
2014年12月6日	首都高等学校校园越野赛	北京建筑大学	团体第七名	康钧、胡德刚、李林云、肖洪凡
2014年12月7日	首都高校第二十二届键绳比赛	北京大学	团体第二名	孙瑄瑄、公民
2014年12月7日	首都高校排舞比赛	民族大学	体育道德风尚奖、排舞第六名	朱静华
2014年12月13日	首都高校游泳锦标赛	北京外国语大学	2个第一名、2个第三名、1个团体第八名	代浩然
2014年12月28日	"特步"中国大学生五人制足球联赛（北京赛区）	北京大学	第二名	奇大力、刘文
2014年12月27日	北京大学生第三十一届田径精英赛	北京先农坛田径馆	1个第四名、2个第六名、3个第七名、1个第八名	肖洪凡

【学校群体活动】 积极开展校园阳光体育活动，促进学生身体健康发展。体育部每位老师参加"一带三"的群体工作，即每个老师带一个学院的群体活动、带一个体育社团的指导工作、带一个运动队的训练和比赛工作。自2013年9月开始试行《北京建筑大学"大学生阳光体育联赛"优胜评估办法（讨论稿）》，25名专任教师负责指导10个院部的阳光体育活动及全校30个体育社团活动，让学生真正走出教室、走出宿舍，走到阳光下，把群

体工作做到基层去，努力把校园阳光体育活动开展得轰轰烈烈。体育部与校团委和校学生会组织了校田径运动会、新生田径运动会、新生篮球赛、足球赛、羽毛球、乒乓球、毽绳和长跑接力赛等多项丰富多彩的体育活动，为营造健康校园文化氛围做出实在贡献。

2014年体育部教师指导院部阳光体育活动一览表

序号	学院	指导教师
1	土木学院	张胜、张哲
2	环能学院	代浩然、张明
3	机电学院	智颖新、刘梦飞
4	电信学院	张宇、李林云
5	文法学院	王桂香、刘金亮
6	经管学院	奇大力、刘文
7	测绘学院	胡德刚、付玉楠
8	建筑学院	朱静华、李焓伽
9	理学院	孙瑄瑄、李金
10	研究生	肖洪凡、孟超

（五）党建工作

【概述】2014年体育部党建工作主要围绕以下几个方面开展：加强基层组织建设，积极发挥党员的先锋模范作用；认真开展教职工的思想政治工作，加强师德建设；加强领导班子及党风廉政建设，切实发挥支部的保障监督作用；认真做好学生群体、训练工作，在各类比赛中取得优异成绩；重视安全稳定工作，五重大责任事故；重视群团工作，注重发挥二级工会交代会作用。2014年体育教研部直属党支部获得北京高校先进基层党组织称号。

（董天义　杨慈洲）

六、计算机教学与网络信息

【概述】2014年在北京建筑大学党委的领导下，计算机教学与网络信息部领导班子认真按照党的群众路线教育实践活动的要求，坚持"围绕发展抓班子，抓好班子促发展"这一主题，以提高信息化规划能力、为学校提供优质服务为重点，着力提高领导班子的凝聚力、战斗力、执行力、创新力，全面加强领导班子的思想政治建设、能力建设、制度建设、廉政建设，转变工作作风，形成了同心同德、共谋发展的和谐班子，推进计算机教学与网络信息部各项事业健康发展。

【信息化建设工作】专项申报：计算机教学与网络信息部组织完成2015年全校的信息化专项的统筹申报，合计向经信委上报信息化专项17个。完成信息化专项向财政申报的归口管理工作，2015年信息化归口申报项目8个。

专项建设：完成大兴校区新建楼宇硕博3、4号楼学生宿舍7、9号楼、图书馆、机电、电信的有线网建设，合计增设信息点位5600多个。完成大兴校区图书馆、机电、电信学院、大学生活动中心的无线网建设，使大兴无线网基本覆盖现有的教学、办公区。完成校园网出口链路万兆升级改造，使出口带宽从 710M 升级至 2400M。推动信息安全等级保护专项工作稳步推进，首期纳入的 8 个系统基本通过最后测评。

我部门代表学校参加北京市教委组织的信息化项目专项绩效考评中获得优秀。

完成两校区医务系统互联工程，使两校区能够同时使用医保系统。

【组织学生活动】 计算机教学与网络信息部计算中心暑期带领学生参加社会实践活动，到天津武清区深入农户，了解信息技术的运用情况，普及计算机知识。

【学生获奖】 2014 年计算机教学与网络信息部组织北京建筑大学学生参加"大学生计算机应用能力与信息素养大赛"，经过紧张的角逐，在全国总决赛中取得优异成绩。北京建筑大学代表队获得团体二等奖、优秀组织奖两项团体奖项。北京建筑大学材 131 班何津获得本科组全国一等奖，并进入海峡两岸赛决赛，代表我校去台湾地区参加海峡两岸赛。地 123 班李若恒、电子 131 班李东卉获得本科组全国二等奖。地 123 班马思宇、水 131 班刘伟端、地 132 班谢宇浩、法 122 黄凌梅获得全国三等奖。

（朱洁兰　郝　莹）

第五章 学科建设与科学研究

一、学科建设

（一）概况

2014年，北京建筑大学学科建设工作取得了显著成效，增列3个硕士专业学位授权类别点。

（二）学科规划

根据国务院学位委员会下发的《关于开展增列硕士专业学位授权点审核工作的通知》（学位〔2013〕37号）的精神，北京建筑大学于2013年底至2014年初组织了增列硕士专业学位授权类别/领域点的申报、论证工作，并参加了北京市学位委员会组织的申报答辩工作。依据国务院学位委员会《关于下达2014年审核增列的硕士专业学位授权点及撤销的硕士学位授权点名单的通知》（学位〔2014〕14号），北京建筑大学2014年获批"社会工作"硕士专业学位授权类别点和"机械工程"、"工业设计工程"2个工程硕士专业学位授权领域点。自2015年起，3个新增列的硕士专业学位类别/领域点可招收全日制专业学位硕士研究生，今后也可以招收非全日制（在职）硕士生。

以北京建筑大学服务国家特殊需求"建筑遗产保护理论与技术博士人才培养项目"实施工作为带动，组织开展建筑学、土木工程、测绘科学与技术等3个一级学科北京市重点学科，以及城乡规划学、管理科学与工程等2个一级学科北京市重点建设学科的建设工作，为新一轮北京市重点学科申请、博士学位授权点建设奠定基础。

在国家文物局、住房和城乡建设部、北京市教育委员会的指导下，依托"建筑遗产保护理论与技术博士人才培养项目"，开展北京建筑大学相关学科各个研究方向上的交叉建设，形成"建筑遗产保护"交叉学科发展支撑环境，突出学科建设特色，夯实北京建筑大学博士人才培养项目的学科支撑与交叉环境，带动学科建设水平的整体提升。

（三）学科建设活动

2014年起，北京建筑大学已有工程硕士、建筑学硕士、工商管理硕士、社会工作硕士等4个专业学位授权类别点，其中，工程硕士专业学位授权类别点下具有机械工程、建筑与土木工程、测绘工程、环境工程、工业工程、工业设计工程、项目管理、物流工程等8个专业学位授权点。新增硕士专业学位授权类别/领域点的获批使北京建筑大学硕士专业学位教育布局更加合理，专业学位类型结构更加完善，其中"社会工作"实现了北京建筑大学在法学学科门类研究生教育布局上的新突破，3个新增列的硕士专业学位类别/领域点，也形成了北京建筑大学本科专业与研究生专业的新对接。这都将有力推进北京建筑大学在贯彻落实深化研究生教育机制改革工作中的创新与发展，为进一步加强高层次专门人才培养工作、有效提高人才培养质量奠定了基础。

发挥北京建筑大学相关学院、建筑遗产保护研究院、建筑设计艺术研究中心、北京建工建筑设计研究院等在交叉学科建设和研究生教育工作中的协同作用，依托服务国家特殊需求"建筑遗产保护理论与技术博士人才培养项目"，组织研讨、制定了《北京建筑大学关于学院与学校直属科研单位、企业协同开展学科建设与研究生教育工作的管理办法（暂行）》，修订了2014版博士、硕士研究生培养方案，完成了2014年多学院联合招生工作，优化了"建筑遗产保护"交叉学科发展环境，促进了协同创新。

将"建筑技术科学"（原建筑学下二级学科）按照交叉学科在建筑与城市规划学院、环境与能源工程学院、电气与信息工程学院、机电与车辆工程学院开展协同建设，修订了2014版硕士研究生培养方案，完成了2014年多学院联合招生工作。

组织开展了对拟申请增列硕士学位交叉学科点的培育学科，如可持续建筑能源科学与工程、建筑法律、城市文化空间、建筑数字媒体技术、产品开发科学与工程等的初步论证、经费支持和培育建设工作，为形成北京建筑大学学科建设新特色和学科发展新突破奠定了基础。

（王子岳　戚承志　李海燕）

二、科学研究

（一）概况

2014年，北京建筑大学正处于由教学型向教学研究型高校的转变开始期，是学校"提质、转型、升级"关键期的起步年，也是学校科研工作稳步增长的重要时期。

2014年，在北京建筑大学校领导的正确领导下、在各二级学院（部）领导及广大科研人员的积极支持配合下，科技处紧密围绕学校党政工作要点，依据国家及北京建设"科技创新中心"的科技发展需要，结合学校的学科专业特点，提出了学校科研工作的发展思路，科学制定学校科技工作年度工作计划，并认真组织实施，学校各项科研工作保持了稳步增长。

（二）科研项目和经费

1. 国家及省部级科研项目和经费

【总体情况】2014年度，北京建筑大学新立各类纵向科研项目164项，到校科研经费2540万元。纵向项目包括：国家973计划、国家科技支撑项目、国家自然科学基金、国家社科基金、欧盟项目、各相关部委立项课题、北京市自然科学基金重点项目和面上项目、北京市哲学社会科学规划项目等。

2014年度，北京建筑大学在基础研究领域继续保持稳定，主持获批1项国家社科基金青年项目，实现了国家社科基金三年不断线；主持申报国家自然科学基金99项，主持获批21项，另外还获得合作国家自然基金重点项目1项，标志着我校基础研究稳步发展。

【国家自然科学基金项目】8月15日，国家自然科学基金委发布《关于公布2014年度国家自然科学基金申请项目评审结果的通告》，北京建筑大学获批21项，其中面上项目7项，青年项目10项，应急项目4项，详见下表。

2014年北京建筑大学资助项目清单

序号	项目批准号	负责人	项目名称	申请代码	项目类别	批准金额（万元）
1	11472036	郝莉	爆炸冲击问题的波阵面追踪建模与数值算法	A020601	面上项目	82
2	41401536	胡春梅	类平面文物对象地面激光雷达与近景光学影像非同源异质数据自动稳健无缝配准	D0108	青年科学基金项目	25
3	51407201	于淼	基于自适应迭代辨识方法的多干扰环境下电力系统广域阻尼控制研究	E070402	应急管理项目	10
4	51408021	陈韬	典型绿色基础设施对城市降雨径流活性氮控制机理与模拟研究	E080402	青年科学基金项目	25
5	51408022	张君枝	高温热浪情景下城市水体典型蓝藻种群竞争生长和代谢机制	E080406	青年科学基金项目	25
6	51408023	王晶	大都市区综合客运枢纽与城市空间耦合机理及发展模式研究	E080201	青年科学基金项目	24
7	51408024	李勤	基于生态宜居理念的保障房住区规划设计与评价方法研究	E0802	青年科学基金项目	25
8	51408025	李利	风景园林场地设计的智能化管控及其应用研究	E080202	青年科学基金项目	25
9	51408026	曲秀姝	高性能矩形钢管混凝土柱协同工作组合力学性能研究	E080503	青年科学基金项目	25
10	51408027	杜红凯	基于接触动力学的基础隔震结构软限位理论和方法研究	E080803	青年科学基金项目	25
11	51408622	李飞	基于单轴约束温度-应力试验方法的再生骨料混凝土早期抗裂性能研究	E080511	应急管理项目	10
12	51444003	张昱	基于大数据的岩爆机理研究方法	E041003	应急管理项目	10
13	51478026	李俊奇	城市道路原位渗-滞技术缓解道路积水的作用机理与方法研究	E080403	面上项目	82
14	51478027	戚承志	准脆材料强度尺寸效应和应变率效应的内在关系研究	E080506	面上项目	85
15	51478028	季节	有机蜡和水耦合作用下沥青-集料界面的剥落行为及黏附机理	E080703	面上项目	80
16	51478489	祝磊	外加劲肋加固圆钢管节点轴向承载力试验及设计方法研究	E080502	应急管理项目	15
17	61402032	衣俊艳	面向聚类分析的自适应弹性网络算法系统性优化策略研究	F020509	青年科学基金项目	24
18	61472027	王红春	基于大数据的供应链协同机制研究	F020513	面上项目	82
19	61473027	张雷	仿人机器人移动作业力交互柔顺控制与作业姿态优化方法研究	F0306	面上项目	80

续表

序号	项目批准号	负责人	项目名称	申请代码	项目类别	批准金额（万元）
20	61473111	何强	基于多核表示和模糊近似的混合数据分类方法研究	F030504	面上项目	68
21	81401492	何凡	微循环负载对冠状动脉狭窄影响机制的生物力学建模	H1813	青年科学基金项目	23

2. 科研平台建设

【新增两个北京市国际科技合作基地】3月20日，北京建筑大学"电子废物资源化北京市国际科技合作基地"和"城市交通基础设施建设北京市国际科技合作基地"被市科委认定为2014年北京市国际科技合作基地。

【两个北京市国际科技合作基地在中国（北京）跨国技术转移大会上正式揭牌】4月15日，2014中国（北京）跨国技术转移大会上，全国政协副主席、科技部部长万钢，北京市市长王安顺，阿根廷驻华大使古斯塔沃·马蒂诺，加拿大安大略省研究发展创新厅厅长莫伟力共同为北京市国际科技合作基地揭牌。其中包括北京建筑大学"电子废物资源化北京市国际科技合作基地"和"城市交通基础设施建设北京市国际科技合作基地"两个国际合作基地。

【北京建筑文化研究基地举行实地验收工作会】4月15日，北京建筑文化研究基地一期建设验收工作会议在北京建筑大学举行，市社科规划办主任王祥武、市教委副主任叶茂林、市社科规划办副主任张庆玺、市社科规划办研究基地工作处副处长刘军、市教委科技处处长赵清和副处长赵胤慧、市教委项目主管车庆珍、验收专家组全体成员及北京建筑大学校长朱光、副校长宋国华、研究基地首席专家（住建部原科技司司长）李先逵、基地常务副主任高春花、科技处处长白莽及研究基地的主要成员参加了验收工作会议。会议由市社科规划办副主任张庆玺主持。

【召开北京应对气候变化研究和人才培养基地工作总结交流会】4月20日，北京应对气候变化研究和人才培养基地工作总结交流会在北京召开。国家发改委应对气候变化司对外合作交流处黄问航处长，北京市发改委应对气候变化处张玉梅处长，中国农科院许吟隆研究员，中科院生态所王效科研究员，基地主任、北京建筑大学党委书记钱军教授，北京建筑大学副校长宋国华教授等出席会议，会议由北京建筑大学副校长张大玉教授主持。

【新增两个省部级工程中心】6月30日，北京市科委网站公布了2013年度北京市科委认定的65个北京市重点实验室和43个北京市工程技术研究中心名单。北京建筑大学环境与能源工程学院车伍教授负责的"北京市可持续城市排水系统构建与风险控制工程技术研究中心"及王瑞祥教授负责的"北京市建筑能源高效综合利用工程技术研究中心"获得认定。

【北京建筑文化研究基地召开2014年年度工作会议】7月8日，北京建筑文化研究基地2014年年度工作会议在北京建筑大学召开，会上通报了基地在2010-2013年第一个建设期的验收结果，总结了2013-2014年的工作，部署了2014-2015年计划。北京市哲学社会科学规划办公室副主任李建平研究员、北京建筑大学副校长兼基地主任宋国华教授、北京建筑大学党委组织部部长兼基地副主任高春花教授出席了此次会议。

【住房城乡建设部村镇建设司乡村规划（北方）研究中心成立】 7月11日，由北京建筑大学建筑与城市规划学院丁奇老师牵头的"住房城乡建设部村镇建设司乡村规划（北方）研究中心"获得住房和城乡建设部的批准，中心将在住房和城乡建设村镇司的指导下开展我国乡村规划建设管理政策、理论与方法研究，参与制定乡村规划的标准规范，开展全国乡村试点示范，召开国际国内专家研讨会等。

3. 北京市特色教育资源库建设项目

【2013年度资源库项目验收】 4月24日，北京市教委科研处组织专家组对北京建筑大学承担的特色教育资源库建设项目——建筑与城市规划专题进行了验收。专家组听取了项目负责人的汇报，查阅了相关申报资料，并就有关问题进行了质询，经专家讨论，一致同意通过该项目组验收。

【2014年度资源库项目启动会】 5月5日，科技处组织召开2014年度特色教育资源库项目建筑与城市规划专题启动会暨教委科研处调研会，市教委科研处张豫老师、北师大现代教育技术研究中心工程师、科技处领导、计信部领导及资源包负责老师参加会议。

【2015年度资源库项目评审】 7月11日，北京建筑大学科技处组织专家对2015年特色教育资源库项目进行了评审。推荐《图呈建筑（二期）——筑·宅》、《中国园林景路探源——史哲文化》和《北京古塔》3个资源包作为2015年"建筑与城市规划"专题特色教育资源库项目的建设内容。

（三）科研成果

1. 论文和著作

【总体情况】 2014年度，北京建筑大学公开发表各类学术论文近1000篇，其中SCI检索论文64篇、EI检索论文129篇、ISTP检索论文3篇、CSSCI检索论文31篇、核心期刊254篇。2014年度，北京建筑大学公开出版各类学术著作102篇，其中学术专著26部。

【高水平学术论文】 环境与能源工程学院王崇臣副教授的论文Photocatalytic Organic Pollutants Degradation in Metal-Organic Frameworks在英国皇家化学学会期刊Energy & Environmental Science上发表，该刊影响因子为15.490，在国际"环境科学"期刊中排名第一。

2. 科技奖励

【总体情况】 2014年度，北京建筑大学共组织申报省部级及以上科研成果奖励18项，获奖10项，其中第一完成单位项目共5项。获奖项目包括：国家奖3项（国家发明奖二等奖1项，国家科技进步奖二等奖2项），省部级一等奖2项等重要奖项。

2014年度北京建筑大学省部级及以上科技奖励一览表

序号	获奖人	所在学院	单位排名	项目名称	奖项、等级
1	王随林、艾效逸	环能学院	第一	防腐高效低温烟气冷凝余热深度利用技术	国家技术发明奖（二等奖）
2	刘栋栋	土木学院	第五	混凝土结构耐火关键技术及应用	国家科学技术进步奖（二等奖）

续表

序号	获奖人	所在学院	单位排名	项目名称	奖项、等级
3	王晏民	测绘学院	第四	新建天津西站站房工程结构施工关键技术研究	华夏建设科学技术奖（二等奖）
4	李俊奇、袁冬海、车伍	环能学院	第一	新型村镇雨污水生态处理与资源化利用关键技术及实用装备	华夏建设科学技术奖（三等奖）
5	李颖、岳冠华	环能学院	第一	北京城镇化生态承载力的综合评价研究	华夏建设科学技术奖（三等奖）
6	王晏民、朱光、黄明、王国利、胡春梅、张瑞菊、郭明、危双丰、侯妙乐、胡云岗	测绘学院	第一	多源数据融合的精细三维重建技术研究与应用	测绘科技进步奖（一等奖）
7	王晏民、黄明、危双丰、郭明、杜岩竹、张瑞菊、王国利、胡春梅、赵江洪、夏国芳	测绘学院	第一	海量精细三维空间数据管理系统研制与应用	中国地理信息科技进步奖（一等奖）
8	崔景安、宋国华	理学院	第二	种群及其传染病时空演化动力学理论及方法	高等学校科学研究优秀成果奖（科学技术）二等奖
9	孙新学	实训中心	第四	保密项目	国防科学技术奖（进步）二等奖
10	杜晓丽	环能学院	无	农村污水生态处理技术体系与集成示范	国家科技进步二等奖

【北京公路青年科技奖】1月27日，北京建筑大学季节教授因长期的科研工作中对北京公路事业做出的突出贡献，成为荣获首届北京公路青年科技奖的五名科研工作者之一，该奖是经北京公路学会常务理事会批准设立，面向北京市公路交通行业的青年人才科技奖项。

【2013年度北京市科学技术奖】3月25日，2013年北京市科学技术奖励大会暨2014年北京市科技工作会议在北京会议中心隆重举行。宋少民教授主持完成的"低品质掺合料混凝土关键技术的开发与应用"荣获三等奖；北京城建设计研究总院主持，龙佩恒教授参与完成的"城市轨道交通U型梁系统综合技术研究"项目荣获二等奖；清华大学主持，金秋野副教授参与完成的"当代北京城市弱势空间研究"项目荣获三等奖。

【2013年北京高校青年教师优秀社会调研成果】北京建筑大学文法学院杨娜的《北京市社区公益服务项目化管理研究》与建筑学院丁奇的《北京市市级试点村村庄调研报告》荣获2013年北京高校青年教师社会调研优秀成果，并获课题经费支持。

【2014中国地理信息科技进步奖】8月25日，中国地理信息产业协会公布2014中国地理信息科技进步奖获奖项目，北京建筑大学王晏民、黄明、危双丰、郭明、张瑞菊、王国

利、胡春梅、赵江洪、夏国芳等完成的"海量精细三维空间数据管理系统研制与应用"荣获一等奖。

【2014年测绘科技进步奖】11月4日，中国测绘地理信息学会2014年测绘科技进步奖评选结果公告，北京建筑大学王晏民、朱光、黄明、王国利、胡春梅、张瑞菊、郭明、危双丰、侯妙乐、胡云岗等完成的"多源数据融合的精细三维重建技术研究与应用"荣获一等奖。

【高等学校科学研究优秀成果奖（科学技术）】12月1日，教育部科技发展中心发布2014年度高等学校科学研究优秀成果奖（科学技术）授奖项目公告，北京建筑大学崔景安教授、宋国华教授参与完成的"种群及其传染病时空演化动力学理论及方法"荣获自然科学二等奖。

3. 知识产权

【总体情况】2014年，北京建筑大学专利申请合计：259件（其中发明专利：78件，实用新型：146件，外观设计：12件，其他知识产权：23件）。与2013年申请各类专利118项相比，增长120%（其中2013年发明专利49项，增长60%；2013年实用新型45项，增长224%）。

2014年，北京建筑大学授权各类专利71件，其中发明专利22件、实用新型专利27件、外观设计专利22件；获得软件著作权5件。

【第三届北京市发明专利奖】5月15日，北京市第三届发明专利奖颁奖仪式在北京会议中心召开。北京建筑大学土木与交通工程学院季节教授发明的专利"一种SBS改性沥青及其制备方法（ZL200910172146.3）"荣获第三届北京市发明专利奖。

（四）成果转化和社会服务

2014年度，北京建筑大学新增各类成果转化和社会服务项目（横向科研项目）135项，合同金额4064.3万元，到校科研经费2051万元。

（五）学术交流

【总体情况】2014年度，北京建筑大学举办各类大型学术讲座、学术会议、学术论坛、学术研讨会和学术展览共60余次。包括"2014中国设计与健康"国际研讨会、"文化遗产保护规划理论及实践学术研讨会"、"欧亚低碳城市可持续发展领域高等教育合作项目"研讨会、第二届中国绿色建筑产业专家论坛、2014亚洲医院建设新格局高峰论坛一系列高水平学术交流活动，有利促进了北京建筑大学与国内外高等学校、科研机构、社会团体和政府机构的交流与合作。

【第四届建筑类高校科研管理工作研讨会】7月15日，第四届建筑类高校科研管理工作研讨会在我校大兴校区召开。会议由北京建筑大学副校长张大玉主持，科技部社发司陈其针处长、住建部建筑节能与科技司何任飞处长、住建部科技发展促进中心梁振强主任以及山东建筑大学、沈阳建筑大学、吉林建筑大学、安徽建筑大学、天津城建大学、青岛理工大学的科研主管校领导和科技处工作人员，北京建筑大学校长朱光、副校长宋国华及科技处全体工作人员共七所高校50余人参加了研讨会。

【青年教师研究素质与能力培训交流会】12月5-6日，由北京建筑大学科技处、人事处、校工会组织的"2014年青年教师研究素质与能力培训交流会"在昌平富来宫会议中心举行。中国科学院数学与系统研究所吕金虎研究员、北航自动化学院段海滨教授、北航管理学院单伟副教授三位专家以及学校青年教师代表共50余人参加了交流会。

（六）日常管理

【总体情况】2014年，北京建筑大学科技处在学校党委的正确领导下，认真贯彻落实中央、市、校纪委工作会议精神，按照我校党风廉政建设工作会议做出的部署，结合科技管理工作实际，坚持标本兼治、综合治理、惩防并举、注重预防的方针，狠抓党风廉政建设责任制的落实，扎实推进党风廉政建设和反腐败工作的深入开展，为我校科技事业的发展提供了强有力的纪律保证和政治保证。重点开展以下工作：（1）建立健全党建工作长效机制，处领导是抓基层党建工作的直接责任人，形成了统一领导、各司其职、紧密配合、一级抓一级、层层抓落实的党建工作格局。（2）加强党内民主建设，结合创先争优活动，开展党员承诺、领导点评、群众评议等活动，接受群众评议和监督。（3）加强科技党支部自身建设，认真组织学习中国特色社会主义理论体系，学习掌握与高等教育发展有关的各方面知识和经验。要求党员干部要率先垂范、带头学习、努力成为建设学习型党组织的精心组织者、积极促进者、自觉实践者，带动本单位、本部门形成良好的学习风气。（4）制定党员教育工作专项计划，定期有针对性地开展教育活动。

【荣获北京市社会科学基金优秀管理单位称号】3月28日，2014年北京市哲学社会科学规划工作会在北京会议中心举行。市社科规划办副主任张庆玺宣读了2013年优秀二级管理单位和管理先进个人的表彰决定，我校科技处被评为年度优秀二级管理单位，房雨清被评为年度管理工作先进个人。

【校学术委员会全体会议】6月3日，北京建筑大学举行校学术委员会全体会议，会议主要议题为：（1）增补新委员；（2）审议申报2016年度北京市教委科研计划项目，确定推荐项目；（3）审议并通过2015年校设科学研究基金资助项目；（4）审议2013年校科研奖励发放方案。

【当选中国建筑学会建筑施工分会高校建筑施工学科研究会副理事长单位】7月19日上午，中国建筑学会建筑施工分会高校建筑施工学科研究会第八届第一次年会上，由理事长、副理事长、常务理事会议决定，一致推选北京建筑大学为中国建筑学会建筑施工分会高校建筑施工学科研究会副理事长单位。

（七）新增科研平台简介

1. 北京市可持续城市排水系统构建与风险控制工程技术研究中心

随着我国城市化进程的逐步加快，城市的快速发展和城市规模的不断扩大给许多城市的水资源带来了巨大的压力，城市的水问题越来越突出。水资源紧缺、水污染、城市内涝频发及生态环境恶化等已成为影响城市健康发展的关键因素之一。传统城市水资源管理模式是给水、雨水及污水的收集、处理、利用各自为政，已不能适应现代城市的发展，也是不可持续。因此，仅靠过去传统的战略，无论是节水辅助战略，还是开源与节流并重或与节流、治污并重战略等都不可能从根本上解决我国城市的水问题，必须解放思想，转变观念，以新的思路构架新的战略。为此，必须将"节流优先，治污为本，分质利用"作为城市水资源可持续开发利用的新战略。

再生水及雨水是两种重要的非传统城市水源，在城市水系统中发挥着重要的作用。不仅在很大程度上可缓解城市水资源紧张的问题，也是建设可持续城市水环境系统的重要组成部分。北京市面临水资源严重短缺的窘境，再生水利用走在全国的前列。按照北京市

"十二五"经济规划社会发展目标预测,到 2015 年,北京市再生水利用量将达到 10 亿立方米以上。对于雨/污水的循环利用,我国近年来开展了相关研究并积累了一些技术与经验,但仍缺乏产业化、系统化的技术,缺乏成熟的风险评价体系与安全循环利用的保障技术,尤其亟需综合调控及最优循环技术。因此,要有效解决这些问题,完善城市雨/污水资源规模性、综合性调控系统,建立最优循环利用模式与技术系统,并研发健康的城市水循环与技术保障体系具有重要意义,对于构建可持续城市水系统及提高城市用水安全性至关重要。

随着雨/污水循环利用工程的不断实施,雨水和再生水对环境生态和人体健康的影响也日益显著。但是,我国对雨/污水循环利用过程可能产生的生态和人群健康风险尚未得到应有关注,相关研究也处于起步阶段。而发达国家对再生水安全风险控制的高度重视和成功经验,为我国提供了借鉴。在当前越来越重视雨/污水资源化的背景下,必须针对我国国情和现状正确评估雨/污水资源化可能带来的环境和人体健康风险,深入研究再生水水质安全的监测和预警技术,构建适合中国国情的雨/污水循环利用风险评价与控制体系,具有极为重要的现实和长远意义。

"北京市可持续城市水系统构建与风险控制工程技术研究中心"旨在针对目前我国城市雨/污水循环利用过程中出现的城市水问题,结合首都北京发展需要,瞄准国内外城市雨/污水循环利用工程技术的前沿,研发城市雨/污水安全循环利用技术,建立应用支撑体系和平台,并努力逐步将之建设成为国家级工程技术研究中心。

中心形成了职称、年龄、学历及学缘结构合理的研究队伍,固定人员总数为 46 人,其中正高级 6 名、副高级 15 名,中心固定人员中级以上技术职称(技术资格)的专业人员占 95.6%,43 人具有博士学位。

中心基于多年在城市排水领域的积累,以行业内重大需求为导向,强化产学研用相结合的技术创新与产业化应用,立足北京,面向全国,促进重大科技成果的转化和产业化。中心通过环境科学、环境工程和市政工程等学科之间的相互交叉和渗透,形成了 4 个主要研发方向:(1)雨水生态化控制利用技术;(2)污水再生利用及营养物回收技术;(3)雨/污水利用的综合调控及最优循环技术;(4)雨/污水循环利用的风险评价与控制技术。

中心主要针对雨/污水安全循环利用存在的问题,以城市水系统可持续健康发展、减少污染排放和能源可持续利用为目标,重点开展雨/污水循环利用控制目标的单项与集成技术、设计工具、工程示范,进而提出相关技术导则、规划设计标准、标准图集,为构建健康的城市排水系统,建设低碳生态城市等绿色产业发展提供政策和科技支撑。全面提高北京市乃至我国城市健康水系统构建的技术水平,实现技术的工程化、产业化与规模化发展,带动城市雨/污水循环利用系统高科技产品和技术的系列化、产业化和标准化,大幅度提高城市雨/污水资源化程度和安全用水水平,实现资源、能源、环境的可持续发展。

中心经过多年的发展与建设,积累了丰硕的研究及工程化、产业化应用成果:典型案例有:北京市香河园雨水利用工程项目、北京京能热电股份有限公司石景山热电厂再生水利用项目、东方太阳城雨水系统与人工湖水质工程和天津翠金湖美墅岛项目等。

2. 北京市建筑能源高效综合利用工程技术研究中心

北京市建筑能源高效综合利用工程技术研究中心于 2014 年 6 月,经北京市科学技术委员会认定成立,依托北京建筑大学,由首都开发股份有限公司和北京格瑞那环能技术有限公司共同建设。通过与产业化相结合，实现学科融合、渗透和交叉，汇聚人才，并致力于于体制创新，将中心逐步建设成为国际知名、具有原始创新能力的建筑能源可持续利用研发基地、高层次人才培养基地。

工程技术研究中心现有实验室面积2180平方米，现有高精度物性测试仪、西克纳米分散机、吸收式余热利用实验台、粒子计数仪、扫描电子显微镜、红外光谱分析仪等仪器设备，总值2100余万元，现有教师13人，其中：教授4人，副教授6人、硕士生导师10人。

工程技术研究中心坚持"立足北京、面向全国、依托建筑业、服务城市化"的宗旨，根据北京市城乡建设需要，结合建筑能源可持续利用的理论创新，研究建筑能源的合理高效利用问题的工程解决方案，致力于解决北京地区建筑能源资源合理、高效转换利用的工程技术问题，降低建筑化石能源消耗，推进大气污染防治行动计划的实施。

工程技术研究中心的主要研发方向：

（1）建筑能源可持续利用先进技术：高效强化传热、建筑余热回收利用、建筑分布式供能、建筑可再生能源采暖、细颗粒物消解、流体燃料高效清洁燃烧。

（2）建筑可再生能源利用及关键材料技术：暖通空调纳米工质、相变储能材料、纳米光催化材料、先进光热光伏材料。

（3）建筑能源优化配置与设计技术：能源耦合与转换理论、区域建筑能源系统模型及方案设计、可再生能源互补综合利用。

（4）绿色建筑设计技术：建筑热物理过程系统仿真、建筑自然通风设计理论及方法、被动式太阳能采暖、绿色建筑节能技术集成设计。

工程技术研究中心通过发挥自身的专业优势，主动适应北京市城乡建设和发展的需要，在建筑能源可持续利用先进技术、建筑可再生能源利用及关键材料、建筑能源优化配置与设计、绿色建筑设计技术与应用等方面做出应有的贡献，为北京市城乡建设培养高素质工程技术人才。

3. 国家建筑遗产保护研究和人才培养基地

建筑遗产研究院是北京建筑大学直属的主要从事建筑遗产保护、工程设计、技术咨询与培训、研究生培养等为一体的综合性研究机构，于2013年6月经学校批准正式成立。

研究院的成立，是基于北京建筑大学在建筑遗产保护领域深厚的历史积淀和已经形成的学科专业优势。目前下设历史城市与村镇保护研究所、建筑遗产信息化研究所、建筑遗产结构安全与加固研究所、建筑遗产保护法律研究所等多个研究所。主要研究领域涵盖了历史城市与古村镇保护、建筑遗产保护修缮、建筑遗产遥感监测与数字化、建筑遗产环境影响评估、建筑遗产法律法规研究等多个学科方向，形成了社会科学、自然科学、工程技术科学各具特色又交叉融合的建筑遗产保护交叉学科体系。

基于科教兴校的宏观战略，建筑遗产研究院的主要职责一是科学研究：组织多学科和多单位合作的各级科研课题申报，包括参与国家文物局前期科研立项研究、申报国家文物局课题、国家自然科学基金课题等工作。二是项目设计：组织建筑遗产保护与利用的项目规划与设计，包括历史城市与街区保护规划、文物保护规划、城市设计、建筑遗产保护工程设计、建筑遗产遥感监测、数字化、文物环境影响评估、文物环境保护与整治设计等实际工程设计。三是教育培训：配合各学院开展建筑遗产保护方面各类非学历培训学习班，在师资队伍组织、课程安排等方面提供咨询与服务。四是学科建设：主要在多学科合作方面参与学校的学科建设工作，为各学科合作，介入建筑遗产保护领域以及国际国内合作提供咨询、信息、服务。需要时出面组织相关的交流活动和合作项目。五是国内外交流：借助各方面资源，在学校层面组织建筑遗产保护领域的国际及国内交流活动。

4. 北京市电子废物资源化技术、标准与产业政策研究基地

电子废物资源化北京市国际科技合作基地于2014年5月由北京市科委授牌成立，是北京市唯一一家以电子废物资源化为主题的国际科技合作基地。基地由北京建筑大学与五家国内外研究机构以及相关企业联合共建，这五家单位分别是奥地利维也纳大学、荷兰经济部创新可持续发展局固体废物司、中国电子企业协会、北京华新绿园环保产业发展有限公司、伟翔联合环保科技发展（北京）有限公司。基地建设的目标是：通过与欧盟在电子废物再生技术与产业政策等领域的合作，研发电子废物再生核心技术和适合我国国情的资源再生产业政策，以破解我国经济高速发展的资源瓶颈，提高北京再生资源的利用率，推进北京"城市矿产"重点工程的实施。

基地现有研究人员33人，由基地内四家中方单位和两家欧洲单位联合组成。其中教授3人，高级工程师3人，副教授11人，有18人具有博士学位，所从事的专业涉及环境科学、环境管理、环境工程、计算机和化学等多个学科。基地充分利用各成员单位的研究和技术力量，重点围绕城市电子废物的资源化利用技术、标准和产业化政策开展研究。

基地目前已取得的主要成果包括：（1）中国电子废物管理信息系统。目前环保部固废与化学品管理中心正在运行该系统（http：//www.swmc.org.cn）；（2）电子废物再生材料第二资源交易系统；（3）电子废物拆解再生技术导则；（4）电子废物产品资源化利用案例；（5）电子废物资源化核心技术研究，包括PCB线路板，CRT锥玻璃等拆解和再生技术的研发等；（6）制定了中国自愿协议式环境管理技术导则；（7）出版了中国绿色建筑开发手册；（8）开发了中国绿色消费环境影响评估技术方法；（9）出版学术专著、译著6本；（10）发表学术论文50余篇。

近3年来，基地承担国际合作项目6项，具体如下：（1）欧盟亚洲转型项目（Switch Asia）：采用废物跟踪系统提高电子废物资源利用和环境保护水平。项目的主要目的是提高中国电子废物再生技术和管理水平，北京市为示范城市之一。本基地张明顺教授为该项目中方负责人，项目执行期：2011.12-2015.9，项目总经费140万欧元，中欧共6个单位参与，北京建筑大学经费：36万欧元。（2）中欧环境可持续项目（EU-China Environmental Sustainability）：采用综合管理措施促进中国拆船业可持续发展。项目的主要目的是帮助中国拆船业提升技术和管理水平，以达到欧盟拆船标准，并能够获得拆解欧盟废船的资质。本基地张明顺教授为该项目中方负责人，项目执行期：2013.8-2016.7，项目总经费100万欧元，中欧共4个单位参与，北京建筑大学经费：37万欧元。（3）欧盟亚洲转型项目（Switch Asia）：促进中国城市可持续消费。项目的主要目的是促进中国城市可持续消费，项目实施地为北京和天津。本基地张明顺教授为该项目总方负责人，项目执行期：2011.12-2014.11，项目总经费110万欧元，中欧共6个单位参与，北京建筑大学经费：76万欧元。（4）欧盟亚洲转型项目（Switch Asia）：采用自愿协议式环境管理方法提高中小企业的能效和环境管理水平。项目的主要目的是通过自愿协议式模式提高中国中小企业资源和能源效率。本基地张明顺教授为该项目中方负责人，项目执行期：2012.1-

2015.12，项目总经费 160 万欧元，中欧共 9 个单位参与，北京建筑大学经费：36 万欧元。（5）欧盟亚洲转型项目（Switch Asia）：促进中国可持续建筑发展（合同号：CI-ASIE/2011/262-965）。项目的主要目的是提高建筑再生和可持续材料利用水平，提高建筑节能水平。本基地张明顺教授为该项目中方负责人，项目执行期：2012.2-2015.1，项目总经费 110 万欧元，中欧共 5 个单位参与，北京建筑大学经费：40 万欧元。（6）欧盟高等教育合作项目：通过欧亚高校合作，加强高等教育中低碳可持续城市发展课程教学。参与单位为荷兰、德国、英国、意大利、印度、印度尼西亚、中国等国家共 11 所大学。北京建筑大学是中国唯一一所参加的大学。项目执行期：2013.8-2015.7，项目总经费 40 万欧元，北京建筑大学经费：4 万欧元。

目前，北京建筑大学已经与 10 多个欧盟成员国签署了校级合作备忘。和本基地直接相关的科技合作协议包括：（1）与荷兰依拉斯姆斯（ERASMUS）大学签署了联合培养废物资源化和可持续资源管理领域博士的合作备忘录。荷兰依拉斯姆斯大学在以上领域的博士生将直接进入该基地开展研究；（2）与欧盟多家学术单位共同投标获得了开展废物资源化和可持续资源管理研发合作的多方合作框架合同。根据该合同，在未来四年里，北京建筑大学将作为中方代表单位参加欧盟在废物资源化和可持续资源管理领域的研发项目。（3）与参与本基地建设的欧洲两家单位奥地利维也纳大学（固体废物研究所）和荷兰经济部创新可持续发展局固体废物司签订有双方开展电子废物资源化研究的合作合同。

5. 北京市城市交通基础设施建设国际科技合作基地

北京市城市交通基础设施建设国际科技合作基地依托"大城市地下交通空间资源开发利用"教育部创新团队、"城市交通基础设施建设"北京市工程技术研究中心、"绿色建筑与节能技术"北京市重点实验室、"工程结构与新材料"北京市高校工程研究中心、"城市地下空间开发利用"北京市学术创新团队，联合北京市政设计研究总院、北京市政路桥集团公司、北京市轨道交通建设管理公司、北京市城建设计研究总院，拥有正高级人员 40 多名，副高级人员 20 多名，实力雄厚，实验设备完善。与美国、英国、俄罗斯、日本等国家的高校，在地下交通的建设、交通枢纽设计建设、再生沥青混合料和温拌技术等领域具有长时间的卓有成效的合作，科研、社会经济效益显著。拟进一步邀请更多知名专家来校工作，建立技术研发中心，推动科研的进步、人才培养水平的提高、服务城市交通基础设施建设水平的提高。

（周埋安　房丽清　霍丽霞　刘　芳　高　岩）

第六章 人才队伍建设

一、基本情况

(一) 学校整体人员结构

截至2014年12月31日,我校现有教职工998人,其中,专任教师548人,正高级职称101人,副高级职称226人,基本满足了学校的教学、科研、管理及其他各项事务的需要。从年龄结构看,专任教师以中青年教师为主,占66.8%。从学历层次看,具有博士学位的教师人数共有309人,所占比例为56.4%。从性别结构看,男女比例为1.08:1。从职称结构看,102人具有正高级职称,占专任教师比例为18.6%;223人具有副高级职称师,占专任教师比例为40.7%,专任教师中具有高级职称比例超过59.3%。专任教师中,105人具有海外研修经历,所占比例为19%;330人毕业于985和211院校,所占比例为59.7%;31人毕业于海外院校,所占比例为5.6%。

(二) 2014年新增、减员工一览表和名单见附录一
(三) 学校高级职称人员名单详见附录二
(四) 从事教学工作满30年的教职工

孔　娟　　六　明　　王　兰　　车胜利　　孙　义　　孙希磊　　代西武　　李振明
李铁勋　　李　冰　　刘临安　　杜明义　　邵宗义　　房志勇　　周乐皆　　顾　斌
崔景安　　常宗耀　　詹淑慧　　蔡时连　　魏京花

(五) 2014年退休人员

序号	单位名称	姓名	性别	出生日期	职称	减员时间	备注
1	环境与能源工程学院	解国珍	男	1954.01.14	教授	2014.02.01	退休
2	电气与信息工程学院	肖玲琍	女	1959.01.26	工程师	2014.02.01	退休
3	学校办公室	任树金	男	1954.01.02	高级工人	2014.02.01	退休
4	校产	陈继东	男	1954.01.08	助理会计师	2014.02.01	退休
5	校产	陈玉水	男	1954.01.27	干部	2014.02.01	退休
6	图书馆	孙振旗	男	1954.03.30	中级工人	2014.04.01	退休
7	校产	金磊	女	1959.03.30	副研究馆员	2014.04.01	退休
8	图书馆	周慧欣	女	1959.04.12	实验师	2014.05.01	退休
9	校产	杨利萍	女	1959.04.03	工程师	2014.05.01	退休
10	文法学院	郑宁	男	1954.05.25	教授	2014.06.01	退休
11	工会	傅钰	女	1959.05.07	副教授	2014.06.01	退休
12	物业服务管理中心	张东宇	男	1954.05.05	中级工人	2014.06.01	退休

续表

序号	单位名称	姓名	性别	出生日期	职称	减员时间	备注
13	校产	崔建新	男	1954.06.13	干部	2014.07.01	退休
14	建筑与城市规划学院	郎世奇	男	1954.08.25	助理政工师	2014.09.01	退休
15	后勤集团	戴彦发	男	1954.08.10	工人	2014.09.01	退休
16	校产	邵平生	男	1954.08.15	中级工人	2014.09.01	退休
17	校产	薛曦	男	1954.08.25	工程师	2014.09.01	退休
18	后勤集团	刘素花	女	1964.09.08	工人	2014.10.01	退休
19	内退	张欣	男	1954.10.01	中级工人	2014.10.01	退休
20	工程实践中心	潘克岐	男	1954.09.17	副研究员	2014.10.15	退休
21	土木与交通工程学院	洪桔	女	1958.09.26	副教授	2014.10.15	退休
22	图书馆	陈红月	女	1959.10.18	副研究馆员	2014.11.01	退休
23	计信部	宋军	男	1954.10.18	工程师	2014.11.01	退休
24	资产与后勤管理处	张朋	男	1954.10.08	副教授	2014.11.01	退休
25	校产	王学敏	男	1954.10.28	工程师	2014.11.01	退休
26	文法学院	徐丹石	女	1959.11.02	讲师	2014.12.01	退休
27	医务室	李素景	女	1959.11.03	副主任医师	2014.12.01	退休
28	校产	闫全良	男	1954.11.13	助理工程师	2014.12.01	退休
29	京精大房监理公司	计晓玉	女	1959.12.15	工程师	2014.12.15	退休
30	建筑与城市规划学院	林川	女	1959.12.20	教授	2014.12.20	退休
31	后勤集团	杨立群	男	1954.12.25	中级工人	2014.12.25	退休

二、人才引进

序号	单位名称	姓名	性别	学历	学位	职称	入校时间	进入我校形式
1	机关单位	王建中	男	研究生	博士	研究员	2014.10.09	从事业单位调任（入）
2	建筑与城市规划学院	刘剑锋	男	研究生	博士	高级城市规划师	2014.04.25	从其他单位调入
3	建筑与城市规划学院	桑秋	男	研究生	博士	高级工程师	2014.07.10	从其他单位调入
4	环境与能源工程学院	崔俊奎	男	研究生	博士	副教授	2014.04.04	从事业单位调任（入）

三、教师培养

（一）政府特殊津贴

截至2014年底，全校在职职工享受政府特殊津贴专家共8名。名单如下：

享受政府特殊津贴人员名单

序号	姓名	专　　业	专业技术职称	学历/学位	批准年份
1	李德英	供热供燃气通风及空调工程	教授	研究生/博士	1995年
2	王晏民	摄影测量与遥感	教授	研究生/博士	1998年
3	刘临安	建筑历史与理论	教授	研究生/博士	2000年
4	王瑞祥	供热供燃气通风及空调工程	教授	研究生/博士	2006年
5	宋国华	应用数学	教授	研究生/博士	2012年
6	徐世法	道路与铁道工程	教授	研究生/博士	2012年
7	朱光	地图制图学与地理信息工程	教授	研究生/博士	2014年
8	郝晓地	市政工程	教授	研究生/博士	2014年

（二）长江学者

截至2014年底，我校共戚承志1人入选"长江学者奖励计划"。

序号	姓名	专业	专业技术职称	学历/学位	批准年份
1	戚承志	岩土工程	教授	研究生/博士	2011年

（三）长城学者

2014年9月25日，根据《北京市教育委员会关于公布2015年度北京市属高等学校高层次人才引进与培养及创新团队建设计划资助名单的通知》（京教函〔2014〕456号），机电学院院长杨建伟教授入选市属高等学校长城学者培养计划。目前学校有长城学者培养计划入选者3人。

序号	单位	项目负责人	项目编号	项目名称	资助年度
1	土木学院	季节	CIT&TCD20130318	煤直接液化残渣改性沥青材料开发与性能评价	2013年
2	机电学院	刘永峰	CIT&TCD20140311	工程机械用柴油机富氧燃烧及CO_2固化技术的研究	2014年
3	机电学院	杨建伟	CIT&TCD20150312	时变速载条件下地铁齿轮箱早期故障动力学建模与状态评估	2015年

（四）学校外聘院士、高级专家

2014年，学校聘请了顾金才院士等27名国内外的知名专家担任客座或兼职教授职务。

序号	姓名	性别	工作单位	职　称	聘任职务
1	戴玉强	男	总政歌剧团	一级演员	客座教授
2	朱迅	女	中央电视台	一级演员	客座教授
3	刘载望	男	江河创建集团股份有限公司	董事长/高级工程师	客座教授
4	肖强	男	美国AQX工程公司	总工程师/总裁	客座教授
5	张家明	男	北京东城区	高级经济师/区长	客座教授

续表

序号	姓名	性别	工作单位	职　称	聘任职务
6	张元	男	北京地铁运营有限公司地铁运营技术研发中心	中心主任/教授级高工	兼职教授
7	冀岩	男	丰台区长	区长	客座教授
8	温宗勇	男	北京市测绘设计研究院	院长/教授级高工	客座教授
9	InS. Kim	男	韩国光州科学技术院	教授	客座教授
10	张瑞雄	男	台湾观光大学	教授/校长	客座教授
11	赵涵捷	男	台湾宜兰大学	教授/校长	客座教授
12	高会军	男	渤海大学	教授/副校长	客座教授
13	高顺利	男	北京市燃气集团	分公司总经理/教授级高工	兼职教授
14	刘燕	女	北京市燃气集团	副总工程师/教授级高工	兼职教授
15	傅伟达	男	伊利诺伊大学香槟分校计算机科学部	副教授	兼职教授
16	郝斌	男	住房和城乡建设部	教授级高工/处长	兼职教授
17	王向荣	男	中国风景园林学会	教授/副理事长	客座教授
18	Nigel Thorne	男	欧洲风景园林协会	教授/主席	客座教授
19	赵东叶	男	美国奥本大学	教授	特聘教授
20	顾金才	男	总参工程兵科研三所	工程院院士（研究员）	特聘教授
21	吴海洲	男	日报天海株式会社	教授	特聘教授
22	刘会娟	女	中科院生态环境研究中心环境水质学实验室	研究员	特聘教授
23	庄惟敏	男	清华大学建筑学院	教授/院长	客座教授
24	陈楷	男	北京丽泽金融商务区控股有限公司	副总经理	客座教授
25	苏鑫	男	高和资本	董事长	客座教授
26	莫平	男	莫平建筑主设计顾问公司	总监	客座教授
27	王小鲁	男	中国改革基金会国民经济研究所	副所长	客座教授

（五）博士生指导教师

序号	单位名称	姓名	性别	出生日期	学历	学位	职称
1	机关单位	王建中	男	1964.08.10	研究生	博士	研究员
2	机关单位	汪苏	男	1959.12.14	研究生	博士	教授
3	机关单位	张大玉	男	1966.04.12	研究生	博士	教授
4	机关单位	高春花	女	1964.02.19	研究生	博士	教授
5	机关单位	戚承志	男	1965.03.25	研究生	博士	教授
6	建筑与城市规划学院	田林	男	1968.05.02	研究生	博士	教授级高工
7	建筑与城市规划学院	范霄鹏	男	1964.10.14	研究生	博士	教授
8	建筑与城市规划学院	刘临安	男	1955.07.16	研究生	博士	教授
9	土木与交通工程学院	韩森	男	1969.10.19	研究生	博士	教授
10	土木与交通工程学院	徐世法	男	1963.10.10	研究生	博士	教授

续表

序号	单位名称	姓名	性别	出生日期	学历	学位	职称
11	土木与交通工程学院	董军	男	1967.03.14	研究生	博士	教授
12	环境与能源工程学院	李俊奇	男	1967.11.02	研究生	博士	教授
13	环境与能源工程学院	李德英	男	1955.11.16	研究生	博士	教授
14	环境与能源工程学院	郝晓地	男	1960.04.19	研究生	博士	教授
15	经济与管理工程学院	何佰洲	男	1956.06.04	大学本科	学士	教授
16	测绘与城市空间信息学院	杜明义	男	1963.06.27	研究生	博士	教授
17	测绘与城市空间信息学院	王晏民	男	1958.04.01	研究生	博士	教授
18	测绘与城市空间信息学院	赵西安	男	1957.11.19	研究生	博士	教授
19	机电与车辆工程学院	杨建伟	男	1971.04.06	研究生	博士	教授
20	理学院	崔景安	男	1963.09.29	研究生	博士	教授
21	理学院	梁昔明	男	1967.02.12	研究生	博士	教授
22	机关单位	吴海燕	女	1965.08.23	研究生	博士	教授

（六）2014年有9人获得各类人才称号

2014年，土木学院院长戚承志获国家百千万人才称号，机电学院院长杨建伟教授入选北京市属高校长城学者培养计划，齐吉琳入选北京市属高校高层次人才引进计划，张雷、张华、刘扬入选北京市属高校青年拔尖人才，索智入选北京市科技新星，牛润萍入选北京市委组织部青年拔尖个人，李海燕入选北京市委组织部青年拔尖团队带头人。

（七）张雷等3人入选北京市教委青年拔尖人才

2014年9月25日，根据《北京市教育委员会关于公布2015年度北京市属高等学校高层次人才引进与培养及创新团队建设计划资助名单的通知》（京教函〔2014〕456号），张雷、张华、刘扬入选北京市属高校青年拔尖人才培育计划，学校共有20人入选北京市属高校青年拔尖人才培育计划。

序号	单位	项目负责人	性别	项目编号	项目名称	资助年度
1	计信部	侯妙乐	女	CIT&TCD201304064	文化遗产的三维信息留取与应用关键技术研究	2013年
2	环能学院	张群力	男	CIT&TCD201304065	太阳能热水型符合相变蓄能建筑构件采暖系统研究	2013年
3	理学院	俞晓正	男	CIT&TCD201304066	微颗粒表面镀膜的国内外研究现状	2013年
4	环能学院	陈红兵	男	CIT&TCD201304067	真空管式光伏—太阳能热泵系统的理论与实验研究	2013年

续表

序号	单位	项目负责人	性别	项目编号	项目名称	资助年度
5	环能学院	祝磊	男	CIT&TCD201304068	风力发电机组塔架结构形式及设计方法研究	2013年
6	土木学院	廖维张	男	CIT&TCD201304069	地铁结构内爆效应及防护措施研究	2013年
7	环能学院	杨海燕	女	CIT&TCD201304070	采用膜技术去除PPCPs的机理研究	2013年
8	理学院	任艳荣	女	CIT&TCD201304071	复杂载荷作用下海底管线的稳定性研究	2013年
9	测绘学院	吕书强	男	CIT&TCD201304072	多源空间数据获取关键技术研究	2013年
10	测绘学院	危双丰	男	CIT&TCD201404070	基于语义的古建筑信息模型自动化生成技术	2014年
11	土木学院	焦朋朋	男	CIT&TCD201404071	面向缓解交通拥堵的动态交通网络组合模型与应用方法研究	2014年
12	环能学院	王建龙	男	CIT&TCD201404072	合流制溢流特征及调蓄池优化模拟研究	2014年
13	研究生处	李海燕	女	CIT&TCD201404073	管道沉积物径流冲刷与侵蚀对城市合流制排水管道溢流污染影响研究	2014年
14	研究生处	汪长征	男	CIT&TCD201404074	再生水用作热电厂循环冷却系统补水的腐蚀与控制研究	2014年
15	机电学院	陈志刚	男	CIT&TCD201404075	城市热力管道泄漏诊断方法研究	2014年
16	环能学院	王崇臣	男	CIT&TCD201404076	具去除水中染料类污染物功能的MOFs材料的合成与性能研究	2014年
17	环能学院	刘建伟	男	CIT&TCD201404077	城市污水厂恶臭气体高效组合处理技术研究	2014年
18	电信学院	张雷	男	CIT&TCD201504030	家居服务型仿人机器人移动作业关键技术研究	2015年
19	文法学院	张华	女	CIT&TCD201504031	社会主义城市空间生产与社会正义研究	2015年
20	测绘学院	刘扬	男	CIT&TCD201504032	基于空间数据挖掘的城市运行管理态势分析方法	2015年

（八）选派12名教师出国研修

2014年，学校通过各种途径，派出12名教师到国外进行研修。

序号	姓名	性别	留学国家	培训学校	进修内容	进修时间	备注
1	王伟	女	英国	南威尔士大学	双语培训	3个月	学校派出

续表

序号	姓名	性别	留学国家	培训学校	进修内容	进修时间	备注
2	王利萍	女	美国	美国奥本大学	访问学者	6个月	学校派出
3	苏欣纺	女	美国	美国奥本大学	访问学者	6个月	学校派出
4	杨华	男	美国	美国奥本大学	访问学者	6个月	学校派出
5	张俊红	女	美国	伊利诺理工大学	访问学者	6个月	自费
6	刘永峰	男	德国	亚琛工业大学于里希研究中心	访问学者	12个月	留学基金委
7	冯利利	女	加拿大	阿尔伯特大学	访问学者	12个月	留学基金委
8	牛润萍	女	英国	雷丁大学	访问学者	12个月	留学基金委
9	左金凤	女	美国	南依里诺依州立大学	高级访问学者	12个月	高师中心
10	许传青	女	澳大利亚	墨尔本大学	高级访问学者	6个月	高师中心
11	郑宪强	男	英国	伦敦大学	访问学者	6个月	高师中心
12	冯萍	女	美国	伊利诺伊大学芝加哥分校	访问学者	6个月	高师中心

（九）学校修改颁发新的专业技术职务晋升办法

经过近一年的调研、摸底、起稿、征求意见、多次修改，于2014年3月19日经校长办公会讨论通过颁发了《专业技术职务晋升条件暂行规定》（北建大人发〔2014〕4号），对学校专业技术人员的职务晋升条件、程序等作了较全面的修订。

（十）开展高级专业技术职务评审

在《专业技术职务晋升条件暂行规定》（北建大人发〔2014〕4号）颁布后，学校于2014年4月开始高级专业技术职务评审工作，共有12人申报晋升教授，有27人申报晋升副高级专业技术职务。经过学院推荐、机关审核、学科组答辩、校聘委会投票、全校公示，最后于2014年6月23日经校长办公会审定，聘任王平、李海燕、郑宁等3人为教授专业技术职务，聘任尹静、孙方田、牟唯嫣、陈雍君、赵仲杰、焦驰宇等6人为副教授专业技术职务，宋军为高级实验师专业技术职务。

序号	申报单位	姓名	性别	聘任职务
1	经管学院	王平	女	教授
2	环能学院	李海燕	女	教授
3	文法学院	郑宁	男	教授
4	机电学院	尹静	女	副教授
5	环能学院	孙方田	男	副教授
6	理学院	牟唯嫣	女	副教授
7	计信部	宋军	男	高级实验师
8	经管学院	陈雍君	男	副教授
9	文法学院	赵仲杰	男	副教授
10	土木学院	焦驰宇	男	副教授

（十一）教育管理研究系列高级职称申报

根据市教委的工作安排，经个人申报、答辩评选，学校同意李雪华、刘伟申报研究员、副研究员的专业技术职务，并通过市教委的评选。

（十二）2 人被评为教师研修基地优秀学员

经过市教委的评选，文法学院许辉和环能学院冯利利被评为 2012-2013 年北京市属高校教师发展基地优秀学员。

四、人事管理（考核、聘任、档案等）

（一）2014 年考核情况

2013/2014 学年共有 764 位教职工参加考核（不含处级以上干部、校产系统、后勤集团），其中：考核优秀 117 人，考核合格 629 人，考核不合格 3 人，考核未定等级 15 人。9 人未参加考核。

（二）档案工作

(1) 按照人事档案 A4 改版的有关要求整理装订人事档案 1000 余份；
(2) 接收人事档案材料 900 余份；
(3) 协助各部门查借阅档案 1300 余次；
(4) 为教职工提供档案材料复印件 100 余份；
(5) 转递档案 4 份。

（张　莉　赵翠英　何其锋　陈红兵）

第七章 对外合作交流

一、国际交流与合作

(一)概况

2014年,秉承开门办学的理念,通过多种途径扩大与国外高水平学校间校际的各级各类合作与交流。在完善原有的合作办学项目的同时,北京建筑大学进一步开拓了新的国际合作项目。本年度,与3所国外大学新签署了合作协议,至此北建大已经与国外40所高等院校和科研机构建立了合作关系,合作伙伴覆盖21个国家和地区。

(二)合作院校

国际合作院校一览表

序号	国别或地区	院校或组织	
1	韩国	韩国京畿科学技术大学	Kyonggi University
2	韩国	湖西大学	HOSEO University
3	日本	东京大学	The University of Tokyo
4	马来西亚	智达教育集团	Legenda Education Group
5	马来西亚	吉隆坡建筑大学	Infrastructure University Kuala Lumpur
6	蒙古国	蒙古科技大学建工学院	Mongolian University of Science and Technology
7	越南	河内建筑大学	Hanoi Architectural University
8	美国	奥本大学	Auburn University
9	美国	新泽西州立大学	Rutgers, The State University of New Jersey
10	美国	北达科他州立大学	North Dakota State University
11	美国	科罗拉多大学波尔得分校	University of Colorado Boulder
12	美国	南康涅狄格州立大学	Southern Connecticut State University
13	加拿大	卡尔加里大学舒立克工学院	Schulich School of Engineering, University of Calgary
14	澳大利亚	南澳大学	University of South Australia
15	澳大利亚	迪肯大学工学院	School of Engineering, Deakin University
16	新西兰	UNITEC理工大学建筑学院	Unitec Institute of Technology
17	新西兰	奥克兰大学	The University of Auckland
18	俄罗斯	圣彼得堡建筑工程大学	St. Petersburg State University of Architecture and Civil Engineering

续表

序号	国别或地区	院校或组织	
19	俄罗斯	莫斯科建筑学院	Moscow Architectural Institute
20	意大利	意大利罗马·拓·委瑞伽塔大学	University of Rome Tor Vergata
21	意大利	马尔凯工业大学	Marche Polytechnic University
22	意大利	奈普勒斯帕森诺普大学	Parthenope University of Naples
23	英国	萨尔福德大学	University of Salford
24	英国	格拉斯哥卡里多尼亚大学	Glasgow Caledonian University
25	英国	诺丁汉大学	University of Nottingham
26	英国	南岸大学	London South Bank University
27	英国	南威尔士大学	University of South Wales
28	法国	马恩河谷大学	University of Marne-la-Vallée
29	法国	昂热大学	University of Angers
30	法国	拉浩石勒大学	University of La Rochelle
31	法国	巴黎东部马恩·拉瓦雷大学	Université de Paris-Est Marne-La-Vallée
32	亚美尼亚	埃里温国立建筑大学	Yerevan State University of Architecture and Construction
33	波兰	琴斯特霍夫理工大学	Czestochowa University of Technology
34	德国	柏林工业大学	Technical University of Berlin
35	荷兰	鹿特丹伊拉斯姆斯大学国际社会科学研究院	Erasmus University Rotterdam international Institute of Social Studies
36	荷兰	代尔夫特理工大学	Delft University of Technology
37	爱尔兰	高威理工学院	Galway-Mayo Institute of Technology
38	瑞士	伯恩应用科学大学	Bern University of Applied Sciences
39	瑞典	鲁鲁阿科技大学	Luleå University of Technology
40	芬兰	赫尔辛基大学	University of Helsinki

二、港澳台交流与合作

截至2014年年底，北京建筑大学已经与港澳台4所大学建立了合作关系。

港澳台合作院校一览表

序号	院校所在地	院校或组织	
1	中国台湾地区	台湾首府大学	Taiwan Shoufu University
2	中国台湾地区	台湾宜兰大学	National Ilan University
3	中国台湾地区	云林科技大学	National Yunlin University of Science and Technology
4	中国香港地区	香港理工大学	The Hong Kong Polytechnic University

三、国际友好往来

2014年度,共负责并参与接待了国外11个校级团组来校访问,分别是:美国奥本大学、美国科罗拉多大学、波兰琴斯特霍瓦理工大学、英国南威尔士大学、英国威斯敏斯特大学、英国普利茅斯大学、日本名古屋名城大学、意大利佛罗伦萨大学、英国萨里大学、新西兰UNITECH理工大学、瑞士健康环境设计研究会。

四、港澳台友好往来

2014年度,共负责并参与接待了境外1个校级团组的访问,该校级团组为台湾宜兰大学。

五、因公出国

2014年度,完成教师出访国外共计28个团组、49人次。出访涉及韩国、德国、法国、英国、日本、荷兰、捷克、墨西哥、西班牙、美国、加拿大、波兰、意大利、马来西亚、葡萄牙、澳大利亚和新西兰等17个国家和地区,拓展了北京建筑大学对外合作的深度和广度。

2014年12月,向北京市外国专家局共申请2015年出国培训项目2个,分别是"北京市属高等创新团队建设与教师职业发展计划美国培训"及"北京市属高等创新团队建设与教师职业发展计划英国培训",并已得到北京市外专局的初步批准。

2014年因公出国一览表

序号	姓名	部门	任务名称	目的地
1	高春花	组织部	国际会议	韩国
2	张雅君	机关	进修培训	德国
3	李维平	机关	国际会议	法国
4	李俊奇	环境与能源工程学院		
5	魏东	电气与信息工程学院		
6	宋国华	机关	校际交流	英国
7	张忠国	建筑与城市规划学院		
8	赵文通	文法学院		
9	张艳	教务处		
10	丁帅	国际教育学院		
11	冯萃敏	环境与能源工程学院	国际会议	日本
12	许萍	环境与能源工程学院		
13	郝晓地	环境与能源工程学院	项目合作研究	荷兰

续表

序号	姓 名	部 门	任务名称	目的地
14	朱光	机关	国际会议	捷克、墨西哥
15	赵金瑞	党政办公室		
16	戚承志	土木与交通工程学院		
17	韩森	土木与交通工程学院		
18	董军	土木与交通工程学院		
19	武烜	文法学院		
20	崔景安	理学院	国际会议	西班牙
21	靖常峰	测绘与城市空间经济学院	国际会议	美国、加拿大
22	朱静	团委	校际交流	日本
23	刘建华	测绘与城市空间经济学院	国际会议	加拿大
24	高嵩峰	机电与车辆工程学院	国际会议	波兰
25	秦华			
26	宫永伟	环境与能源工程学院	国际会议	美国
27	陈红兵	环境与能源工程学院	国际会议、合作研究	英国
28	朱爱华	机电与车辆工程学院	校际交流、访学	法国
29	崔景安	理学院	国际会议	意大利
30	车伍	环境与能源工程学院	国际会议	马来西亚
31	王建龙			
32	王思思			
33	杨建伟	机电与车辆工程学院	合作研究	德国
34	王崇臣	环境与能源工程学院	国际会议	葡萄牙
35	郝学军	环境与能源工程学院	国际会议	日本
36	刘临安	建筑与城市规划学院	校际交流、讲学	意大利
37	左金凤	文法学院	访学、进修培训	美国
38	欧阳文	建筑与城市规划学院	校际交流、讲学	意大利
39	宋国华	机关	合作研究	澳大利亚、新西兰
40	吴海燕	国际教育学院		
41	邹积亭	教务处		
42	李雪华	招生就业处		
43	马英	建筑与城市规划学院		
44	杨建伟	机电与车辆工程学院	合作研究、进修培训、校际交流	英国
45	周明			
46	刘栋栋	土木与交通工程学院	校际交流	美国
47	李之红			
48	许传青	理学院	进修培训	美国
49	郝晓地	环境与能源工程学院	合作研究	美国

六、因公出境

2014年度，完成教师出访境外7个团组、10人次，出访目的地主要是我国香港和台湾地区。

2014年因公出境一览表

序号	姓名	部门	任务名称	目的地
1	赵金煜	经济与管理工程学院	课程学习、合作研究	台湾
2	刘颖	文法学院	带学生实习	香港
3	王伟			
4	张庆春	经济与管理工程学院	校际交流	台湾
5	张有峰			
6	万珊珊	电气与信息工程学院	国际会议	台湾
7	何津	土木与交通工程学院		
8	李英子	经济与管理工程学院	校际交流	台湾
9	孙冬梅	宣传部	双跨团	台湾
10	陈韬	科技处	国际会议	台湾

七、国际教育

【学生出国】 北京建筑大学连续三年荣获"北京市高等学校学生公派境外学习奖学金"，资助在籍学生开展国境外的学习和研究。各二级学院积极利用此长期奖学金项目，为学生搭建平台，支持和鼓励本、硕学生"走出去"开展交流和学习。2014年度共有48名学生申请到此奖学金资助赴境外完成学习任务。同时，学生赴国境外交流的形式也以游学为主提升为学术性学习和研究为主。

【留学生】 北京建筑大学连续第九年荣获"北京市外国学生奖学金"，用于吸引更多的学生来北建大学习，做到专款专用，奖励过程公开、公正、透明，奖学金授奖及发放情况顺利良好。

本年度为来自美国、意大利、蒙古、巴基斯坦等10多个国家共14名留学生办理了北京市人民政府外事办公室批复的正式入学手续。

八、外国专家

2014年，共聘请了6名长期外国文教专家（分别来自美国、法国、加拿大、叙利亚、印度）从事教学、合作科研工作，还邀请了多名外国文教专家来北京建筑大学短期访问、商谈合作、参加国际学术会议等。这些外国文教专家主要承担英语语言、建筑学、环境科学、电气自动化、土木工程等课程的教学和研究，为北建大营造了国际化的学术氛围。

九、港澳台专家

2014年，共聘请了2名台湾文教专家长期从事教学、合作研究工作，还邀请了多名台湾文教专家来北京建筑大学进行短期访问、商谈合作、参加国际学术会议等。

十、其他

1. 与美国奥本大学合作举办"北京建筑大学奥本大学国际学院"合作项目已于2013年9月通过北京市教委、市政府审查。由于北京建筑大学更名，在取得教育部、市教委同意后，重新整理、印刷有关材料，当年12月上报至教育部。2014年3月20日两校共同参加教育部的专家评审会，国际交流与合作处完成评审会的沟通联系、材料准备、会议安排等系列工作。
2. 5月份开始为在北京建筑大学举办的2014海峡两岸信息科学与技术学术交流研讨会（8月22-24日举办）向北京市人民政府外事办公室、北京市人民政府台湾事务办公室进行申报，为研讨会的顺利圆满召开提供了保证。
3. 经向上级主管部门呈报，北京市人民政府外事办公室同意并支持北京建筑大学建筑设计艺术（ADA）研究中心与瑞典大使馆、香港设计中心联合举办名为建筑、景观与城市设计对话：[再]造城市空间体验的主题活动（2014年12月8日举办）。活动取得圆满成功，加深了北建大与瑞典使馆的沟通与交流。

（王　茜　赵晓红）

第八章 学 生 发 展

一、本科生招生工作

（一）概况

2014年，北京建筑大学招生工作坚持"服务人才培养、加大招生宣传、提高生源质量"的工作目标，紧紧围绕高招宣传和高招录取开展工作，积极拓展宣传途径，加大宣传力度，提升了学校在京内、京外地区的知名度和社会认可度；顺利完成了高招录取工作，保持"零违规、零失误、零投诉"的良好成绩，使学校高招录取成绩再上一个新的台阶。

（二）招生政策

国家教育部、北京市教育委员会、北京教育考试院等上级部门规定普通高等学校实行"招生学校负责、省市招办监督"的录取管理制度。即：在思想政治品德考核和身体健康状况检查合格、统考成绩达到同批录取控制分数线的考生中，由招生学校确定调阅考生档案的比例（一般在学校招生计划数120%以内），决定考生录取与否及所录取专业，并负责对未录取考生的解释及其他遗留问题的处理。省（直辖市、自治区）招生委员会实行必要的监督，检查学校执行国家招生政策、招生计划的情况。

根据上级部门的有关规定，学校成立招生录取工作领导小组，由校长担任组长，主管教学的校长、纪委书记担任副组长。招生录取工作领导小组下设录取工作组、纪检工作组和技术保障组，招生录取工作领导小组对学校本科招生实行统一组织领导。同时成立由纪委副书记为主任的招生监察办公室，成员由学校纪检监察干部、特邀监察员等相关人员组成。招生监察办公室在学校招生领导小组的领导下，具体实施对本校招生录取的监督工作。

2014年北京首次实施本科一、二、三批志愿设置改革，由小平行志愿调整为平行志愿组方式。

2014年，北京建筑大学高招录取的录取规则为：在录取考生时，全面贯彻实施高校招生"阳光工程"，本着公平、公正、公开的原则，严格按照市高校招生办公室公布的批次、科类进行录取，专业录取时按照分数优先原则结合考生志愿顺序，全面审核，择优录取，给水排水科学与工程（中美合作2+2项目）与理科实验班只录取填报该专业志愿的考生，给水排水科学与工程（中美合作2+2）要求英语单科成绩在100以上。

在进行录取时遵循以下原则：

1. 同一志愿条件下分数优先，遵循志愿，不设专业级差。
2. 认可各地加分政策，加分到分专业。
3. 在总分相同情况下，理综分数高的考生优先录取；如理综分数仍相同，数学分数高的考生优先录取；如数学分数再相同，英语分数高的考生优先录取。

4. 考生提档后无特殊情况均不退档。
5. 所有专业入学前后均无美术加试。
6. 不设男女生比例限制，体育、艺术等特长生在同等情况下优先录取。

我校优先录取第一志愿考生；北京地区第一批录取时，根据平行志愿高分考生的数量情况，预留出约10%的比例录取平行志愿考生。建议考生一志愿报考，专业选择余地较大。

（三）招生计划

2014年招生计划总数为1800人，其中：北京计划1080人（首次实行面向首都城市功能新区或生态涵养区农村户籍学生提前批次招生，招生计划共计10人），外省市计划720人，其中，地方协作计划108人、贫困地区专项计划80人、内地新疆班21人、内地西藏班9人、新疆克拉玛依定向计划10人、新疆和田地区教育局定向计划6人、新疆有色金属工业（集团）有限公司定向计划4人、少数民族预科班计划50人。

2014年仍面向全国31个省市及自治区招生，目前共实现了24个省市及自治区的一批次招生，其中：在天津、河北、内蒙古、辽宁、吉林、福建、江西、河南、海南、贵州、西藏、陕西、青海、宁夏共计14个省市完全实行本科一批次招生；在北京、山西、山东、广西、海南、重庆、四川、云南、甘肃、新疆共计10个省市按专业分别参加本科一、二批次招生；其余上海、江苏、浙江、安徽、湖北、湖南、广东共计7个省市为本科二批次招生。

（四）录取情况（录取分数、录取新生、新生奖学金等）

【录取分数】2014年北京建筑大学在北京地区本科一批次理科录取最高分为648分（比理科一本线高105分），最低分为545分（比理科一本线高2分），文科录取最高分为617分（比文科一本线高52分），最低分为584分（比文科一本线高19分）；本科二批次理科录取最高分为600分（比理科二本线高105分），最低分为530分（比理科二本线高35分），文科最高分为566分（比文科二本线高59分），最低分为523分（比文科二本线高16分）。

在京外一批次录取省市及自治区，北京建筑大学的录取分数线基本都在当地一批次分数线上30分左右，其他二批次省市及自治区录取分数也均在当地一本线上下10分左右。

2014年全国各省市（区）录取分数统计

地区	批次	2014年全国各省市高考分数线				2014年我校录取分数线			
		理科		文科		理科		文科	
		一批线	二批线	一批线	二批线	最高分	最低分	最高分	最低分
北京	一批	543	495	565	507	648	545	617	584
	二批					600	530	566	523
天津	一批	516	439	523	462	593	550	550	546
河北	一批	573	503	563	513	640	615	590	586
山西	一批	534	462	526	478	582	560	—	—
	二批					545	536	529	525
内蒙古	一批	501	388	525	455	608	540	570	565

续表

地区	批次	2014年全国各省市高考分数线				2014年我校录取分数线			
		理科		文科		理科		文科	
		一批线	二批线	一批线	二批线	最高分	最低分	最高分	最低分
辽宁	一批	526	450	552	490	628	574	580	580
吉林	一批	555	445	560	459	615	585	577	576
黑龙江	一批	529	414	541	454	620	582	578	572
上海	二批	423	351	444	390	435	413	411	407
江苏	二批	345	312	333	301	346	341	316	306
浙江	二批	597	420	621	485	587	559	567	567
安徽	二批	489	438	541	500	530	507	541	541
福建	一批	506	408	561	482	611	570	582	573
江西	一批	526	471	524	479	585	566	527	527
山东	一批	572	460	579	490	647	626	—	—
	二批					635	621	617	606
河南	一批	547	476	536	483	609	585	547	543
湖北	二批	533	471	535	482	556	539	534	530
湖南	二批	522	442	562	501	583	540	576	561
广东	二批	560	504	579	534	588	573	575	564
广西	一批	520	407	550	463	613	575	—	—
	二批					565	534	535	501
海南	一批	606	542	666	590	718	676	690	683
重庆	一批	514	455	555	507	590	544	—	—
	二批					—	—	530	529
四川	一批	540	475	551	500	602	562	—	—
	二批					554	549	558	557
贵州	一批	484	382	569	489	593	545	588	577
云南	一批	525	445	565	500	622	556	—	—
	二批					526	523	563	557
西藏	一批	280	230	340	285	555	300	559	351
陕西	一批	503	452	548	492	571	521	565	564
甘肃	一批	516	459	543	499	596	533	—	—
	二批					569	497	518	502
青海	一批	406	362	473	426	486	449	490	478
宁夏	一批	473	440	517	486	560	524	545	531
新疆	一批	475	405	516	446	534	512	—	—
	二批					550	505	553	514

注：以上数据仅供参考，最终数据请以各省市考试院公布数据为准。

2014年北京市录取分数统计及全市分数排名对照

批次	科类	学院	专业名称	最高分	全市排名	最低分	全市排名	平均分	全市排名
一批	理工	建筑学院	建筑学	648	2358	592	8700	614	5848
			城乡规划	629	4073	575	11235	585	9736
			风景园林	628	4184	580	10496	595	8284
			工业设计	619	5247	568	12287	579	10645
			历史建筑保护工程	622	4886	573	11530	583	10041
		土木学院	土木工程（建筑工程方向）	636	3374	562	13244	577	10941
			土木工程（城市道路与桥梁工程方向）	620	5127	558	13903	570	11979
			土木工程（城市地下工程方向）	620	5127	551	15086	566	12601
			交通工程	619	5247	547	15782	563	13082
			无机非金属材料工程（建筑材料方向）	602	7354	545	16133	557	14070
		测绘学院	测绘工程	620	5127	545	16133	552	14915
			地理信息科学	616	5607	547	15782	563	13082
			遥感科学与技术	617	5487	546	15957	557	14070
		环能学院	建筑环境与能源应用工程	629	4073	558	13903	575	11235
			给排水科学与工程	621	5007	555	14405	565	12760
			给排水科学与工程（中美合作2＋2）	626	4412	546	15957	571	11828
			环境工程	626	4412	552	14915	575	11235
			环境科学（资源循环利用）	615	5728	547	15782	558	13903
			能源与动力工程	620	5127	548	15607	562	13244
		经管学院	工程管理	622	4886	551	15086	569	12132
			工程造价	635	3467	561	13408	578	10794
	文史	建筑学院	城乡规划	617	1362	595	2363	602	2043
			风景园林	610	1684	591	2557	599	2178
			工业设计	614	1499	585	2874	596	2316
			历史建筑保护工程	592	2507	584	2929	587	2765
二批	理工	机电学院	机械工程	562	13244	534	18076	539	17192
			机械电子工程	592	8700	532	18435	537	17544
			车辆工程（汽车工程）	595	8284	535	17898	542	16663
			车辆工程（城市轨道交通车辆方向）	540	17016	532	18435	535	17898
			工业工程	539	17192	530	18799	533	18255
		电信学院	自动化	541	16840	531	18616	536	17721
			电气工程及其自动化	546	15957	535	17898	539	17192
			计算机科学与技术	567	12443	531	18616	539	17192
			建筑电气与智能化	586	9584	532	18435	539	17192

续表

批次	科类	学院	专业名称	最高分	全市排名	最低分	全市排名	平均分	全市排名
二批	理工	理学院	信息与计算科学	600	7616	530	18799	535	17898
			电子信息科学与技术	541	16840	530	18799	533	18255
			数学类（理科实验班）	584	9889	538	17368	544	16310
		经管学院	工商管理类	542	16663	534	18076	538	17368
			公共事业管理（招标采购方向）	544	16310	533	18255	538	17368
		文法学院	法学	534	18076	530	18799	531	18616
	文史	经管学院	工商管理类	566	3969	547	5187	554	4746
			公共事业管理（招标采购方向）	563	4164	551	4936	558	4490
		文法学院	法学	563	4164	524	6784	538	5791
			社会工作	547	5187	523	6848	532	6235

注：以上数据仅供参考，最终数据请以北京考试院公布数据为准。

【录取新生】 2014年实际录取新生为1825人，共计扩招25人；高职升本科计划160人（减招9人）。其中，北京地区录取新生1109人，外省市录取新生716人，此外，2014年录取少数民族预科班学生共计50人，少数民族预科班学生预科期间将就读于南昌工学院，学制为一年。

【新生奖学金】 2014年，北京建筑大学共有84名新生获得新生奖学金51.9万元整。其中，北京地区55名新生获得新生奖学金31.7万元，京外地区29名新生奖学金20.2万元。

2014年北京地区新生奖学金

类 别	金额（万元）	人数	合计（万元）
本科一批理科前三名	0.80	3	2.40
本科一批文科前三名	0.80	3	2.40
本科二批理科前三名	0.80	3	2.40
本科二批文科前三名	0.80	5	4.00
本科一批理科各专业第一名	0.50	21	10.50
本科一批文科各专业第一名	0.50	2	1.00
本科二批理科各专业第一名	0.50	14	7.00
本科二批文科各专业第一名	0.50	4	2.00
总计		55	31.70

2014年外省市新生奖学金

类 别	金额（万元）	人数	合计（万元）
理科高于当地一本线50分	0.80	18	14.40
文科高于当地一本线50分	0.80	1	0.80
理科高于当地一本线30分	0.50	7	3.50
文科高于当地一本线30分	0.50	3	1.50
总计		29	20.20

（五）招生宣传

为进一步扩大学校的社会影响力，提升学校的社会认知度，提高学校的生源质量，招生办公室在全校教职工的大力支持下，开展了一系列招生宣传活动。

【承办2014年北京市全国高招联合咨询会】2014年北京首场且规模最大的全国高招联合咨询会在北京建筑大学大兴校区体育场举行。包括北京大学、清华大学、北京师范大学在内的102所高校到场参加，中央电视台、北京电视台、北京青年报、北京日报等多家媒体对咨询会进行报道，近五万多名考生及家长参加了咨询活动。

【积极参加北京市高招咨询会和校园开放日】学校先后组织参加了北京市高校及中学举办的43场招生宣讲与咨询会。各学院领导、专业负责人、学科带头人等积极参与，为广大考生和家长提供详细、耐心、细致、周到的咨询服务。

2014年北京建筑大学京内招生咨询会汇总表

序号	时　　间	组　办　方	地　点
1	3月29日（周六）	阳光高考	华腾科技大厦
2	4月12日（周六）	北京服装学院	朝阳区
3	4月12日（周六）	阳光高考	华腾科技大厦
4	4月17日（周四）	中国教育在线	海淀区
5	4月20日（周日）上午8：00-12：00	北京农学院	昌平
6	4月20日（周日）上午9：00-12：00	苹果园中学	石景山
7	4月20日（周日）8：00-12：00	陈经纶中学	朝阳区
8	4月24日（周四）下午1：30	北京五中	东城区
9	4月25日（周五）上午9：30-11：00	房山良乡中学	房山区
10	4月25日（周五）下午1：00-3：00	北京二中	东城
11	4月25日（周五）下午3：40-5：40	北京四中	西城
12	4月26日（周六）8：00-12：00	首都经济贸易大学	丰台区
13	4月26日（周六）8：00-11：30	首都师范大学（北一区）	海淀区
14	4月26日（周六）上午9：00	一六一中学	西城区
15	4月26日（周六）8：00-15：00	北京工商大学	西城区
16	4月26日（周六）上午8：00-12：00	十二中学	丰台区
17	4月26日（周六）下午2：00	人大附朝阳学校	朝阳区
18	4月26日（周六）9：00-12：00	北京工业大学耿丹学院	顺义区
19	4月26日（周六）上午9：00-11：00	北京九中	石景山区
20	4月26日（周六）上午8：00-12：00	北京联合大学	海淀区
21	4月27日（周日）下午16：00-18：00	育英中学	海淀区
22	4月27日（周日）下午13：00-17：00	北京八十中	朝阳区
23	4月27日（周日）上午7：30-12：00	北京工业大学	朝阳区
24	4月28日（周一）下午3：00-5：00	首都师范大学育新中学	海淀区
25	4月28日（周一）上午9：00	通州教育考试中心	通州果园环岛东北侧
26	4月28日（周一）下午16：00	北京师范大学附属中学	西城区

续表

序号	时间	组办方	地点
27	4月29日（周二）下午2:30	北京五十五中	东城区
28	4月29日（周二）下午2:30-5:00	首都师范大学附属中学	海淀区
29	4月29日（周二）下午1:00	一六六中学	东城区
30	4月30日（周三）中午12:00-2:00	八一中学	海淀区
31	4月30日（周三）下午2:00-4:00	清华大学附属中学	海淀区
32	4月30日（周三）下午2:30	景山学校	东城区
33	4月30日（周三）下午1:30-4:00	北大附中	海淀区
34	4月30日（周三）下午2:00-4:00	北京师范大学第二附属中学	海淀区
35	5月1日（周四）上午8:00-12:00	北京石油化工学院	大兴区
36	5月1日（周四）上午8:00-15:00	中瑞酒店管理学院	大兴区
37	5月2日（周五）上午9:00-12:00	北京工商大学嘉华学院	通州区
38	5月3日（周六）上午8:30-11:00	北京交通职业技术学院	昌平区
39	5月3日（周六）上午9:00-11:00	北京科技大学延庆分校	延庆
40	5月3日（周六）上午8:30-11:30	北京城市学院	海淀区
41	5月8日（周四）下午4:00	北京师范大学附属实验中学	西城区
42	5月10日（周六）下午15:00	北京理工大学附属中学	海淀区
43	5月12日（周一）下午2:00-4:00	人大附中	海淀

【大规模参加京外高招咨询】 2014年受邀前往21个省市自治区参加了32场高招咨询会，取得了良好的效果。

2014北京建筑大学京外地区招生咨询会汇总表

序号	时间	省市	组办方	地点
1	6月11日	安徽	安徽省合肥广播电视台	学校访谈（播出时间待定）
2	6月12日	江西	江西教育电视台	高招访谈（播出时间待定）
3	6月14日	辽宁	沈阳招生考试委员会	沈阳市国际展览中心
4	6月15日	内蒙古	内蒙古大学	内蒙古大学
5	6月19日	云南	云南师范大学	云南师范大学
6	6月22日	贵州	贵州省招生考试院	贵阳国际会展中心
7	6月23日	甘肃	兰州大学	兰州大学
8	6月24日	甘肃	西北师范大学	西北师范大学
9	6月24日	河北	石家庄一中	石家庄一中
10	6月24日	浙江	浙江省教育考试院	杭州站
11	6月24-25日	广西	广西壮族自治区招生考试院	广西南宁国际会展中心
12	6月24日	湖北	武汉市招生考试办公室	武汉国际会展中心
13	6月25日	安徽	安徽省教育考试院	安徽农业大学
14	6月25日	安徽	安徽省高招宣传	安徽教育电视台访谈

续表

序号	时间	省市	组办方	地点
15	6月25日	天津	天津城建大学	天津城建大学
16	6月25日	陕西	陕西省西安中学	陕西省西安中学
17	6月25-26日	河南	河南省招生办公室	河南农业大学
18	6月25-26日	重庆	重庆市招生考试研究会	重庆展览中心
19	6月25日	山东	山东省教育招生考试院	济南舜耕国际会展中心
20	6月26日	山东	威海市招生考试办公室	威海二中
21	6月27日	山东	烟台市教育考试服务中心	莱阳市居然之家一楼大厅
22	6月26日	辽宁	大连市招生工作办公室	大连东软信息学院
23	6月26日	黑龙江	哈尔滨市招生考试委员会	哈尔滨工程大学
24	6月26-27日	福建	福建省教育考试院	福州海峡国际会展中心
25	6月26-27日	湖南	湖南省教育考试院	长沙红星国际会展中心
26	6月26-27日	湖南	湖南省教育考试院	网上咨询会（www.hneeb.cn）
27	6月27日	广东	广州市招生考试委员会	中国进出口商品交易会琶洲馆
28	6月28日	广东	深圳招生考试办公室	深圳市第一职业技术学校
29	6月28日	江西	江西省教育考试院	南昌国际展览中心
30	6月25日	江西	江西省教育厅	网上咨询会（www.jxeea.cn）
31	6月28日	江苏	江苏省招生考试网	南京市国际展览中心
32	6月26-27日	江苏	江苏省教育考试院	网上咨询会（www.jseea.cn）

【开展多种形式的招生宣传活动】

（1）咨询电话

招生宣传期间，两部咨询热线电话010-68322507、010-68332396，不间断为考生和家长答疑。同时，在招生办网站上向社会公布两部咨询手机，为考生和家长提供咨询服务。

（2）在线访谈

积极参加新华网教育频道为考生推出的2014年高招系列访谈和腾讯网举办的《高校招办发言人·2014》等一系列访谈活动、教育部阳光高考组织的在线答疑活动。

（3）新媒体

开通了官方微博：腾讯、新浪微博：@北京建筑大学招生办，在线咨询qq：806963946，考生还可登录北京建筑大学百度贴吧进行提问咨询。

（徐敬明　李雪华）

二、就业工作

（一）概况

北京建筑大学按照就业工作"一把手工程"的要求，严格贯彻落实就业工作目标责任制。积极推动就业工作的科学化、规范化建设，建立"领导主抓、部门统筹、学院为主、全员参与"的四级联动工作机制，形成了"上下联动、齐抓共管、专兼结合、全员参与"的毕业生就业工作格局。成立由校长任组长、分管学生工作和教学工作的校领导任副组长，相关部门负责人为成员的学生就业工作领导小组，统揽和部署学校毕业生就业工作。相应成立以院长、总支书记为组长的就业工作小组，负责本院的学生就业工作。建立专兼结合的就业辅导员队伍，充分发挥班级导师作用，强化面对面的个性化就业服务。充分发挥专业教师、研究生导师在行业的影响力，建立研究生导师就业工作责任制，引导各专业教师在日常工作中积极做本专业毕业生的一线"推销员"。

2014年继续坚持以"质量为本、市场为先、服务至上"的理念，扎实开展就业教育和就业服务工作，2014年全员就业率为98.58%，全员签约率为97.26%。获评"2014年度全国毕业生就业典型经验高校"。

（二）毕业生就业情况

【毕业生就业基本数据】

2014年各学院签约率、就业率一览表

序号	学院	毕业生数	全员签约率	全员就业率
1	建筑学院	223	97.31%	98.21%
2	土木学院	422	99.05%	99.05%
3	环能学院	307	99.35%	100%
4	电信学院	227	95.59%	97.36%
5	经管学院	333	94.59%	98.20%
6	测绘学院	162	98.77%	98.77%
7	机电学院	145	95.17%	97.42%
8	文法学院	119	98.32%	100%
9	理学院	35	91.43%	94.29%
	全校合计	1973	97.26%	98.58%

备注：本科数据截至2014年10月31日，研究生数据截至2014年12月31日。

2014年本科生分专业签约率、就业率一览表

序号	学院	专业	总人数	签约率	就业率
1	环能	建筑环境与设备工程	59	100.00%	100.00%
		给水排水工程	58	100.00%	100.00%
		环境工程	41	100.00%	100.00%
		环境科学	35	97.14%	100.00%
		热能与动力工程	27	96.30%	100.00%
		合计	220	99.09%	100.00%
2	土木	土木工程	260	98.46%	98.46%
		交通工程	28	100.00%	100.00%
		无机非金属材料工程	53	100.00%	100.00%
		合计	341	98.83%	98.83%

续表

序号	学院	专业	总人数	签约率	就业率
3	测绘	测绘工程	50	98.00%	98.00%
		地理信息科学	85	98.82%	98.82%
		合计	135	98.52%	98.52%
4	文法	法学	62	100.00%	100.00%
		社会工作	57	96.49%	100.00%
		合计	119	98.32%	100.00%
5	建筑	建筑学	47	97.87%	97.87%
		城市规划	30	93.33%	96.67%
		工业设计	27	100.00%	100.00%
		合计	104	97.11%	98.07%
6	电信	电气工程及其自动化	60	98.33%	98.33%
		建筑电气与智能化	32	96.88%	96.88%
		计算机科学与技术	54	94.44%	96.30%
		自动化	59	91.53%	96.61%
		合计	205	95.12%	97.07%
7	机电	工业工程	32	96.88%	96.88%
		机械工程及自动化	102	94.12%	97.06%
		合计	134	94.78%	97.02%
8	经管	工程管理	115	99.13%	100.00%
		工商管理	79	92.41%	97.47%
		公共事业管理	50	92.00%	96.00%
		市场营销	61	90.16%	96.72%
		合计	305	94.43%	98.03%
9	理学	信息与计算科学	31	90.32%	93.55%
		合计	31	90.32%	93.55%
	全校	本科生合计	1594	96.86%	98.37%

备注：数据截至10月31日，招生就业处制表

2014年研究生分专业签约率、就业率一览表

序号	学院	专业	毕业生数	签约率	就业率
1	建筑	建筑学硕士	41	100.00%	100.00%
		建筑历史与理论	6	100.00%	100.00%
		建筑技术科学	5	100.00%	100.00%
		设计艺术学	21	100.00%	100.00%
		建筑设计及其理论	25	96.00%	96.00%
		城市规划与设计	21	95.24%	95.24%
		合计	119	98.32%	97.48%

续表

序号	学院	专 业	毕业生数	签约率	就业率
2	测绘	地图制图学与地理信息工程	15	100.00%	100.00%
		测绘工程	7	100.00%	100.00%
		合计	22	100.00%	100.00%
3	土木	建筑与土木工程	34	100.00%	100.00%
		结构工程	28	100.00%	100.00%
		道路与铁道工程	8	100.00%	100.00%
		桥梁与隧道工程	6	100.00%	100.00%
		岩土工程	3	100.00%	100.00%
		防灾减灾工程及防护工程	2	100.00%	100.00%
		合计	81	100.00%	100.00%
4	电信	控制理论与控制工程	15	100.00%	100.00%
		建筑与土木工程	7	100.00%	100.00%
		合计	22	100.00%	100.00%
5	环能	市政工程	14	100.00%	100.00%
		建筑与土木工程（市政工程方向）	4	100.00%	100.00%
		环境工程	24	100.00%	100.00%
		建筑与土木工程 （供热、供燃气、通风及空调工程方向）	12	100.00%	100.00%
		供热、供燃气、通风及空调工程	33	100.00%	100.00%
		合计	87	100.00%	100.00%
6	经管	管理科学与工程	6	100.00%	100.00%
		物流工程	5	100.00%	100.00%
		项目管理	4	100.00%	100.00%
		技术经济及管理	1	100.00%	100.00%
		工商管理	12	100.00%	91.67.00%
		合计	12	100.00%	96.43%
7	机电	供热、供燃气、通风及空调工程	2	100.00%	100.00%
		建筑与土木工程 （建筑设备设计方法及理论方向）	2	100.00%	100.00%
		物流工程	2	100.00%	100.00%
		工业工程	5	100.00%	100.00%
		合计	11	100.00%	100.00%
8	理学院	控制理论与控制工程	4	100.00%	100.00%
		合计	4	100.00%	100.00%
		研究生合计	379	99.21%	98.94%

备注：就业率数据截至 2014 年 10 月 31 日，签约率截至 2014 年 12 月 31 日，研究生工作部制表。

(三)就业指导与服务

【职业类课程建设】

1. 增加课程开设门类：2014年，将《大学生职业生涯与发展规划》作为必修课列入教学计划。将职涯类课程增加到五门，分别是《大学生职业生涯与发展规划》、《大学生KAB创业基础》、《大学生职业发展与就业指导》、《大学生职业适应力训练》、《大学生就业实践小课堂》。全年开课达到80余班次，实现了新生职涯课程100%覆盖，中高年级逐年滚动推进30%的预期目标。

2. 加强课程师资培训：2014年，先后组织3名年轻辅导员参加职业课程教师试讲并顺利通过。积极开展职涯教育技能提升培训：2014年8月，选拔4名资深师资参加BCC（国际职业生涯教练）培训，9月，输送2人参加北京市教委政策培训，11月，组织10名一线就业工作教师参加北京市教委就业中心最新就业政策培训。扎实开展课程及就业工作督导活动，有经验的教师与青年教师一对一结对子；面向全校各学院就业指导一线人员积极组织和开展就业指导专题沙龙3次，围绕"派遣政策与流程"、"简历指导技巧与实践"、"村官政策专题"等开展深入学习与探讨。

3. 深入推进教学研究：2014年下半年，积极组织申报教育部职业生涯教育类课题2项；组织申报北京市教委高校就业中心立项课题4项。

【分层分类就业教育】 2014年，在继续以往做法，大力推进毕业生群体就业动员和求职技巧指导的基础上，积极鼓励和协助学院开展毕业生基本状况调研工作，以此为契机，做好毕业群体意向梳理与归纳。从毕业意向和特殊群体两个维度开展工作。意向层面，遵循毕业去向大分类（出国、考研、就业、自主创业）和就业去向小分类（公务员、行业内不同类型企业求职分类指导）开展主题指导；特殊群体层面：着重加强对少数民族学生、经济困难学生、就业困难学生的指导。借助中关村大学生创业就业协会资源，积极引入资深企业师资，组织开展校外师资专题讲座6场。2014年9-12月，针对毕业生开展"职点未来"系列主题教育活动20场。

2014年"职点未来"主题教育活动一览表

序号	时间	形式	主题
1	10月14日	讲座	设计院选人与用人
2	10月17日	讲座	施工单位的选人与用人
3	10月21日	讲座	地产企业的选人与用人
4	10月21日	讲座	职场新人——应试技巧与策略
5	10月23日	讲座	商务礼仪——塑造个人风格
6	10月23日	讲座	时间管理——有效规划时间，学会做计划，提升效率
7	10月26日	讲座	提高工作适应力——在变动中找到生机
8	10月25日	讲座	积极的态度——你所拥有的无价之宝
9	10月11日	讲座	考研政策讲解会
10	10月12日	讲座	出国政策讲解会
11	11月5日	讲座	公务员招考准备攻略
12	10月12日	讲座	简历制作指导工作坊

续表

序号	时间	形式	主题
13	10月19日	讲座	就业能力提升
14	10月26日	讲座	简历制作指导工作坊
15	11月2日	讲座	简历制作指导工作坊
16	11月2日	讲座	考研学生总动员
17	11月13日	讲座	出国学生分享会
18	11月14日	讲座	京外生源毕业生就业政策
19	11月13日	讲座	女生群体的就业与求职
20	9月1—25日	讲座	各学院就业动员阶段

【就业信息服务】多渠道提供信息服务。学校设计开发了具有独立域名的就业信息网站，实现了信息发布、职业测评、签约反馈和课程学习的一体化。同时把人人网、飞信、微信、QQ群、微博等新媒体技术与电话、海报、书面通知等传统手段相结合，为毕业生推送就业信息及政策咨询。

【就业市场建设】积极开拓就业市场。一方面实施走出去战略，就业工作人员赴各地参加校企见面会，走访用人单位，积极搭建校、地、企人才对接平台，做到重点单位有"共赢"、一般单位有回访，2014年通过"走出去"方式吸引用人单位向学校投放的岗位多达200余个；另一方面实施请进来战略，将校园招聘活动贯穿全年，学校每年精心组织冬季和春季校园招聘月活动，各学院结合自身专业特点，不定期举办小型专场招聘活动，2014年举办大型校园双选会4场、就业见习双选会1场，专场招聘会29场，引入1000余家企业进入校园招聘，为学生提供就业岗位1万余个。另外，利用发起成立的"建筑类高校就业联盟"，学校校友会等社会资源帮助学生就业。

2014年校园大型双选会一览表

序号	时间	地点	服务对象	参会单位
1	3月26日 13：30-17：00	西城校区大学生活动中心	2013届毕业生	中国核工业中原建设、中冶建筑研究总院、北京外交人员服务局等120家
2	10月28日 13：30-17：00	西城校区大学生活动中心	2014届毕业生	北京住总、建工集团、市政路桥集团等112家
3	11月25日 13：30-17：00	西城校区大学生活动中心	2014届毕业生	北京城建集团、自来水集团、电建地产等106家
4	12月16日 13：30-17：00	西城校区大学生活动中心	2014届毕业生	住总集团、城建集团共计110家
5	6月17日 13：30-17：00	西城校区大学生活动中心	2015届毕业生	67家企业

2014年校园专场招聘会一览表

序号	时　　间	单位名称	招聘专业
1	9月29日 14：00-16：00	北京住总市政有限公司	工程管理、暖通、机电、测绘、道桥
2	10月13日 16：00-18：00	鹏达建设集团北京中程同泽分公司	土木、给排水、暖通
3	10月14日 14：00-16：00	北京城建九建设有限公司	土木工程、工程管理、给排水、暖通、电气
4	10月16日 15：00-17：00	北京洛娃集团	土木、暖通
5	10月20日 14：30-16：30	北京新中关摩尔资产管理有限公司	建筑学、市场营销
6	10月21日 15：00-17：00	中国新兴保信建设总公司	土木、工程管理、电气、暖通
7	10月21日 18：00-20：30	北京科住物业管理有限公司	电气、暖通、自动化
8	10月22日 14：30-17：00	北京路星公路桥梁建设有限公司	工程测量、机械、工程管理
9	10月23日 18：30-20：30	北京城建七建设工程有限公司	土木、电气、暖通、给排水、造价
10	10月24日 14：00-16：00	北京鸿屹丰彩装饰工程有限公司	装饰设计
11	10月24日 18：00-20：00	北京市巨龙工程有限公司	建筑工程类、电气、自动化
12	10月27日 14：00-16：00	北京正远监理咨询有限公司	土木工程、道桥、给排水
13	10月28日 10：00-12：00	石景山教委基建房管中心	工程管理、土木工程
14	10月29日 9：00-11：00	北京中集协建设监理有限公司	土木工程、暖通、电气、计算机
15	10月30日 13：30-15：30	山东鸿鑫建设工程公司	土木、暖通
16	10月31日 14：00-16：00	北京恩耐特分布能源技术有限公司	建筑学、市场营销
17	11月3日 19：00-21：00	轻鑫工程建设监理有限公司	建筑、土木、工程管理、市场营销等相关专业
18	11月4日 14：00-16：00	国管招标（北京）有限公司	自动化、电气、暖通、给排水

续表

序号	时间	单位名称	招聘专业
19	11月6日 13：30-15：30	IBI工程项目咨询（北京）有限公司	建筑学、城规等相关专业
20	11月11日 14：00-15：30	北京市地铁运营有限公司机电分公司	机械、电气、自动化、暖通、给排水、法律
21	11月11日 19：00-20：00	北京外交人员服务局	土木工程、建筑环境与设备工程、电气自动化、市场营销
22	11月13日 14：00-16：00	北京远东工程项目管理有限公司	土木工程、给水排水工程、建筑环境与设备工程、电气工程及自动化
23	11月17日 14：00-16：00	北京四维空间数码科技有限公司	地理信息系统、摄影测量与遥感、测绘工程
24	11月18日 14：00-16：00	北京世联房地产顾问有限公司	建筑学、城市规划、市场营销
25	11月20日 14：30-16：30	中国核工业中原建设有限公司	工程造价、土木工程、公路工程、工程测量、电气自动化、机电一体化、楼宇自控、给排水、机电安装、法律、金融、计算机、安全工程
26	11月25日 18：30-21：00	北京新城热力有限公司	建筑环境与能源应用工程、能源与动力工程、自动化、电气及自动化、市场营销、工商管理或法学或社会工作专业
27	11月26日 15：00-17：00	建研科技股份有限公司	建筑学、土木工程类（含结构、岩土、暖通）、管理类（人力资源、行政管理）、计算机
28	11月27日 9：00-11：00	中冶建筑研究总院有限公司	结构工程、土木工程、工程管理、机电专业
29	12月2日 14：00-16：00	北京市丰房建筑工程有限公司	建筑工程、土木工程、建筑电气、建筑给排水、工程造价、办公室文员

2014年就业市场拓展活动一览表

序号	时间	单位	参加人员
1	2014年5月29日	湖州市人力社保局	张启鸿、李雪华、朱俊玲、李云山、朱静
2	2014年7月15日	中机十院	何立新、朱俊玲、张群力、魏强、蔡思翔、宋宗耀、韩志鹏
3	2014年7月24日	中铁六局	张启鸿、朱俊玲、王秉楠、魏强、汪长征、赵江洪、杨益东、秦岭
4	2014年8月20日	华润置地	朱俊玲、李云山、王秉楠、李红、郝迈、蔡思翔、秦岭

（杨益东　左一多　贾海燕　李雪华　朱俊玲）

（薛东云　李云山）

三、校友工作

自 2014 年以来，校友工作在招就处领导下，相继开展工作如下：

【道桥专业 1983 级校友向母校捐赠石榴树】 2014 年 3 月 23 上午，我校道桥专业 1983 级校友向母校捐赠的两棵 300 余年树龄的石榴树从山东枣庄顺利运抵北京，落户我校大兴校区四合院接待室门前。校长朱光、副校长张大玉及校友代表一起挥锹培土，共同种下了象征对母校浓浓深情的石榴树。

【中国建筑设计大师、建 1986 届校友胡越来母校做专题讲座】 2014 年 5 月 13 日，北京建筑设计研究院总建筑师、中国建筑设计大师、北京建筑大学建 1986 届校友胡越回到母校，以"走近大师胡越——大师作品赏析"为主题，为在校师生做报告。会场座无虚席，气氛热烈，清华大学、北京大学、中央美术学院等多所高校的学生也慕名而来。本次报告将学校建筑学院 2014 年学生学术年会推向了一个高潮。

【1954 届校友毕业 60 周年返校】 2014 年 5 月 25 日上午，北京建筑大学 1954 届道、建、水专业校友共 43 人齐聚西城校区，共同庆祝毕业 60 周年。北建大党委常委张素芳、校友会主任李雪华处长，及当年班级老师等参加了此次庆祝会。

【机电专业校友毕业 30 周年返校】 5 月 25 日上午，北建大机电 79 级 1 班 30 多名校友返校，共同庆祝毕业 30 周年。学校党委常委张素芳、招生就业处李雪华处长、班主任张朋老师和戴新民老师等参加了此次庆祝会。

【校友企事业单位之间的校友联谊活动】 2014 年 8 月-10 月期间，校友会先后组织北京市东城区政府、西城区政府、北京建筑设计研究院等政府和企业的校友参加联谊活动，进一步增进了友谊，加深了情感基础。设计院领导、学校领导、招就处处长李雪华等人参加活动。

同时，校友会积极协助北建大土木专业 1953 届毕业 57 周年、建 21 班毕业 50 周年、1960 届 19 班毕业 50 周年等校友返校联谊活动。

【1980 级校友刘桂生教授回母校作报告】 2014 年 12 月 11 日，北建大特邀 1980 级校友、北京市市政工程设计研究总院有限公司董事长、全国工程勘察设计大师刘桂生教授，在大兴校区小鸟巢报告厅为师生作题为"北京城市经典立交"的专题讲座，土木学院院长戚承志教授主持讲座。

刘桂生教授以时间为脉络讲述了复兴门立交——第一座机非分行二层长条形苜蓿叶立交、建国门立交——第一座机非分行二层长条形苜蓿叶立交、二元立交——组合式立交、分钟寺立交——高速公路尽端立交、四惠立交——标准最高的立交、紫竹院立交——改变行驶习惯的立交、肖家河立交——因地制宜的立交、德胜门立交——挑战对等标准的立交、西直门立交——第一座机非分行三层环形立交等 9 座北京市内具有典型特点的经典立交桥。讲座过程中，刘桂生教授精彩的展示、生动的讲述、专业的解说和幽默的语言，深深吸引了在场的师生。

【打造线上线下宣传媒介】 为加强对北建大的宣传，2014 年 3-8 月，校友会先后开通了"腾讯微博"、"新浪微博"、"微信平台"、"校友手机报"、"校友会网站"。

同时，制作暖心校友卡发放给 2014 届毕业生。校友卡可以让校友回校免费使用体育场地、借书等。

（赵 亮 沈 茜）

第九章 管理与服务

一、党政管理

【制度体制建设】 制定并实施《卓越管理行动计划》。文件涵盖了管理体制机制创新行动、资源优化统筹行动、风险防范管理行动、智慧校园建设行动、真诚服务师生行动、管理人才队伍建设行动等七项子行动计划,全面提出管理服务目标和具体举措。完成十三五规划、学校综合改革方案、学校章程等重要文件制定工作。

积极推动体制机制改革。围绕大资产、大后勤改革,形成大宣传格局,加快重点工作改革思路,积极推动、协同配合,并完成了人才工作会、党建工作会等会议的组织协调与报告起草工作。

【"三严三实"教育活动】 按照党委部署,配合组织部、宣传部做好党委理论中心组和二级理论中心组学习的相关准备与文件起草工作。落实三严三实活动精神,设立校领导工作信箱,方便师生诉求与反馈及时;深入推进校领导联系基层、支部制度,激发基层党组织的活力。出台了《北京建筑大学督查督办工作实施办法(试行)》,建立督察督办工作机制。

【校庆工作】 按照学校 80 周年校庆工作总体部署,负责完成了校庆倒计时 1 周年的策划、组织协调工作。加强后期工作的协调,与宣传部协同推进了校园 VI 建设,统一学校标识。

【信息化工作】 研发并推动学校 OA 系统的上线实施,分类开展系统运行培训,强化业务指导。制定《北京建筑大学办公自动化系统使用管理办法(试行)》,规范了系统使用。加快推进业务流程优化与再造工作,协助有关部门推动完成第一批单位的流程梳理工作。

【综合接待与综合事务】 积极完成住房和城乡建设部、教育部等上级机关调研等任务的准备与协调工作;确保"两会"等敏感时期稳定,稳妥推进非首都功能的疏解工作,加强谋划两校区发展布局定位。积极完成校友理事会、迎新、献血、各类考试、学生运动会等 20 余项重要活动的组织协调工作,推进服务职能延伸。

【会务管理与服务工作】 以认真严谨的态度完成上级来文、校内发文和校内来文的处理工作。共办结、落实上级来电来文 624 份;做好近 330 份校级发文的登记、审核、印发和归档工作。进一步做好党委常委会和校长办公会议题印发、材料汇总、部门协调、会议记录、纪要整理和印发、决议执行单下发和督办反馈等各项工作。

【档案管理】 加强档案数字化建设。落实纸质档案与电子档案同步归档,加强档案数字化宣传教育,有效提高档案使用效率。

【保密工作】 加强保密工作建设,明确工作职责,加强教育和培训,签署保密承诺书,协同完成涉密清查。开展了保密工作自查、"六五"保密法制宣传教育总结宣传教育活动及保密工作宣传网站建设等工作。

(谷天硕 白荞)

二、财务工作

(一) 概况

2014年财务处在学校党委和行政的正确领导下,紧紧围绕学校"十二五"发展规划和2014年的工作重点,积极筹措办学经费,科学运筹资金,统筹兼顾,突出重点,开源节流,将资金用在刀刃上,提高资金使用效益,强化服务意识,做到财务服务于教学、科研,服务于师生,为全面提升学校的办学水平和办学层次,提供雄厚的资金保障。

财务处办公人员19人,按照职能岗位设有会计科、预算管理科、财务管理科和综合核算科。会计科负责基本经费、专项经费及公费医疗等学校大帐各种经费的报销。预算管理科负责整体经费预算,增收节支工作,内部控制建设,综合管理,统计工作。财务管理科负责工资、税务、收费、一卡通、公费医疗;承担经营性资产管理委员会办公室的职责,负责校办企业财务监管。综合核算科负责后勤(食堂)财务、校友会、教育基金会、工会财务、培训中心财务等独立核算的财务管理。

财务人员行为规范:爱岗敬业,遵纪守法,待人热情,服务优质,语言文明,答问耐心,举止适当,环境整洁。

(二) 年度收支及各项经费使用情况

2014年我校总收入为1615071959.74元,比2013年的721014272.03元增加了894057687.71元,增加124%,主要是由于年初预算下达后财政资金年中追加8.6亿余元。其中,财政拨款收入1482687542.49元,占学校收入的比例为91.8%,事业收入为99928546.17元,占学校收入比例为6.19%,经营收入为22555605.18元,占学校收入比例为1.4%,附属单位缴款555068.95元,占学校收入比例为0.03%,其他收入9345196.95元,占学校收入比例为0.58%。2014年收入构成情况见下图:

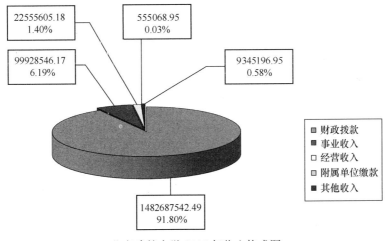

北京建筑大学2014年收入构成图

2014年总支出1073523548.14元，其中：基本支出341811715.29元，占总支出的31.84%；项目支出727452195.59元，占总支出67.76%；经营支出4259637.26元，占总支出的0.4%。2014年支出构成情况见下图：

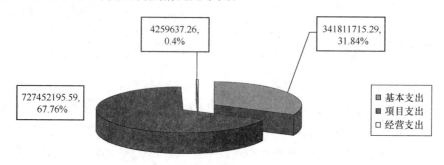

北京建筑大学2014年支出构成图

（三）财务状况

2014年末我校资产总额3654614930.81元，比2013年增加了1972217969.6元，增加了117.23%，资金投入增加导致资产增加。2014年末我校负债总额为364271219.28元，比2013年增加了59479261.12元，增加了19.51%，主要是新增新校区建设贷款。

2014年末我校净资产总额为3290343711.53元，比2013年增加了1912738708.48元，增幅为138.85%，主要原因为：会计制度变化原在事业基金下的部分项目调入非财政补助结转，且2014年因财政投入增加及财政资金使用周期缩短导致项目完成但账面未及时列支加大结转额度。其中：事业基金年末余额为373418716.37元，比2013年增加10883743.18元，增加3%。非流动资产基金2143478657.58元，比2013年增加了1353944159.49元，增幅为171.49%。专用基金34978633.99元，比2013年增加1902658.58元，增幅为5.57%；财政补助结转和结余620597777.3元，比2013年增加472414896.55元，增幅为318.81%。非财政补助结转117869926.29元，比2013年增加73593250.68元，增幅为166.21%。资产负债变动情况见下表：

北京建筑大学2013－2014年资产负债情况表（单位：元）

项　　目	2013年末	2014年末
一、资产合计	1682396961.21	3654614930.81
二、负债合计	304791958.16	364271219.28
三、净资产合计	1377605003.05	3290343711.53
事业基金	362534973.19	373418716.37
非流动资产基金	789534498.09	2143478657.58
专用基金	33075975.41	34978633.99
财政补助结转	148182880.75	620597777.3
非财政补助结转	44276675.61	117869926.29

（四）财务管理工作

一年来，在学校党委和行政的领导下，财务处坚持服务中心、服务大局，创造性地开展工作，为学校各项事业开展提供了资金保障。

1. 坚持服务中心，创新财务管理，提升资金保障水平。在校党委的领导下，注重围绕中心、服务大局推进财务工作。一是科学合理分配学校的基本支出预算，确保学校基本支出预算符合学校事业的发展需要，并实现收支平衡、略有结余的目标。2014年我校预算编制质量综合评分获得北京市属高校第2名。二是积极争取财政性资金，2014年获得财政资金约15亿元，连续突破10亿、15亿两个大关，比2013年增长了1倍，为学校事业继续快速发展提供了强有力的资金保证。三是加强资金管理，盘活现有资金，努力提高资金的时间价值。四是作为西城校区开发建设资金落实与保障工作组的牵头单位，与校产办、基建处、审计处等有关部门一起，克服重重困难，积极做好西城校区16.2亿元土地补偿款使用申请工作，2014年分两次共申请建设资金约8.31亿元，超额完成了任务，为学校新校区建设增强了资金保障。五是完成了2亿元基建贷款谈判和具体办理工作，在贷款难、贷款利率不断上涨的环境下，争取到贷款利息下降5%，节约了利息费用，为新校区二期工程如期交付使用提供资金保障。六是争取了8000多万元的基建定额拨款，有效保障新老校区的维修改造工作。七是加强收费管理，加大对学生欠费的催缴力度，保证学校收入应收尽收。

2. 全面启动财务改革，积极构建科学财务，提升财务管理水平。按照学校党委不等不靠，看准了就推进改革的精神，财务处结合干部研讨班学习调研的成果，根据党委推进卓越管理计划的要求，按照党委提出的"问题导向、目标导向、绩效导向"，针对我校财务管理特别是预算管理的内在机制性问题，全面启动以预算改革为核心的财务改革。以修订《财务预算管理暂行办法》为龙头，以制定《预算执行工作管理办法（试行）》和《关于建立专项预算五年滚动项目库的通知》为重点，以制定《预算绩效评价管理办法》、《人才培养质量提高定额经费管理办法》、《基础设施改革定额管理经费管理办法》、《关于成立预算编制审核委员会的通知》为4个配套制度，最终把这些精神落实到《关于编制2015年基本支出预算的通知》这个2015年马上执行的文件上。

3. 构建长效机制，积极构建规范财务，提升风险防控水平。修订了学校的收费管理办法、创收经费管理办法，起草了《学费住宿费管理办法》、《财务票据管理办法》，目前已经完成部门征求意见工作。启动学校内部控制规范制定工作，加强财务风险防控。在财务处没有增加编制的境况下，克服工作量大增的困难，稳步推进公务卡改革，强化了对资金流向的动态监控。与科研处、审计处密切合作，开展了教育经费管理年活动，加强了对科研经费的监管。当好资金的守护者，做好日常经费的监督管理工作，为学校把好每一笔经费支出关，促进学校事业健康发展。

4. 强化绩效意识，加强进度管理，提升资金使用效益。建立按月督促项目经费支出进度机制，按规定支出进度完成了专项的支出。抓好绩效评估工作，2014年被市教委抽评的1个项目获得优秀评价；同时组织了13个项目进行了校内绩效评估，有效促进了大家对项目绩效的重视。

5. 坚持统筹协调，确保平稳过渡，夯实财务基础工作。一是实现了部门决算由财政局转入市教委决算管理系统的平稳过渡。2013年学校首次参加教委的决算工作，克服了决算口径不一致、统计口径有差异的困难，圆满完成了部门决算，并获得了北京市属高校决算工作二等奖。二是实现了由原来实行事业单位会计制度向实行高等学校会计制度的平稳过渡。按照会计制度改革的要求，2014年1月1日起施行高等学校会计制度，按照工作计划，完成了会计软件的升级工作及新旧会计科目转换工作。三是实现了处领导班子调整的平稳过渡。四是加强往来款挂账问题的清理，解决了学校财务账面结余与国库结余差距较大的历史遗留问题。五是与资后处一起完成了产权登记工作，为今后加强资产管理夯实了基础。

（韩　敏　贝裕文）

三、审计工作

2014年审计处紧紧围绕学校中心工作，认真贯彻执行上级法规规定及学校内部审计规定，充分发挥内部审计的"免疫系统"功能，依法履行审计职责，较好地完成了各项工作任务。

（一）预算执行与决算审计工作

【首次独立实施我校2013年度预算执行与决算审计并对后勤集团2008-2014年9月份的财务收支情况进行全面审计】 按照北京市教委加强内部审计工作的意见，2014年审计处通过邀请招标委托中介机构在2014年9月22日启动了对我校2013年度预算执行与决算进行了全面审计，同时学校财务处接管后勤集团财务工作后，审计处及时启动了对后勤集团2008-2014年9月份的财务情况进行了全面审计，本次审计也是学校首次自主委托中介机构并按照市教委年度审计重点开展的一次全面审计，通过审计发现了学校在财务预算收支执行及后勤集团管理中存在的问题，年底前完成了报告征求意见稿。

（二）领导干部经济责任审计

【顺利完成20名处级干部的离任经济责任审计，并跟进后勤集团总经理的离任经济责任审计】 2013年处级干部换届后，按照学校组织部的部署，审计处对离任的20名正处级干部进行离任经济责任审计。按照审计工作计划。2014年完成了最后10位离任领导干部的经济责任审计。2014年8月月25日后勤集团总经理调整后，审计处及时跟进对后勤集团原总经理的离任经济责任审计，在审计过程及时提出审计建议，并对审计中出现的问题尤其是后勤集团管理中存在的问题着手进行整改工作。

（三）大兴校区工程项目全过程跟踪审计工作

【继续对大兴校区的建设项目进行全过程跟踪审计】 2014年大兴校区一期工程进入了结算阶段，二期工程正在进行，审计加大了对一期结算工程款及二期工程款支付的全过程跟踪审计，从招投标文件、合同、工程量清单、材料设备的认价、综合单价、变更洽商及费用支付等环节，进行全过程的跟踪审计，并投入精力监督学校委托的审计事务所的审计工作。

2014年全年过程跟踪审计大兴校区217项，审计金额合计64133万元，节约建设资金6811万元，资金节约率为10.62%，提出审计建议205条，通过跟踪审计，在一定程度上规范了大兴校区基本建设项目的管理，提高了资金使用效益，减少了项目建设中的风险。

（孙文贤　冯宏岳）

四、资产管理工作

（一）概况

2014年，资产与后勤管理处紧紧围绕学校中心工作，以提高管理效力和提升服务水平为核心，按照"规范、细致、创新"的工作要求，"于法周严、于事简便"，大力推进房产、设备等固定资产的科学、有效运营和合理分配使用，加强动态监测，进一步完善和强化资源支持的合理性和力度，提高管理效率和资源效能。

（二）设备管理

【学校仪器设备类固定资产情况】截至2014年12月31日，学校仪器设备类固定资产总值7.3523亿元，基本情况如下：

2014年学校仪器设备类固定资产汇总表

	教学使用	科研使用	行政办公使用	生活后勤使用	其他	合计
台套数	179148	39867	13028	39490	1612	273145
价值（万元）	35463	27381	5730	4838	111	73523

2014年新增仪器设备资产38029件，资产总值6222万元，较2013年增长9.25%。学校充分利用各种资源，及时报废处置废旧仪器设备，2014年共交给华星环保集团处置废旧仪器设备共2684件，处置原值462.5225万元；2014年共调拨仪器设备146批，价值394.8181万元。

【设备管理工作】按照学校仪器设备管理相关规定，严格履行监管职能，严格购置、验收、上账等手续，每个月与财务处对账，实现账账相符；打破陈规，注重实效，实行全年资产盘点制度，对校内首批资产盘点单位进行检查，提出书面整改意见，并定期回访，解决了实际问题，取得较好的实效；对学校各级各类资产进行梳理，较好地完成了北京市教委布置的产权登记工作；12月初，北京市教委组织事务所对北京市属高校40万以上大型仪器设备使用及共享情况进行专项检查，在以往校内自查留存资料和二级学院的配合的基础上，顺利地通过了检查，情况良好。

（三）房地产管理

【学校占地及校舍基本情况】截至2014年12月31日，我校占地面积共计624005.04平方米，其中，西城校区（含展览馆路1号118070.14平方米，大柳树路5号院4615平方米）占地面积122685.14平方米；大兴校区（永源路15号）占地面积501319.90平方米。截至2014年12月31日，我校校舍建筑面积共计467422.00平方米（西城校区201679.07平方米，大兴校区265742.93平方米）。其中，教学科研行政用房面积235081.00平方米（西城校区91429.83平方米，大兴校区143651.17平方米）。

【房产管理工作】完成大兴校区二期建筑图书馆、学院楼C、D座、硕博公寓3、4号楼等7栋楼宇（建筑面积92450平方米）的使用接收工作。积极配合图书馆、机电学院、电信学院、学报编辑部等单位完成搬迁工作。

认真执行《北京建筑大学大兴校区硕博公寓周转房管理办法》，完成大兴校区第二期硕博公寓申请、审核、入住工作，截至12月31日，共有351位教职工入住大兴校区硕博公寓周转房，有效缓解了教职工住房困难问题。

完成学校房产、土地产权登记工作。西城校区盘盈房产4484.39平方米，大兴校区转固房产150381.03平方米，进一步规范了房产管理。完成了西城校区建筑面积71012平方米（不含科贸楼二期）、大兴校区建筑面积142913平方米教学科研行政用房普查数据更新工作，为统筹两校区用房管理，实行房产及能耗定额管理打下坚实基础。

完成2013年5月1日-2014年4月30日调入我校45位无房教职工，1位住房不达标职工住房补贴调查及信息公示、上报及开户工作。根据学校规定完成教职工供暖费报销工作，截至2014年12月31日共为644位教职工报销供暖费124.06万元。

（四）招投标管理

【招投标管理工作】截至12月31日，已经完成全部财政专项的招标、合同签订和付款工作。全年涉及货物类项目签订合同共计1011份，采购金额共计24163.4698万元，其中通过招投标方式采购完成的项目90项，共分成195包，预算金额为20051.4818万元，占总采购额度的82.98%。

根据国家对高校教学科研用品进口免税的政策，为学校实验室建设、科研项目进口仪器设备、软件等办理免税申请手续。2014年办理了3D视觉图像成像系统、运动捕捉与分析系统、相位式三维激光扫描仪、PM2.5分析仪、Abaqus软件升级等免税申请手续，涉及37份合同，共计478台（套）进口仪器设备、软件，共计金额3839.8730万元，为财政、学校节省了大量的资金。

全年按照合同要求验收754个项目，验收共计金额5859.4618万元；退还履约保证金项目121项，共计金额552.9728万元。

2014年终后补2014年财政专项10项，共计金额888.28万元，已经全部执行完毕。

（五）校医院工作

【校医院工作】两校区同时组织无偿献血。经细心筹划与准备，献血活动顺利完成，使我校在高校公益事业中一直表现出色。

（王 梦 肖 冰 李 莹 韩京京 刘 蔚）

五、校园建设

（一）概况

2014年是学校更名为北京建筑大学后的第一年，是学校基本建设事业站在新的起点上扎实奋进的一年。2014年，规划与基建处先后完成待建工程的前期立项申报、勘察检测、办理规划许可证、岩土工程地勘报告、组织施工图设计和方案优化设计、组织施工图纸消防审查和施工图审查，办理了年度计划、缴纳相关费用以及办理施工许可证启动建设等工作。年内共完成图书馆精装、硕博公寓3号、4号楼、机电学院楼、电信学院楼、学生7号、9号宿舍楼；土交学院楼、测绘学院楼、地下工程实验室、膜体育馆、南大门等12项单体新建建筑工程，以及实训中心改造等工程，共完成在施建筑面积12万多平方米，同步完成了园林7万平方米、市政道路3.6万平方米、配套的雨污水、电力、热力、弱电以及3个供配电室工程，二期工程建设任务基本完成。适时启动了教工学生食堂（臻园）学生宿舍8号、10号楼、结构实验室等4项工程的施工。截至2014年底，基建共完成大兴校区正式建筑面积27.2万平方米，临时建筑近1万平方米，总建筑面积28.2万平方米，尚有在施面积2.6万平方米，其中2014年学校竣工面积约13.9万平方米。规划与基建处提前一年完成了基建"十二五"任务目标。

基建处同时在工程资金筹集、专项申报、资金归垫、成本控制等方面做出了重大的贡献。

（二）工程建设资金情况

【积极利用专项资金】按照满足合理功能需求、严格控制建设成本、统筹提高使用效率原则，积极申报有序完成了教委批复的维修改造专项定额资金9700万元使用工作。

【多渠道筹集建设资金】6月，学校启动二期建设项目的银行贷款工作，贷款约6000余万元，后积极配合财务处用土地置换资金偿还银行贷款。8月，完成了西城校区土地置换首批经费的申报审查工作，于当年下拨经费3.65亿元，用于大兴校区建设，克服时间紧任务重的严峻困难，当年支付完毕。

【一期工程结算工作】整个一期工程结算历时约2.5年，圆满完成了一期10.426亿元总额的结算工作。根据工作进展，及时启动二期工程的结算审计工作。

（三）工程建设进展情况

【大兴校区二期工程正式启动】1月10日，规划与基建处在后勤楼会议室召开了二期工程誓师动员大会，李维平副校长出席，建设、施工、监理等参加单位相关人员参加，会议对2014年重点工作进行了布置安排，二期工程正式启动。6月21日规划与基建处组织召开了校区二期建设工程动员大会，李维平副校长出席此次会议并做重要讲话。

【教工学生食堂（臻园）项目启动并开工建设】教工学生食堂综合项目建筑面积10485平方米，坐落于校区鲁班广场东侧，为师生交流提供新的选择。该项目1月16日取得工程规划许可证，2月14日取得项目国定资产投资计划，2月25日取得消防审核意见书，5月13日取得施工许可证。4月30日，教工学生食堂工程举行开工典礼，10月24日，教工学生食堂项目举行了封顶仪式，项目圆满完成全部主体结构施工作业，正式进入装饰装修阶段。

【学生宿舍8号、10号楼项目启动并开工建设】为更好地满足学生住宿需求，4月重新开始学生宿舍8号、10号楼的设计工作，5月27日取得固定资产投资计划，6月10日取得施工图审核意见，8月25日取得施工许可证。8号、10号学生宿舍楼举行了开工仪式，工程正式动工。

【大兴校区膜体育项目11月8日顺利投入使用】膜体育馆3月启动立项申请，8月该工程启动，11月28日，膜体育馆在仅历时三个月的建设期之后正式建成并试运行。该体育馆坐落于学校西南，建成后以其独特的设计理念成为学校别具特色的室内体育场馆，作为兼具教学与文体活动功能的建筑，为学校师生教学、体育锻炼提供了非常良好的教学、活动空间及环境，提高了广大师生进行体育锻炼的积极性。

【大兴校区南大门竣工并投入使用】南大门4月正式启动建设程序，组织施工图设计，7月5日取得市公安交通管理局有关部门的批复文件，7月31日获得大兴区市政市容委出具的开路口许可，8月31日完成南大门的开口工作。8月30日投入使用。该项目的完成使得学校南侧有了正式的出入口，且该项目设计新颖，建筑立面美观，美化了校园门面。

【大兴校区结构实验室启动建设】 结构实验室年初启动建设工作，3月启动设计调整、报审等环节。7月14日获得施工图审查合格文件，因该建筑的规划意见书过期，无法办理施工许可证手续，又重新申请规划意见，10月获得结构实验室的规划意见，11月18日取得施工许可证，大兴校区土木结构工程实验室正式开工建设，这是校区三期工程启动建设的第四栋单体建筑。结构实验室主体建筑面积2264.79平方米，高29.3米，跨度33米，是单体面积大、高度高、跨度大的单层实验建筑，具有地下基础深，设备基础复杂等特点，具有一定的施工难度。结构实验室的开工建设，对完善大兴校区的教学、科研功能，提升学科发展水平、实现学校的中长期发展目标，打造国内一流、国际知名的建筑大学和品牌专业，起到巨大作用。

【大兴校区体育馆项目启动】 3月启动体育馆建设工作，12月2日取得规划许可证。

【大兴校区行政办公楼（教学科研行管楼）项目启动】 行政办公楼是学校的主要功能建筑。规划与基建处提前做好相关的工作准备，启动方案设计工作，探讨建筑布局与功能以及教育预留地地块置换说明等条件问题，择机再次启动申报和建设工作。

【大兴校区3号、4号硕博公寓顺利完成竣工验收】 4月28日，规划与基建处组织勘察单位、设计单位、施工单位、监理单位组织了3号、4号硕博公寓项目的竣工验收工作。

继大兴校区图书馆、机电学院组团、电信学院组团和7、9号学生宿舍楼通过消防验收后，规划与基建处及时组织并顺利完成现场验收工作。验收工作的顺利完成标志着大兴校区二期建设工程取得决定性胜利，为全校教职工、学生的工作、学习、起居提供了更好的环境，使得学校功能更加完善，使得学校可以更好地运转。

（申桂英　杨　倩　何伟良　董新华　周　春）

六、安全稳定工作

2014年，保卫部（处）认真贯彻党的十八大、十八届三中、四中全会精神和习近平总书记系列重要讲话精神，全面落实中共北京市委教育工作委员会、北京市教育委员会有关维护校园安全稳定的各项要求和北京建筑大学党政提出的各项安全稳定任务，在北京建筑大学党委和行政的正确领导下，保卫部（处）以深化"平安校园"创建成果为主线，以继续夯实基础、完善机制、提升水平为抓手，努力推进北京建筑大学安全稳定工作全面、持续发展，圆满完成了学校各项安全保卫工作，实现了"大事不出，小事减少"的总体工作目标，确保了校园的和谐稳定，为学校的改革、发展、稳定提供了强有力保证。

（一）"平安校园"创建工作

【概述】 认真贯彻北京建筑大学安全稳定工作作为一把手工程的要求，保卫部（处）全体员工提高认识，形成共识，树立大局意识、政治意识，不断提高北京建筑大学安全管理水平和师生的安全意识。北京建筑大学党委将安全稳定工作纳入学校的总体规划。特别是2011年底启动"平安校园"创建工作以来，保卫部（处）下大力气在科技创安、安保力量配备、校园安全文化建设等方面加大经费投入，充分发挥北京建筑大学专业优势，进一步建立健全了领导机制、突发事件应急处置、矛盾纠纷排查化解等工作体系，形成了党政领导齐抓共管、各部门协调联动的维护校园安全稳定工作格局，取得了多校区联防联动、安全文化建设成效明显等特色工作成果。

【获得"平安校园示范校"荣誉称号】2014年2月28日，"首都综治委校园及周边综治专项组会议暨高校安全稳定工作会议"在北京会议中心召开。会议宣布了"平安校园"创建达标学校和示范学校的决定，北京建筑大学通过了"平安校园"创建验收工作并获得"平安校园示范校"的荣誉称号和100万元专项奖励，学校党委副书记张启鸿代表学校上台领奖。

获得"平安校园示范校"的荣誉称号，是北京建筑大学安全保卫工作发展中的重大突破。在创建过程中，北京建筑大学党政高度重视，制定了《北京建筑工程学院十二五时期安全稳定发展规划》，把"平安校园"创建工作作为贯彻落实安全稳定"十二五"规划的主线来抓。北京建筑大学党委高度重视"平安校园"创建工作，专门成立由书记、校长任组长的"平安校园"创建工作领导小组，全面负责北京建筑大学"平安校园"创建及检查验收工作。北京建筑大学连续多次召开"平安校园"创建工作会议，集中动员部署，制定"平安校园"创建基本标准及任务分解表，分解落实任务，认真梳理问题，明确责任分工。自2012年3月以来，历经了宣传部署阶段、深入创建阶段、自查整改阶段、达标申报阶段。形成了组织体系健全，校园秩序和谐稳定，源头预防稳控有效，综合防控体系提升，校园管理科学有效，预案完善健全的校园安全体系，实现了"大事不出、小事减少、管理有效、秩序良好"的"平安校园"创建工作总目标。

【开展"平安校园"建章立制工作】2014年1月以来，保卫部（处）从三个角度开展建章立制工作，完善"平安校园"规章制度。一是整理相关法规与上级机关文件。二是整理校级安全保卫文件。三是整理保卫部（处）部门文件。共整理了"平安校园"创建成果文件几十篇，修改完善了多项安全管理办法，重新进行了班子分工和责任制落实，通过调整形成了新的职责分工流程图和政务公开栏，初步建立了完备、务实、高效的规章制度体系。

【开展管理水平和服务意识提升工作】保卫部（处）整合资源，发挥团队优势，通过加强制度管理、提升科研水平、开展服务评比等方式，开展管理水平和服务意识提升工作。保卫部（处）制定了新的职责分工流程图和政务公开栏，使保卫部（处）的各项工作得到进一步落实。2014年1月，保卫部（处）在北京市高等教育学会保卫工作科学理论研究评比中，获得了"理论研究先进集体"的荣誉称号，个人荣获一等奖、二等奖共7项。2014年，保卫部（处）另有一人获全国交通安全工作先进个人，多名同志荣获北京市、北京市西城区安全工作先进个人，在北京建筑大学党委组织的评选中，保卫部（处）党支部荣获先进党支部。

【完成应急指挥系统完善工作】一是修改完善了北京建筑大学综合应急预案，补充了内容，细化操作环节；二是完善了北京建筑大学应急体系，尤其是体系中的组织机构，采取多层面横向到边，纵向到底的无缝对接的组织机构的形式；三是建立了多校区应急指挥设施并投入使用，解决了多校区应急指挥的问题。作为北京建筑大学"平安校园"创建成果报送中共北京市委教育工作委员会。实现了确保治敏感时期的校园安全稳定、确保学校重大活动的圆满完成、妥善处置个别突发事件的工作目标。

【完成校园综合服务能力提升工作】发挥"平安校园"管理服务平台的功能，全年共处理师生求助200余起，调查录像监控100余次、1000余小时，办理户口迁移1300余人，办理户口借用1200余人次,一卡通门禁授权2000余人次,校内公共设施报警30余项次,利用巡逻车为各部门教师、学生服务100余人次。

（二）治安管理工作

【概述】狠抓精细管理,从管理中要安全,从精细中保稳定,从预防中要安全,确保治安管理工作求实取实。

【完成反恐、防恐工作】对反恐、防恐工作的指导思想、恐怖活动及防恐反恐范围、组织领导、工作职责、任务与分工、防恐反恐工作原则、应急处置程序、事故处理措施及办法、防恐反恐防范要求等进行了进一步梳理和明晰。完成了校内70余项大型活动的安保工作,完成了社会面敏感期防控30余期100余天。

【完成安全管理工作】一是加强队伍建设。完善了管理队伍建设、保安队伍、学生治安队伍、消防队伍建设;二是加强培训,努力提升安全人员素质。全年进行各类培训20多场次;三是加强责任制的落实,梳理与明晰了各类安全稳定工作责任。加强技防工作。完成了新建楼宇的技防建设,利用专项资金对西城校区防攀爬系统进行了升级改造。两校区接报案件272起,结案270起,结案率达95%,总案件比去年降低20%。

（三）消防安全管理工作

【概述】按照条例的要求和北京建筑大学防火工作的需要,加大了消防安全的管理力度,严控消防隐患,杜绝消防事故。

【完成消防安全培训工作】全年培训22场次,参加人员4000余人次,进行消防疏散演练6次,参加人员3000余人次。

【完成消防安全设施改造和检修工作】投资40万元,完成了两校区4000多个灭火器的维修,购置了860个灭火器,其中专用灭火器60个,为图书馆、机房、配电室提供了充足的高性能的灭火器材。

【完成消防安全检查监督工作】设置专人进行管理,定期对设施进行检查和试运行。张贴防火标识3000多处。

【完成消防安全宣传工作】利用"安全宣传周"、"119消防日"等契机组织大型宣传活动,利用网络宣传安全知识和季节性防火警示。

（四）交通安全管理工作

【概述】多措并举,切实加强校园交通安全,提升广大师生满意度,深入推进校园交通安全工作。

【完成限车流与限车速工作】设立限速、限停、限行等各类设施近百处,加大了人员监管力度。

【开展交通安全设施提升工作】增设了电子识别系统。

【完成了车证办理工作】保卫部（处）换发2014年度北京建筑大学校园停车证。保卫部（处）举行了车证换发工作会,安排专人负责,下发车证换发通知。按照促进与规范相结合、规划与整治相结合、管理与服务相结合的原则,全面审查各单位、各部门换证材料,并形成换发意见报告。两校区全年办理车证1100多个。

（五）安全教育工作

【概述】通过营造校园安全教育文化氛围,提高校园安全教育水平,切实提高安全教育工作成效。

【推进"文化创安"工程】全年制定了各类校园安全稳定文件、管理办法19项。利用校园网和保卫部(处)网络平台进行安全宣传,在关键时间节点,采取多种形式进行安全教育,利用各种国家规定的"全民国家安全教育日"、"119消防日"等进行大型宣传活动。共组织大型宣传活动9场次。

【完成安全教育水平提升工作】实施安全教育"进课堂、进教材、落实学分"的三进工作制度。完成了2012级学生1980名、2013级2000余名、2014级1900名学生的安全教育课程,并完成了近6000名学生的考试、判卷工作。采取了理论授课、典型案例分析、实际示范、课堂问答等多种形式,考试及格率达到98%。开展保安培训与演练工作,全年共完成学生专项培训8场次,教职工专项培训14场次。

(李长浩　牛　磊)

七、大兴校区管委会工作

(一) 概况

2014年,大兴校区管委会继续坚持以"统一领导、职能延伸、以条为主、条块结合、科学管理、精简高效"和"条条负责、块块协调"的工作原则,不断加强校区管理的制度化、规范化、人文化和精细化建设,积极拓宽服务渠道,努力提升服务水平和办学效益,通过校区管理的精细化、智能化、信息化,保证品质,降低成本,进一步建设美丽的有品位的大兴校区。

(二) 校区运转

【加强校区管理制度化、信息化建设,提高工作效率】为更好地保障校区运行,管委会坚持定期召开管委会工作例会和临时碰头会制度,统筹研究校区运行各项事宜。借用现代传媒,畅通校区工作信息渠道,组建校区工作群和微信群,既保证了工作的公开透明,也简化了工作程序,提升了工作效率。

【规范校区活动,保障校区工作秩序】管委会始终坚持确保校园安全、维护环境、服务师生、方便活动举办原则,进行校区各类活动的审批。2014年,管委会共计审批校区讲座21次、校区活动47次、外来商业活动20次、各类演出比赛24次,基本做到了各类活动的安全有序开展,既丰富了校区文化氛围,促进了校区文化建设,也保障了校区的安全与秩序。

(三) 综合服务

【做好会议服务接待工作】2014年,管委会配合学校办公室等相关部门,做好了北京联合大学特殊教育学院、北京印刷学院、山东建筑大学、新疆和田学院、贵州凯里学院以及澳大利亚南昆士兰大学、英国伦敦南岸大学、美国奥本大学来访等20多个国内兄弟高校和国外大学的参观考察和会议服务工作。

【统筹做好校区各种大型活动的服务保障工作】2014年,管委会协调学校相关部门,积极完成了校园开放日、新生开学、军训、建筑类高校就业联盟论坛、图书馆开馆、献血、全国英语四六级考试以及各种会议、参观等120余次大型活动的服务保障工作。各项活动保障服务工作高效、有力,得到有关部门及校领导的好评。

【做好校区值班安排及值班津贴的审核和上报工作】管委会认真协调安排管委会相关人员与各常驻二级学院处级干部做好周末、节假日和日常工作日的值班工作,并统一协调安排校区学工部、保卫部、医务室、新宇物业管理服务中心等单位值班。及时做好校区值班津贴的统计、审核和上报工作。

【做好校区补贴的审核、上报工作】认真负责地进行了校区补贴的审核和上报工作,及时督促各单位进行校区补贴的统计工作,并就各单位在统计过程中遇到的问题汇总上报。

【进行了校区电话的安装及费用托收工作】为保证校区二期工程新建的学院楼C座、学院楼D座及新建图书馆顺利投入使用,校区工作正常运行,根据各单位需求,管委会积极进行了校区新建楼宇办公电话的报装及新装电话的费用托收工作。

(四)制度建设

为进一步加强大兴校区常驻人员、值班人员的考勤工作,规范校区补贴上报、审核的管理,在分析现行考勤模式,调研兄弟高校的基础上,管委会与党政办、人事处、财务处、教务处等相关部门多次协商,经校长办公会批准,制定下发了《北京建筑大学大兴校区补贴发放实施细则》(北建大办发〔2014〕8号),对校区常驻人员、值班人员考勤于2014年9月起,改为校园一卡通刷卡和拍照(图像采集)的考勤模式。

(五)服务校区师生学习和生活

【食堂管理与服务工作】管委会按照标准化食堂、校区制定的服务标准等内容,不断加强食堂原材料采购、卫生(食品、环境、个人)、花色品种、饭菜质量、饭菜价格、成本核算、服务态度等各方面监督检查,督促整改,确保了食堂安全、平稳运行。同时通过召开学生座谈会等形式,听取学生意见与建议,发挥监督作用,并积极落实整改,提高服务质量。

利用2014年暑期改造和座位调整,食堂增加双座餐桌椅50套,四座餐桌椅6套,共新增餐位124个,同时将二层座椅全部更换为玻璃钢座椅,并更换四人餐桌椅44套,食堂一层、二层现有餐位增加到了1666个,食堂二层售饭窗口由过去自选四个收银窗口改为纵向排队的16个售餐窗口。清真食堂新增加风味窗口2个,基本伙窗口由4个增加到6个。利用部分专项经费、更换餐具39000件(餐盘、粥碗、面碗、筷子、汤勺、清真餐具)等。

为缓解用餐高峰拥挤,协调教务处、新宇物业、学工部等部门,调研、统计各学院学生上课情况,出台了学生错时下课方案。从周一到周五每天涉及30个左右班级、1000左右学生改为11:00下课,较其他上课学生提前半小时下课就餐;食堂采取多开窗口、分时段上菜、管理人员疏导等手段引导学生就餐。通过以上手段,食堂就餐拥挤问题得到一定缓解。

2014年,食堂全年营业额12005912元,累计就餐1827620人次,在保障基本伙的同时,完成党建评估、高招咨询、第三十三届运动会、北京大学生第三届结构设计大赛、学生献血、学校中层干部会议、全国医院建筑研讨会等各项大型活动及会议保障用餐20余次。

2014年9月,按照学校要求改变招待餐厅经营模式,为教师提供自助餐服务,现有条件下,精心布置环境、制定周食谱、调剂花样品种、完善成本核算,最大限度满足教师需求,为教师们提供了就餐场所的同时,也提供了一个交流的平台。调查问卷显示,满意率90％以上，获得广大教职工的好评。

【公寓管理与服务工作】管委会按照标准化公寓管理要求，严格公寓管理，每周对1510间宿舍卫生、安全、服务设施等全面检查，为5113名住宿学生创造舒适、温馨、干净、卫生的生活环境，从而达到"管理育人、服务育人、环境育人"。针对7、9号楼低层多处暖气不热情况，管委会协调基建调试维修，主管校领导宋校长及有关部门多次亲临现场走访、指挥，督促维保单位尽快维修。个别未达到要求的，启用空调，确保学生温暖过冬。

强化安全管理，加强安全培训、安全检查，发现问题、隐患及时处理，配合保卫处实施消防演练，为学生提供安全的生活环境，确保学生住宿安全，全年无重大安全事故发生。

【物业管理与服务工作】完成102间（含3个报告厅及大学生活动中心，以及12间语音教室）公共教室管理工作及服务保障。

按时完成电梯（26部）、锅炉（4台）、二次供水（3处9点）等质量检测、能耗检测工作，确保运行安全、高效。

全年接各类零小修报修3412件次，完成维修3237件次，因材料供应、施工单位等原因未完成175件次，维修完成率达到95％。

根据节假日、大型活动等安排，及时与公交公司沟通，增加车次、调整摆渡车运行时刻，确保师生员工出行方便。并针对老师、学生提出的建议和意见，及时反馈给公交公司，要求及时整改。

通过检查督促、限期整改等手段，加强物业监管工作，水电气暖等各项动力运行保障工作平稳运行，各项应急抢险工作及时，未发生断供事故，校园环境常年保持干净、整洁、优美，为师生员工的学习、生活提供了舒适的环境。

【弱电管理与服务工作】完成一期建筑206间弱电设备间摸底调查工作，找出了在运行环境、卫生状况、线路敷设、设备安装、消防安防管理等方面存在的问题，形成了PPT文件，上报有关部门及领导。

对于卫生、进出门管理等简单问题进行了普遍整改，其他问题需要申请专项资金整改，总体方案正在策划中。

在基建处配合下，在学生公寓5号楼B-111整改建立了弱电设备间样板间，为下一步规范管理奠定了基础。

着手起草制定《北京建筑大学弱点系统管理暂行规定》及相关规章制度，待学校召集有关部门讨论通过后实施，规范弱电系统管理。

【能源管理与服务工作】协助资产处完成水、电、气等能源消耗数据统计工作，截至11月底，水、电、气消耗分别为446188立方米、8142335度、917241立方米，费用分别为2389991元、4073609.99元、2449033.5元。

回收施工单位、经营单位、学生购电等水电费1503300.61元。

利用现有水电能源管理平台、学生公寓限电系统、锅炉节能系统（锅炉集控系统、气候补偿系统、烟气冷凝热回收系统、变频控制系统）、公寓洗浴太阳能系统、光伏发电等科技手段，加强了校区能源管理，节约了部分能源。完成了《2014年大兴校区能源消耗报告》。

（黄　静　邵宗义　冯宏岳）

八、后勤服务工作

(一) 概况

在学校党委的正确领导、在后勤集团行政的大力支持下,后勤集团党总支围绕学校党政工作要点,紧密结合集团中心工作,依靠全体党员和全体职工的共同努力,较圆满完成了 2014 年各项工作。

(二) 党建工作

1. 配合集团行政召开 2013 年工作总结表彰暨 2014 年工作动员大会。总结工作、表彰先进、全面部署工作计划。

2. 2014 年 4 月集团党总支组织全体党员深入学习贯彻党的十八届三中全会精神学习会,播放《党课一小时》学习光盘,听取国务院发展研究中心资源与环境政策研究所副所长、研究员李佐军博士"学习贯彻党的十八届三中全会精神"的理论辅导,深刻领悟全会精神。

3. 党总支开展开卷有益,赠书活动。为党员、积极分子购买书籍《赢在责任心,胜在执行力》。心怀正能量,增强职业素质,注重道德修养,作优秀的自我。以践行社会主义核心价值观为起点,把核心价值观变成日常行为准则,形成自觉奉行的信念理念。贯彻"责任到位,执行不缺位,结果不错位"。

4. 召开培育和践行社会主义核心价值观宣讲学习会。党总支组织全体党员、积极分子及中心主任前往大兴校区与大兴校区管委会及新宇集团联合举办了培育和践行社会主义核心价值观宣讲会及工作交流会。宣讲会特邀文法学院的肖建杰书记为大家作专题辅导报告。会后,后勤党总支以党支部为单位,分别与新宇集团相应部门就"如何在实际工作中践行社会主义核心价值观"进行了对口交流与学习。把社会主义核心价值观日常化、具体化、形象化、生活化,使每个人都能感知它、领悟它,内化为精神追求,外化为实际行动。

5. 党总支组织理论中心组学习——集团党组成员、各支部书记、各中心主任参加学习"中国崛起——中国模式和中国话语的世界意义",牢固树立爱国意识。正确认识一个"文明型国家"的光荣与梦想,树立爱国、强国意识。

6. 配合集团行政开展"爱岗敬业,优质服务月"活动。推动人人参与,人人实践,召开动员大会,将践行"核心价值观"落细、落小、落实。在"优质服务月"中,集团分别召开了师、生座谈会,发放了后勤服务调查问卷,广泛汇取师生对后勤工作的建议及意见;同时集团面向全校师生开展"后勤集团 Logo 设计大赛",并投票选举后勤集团"敬业之星"等活动,集团各中心也制定出相应服务方案及具体措施,全面掀起优质服务大潮。

7. 集团党总支践行社会主义核心价值观开展主题"卢沟桥,中国人不能忘却的桥"爱党爱国教育活动。组织党员、积极分子参观抗日战争纪念馆及卢沟桥,加强爱国主义宣传教育,铭记历史,珍爱和平与自由。

8. 践行社会主义核心价值观开展主题"明辨是非遵纪守法诚信公正"党风廉政教育活动——党总支召集党员干部、中心主任及重点岗位工作人员学习"教育部关于近三年教育系统纪检信访和案件工作情况的通报"文件，做到警钟长鸣，弘扬法治，公正廉洁。

9. 开展了"弘扬中国精神、凝聚中国力量、实现中国梦想"主题观影活动，组织党员及积极分子观看影片《北京故事》，弘扬爱国精神。

10. 组织各支部开展党性实践活动。如后勤集团主办膳食中心党支部承办于11月21日中午在学生食堂正门前举办了"饮食健康食品安全宣传日"活动，深入培育和践行社会主义核心价值观，重视食品安全问题，更好地为师生服务。

（三）自身建设

后勤集团党总支坚持做好党员发展工作，不断在群众中发掘先进，吸引群众，壮大申请入党的人员队伍，努力提升党员发展质量。

1. 2014年各支部认真执行党员联系入党积极分子制度，深入谈心，通过交流不断使其进步，成熟者及时给予发展。2014年拟定重点培养对象4名，实际发展了3名；2014年预备党员按期转正1名。2014年12月党总支党统报表统计完毕，目前集团入党积极分子9名，党总支与支部讨论制定2015年重点培养对象1名，继续培养考察，支部书记及总支书记将与培养对象重点谈话，鼓励坚定信仰追求，指出不足，帮助其努力改正早日实现目标。

2. 定期分析职工思想动态，正确处理涉及职工切身利益的矛盾。关心慰问身边困难党员及群众，积极参与学校相关爱心募捐活动。党组织及时了解身边党员、群众的困难疾苦，帮助解决好职工在工作中、生活上所遇到的困难，构建和谐后勤。2014年集团一名困难党员被学校确定为上报市教委组织部帮扶的对象。

3. 做好理顺情绪化解矛盾的工作，增强职工主人翁意识。有些合同工提出享受相关待遇，如评职称、公积金、与在编正式工同工同酬、转正式编等要求，集团党政领导、支部书记及党员分别做其思想工作，耐心听取倾诉，给予理解，慢慢开导，个别员工钻牛角尖，多次做工作仍不能开解后，总支请来人事处老师、校工会老师等帮忙细心解释相关政策，缓解情绪，化解矛盾，保证安全，共同做好后勤维稳工作。针对职工归属感差问题，党总支及支部注重深入群众，耐心谈心，积极帮助困难员工，以党员带动身边人，凝职工之心，聚大众之力，努力创建和谐团结的工作氛围，通过各项活动使大家认可集团，从而增强归属感、发挥主人翁意识。

4. 保障党员民主权利，落实党总支党务公开。保障党员民主权利，执行党员选举权、知情权、建议权等，党总支重大决议、事件及时传达每位党员，认真履行党务公开。党总支不断改进工作作风，深入基层，不定期分层次召开党员、群众、中心主任、职工代表等不同类型座谈会，听取大家意见建议并努力改进，尽力解决群众困难、落实合理可行性建议。2014年12月召开退休党员离别茶话座谈会，听取老员工中肯建议。

（四）业务工作

【能源管理】2014年3月20日，完成二氧化碳排放核查报告，我校2014年全年二氧化碳排放量12178.72吨，于2014年12月10日，完成配额账户的年度注册登记，于2014年12月20日，完成西城校区能源平台建设二期项目工程验收工作，至此，西城校区主要楼宇已基本达到二级表计的覆盖和计量工作。

【防汛工作】2014年6月16日，北京建筑大学党政办公室发表关于印发《北京建筑大学防汛应急预案》的通知，建立了防汛工作应急指挥体系，明确了各部门职责。在2014年

6月1-2014年9月15日防汛期间，北京建筑大学启动了汛情预警和应急相应机制，确保了学校师生员工的人身安全和国有资产的安全。

【控烟检查工作】 2014年9月9日，北京建筑大学爱国卫生运动委员会制定《北京建筑大学控烟工作方案》（建大爱字〔2014〕1号）。2014年10月30日，北京市疾病预防控制中心、北京市爱国卫生运动委员会、高校专家组对北京建筑大学的控烟工作进行效果评估检查。通过听取汇报、查阅资料、询问学生和教职工及现场检查，检查小组认为我校整体禁烟、控烟情况良好，整个校园控烟气氛浓烈，达到无烟学校评估标准。

【餐饮保障工作】 2014全年两校区营业额2410.99万元，其中西城924.09万，大兴校区1486.9万，共投入专项资金85.738万元用于食堂环境改造与设备更新工程，其中西城校区45.188万，大兴校区40.55万，为师生员工提供更加舒适的就餐环境。

【公寓管理工作】 在硬件条件差、住宿人数多的情况下，强化队伍管理，安全方面培训，加强管理人员责任心、爱心、热心、耐心、细心教育，严格学生住宿管理，完成了9425人的住宿任务，其中2014年西城校区3553人，大兴校区5872人。暑假前，西城短时间内高效率完成1969名毕业生离校，350余间宿舍清扫收拾工作，为大兴497名学生回迁做好准备工作。暑假西城校区接待20余新生住宿，大兴校区接待1649新生住宿。寒暑假期接待外国留学生住宿1批。完成了267名学生宿舍调配工作。全年为学生发放信件、包裹、快递7114余件等。

【物业管理工作】 教室管理工作，除完成正常教学保证任务之外，还承担了大学英语四、六级考试、继续教育学院英语三级考试、研究生入学考试等各项任务。各项保障有力，未出现任何差错。全年接收零件保修10383件，回收维修费用33447.22元。完成教学1号楼、学宿2号楼装修改造，图书馆下沉花园修复改造工程，西城校区能耗平台建设，总造价570余万元。水电气暖各项动力运行保障工作平稳运行。回收供暖费371826.63元、全校家属水电费517418.53元（不含工资扣除部分）、房租16552.2元、经营性水电费197797.18元，累计金额1103594.54元。

【车辆运输工作】 克服班次多、司务人员少等困难，合理安排车辆，圆满完成摆渡车运营，以及高考招生咨询会、迎接新生、四六级考试等大型活动、各类活动的用车需求。两校区班车运营466趟次，公务用车807趟。

【专项工程】 图书馆下沉花园改造50余万元，西城校区能耗平台建设70余万元，教1号楼、学宿2号楼改造工程450万元等。为师生员工的学习、生活提供了舒适与方便。

（五）培训总结

12月组织党员参加片组学习活动。听取王德中老师十八大四中全会报告解读——"关于依法治国的几个问题"。使全体与会人员再一次深刻接受了社会主义核心价值观的教育，树立正确的个人价值观。

（李　鹏　聂跃梅　刘　蔚）

第十章 党建与群团工作

一、组织工作

（一）概况

2014年，党委组织部认真贯彻党的十八大和十八届三中、四中全会精神，不断巩固和深化党的群众路线教育实践活动，积极推进党要管党、从严治党，全面加强干部队伍建设和基层党组织建设，学校党建科学化水平持续提升。作为唯一高校代表，在北京市党的群众路线教育实践活动第一批总结暨第二批部署会议上作交流发言，获评"北京市党的建设和思想政治工作先进普通高等学校"。

（二）基层党组织与党员队伍建设

【开展党总支（直属党支部）工作调研】2014年1月4-15日，党委副书记张雅君和纪委书记何志洪带队开展了党总支（直属党支部）工作调研。调研组深入15个党总支（直属党支部），听取了近三年领导班子建设工作、党支部建设工作、发展党员工作、教工思想政治工作、大学生思想政治教育工作和2013年党风廉政建设工作情况的全面汇报，并就各单位工作开展情况和汇报内容进行了广泛的交流，查阅了相关支撑材料。校领导希望各单位以"党建先进校"申报工作为契机，打牢工作基础，凝练工作特色，推动工作创新，不断激发基层党组织的活力和战斗力，为建设有特色、高水平建筑大学提供坚强政治保障和组织保障。

【作北京市党的群众路线教育实践活动交流发言】2014年1月22日，北京市党的群众路线教育实践活动第一批总结暨第二批部署会议在北京会议中心召开。中共中央政治局委员、北京市委书记郭金龙和中央督导组组长金炳华出席会议并讲话，市委副书记、市长王安顺主持会议，全体市领导出席。我校作为北京市唯一高校代表，与北京市卫生局、北京市地铁运营有限公司一起在大会上作交流发言。党委书记钱军从"创新学深入学，夯实思想基础"、"带好头做表率，突出示范带动"、"转作风聚力量，破解发展难题"、"办实事求实效，回应师生关切"四个方面，介绍了我校以教育实践活动促进作风建设、带动学校发展的经验与做法。

【召开党的群众路线教育实践活动总结大会】2014年2月20日，我校在西城校区召开党的群众路线教育实践活动总结大会。市委教育实践活动第31督导组组长许祥源同志及其他3位督导组成员出席大会。学校领导班子成员，处级干部，教授代表，工会、教代会、团委代表，民主党派和无党派人士代表、党代会代表、市区人大代表、政协委员，离退休老同志代表等130余人参加了总结会。会议由校长朱光主持。党委书记钱军同志代表学校党委作党的群众路线教育实践活动总结报告，他指出，教育实践活动自开展以来，学校党委始终坚持以习近平总书记系列重要讲话精神为指导，在市委的坚强领导和市委第31督导组的精心指导下，扎实推进"三个环节"工作步骤，切实取得师生满意的实效。

【荣获北京高校红色"1+1"示范活动二等奖】由北京市教工委主办的2013年北京高校红色"1+1"示范活动评选活动中，我校测绘学院本科生党支部荣获北京高校红色"1+1"示范活动二等奖，建筑学院本科生第一党支部、环能学院本科生第三党支部以及经管学院本科生第三党支部分别荣获北京高校红色"1+1"示范活动优秀奖。

【召开党总支（直属党支部）书记会】4月2日，党委召开了党总支（直属党支部）书记会，部署近期重点工作。党委副书记张雅君、纪委书记何志洪、党委常委张素芳、部分党务部门负责人及各党总支（直属党支部）书记参加了会议。党委副书记张雅君总结了近年来学校党建工作情况，肯定了学校党建工作在"围绕中心抓党建，抓好党建促发展"中取得的扎实有效的成果，她强调，面对新形势、新任务和新要求，要加强对干部任用、考核、培训以及如何更好发挥"三型"党组织建设等工作的研究，要进一步加强对基层工作创新经验的挖掘和总结，从机制上进一步调动党总支在学校党建工作创新中的积极性。

【获评"北京市党的建设和思想政治工作先进普通高等学校"】5月7日，从北京市教工委传来喜讯，我校被评为"北京市党的建设和思想政治工作先进普通高等学校"，同时获得此荣誉的还有北京大学、清华大学、北京航空航天大学、北京工业大学。这是我校顺利完成新校区建设工程、申博工程、更名工程三大工程之后，学校事业发展中的又一项重大突破。2013年4月，学校党委做出了申报党建先进校的工作部署，成立了党建先进校申报工作领导小组和相关工作组。2013年6月底，学校提交的申报请示及综合报告通过了教育工委审核和党建先进校评审评委会初评。2014年3月4日，由市委教育工委、市教委、市委组织部、市教育工会以及有关高校领导和专家组成的北京市第七次党建和思想政治工作先进校入校考察专家组进驻我校开展了为期一天的入校考察工作。专家组听取了党委书记汇报和校长补充汇报，召开了不同类型的座谈会，查阅了支撑材料，走访了实验室、科研基地、学生宿舍、教室、大学生活动场所、二级学院、师生宣传文化活动、校园安全稳定保障场所等，对我校事业发展成果和党建与思想政治工作有了全面深入的了解。2014年3月27日，校长朱光代表我校参加了第七次北京市党建和思想政治工作先进校评选答辩会。经评委会提名，教工委审议和公示等程序，学校成为被北京市委表彰的五所"北京市党建和思想政治工作先进普通高等学校"之一。

【召开纪念中国共产党成立93周年暨"七一"表彰大会】7月1日，学校隆重举行纪念中国共产党成立93周年暨"七一"表彰大会。学校老领导、退休党支部书记、民主党派负责人、党外干部、党外教授应邀参加大会。校领导钱军、张雅君、宋国华、何志洪、汪苏、李维平、张启鸿、张大玉，党委常委张素芳出席会议。大会由党委副书记张雅君主持。学校体育教研部直属党支部被北京市教工委评为"北京高校先进基层党组织"；电信学院李英姿教授和环能学院牛润萍副教授被评为"北京高校优秀共产党员"；土木学院党总支书记何立新被评为"北京高校优秀党务工作者"。大会表彰了20个先进基层党组织、31名优秀共产党员、10名优秀党支部书记、10名优秀党务工作者。校领导向获得表彰的集体和个人颁发了奖状、证书，并赠送鲜花。党委书记钱军代表党委对各级党组织和党员干部提出了三点希望和要求，一是认真学习贯彻习近平总书记系列重要讲话精神；二是以良好的作风推进各项工作，统筹抓好西城、大兴校区新发展；三是各级党组织要以服务型党组织建设为统领，争做服务师生成长、服务学校发展、推进服务创新的先锋表率；各级领导干部、全体党员要牢记使命,争做践行社会主义核心价值观、推动改革发展、爱岗敬业、弘扬新风气的表率。

【举行2014届毕业生党员大会】 7月3日,学校在第二阶梯教室隆重举行了2014届毕业生党员大会。党委副书记张启鸿、学生工作部部长黄尚荣、组织部副部长赵海云、研工部副部长李云山、招就处副处长朱俊玲、我校校友、原土038班学生刘鑫出席了大会。参加大会的还有有关学院党总支副书记、党支部书记、学生辅导员和全体2014届毕业生党员300余人。张启鸿副书记向毕业生党员提出三点希望:一是希望毕业生党员时刻谨记自己的党员身份,立志高远、勤学笃行,筑牢实现"中国梦"的崇高理想。二是希望大家锤炼品德、明辨是非,汇聚起实现"中国梦"的青春正能量。三是希望大家身体力行、矢志不渝,争做"社会主义核心价值观"的自觉践行者。

【召开党建与思想政治工作部署会】 9月19日,党委召开新学期党建与思想政治工作部署会。校长朱光、党委副书记张启鸿、党委常委张素芳、二级学院党总支书记和党务部门负责人参加,会议由党委副书记张启鸿主持。朱校长首先肯定了上半年取得的成绩,指出在今后一段时间内,培育和践行社会主义核心价值观是学校重中之重的工作,各单位要积极引导党员干部、教职员工和广大学生开展活动。朱校长随后对《北京高校培育和践行社会主义核心价值观实施意见》六方面20条规定逐条解读,并提出三点要求。一要切实加强社会主义核心价值观的宣传教育,构建培育和践行社会主义核心价值观的大宣传格局。二要将培育和践行社会主义核心价值观融入教育教学全过程,充分发挥课堂教学的主渠道作用,着力推进实践育人、精心培育学校文化。三要确保培育和践行社会主义核心价值观各项任务落到实处,要与中心工作结合好,防止出现"两张皮"现象。

【召开基层党组织负责人培训会暨学生党员先锋工程推进会】 10月17日,党委召开基层党组织负责人培训会暨学生党员先锋工程推进会。校领导朱光、宋国华、何志洪、李维平、张启鸿、张大玉出席了会议。全校基层党组织书记、副书记、组织员和党务部门负责人150余人参加会议。会议由党委副书记张启鸿主持。教工委组织处处长李丽辉作了题为"北京高校基层党建工作创新与实践"的主题报告,北京交通大学人文社会科学学院院长韩振峰作了题为"关于社会主义核心价值观的几个热点问题"的辅导报告。党委副书记张启鸿作大会总结讲话。张书记提出三点意见:一要充分认识学校党建工作面临的新形势新任务,进一步推动基层党建工作创新。二要认真落实《发展党员工作细则》,切实加强党员队伍建设。三要扎实推进"学生党员先锋工程",充分发挥学生党员的先锋模范作用。

(二)领导班子和干部队伍建设

【干部任免】 2014年4月13日,市委决定,免去钱军同志中共北京建筑大学委员会书记职务。

【干部任免】 2014年10月19日,市委决定,王建中同志任中共北京建筑大学委员会书记。

【举办"新型城镇化从概念到行动"报告会】 2014年1月13日,住房与城乡建设部副部长仇保兴为我校教职工做了题为"新型城镇化从概念到行动"的报告。仇保兴从城乡发展模式、城镇体系、建筑能耗、城镇特色、环境问题、城镇机动化、基础设施、城镇化社会问题、房地产问题等九个方面,提出了目前我国城镇化进程中存在的问题和相应的对策要点。校领导、教职工和研究生党员代表550人听取了报告。

【举办2014年干部专题培训班】2014年1月18日和19日，根据《北京市委教育工委关于做好处级以上领导干部学习贯彻习近平总书记系列讲话精神集中培训工作的通知》和我校干部教育培训工作的总体安排，党委在大兴校区举办了为期两天的干部专题培训班，全体校领导和中层干部参加了培训。教育部教育发展研究中心主任张力为培训班作了题为《学习十八届三中全会精神，深化教育领域综合改革》的辅导报告。

【召开校级领导班子和领导干部考核测评会】2014年2月20日，根据中央简化各类工作考核的精神，按照市委教育工委的通知要求，我校在西城校区第二阶梯教室召开校级领导班子和领导干部考核测评会，对干部选拔任用工作进行"一报告两评议"。市委第31督导组组长许祥源同志，市委教育工委干部处副处长邵文杰同志出席大会。学校领导班子成员，处级干部，教授代表，工会、教代会、团委代表，民主党派和无党派人士代表，党代会代表、市区人大代表、政协委员，离退休老同志代表等130余人参加考核测评会。

【召开党的群众路线教育实践活动总结大会】2014年2月20日，学校在西城校区第二阶梯教室召开党的群众路线教育实践活动总结大会。市委教育实践活动第31督导组组长许祥源同志及其他3位督导组成员出席大会。学校领导班子成员，处级干部，教授代表，工会、教代会、团委代表，民主党派和无党派人士代表，党代会代表、市区人大代表、政协委员，离退休老同志代表等130余人参加了总结会。

【召开处级干部会】2014年2月20日，学校在第二阶梯教室召开处级干部会，部署学校2014年党政主要工作。校领导和全体处级干部等参加了会议。

【举办"网络时代与大学生对话"专题报告会】2014年4月4日，人民网副总编辑，人民网舆情监测室秘书长、《网络舆情》杂志执行主编祝华新老师在第二阶梯教室，作了题为"网络时代与大学生对话"的网络舆情专题报告会。校领导、处级干部、各单位（部门）网络宣传管理员及学生辅导员、学生干部骨干等300多人听取了报告。

【召开2014年暑期领导班子务虚会】2014年8月30-31日，学校领导班子在大兴校区召开务虚会。校领导朱光、宋国华、何志洪、汪苏、李维平、张启鸿、张大玉，党委常委张素芳及相关职能部门负责人、党政办公室有关人员参加会议。

【举办"预防高等教育领域职务犯罪"专题廉政报告】2014年10月14日，为进一步加强学校职务犯罪预防工作，推进廉政文化进校园，按照学校今年党风廉政宣传教育计划的总体安排，学校举办了"预防高等教育领域职务犯罪"专题廉政报告。海淀区人民检察院职务犯罪预防处处长王燕同志作了题为《永葆清廉本色 争做廉洁教育人》的报告。

【举办十八届四中全会精神辅导报告】2014年11月19日，"建大讲堂"第五期在西城校区第二阶梯教室开讲。中央党校党建教研部领导科学室主任、硕士生导师、复旦大学法学博士蔡志强应邀作了题为《党的领导与依法治国》的辅导报告。

【召开2014年干部研讨班动员部署会】2014年11月19日，学校召开2014年干部研讨班动员部署会。党委书记王建中、校长朱光、副校长汪苏、副校长李维平、党委副书记张启鸿，各学院党政负责人、机关各部处室和教辅单位主要负责人出席会议。2014年干部研讨班是学校创建特色鲜明的高水平建筑大学，推动学校又好又快发展的一项重要举措，主题是"深入学习党的十八届三中、四中全会精神，精心谋划和推动学校科学发展"。本次研讨班从2014年11月中旬开始至12月中旬结束，历时1个月时间，分为动员部署、调研及研讨准备，交流研讨和研讨总结三个阶段。

【举办2014年干部培训班】2014年11-12月,学校举办年干部培训班,培训对象为机关全体副处级干部和其他二级单位部分副处级干部、机关部分科级干部。11月29日,2014年干部培训班开班典礼及第二次集中辅导在西城校区学宜宾馆报告厅举行,党委副书记张启鸿出席并做开班动员讲话,开班典礼由党委组织部部长高春花主持。开班典礼后,中央党校党建部教授、博士生导师、中组部全国干部教育培训师资库专家刘玉瑛作了"提升领导力与执行力"的专题报告。北京航空航天大学网络信息中心主任张建华作了"共建网络家园 同筑信息大厦"的报告。

【北京市委组织部来我校检查选人用人工作】为进一步加强对干部选拔任用工作的监督,深入整治用人上的不正之风,不断提高选人用人公信度,市委组织部近期对30家市属单位的干部选拔任用工作开展监督检查。2014年12月3-5日,市委组织部第四检查组对我校选人用人工作进行检查。

【召开2014年干部研讨班首场交流研讨会】2014年12月12日,学校在学宜宾馆报告厅召开2014年干部研讨班首场交流研讨会,就新形势下进一步理清学校"提质、转型、升级"的发展思路,进一步谋划好学校的"十三五"规划、下一阶段发展战略以及学校2015年度工作重点展开交流研讨。全体校领导、党委常委,各学院院长、党委书记,全体机关和教辅单位主要负责人参加会议。

【举办"当前台海形势与香港政改问题"专题报告】2014年12月23日,"建大讲堂"第六期在西城校区第二阶梯教室开讲。国务院台湾事务办公室港澳与海外局局长顿世新应邀作了题为《当前台海形势与香港政改问题》的专题报告。校领导、处级干部及处级后备干部、党支部书记、发展对象培训班学员近300人听取了报告。

【举办2014年发展规划研讨班】2014年12月25-26日上午,学校先后举办发展规划研讨班第二阶段交流研讨会和分组讨论会,全体校领导、党委常委,各学院、机关部门和教辅单位主要负责人参加交流研讨与分组讨论。12月25日,在交流研讨会环节,9个学院主要负责人围绕学校"提质、转型、升级"的发展思路,结合前期调研工作成果,就学院下一步发展规划设想作了专题报告。校长朱光主持交流研讨会,与会领导对各学院的报告分别作了点评。

(四)党校工作

【举办2014年度第52、53期入党积极分子培训班】2014年4月2日、26日,2014年度第52、53期入党积极分子培训班分别开班并开展集中培训。在开班仪式上,校党委组织部长、党校副校长高春花做了讲话,阐述了举办大学生入党积分子培训班的重要意义作用和要求;党委副书记张启鸿分别为两期培训班作了题为《端正入党动机,争做时代先锋》的报告纪委书记何志洪做了关于党的纪律和党风廉政建设的专题讲座,并邀请校内外专家作了相关讲座。截至5月10日,两期培训班已按计划顺利完成了六讲的集中培训。

【举办入党积极分子和发展对象培训班】2014年11月18-29日举办了根据《中国共产党发展党员工作细则》的有关规定,按中组部要求,学校第一期发展对象培训班,全校266名发展对象参加培训。培训班以《党章》和《关于党内政治生活的若干准则》等文件以及党的理想信念、党的优良传统和作风、加强党性修养等为主要培训内容,采取集中授课为主,结合学员自学的方式进行,先后请纪委书记何志洪,北科大马克思主义学院博士生导师左鹏、文法学院党委书记肖建杰教授及机关党委书记王德中副教授做了讲座报告,还组织观看了历史文献片《信仰》和介绍党的好干部焦裕禄事迹的影片。培训班结束时组织了统一考试,成绩将作为发展对象考察指标之一。

(五)人才工作

【组织教师申报市委组织部优秀人才培养资助项目】2014年,共有22人申报,7人成功获批项目,资助金额共计34万元。

【组织青年教师参加全国第14批"博士服务团"工作】环能学院青年教师刘建伟同志成为全国第14批"博士服务团"成员,到重庆市城口县任县长助理。

【组织开展政工职评资格审查、申报】2014年,有1名同志被评为高级政工师。

(张 俊 张 岩 孙景仙)

二、宣传思想工作

【概况】2014年北京建筑大学宣传思想文化工作以围绕中心,服务大局为基本职责,找准工作切入点和着力点,积极培育和践行社会主义核心价值观,探索核心价值观"融入式"教育模式。加强新闻宣传和舆论引导,拓展融媒体平台和载体,探索完善宣传思想工作机制,努力构建"大宣传"格局,为推动北京建筑大学科学发展提供坚实的思想保障和有力的舆论支持。

【理论教育工作】依托"建大讲堂",政治理论和形势政策教育常抓不懈。围绕"网络时代与大学生对话""中国传统价值观的基本内容与培育弘扬社会主义核心价值观""当前台海形势与香港政改问题"等主题,本年度邀请知名学者专家举办高水平辅导报告会6场。加强校院两级理论中心组学习,坚持学以致用。根据不同专题,北建大党委理论中心组将学习范围扩展到党委委员、纪委委员、处级干部、处级后备干部、学科带头人、系主任、支部书记等。全年结合学校发展实际,围绕习近平总书记在北京大学师生座谈会上的讲话精神、党风廉政建设、十八届三中及四中全会、党政领导干部选拔任用工作条例、社会主义核心价值观、网络舆情、学校"提质、转型、升级"等内容开展学习活动19次。建设网上理论学习栏目,不断拓宽师生学习渠道。发挥学校新闻网"理论学习"栏目的平台作用,与求实网、人民网、新华网、北京宣讲家网站等建立连接,拓宽理论学习途径,方便师生随时学习。组织青年教师开展社会实践活动,拓宽青年教师思想政治工作途径。选派4名青年教师参加北京市教工委组织的暑期社会实践活动,组织13名党务干部和思政教师参加北京市哲学社会科学教学科研骨干研修班学习。引导并组织青年教师积极申报社会实践基地及参评优秀调研报告,4名青年教师获得2014北京高校青年教师社会调研优秀成果一等奖,4名获得二等奖,北建大获得优秀组织单位。组织青年教师申报北京市青年教师社会实践基地,1名青年教师申报的北京青少年网络文化发展中心获批北京市第二批青年教师社会实践基地。推荐并组织测绘学院"弘扬焦裕禄精神,培育和践行社会主义核心价值观"主题教育活动参评教育部培育和践行社会主义核心价值观案例征集,并入选教育部案例(初步目录)(全国80个,其中北京6个,市属占2个)。

【新闻宣传和舆论引导工作】2014年北建大党委宣传部加强四方面建设,把握新闻宣传工作的时、度、效。

一是制度建设。制定了《北京建筑大学教职工职业道德规范》(北建大党发〔2014〕10号)、《北京建筑大学突发性事件新闻报道管理办法》(北建大党发〔2014〕11号)、《北京建筑大学新闻发布和新闻宣传工作管理规定》(北建大党发〔2014〕12号)、《中共北京建筑大学委员会培育和践行社会主义核心价值观实施方案》(北建大党发〔2014〕19号)、《中共北京建筑大学委员会学习宣传贯彻党的十八届四中全会精神实施方案》(北建大党发〔2014〕20号)、《北京建筑大学青年教师社会实践活动管理办法》(北建大党宣字〔2014〕8号)、《关于规范使用学校校旗、院旗的通知》(北建大党宣字〔2014〕9号)等制度。

二是阵地建设。综合运用多种媒体的宣传功能,推进媒体融合,在网络和校报上持续开展"培育和践行社会主义核心价值观""教学改革进行时""学风建设巡礼""青春榜样""考研那些事儿"等专题宣传。在新闻网上增加了"理论学习""文化建设""建大影音""下载专区""校园光影"等栏目,丰富了新闻网的内容,使广大师生能通过多媒体的形式,多维度了解北建大相关工作的信息;同时在门户网站上制作并开通了"创建有特色高水平建筑大学""大家谈专题网站"等专题网站。为了进一步明晰门户网站和新闻网站的功能定位,更好满足北建大发展对信息传播的需求,在广泛征求师生意见以及认真研究国内外知名高校网站的优势和特色基础上,数易其稿,完成了北建大门户网站、新闻网的改版工作,并启动了英文版的设计工作。全年共编辑、审核校园网络新闻信息2200余条,发布新闻图片5000余张。本年度围绕社会主义核心价值观、国家教学成果一等奖、十八届四中全会精神、党风廉政宣传教育等内容制作了29个主题89版橱窗。编辑出版发行校报15期,完成了校报改版为大报的工作,加大了深度报道力度,全年深度报道6次。2014年12月开通了学校官方微信,每日推送一次,内容主要是与师生关系比较密切的校园新闻,获奖信息类和生活服务类等。全年累计发表原创微博227条,推送的微博信息均为师生比较关心的重大事件、师生获奖、建大故事中的典型人物。2014年申请的"北京建筑大学西城校区信息发布系统"项目获得通过,已经完成安装调试并投入使用。该项目为北建大宣传工作的数字化、信息化、集成化打造了技术平台。完成学校相关摄影任务320余次,设计并制作学校2014版宣传画册一套,制作党建先进校专家组进校检查宣传展板74块及宣传片1部,策划制作七一表彰大会宣传片1部,并完成了北建大宣传片的修改调整工作。

三是队伍建设。根据二级单位党委(党总支、直属党支部)、副书记、学生工作人员、各单位网络宣传员、学生记者、校产集团各公司新闻宣传员以及2014年首都高校大学生暑期社会实践团队宣传员等的不同需求,分专题举办宣传工作培训。包括邀请中国教育报高教周刊主任做《新闻策划如何借力打力——借助媒体力量,提升学校影响力》的专题培训,宣传部人员解读新闻网"建大要闻"用稿标准及新闻稿上线审稿工作流程等内容,举办新闻采访与写作基础知识专题培训,在新闻采访、摄影、摄像实践中对学生记者进行实操技能培训等。

四是对外宣传能力建设。2014年注重挖掘学校中心工作与媒体关注点之间的结合处,围绕学校改革与发展、教育教学、学生培养、招生就业、教学名师、学生暑期社会实践和课外科技活动、科学研究、校产发展、学科发展、社会主义核心价值观主题实践活动及师生艺术展等内容,以及中国成语大会亚军邢正和"全国优秀教师"秦红岭等优秀师生代表进行了媒体策划,进一步拓展了宣传报道的广度和深度。与人民日报、光明日报、科技日报、北京日报、中国建设报、北京晚报、北京青年报、中央电视台、北京电视台、中国教育电视台等三十几家新闻单位建立了良好的合作关系。在报纸、杂志、电视和广播等传统媒体上发表对外宣传稿件130余篇，其中大部分稿件被人民网、中国日报网、光明网、北青网、凤凰网、千龙网、网易、中青网、搜狐网、新浪网等网络媒体多次转载。

【校园文化工作】北建大实施校园文化建设工程和师德建设工程，积极培育体现北建大特色的校园文化。

一是将培育和践行社会主义核心价值观融入校园文化。制定了《中共北京建筑大学委员会培育和践行社会主义核心价值观实施方案》（北建大党发〔2014〕19号），坚持与弘扬中华优秀传统文化相结合，与融入人才培养全过程相结合，与应用新媒体传播相结合，把培育和践行社会主义核心价值观落到实处。开展"图说我们的价值观"校园招贴画征集活动，在专业教师指导下，以新剪纸艺术为元素，学生创作设计了包含4个系列，30幅内容不同、风格各异、极具时代感和拟人化特点的"图说我们的价值观"系列招贴画，并通过多种校园媒体等进行传播，营造出培育和践行社会主义核心价值观的浓厚氛围。以中国梦、中国精神、社会主义核心价值观为主题，面向在校师生和离退休教职工开展"北建大 我的家"书画作品展、"我的中国梦 最美中国"摄影作品、"小剪纸"传播"大文明"剪纸作品等师生作品系列征集活动，从中精选118件，联合中国大学生在线、光明网举办"弘扬 融入 传播——高校培育和践行社会主义核心价值观艺术作品展"。举办培育和践行社会主义核心价值观征文活动，共征集158篇，经专家匿名评审，挑选出41篇作品报送北京市教工委。支持并指导广播台策划举办了以"感恩·青春"为主题的台庆晚会，将社会主义核心价值观教育以润物细无声和学生喜闻乐见的方式融入其中，延伸了校园媒体在校园文化建设中的作用。

二是开展培育与弘扬学校精神的主题活动。结合"我的梦·建大梦·中国梦"主题教育活动，以凝炼北建大精神为目标，以迎接校庆80周年为契机，启动了"建大故事"微电影（微故事）征集活动、"最美建大人"主题宣讲活动、"寻访建大名师 讲述师生故事 凝炼建大精神"主题社会实践活动、举行《许京骐文存》签名赠书仪式等活动，彰显北建大师生的精神风貌，传播正能量。2014年已访谈教师、校友30余人，其中12篇已刊登在校园网《建大故事》栏目中；已征集微视频10余部，拍摄微视频2部。同时还通过邀请北京市教育系统"最美北京人"百姓宣讲团为我校学生进行宣讲，邀请北京朗诵团在首个革命烈士纪念日来校举行"继承先烈志，圆我中国梦"——革命烈士诗文朗诵会等，进一步传播正能量，加强精神文明建设。

三是在发挥教师行为世范作用上下功夫。制定了《北京建筑大学教师职业道德规范》（北建大党发〔2014〕10号）。举办了"经验与分享——教学叙事与漫谈"沙龙，邀请校长、优秀教师代表与新教工分享个人成长故事以及他们的师德感悟，传承北建大优秀教师的治学育人理念。举办青年教师师德沙龙活动，邀请北建大党委书记、副书记与青年教师代表围绕如何做一名"有理想信念、有道德情操、有扎实学识、有仁爱之心"的"四有"好老师等话题开展讨论。通过校报、网络、校外媒体等多种形式大力宣传北建大荣获2014年全国优秀教师、北京市师德先进个人、北建大"我心目中的好老师"等师德典型，营造了教书育人的良好氛围。

（孙 强 孙冬梅）

三、统战工作

【概况】 2014年北建大统战工作全面贯彻落实党的十八大、十八届三中及四中全会精神、习近平总书记系列重要讲话精神，认真学习贯彻市委、市教育工委统战部长会议精神，围绕北建大中心工作，充分发挥统战成员民主监督和民主管理的作用，凝心聚力，为创建有特色高水平建筑大学贡献力量。

【党外代表人士工作】 重新修订了《北京建筑大学党外代表人士选拔培养办法》（北建大党发〔2014〕3号）。继续落实好党委领导班子成员与党外人士的联系制度；将党外代表人士及党外后备干部的培训纳入到学校干部教育培训的总体规划，加大对党外代表人士的培训力度，特别是政治把握能力、参政议政能力、组织协调能力和合作共事能力等方面的培养和锻炼，采取集中培训和个性培训相结合，日常教育和专题培训相结合的方式，努力探索党外代表人士培训的有效途径和方法。九三学社支社委员吴彤军参加了中央统战部培训中心与市委教育工委联合举办的2014年北京高校民主党派校级组织负责人研讨会。民盟盟员秦红岭参加了由中央统战部一局、六局、中央统战部干部培训中心、北京市委教育工委联合举办的第二期北京高校党外代表人士高级研修班。选派民盟盟员石磊、张勉参加了市委教育工委组织的高校青年教师暑期社会实践活动项目。

【民主党派基层组织工作】 协助民主党派做好发展新成员的考察工作，本年度协助民盟支部发展盟员2位（理学院俞晓正、文法学院孟莉）。积极支持和鼓励民主党派开展活动。7月份民盟支部赴天津蓟县参观古建独乐寺，将支部活动与相关专业结合，为党派成员专业成长，以及发挥优势服务社会提供了平台。12月份民盟支部联合西城区新闻出版支部、机械工业支部共同举办了统战沙龙活动，北建大民盟盟员、医务室副主任张复兵举办了《读懂体检报告》健康讲座，新闻出版支部主委辛美平介绍了《公益绿生活——绿色生活低碳家园》项目，介绍了家庭自种芽苗菜技术。此次活动促进了不同支部之间的相互交流，创新了支部活动形式。做好对党派成员的慰问工作。1月份分别看望了九三学社社员王世慧与民盟盟员朱仁普。

【民族宗教、港澳台侨工作】 加强马克思主义宗教观和民族团结的宣传教育。通过举办图片展览、新疆宣讲团专题报告以及在初级党课、形势政策课、选修课中加入有关党的民族宗教政策内容等形式，大力开展民族团结教育，宣传党的民族宗教政策。会同学工部、研工部，鼓励和引导少数民族同学积极参加北建大举办的系列文化教育活动及志愿活动，并在传统节日为少数民族同学送去祝福，有效维护了校园的和谐稳定。进一步做好侨联工作。通过调研、参与市侨联系统理论研究课题等形式，为侨联成员发挥专业优势服务社会提供了更广阔的平台。北建大侨联被评为2008-2013年度的"北京市侨联工作先进集体"，武才娃、詹淑慧被评为"北京市侨联工作先进个人"，解国珍、马小华被评为"北京市归侨侨眷先进个人"。侨联主席武才娃当选为第十四届北京市侨联委员会委员。

【开展"心桥工程"主题活动】 围绕北建大中心工作，搭建平台为学校事业发展建言献策。立足岗位、建言献策。党委统战部召开党外人士征求意见会，党外人士围绕学校办学特色、发展定位、教学管理、青年教师培养与师资队伍建设、人才引进、国际交流、校园文化建设、科研成果转化、管理服务等方面提出了许多有参考价值的意见和建议。积极参与校园文化建设。继续坚持以"党委出题、党派调研"的工作模式，支持民盟支部主委陆翔围绕西城校区下沉花园的改造开展调研、并提出设计方案，2014年9月，多功能、崭新的下沉花园呈现在师生面前；为更好发挥统战成员在校园文化建设中的作用，党委统战部举办了两期以校园文化建设为主题的统战沙龙，民盟盟员秦红岭从女性与中国传统建筑的规训功能、建筑中的性别美两个方面介绍了性别与建筑的关系；人事处副处长侯妙乐从美国华盛顿大学的访学体验谈到对北建大校园文化建设的思考；侨联委员邹越介绍了我校申报的市侨联2014年理论研究和调查研究重点课题《北京古都风貌数字化保护与再现策略研究》；党外人士、建筑学院范霄鹏教授以《地区建筑—承载文化自信的基础》为题从民居的类型、民居的建构等方面介绍了大陆及台湾地区典型的民居建筑，并对实践过程中出现的问题进行了反思。发挥统战成员专业优势，服务首都社会发展。2014年12月开展了"加强文化遗产保护 促进校社合作"的调研，通过组织测绘、建筑伦理与历史保护相关专业统战成员对我校教师承担的重庆大足石刻文物修复项目的调研，进一步了解了文化遗产保护中对我校相关专业技术的需求，并与当地文物保护单位探讨了如何更好地发挥专业优势服务地方的合作模式。民盟盟员秦红岭教授作为第十四届人大代表认真履职。在2014年市人大会议期间，秦红岭教授提出了《增加河北燕郊到北京的公交车次和线路的建议》等5项提案，并在闭会期间，与相关职能部门沟通，积极落实，五个提案均得到了办理部门较为详尽的书面说明和办理报告。在闭会期间，她还充分发挥自身专业方面的优势，参加了六次北京市各级法院和检察院的相关活动。作为第六届北京法院特邀监督员，监督了三项案件的审理工作。作为市人大代表，她还参加了2014年6月份市人大常委会主任杜德印主持的《北京市深化文化体制改革实施意见》征求意见座谈会。2014年11月，就市委常委班子、市政府党组成员在教育实践活动整改方案落实情况和深化作风建设方面，提出了较详尽的书面意见建议，并反馈至市委组织部组织指导处。2014年12月，党委统战部举办了第四期统战沙龙，为人大代表了解民意、提出议案搭建沟通平台。针对地铁涨价、停车难、高速公路收费、女教授55岁退休、保障非机动车通行等与老百姓日常生活密切相关的问题，与会人员提出了一些解决措施。

2014年北建大民盟支部荣获"民盟北京市委先进基层组织"称号。多位党外人士在"心桥工程"主题活动中发挥了积极作用，取得了优异成绩。民盟盟员秦红岭教授获得"全国优秀教师"荣誉称号。党外代表人士高岩获得"新世纪优秀人才支持计划"（2014年1月-2016年12月）。民盟盟员、副主任医师张复兵获民盟市委"社会服务工作先进个人"荣誉称号。民盟盟员季节教授荣获第一届北京公路青年科技奖。民盟盟员赵希岗副教授的作品《中国故事》在第二届世界华人美术书法展中获得最高奖——佳作奖。

（孙　强　孙冬梅）

四、纪检监察工作

（一）概况

2014年纪检监察工作认真贯彻党的十八大、十八届四中全会和中央纪委十八届四次全会精神，全面落实教育部、北京教育系统反腐倡廉建设各项部署，围绕中心，服务大局，突出一条主线，以落实党风廉政建设责任制为主线；抓住两个结合，即党风廉政建设与干部队伍建设相结合，党风廉政建设与教学科研管理等业务工作相结合；构建教育、制度、监督三项工作并重的惩治和预防腐败体系，为学校改革、发展、稳定提供了坚强有力的政治保证。北京教育纪检监察简报先后2次就学校廉政文化、落实党风廉政建设责任制等方面进行了刊载。

（二）党风廉政建设责任制

【概述】认真落实党风廉政建设责任制，逐层化解责任，严格督促检查，深入推进惩防体系建设。

【召开第一次纪委全委会】2014年4月10日，中共北京建筑大学纪律检查委员会在大兴校区四合院工会会议室召开了2014年第一次纪委全委会，学校纪委委员出席会议。会上，纪委书记何志洪传达了习近平同志在十八届中纪委三次全会上的讲话精神、王岐山同志在十八届中纪委三次全会上的工作报告、市纪委十一届三次全会暨全市党风廉政建设工作会议精神，解读了《建立健全惩治和预防腐败体系2013-2017年工作规划》。会议认真审议了学校《2014年党风廉政建设及反腐败工作计划及分工》，通报了2013年纪检监察信访情况，并对2014年党风廉政建设大会相关事宜进行了研究。

【召开党风廉政建设工作大会】2014年4月16日，北京建筑大学在第二阶梯教室召开2014年党风廉政建设工作大会。校领导、全校处级干部、纪委委员、各总支纪检委员、在职教职工党支部书记、人财物重点岗位负责人、各专项经费负责人、后勤集团各中心主任、校产各企业负责人等200余人参加了大会。党委书记钱军同志作了题为《认清形势 明晰任务 严明纪律 改进作风》的廉政党课。

【召开第二次纪委全委会】2014年6月5日，中共北京建筑大学纪律检查委员会召开2014年第二次纪委全委会，讨论研究信访相关问题。

【召开第三次纪委全委会】2014年11月20日，中共北京建筑大学纪律检查委员会召开2014年第三次纪委全委会，深入学习十八届四中全会和中纪委十八届四次全会精神，研究纪委下一步工作。学校全体纪委委员出席会议。会上，纪委书记何志洪就学习贯彻党的十八届四中全会和中纪委十八届四次全会精神做了部署，领学了《中共中央关于全面推进依法治国若干重大问题的决定》和王岐山同志在中纪委十八届四次全会上的讲话，并谈了初步学习体会。纪委委员结合工作实际，纷纷发表了学习会议精神的感想和体会。会议还传达学习了学校党委书记王建中调研纪委工作时的讲话精神，并通报了近期纪检监察案件信访情况。

【召开党委常委会专题研究党风廉政建设工作】2014年12月3日，党委书记王建中主持召开北京建筑大学2014年第19次党委常委会。会议专题学习了十八届中央纪委四次全会精神，重点传达了《中共教育部党组关于深入推进高等学校惩治和预防腐败体系建设的意见》，并结合新精神、新要求的贯彻落实，专题研究了学校党风廉政建设工作。会议听取了纪委副书记、监察处处长彭磊关于学校党风廉政建设责任制落实情况以及迎接市委教育工委、市教委2014年北京高校党风廉政建设责任制专项检查的准备工作汇报，并就学校党风廉政建设工作进行了交流研讨。会议认为，近年来学校党委始终高度重视党风廉政建设工作，学校党风廉政建设工作制度健全、体系完整、工作规范、整体风气良好，为下一步推进党风廉政建设工作打下了坚实的基础。

【检查各部门落实党风廉政建设责任制落实情况】 2014年12月9-18日，北京建筑大学成立了由校领导、党委委员为组长，纪委委员、部分职能部门负责人及相关人员为成员的8个党风廉政建设责任制检查工作组，对全校共38个部门、单位落实党风廉政建设责任制情况进行了现场检查。各职能部门处级干部、科长参加了本部门检查汇报会；各单位班子成员、二级单位党委（党总支、直属党支部）委员、教工党支部书记、教代会代表参加了本单位检查汇报会。在各部门、各单位前期全面自查的基础上，检查组通过听取汇报、查阅有关文件资料以及座谈交流等方式，重点检查了贯彻落实上级及学校党委关于党风廉政建设部署要求，坚持、巩固和深化中央八项规定精神和市委十五条实施意见，开展廉政风险防控管理，深化廉政风险防控"三个体系"建设，对科研项目、科研经费、科研行为加强管理和规范，开展党务公开、校务公开工作等五个方面的情况。

【召开第四次纪委全委会】 2014年12月12日，中共北京建筑大学纪律检查委员会召开2014年第四次纪委全委会，讨论研究案件相关问题。

【市委、市委教育工委、市教委党风廉政建设责任制联合检查组到校检查党风廉政建设工作】 2014年12月30-31日，市委党风廉政建设责任制检查组，市委教育工委、市教委党风廉政建设责任制检查组联合到北京建筑大学检查党风廉政建设责任制落实情况。市委检查组组长由市预防腐败局副局长张岚担任，成员包括市纪委预防腐败二室主任李固，市纪委办公厅副主任杨威，驻市科委监察处长孙茂腾，市财政局监督检查处干部杨学军，市审计局金融审计处干部张力维，市纪委预防腐败二室干部亓胜元、侯鹏志。市委教育工委、市教委检查组组长由市委教育工委副书记郑萼，首都经济贸易大学纪委书记杨世忠担任，成员包括北京工业大学纪委书记冯虹，北京城市学院纪委书记曹世平，市教育纪工委干部谢金松，首都经济贸易大学审计处刘红梅。2014年12月30日，联合检查组通过召开座谈会、个别谈话、检查财务账目、查阅资料等方式，对学校落实党风廉政建设主体责任和监督责任情况进行了实地检查，并对学校落实"两个责任"的情况进行量化打分，学校最终获得了91分的高分。2014年12月31日，联合检查组召开落实党风廉政建设责任制情况汇报会，听取了党委书记、校长、纪委书记对落实党风廉政建设"两个责任"情况的汇报。在听取相关汇报后，市委检查组组长张岚作了重要讲话，对学校党委落实主体责任、纪委落实监督责任的情况给予了充分肯定。同时，张岚副局长结合学习贯彻党的十八大、十八届四中全会精神和习近平总书记系列重要讲话精神，进一步对全面推进党风廉政建设"两个责任"的落实提出了具体要求。

【践行监督执纪"四种形态"】 中共北京建筑大学纪律检查委员会坚持抓早抓小、防微杜渐，加强日常监管，切实抓苗头、管小节、纠小错，使党员干部知敬畏、存戒惧、奔高线。2014年纪委负责人同下级党政主要负责人谈话36人次，诫勉谈话7人次，领导干部述职述廉100人次。

（三）宣传教育

【概述】 党委将反腐倡廉宣传教育纳入学校宣传教育工作的整体部署，强化各部门各单位的党风廉政宣传教育责任。初步形成了党委统一领导，纪委组织协调，部门各负其责的"大宣教"格局。

【设立"廉政文化书架"】 2014年2月25日下午，北京建筑大学在图书馆二层举行"廉政文化书架"开架仪式。纪委书记何志洪，纪委（监察处）、审计处、图书馆等单位负责人及相关人员参加了开架仪式。"廉政文化书架"的设立是为了进一步加强我校廉政文化建设，营造"以廉为荣、以贪为耻"的校园廉政文化氛围，为全校党员干部广大师生提供一个学习廉政知识、接受廉政教育、强化监督意识的良好平台。在前期梳理图书馆现有廉政文化书籍情况的基础上，纪委（监察处）、审计处与图书馆又共同研究书目、选购了部分廉政文化图书，对现有的廉政文化书籍进行补充完善。上架的廉政文化书籍内容涉及反腐倡廉理论、廉洁文化教程、党的政策法规、违纪违法案例剖析、廉政小说以及廉吏传等勤政廉洁方面的图书200余册。

【举办"高等教育领域职务犯罪警示教育展"】2014年6月23-27日，由北京市教育纪工委、首都教育廉政研究中心主办，北京建筑大学纪委承办的"高等教育领域职务犯罪警示教育展"在我校教学1号楼前和大学生活动中心进行展出。此次警示教育展精选全国高校发生的35件典型犯罪案例，涉及高校科研经费、基建项目、招生录取、物资采购、财务管理、校办企业、学术诚信等七个腐败高发领域，旨在以案说法、以案明纪，进一步加强学校党风廉政建设，促进广大党员干部和教职员工廉洁自律、廉洁从政、廉洁从教，推进廉政文化进校园，建设廉洁和谐的校园。巡展期间，学校领导班子集中参观了警示教育展，各党总支（直属党支部）分别组织师生员工前往参观。

【举办"预防高等教育领域职务犯罪"专题廉政报告】2014年10月14日，北京建筑大学在第二阶梯教室举办了"预防高等教育领域职务犯罪"专题廉政报告。海淀区人民检察院职务犯罪预防处处长王燕同志作了题为《永葆清廉本色 争做廉洁教育人》的报告。校领导、纪委委员、处级干部、党总支纪检委员、教工党支部书记、科级干部及校办企业负责人、后勤集团各中心主任等170多人参加了报告会。

（四）制度建设

【概述】高度重视制度建设工作，对现有的规章制度进行系统清理，认真做好"废、改、立"工作。

【编印《北京建筑大学纪检监察工作文件汇编》（2014年版）】结合学校规章制度清理工作，对已有的党风廉政建设方面的规章制度进行系统清理，梳理出28项上级和学校党风廉政方面的制度，并于2014年4月编印下发了《北京建筑大学纪检监察工作文件汇编（2014年版）》。

（五）监督工作

【概述】北京建筑大学将招生、教育收费等纳入预防腐败体系重要内容，找准容易滋生腐败的关键环节，切实把好源头关，最大限度将腐败现象消灭在萌芽状态。

【招生监察】2014年7月7日，北京建筑大学成立招生监察办公室，成员由学校纪检监察干部、特邀监察员等相关人员组成。招生监察办公室为非常设机构，在学校招生领导小组的领导下，具体实施对学校招生录取的监督工作。招生监察办公室认真了解掌握2014年的招生的新情况，特别是平行志愿投档录取政策和学校一批新增录取专业的情况，在招生全过程工作中做到到位不越位，监察处与招就处相互配合，继续坚持"在参与中监督，在监督中服务"的原则，积极营造健康的招生工作氛围。

【春季教育收费检查】2014年4月8日，北京建筑大学下发《关于开展2014年春季教育收费检查工作的通知》，对学工部（处）、研究生部（处）、保卫部（处）、教务处、招就处、财务处、资后处、计信部、图书馆、继续教育学院、国际教育学院、后勤集团等单位进行春季教育收费检查。在各单位自查的基础上开展的，监察处根据各单位自查和学校抽查情况，形成学校自查报告报北京市教育收费治理办公室。

【秋季教育收费检查】2014年9月11日，北京建筑大学下发《关于开展2014年秋季教育收费自查工作的通知》，对财务处、教务处、研究生处（部）、招生与就业处、继续教育学院、国际教育学院、学工部、后勤集团、资产与后勤管理处、图书馆、保卫部及九院二部等单位进行秋季教育收费检查。在各单位自查的基础上开展的，监察处根据各单位自查和学校抽查情况，形成学校自查报告报北京市教育收费治理办公室。

（六）案件信访工作

【信访工作】2014年，北京建筑大学纪委接到（转来）来信来访3件，没有出现越级上访和重访。纪委就来信来访反映的问题进行了认真的调查与核实；同时，对内容不属实的信访件做出实事求是的调查结论，保护了当事人的合法权益。

【案件工作】纪委依纪依规加大查办案件工作力度，严格按照案件检查和案件审理的有关规定，坚持事实清楚、证据确凿、定性准确、处理恰当、手续完备，并做好协审工作，确保办案质量。2014年，北京建筑大学纪委调查审理的案件1件，已办结。学校给予违纪当事人党内严重警告处分，并收缴其违纪所得。

（关海琳　高春花）

五、工会、教代会工作

（一）概况

2014年，校工会深入贯彻落实党的十八届三中、四中全会和习近平总书记系列讲话精神，紧紧围绕和服务于学校的根本任务和中心工作，坚持促进学校发展与维护教职工权益相统一的维权原则，在促进和谐校园建设中发挥了凝心聚力的作用。

（二）民主管理工作

【召开第七届教代会（工代会）第二次会议】2014年4月22日，北京建筑大学第七届教代会（工代会）第二次会议在西城校区第二阶梯教室隆重召开，115名教代会（工代会）正式代表及20名列席代表出席会议。大会由纪委书记、工会、教代会主席何志洪主持。4月29日，第七届教代会（工代会）第二次会议第二阶段专题培训在第二阶梯教室举行。培训邀请北京市教育工会主席史利国向与会人员作了题为"落实党的群众路线，创新开展工会工作"的辅导报告。第七届教代会（工代会）代表、教代会各专门工作委员会委员、分工会委员及工会小组长近150人参加了培训。

【校务公开民主管理工作检查调研】2014年6月12日，按照北京市厂务公开协调小组2014年的工作部署，北京市教育工会常务副主席刘欢、教委办公室副调研员刘转林、市教委高教处干部赵晓琳、市住建委干部宋立波一行莅临我校，对我校务公开民主管理工作进行检查调研。

【开展二级单位民主管理测评】2014年6月，组织二级单位教职工对本单位2013/2014学年民主管理工作进行测评，内容包括二级教职工（代表）大会发挥作用情况、党政领导支持分工会工作情况以及院务公开执行情况。

（三）教师发展工作

【举办青年教师暑期实训活动】2014年7月12-18日，由校纪委书记、工会、教代会主席何志洪带队，学校教师发展项目组（校工会、教务处、人事处、学工部）联合组织25名青年教师及学生辅导员赴贵阳、石阡开展了教师发展暑期实训活动。

【组织教师参加"北京青教沙龙"】2014年9月11日，组织青年教师代表参加了北京市教育工会举办的"北京青教沙龙"活动。

【举办"教练型老师"培训班】2014年10月24-26日，校工会、教务处、人事处联合组织工会干部及青年骨干教师50余名老师举办了"教练型"老师培训班。

【组织"教师能力提升"午间沙龙活动】2014年11月18日、21日，由教师发展项目组组织的"教师能力提升"午间沙龙活动分别在两校区教工之家举行。来自10个分工会的40余位教学基本功大赛候选人和青年教师参加了活动。

【举办"2014年青年教师研究素质与能力培训交流会"】2014年12月5-6日，校工会、科技处、人事处联合举办"2014年青年教师研究素质与能力培训交流会"，我校50余位青年教师代表参加了交流会。交流会围绕我校青年教师在科研活动中普遍面临的高水平学术论文撰写与发表、科研团队组织与管理、国家级科研课题申报、科技奖励成果凝练与申报等一系列共性问题展开讨论。

【组织"教职工现状与发展需求"调研活动】2014年12月，校工会面向青年教师及管理人员开展了"教职工现状与发展需求"调研活动。

（四）文化体育工作

【举办"健康工作 幸福生活"健康沙龙】2014年1月7日，由校工会、机关分工会联合举办的"健康工作 幸福生活"健康沙龙在大兴校区教工之家举行。沙龙活动以"五分钟穴位按摩 缓解病痛"为题，医务室大夫配合现场穴位按摩，针对一些常见疾病进行了讲解。

【举办"品味女人 花样师生"——"三八节"主题定制活动】2014年3月7日，由校工会、女工委员会联合举办的"品味女人 花样师生"——"三八节"主题定制活动在西城校区教工之家举行。纪委书记、工会、教代会主席何志洪出席活动并代表学校向女教职工表达了节日问候，活动由校工会常务副主席刘艳华主持。活动由我校电信学院大三学生李博文同学教老师们制作手工毛线花。

【举办"做健康使者 享健康人生"专题培训活动】2014年4月15日，校工会先后在两校区教工之家举办了"做健康使者 享健康人生"专题培训活动，来自各分工会的工会小组长参加了培训。校医务室副主任张复兵大夫围绕"健康的影响因素"、"健康的四大基石"、"合理膳食"、"霾天气个人防护"等老师们普遍关心的问题做了健康知识普及讲座。

【开展"植树造绿 美化校园"活动】2014年4月18日，校工会组织50位教职工赴大兴校区开展"植树造绿 美化校园"活动。

【开展"咱家午茶"系列活动】2014年5月13日，"咱家午茶"系列活动在大兴校区四合院教工之家举办第一期活动。纪委书记、工会、教代会主席何志洪与老师们交流畅谈，来校交流的外国友人也慕名而来。6月13日，"咱家午茶"活动，党委书记钱军、纪委书记、工会、教代会主席何志洪、副校长张大玉来到教工之家，与老师们亲切交流，度过了快乐的午茶时光。建筑学院总支书记、分工会主席牛磊作了题为"问题决定答案"——

"教练型"工会干部主题培训。6月24日,"咱家午茶"——"你好,情绪"活动在大兴校区四合院教工之家如期举行。10月21日,校工会和建筑学院分工会联合在西城校区教工之家举办"咱家午茶"之父母课堂。活动邀请幼儿园园长张珊珊老师针对教职工子女面临的相关问题做了关于"如何提升宝宝的社交能力"专题讲座。11月4日,咱家午茶"建大家庭医生陪您聊天"活动在大兴校区四合院教工之家茶室如期举行。

【举办大兴校区"彩色走"活动】2014年5月15日,由校工会主办、计信部分工会承办的北京建筑大学"大兴校区彩色走(The Color Walk)"活动如期举行。纪委书记、工会、教代会主席何志洪、党委副书记张启鸿参加了活动,来自大兴校区管委会及机关处室、计信部、理学院、经管学院、文法学院、环能学院、机电学院、图书馆等各个分工会近百名教职工参加。

【与北京工业职业技术学院教工羽毛球协会交流】2014年5月15日,北京工业职业技术学院工会常务副主席王艳红带领教工羽毛球协会成员一行13人来到大兴校区与我校教工羽毛球协会进行了交流。

【举办"科学饮食 健康生活"讲座】2014年5月20日,由校工会主办、经管学院分工会承办的"科学饮食 健康生活"主题讲座在大兴校区基础楼D座118教室举行。讲座邀请了著名营养专家、中国农业大学食品学院营养与食品安全系范志红教授为广大师生做"科学饮食 健康生活"主题讲座。

【举办"大兴校区教职工乒乓球比赛"】2014年6月17日,由校工会主办、理学院分工会承办的"大兴校区教职工乒乓球比赛"在大兴校区体育楼举办。

【开展暑期休养活动】2014年8月25-29日,组织部分2014年教学优秀奖获奖教师、机关2012-2013学年考核优秀人员及2014年9月-2015年8月即将退休教职工近30人开展了暑期平谷休养活动。

【教工棋牌协会参加北京市首届"协会杯"扑克牌"双升"联赛】2014年9月22日,北京市首届"协会杯"扑克牌"双升"联赛高校组比赛在首都体育学院拉开帷幕。我校教工棋牌协会9名队员到场参赛。本次比赛采用定级轮庄赛制,我校代表队顺利赢得首轮比赛,成功晋级北京市高校组12强。

【举办第十三届教职工运动会】2014年10月28日,北京建筑大学第十三届教职工运动会在西城校区田径场举行。党委书记王建中,校长朱光,纪委书记、工会、教代会主席何志洪,副校长张大玉亲临现场并为团体项目获奖单位颁奖,600位教职工到场参赛。运动会进行了跳长绳、同舟共济、众星捧月等团体项目以及沙包掷准、快乐门球、趣味快走等个人项目。

【举办"解读宝宝敏感期之社交篇"亲子讲座】2014年12月13日,由校工会主办、建大宝贝亲子社团承办的"解读宝宝敏感期之社交篇"亲子讲座在大兴校区四合院举办,近20位教职工及家属参加了活动。

【举办"建大宝贝RuningBaby"亲子活动】2014年12月21日,由校工会主办、建大宝贝亲子社团承办的"建大宝贝RuningBaby"亲子活动在大兴校区基C401举办。校工会常务副主席刘艳华老师出席并讲话,30多名青年教师的宝宝在家长的陪同下参加活动。

【举办主题休养系列活动】2014年,面向全校教职工举办了五期以文化演出、亲子家庭等为主题的休养活动,内容包括31场文化演出,有1625位教职工及家属参加了活动。

（五）送温暖工作

【春节前夕看望慰问劳模和先进工作者】2014年1月10日、15日，纪委书记、工会、教代会主席何志洪、校工会常务副主席刘艳华、离退休工作办公室主任王京梅看望慰问我校5位已退休的省部级劳模和北京市先进工作者。

【三八节慰问】2014年3月7日，向全校459位女教职工进行了"三八节"慰问。

【办理职工互助保障计划参保续保手续】2014年4月，校工会为全校3242人次在编教职工完成了中国职工保险互助会入会手续和职工互助保障计划参保续保手续。

【组织教职工代表实地调研文兴街小学】2014年5月9日，校工会常务副主席刘艳华，教务处副处长率队，67名青年教师代表参加了文兴街小学实地调研，文兴街小学贾秋惠校长向大家介绍了目前学校的整体情况，带领大家参观了教室、科技走廊等校园特色景观，文兴街小学领导班子成员与到场老师进行了互动交流。

【六一节慰问】2014年6月1日，向384名教职工14岁以下子女进行了"六一节"慰问。

【组织2014年入学困难教职工子女入学指标抽签工作】2014年6月10日，校工会在西城校区教工之家组织进行了2014年入学困难教职工子女入学指标抽签工作，来自8个分工会的13名教职工进行了现场抽签。

【组织青年教师参观黄村二幼】2014年6月26日，校工会、大兴校区管委会组织我校20名青年教师参观了大兴区黄村镇第二中心幼儿园。

【三十年教龄慰问】2014年9月11日，向22位从事教育工作满三十年的教职工颁发了北京市教育工会奖章和证书，并发放了慰问金。

【国庆前夕看望慰问劳模和先进工作者】2014年9月28日、30日，在祖国65周年华诞到来之际，纪委书记、工会、教代会主席何志洪看望慰问我校6位已退休的全国劳模、省部级劳模和北京市先进工作者。

【为属马教职工举办集体生日会】2014年10月10日，由校工会、女工委员会联合组织的属马教职工集体生日会在西城校区学宜宾馆报告厅举行。纪委书记、工会教代会主席何志洪出席生日会。来自各单位的50多位属马教职工和分工会主席欢聚一堂，度过了一次简朴却难忘的集体复诞礼。

【组织"冬衣送暖"募捐活动】2014年11月，校工会启动了首都教职工爱心基金捐款及为贫困地区、困难群众"冬衣送暖"募捐活动。首都教职工爱心基金捐款共计17410元，已交至北京市温暖基金会；"冬衣送暖"活动教职工所捐棉被、棉衣、毛衣等御寒衣物共计388件，已全部送往西城区展览路街道办事处。

【慰问单身教职工】2014年12月12日，向113位单身教职工进行了慰问。

【元旦、春节慰问】2014年12月22日，向1022位教职工进行了"元旦、春节"慰问。

【发放工作小秘书】2014年12月22日，向全校1022位教职工发放了以"高效工作 幸福生活"为主题的2015年工作小秘书。

【面向困难教职工开展送温暖活动】2014年，校工会面向患病教职工及家属开展送温暖活动，经过教职工申请，分工会公示上报、校福利工作小组讨论，校务公开栏公示，给予11位教职工送温暖慰问金15200元。

（六）建家工作

【举办工会干部文化素养提升培训】2014年11月20日，校工会组织部分分工会主席及副主席进行了文化素养提升培训，内容包括参观北京宣南文化博物馆以及为分工会教工之家现采图书活动。

【举办2014年分工会及工会小组评审验收会】 2014年12月8日，"2014年分工会及工会小组评审验收会"在大兴校区机电学院分工会教工之家举办，各分工会主席就2013-2014年分工会工作开展情况进行了汇报，申报"先进工会小组"的小组长就近两年工会小组活动开展情况进行了答辩。

【工会系统获奖情况】 2014年，校工会获北京市教育工会"2014年特色工作奖"及"2014年综合考评奖"，被评为"2014年经审工作规范化建设考核优秀单位"、"2014年度工会财务竞赛先进单位"及"2014年度财务工作规范化建设考核先进单位"；图书馆分工会被北京市教育工会评为"北京市先进教职工小家"；建筑学院分工会欧阳文同志、体育部胡德刚同志被中共北京市委教育工作委员会、北京市教育委员会、中国教育工会北京市委员会评为"2014年北京市师德先进个人"；机关分工会孙冬梅同志获北京市教育工会"工会工作突出贡献奖"、张瑶宁同志被北京市教育工会评为"2013年优秀工会工作者"。

（张瑶宁　张素芳）

六、学生工作

（一）概况

【概述】 2014年，学生工作部（处）在市教工委、教委和校党委、行政的坚强领导下，以社会主义核心价值体系为引领，以立德树人为根本任务，着力提升服务和思想引领能力，全面推进、突出重点，破解难题、增强实效，探索创新、打造品牌，着眼于学生的成长成才，不断提高工作的科学性和实效性，扎实开展各项工作。

一是坚持以学习宣传党的十八大精神为重点，突出思想引领，提高大学生思想道德教育的实效性。将社会主义核心价值体系融入学生思想教育，加强学生思想政治教育。依托红色"1+1"活动，大力加强学生党建工作。结合学校重大活动深入开展学生思想教育和管理工作，注重引导学生在重大事件和活动中培养学生的综合素质。

二是坚持以服务学生成长发展为中心，进一步强化大学生思想政治教育工作效果。切实实施新生引航工程，逐步提升学风建设。实施"三级网络"心理健康服务体系，建设积极心理学视角下的团体辅导式心理健康教育体系，稳步推进心理素质教育工作。完善学生资助服务体系，助力学生成长。2014年共发放国家助学金共367.33万元，覆盖所有家庭经济困难学生。发放学生临时困难补贴80余人次，5万余元，发放其他补贴25万余元。设立勤工助学岗位和研究生三助岗位，全年支出费用40万元。协助银行完成助学贷款，共发放6笔，3.6万元。办理生源地贷款254笔，153.265万元。深化住宿学生教育管理，加强学生文明养成教育。组织"宿舍文化节"开展文明宿舍建设与评比等活动，共评选出10间校级"文明标兵宿舍"。组织开展公寓文化建设活动，丰富学生住宿生活。

三是夯实大学生思想政治工作基础，不断推进工作的专业化科学化。组织辅导员参加各类校内外培训。推进辅导员交流与研究工作，举办辅导员深度辅导专题论坛、思德论坛等交流活动8次。不断提高大学生思想政治教育课题研究水平，加强对工作中热点难点问题的研究，加强课题成果交流和转化，以高水平研究成果推动工作科学发展。我校学生工作系统教师共计6项课题中标2014年度首都大学生思想政治教育课题。在2014年全国高校学生工作优秀学术成果评选中，多项辅导员论文、研究报告获奖。

（二）学生党建

【概述】学校高度重视学生党建工作，开展了毕业生党员大会、集中教育等活动。与组织部联合开展学生党员先锋工程，成立工作领导小组，制定了工作实施计划，制定并落实了理论学习导师制度、"一对一"帮扶困难学生、朋辈辅导员帮扶、党员宿舍挂牌、学生党支部联系班集体等有关制度，对各学院的学生党员先锋工程进行了中期检查。红色1+1活动有突破，学校切实加强学生党支部建设。按照教工委要求，举办了红色"1+1"等形式多样、主题鲜明的教育活动，坚持不懈地用马克思主义中国化最新成果武装学生头脑，2014年，组织200多名学生党员参加北京高校红色1+1活动，并推选9个支部参加了全校红色"1+1"活动评选和总结活动。经过精心策划、认真筹备，在北京高校红色"1+1"示范活动评选中荣获三等奖。党员先锋工程取得成效。

【在北京高校红色"1+1"示范活动评选中获佳绩】3月12日，由北京市教工委主办的2013年北京高校红色"1+1"示范活动评选已于近期全部揭晓。北京建筑大学测绘学院本科生党支部荣获北京高校红色"1+1"示范活动二等奖，建筑学院本科生第一党支部、环能学院本科生第三党支部以及经管学院本科生第三党支部分别荣获北京高校红色"1+1"示范活动优秀奖。

【举行2014年优秀学生党员答辩评选会】4月18日，举行了优秀学生党员答辩评选会。组织部、宣传部、学生工作部、研工部、团委等相关部门负责人以及各学院党总支副书记、辅导员老师出席并担任本次答辩评选会的评委。会上，各学院推荐的12名优秀学生党员参加了答辩评选。选手们通过PPT的方式展示了大学学习、思想、生活中的先进事迹和优异成绩，并和与会人员一同分享了他们学习和工作中的点滴经历。在答辩环节中，选手们针对评委所提的问题，结合自身经历，表达了自己新颖独到的见解，向评委显示了良好的综合素质。

【举行2014届毕业生党员大会】7月3日下午，北京建筑大学在第二阶梯教室隆重举行了2014届毕业生党员大会。党委副书记张启鸿、学生工作部部长黄尚荣、组织部副部长赵海云、研工部副部长李云山、招就处副处长朱俊玲、北京建筑大学校友、原土038班学生刘鑫出席了大会。参加大会的还有有关学院党总支副书记、党支部书记、学生辅导员和全体2014届毕业生党员300余人。全体党员重温了入党誓词，使全体毕业生党员的思想再一次得到了升华。原土木学院学生会副主席、土038班班长，现在北京住总集团有限责任公司党委组织部工作的刘鑫应邀给毕业生党员做了生动、精彩的报告。环能学院暖101班寇展通、市政研11班刘然彬同学分别代表本科生和研究生毕业生党员上台发言。最后，党委副书记张启鸿作了重要讲话。

【开展学生党员先锋工程中期检查】10月下旬，校党委开展了学生党员先锋工程中期检查工作。校党委高度重视本次中期检查工作，专门成立学生党员先锋工程中期检查小组，校党委副书记张启鸿、党委常委张素芳担任组长，成员包括学生工作部、组织部、研工部等相关职能部门负责人，采取到二级学院进行走访的检查方式，与二级学院党委书记、副书记、学生党支部书记、组织员、理论导师代表、学生党支部委员代表等当面交流。检查组听取各学院党委汇报，听取学生党支部书记、理论导师和学生党员畅谈开展活动的体会，查阅相关材料，进行点评。通过走访检查，总结好经验、好做法，发现工作亮点与特色，查找存在的问题，明确今后的努力方向。

【在北京高校红色"1＋1"示范活动评选中再获佳绩】12月31日，北京市委教育工委公布2014年北京高校红色"1＋1"示范活动结果，北京建筑大学共有7项学生党支部红色"1＋1"活动项目成果荣获嘉奖，其中两项荣获三等奖，五项荣获优秀奖。分别是：测绘学院本科生第一党支部、交通与道桥工程研究生党支部分别荣获北京高校红色"1＋1"活动示范活动三等奖；建筑学院建研13级党支部、环能学院市政研究生党支部、文法学院本科生第一党支部、经管学院本科生第一和三党支部、电信学院第一党支部分别荣获北京高校红色"1＋1"示范活动优秀奖。

北京建筑大学2014年北京高校红色"1＋1"示范活动获奖情况一览表

序号	所在学院	获奖学生党支部名称	获奖情况
1	测绘学院	测绘学院本科生第一党支部	三等奖
2	土木学院	交通与道桥工程研究生党支部	三等奖
3	经管学院	本科生第一和三党支部	优秀奖
4	电信学院	本科生第一党支部	优秀奖
5	文法学院	本科生第一党支部	优秀奖
6	建筑学院	建研2013级党支部	优秀奖
7	环能学院	市政研究生党支部	优秀奖

（三）思想政治教育工作

【概述】学校高度重视大学生思想政治教育工作，多渠道、立体化、全方位加强思想教育工作。2014年，我校共有600余名学生积极报名志愿献血。发挥先进典型示范作用。将德育工作与学生成长成才紧密结合，广泛宣传优秀学生代表，如优秀毕业生、退伍好士兵、学习好学子、献血热心人等等事迹和先进典型，以学生身边的事感染、带动学生成长，创新品德教育新模式，进而促进大学生综合素质的全面发展。加强新生引航工作，荣获第三届首都大学生思想政治教育工作实效奖优秀奖。

【党委副书记张启鸿带队到各二级学院调研学生工作】1月13日，党委副书记张启鸿带队于1月8-10日走访各二级学院开展学生工作调研，学生工作部、研工部、招就处、团委负责人参加了调研。在调研会上，各二级学院党总支副书记全面总结了本学院2013年的学生工作、亮点特色、主要成效，汇报了2014年学生工作的主要计划。学院领导班子围绕本学院学生工作的主要经验体会、面临的问题与措施计划、校院学生工作相关建议或意见等方面进行了交流。各学院高度重视学生工作，工作扎实细致，注重学生教育管理和服务相结合，工作有成效，并结合本学院实际凝练了各具特色的亮点与创新；各学院形成了领导班子重视、全员参与学生教育工作格局，在学风建设、学生党建、学生就业、研究生教育、科技活动等各项工作中充分发挥院系领导、班级导师、专业教师的作用。各有关职能部门负责人就学院提出的问题进行了解答，结合学生工作体系建设、学风建设活动、学生工作信息化建设、研究生思想教育与学科建设、招生就业、社会实践与科技活动等工作与学院领导班子进行了沟通。

【"新生引航工程"荣获第三届首都大学生思想政治教育工作实效奖优秀奖】1月14日，北京建筑大学报送的《紧密围绕一体两翼 加强新生教育管理——北京建筑大学新生引航工程》获得第三届首都大学生思想政治教育工作实效奖优秀奖。通过此次参评活动，凝练了新生教育管理的特色并总结规律，为下一步做好学生思想教育和学风建设等工作奠定基础。北京建筑大学一直以来高度重视大学生思想政治教育工作，秉承"育人为本，德育为先"的原则，贯彻"教育与管理相结合"、"教育与服务相结合"的要求，以促进大学生"人人成长 个个成才"为目标，全校上下齐抓共管、形成合力，坚持加强与改进，勇于传承和创新，推进大学生思想政治教育工作不断取得实效。

【举办2014年寒假留校学生新春联欢会】1月23日上午，农历腊月二十三小年，西城校区教工之家里欢声笑语，充满了温暖的春天气息。学校党委副书记张启鸿代表学校向寒假留校学生送上了新春佳节的祝福。学生工作部、研工部、团委、土木学院、测绘学院、机电学院有关负责人参加活动。联欢会设计了集体游戏和抽奖环节，老师和同学们进行了丰富多彩的互动节目，其乐融融。联欢会后，校党委副书记张启鸿为在校的家庭经济困难学生送上了春节慰问金，并给大家送上了新春的祝福。

【为邢正同学颁发特别奖学金】7月9日，学校为在《中国成语大会》中获得亚军的邢正同学颁发特别奖学金。校领导朱光、张启鸿，宣传部、学生工作部、经管学院、团委等部门领导，和校学生会代表出席了颁奖会。在会上，邢正同学首先表达了对母校的感谢之情，并讲述了比赛中自己努力的经过和一些赛场趣事。经管学院党总支书记张庆春认为邢正同学具备了积极上进、均衡发展、集体荣誉感强、做事扎实和热爱中国传统文化等特点，是北京建筑大学学生的优秀代表和学习榜样。

【党委书记王建中与学生骨干召开座谈交流会】10月29日晚，党委书记王建中与学校各学生组织负责人及部分学院学生干部代表在学院楼B座210召开座谈会，大兴校区管委会常务副主任冯宏岳，学生工作部部长黄尚荣，团委书记朱静，党政办副主任吴建国及校团委全体老师参加了会议。座谈会上，同学们就学习、升学、就业、宣传、文艺、志愿者、学生社团、科技创业等诸多工作的开展畅所欲言，有针对性地提出了自己的意见和建议，对工作中存在的困难和问题也进行了探讨，在座领导、老师认真倾听各位学生代表的发言。最后王书记向同学们提出了几点殷切希望。

【河北工程大学来北京建筑大学调研学生工作】11月3日，河北工程大学副校长何立新携学生工作部及部分二级学院负责人一行6人到北京建筑大学大兴校区参观调研学生工作。北京建筑大学党委常委张素芳、校学生工作部及部分相关学院的辅导员代表参加座谈交流。交流会由北京建筑大学学生工作部部长黄尚荣主持。河北工程大学领导老师们一行参观大兴校区基础教学楼区、心理素质教育中心、体育场、大学生活动中心、学生宿舍等学生活动场地与办公场所，并与师生们进行了交流。

（四）队伍建设（辅导员、班级导师）

【概述】重视队伍建设，组织辅导员参加了"北京高校辅导员专业化培训"、"首都大学生思想政治教育科研培训"、"新上岗辅导员培训"等校内外培训。推进辅导员交流与研究工作，以"思德论坛"为载体举办多场辅导员工作研讨会和深度辅导专题论坛。组织开展辅导员岗位绩效考评工作，共评出6名校级优秀辅导员。选派代表参加北京市辅导员技能大赛，并荣获一等奖。学生工作系统教师共计6项课题中标2014年度首都大学生思想政治教育课题。在2014年全国高校学生工作优秀学术成果评选中，学校辅导员申报的论文、研究报告共有二十项，其中十项成果获得奖励。

【召开2014年学生工作研讨会】1月17日，为了围绕学校人才培养做好学生教育管理工作，促进学工队伍的交流，完善北京建筑大学学生工作模式，进一步提高大学生思想政治教育工作水平，北京建筑大学召开学生工作研讨会。党委副书记张启鸿出席会议，学生工作部、研工部、招就处、团委全体人员，各二级学院党总支副书记、团总支书记、辅导员参加了会议，会议由党委副书记张启鸿主持。研讨会首先分别以主题为"如何更好地形成合力抓好学风建设以及如何加强学生工作信息化建设"、"新时期研究生思想政治教育内容、方法、途径的创新"、"如何做好学生职业生涯课程体系建设"、"如何创建有特色高水平建筑大学校园文化"进行分组讨论，各小组讨论现场气氛热烈，大家畅所欲言，为新时期加强学生工作出谋划策、集思广益。

【赴兄弟高校调研学生工作】3月20-21日，北京建筑大学党委副书记张启鸿带队学校学生工作部、研工部、招生就业处、团委和有关二级学院学生工作负责人一行赴西安交通大学、西安建筑科技大学等兄弟高校进行专题调研学生工作。本次调研受到了兄弟高校西安交通大学宫辉副书记、西安建筑科技大学邵必林副校长和兄弟高校相关部门领导同仁的友好接待。在调研过程中，兄弟高校介绍学校事业发展情况以及学生工作的总体思路与理念，详细考察了兄弟高校开展有行业特色的学生教育活动情况、在多校区办学背景下学生工作机制与体制建设、学工队伍人员能力提升、研究生思想政治教育管理、学生党建工作、就业市场开拓及大学生职业生涯与发展规划课程建设、校园文化活动开展及阵地建设等方面的情况。在调研交流环节中，大家就学生教育管理中的具体问题与兄弟高校的同仁进行了探讨与交流，并实地参观考察了兄弟高校的学生工作办公及学生活动场所。

【在2013年度全国高校学生工作优秀学术成果评选中获佳绩】3月25日，2013年全国高校学生工作优秀学术成果评选结果揭晓，此次评先活动由中国高等教育学会学生工作研究分会主办。北京建筑大学共有10项成果获奖，其中荣获一等奖2项，二等奖8项。近年来，北京建筑大学高度重视学工队伍建设，不断加强学工队伍专业化建设，组织学生工作教师紧密结合工作实际深入开展理论研究，积极推进实践探索，促进学校学生工作创新发展。

北京建筑大学荣获2013年度全国高校学生工作优秀学术成果名单

序号	获奖项目	成果形式	完成人	获奖等级
1	90后大学生挫折教育情境研究	研究报告	齐勇	一等奖
2	建筑类专业思想政治教育主体体验式教育的设计和研究	研究报告	周春、牛磊、康健、陈栋	一等奖
3	北京高校大学生"灰色技能"认同情况的现状调查报告	研究报告	贾海燕、翟伟	二等奖
4	低年级大学生学习动力的现状和对策研究	研究报告	齐勇	二等奖
5	土木类专业低年级学生主动学习能力的引导与训练模式研究	研究报告	李守玉、董军、王秉楠	二等奖
6	对高校学生奥运志愿者挫折承受力的影响分析与对策	论文	康健、丁建峰	二等奖

续表

序号	获奖项目	成果形式	完成人	获奖等级
7	团体辅导在低年级大学生职业生涯教育中的方案设计	论文	卫巍	二等奖
8	论高校学生党员发展工作中的"统筹兼顾"	论文	冯永龙、张庆春	二等奖
9	高校班主任在大学生思想政治教育中的作用探析	论文	朱静	二等奖
10	全程化职业发展之道系列丛书-低年级大学生出访录	著作	牛磊、康健、李小虎、刘艳华	二等奖

【辅导员荣获第二届北京高校辅导员职业能力大赛一等奖】4月4日上午，第二届北京高校辅导员职业能力大赛决赛在北京师范大学举办。北京市委教育工委副书记唐立军、北京市委教育工委宣教处处长王达品等领导以及各高校学生工作部部长亲临决赛现场观摩。北京建筑大学学生工作部部长黄尚荣、有关辅导员老师和部分学生代表为参赛选手康健老师现场助威。经过激烈的角逐，北京建筑大学建筑学院辅导员康健老师荣获本届比赛一等奖，并将代表北京高校辅导员参加华北地区高校辅导员职业能力大赛。

【举办辅导员思德论坛——深度辅导专题研讨】4月10日，学校在大兴校区四合院第二活动室举办了思德论坛（第二期）——深度辅导专题研讨。学校党委副书记张启鸿参加了此次活动，并对论坛的成功举办表示肯定，全体学生工作系统老师参加学习研讨。为帮助辅导员从更深层次理解当代大学生特点，更好把握深度辅导规律，本次论坛特别邀请了王新宇老师做了题为"大学生深度辅导技巧"的讲座。讲座后，进行了深度辅导案例分析，卫巍和田奔两位老师分别就自己实际工作中遇到的案例与大家进行了分享，武岚、李小虎两位老师就如何记录好深度辅导手册谈了自己的经验和体会，大家还就深度辅导中的具体问题共同进行了交流。深度辅导是辅导员工作中的重要一环，是高质量、高水平地做好大学生工作，把思想政治教育真正落到实处、取得实效的重要方法和载体，北京建筑大学将继续深入推进深度辅导工作，将学生思想政治教育引向深入。

【青年教师赴兰考调研】4月26-27日，北京建筑大学学生工作部部长黄尚荣、组织部副部长赵海云带队，与宣传部、团委、建筑学院、土木学院、文法学院、测绘学院等有关部门负责人一行10人，赴兰考开展实践育人工作调研。走访了焦裕禄干部学院、黄河东坝头乡、中州民族乐器厂、宋庄现代农业基地、焦裕禄纪念陵园、张庄村委会、卜马台等，并与兰考县、焦裕禄干部学院和东坝头乡的有关领导进行了座谈。

【召开学工系统学习贯彻习近平总书记五四重要讲话精神座谈会】5月21日上午，北京建筑大学在西城校区第一会议室召开学工系统学习贯彻习近平总书记五四重要讲话精神座谈会。校长朱光、党委副书记张启鸿出席会议并作讲话。学生工作部、研工部、团委相关人员以及各学院党总支副书记、辅导员代表、学生代表参加了本次座谈会。座谈会上，团委书记朱静、经管学院党总支副书记魏强、土木学院硕研13-3班班长孙拓同学作了发言。党委副书记张启鸿作了讲话。最后，校长朱光作了总结讲话。

【举办思德论坛】7月11日下午，学生工作部在大兴校区四合院活动室组织进行思德论坛，全体学工系统教师参加，论坛由学生工作部部长黄尚荣主持。本次论坛共分两个阶段，第一阶段为"红色1+1"主题交流。特别邀请了2012年、2013年首都"红色1+1"活动一等奖获得者，北京理工大学设计学院副院长、副书记孙飞老师做专题报告。测绘学院赵亮老师播放了北京建筑大学2013年的"红色1+1"活动"焦桐情、兰考行"。两校就进一步增进"红色1+1"的架构性、提升"红色1+1"的实效性、促进学校支部与对口支部共同受益等问题展开充分交流与探讨。今年暑期期间，高校"红色1+1"活动将全面展开。第二阶段为2013年新入职辅导员与职业指导老师对话交流。学生工作部组织了新入职辅导员的职业指导活动，为每名2013年新入职的辅导员安排了一名学工系统的"前辈"担任职业指导老师。指导老师代表土木学院党总支书记何立新、工会常务副主席刘艳华、建筑学院党总支书记牛磊一一讲话。

【举行2014级新生班级导师培训会】9月19日，北京建筑大学举行2014级新生班级导师培训会。校党委常委张素芳、学生工作部部长黄尚荣以及各二级学院党总支副书记、2014级新生班级导师以及部分辅导员代表等近50人参加了培训会。学生工作部部长黄尚荣老师首先宣读了表彰荣获2013/2014学年校级"十佳班级导师"的决定。校党委常委张素芳和学生工作部部长黄尚荣为荣获2013/2014学年校级"十佳班级导师"荣誉称号的教师颁发了证书。校党委常委张素芳作了重要讲话。北京建筑大学"十佳班级导师"代表王崇臣、刘敬远和彭丽云、经管学院党总支副书记魏强等四位老师分别作了交流发言。

【举办辅导员"思德论坛"】9月28日，学校在大兴校区四合院第二活动室举办了辅导员思德论坛，就教学艺术进行专题研讨。学校党委常委张素芳出席了此次活动，学生工作部部长黄尚荣、经管学院党总支书记张庆春、教务处副处长张艳、团委书记朱静以及二级学院党总支副书记、辅导员以及教务系统老师参加了专题研讨。本次论坛由学生工作部部长黄尚荣主持。本次论坛邀请了空军指挥学院空军大校李国强教授做了题为"大学生思想政治课——教学艺术"的专题报告。

【六项课题获2015年度首都大学生思想政治教育课题立项】11月21日，中共北京市委教育工作委员会下发《关于公布2015年度首都大学生思想政治教育课题中标结果的通知》，北京建筑大学共有六项课题分别获得一般和支持课题立项，分别为：学生工作部李梅老师主持的《突发公共事件对非民族高校少数民族学生心理影响及心理引导机制研究》（一般课题），建筑学院牛磊老师主持的《将社会主义核心价值观贯穿高校职业规划教育全过程研究》（一般课题），学生工作部冯永龙老师主持的《关于加强宿舍大学生思想政治教育阵地作用的机制整合研究》（支持课题），招就处贾海燕老师主持的《地方高校职业生涯教育"新生研讨课"设计与实践研究》（支持课题），环能学院王刚老师主持的《高校三困学生群体社会主义核心价值观教育体系研究》（支持课题），文法学院尹保红老师主持的《"反乌托邦"思潮对高校思想政治教育的影响与对策研究》（支持课题）。

（五）基层组织建设

【概述】加强班级、宿舍等基层组织和建设，将其作为开展学风建设、思政教育的和重要载体和平台，2014年1个班级荣获北京市示范班级，2个班级荣获优秀班集体，1个班级荣获"我的班级我的家"优秀奖，学校获优秀组织奖。共评选校级文明标兵宿舍9间。

【喜获北京高校"我的班级我的家"示范班集体等多项荣誉】3月3-4日，北京建筑大学在北京市委教育工委组织开展的2013年北京高校"我的班级我的家"优秀班集体创建评选活动中喜获佳绩，建筑学院建101班成绩突出获得"示范班集体"荣誉称号，环能学院给排水111班和环科112班表现优秀获得北京高校"我的班级我的家"优秀班集体荣誉称号。

【举行校级文明标兵宿舍现场评比活动】 6月10日，北京建筑大学大兴校区举行校级文明标兵现场评比活动。大兴校区管委会、学生工作部、学生公寓中心负责人、有关学院学生工作教师担任评委。经过激烈比拼，最终4个宿舍获得入围奖，9个宿舍获得校级文明标兵宿舍荣誉称号。

校级文明标兵宿舍入围奖（4个宿舍）	5号楼328宿舍（土木学院土128班）、4号楼306宿舍（电信学院计121班）
	2号楼327宿舍（经管学院公管111班）、4号楼635宿舍（经管学院商122班）
校级文明标兵宿舍（9个宿舍）	2号楼136宿舍（土木学院材131班）、2号楼213宿舍（环能学院暖131、132班）
	3号楼225宿舍（电信学院电132班）、1号楼411宿舍（经管学院管132班）
	2号楼633宿舍（测绘学院地131班）、5号楼532宿舍（机电学院车121班）
	1号楼534宿舍（机电学院机131班）、4号楼225宿舍（文法学院社131班）
	5号楼829宿舍（文法学院社121班）

【在北京高校"我的班级我的家"优秀班集体创建评选活动中获佳绩】 12月25日，由市委教育工委主办的2014年北京高校"我的班级我的家"优秀班集体创建评选活动中，北京建筑大学经管学院营132班荣获北京高校"我的班级我的家"优秀班集体创建评选活动"优秀示范班集体"荣誉称号，北京建筑大学荣获北京市高校"我的班级我的家"优秀班集体创建评选活动"优秀组织奖"。

（六）学风建设

【概述】 学风建设是重点，学生工作部牵头组织开展了加强学风建设的各项具体活动，深入落实推进学风建设的各项具体要求，继续在学生公寓实行限时上网，引导学生形成良好的学习、生活习惯；开展早晚自习活动并组织日常检查，联合教务处、文法学院、理学院组织任课教师参加学生自习活动；开展学生党员与学习困难学生帮扶活动，帮助学困学生跟上班级；推进高低年级交流活动，促进朋辈辅导深入开展；举行奖学金颁奖大会暨2014年青年学生发展论坛；设置课堂手机收纳袋；进行优良学风班、优良学风宿舍评比活动的动员与宣传，用集体目标带动个人；开展考风专题教育，组织全体新生签署考试诚信承诺书；各学院结合本学院实际制定与落实了加强学风建设的多项举措，具体组织了形式多样、内容丰富、衔接紧密、特色突出、注重实效的学风建设活动。

【举行奖学金颁奖大会暨2014年青年学生发展论坛】 4月15日下午，北京建筑大学奖学金颁奖大会暨青年学生发展论坛在大兴校区隆重举行，校党委副书记张启鸿、副校长张大玉出席，教务处、大兴校区管委会、学生工作部、招就处及各学院负责人、辅导员、班级导师代表、获奖学生代表参加大会。颁奖会上，副校长张大玉宣读了关于颁发2012/2013学年国家奖学金、2012/2013学年国家励志奖学金和2012/2013学年奖学金的决定。获得国家奖学金的16位同学，以及获得国家励志奖学金、综合奖学金的学生代表分别上台领奖。校党委副书记张启鸿做了总结讲话。随后举行的青年学生发展论坛特邀请北京建筑大学建筑设计艺术研究中心主任王昀教授做专题报告。

【大兴校区"优良学风班十佳班级"揭晓】4月22日下午，2013/2014学年大兴校区优良学风班中期检查十佳班级评选答辩会在模拟法庭举行，15个候选班级一一精彩亮相，角逐"十佳"这一荣誉。文法学院副院长刘国朝、环能学院党总支副书记黄琇、电信学院党总支副书记武岚、经管学院党总支副书记魏强、理学院党总支副书记郝迈、学生工作部副部长冯永龙及有关学院的学生工作教师参加评选会并出任评委。经过评委老师的综合评定，最终土木学院土124班、土128班、环能学院水131班、电信学院计131班、经管学院公管111班、营132班、测绘学院地121班、机电学院车131班、文法学院法111班、理学院信111班等十个班级被评为大兴校区优良学风班中期检查十佳班级。

【举行优良学风班中期检查表彰宣讲会】4月29日下午，北京建筑大学在大兴校区举行优良学风班中期检查表彰宣讲会。有关学院负责人、学生工作教师、校区各班级班长、学习委员参加会议，会议由学生工作部副部长冯永龙主持。会议对评选出的31个早晚自习优秀班级、19个优良学风班中期检查优秀班级和10个优良学风班中期检查十佳班级进行了表彰。会上，水131班覃紫琪同学、土124班陆泉同学、公管111班魏庆同学作为"十佳班级"代表分别发言，介绍班级经验。上学期高数期末考试满分获得者代表——实验131班傅志颖同学、英语四级高分通过者——社121班李天予同学，分别就学习目标和方法、数学和英语学习、四级备考介绍了经验和心得体会。文法学院副院长刘国朝作为主抓课程教师代表做了发言。

【课堂设置手机收纳袋】5月12日，一、二年级各班的教室前面都挂起了一个新物件——手机收纳袋，各班长向全体同学宣读了学院关于"文明课堂，拒绝手机"的倡议书，他们还细心地把每位同学的学号写在手机袋上，鼓励大家上课前将手机静音后放入收纳袋中。这是一项由电信学院团总支学生会发起的活动，旨在倡导大家合理使用手机，减少手机对课堂的影响，提高同学们课堂听讲的效率。

（七）学生资助与勤工助学

【概述】在学生资助与勤工俭学工作中，注重物质支撑和精神引导"两个层面"，给学生成长提供有力支持。一方面，把国家和学校的五项主要资助政策——"奖、贷、助、减、免"进行整合，优化配置资助资源；另一方面，针对家庭经济困难学生的思想发展状况，分别进行"感恩"、"诚信"、"成才"等主题指导，帮助他们在不同的发展阶段接受不同的成长教育。

【学生资助】学生工作部严格按照教委关于家庭经济困难学生的认定标准，对全校家庭经济困难生进行了登记、审核和认定，确定1137名同学为2014/2015学年家庭经济困难学生。2014年共发放国家助学金共367.33万元，覆盖所有家庭经济困难学生。发放学生临时困难补贴80余人次，5万余元，发放其他补贴25万余元。协助银行完成助学贷款，共发放6笔，3.6万元。办理生源地贷款254笔，153.265万元。

【勤工俭学】学生工作部坚持资助与能力提升双向发展，全校共设置勤工助学岗位280多个，全年支出费用40万元。

【少数民族】认真落实对少数民族学生的各项资助政策，关心他们的学习生活，切实解决实际问题。组织开展少数民族学生传统节日联欢和集体参观、座谈交流会等活动，帮助少数民族学生更好地适应与融入大学生活，关注心理、经济、学业等方面困难学生群体，开展针对性的帮扶活动。

（八）国防教育

【概述】在全体学生中开展广泛的国防教育，圆满完成2014级本科新生校内军训工作和军事理论课教学工作，加大征兵宣传力度，2014年应征入伍学生23人。结合征兵工作，以爱国主义教育为核心，采取经常教育与集中教育相结合、普及教育与重点教育相结合方式，进行国防理论、国防知识、国防历史、国防形势与任务内容的教育，承办2014北京高校学生军事定向运动春季公园赛，参加首届北京高校军事理论课教学竞赛获得二等奖。我校荣获"北京高校国防教育先进单位"、西城区征兵先进单位、北京市征兵工作先进单位等称号。

【武装部获得西城区2013年度先进武装部荣誉称号】在学校领导的高度重视与支持下，武装部紧紧围绕中心，积极狠抓落实，在大学生应征入伍、军训、国防教育等方面均取得突出成绩，3月10日，在北京市西城区召开的2013年度武装部工作会议上，北京建筑大学武装部获得"先进人民武装部"荣誉称号。

【荣获"北京高校国防教育先进单位"】3月29日，北京高校国防教育协会2014年会员代表大会在清华大学召开，北京高校国防教育协会及来自60所高校的有关国防教育工作的领导老师参加了大会，在大会的表彰中，北京建筑大学荣获"北京高校国防教育先进单位"。在2013年北京高校国防教育活动中，北京建筑大学结合学校专业特色开展活动，学生在定向越野联赛、国防教育网络知识竞赛等各类国防教育活动中均取得了优异成绩；北京建筑大学高度重视学生国防教育工作，学生工作部、武装部整合资源，将学生军训、大学生征兵、军事理论课程建设以及参加高校国防教育活动平台作为培养学生国防意识、提升国防观念的重要载体，结合大学生思想政治教育开展工作，不断增强学生的爱国主义情怀，进一步促进了学生综合素质的培养提升。

【荣获2013年北京高校国防教育网络知识竞赛优秀组织奖】4月15日，由市教委主办、北京高校国防教育协会承办的2013年国防教育网络知识竞赛活动评比表彰中，北京建筑大学荣获2013年国防教育网络知识竞赛优秀组织奖。北京建筑大学高度重视国防教育工作，组织广大同学积极参与，最终北京建筑大学有1785名同学参加比赛，参加人数、优秀率在北京地区高校中名列前茅，并有249名同学获得个人单项奖，相关工作获得上级部门认可和表彰，荣获2013年国防教育网络知识竞赛优秀组织奖。

【承办2014北京高校学生军事定向运动春季公园赛】5月24日上午，由北京高校国防教育协会主办、北京建筑大学承办的2014北京高校学生军事定向运动春季公园赛在大兴区清源公园成功举办，共有来自北京大学、北京师范大学等27所高校的394名学生参加比赛。本次比赛共分为军事定向组、精英男子和女子组、高校男子和女子组、高职男子和女子组、中专男子和女子组共九个组别，涵盖北京各层次高校。北京建筑大学共派出3支代表队及28个个人分别参加了军事定向和高校男子、女子组比赛，其中以退伍学生社团"老兵连"为基础组建的两支代表队分别获得军事定向组第3名和6名，有7名北京建筑大学同学获得个人奖。北京建筑大学派出专人负责比赛的统筹安排工作，学生工作部、武装部、新宇后勤及各学院大力支持。组织60余名志愿者对交通引导、赛场设置、安全保障、餐饮服务等工作进行了精心安排，专门对志愿者和参赛选手进行两轮培训。

【开展2014年夏季征兵宣传活动】6月4-5日，北京建筑大学夏季征兵集中宣传活动在校本部和大兴校区举行。学生工作部（武装部）及各二级学院党总支副书记、各学院辅导员和由北京建筑大学退伍复学的学生组成的"老兵连"参加了本次宣传活动。整个活动过程共发放宣传材料3000余份。为强化征兵宣传效果，宣传广泛采取在校园网、学校广播站、宣传展板、条幅、宣传单以及新媒体平台等多种宣传方式，扩大宣传范围。

【国防大学房兵教授来北京建筑大学做专题报告】9月15日上午，由学生工作部、武装部主办的"迷彩青春·名家讲座"迎来了国防大学战役教研部教研室副主任房兵教授，做题为"世界航母百年与中国航母元年"的报告。学校党委常委张素芳老师以及相关职能部门和二级学院负责人、辅导员、军训教官及2014级新生参加了报告会。

【在首届北京高校军事理论课教学竞赛中获佳绩】11月19日，由北京市教育委员会主办，北京市教委高校军事理论课教学指导委员会承办的首届北京高校军事理论课教学竞赛在历时3个月，经过初赛、决赛等比赛环节后圆满结束。由北京建筑大学学生工作部、武装部选派的蔡思翔老师，在与来自北京高校的三十多所北京高校的多名军事理论课专业教师的比拼中，脱颖而出，荣获二等奖的好成绩。

（九）大学生心理健康教育

【概述】2014年，心理素质教育中心坚持以教育部、北京市教委下发有关心理素质教育工作文件为指导思想，并以北京建筑大学心理素质教育中心工作章程等文件为依据，在校党委、学工部的领导下开展工作。在学校各级领导的关心爱护下，在各兄弟部门、院系的鼎力支持下，完成了新生护航、"5.25"心理健康节、学生心理社团管理、日常心理咨询、心理危机预警和干预、心理素质课程、中心建设、队伍建设和人员培训、科学研究等各项工作目标。

【新生护航工作】2014年，结合学工部开展的新生引航工程，中心开展实施了新生护航计划，主要通过新生交友与新生心理普查两项工作来实施：2014年9月12日晚18：30-20：30，全校范围内开展了新生交友活动，2014级56个班级的1800余名新生参与了本次活动；2014年12月7日启动2014级新生心理健康普查工作，历时半个月，完成了1800余名大一新生的普查工作，此后依次完成了数据的分析、筛查，以及重点人群的访谈工作。

【"5.25"心理健康节】2014年3月至5月期间，心理素质教育中心组织召开了本校的第十三届大学生心理健康节。本届心理健康节以"友爱于心 善行于微"为主题，开展内容丰富，形式多样的各项活动，从心理学的角度向广大师生传播了"友善"的社会主义核心价值观。

【扎实推进学生心理组织建设】一方面加强心联会干部的自身成长建设，定期组织"读书会"与"专业培训"活动，不断积累总结，提高自己的专业素养；另一方面加强心联会自身组织建设，进一步理顺校级心联会和学院心联会的关系，并通过学院心联会加强对班级心理委员的管理。

【日常心理咨询】本学年我中心心理咨询制度运行良好。预约方式沿用以往模式：当面预约、电话预约和短信预约。为满足学生的心理服务需求，西城和大兴校区本学年各引入1名兼职心理咨询师，目前专兼职咨询师共计10人，每周可咨询时段20小时。截至2014年12月15日，累计接待学生咨询291人次。

【心理危机预警和干预】2014年我校的层级上报、快速反应的危机预警、干预制度运行良好，咨询中心与二级学院密切合作，共危机干预4人，共计4人次。在做好危机排查工作的基础上，接待、帮助和指导学生家长3人。

【心理素质课程】按照教育部的要求,我中心积极准备,组织各方力量在2014年开展了包括大学生心理健康、大学生心理健康与自我成长、大学生心理适应与发展等共计26门次的心理健康课程,顺利完成了2013级新生在大一阶段的心理健康课程全覆盖工作,共外聘1位教师,约2057名学生成绩合格,完成选修,有效普及了心理健康知识。

【中心建设】2014年,在学工部领导的大力支持下,中心根据我校两校区办学的新形势,进一步加强了中心的建设工作。中心的建设和发展为我校心理健康教育工作的开展提供了有力的保障。目前,我校心理素质教育中心人员配备完整,设施齐全,各项工作运转有序,平稳运行。人员配备方面,目前有3位在岗的心理专职教师,7名兼职教师,基本满足我校开设心理健康课程、日常心理咨询等各项工作的需要。

【队伍建设和人员培训】2014年心理素质教育中心共安排15(待确定)人次参加了6(待确定)次学术、工作交流会议;组织了9场危机干预系统人员——心理专兼职教师、学工人员、教务员、宿管人员、心理委员——的心理相关培训。此外,中心继续隔周的案例督导和专业学习活动,并将其制度化,督导邀请安定医院主治医师刘军大夫作为督导师,专业学习则由中心的各位教师轮流分享学习或培训心得。中心的一系列措施有效提高了我校心理健康教育工作人员及危机干预系统人员的专业化水平,提高了业务能力。

【科研及获奖情况】科研是工作创新发展的重要途径,2014年,中心继续多角度开展相关研究工作,以期在大学生心理健康教育的工作中取得新的突破。《建筑类大学心理素质教育模式改革与创新》获得2013年度北京市侨联系统理论研究和调查研究优秀成果三等奖。

【第十三届大学生心理健康节开幕】4月3日下午,北京建筑大学以"友爱于心、善行于微"为主题的北京建筑大学第十三届大学生心理健康节在大兴校区学院楼B座报告厅开幕。校党委副书记张启鸿,学生工作部、研工部、招就处、校团委、各学院党总支副书记以及辅导员老师和近300名学生参加了开幕式。北京大学心理健康教育与咨询中心主任刘海骅、北京交通大学心理素质教育中心资深教师张驰、北京建筑大学文法学院社会工作系副教授孟莉受邀作为心理素质教育中心督导代表也出席了本次开幕式。开幕式上,张启鸿副书记向全体参会师生阐述了本届心理健康节主题"友爱于心、善行于微"的意义,并结合十八大提出的社会主义核心价值观作了阐释。本次开幕式以"锵锵三人行、倾听你心声、聊聊大学生'心里'的那些事儿"的对话节目作为开幕大戏,刘海骅、张驰与李梅老师与广大同学共同对话。

【第十三届大学生心理健康节结束】5月27日晚,北京建筑大学第十三届大学生心理健康节闭幕式暨"心手相牵共享阳光"——中国青年志愿者助残"阳光行动"高校公益励志讲唱会系列活动在北京建筑大学大兴校区大学生活动中心举办。活动以全新"讲唱会"的形式,为北建大1000余名师生带来一场精彩的演出。共青团中央中国青少年发展服务中心主任、全国少工委副主任孙柱,中国残疾人联合会直属机关团委书记闫洪峰,北京建筑大学党委副书记张启鸿等有关主办单位的领导嘉宾出席了此次活动。讲唱会以盲人歌手杨光的成长故事为主线,通过"存在的意义"、"有阳光不要怕"、"现在出发"三个篇章,以主题演讲和才艺展示的方式,生动呈现了杨光不畏困难、敢于追逐梦想并在成功后坚持自我、投身公益的成长历程。

(十)专题教育(入学、毕业)

【概述】学生工作部紧抓入学和毕业两个重要教育节点,将社会主义核心价值观教育融入开学与毕业教育当中；入学教育以校史、安全、大学规划为主，帮助新生尽快适应大学生活，合理规划大学学习。毕业教育以文明离校、保持本色为主，举办 2014 届优秀毕业生先进事迹报告与经验交流会，号召毕业生文明离开校园，文明坚守大学最后时光。

【举办 2014 届优秀毕业生先进事迹报告与经验交流会】7 月 2 日下午，学生工作部组织其中的 5 名杰出代表，以先进事迹报告与经验交流会的形式，在大兴校区与 200 余名大一、大二的学生见面，分享心得、传授经验、互动交流。来自暖 101 班，即将奔赴"华北院"的寇展通、建 091 班的陆远方、大学四年年年获得一等奖学金的土 105 班石越峰、土 101 班即将进入电子工程院工作的王轩、法 101 班的刘丽娜做了经验分享。

【隆重举行 2014 届毕业典礼】7 月 4 日，北京建筑大学 2014 届本科生毕业典礼在西城校区运动场隆重举行。校长朱光、党委副书记张雅君、副校长宋国华、纪委书记何志洪、副校长汪苏、副校长李维平、党委副书记张启鸿、副校长张大玉，各院部、职能处室负责人和老师及部分毕业生家长一同出席了毕业典礼。党委副书记张雅君宣读了《关于表彰 2014 届北京市优秀毕业生的决定》。副校长宋国华宣读了《关于表彰 2014 届校级优秀毕业设计（论文）的决定》。今年北京建筑大学共有 50 名同学荣获"北京市优秀毕业生"称号，73 名同学获得校级优秀毕业设计。校领导向获奖学生代表颁发了荣誉证书。纪委书记何志洪宣读了《准予 2014 届毕业生毕业的决定及授予 2014 届毕业生学士学位的决定》。建筑学院陆远方作为毕业生代表在会上作了发言。学生工作部部长黄尚荣向校友工作办公室主任李雪华移交了 2014 届毕业生名册，校领导为毕业生颁发了校友卡。校长朱光在典礼上发表了热情洋溢的讲话。全体校领导为毕业生们颁发毕业证书，进行拨穗正冠仪式。

【召开 2014 级新生迎新及军训工作动员会】9 月 5 日上午，学校召开 2014 级新生迎新及军训工作动员会，对 2014 级新生迎新及军训工作进行动员与专题部署。党委副书记张启鸿、党委常委张素芳出席会议，有关职能部门负责人、各二级学院党总支副书记参加会议。党委副书记张启鸿对相关工作进行了部署。

【迎接 2014 级新生入学报到】9 月 11 日是北京建筑大学 2014 级本科、研究生新生入学报到的日子，来自全国各地的 1800 余名本科生和 460 余名研究生分别在大兴校区和西城校区报到，开启一段全新的人生旅程。迎新日当天上午，校领导钱军、朱光、宋国华、何志洪、张启鸿到迎新现场了解迎新工作开展情况，深入新生宿舍，了解新生入住情况，并与新生及家长交流沟通。在学校的统一领导下，各职能部门和相关学院认真组织，精心安排，为新生提供贴心便捷的服务，辅导员耐心解说、具体指导，为新生以及家长解疑释惑；志愿者坚守各自岗位，帮助新生办理各项报到手续；老生们帮助新生搬运行李、传递爱心，让新生第一时间感受到学校的热情。在各个部门的共同努力下，迎新工作顺利开展，新生报到工作有序进行。今年学校将迎新活动与社会主义核心价值观主题教育活动相结合，为前来报的新生发放"感恩卡"、"自立卡"和"梦想卡"三张精美的卡片。

【社会主义核心价值观教育融入新生报到活动】9 月 11 日，北京建筑大学迎来了全国各地的优秀学子。为了加强新生社会主义核心价值观教育，提升新生对社会主义核心价值观的理解和认知，强化大学生思想政治教育，学校在新生报到之日举行了"学会感恩·自立自强·梦想启航"主题教育活动。

【举行 2014 级新生开学典礼暨军训开营式】9 月 13 日上午，北京建筑大学 2014 级新生开学典礼暨军训开营式在西操场隆重举行。党委书记钱军、校长朱光、副校长宋国华、副校长汪苏、副校长李维平、党委副书记张启鸿、副校长张大玉、党委常委张素芳,军训团团长、中国人民解放军66176部队白淑江少校,学校有关职能部门负责人以及各二级学院领导、承训部队教官、新生辅导员、教师代表和全校2014级本科新生近2000人参加了开学典礼。开学典礼在雄壮的国歌声中开始。副校长宋国华教授宣读《关于颁发2014级新生奖学金的决定》,主席台前排就座的各位领导为获奖学生颁发了荣誉证书。校长朱光发表了真挚而富于激情的讲话。教师代表、全国优秀教师文法学院秦红岭教授以自己几十年的教书治学的真切感受,语重心长的寄语在座的各位新生;新生代表土木与交通工程学院王君雄同学发言;在校生代表经济与管理工程学院高晓媛同学回顾了自己在北建大学习的经历。在军训开营仪式上,党委书记钱军教授向军训团授旗。军训团政委黄尚荣宣布军训团主要领导成员名单。军训团团长白淑江宣布开训命令,军训教官代表发言。

【2014级学生军训结业仪式在大兴校区成功举办】9月26日上午,北京建筑大学2014级学生军训结业仪式在大兴校区隆重举行,校长朱光、副校长宋国华、纪委书记何志洪、副校长汪苏、党委副书记张启鸿、副校长张大玉、党委常委张素芳,军训团团长66176部队白淑江少校、军训团政委、校学生工作部部长兼武装部部长黄尚荣,以及来自学校有关职能部门、各二级学院的领导出席了本次活动,结业仪式由军训团政委黄尚荣主持。结业仪式在庄严的国歌声中拉开帷幕。分列式表演中,团旗方队、老兵连方队和十二支学生方队迎着朝阳,以高昂的士气通过主席台,步伐整齐、口号洪亮、精神抖擞,充分展现了军事训练所取得的成果。

(秦立富　李　红　黄尚荣)

七、离退休工作

【概况】按照离休工作一级管理、退休工作两级管理的原则,离退休工作办公室全面负责学校离退休干部的服务管理工作,落实离休干部政治待遇、生活待遇,配合二级单位党组织做好退休干部的服务管理工作。截至2014年12月,学校共有离休干部30人,平均年龄85.17岁,最大年龄95岁,离休干部党员27人。退休干部685人,退休支部13个。离休干部许秀、退休党员刘耀荣、吴家钰被评为学校优秀共产党员;吴家钰、梁贤英被评为北京市离退休干部先进个人和市教育系统老有所为先进个人。

【党建和思想政治工作】离休直属党支部坚持"主讲互动"式学习方法,全年开展了全国"两会"精神、"三农"问题、流动人口与社会治理、社会主义核心价值观、国际形势、参观社会主义新农村、参观大兴校区等集体学习和实践活动12次。13个退休党支部围绕建国65周年,以主题党日为载体,开展了"与党同心 与祖国同行"主题党日、参观新校区、参观宋庆龄故居等等丰富多样的活动。退休局职中心组除作为普通党员参加机关退休第一党支部的活动外,2014年开展集体学习实践活动4次。2014年由建筑工业出版社为95岁高龄的离休干部、原北京建筑工程学院院长许京骐出版了《许京骐文存》,5月30日,学校党委和行政在大兴校区举行了"传承历史文化 弘扬建大精神"——《许京骐文存》签名赠书仪式。

【落实政治待遇】坚持重要情况向离退休老同志通报制度,每学期开学,校、院两级领导向离退休教职工通报学校情况，学校重大活动，"七一"表彰会、形势报告会，干部考察任免会等邀请离退休干部代表参加。为离退休干部订阅报纸杂志近30种。坚持校领导联系离退休老同志制度、节假日慰问制度，校领导看望离退休教职工近30人次。离退休工作办公室对生病住院和因病长期不能到校参加活动的离休干部，第一时间到医院看望慰问，重要节假日到家中探望慰问，日常电话联系关心慰问，2014年看望慰问离退休干部近百人次。

【落实生活待遇】按照北京市关于离退休费增长的文件精神落实离退休人员待遇。为退休教职工增加人均300元/月的校内共享津贴。2014年度学校拨款10万元作为离退休人员大病特困补助金，2014年有9位退休教职工享受到该项困难补助。90多位退休教职工参加了在平谷教工休养院进行的休养活动，500人次退休教职工参加了春游、秋游活动。

【"涉老组织"建设】2014年学校分别拨款1万元、10万元专项经费，用于支持关工委和老科教协会的建设和发展。关工委、机关退休第二党支部继续与机电学院学生党支部开展"两代齐携手"共建活动，2014年以"与党同心 与祖国同行"为主题，组织参观了"没有共产党就没有新中国"歌曲发源地房山区霞云岭堂上村、重温入党誓词、召开座谈会、开展征文活动，汇编活动成果，制作"与党同心 与祖国同行"主题党日专题片。老科教协会重视理论政策的学习，创办了老科教协会会刊，开展了优秀会员评选活动，召开五届二次会员代表大会，根据党的十八大提出的建设"权责明确、依法自治"精神，全面修改了协会《章程》；聘请专家担任协会的科技顾问、教育顾问、健康顾问。

【文体活动】老年书画社、老年摄影协会参加了北京市离退休干部"与党同心、与祖国同行——同心共筑中国梦"书画摄影艺术展、北京教育系统"创意生活共筑梦想"创意作品展；在西城区文委第九届天宁风韵书画摄影展中获得二等奖2项、优秀奖2项。太极拳协会参加西城区社会体育管理中心举办的"西城区老年健身气功项目比赛"获得三等奖。理学院退休教师田仲奎荣获北京市第十二届"劳动杯"老同志围棋赛亚军。组织退休文艺骨干参加了市委教育工委、市教委主办的"与党同心 与祖国同行"喜迎新中国成立65周年——北京老教育工作者文艺演出。举办了学校离退休教职工"庆十一"书画摄影制作展，展出70多名离退休教职工精心选送的书画作品70余幅，摄影作品60余张，手工作品20余件。

（王德中）

八、机关党委工作

【概况】2014年10月，根据《中共北京建筑大学委员会关于在二级单位中成立党委的通知》（北建大党发〔2014〕17号），机关党委正式成立，同时撤销原机关党总支。截至2014年12月，机关党委下设21个党支部，党员总人数259人。其中在职教工党支部18个，党员153人；退休教工党支部3个，党员106人。机关分工会下设21个工会小组，工会会员218人。2015年机关2个党支部被授予学校"先进党支部"称号；4名党员被评为"优秀共产党员"；2名党员被评为"优秀党支部书记"；2名党员被评为"优秀党务工作者"。

【强化理论武装】根据机关部门性质、党支部设置、处级干部及两校区人员分布状况等，按照合理控制规模有利于充分参与的原则、部门交叉有利于加强党政不同部门沟通交流的原则、将45位处级干部分为4个片组，以片组为单位开展集体学习；组织处级干部参加了"学习十八届三中全会精神 深化教育领域综合改革"（教育部教育发展研究中心主任张力）、"党的领导与依法治国"（中央党校党建部领导科学室主任蔡志强）、"当前台海形势与香港政改问题"（国务院台湾事务办公室港澳与海外局局长顿世新）、"新型城镇化从概念到行动"（住房与城乡建设部副部长仇保兴）等学习教育活动；党支部以支部为单位以"主讲主问制"载体，21个党支部分别组织了十八届三中全会、四中全会、社会主义核心价值观学习活动。组织机关党员干部参加"中国传统价值观的基本内容与培育弘扬社会主义核心价值观"等辅导报告（北京大学马克思主义学院孙熙国教授）。处级干部完成了50学时在线学习、党员12学时在线学习。

【为全校师生作辅导报告和讲座】学校党委常委张素芳、组织部部长高春花、副部长赵海云、机关党委书记王德中、资后处处长周春、学工部部长黄尚荣等，作为学生理论学习导师，指导学生党支部开展社会主义核心价值观、十八届三中全会、四中全会精神学习；机关党委委员、人事处处长孙景仙为机电一环能学院理论中心（片）组、经管学院学生作十八届四中全会辅导报告；机关党委书记王德中为文法学院退休党支部、财务处党支部、机关退休第一党支部、退休第三支部作十八届三中全会精神辅导报告，为校产教职工、理学院教职工、土木学院、环能学院、经管学院学生作十八届四中全会精神辅导报告。

【做好党建《基本标准》入校检查准备工作】以学校申报党建先进校为契机，撰写了题为《围绕中心 把握重点 突出特色 力求实效》的工作报告，全面总结机关近年来加强党建和思想政治工作的经验，突出工作亮点，强化工作特色。按照"以评促建、重在建设"的要求，加强机关党建工作制度化、规范化建设，认真细致做好支撑材料的整理、建档，完成了机关迎接学校党委检查和考察组入校考察的各项准备工作。

【群众路线整改落实工作】根据教工委部署和北建大党组发〔2014〕17号文件精神，组织机关党员干部的群众路线整改落实自查工作。处级党员领导干部对照个人整改措施逐项进行自查，以高度负责的态度兑现整改承诺，以锲而不舍的劲头巩固整改成果，持之以恒地推动作风建设常态化、长效化。

【基层党支部工作】深入实施"党建路桥工程"，教工党支部开展了帮扶学业、就业困难学生活动，本年度共帮扶36名学生就业。根据党委组织部《关于做好党支部调整和换届选举工作的通知》（北建大党组发〔2014〕16号），完成了组织部、保卫部、资后处、财务处等党支部的换届选举工作。加强对党支部工作的指导，对《党支部工作手册》记录情况进行检查，进一步加强了支部工作的规范性。开展"共产党员献爱心"活动，18个在职支部或部门的145名党员、2名群众，共计捐款9760元。2014年保卫处党支部、纪监审党支部被授予学校"先进党支部"称号；党政办公室副主任李大伟、机关退休第二党支部书记吴家钰、教务处处长邹积亨、规划与基建处副处长邵宗义被评为"优秀共产党员"；保卫处党支部书记于志洋、大兴校区管委会党支部书记冯宏岳被评为"优秀党支部书记"；团委书记朱静、组织部干部科科长张岩被评为"优秀党务工作者"。

【师德师能师风建设】开展机关管理人员职业技能培训，2014年11月邀请教练技术领域知名专家黄学焦，运用管理领域的"教练技术"，以"以达成共识为导向的沟通技术"为主题作专题培训。加强机关作风建设,强化服务意识,继续做好机关干部、教师期末监考服务教学一线工作,上半年期末监考138人次;下半年期末监考109人次,全年共计247人次。

【机关工会工作】根据学校机构设置变化,以及工会组长转岗、借调、退休等情况,对学工部、科技处、工程中心、医务室、资后处等工会组长进行增补,增设了建筑遗产研究院、建筑艺术设计中心工会小组,工会小组调整后由20个增加为21个,覆盖到了机关所有部门、全体会员。积极落实教职工"身心健康素质提升"工程,在2014年教职工运动会上,机关工会的"跳长绳"、"同舟共济"项目获得二等奖。

(王德中)

九、共青团工作

(一)概况

2014年,共青团北京建筑大学委员会认真按照共青团北京市委员会和北京建筑大学党委的工作部署和要求,始终以理想信念教育为核心,以成长成才服务为根本,以基层组织建设为保障,把握重点,突出特点,夯实支点,以思想引领、青年服务、基层基础工作为着力点;积极探索、有效规划、深入实践,不断创新,充分发挥了党的助手和后备军作用,成为党联系团员青年的牢固桥梁和纽带。

(二)思想引领

【概述】校团委坚持以党建带团建、以党风促团风,积极组织专职团干部、广大团员青年深入学习宣传,深刻领悟,围绕党的十八大、团的十七大、"我的中国梦"主题以及敏感时期开展多种形式活动,切实引领青年学生思想潮流。把握重点,以理想信念教育为核心,思想引领工作不断深化。

【宣传贯彻,深刻领悟,加强团员青年的思想理论武装】深入学习贯彻十八届三中、四中全会精神和习近平总书记系列讲话精神,通过校团委、学院团委、团支部分层次、有重点地开展学习宣传活动,在团校学习、骨干培训、实践锻炼等各环节中引导广大团员把握核心要义、领会思想精髓。坚持以党建带团建、以党风促团风,要求把各级团组织的工作提升到相应理论高度,武装头脑、推动工作。

【充分研讨,优化结构,锤炼专职团干部新风貌】2014年,团委通过三条途径大力推进队伍建设。一是校内充分研讨交流,二是兄弟院校调研交流,三是挂职锻炼。

【深入开展旗帜鲜明的主题教育活动】校团委注重在重大事件及敏感期开展主题教育活动。3月,校团委在团员青年中开展"学习雷锋 筑梦中国"主题团日活动,包括团课、座谈会、讲座,"爱我建大,美化环境"活动,开展弘扬雷锋精神主题教育活动等。5月,为深入贯彻落实党的十八大和十八届二中、三中全会精神和习近平总书记关于中国梦的一系列重要讲话精神,在学校开展了"我的中国梦"主题团日活动,通过学习座谈、交流讨论、参观寻访、故事讲述、知识竞赛等多种形式,加强了对大学生的教育引导。

（三）组织建设

【专职团干部队伍建设】 2014年，我校共青团组织以增强政治意识、提高业务本领、坚持严格自律为重点，选好配强专职团干。我校现有专职团干14人，团委5人，团总支书记9人，平均年龄28岁，男女比例1∶1。

2月26日，校团委召开新学期校院两级团学组织工作会议，专题布置新学期共青团工作。

4月10日至11日，我校团委赴沈阳建筑大学、辽宁大学调研共青团工作，汲取经验，开阔视野。

5月5日，我校新老团干举行"相约五四 共话团情"交流座谈。

6月13日，北京电子科技职业学院团委书记张晓刚，以及团委干部、部分学院团总支书记一行8人来我校调研团学工作，通过此次调研加强了与兄弟高校之间的联系与交流。

11月14日、17日，我校团委书记朱静带领团委全体教师赴北京服装学院、华北电力大学、北京农学院、北京联合大学调研相关工作，进一步推进我校学生创新创业及艺术教育工作的开展。

11月16日，大兴区团区委书记徐振涛、副书记张霄羽、靳璐、校团委书记朱静与我校二级学院团总支书记、学生骨干在四合院活动室开展了共青团干部培训交流会。我校学生骨干们对大兴区的宏观发展、共青团工作的开展，以及大兴区在支持青年创业工作等方面有了比较深入的了解，也对自己的定位、责任、使命等有了更深刻的认识。

理学院团总支书记陈思源赴团中央志工部挂职半年。

土木学院辅导员谷天硕通过区域化团建项目赴大兴瀛海镇挂职锻炼一年。

一系列的研讨交流、换岗锻炼，有效推进了北建大共青团干部的队伍建设，为打造一支让党组织放心、让学生满意的高素质团干部队伍打下了坚实的基础，保证了学校共青团工作的有序开展。

【大学生骨干培养】 为了提高学生干部的综合素质，加强学生骨干的凝聚力，为我校培养一批具有榜样作用的先进群体和个人，校团委举办2014年北京建筑大学团校暨学生骨干培训班。全校2014级团支部书记、班长、校院两级学生会、研究生会骨干近300人参与培训，培训于10月10日、12日、14日分3天举行，涵盖了六项培训内容。党委常委张素芳、团委书记朱静及全校专职团干部教师参加了本次培训。

【共青团基础建设】 校团委始坚持固本强基，把团建工作和评优表彰等工作相结合，让团建成果体现在基层，不断加强组织建设，切实为学校共青团事业发展提供坚实保障。

截至2014年底，我校共有团员8128人，其中保留团籍党员为784人，263个团支部。"五四达标创优"活动共评选校级"十佳"团支部、"十佳"学生干部、"十佳"团员、"优秀团支部"36个、"最佳团日活动"20个、"优秀团员标兵"41名、"优秀学生干部"120名、"优秀共青团员"395名。获得市"先锋杯"优秀团支部10个，优秀基层团干部、优秀团员各10人。5月7日，学校在大兴校区举行了隆重的达标创优评比表彰大会。

2014年，团组织充分做好推优入党工作，不断为党组织输送人才，全年经共青团推优入党的团员数为531人。

北京建筑大学2014年度共青团情况统计汇总表

团员数据信息											下辖团组织信息		
现有团员			团员入党情况				发展新团员	超龄离团数	受纪律处分	流动团员		团委数	团总支数	团支部数
总数	14-28周岁青年数	团员年度团籍注册数	申请入党团员数	团员入党数	经"推优"入党的团员数	保留团籍的党员数	总数	总数	总数	流入数	流出数	总数	总数	总数
8128	8180	8128	3496	371	531	784	18	3	0	0	0	1	9	263

（四）宣传工作

【概述】2014年校团委在宣传工作上主要就宣传阵地建设工作展开，在广播等传统宣传媒体的巩固创新的基础上，大力发展微博、人人等新媒体平台建设，同时积极开展宣传基础工作培训，对校团委各级学生组织进行新闻宣传工作的培训。

【宣传阵地建设】2014年为贯彻落实《共青团中央办公厅关于贯彻落实全国宣传思想工作会议精神深入推进青年思想引导工作的通知》的工作要求，校团委决定扩大团委宣传部的宣传工作范围，改变团委宣传部的单一的纸质媒体工作局面，将校团委新媒体平台建设工作纳入团委宣传部的工作范围中。

【新媒体平台建设】为积极响应团中央学校部推广的高校团组织微博体系建设工作，校团委分别于2012、2013年开通腾讯微博和新浪微博，并完成认证工作。同时为扩大校园媒体宣传的覆盖面，校团委在原有人人主页"北建大校团委学生会"的基础上进行扩建与推广，更名为"北京建筑大学团委"，实时对校园活动进行更新和报道。为加强基层团支部宣传文化建设，团委宣传部针对大兴校区班级微博进行管理。2013年已将各班微博账号分发至各班，并请学院负责人协助对各班微博进行管理。督促部门及班级及时更新微博内容，丰富校园文化生活。

（五）社会实践

【概述】2014年，校团委响应共青团中央、北京团市委号召，结合学校专业特点和学科优势，组织暑期社会实践和寒假社会实践，发扬实践育人的宗旨，不断创新实践载体，丰富项目内容，在服务社会中奉献自我。

【暑期社会实践】2014年暑假期间，校团委、各学院团总支广泛宣传、精心组织，以"为祖国勤学修德·以实践明辨笃实"为主题，共有1700余名师生组建了51支社会实践团队，奔赴京内外组织开展了"共筑中国梦，青年在践行"、"探寻红色足迹"、"深化改革观察行"、"共聚社区青年汇"、"青年奉献社会"、"美丽中国，和谐家园"等主题社会实践活动，取得了显著的成绩。

2014年，我校16项社会实践成果报告获得"2014年度首都大学生社会实践优秀成果"，11支团队被授予"2014年度首都大学生社会实践优秀团队"称号，5名教师被评为"2014年度首都大学生暑期社会实践先进工作者"，5名教师被评为"2014年度首都大学生暑期社会实践先进个人"。

10月28日，在我校大兴校区基A报告厅隆重举行了我校2014年大学生社会实践宣讲会暨表彰大会，授予257名同学"北京建筑大学先进个人"称号，授予建筑学院"青春中国梦，美丽乡村行"等16支团队"北京建筑大学社会实践优秀团队"称号。

2014年暑期社会实践重点团队一览表

京内/京外	申报类别	团队名称	实践地区	参与人数
京内	共筑中国梦，青年在践行	北京建筑大学社会主义核心价值观宣讲团	北京市西城区朝阳庵社区	11
京外	"井冈情，中国梦"建大青协实践团队	"井冈情，中国梦"建大青协实践团队	江西省井冈山	11
京外	共筑中国梦，青年在践行	北京建筑大学建筑学院"青春中国行·美丽乡村行"暑期社会实践	山东、台湾、北京延庆县、西藏	60
京外	寻找党的足迹	井冈山红日先锋队	井冈山市茨坪镇	9
京外	"城镇化中的信息化"城镇调研活动	北京建筑大学博学服务团	重庆市城口县	17
京外	"深化改革观察行"调研实践活动	"生活富裕，生命阳光"——富阳民营企业观察行	浙江省富阳市	9
京外	共筑中国梦，青年在践行	文法学院暑期社会实践山东基层之行服务团	山东	10
京外	"探寻红色足迹"爱国主义学习调研活动	北建大电信学院井冈山实践团	井冈山	9
京外	大学生科技创新成果转化行动	我们在路上	辽宁省	13
京外	共筑中国梦，青年在践行	"追梦人"暑期社会实践团	河南省兰考县	10
京内	共筑中国梦，青年在践行	问鼎京郊实践团	北京市大兴区榆垡镇	7

【寒假社会实践】2014年寒假期间，我校团委联合就业指导中心稳步推进"学长访谈"、"入市之旅——直击人才市场"等品牌活动，促进学生成长，推进与社会接轨。

（六）志愿服务

【青年志愿者协会成立】2014年4月15日，北京建筑大学青年志愿者协会正式成立。

【全国高校高招联合咨询会志愿服务】4月19日，校园开放日暨全国高校高招联合咨询会在北京建筑大学大兴校区顺利拉开帷幕。开放日当天，校区人流涌动、热闹非凡，但秩序井然、有条不紊。在人流里，统一着装的志愿者们以饱满的服务热情、强烈的工作责任心、熟练的服务技能和克服困难的坚韧毅力，圆满出色地完成了志愿服务工作，给前来参加高招会的考生、家长以及参会单位留下了非常深刻的印象。

【北京建筑大学迎新志愿服务】9月11日，迎新志愿者统一着装，面带微笑在各个不同岗位上有条不紊的开展工作，以优质的服务去迎接学弟学妹们，领着他们穿梭于交款缴费、报名登记、领取饭卡、卧具购买等办理入学手续必经的各个地点，同时也为家长及时安排座位休息。地铁口、公交站,志愿者们用微笑迎接新生及家长,耐心回答家长的提问,悉心指引着到达大兴校区的乘车路线。所有志愿者对每一个细节都精益求精,在效率和质量两不误的情况下顺利完成任务。

(七) 学生会和研究生会工作

【概述】北京建筑大学学生会和研究生会是校团委指导下的学生组织。校学生会经过2013年中期组织整改为校团委学生会,成立青年志愿者协会、大学生科学技术协会、社团联合会、红十字会学生分会四大协会以及学生会。学生会有七个部门包括办公室、外联部、宣传部、文艺部、体育部、学习部和生活部,共200余人。学生会与研究生会换届工作于每年6月份完成,干部任免公示于每年9月开学初进行。

【校学生会品牌活动】厨艺大赛:4月8日,校学生会开展以"我的美食梦"为主题的建大厨艺大赛。

9月大学生艺术节:9月25日北京建筑大学第二届大学生艺术节开幕式暨新生文艺晚会在大兴校区大学生活动中心举办,是北京建筑大学最为传统的活动之一。为新生献上一场文艺盛宴,欢迎新生的到来。

10月21日,执我之手,绘我建大:为在图书馆内增添学生的记忆,同学们用自己的手为图书馆绘制一幅数字油画,在图书馆开馆之际赠予给图书馆。

"建大之星"校园歌手大赛:11月14日北京建筑大学第三届"建大之星"校园歌手大赛在大学生活动中心成功举办。歌手大赛是每年参与度最高、最受全校师生关注的活动之一,为热爱歌唱的同学提供的一个展示自我的平台。

12月9日,北京建筑大学第十一届纪念"一二·九"合唱展演举行,由共青团北京建筑大学委员会主办,北京建筑大学学生委员会和各学院团总支学生会承办,以纪念"一二·九"运动79周年为契机,开展爱党爱国合唱展演,培育大学生爱国主义精神和时代精神,营造积极、健康、向上的校园文化氛围。

【校研究生会品牌活动介绍】举办首都高校研究生交流会:2014年5月,校研究生会组织举办了首都高校研究生交流会,大会分为各高校研究生会代表座谈会与各高校研究生同学联谊会两部分。通过本次交流会,促进了本校研究生会与外校的思想交流,学习了其他高校研会的优秀工作经验,将全心全意为同学服务的精神更加深刻的铭记于心。

举办"宣扬社会主义核心价值观"系列活动:2014年11月,校研究生会举办了慈善公益爱心捐衣物活动。本次活动吸引全校五百余名师生参加,共收集了20余袋衣物、电器、书本、生活用品等,活动结束后校研会将所有收到的捐赠物品整理打包送至活动协办方北京慈善超市发展协会。通过本次活动,激发了广大师生的爱心,展现了高尚的道德情操,有力的宣扬了社会主义核心价值观。

(八) 学生社团

【概述】我校共有6大类59支学生社团。2014年,举办了"给我一个舞台 我就可以飞翔—社团文化节"、"十佳社团"评选活动等多项活动和赛事。我校骑炙车协参加第二届北京市大学生自行车骑行比赛,夺得了团体冠亚军和男子二等奖一名、三等奖三名、女子三等奖一名的佳绩!此外,钢筋工橄榄球队在2014年度NFL大学腰旗橄榄球秋季赛中荣获北京地区第二名。

2014年,学生社团在校团委、各院系团总支的指导下,在大学生社团联合会的管理下,按照《北京建筑工程学院社团管理条例》(2008年6月18日校长办公会讨论通过)

的要求举办了形式多样、具有思想性、艺术性、知识性、趣味性的社团活动，吸引了广大学生积极参与其中，成为校园文化的一个主要阵地，对校园文化建设有着重要作用。

【**注册社团规模化发展**】2014年共有学生社团6大类59支，其中艺术类10支、文化类14支、体育19支、实践公益类7支、理论类7支、科技类2支。从学生社团的数量来看，学生社团以较快的速度实现规模化发展。从社团类别的角度看，艺术、文化、体育类社团占较大比例。

北京建筑大学2014年学生社团一览表

社团类别	序号	社团名称	负责人	级别
艺术类社团	1	心灵美术社	李新	校级
	2	建大觅音	盛翰林	校级
	3	书法协会	付小瑞	校级
	4	幻萌ACG社团	高山	校级
	5	绯月梦工坊	许可心	校级
	6	喂森vision摄影社	李新元	校级
	7	瑜伽社	陈佑琳	校级
	8	BDR街舞社	刘晓艺	校级
	9	娱乐家Beat-Box社	王欢瑞	校级
	10	理学院街舞社	卞佳辉	院级
文化类社团	11	粤语社	章艺伶	校级
	12	藏族文化社	索朗旦塔	校级
	13	diy创意手工社	潘贝	校级
	14	魔术社	刘凯懿	校级
	15	考研社	肖清兰	校级
	16	M.W.漫研社	罗杰	校级
	17	出国留学社	刘腾超	校级
	18	康康舞社	康瑞兰	校级
	19	（这儿是）桌游社	张云	校级
	20	桥牌社	郑晋鹏	校级
	21	莫道文学社	黄玉颖	校级
	22	心扉社	王朝阳	校级
	23	running man	赵佳怡	校级
	24	机电文玩社	谢春颖	院级
体育类社团	25	武术协会	严旭颖	校级
	26	骑炙协会	任奕	校级
	27	国安社	张文鑫	校级
	28	速赢台球社	周天翼	校级
	29	绿茵闪电足球社	潘伟琦	校级
	30	校体育舞蹈社团	王惋莹	校级

续表

社团类别	序号	社团名称	负责人	级别
体育类社团	31	啦啦操	王可欣	校级
	32	京飘儿社团	赵志伦	校级
	33	乒乒乓乓乒乓球社	杨梓岩	校级
	34	跆拳道社	曹鹏辉	校级
	35	乐享羽毛球社	杨初	校级
	36	滑板社	高陆	校级
	37	钢筋工橄榄球社	卢迪	校级
	38	网球社	王瀛龙	校级
	39	shiny拓展社	李瑶	校级
	40	BJ金隅社	杜浩然	校级
	41	健身社	吕宋	校级
	42	极越体验社	李贻	校级
	43	测绘定向运动协会	邢晨	院级
实践公益类社团	44	职业规划社	朱诗宇	校级
	45	经管勤工俭学社	丁瑞	院级
	46	经管青协礼仪社	李康华	院级
	47	经管青协志愿者社	雷鹏	院级
	48	经管团校社团	孟可姗	院级
	49	测绘就业促进社	靳婷婷	院级
	50	土木阳光互助社	张蕊	院级
理论类社团	51	逻辑思维社	刘悦	校级
	52	玩转数学社	五校材	校级
	53	赋语辩论社	欧坤	校级
	54	环能觉新社	曾琳	院级
	55	测绘求是社	赵琦	院级
	56	经管理论先锋社团	林晓荻	院级
	57	理学院齐飞社	王洋	院级
科技类社团	58	环能绿炫环保社	刘爽	院级
	59	北京建筑大学汽车协会	李超	校级

注：数据统计截至2014年9月22日。

（九）大学生艺术教育

【概述】2014年，校团委紧紧围绕先进青年文化建设的需要，对内动员学生广泛参与、对外组织团队积极交流，在艺术节设计规划、文化名人、艺术团体的维护和建设上也积累了一定的经验，在培养校园文化和深化艺术内涵方面都取得了突破，为今后的校园文化建设提供了宝贵经验。

【开设艺术教育课程】艺术教育中心在本部和大兴校区共开设艺术选修课19门次，涉及艺术理论、艺术赏析与艺术实践方向，课程总学分 13 学分，选课人数 1720 人次。全年课程进行顺利，未发生一例教学事故。

北京建筑大学 13/14 学年第二学期和 14/15 学年第一学期艺术选修课程一览表

序号	课程名称	学时	学分	周学时	任课教师	教室要求	时间要求	是否限制人数	开课校区
1	基本乐理	24	1.5	3	李阳	多媒体教室	周三	120	大兴
2	中国舞蹈赏析	24	1.5	3	李阳 磨琪卉	多媒体教室	周一	120	大兴
3	中国舞蹈赏析	24	1.5	3	黄兴	多媒体教室	周四	120	大兴
4	收藏与鉴赏	24	1.5	3	李广居	多媒体教室	周日	120 人	大兴
5	篆刻艺术赏析	24	1.5	3	张庆春	多媒体教室	周四	120 人	本部
6	篆刻艺术赏析	24	1.5	3	张庆春	多媒体教室	周日	120 人	大兴
7	艺术排练课（器乐合奏）	33	1	3	李阳	排练室	周日 08：00-10：20	50 人	本部
8	艺术排练课（戏剧）	33	1	3	李阳	排练室	周日 13：00-15：20	40 人	本部
9	艺术排练课（合唱）	33	1	3	李阳	排练室	周日 18：00-20：20	60 人	本部
10	艺术排练课（舞蹈）	33	1	3	磨琪卉	排练室	周二 18：00-20：20	50 人	本部

【开展文化艺术活动】校团委以大学生艺术节为依托，开展丰富多彩的文化活动。2014 年团委共主办大型文化艺术活动近 30 项，参与学生近 15000 人次，取得良好效果。

2014 年北京建筑大学校级文化艺术活动汇总

序号	活动时间	活动名称
1	3.4	央视著名主持人朱迅走进北建大
2	3.11	"群星璀璨 我的中国梦"——2014 北京新人新作独唱音乐会
3	4.8	"中国梦·美食梦"北京建筑大学第二届校园厨艺大赛
4	4.19	思考青春，规划人生——俞敏洪走进北建大
5	5.6	"自立智慧美丽 亲情友情爱情 从国徽设计者林徽因谈起"讲座
6	5.6	北京交响乐团"高雅艺术进校园"音乐会
7	5.14	"指尖上的交响"——北理工、北建大键盘乐专场音乐会
8	5.20-5.27	"意存笔先，画尽意在"书画展
9	5.21	"Explosion 街舞与摇滚冲撞之夜"
10	5.28	"共筑中国梦，共话同窗情"北京建筑大学高校研究生联谊会
11	5.28	我校大学生艺术团舞蹈团呈现激情快闪
12	5.29	"舞、迹"北建大学生艺术团舞蹈专场
13	6 月	"我的路"北建大首届职来职往面试大赛

续表

序号	活动时间	活动名称
14	9.24-25	北京建筑大学第二届大学生艺术节开幕式暨2014级新生文艺晚会
15	10.10	与信仰对话——六小龄童走进北建大
16	10.21	"执我之手 绘我建大"数字油画绘画活动
17	11.14	第三届"校园之星"歌手大赛总决赛
18	11.18	"方圆天地,为你而画"井盖创意涂鸦活动
19	11.21	中国戏曲学院2011级导演系毕业大戏《父亲》
20	12.2	北京建筑大学第二届大学生艺术节闭幕式暨艺术团专场
21	12.4	北京建筑大学第一届成语大会
22	12.9	纪念"一二·九"运动79周年合唱展演
23	12.23-24	北京大学生小剧场戏剧之北建大专场《招租启示》、《花事如期》

【新增大学生民乐团】2014年新增民乐团,五大团即合唱团、舞蹈团、戏剧社、交响乐团、民乐团共招收注册团员222人,良好带动我校大学生艺术团的发展。

（十）课外学术活动

【概述】2014年,在校大学生科学技术协会、各二级学院团委和学生会的支持下,按照科普工作计划安排,分别在科技类竞赛的举办、科普知识的普及、科技竞赛的服务、科技立项工作的进行以及科技文化的宣传教育等方面组织开展了一些活动,取得了一定的社会效益。

团委联合各二级学院完成2013年本科生科研训练项目142项、118.7万元的结题结算工作,2014年本科生科研训练项目153项、140万元的开题批复工作,2015年大学生科研训练项目173项、140万元申请立项工作。首次获批10万元政府购买项目1项——"网格化城市防汛管理与服务研究与示范"。成功举办诺贝尔奖获得者北京论坛"新材料与新能源"主题展巡展、第三届北京市大学生建筑结构设计竞赛、北京高校学生军事定向运动春季公园赛、第六届节能减排大赛等多项校、市、国家级竞赛和展览。参加60余项具有影响力的重要赛事,获得市级以上奖项272项,其中国际级1项,国家级167项,市级以上奖项626人,专利5项,国内外核心期刊发表论文7篇,各类竞赛覆盖学生2000余人。

【参加2014年"创青春"首都大学生创业大赛】我校6项"创青春"创业计划竞赛作品、2项创业实践挑战赛作品以及2项公益创业赛作品中,有7项作品在北京市获奖,其中金奖1项、银奖2项、铜奖4项。获奖作品创新性好、实战性强,整体成绩优异,我校首次荣获"优胜杯",取得历史性突破,是本届大赛中唯一一所北京市属院校获此殊荣。

2014年"创青春"首都大学生创业大赛获奖情况

序号	团队名称	作品类型	获奖情况	指导老师
1	北京雨人润科生态技术有限责任公司	集体	金奖	李俊奇
2	安全培训及咨询——考虑个性化意识的大型人群集聚场所行人疏散行为仿真模拟与疏散管理	集体	银奖	李之红、李英子

续表

序号	团队名称	作品类型	获奖情况	指导老师
3	北京air-building智睿建筑特种检测科技有限公司	集体	银奖	董军
4	逸乡居旅游策划公司	集体	铜奖	康健
5	北京博瑞家装实景软件有限公司	集体	铜奖	魏京花
6	北京KAS新型建材有限公司"净微尘自洁式"装饰面板项目	集体	铜奖	赵世强
7	蜂巢设计有限责任公司	集体	铜奖	秦颖

【参加2014年"创青春"全国大学生创业大赛】 我校参加终审决赛的3支创业团队经过激烈角逐，获得一银两铜的好成绩，首次获得全国大学生创业大赛的银奖，获奖质量和获奖数量均创历史最高。在北京市属高校中，大赛总积分排名第一。

2014年"创青春"全国大学生创业大赛获奖情况

序号	团队名称	作品类型	获奖情况	指导老师
1	安全培训及咨询——考虑个性化意识的大型人群集聚场所行人疏散行为仿真模拟与疏散管理	集体	银奖	李之红、李英子
2	北京雨人润科生态技术有限责任公司	集体	铜奖	李俊奇
3	北京air-building智睿建筑特种检测科技有限责任公司	集体	铜奖	董军

（十一）共青团文件汇编

北建大团发〔2014〕1号——关于印发《共青团北京建筑大学委员会2014年工作要点》和《2014年团学工作月重点》的通知

北建大团发〔2014〕2号——关于进行寒假返校学生思想状况调查的通知

北建大团发〔2014〕3号——关于开展"学习雷锋 筑梦中国"主题团日活动的通知

北建大团发〔2014〕4号——关于做好2013/2014学年第二学期团费收缴及团员情况统计工作的通知

北建大团发〔2014〕5号——关于认真学习贯彻习近平总书记给大学生村官张广秀复信精神的通知

北建大团发〔2014〕6号——关于举办第三届北京市大学生建筑结构设计竞赛校内选拔赛的有关通知

北建大团发〔2014〕7号——关于举办2014年北京建筑大学体育季的有关通知

北建大团发〔2014〕8号——关于北京建筑大学参加第九届全国大学生交通科技大赛校内选拔赛的通知

北建大团发〔2014〕9号——关于做好2013年大学生课外科技项目成果结题的通知

北建大团发〔2014〕10号——关于举办2014年北京建筑大学大学生科技文化节的通知

北建大团发〔2014〕11号——关于开展2014年五四达标创优竞赛活动的通知

北建大团发〔2014〕12 号——关于研究生会学生干部任免的公示

北建大团发〔2014〕13 号——关于设立北建大学生雷锋实践活动责任区的通知

北建大团发〔2014〕14 号——关于研究生会学生干部任免的决定

北建大团发〔2014〕15 号——关于做好 2014 年校园开放日志愿服务保障工作的通知

北建大团发〔2014〕16 号——2014 年寒假社会实践活动表彰先进个人以及优秀团队的公示

北建大团发〔2014〕17 号——关于在"五四"期间以团支部为单位开展主题团日活动的通知

北建大团发〔2014〕18 号——关于开展第三十三届田径运动会精神文明奖评选活动的通知

北建大团发〔2014〕19 号——关于开展第二届"我爱我师——我心中的优秀教师"评选活动的通知

北建大团发〔2014〕20 号——关于举行北京建筑大学大学生节能赛车设计与制作竞赛的通知

北建大团发〔2014〕21 号——2014 年寒假社会实践活动表彰先进个人以及优秀团队的决定

北建大团发〔2014〕22 号——关于表彰 2014 年度"五四达标创优"竞赛活动拟先进集体和先进个人的公示

北建大团发〔2014〕23 号——关于做好 2014 年大学生志愿服务西部计划工作的通知

北建大团发〔2014〕24 号——关于表彰 2014 年度"五四达标创优"竞赛活动先进集体和先进个人的决定

北建大团发〔2014〕25 号——关于举办北京建筑大学第一届"校园版《职来职往》模拟面试大赛"的通知

北建大团发〔2014〕26 号——关于 2014 年大学生科研训练项目申报审批情况的通报

北建大团发〔2014〕27 号——关于组织引导我校广大团员青年认真学习宣传贯彻习近平总书记在北京大学师生座谈会上重要讲话的通知

北建大团发〔2014〕28 号——关于开展 2014 年首都高校大学生暑期社会实践活动的预通知

北建大团发〔2014〕29 号——关于在毕业生中开展"建大育我　我爱建大"主题团日活动的通知

北建大团发〔2014〕30 号——关于开展"文明考风，诚信考试"主题团日活动的通知

北建大团发〔2014〕31 号——关于开展 2014 年首都高校大学生暑期社会实践活动的通知

北建大团发〔2014〕32 号——关于开展区域化团建街乡对接活动的通知

北建大团发〔2014〕33 号——关于开展"青春的纪录"微纪录作品大赛暑期社会实践特别单元的通知

北建大团发〔2014〕34 号——关于我校 2014 年大学生志愿服务西部计划志愿者拟录取名单公示的通知

北建大团发〔2014〕35号——关于我校2014年大学生志愿服务西部计划志愿者录取名单决定的通知

北建大团发〔2014〕36号——关于做好2014/2015学年第一学期团费收缴及团员情况统计工作的通知

北建大团发〔2014〕37号——关于深入开展培育和践行社会主义核心价值观活动的通知

北建大团发〔2014〕38号——关于进行2014/2015学年学生社团申报和注册的通知

北建大团发〔2014〕39号——关于做好2014年暑期社会实践表彰工作的通知

北建大团发〔2014〕40号——关于共青团系统科级干部的认定

北建大团发〔2014〕41号——关于2014年暑期社会实践活动拟表彰先进集体和个人的公示

北建大团发〔2014〕42号——关于研究生会学生干部任免的公示

北建大团发〔2014〕43号——关于校团委、学生会学生干部拟任免的公示

北建大团发〔2014〕44号——关于研究生会学生干部任免的决定

北建大团发〔2014〕45号——关于2014年暑期社会实践活动表彰先进集体和个人的决定

北建大团发〔2014〕46号——关于校团委、学生会学生干部任免的决定

北建大团发〔2014〕47号——关于举办北京建筑大学第十一届"一二九"合唱展演的通知

北建大团发〔2014〕48号——关于开展"温暖衣冬——为最需要的人送去一份寒冬里的温暖"活动的通知

北建大团发〔2014〕49号——关于开展"文明考风，诚信考试"主题团日活动的通知

北建大团发〔2014〕50号——关于开展2014/2015学年寒假社会实践活动的通知

（陈笑彤　朱　静）

第十一章　院　系　工　作

一、建筑与城市规划学院

(一) 概况

北京建筑大学建筑与城市规划学院具有深厚的基础和完整的本科生教育和研究生教育体系。学院位于北京建筑大学西城校区（北京市西城区展览馆路1号）。建筑学专业做为国家级特色专业，1996年建筑学专业通过国家专业评估，2012年建筑学专业通过国家专业评估复评（7年）；城乡规划设计专业2011年通过国家专业评估；历史建筑保护工程专业为全国同类高校中第二个设置的高校（2012年）；2012年获得历史建筑保护博士项目授权，建立了建筑学专业的博士后流动站。

学院设置有建筑学、建筑学（专业学位）、城乡规划学、城市规划（专业学位）、风景园林学、设计学、工业设计工程和建筑遗产保护交叉学科。同时设置建筑学（含城市设计方向）、城乡规划、风景园林、历史建筑保护工程、工业设计、环境设计6个专业。在校本科生742人（留学生29人）；在校硕士研究生454人，博士生6人（留学生1人）。多年来，建筑学院构建了以建筑学学科专业为核心的"城市规划与设计—建筑设计—空间环境设施与产品设计—公共艺术设计"领域交叉链接的系统性教学与科研平台，强调理论与设计教学和实践教学密切协同。与北京的城市规划与设计、建筑设计、景观规划设计、室内设计、产品设计、文化创意、文物保护、博物馆等多家企事业单位建立有良好的合作关系，依托中国建筑设计集团、中国城市规划设计研究院和中国城市建设研究院分别建立了建筑学专业、城乡规划学专业和风景园林专业的北京市级高等学校校外人才培养基地。

(二) 师资队伍建设

建筑学院拥有一支结构合理、兼具学术研究、应用研究和实践经验的师资队伍，2014年，学院有教职工84人，其中博士37人，具有教授职称14人，副教授职称29人。

(三) 科研工作

2014年建筑学院承担的各类科研项目一览表

序号	项目名称	负责人	项目来源	项目级别	合同经费（万元）	起止时间	项目类别
1	基于社区主导的北京市历史地段人居环境整治研究	孙立	北京市教育委员会	省部级	15	2014.01.01 2016.12.31	
2	光伏技术应用与建筑表皮设计研究	俞天琦	北京市教育委员会	省部级	15	2014.01.01 2016.12.31	
3	建筑遗产展示设计研究	张笑楠	北京市教育委员会	省部级	5	2014.01.01 2015.12.31	

续表

序号	项目名称	负责人	项目来源	项目级别	合同经费（万元）	起止时间	项目类别
4	北京市大中型水库移民及接收村基本情况调查	张大玉	北京市水库移民事务中心	地市级	120	2014.04.01 2015.04.30	
5	浙江省、江西省、山东省、江苏省、上海等地区传统民居谱系调查研究	李春青		省部级	15	2014.05.02 2014.10.01	
6	2014年村庄规划试点工作组织	丁奇		省部级	15	2014.12.31	
7	村庄变迁情况研究课题	丁奇		省部级	25	2014.12.31	
8	基于GIS-空间格局分析的建筑室外环境绿地负氧离子功能研究	潘剑彬	北京建筑大学	校级	3	2014.07.01 2016.06.30	
9	中国传统木构架营造技艺遗产保护体系研究	马全宝	北京建筑大学	校级	3	2014.07.01 2016.06.30	
10	高铁客运枢纽交通接驳规划与设计理论研究	王晶			3	2016.05.04	
11	西部地区省域二级区域性中心城市的模式类型与发展标准研究	刘剑锋	北京建筑大学	校级	3	2014.07.01 2016.06.30	
12	北京风土景观演进及其遗产价值研究——以京郊11处风景区为例	李利	北京建筑大学	校级	3	2014.07.01 2016.03.31	
13	我国驻外机构建筑光环境参数化绿色设计方法研究	刘聪		校级	0.8	2015.12.31	
14	计算机辅助制造（CAM）模型实验探讨	刘志刚		校级	0.8	2016.06.30	
15	基于"绿色换乘"的高铁枢纽交通接驳规划与设计理论研究	王晶		省部级	10	2015.12.31	
16	基于热舒适度的建筑外环境绿化景观设计基础研究	潘剑彬		省部级	15	2016.12.31	
17	公共机构绿色节能关键技术研究与示范	郭晋生		国家级	52	2016.12.31	
18	中国传统穿斗式、井干式结构民居建造技术研究	徐怡芳	住房和城乡建设部	省部级	15	2014.11.01 2015.09.30	

续表

序号	项目名称	负责人	项目来源	项目级别	合同经费（万元）	起止时间	项目类别
19	香港、澳门、台湾传统建筑风格和元素初步研究	徐怡芳	住房和城乡建设部	省部级	8	2015.06.30	
20	香港和澳门特别行政区传统民居类型调查研究	徐怡芳	住房和城乡建设部	省部级	8	2014.07.01 2014.12.31	
21	"中国人居环境奖"评价指标体系修订及县城评价指标体系研究	荣玥芳		省部级	10	2015.06.30	
22	中国传统石砌民居建造技术研究	范霄鹏	住房和城乡建设部	省部级	15	2015.09.01	
23	北京城市建设中的古都风貌保护对策研究	张大玉	北京社会科学规划办	省部级	30	2015.12.31	
24	北京塔林的历史文化与保护利用研究	许政		省部级	8	2015.12.31	
25	北京老旧社区人文景观环境建设研究	靳超	北京社会科学规划办	省部级	8	2014.01.01 2016.06.30	
26	北京远郊轨道枢纽站区与周边土地一体化开发机制研究	王晶			5	2016.06.30	
27	风景园林场地设计的智能化管控及其应用研究	李利	国家自然科学基金委员会	国家级	25	2015.01.01 2017.12.31	
28	基于生态宜居理念的保障房住区规划设计与评价方法研究	李勤	国家自然科学基金委员会	国家级	25	2015.01.01 2017.12.31	
29	大都市区综合客运枢纽与城市空间耦合机理及发展模式研究	王晶	国家自然科学基金委员会	国家级	24	2015.01.01 2017.12.31	
30	将社会主义核心价值观贯穿高校职业规划教育全过程研究	牛磊	北京市教工委	地市级	1.5	2015.05.31	
31	基于中国传统文化精神的建筑哲学研究	金秋野	北京市哲学社会科学规划办公室	省部级	8	2016.12.31	
32	基于参数化方法的建筑表皮气候适应性设计研究	俞天琦		省部级	8	2016.12.31	

2014年建筑学院教师发表的学术论文一览表

序号	成 果 名 称	第一作者	发表时间	发表刊物	刊物类别
1	基于"绿色换乘"的高铁枢纽接驳体系建构	王晶	2014.11.16	城市规划	CSSCI，核心期刊，权威期刊
2	我国政策过程与城市用地增长的周期关系研究	谭少华	2014.04.30	城市发展研究	CSSCI
3	寻常景观体验及其建造本源	李利	2014.03.20	建筑学报	CSSCI，核心期刊，权威期刊
4	晋唐佛寺双塔的兴起	许政	2014.12.01	建筑学报	核心期刊，权威期刊
5	新型城镇化的城镇群战略解析	丁奇	2014.11.25	城市建筑	核心期刊
6	彼得沃克极简主义景观设计过程解析——以伯奈特公园为例	丁奇	2014.11.25	城市建筑	核心期刊
7	校园整体可持续发展框架下得绿色校园评价体系研究——以加州大学伯克利分校为例	丁奇	2014.11.25	城市建筑	核心期刊
8	中国早期医院的建筑风格形式：1835-1928	郝晓赛	2014.11.20	建筑学报	核心期刊
9	建筑学教育体系建构与传统建筑文化发展分析	范霄鹏	2014.10.14	中国勘察设计	核心期刊
10	国外工业遗产保护与更新的借鉴	李勤	2014.10.01	工业建筑	核心期刊
11	建筑学院基础教学资料管理运行机制研究与实践	刘志刚	2014.09.12	管理评论	核心期刊
12	地铁站行人仿真模拟研究	周茜	2014.08.18	工程抗震与加固改造	核心期刊
13	城市地下道路标志标线及安全疏散的调查与研究	冯萍	2014.08.18	工程抗震与加固改造	核心期刊
14	寻找真诚面对现实的建筑评论语言	金秋野	2014.07.18	世界建筑	一般期刊，核心期刊
15	高校二级学院学、团教师的管理实践与探讨	刘志刚	2014.07.15	中国校外教育	核心期刊
16	浅析我国城市立体绿化	冯萍	2014.07.15	绿色科技	一般期刊，核心期刊
17	北京传统居住空间的构成要素分析	李勤	2014.07.10	西安建筑科技大学学报（自然科学版）	核心期刊
18	闭门即是深山	金秋野	2014.06.20	建筑学报	核心期刊
19	滨海城市土地利用模式与碳排放关系研究——以大连市为例	曾鹏	2014.05.16	天津大学学报（社科版）	核心期刊

续表

序号	成果名称	第一作者	发表时间	发表刊物	刊物类别
20	平常建筑，小题大做	金秋野	2014.04.22	建筑学报	核心期刊
21	重逢阿尔托	金秋野	2014.04.21	建筑学报	核心期刊
22	"失魅中的返魅"——寻常景观认知及其自反性思考	丁奇	2014.04.20	建筑师	核心期刊，权威期刊
23	山地古村落旅游空间承载力影响要素研究——以爨底下村为例	范霄鹏	2014.04.14	中国名城	核心期刊
24	粤中民居地方性建筑材料考	徐怡芳	2014.03.01	南方建筑	核心期刊
25	凝视与一瞥	金秋野	2014.01.20	建筑学报	核心期刊

建筑学院李沙、张羽老师获中国美术家协会优秀课程教案奖。

（四）学生工作

【概述】2014年，建筑学院学生工作领导小组，紧密结合学院专业特色，根据年级和专业的差别，制定了学风建设与校园文化建设计划，有计划、有步骤、有重点地推进各项工作。

【学生党建工作】建筑学院党总支、建筑学系教工党支部、本科生第二党支部获评校级优秀基层党组织，牛磊获评校级优秀党务工作者，李小虎获评校级优秀党支部书记，丁奇、黄庭晚、卢亦庄获评校级优秀共产党员；各学生党支部依据支部特色展开立项申报工作，学生党支部共申报8项计提立项，4项个人立项。8个党支部均进行立项，党员个人申报立项4项；制定《建筑与城市规划学院学生党员先锋工程实施方案》，从"建制度、强队伍、学知识、做承诺、重实践、望发展"六个方面"六位一体"全面开展学生党员先锋工程，并进行党员先锋工程成果展览；在2014年北京高校红色"1+1"示范活动中，北京建筑大学本科生第一党支部荣获三等奖。"青春中国梦·美丽乡村行"社会实践团获得北京市社会实践一等奖的称号。

【社会实践活动】结合团中央关于全国高等院校学生志愿者"三下乡"实践活动，依托住房和城乡建设部村镇建设司乡村规划行动，以"青春中国梦。美丽乡村行"主题，开展为期一年的社会实践调研活动，组织师生团队到有"四季花海"之称的延庆南湾村进行调研，成立了村庄规划设计小组，针对村庄的自然文化风貌开展设计服务，为南湾村村民解决现实问题。完成了南湾村整体规划的设计成果，并对村庄产业、交通、景观等内容进行了详细的村域规划和专项整治。

【学生学术活动】打造"研究生学术论坛"、"青年建筑师沙龙"为品牌的两个系列学术活动，14学年研究生学术论坛共计举办学术讲座6场，先后邀请台湾建筑师王弄极、台湾大叶大学黄俊熹、ADA研究中心主任王昀、北工大教授王京红等来我院讲学。共计举办青年建筑师沙龙4场，邀请部院、北京院、UED杂志社、维拓国际多位青年建筑师前来分享案例、介绍经验，为广大研究生搭建了良好的学术交流平台，营造了良好的学术氛围；以校际学术交流为途径，开展校际研究生交流活动，扩大校院影响力；举办了首届北京建筑类高校四校研究生会工作经验交流会，邀请清华大学、北京林业大学、北京交通大学建筑学院研究生会主席来我校座谈，推进了四校建筑学院交流活动的常态化、制度化，取他人之长，补我方之短，互相学习，共同提高。

【主题团日活动】为了响应习近平主席在十八大提出的社会主义核心价值观，贯彻主席在五四青年节的时候在北大演讲中提出的要求，结合专业需要的专业素质要求，和班级内部的实际情况，围绕社会主义核心价值观中的"团结"一词，开展了一系列的团日活动："参观北京规划展览馆"、"长期合影留念活动"、"软件学习活动"、"家乡文化交流活动"、"伟人速写涂鸦小竞赛"等不同形式的团日活动。团如活动培养团队精神，增强班级的凝聚力，为今后的学习生活打下坚实的班级基础。

【参加全国性科技竞赛】我校建筑学院老师获得中国美术家协会颁发的优秀课程教案奖；我院学生参加2014 AUTODESK REVIT全国大学生可持续建筑设计竞赛并获得二等奖1项、三等奖1项、优秀奖6项以及优胜奖2项；我院学生荣获第四届中国"设计再造"创意展入围奖1项，三等奖1项；我院学生参加中国建筑学会室内设计分会CIID 2014（第二届）"室内设计6+1"校企联合毕业设计答辩和颁奖活动并获得一等奖一名、三等奖一名及优秀组织奖和导师奖；我院学生参加"第八届同济大学建造节"暨2014年"华城杯"纸板建筑设计建造竞赛"并获得一等奖。

【低年级学生的学风建设工作】在低年级中推行高年级朋辈学长学姐帮扶活动，充分发挥了高年级学习优秀学生的榜样作用，帮扶覆盖学院全部35个班级，共开设活动20余次，每次1-2个小时高年级朋辈和低年级学生学业上的困难，学长学姐针对自己的经验有针对性的进行帮助。

【高年级及研究生的学风建设】在强调研究生导师作为研究生培养主要责任体的基础上，针对在校研究生科研投入不够的问题，对研究生参加职业资格考试做了相关规定，制定了研究生助教、助岗、助研岗位责任制，并在学期末根据学生工作情况进行考核，目的是通过过程管理加强学生责任意识和整体素质的培养。在科研成果上，鼓励学生多发高水平学术论文，多拿竞赛奖励，并颁布学院学术学位科研成果要求。

【学风建设研究和考风建设】2014年，院学生工作领导小组根据不同年级学生的特点制定了学风建设工作计划，有计划地开展学风建设工作，从刘临安院长、牛磊书记、张忠国副院长、马英副院长、丁奇副书记到每一位班级导师多次与学生座谈，促进了学风建设。积极配合学校抓英语和公共课考勤的行动。同时还邀请了建筑师、校友、刚就业的优秀毕业生介绍工作体会、工作中对于专业能力的要求，激发学生的学习积极性和主动性。

【2014届就业】建筑学院本科签约率和就业率分别为98.08%和99.04%，其中建筑学签约率和就业率均为97.87%，城市规划签约率和就业率分别为100%和96.67%，工业设计签约率和就业率均为100%；研究生签约率和就业率分别为96.64%和98.32%。综合成绩排名全校第三。学院2014届本科毕业生考取研究生27人，出国深造9人，毕业生升学率为25.96%。

【贫困生资助】2014年共评选出励志奖学金10名，贫困生48人，其中获得一等助学金学生31人，二等助学金17人。

【学生奖学金】为了规范奖学金评定的流程，修订了《建筑与城市规划学院奖学金评选细则》，各种制度中的评价指标体系突出了学生学业所占比例与权重，鼓励学生更多地关注课业学习，为学院学风建设的提高奠定了基础。

【课余文化生活】第一部集建大师生智慧和独特视角的校园微电影《落差》放映，它里面欢快激昂向上的节奏,在快乐中不知不觉引起我们对现实生活的回味和反思;3月25日,于两会结束之际,建筑学院启思社及学生会共同协作举办的"百科嘉年华"知识问答竞赛顺利举办。竞赛内容主要为两会相关信息,还涉及天文、地理、物理、化学、文学、生活常识等;10月10日,北京建筑大学建筑与城市规划学院2014级迎新晚会在西城校区第二阶梯教室隆重举行。晚会以"青春绽放,筑梦远航"为主题,以"促进新生融入集体"为策划理念,为大家带来了一场精彩纷呈的视听盛宴。

【本硕学生交流访学】2014年我院共有10名本科生、10名研究生分别赴台湾访学,其中本科生访学周期为14天,研究生访学周期为2个月,我院组织了学生团队的选拔工作,本科生由李利老师带队,研究生由黄庭晚带队,赴台湾大叶大学交流,其交流成果在学院进行展览,效果良好。

【工作营活动】学院共开展2场设计工作营,分别邀请密歇根大学、台北科技大学师生来我校展开相关活动。

【宿舍文明建设】建筑学院发起的"文明宿舍"活动,以宿舍为单位进行报名,为西城宿舍区建设良好的宿舍风气奠定基础。这项活动旨在为学生营造良好的生活环境,在创建校园文化氛围的同时,活动也成了小伙伴们增进宿舍友谊的有效催化剂。自比赛通知下发之后,同学们积极报名、踊跃参加,并评出了院级6个先进文明宿舍。

(五)对外交流

北京建筑大学建筑与城市规划学院2014年大力加强国际交流与校际合作,先后与海外(境外)多所院校签订合作协议,2014年度共派出研修团队6个,共50人参与研修学习。建筑学院积极组织或协助组织各种不同层次的国际学术会议,通过举办学术会议,让外界了解学院科研工作的进展,加强对外交流,与国外同行建立稳定持久的合作关系。2014年5-6月,建筑学院举办UIA-霍普杯2013国际大学生建筑设计竞赛获奖作品展。为增进国内外、海峡两岸高校的学术交流,为学生提供更为优越的学习平台,2014年11月,建筑学院将参与游学学生的学术成果汇编成册,并举办2014年海外游学成果展。

建筑学院通过邀请国际国内知名建筑师与我院教师共同联合教学,拓展国际交流课堂。2014年3月,台湾大叶大学设计暨艺术学院院长黄俊熹教授在建筑学院作题为"台湾的社区营造经验—多元与创意"的讲座。荷兰莱顿亚洲研究中心主任Philippe Peycam也应我校建筑学院邀请,进行了题为"吴哥窟:展示竞争、共谋与国家立法的世界遗产地"的讲座。2014年10月,建筑学院邀请哥伦比亚大学Jeffrey Raven教授进行了关于可持续城市的专题讲座。

建筑学院也积极创造机会让学生与国外合作院校进行短期访问交流、学习。2014年9月,美国密歇根大学、北京建筑大学和思朴国际联合举办"共生与融合"滨水文化休闲区国际设计工作营,"中美联合设计"相结合践行社会主义核心价值观。10月,建筑学院与美国南加州大学举办联合设计工作营,进行城市设计及建筑更新的课题研究。

(六)党建工作

【校级荣誉】建筑学院党总支、建筑学系教工党支部、本科生第二党支部获得校级优秀基层党组织的称号,牛磊获得校级优秀党务工作者的称号,李小虎获得校级优秀党支部书记的称号,丁奇、黄庭晚、卢亦庄获得校级优秀共产党员的称号。

【开展群众路线及四风问题专题学习】学院领导班子围绕群众路线及"四风"建设展开专

题学习,加强宣传、警示教育。在各系、部党支部的专题学习和党组织生活中予以落实。

【开展支部立项工作】以各党支部为单位,展开符合支部特色的立项申报工作,建筑学院教工、学生共计12个党支部均进行立项,党员个人申报立项4项。

【进行培养和践行社会主义核心价值观活动】以党员敬业奉献为工作重点,包括开展第二期国家文物局培训班培训任务、风景园林专指委会承办工作、研究生教学成果奖申报工作、国家级实验教学示范中心申报工作、北京市级实验教学示范中心验收工作;以党政协同推进促进教师培养,启动"教师发展支持计划"、开展了基本功比赛的赛前辅导及学院初赛等工作、党总支开展了青年教师专题培训活动;在人才培养上力求特色鲜明,开展了2场国际设计工作营。同时,在学生培养、课程建设中融入校园文化建设因素。

【开展学生党员先锋工程】制定《建筑与城市规划学院学生党员先锋工程实施方案》,从"建制度、强队伍、学知识、做承诺、重实践、望发展"六个方面"六位一体"全面开展学生党员先锋工程,并进行党员先锋工程成果展览,取得良好效果。

【北京高校红色"1+1"示范活动获奖】在2014年北京高校红色"1+1"示范活动中,北京建筑大学本科生第一党支部荣获三等奖。

【暑期社会实践成果丰硕】建筑学院2014年暑期赴海峡两岸"青春中国梦·美丽乡村行"社会实践团由相关学者、专业教师及本硕学生共60人组成,分别赴山东、台湾、北京市延庆县、西藏自治区进行调研交流,学习海峡两岸乡村规划的先进理念与技术,对延庆县南湾村及日喀则市茶村进行乡村调研规划,并为村镇提供规划政策宣讲、咨询服务等志愿活动。该实践团最终获得北京市社会实践一等奖。

(七)重大事件

【2014年本科大事记】2014年3月19日,北京建筑大学建筑与城市规划学院开展2014年培养方案修订。

【2014年研究生大事记】

1. 北京建筑大学建筑与城市规划学院与台湾大叶大学海峡两岸校际交流合作项目

2014年,北京建筑大学建筑与城市规划学院与台湾大叶大学开始了海峡两岸校际交流合作项目,涉及专业包括风景园林学、建筑学、设计学。两校签署了学生交流计划,每年选派一定数量的学生到该校交流学习,并互相认定学分。2014年选派陈琬等10名同学赴台湾大叶大学进行为期2个月的交流学习。

2. 建筑学院与美国南加州大学举办联合设计工作营

2014年10月23日,受北京建筑大学建筑与城市规划学院邀请,美国南加州大学建筑学院箱守洋一郎教授(Hakomori Yo-ichiro教授)带队到北京建筑大学进访问并进行联合设计工作营活动。联合设计工作营为期9天,参营学生共24人,其中南加州大学建筑学院学生12人,北京建筑大学建筑与城市规划学院学生12人。

3. 北京建筑大学建筑与城市规划学院邀请天津大学教师就建筑类自然基金申请举办交流会

2014年1月15日,天津大学与北京建筑大学建筑与城市规划学院就建筑类国家自然科学基金申请的交流会议在教4-106会议室举行。北京建筑大学建筑学院邀请天津大学建筑学院分党委副书记兼国际交流合作处副处长张春彦、教师张昕楠到会交流;北京建筑大学建筑学院党总支书记牛磊、副书记丁奇以及全体青年教师参加了交流会。

【2014年工会大事记】
1. 2014年7月1日，建筑学院分工会举办"如何培养孩子的好性格"专题讲座。
2. 2014年12月23日，建筑学院组织召开退休教师年底团拜会。

（李小虎　王秉楠）

二、土木与交通工程学院

（一）学院概况

土木与交通工程学院的前身是创建于1907年的北平市立高工，1936年本校开设的土木工程专业一直延续至今，是北京历史最悠久的土木工程学科之一，为首都城市建设行业培养了大批技术骨干和高级管理人才，其中包括原党和国家领导人李瑞环同志，一位中国工程院院士，九位全国工程勘察设计大师，为首都建设做出了巨大的贡献。

学院下设五个系、一部、一个中心、三个研究所和两个工程研究中心（省部级）。即：建筑工程系、道路桥梁工程系、交通工程系、地下工程系和材料工程系；专业基础部；实验教学中心；土木工程应用技术研究所，交通工程研究所，城市地下空间开发研究所；"工程结构与新材料"北京市高校工程研究中心和北京市"城市交通基础设施建设"工程技术研究中心。研究生教育始于1982年，现有土木工程、交通运输工程两个一级学科硕士授予权，六个二级学科硕士点，即：土木工程一级学科下的结构工程，防灾减灾工程及防护工程，岩土工程，桥梁与隧道工程；和交通运输工程一级学科下的道路与铁道工程，交通规划与管理。此外，还有建筑与土木工程工程硕士专业学位授予权和中澳合作办学土木工程硕士项目。土木工程专业2006年通过住建部土木工程专业评估和2011年复评，为国家教育部"卓越工程师计划"试点单位。2008年被评为北京市土木工程一级重点学科，并荣获"北京市特色专业"称号。2009年经教育部批准，荣获"国家级特色专业"项目。2011年建筑与土木工程荣获"全国工程硕士研究生教育特色工程领域"荣誉称号。本学院所有专业在北京地区和全国大部分省份均为一本招生，生源质量不断提高。

学院在七十多年的发展过程中，以行业为依托，与北京市各大设计院、建筑公司、市政路桥公司、地铁建设公司、建设监理公司、房地产开发公司等大型土建企业和研究机构保持着密切的合作关系。学院注重工程实践，20世纪80年代以来创建了北京建工建筑设计研究院、京精大房建设监理公司、致用恒力建材检测公司、远大工程施工公司。拥有工程设计国家甲级资质、建设监理甲级资质以及北京市高校唯一的工程结构与建材检测资质。

学院注重国际学术交流，与美国科罗拉多大学、戴维斯加州大学、佛罗里达州立国际大学、北达科他州立大学、纽约布法罗大学、澳大利亚南澳大利亚大学、日本武藏工业大学，德国Wupptal大学，俄罗斯圣彼得堡建筑大学，波兰琴斯托霍瓦科技大学，亚美尼亚国立建筑大学建立了良好的合作关系，并与部分学校建立了教师、学生的交流计划。学院开设用英语讲授的系列基础与专业课程，与发达国家高等教育迅速接轨。学院具有很高的国际声誉，每年都有一批优秀毕业生经学院推荐，荣获世界名校奖学金，赴美国、英国、澳大利亚、加拿大等发达国家继续深造。同时，学院接受一定数量的外国留学生和外国研究生。

伴随着首都北京向着世界城市宏伟目标的迈进,土木与交通工程学院正以崭新姿态,建设世界一流的应用型城市建设人才培养基地,为首都北京乃至全国土建行业继续培养优秀人才,并逐步发展为本学科应用科学技术的研究中心。

(二)师资队伍建设

【概述】截至2014年末,学院现有教职员工82人,其中,长江学者特聘教授1名,科技北京百名领军人才1名,长城学者1名,教授20名、副教授24名,90%的教师具有硕士以上学位,70%以上教师具有博士学位。近半数的教师毕业于世界著名学府,曾在美国、英国、日本、俄罗斯等国长期工作、学习或讲学。学院充分利用首都北京科研院所集中及行业界强大的校友优势,聘请数十位全国知名专家担任研究生导师。自2011年开始,两年共新资助11位青年教师攻读博士学位。针对学校提出的在建校百年之时学校进入到"两个先进行列"的整体战略目标,学院将加大对于青年教师的培养力度和引进高水平师资力量的力度,要进一步扩大规模,促进专业和学科的可持续发展,提升教学和科研水平。

【加强教师队伍的建设】2014年度,引进中科院"百人计划"人选齐吉琳教授到地下工程系工作;浙江大学马伯宁博士正式入职地下工程系;接受我校与中国矿大联合培养的博士彭友开到建筑工程系结构教研室工作。青年教师索智和焦朋朋入选2014年度北京市科技新星计划。作为应用型大学师资培养的重要组成部分,学院要求新进青年教师要过"三关",即:工程关、教学关和科研关。学院派遣新入职的浙大博士马伯宁去市政设计研究院接受全面的工程训练。派遣廖维张赴美国弗吉尼亚理工大学进修,为期一年。同意索智去同济大学做博士后研究。

(三)学科建设

【学科发展】2014年土木学院在学科建设上取得了较大的进步。学院在学校各级领导的大力支持和协助下,以北京市土木工程一级重点建设学科建设为龙头,加强学术团队的建设,重点支持几个重要的学科生长点,在人力和资金投入上都做了不少工作。2014年交通工程一级学科硕士点又得到进一步发展,使本学院两个一级学科协调发展。在学校的统一部署下,积极支持参加"古建保护国家特殊需求"博士点的招生工作,2014年招收第二届博士。同时,积极协助学校获得了古建保护博士后流动站,为人才培养和师资引进建立了有利条件。同时学院积极工作为土木工程一级学科博士点的申报进行准备。

【研究生招生】针对2014年研究生的招生工作,土木学院在总结2013年经验的基础上,采取提前面试举措,招揽较高水平的二志愿学生。2014年土木学院共完成全日制研究生招生计划97人,人数较2013年增加5人,其中本校学生考取研究生26人,总招生人数再创新高。

【研究生教育管理】2014年土木学院继续遵循学校、学院相关研究生教育培养的制度文件加强研究生教育管理;为保证研究生良好的培养质量,秉持学术育人的良好传统,2014年11月29-30日举办了"土木与交通工程学院研究生学术论坛",对一年来的科研成果进行交流,并邀请3名国内知名专家和校外导师:北京市政设计研究总院刘桂生院长、中国建筑科学研究院程绍革总工、北京市岩土工程学会秘书长周与城做了报告,并安排了研究生分会场报告。

（四）教学工作

【概述】 在本科教学日常管理工作中，坚持管理制度的建设与执行，注重教学过程管理与控制，依据校院两级教学督导专家组对各教学环节检查的反馈意见，依靠学院教学工作委员会的决策机制，对各个教学环节实施质量检查与评价，及时解决各教学环节出现的各类问题，通过认真组织、协调和实施各项教学工作，使得我院教学质量逐步提高，教学秩序良好。以学生及格率、毕业率、学位率和四级通过率为考核点，通过与理学院、文法学院的密切配合，搞好学生基础课程及英语课程的学习。通过本学院学风建设、上课考勤及任课教师与班主任工作，提高学生对本专业的认同和学习的主动性。同时，注重学风建设，严抓上课出勤率、及格率、毕业率、学位率和就业率，实现了年初制定的教学目标。2014年，各项科技竞赛及社会实践均紧密结合教学环节开展，邀请各教研室专业教师广泛参与，保证和学生的课程学习步调一致，为培养学生成长成才起到积极作用。加强日常学风建设工作的引导和督察，通过每学期学习委员座谈会，了解我院教风学风现状，并向学院党政班子通报。对四、六级通过的同学进行表彰，提高学生学习英语的积极性；实行宿舍检查、不定期进课堂巡查登记、学生工作办公室随机抽查等制度，促进学风转变。总结毕业生成长成才经历，组织其中部分优秀毕业生分别对各年级学生进行座谈、采访，形成树立典型、宣传典型、学习典型的氛围。

根据高等教育质量工程建设的总体工作部署，2014年围绕土木学院专业建设、课程建设、教材建设、教学名师与教学团队建设、校外生产实习基地建设、实验示范中心建设开展工作。土木与交通工程学院下设五个专业方向，既有基础雄厚的土木工程专业，也有年青的无机非金属材料专业和交通工程专业，在充分发挥强势专业龙头作用的基础上，积极开展新办专业的建设工作。经过全院教师的长期建设和积累，在全院教师的共同努力下，取得"土木工程教育部特色专业"，"国家级工程实践教育中心"，"土木工程市级优秀教学团队"，"北京市教学名师"，"北京市优秀教师"，两个"市级校外人才培养基地"，三个"市级学术创新团队"，"土木学院校级实验教学示范中心"，以及北京市精品课"土木工程施工"，三本北京市精品教材《土木工程概论》、《土木工程施工》、《土力学》等一批代表我院特色、优质的精品课程、精品教材等质量工程标志性成果。穆静波为首的施工教研室，获得北京市教学成果二等奖、三等奖各一项。

【英语四级通过率】 土木学院英语四级通过率实现连续4年持续增长，这两年四级通过率从60%增长到68%，再增长到71.8%。全年参加四级考试共748人次，参加六级考试738人次，参考率保持在97%以上。参加六级考试人数与四级持平，学风状况提升明显。

【学位率】 10级学位率达到94%，实现了对学校的承诺。

【结构承载力大赛】 结合我院二年级学生《材料力学》和三年级《结构力学》课程的学习，与我院专业基础部、结构教研室老师共同开展北京建筑大学结构承载力大赛、科技活动周等活动。通过此类竞赛的开展，为师生间提供了一个比课堂教学更多互动的交流机会。从不同角度增强学生对课程的认识，为学生求学、老师教学都增添了动力。同时，为在整个土木学院内部形成良好的学习、育人、学术交流的氛围起到了促进作用。

【大学生课外科技项目】 2014年土木学院申报校级大学生课外科技项目30项，共有22位专业教师指导学生开展科技项目，共有180位学生参与。

【假期社会实践活动】 2014年寒假，土木学院面向12、13级学生开展"学长访谈"和

"直击人才市场"寒假社会实践活动,两个年级全体同学全员参与。2014年暑假,面向11级学生,和就业指导中心共同参加。同时,积极和各专业生产实习进行结合,各教研室在暑假前将生产实习手册发至学生手中,土木学院韩森副院长与我校招生就业处朱俊玲副处长共同为学生做暑期社会实践的动员与培训,并有部分同学将暑期就业见习与生产管理实习进行结合。

【交通科技大赛】第九届全国大学生交通科技大赛,由土木学院索智老师指导,土118班吴佳莹、高琪智等五位同学参与的作品《环保型自融雪阻冰沥青路面材料》入围决赛,并通过作品现场展示与讲解、回答评委提出的各种问题,最终在激烈的比赛中喜获三等奖的佳绩。在第四届北京市交通科技大赛上,由土木学院索智、李之红为指导教师,李思童、武昊、刘晓彤、俞轩、彭泗雄组成的参赛队伍,凭借《抑尘减霾功能型道路铺装新材料》获得了本次比赛的一等奖,实现了我校在该项比赛中的历史性突破!由土木学院徐世法、索智老师为指导教师,赵菲、孙瑶、蓝志滨、化振、李尧组成的参赛队以作品《地沟油再生沥青铺面材料的开发和应用技术研究》获得本次比赛的二等奖。由学院许鹰为指导教师,孙德霖、陈文、韩萱、李世伟组成的参赛队以《基于路段最优的网级沥青路面养护策略研究》获三等奖。

【青年教师培养】针对土木与交通工程学院青年教师较多、工程能力和教学能力不够的情况,继续实行青年教师到工程单位实习一年制度,培养其解决工程问题的能力。同时,为加强青年教师教学能力的培养,在为每位青年教师配备导师负责日常教学能力培养的基础上,组织了"第五届青年教师(40岁以下)教学基本功比赛"。从比赛结果看,青年教师在教学基本功方面有了普遍提高,为我院青年教师过教学能力关奠定了基础。在北京建筑大学第十届教学优秀奖评选中获得可喜成绩,侯敬峰老师获一等奖、张蕊老师获三等奖,侯云芬教师获得优秀教案奖。

【教学质量长效机制】继续坚持教学质量长效机制建设,在教学过程控制、教学质量检查与评定、教学基础资料的检查与存档、院系两级教学管理工作方面开展工作,特别是对新入职的青年教师,做专门的培训、要求与检查。

【质量工程建设】在继续开展既有各级质量工程项目建设的基础上,重点开展省部级教研项目申报工作。申报的教研项目《土木工程专业卓越计划企业培养模式研究》获住房和城乡建设部专指委立项,建设期为2014-2015年。

【专业建设成绩】专业建设是学院永恒的中心工作,而本科教学管理工作又是学院的重点工作内容之一,培养合格人才是学院的基本工作任务,也是学院未来发展的基础。学院以土木工程专业"卓越工程师培养计划"试点为契机,积极开展专业建设工作。修订完成了2014版土木工程专业培养方案。选取了7门实践性强的课程请企业教师联合授课。施工技术展示中心完成初期建设。成功承办了"全国高校建筑施工学科研究会第八届第一次年会",并当选为副理事长单位。

【教材建设】出版土木工程专业卓越工程师培养计划教材6部。其中清华大学出版社3部,《施工技术》,穆静波、廖维张、侯敬峰主编;《施工组织》,穆静波主编;《钢结构》,张艳霞主编。中国建筑工业出版社3部,《土木工程施工》(第二版),穆静波主编;《土木工程施工习题集》(第二版),穆静波主编;《建筑工程概预算与工程量清单计价》(第二版),杨静主编。

【校际交流】积极开展校际交流,接受贵州省凯里学院选派土木工程专业1名教师与10名学生进行为期1年的进修与交流学习。

(五)科研工作

【概述】学院始终以教学、科研为中心,以理论联系实际和面向国际大都市建设为特色,全面提高人才培养质量。学院的科研领域涉及建筑结构工程、防灾减灾、现代施工技术、路基路面工程、市政桥梁工程、地铁建设和地下空间开发及利用、现代大都市交通系统和高性能混凝土材料等。

【科研奖励】学院组织各学科有计划的申报科技进步奖。在2014年由哈工大主持、我校刘栋栋教授参加的《混凝土结构耐火关键技术及应用》获国家科技进步二等奖;徐世法的《沥青路面节能减排与再生利用关键技术研究及应用》获北京市科学技术一等奖;另有北京城建设计研究总院主持我院龙佩恒教授合作完成的"城市轨道交通U型梁系统综合技术研究"项目荣获二等奖;我院宋少民教授项目组主持完成的"低品质掺合料混凝土关键技术的开发与应用"项目荣获北京市科技三等奖;刘军教授完成的《复杂环境富水粉细砂层地铁隧道动态化注浆与环境保护技术研究》获中施企协科学技术一等奖。

【科研项目】学院组织各类科研基金的申报工作。2014年保持了去年的好势头,共获得国家自然科学基金7项,其中面上项目4项(戚承志、季节),青年基金项目2项(曲秀姝、杜红凯),主任基金2项(李飞、祝磊)。由中国铁道科学研究院主报,我院作为参加单位的国家自然基金重点项目高铁联合基金《含缺陷高速铁路隧道在列车和气动荷载作用下的状态响应及衰变机制研究》获批。由北京交通大学主报,我校作为子课题负责单位参加的973重大项目《高水压越江海长大盾构隧道工程安全的基础研究》子课题《深水长线盾构隧道地震动力响应机理》(3000万)获批。

【学术会议与交流】学院积极组织学术讲座工作。各学科组长负责接待、组织和主持,要求教师每学期出席5次,组织好相关专业研究生和本科生参加。2014年组织了十几场国内外知名专家的学术报告会。同时,积极主办和承办各种学术会议。

2014年5月25-27日,与北京工业大学共同承办第十届亚太地区交通运输发展研讨会暨第二十七届国际华人交通运输协会。土木学院共投稿26篇,占会议投稿的半数。

2014年7月14-15日,举行了地下交通空间开发利用中的基础理论和关键技术市级创新团队的学术交流会,多位土木学院教师做了报告,促进了团队的科研活性。

2014年7月19-20日,举办了中国建筑学会施工分会高校施工学科研究会第八届第一次年会,全国几十所高校的专家学者出席会议,肖绪文院士做了报告,我校当选副理事长单位。

2014年10月31日-11月1日,举行了地下交通空间开发利用中的基础理论和关键技术市级创新团队的学术交流会,邀请北京工业大学杜修力副校长、千人计划学者马国伟教授,北京交通大学土木学院张顶立院长、赵成刚教授、白冰教授,北京建筑设计研究院徐斌、孙宏伟做报告,促进了团队的科研活性。

2014年9月27-28日,与北京工业大学一起承办第四届全国再生混凝土学术交流会,来自全国120多位专家教授参加了会议。

2014年11月29-30日,举办"土木与交通工程学院研究生学术论坛",对一年来的科研成果进行交流,并邀请3名国内知名专家和校外导师:北京市政设计研究总院刘桂生院长、建科院程绍革总工、北京市岩土工程学会秘书长周与城做了报告,并安排了研究生分会场报告。

2014年12月13-14日,土木学院组织了"现代混凝土材料研究与创新"学术会议,京内外高校和科研院所约100知名专家出席会议,缪昌文院士等国内著名学者应邀作报告。

2014年土木与交通学院承担的各类科研项目一览表

序号	项目名称	负责人	项目来源	项目级别	合同经费（万元）	起止时间
1	近断层地震作用下层间隔震结构隔震层软限位减震研究	韩淼	国家自然科学基金项目	国家级	82	2014.01.01 2017.12.31
2	爆炸冲击作用下高强钢绞线网-高性能砂浆加固构件损伤机理和性能评估	廖维张	国家自然科学基金项目	国家级	82	2014.01.01 2017.12.31
3	高强混凝土温度历程、低周单轴受压疲劳损伤与微观结构演化机理关系研究	赵东拂	国家自然科学基金项目	国家级	80	2014.01.01 2017.12.31
4	再生混凝土框架节点区的粘结锚固及破坏机理研究	吴徽	国家自然科学基金项目	国家级	80	2014.01.01 2016.12.31
5	植物油分对沥青质沉淀干扰及沥青结构重塑影响的微观机理研究	索智	国家自然科学基金项目	国家级	28	2014.01.01 2016.12.31
6	摇摆防屈曲支撑-框架新型结构体系抗震性能研究	张国伟	国家自然科学基金项目	国家级	25	2014.01.01 2016.12.31
7	基于精细化数值模拟的FPS隔震曲线桥抗震性能研究	焦驰宇	国家自然科学基金项目	国家级	25	2014.01.01 2016.12.31
8	FRP加固钢筋混凝土柱受压性能的尺寸效应研究及工程应用	王作虎	国家自然科学基金项目	国家级	25	2014.01.01 2016.12.31
9	基于有限元理论的枢纽内部密集行人运动行为及演变机理研究	杨静	国家自然科学基金项目	国家级	24	2014.01.01 2016.12.31
10	基于三维图像建构技术的再生剂与旧沥青混溶状态迁移规律研究	许鹰	国家自然科学基金项目	国家级	24	2014.01.01 2016.12.31

续表

序号	项目名称	负责人	项目来源	项目级别	合同经费（万元）	起止时间
11	城市公共交通隧道的爆炸安全评估及防爆对策	廖维张	国家自然科学基金项目	国家级	16	2014.01.01 2016.12.31
12	地下水位上升环境下地铁隧道结构长期振动响应分析与损伤机制研究	董军	省、市、自治区科技项目	省部级	18	2014.01.01 2015.12.31
13	编制建筑垃圾综合利用行业规范条件与技术目录	李飞	主管部门科技项目	省部级	15	2014.01.01 2015.12.31
14	城市综合交通枢纽行人流状态判别及拥挤扩散理论研究	李之红	主管部门科技项目	省部级	15	2014.01.01 2016.06.30
15	水平轴风力发电机组钢格构塔架结构关键技术研究	祝磊	主管部门科技项目	省部级	15	2014.01.01 2016.12.31
16	建筑废弃物资源化利用体系构建及政策机制研究	周文娟	国家发改委	省部级	10	2014.01.01 2015.12.31
17	碎砖瓦建筑垃圾再生砌墙砖	周文娟	其他课题	省部级	8.1	2014.01.01 2015.12.31
18	废弃植物油基沥青再生剂的开发及应用关键技术研究	索智	省、市、自治区科技项目	省部级	8	2014.01.01 2015.12.31
19	界面过渡区微观结构对废弃砖瓦再生骨料混凝土性能的影响	李飞	省、市、自治区科技项目	省部级	8	2014.01.01 2015.12.31
20	北京居住、就业用地形成机理与缓解交通拥堵政策研究	焦朋朋	省、市、自治区科技项目	省部级	5	2014.01.01 2015.12.31
21	基于动态O-D反推的交通信号控制方法研究	焦朋朋	其他课题	省部级	5	2014.01.01 2015.12.31
22	节能、疏堵需求背景的公共自行车系统推行方案和策略研究	林建新	省、市、自治区科技项目	省部级	3	2014.01.01 2016.12.31
23	降解PM2.5道路建筑材料（二氧化钛基）在城市道路中的应用研究	徐世法	企事业单位委托科技项目	地市级	145	2014.01.01 2015.12.31
24	地毯式沥青路面研究及快速养护维修技术	季节	省、市、自治区科技项目	地市级	60	2013.10.01 2015.12.31

续表

序号	项目名称	负责人	项目来源	项目级别	合同经费（万元）	起止时间
25	基于能量密度预测砌体墙板破坏模式和破坏荷载的方法	潘登	省、市、自治区科技项目	地市级	5	2014.01.01 2015.12.31
26	京津冀一体化背景下区域交通系统运行效率及其规模适应性研究	李之红	省、市、自治区科技项目	地市级	5	2014.01.01 2015.12.31
27	软弱土一维非达西流变固结理论研究	马伯宁	自选课题	校级	3	2014.07.01 2016.06.30
28	循环荷载作用下CFRP索股锚固系统的传力性能劣化机理研究	侯苏伟	自选课题	校级	3	2014.07.01 2016.06.30
29	基于孔隙结构特征的混凝土抗冻性评价方法研究	金珊珊	自选课题	校级	3	2014.07.01 2016.06.30
30	黏土矿物与聚羧酸减水剂的相互作用机理研究（2014年）	王林	其他课题	校级	3	2014.07.01 2016.06.30
31	加气混凝土外墙板及其连接节点力学性能研究	张国伟	企事业单位委托科技项目	横向	236.66	2014.07.18 2015.12.30
32	高墩大跨径连续刚构桥开裂控制研究	龙佩恒	企事业单位委托科技项目	横向	89.4585	2014.09.15 2015.12.30
33	沥青路面旧料高效环保再生利用成套技术开发及其应用	徐世法	企事业单位委托科技项目	横向	70	2014.05.20 2015.12.30
34	张承高速隧道开挖监测监控综合技术研究	张怀静	企事业单位委托科技项目	横向	66	2014.01.10 2014.12.31
35	基于抗滑排水及渗水过滤功能的路面技术开发及其在景观道路中的应用（免税）	徐世法	企事业单位委托科技项目	横向	45	2014.05.10 2015.12.30
36	古北水镇消防调查与研究	刘栋栋	企事业单位委托科技项目	横向	35	2014.05.20 2015.12.30

续表

序号	项 目 名 称	负责人	项目来源	项目级别	合同经费（万元）	起止时间
37	地铁线路振动噪声影响评价与人的反应及自适应专项课题研究	王健	企事业单位委托科技项目	横向	25	2014.11.28 2015.12.30
38	流动人口出行调查数据分析	张蕊	企事业单位委托科技项目	横向	20	2014.12.1 2015.12.30
39	电子警察与智能停车系统及公交系统规划设计	焦朋朋	企事业单位委托科技项目	横向	20	2014.03.10 2015.12.30
40	钢筋混凝土工业化板式集成房屋结构体系	杜红凯	企事业单位委托科技项目	横向	20	2014.01.23 2015.12.30
41	十三五规划前期课题研究咨询服务	戴冀峰	企事业单位委托科技项目	横向	18	2014.11.01 2015.12.30
42	京台高速公路路基填筑技术研究	龙佩恒	企事业单位委托科技项目	横向	18	2014.09.01 2015.12.30
43	通州新城京津公路规划研究	戴冀峰	企事业单位委托科技项目	横向	17	2014.10.01 2015.12.30
44	《碎砖瓦建筑垃圾再生砌墙砖》行业标准编制协议	周文娟	企事业单位委托科技项目	横向	16	2014.04.29 2015.12.30
45	生态型高性能混凝土配制技术与性能研究	宋少民	企事业单位委托科技项目	横向	15	2014.09.22 2015.12.30
46	换成站设备设施服务水平及通行能力机理研究	吴海燕	企事业单位委托科技项目	横向	15	2014.06.13 2015.12.30
47	燕郊高新区现状交通状态与特征分析	张蕊	企事业单位委托科技项目	横向	12.5	2014.12.01 2015.3.31
48	隧道盾构管片高性能混凝土制备关键技术研究	李飞	企事业单位委托科技项目	横向	12	2014.06.20 2014.12.31
49	建筑物易损性数据补充调查计算及数据集成	韩淼	企事业单位委托科技项目	横向	12	2014.01.15 2014.04.30
50	建筑隔震柔性连接试验研究	程蓓	企事业单位委托科技项目	横向	11	2014.08.21 2015.12.30

续表

序号	项目名称	负责人	项目来源	项目级别	合同经费（万元）	起止时间
51	长春市建筑垃圾资源化项目技术咨询服务	周文娟	企事业单位委托科技项目	横向	10	2014.09.26 2015.12.30
52	建筑隔震柔性连接试验研究	程蓓	企事业单位委托科技项目	横向	10	2014.08.21 2015.12.30
53	高轴压比装配式剪力墙抗震试验	张国伟	企事业单位委托科技项目	横向	8.162	2014.10.21 2015.12.30
54	高轴压比装配式剪力墙抗震试验	张国伟	企事业单位委托科技项目	横向	7.738	2014.10.21 2015.12.30
55	建筑结构地震影响分析模型的建立	韩淼	企事业单位委托科技项目	横向	6	2014.11.10 2015.12.30
56	螺旋箍筋约束防屈曲耗能支撑构件	张国伟	企事业单位委托科技项目	横向	3	2014.08.30 2015.12.30
57	摩擦阻尼器性能试验	张国伟	企事业单位委托科技项目	横向	2.2	2014.12.10 2015.12.30
58	抗黏土型聚羧酸系减水剂及其制备方法（免税）	李崇智	企事业单位委托科技项目	横向	2	2014.10.15 2015.12.30
59	成都蒙彼利埃小学屈曲约束支撑项目	张国伟	企事业单位委托科技项目	横向	1.6	2014.09.27 2015.12.30
合计					1652 万元	

（六）学生工作

【概述】2014年，院学生工作领导小组根据不同年级学生的特点，制定了学风建设工作计划，有计划、有步骤、有检查地开展学风建设工作。

【学生思想教育工作】工作中提出了"五载体"开展学生党员先锋工程的实施方案，取得良好效果。

【主题教育活动和纪念活动】1. 契合五四运动95周年之际，举行"做一个有用的人"学风建设表彰大会；2. 结合暑期社会实践，开展"我为社会主义核心价值观代言"主题宣讲活动；3. 敬献祖国65华诞，开展"与国旗合影"活动，宣扬爱国精神。

【学生党建工作】土木学院荣获2013-2014北京高校德育工作先进集体。土木学院党总支、道桥党支部、专业基础部党支部获评校级优秀基层党组织，何立新获评校级优秀党务工作者，侯敬峰、赵东拂获评校级优秀党支部书记，吴徽、张蕊获评校级优秀共产党员。工作中提出了"五载体"开展学生党员先锋工程的实施方案，取得良好效果。在2014年北京高校红色"1+1"示范活动中，北京建筑大学交通与道桥工程研究生党支部荣获三等奖。在《支部生活》2014年第12期中刊登文章《"知行合一"释放青春正能量》。学院扶植阳光互助社，关爱学生，开展活动，社长白云获最美北京人称号。2014年暑假期间，土木学院组建40支大学生暑期社会实践团队，10支首都高校大学生暑期社会实践重点团队。

参加学生人数共计350余人。暑期社会实践结束之后,举办2014年大学生暑期社会实践宣讲大会。地沟油在沥青铺装材料中应用实践成果在《北京晚报》、北京电视台等媒体上报道。

【学生骨干的培养工程】为了提升学生骨干的全面素质,土木学院在2014/2015学年第一学期10月开展了"善友善学,积文化底蕴;敬人敬业,凝土木栋梁"第六期土木学院学生骨干培训活动。本次培训活动旨在凝聚学生骨干力量、提升学生骨干能力、发挥学生骨干的先锋作用。通过本期骨干培训,学生骨干们更加深切地理解了"骨干"一词以及思考如何真正成为一名学生骨干,更提高了各方面的素质,在专业知识积累、团队凝聚力、大学四年规划上都有了新的认识与提高。最终达到每一位土木学子都能在学生骨干的带领下,秉承"善友善学,积文化底蕴;敬业敬人,凝土木栋梁"的思想,以土木栋梁之姿决胜未来。

【主题团日活动】结合时代潮流,开展主题鲜明的主题团日活动。班级团支部始终是团总支开展活动的基本阵地,每学期都会根据上级要求结合时代潮流在班级中开展主题团日活动。旨在通过团日活动加强班级凝聚力,使同学们都能够积极投身于班级团支部的建设当中。2014年5月,切合五四运动95周年之际,土木学院在大一年级开展了"青春我先行,共筑大学梦"主题团日活动,大二年级开展了"学在土木,让梦想照进现实"主题团日活动,大三年级开展了"我的班长我的班"主题团日活动。活动均要求结合班级自身特点,以营造优良学风为目的,开展形式多样的主题团日活动。旨在契合五四精神,将其化为实现个人理想的不懈动力,同时将个人理想与国家理想相结合,为实现中华民族伟大复兴这一中国梦增砖添瓦。

【维护校园稳定】2014年在学校党委和行政的正确领导下,土木与交通工程学院(以下简称土木学院)全体教职员工齐心协力,勇于进取,团结奋斗,扎实苦干,继续保持良好的发展势头。

【学生实践创新】2014年十月份主要面向大一新生举办"纸楼"大赛活动,用卡纸作为主要材料,在规定模型最大截面积的前提下,让学生们充分发挥想象力,制作出笔直高耸的纸楼模型,由模型高度决定胜负。同样,由土木科协承办的纸桥大赛也在学校展开,使用规定数量的纸张,使搭载的重量达到最大。通过这些科技活动,使大家更加了解自己的专业。

【参加全国性科技竞赛】我院学生荣获"创青春"全国大学生创业大赛第九届"挑战杯"大学生创业计划竞赛银奖、铜奖各一项;"苏博特"杯第三届全国大学生混凝土材料设计大赛二等奖和三等奖;第九届全国大学生交通科技大赛三等奖;在第八届大学生结构设计竞赛中获得优秀奖和优秀组织奖;"创青春"首都大学生创业设计计划竞赛银奖。

【参加北京市科技竞赛】获第四届北京市大学生交通科技大赛的一等奖,第三届北京市大学生建筑结构设计竞赛A组二等奖、B组(结构)一等奖、B组(桥梁)一等奖。

【开展低年级学生的学风建设工作】在低年级中推行学生讲堂活动,充分发挥了学习优秀学生的榜样作用,讲述课程覆盖学院13级和14级全部20个班级,共开设学生讲堂20余次,每次1-2个小时。

【学风建设研究和考风建设】2014年,院学生工作领导小组,根据不同年级学生的特点制定了学风建设工作计划,有计划、有步骤、有检查地开展学风建设工作,从戚承志院长、何立新书记、龙佩恒副院长、韩森副院长、王秉楠副书记到每一位班级导师多次与学生座谈，激励学生学习的动力，促进了学风建设。积极配合学校抓英语和数学的行动，邀请了我院校友、市政院院长刘桂生等著名专家来院介绍学习工作体会、企业对于土木工程专业学生的能力的要求，激发了学生的学习积极性。

【2014届就业】土木学院本科签约率为98.83%，研究生签约率为100%，综合成绩排名全校第一。交通工程专业、无机非金属材料工程专业、地下工程方向毕业生实现签约率、就业率100%。交通工程专业毕业生升学率21.43%，道路与桥梁工程专业升学率20.59%，地下工程方向升学率16.67%。

【贫困生资助】2014年共评选出励志奖学金20名，贫困生236人，其中获得一等助学金学生125人，二等助学金111人。

【学生奖学金】为鼓励研究生科研方面的投入，在研究生奖励工作方面，进一步制定了《土木与交通工程学院研究生优秀论文评选办法》《土木与交通工程学院研究生优秀毕业生评选办法》《土木与交通工程学院研究生国家奖学金评选办法》，各种制度中的评价指标体系突出了研究生科研成果数量及水平所占比例与权重，鼓励研究生将更多精力投入到科研工作中，为实现学院研究生总体科研水平的提高奠定了基础。

【课余文化生活】土木年华——"土穰细流 铸木成威"。时隔八年，土木学院再一次举办迎新晚会，在这个过程中，学生会各部门部长、干事们不断地挑战自己，克服各种困难，使自己的能力得以提升。同时，通过晚会，许多同学得到了一展才艺的机会，在舞台上释放出了自己的青春与活力，极大地丰富了同学们的课余生活。

【宿舍文明建设】积极推进宿舍文化建设，举办宿舍文化衫活动。文艺部举办的宿舍文化衫大赛，文化衫是一种流动广告，它不仅是一件艺术品、纪念品，也是文化传承的载体，促进校园精神文明建设，丰富大学生活，开拓同学们的创造性思维，彰显青春个性，促进宿舍生活的温馨和睦。

（七）对外交流

【国际学术交流】由土木学院牵头，组织了在捷克Ostrava举行的第六届土木与建筑热点问题国际会议的征文工作。经过努力我校共征集论文25篇，其中土木与交通学院投稿23篇，促进了科研活力的保持。2014年6月25-27日，受我校的派遣，由朱光校长带队，我院3名老师随队前往捷克俄斯特拉发参加了第六届土木与建筑热点问题国际会议，并宣读了论文，并与参会的外国学者交流，增进了学术交流和友谊，提高了我校的学术知名度。之后2014年6月27日-7月1日又参加了坎昆举行的Shechtman国际研讨会，应邀做了报告。2014年11月19-23日我院交通系张蕊、焦朋朋、杨静老师赴日本参加UCWIN-ROAD虚拟现实交通国际学术会议。2014年12月我院刘栋栋教授随校团赴美国华盛顿大学访问交流。

【本科生交流访学】2014年我院获得了10个学生对外交流名额，我院组织了学生成员的选拔工作，由谷天硕老师带队于2014年1月赴美国西部访问多所世界名校，开阔了学生的视野。

【国际科技合作基地建设】依托土木与交通工程学院的"城市交通基础设施建设北京市国际科技合作基地"获批。

（八）党建工作

【荣获北京高校德育工作先进集体】土木学院荣获2013-2014北京高校德育工作先进集体。

【校级荣誉】土木学院党总支、道桥党支部、专业基础部党支部获评校级优秀基层党组织，何立新获评校级优秀党务工作者，侯敬峰、赵东拂获评校级优秀党支部书记，吴徽、张蕊获评校级优秀共产党员。

【党风廉政建设】围绕学院的发展一方面加强宣传、警示教育，以各系、部党支部的专题学习和党组织生活作为抓手予以落实。另一方面在制度机制上予以保证。院长继续与2014年度的各位项目负责人签订《土木与交通工程学院项目负责人经济责任承诺书》；健全、完善和调整相关的委员会和工作领导小组人员，确保了学院各项工作科学、有效、规范地开展。

【开展学生党员先锋工程】工作中提出了"五载体"开展学生党员先锋工程的实施方案，取得良好效果。

【北京高校红色"1+1"示范活动获奖】在2014年北京高校红色"1+1"示范活动中，北京建筑大学交通与道桥工程研究生党支部荣获三等奖。

【发表《"知行合一"释放青春正能量》文章】在《支部生活》2014年第12期中刊登文章《"知行合一"释放青春正能量》。

【学生白云获"最美北京人"称号】学院扶植阳光互助社，关爱学生，开展活动，社长白云获"最美北京人"称号。

【暑期社会实践成果丰硕】2014年暑假期间，土木学院组建40支大学生暑期社会实践团队，10支首都高校大学生暑期社会实践重点团队。参加学生人数共计350余人。暑期社会实践结束之后，举办2014年大学生暑期社会实践宣讲大会。地沟油在沥青铺装材料中应用实践成果在《北京晚报》、北京电视台等媒体上报道。

（九）实验室建设

【新校区实验室建设】2014年5月召开了大兴校区结构实验室振动台阵建设专家咨询会，进一步明确了大兴校区结构实验室建设的目标定位和振动台阵的建设方案。2014年12月底建筑面积2400平方米的岩土实验室顺利建成验收，占地2260平方米的大兴校区结构实验室正式开工建设。上述实验室的投入使用和开工建设将为土木学院的实验教学和科研试验提供更好的场地和设备支持，为进一步全面提升学院教学、科研水平，争取博士点奠定坚实的基础。

【实验中心管理制度建设】以成立"土木与交通工程学院实验中心"为契机，在梳理实验中心工作内容的基础上，从管理入手，制定了《土木与交通工程学院实验中心管理办法》、《土木与交通工程学院实验中心安全管理规范》、《土木与交通工程学院设备购置管理规定》、《土木与交通工程学院实验中心科研实验管理办法》、《土木工程实验中心社会实验服务管理办法》、《关于非工作时间使用实验室的规定》、《仪器设备借用制度》、《仪器设备损坏（遗失）赔偿制度》、《教学和科研实验人员申请进入实验室的管理办法》等相关规定。目的是从制度上规范实验中心的各项工作，力争将"土木与交通工程学院实验中心"打造成集本科与研究生教学、科学研究、社会服务为一体的实验基地，更好地为学院师生提供服务，实现实验中心安全、高效的目标。

【实验中心人员建设】目前我校正处在"教学型"向"教研型"发展的转型期，实验中心各实验室设备资产逐年增多，承担的科研任务也逐渐增大，出现了实验室师资不足和人员队伍断层的现象。为解决这个问题，学院着手从内部挖掘潜力，鼓励年轻教师（博士）进入实验室工作，一方面解决实验室教师短缺问题，另一方面也提高了实验室教师队伍的整体素质，为学院实验中心的未来发展奠定了基础。目前已经在实验中心各实验室进行了试点，根据青年教师的工作情况，制定鼓励青年教师进入实验室工作的激励机制，形成教师愿意进入实验室工作的局面。

（何立新　李　飞　龙佩恒　王　亮　韩　淼　廖维张
车晶波　刘　倩　张　蕊　张国伟　戚承志）

三、环境与能源工程学院

（一）学院概况

北京建筑大学环境与能源工程学院前身为城市建设工程系，成立于1984年，2006年6月正式更名为环境与能源工程学院，是学校设立最早、实力最强、规模最大的学院之一。学院现有建筑环境与能源应用工程（国家级特色专业）、给排水科学与工程（北京市特色专业、教育部"卓越工程师教育培养计划"试点专业、中美合作"2+2"项目专业）、环境工程（创新人才培养试点专业）、环境科学（创新人才培养试点专业）、能源与动力工程（教育部"卓越工程师教育培养计划"试点专业）等5个本科专业，2005、2010年建筑环境与能源应用工程和给排水科学与工程先后2次通过了住建部高等教育专业评估，学院设有6个硕士学位授予点：供热、供燃气、通风及空调工程，市政工程，环境科学和环境工程，建筑科学技术，建筑遗产保护。同时授予建筑与土木工程、环境工程领域专业硕士学位，并招收"建筑遗产保护理论与技术"博士研究生。

学院拥有10个国家级或省部级教学与科研基地：国家级水环境实验教学示范中心、国家级建筑用能虚拟仿真实验教学示范中心、城市雨水系统与水环境教育部重点实验室、供热供燃气通风及空调工程北京市重点实验室、北京市应对气候变化研究及人才培养基地、北京市可持续城市排水系统构建与风险控制工程技术研究中心、北京市建筑能源高效综合利用工程技术研究中心、电子废弃物资源化国际合作基地、绿色建筑北京市重点实验室（共建）、热力过程节能技术北京市重点实验室和具有国际先进水平的"中法能源培训中心"等。拥有包括国家级工程实践教育基地在内的40余个校外实践教学基地。此外还有北京学者工作室、工业余热利用与节能研究所、城市燃气中心、瑞士万通水质分析实验室等研究机构。

近五年先后承担60余项国家重大科技专项、国际合作和国家自然科学基金等项目，科研经费超过亿元。学院积极开展国际学术交流与合作，与美国奥本大学、明尼苏达大学、加拿大阿尔伯特大学、英国南威尔士大学、诺丁汉大学、日本东京大学、韩国湖西大学、新西兰奥克兰大学等建立了师生交流与合作关系，每年均有一批优秀毕业生到海外高等学府深造。学院秉承学风严谨、崇尚实践与创新的优良传统，引导学生积极参加各类科技创新和科技竞赛，全院本科生在学期间，都有参与大学生科技项目创新项目的经历，每年都有数十个项目获得省部级和国家级的各类奖励。

(二)师资队伍建设

【概述】 环能学院拥有一支结构合理、兼具学术研究、应用研究和实践经验的师资队伍,截至2014年年底,学院有教职工82人,其中教授12人,副教授29人,讲师24人,助教2人,高级实验师3人,实验师5人,职员7人。91%以上的教职工具有硕士学位,60%以上的教职工具有博士学位(博士学位49人,硕士学位26人)。专任教师中具有博士学位的超过75%,近半数专任教师有海外留学、研修、工作、学习经历。

(三)教学工作

【概述】 学院5个本科专业共招生8个班,招生共281人,实施2014版培养方案。2014届毕业本科生共210人,毕业率98.6%,学位授予率95.7%。首批给排水科学与工程专业(2+2项目)学生11人赴美国奥本大学继续学习。参加国际交流项目的学生还有热能与动力工程专业1人和环境科学专业1人。学院组织了青年教师教学基本功比赛,15名教师参赛,1名教师入围学校评比。毕业设计首次实施查重检测,控制成果重复率低于30%为评优基本条件。

【召开北京市实验教学示范中心验收会】 2014年11月17日,在西城校区第三会议室,邹积亭主持召开了北京市实验教学示范中心验收会,学校教务处、环境与能源工程学院班子成员及水环境实验教学中心教师代表参会,专家听取了水环境实验教学中心的发展汇报,观看了实验中心录像,现场考察了部分实验室,形成了验收意见,一致同意水环境实验教学中心通过验收。

【专业建设成绩显著】 水环境实验教学中心完成了市级实验教学示范中心的验收。《水力学电子习题课》获北京市"创想杯"多媒体课件暨微课大赛一等奖。《知识点解读——压力体》获北京市"创想杯"多媒体课件暨微课大赛二等奖。《沿程损失虚拟实验》获全国多媒体课件大赛优秀奖。王宇获学校教学优秀二等奖,曹秀芹获学校教学优秀三等奖,冯萃敏被评为校级教学管理优秀个人。《泵与泵站》课程获批校级精品课程。实验中心被评为优秀基层组织单位。教师指导学生在北京市大学生化学实验竞赛中获得一等奖3项、二等奖1项、三等奖1项。2014年8月21日,建筑环境与能源应用工程、给排水科学与工程两个专业向住建部评估办正式递交专业评估复评申请书。

(四)科研工作

【"电子废物资源化北京市国际科技合作基地"被认定成功】 北京市科委于2014年3月20日认定"亦庄生物医药国际创新园北京市国际科技合作基地"等279家基地为2014年北京市国际科技合作基地。其中,依托环境与能源工程学院的"电子废物资源化北京市国际科技合作基地"被认定成功,将进一步积极拓展国际科技合作渠道,创新合作方式,丰富合作内容,提高合作成效,使基地真正成为技术领先、人才聚集、示范引领的国际化平台,提升北京建筑大学整体科研实力。

【北京应对气候变化研究和人才培养基地工作总结交流会】 2014年4月,北京建筑大学召开北京应对气候变化研究和人才培养基地工作总结交流会。这是基地成立2年来的一次工作总结和未来工作展望,国家发改委应对气候变化司对外合作交流处黄问航处长、北京市发改委应对气候变化处张玉梅处长、中国农科院许吟隆研究员、中科院生态所王效科研究员,以及"北京应对气候变化研究和人才培养基地"主任、学校党委书记钱军教授、副校长宋国华教授、副校长张大玉教授、科技处、环能学院等相关领导、老师参加了此次会议,会议由副校长张大玉教授主持。

【王崇臣副教授发表高影响因子论文】2014年9月4日,环能学院王崇臣副教授在英国皇家化学学会期刊 Energy & Environmental Science(《能源与环境科学》)上发表论文。该期刊的影响因子大于10。

【设立"瑞士万通奖学金"】2014年11月4日,为激励城市雨水系统与水环境教育部重点实验室(北京建筑大学)本科生和研究生的科研工作,资助优秀学生完成学业,同时广泛宣传瑞士万通公司,加强校企合作,经双方商定在城市雨水系统与水环境教育部重点实验室设立"瑞士万通奖学金"。

(五)学生工作

【概述】学生工作是环境与能源工程学院人才培养体系的重要组成部分。环能学院学生工作遵循"注重思想引领、强化学风建设、搭建发展平台"的基本思路,学生教育管理工作有序推进,深入开展学生主题教育、党团建设、学风建设、科技创新、社会实践、志愿服务、职涯教育等各项工作,硕果累累。

【环能学院举办就业工作专题研讨(党政联席扩大会)活动】2014年4月8日,环能学院举办就业工作专题研讨(党政联席扩大会)活动,围绕2014届毕业生就业进展、存在困难与问题、人才培养等问题开展了深入交流与探讨。环能学院领导班子、各专业负责人、2014届毕业班级导师、就业辅导员参加了本次党政联席扩大会。学院党总支书记陈红兵主持了会议。会议强调了就业工作的重要性,通报了近期学院领导班子对于就业工作研讨的共识与举措:进一步细化相关工作,落实到人,院领导对点联系不同专业的就业工作,及时掌握动态,做好促动与落实;就业奖励办法中加大对就业工作突出贡献个人的奖励力度,将个人考核、晋升与就业工作的过程性投入与业绩有机结合;从就业末端反思前端培养,抓学风、切实提升考研率;针对研究生就业推进困难的现状,明确导师的就业指导职责,促动导师对毕业生就业的引导与推荐;面对目前京外生源比例逐年上升的趋势,大力拓展京外市场资源,各专业都需要结合自身专业实际,积极"走出去",为专业知名度的提升多做工作。学院就业办在对近四年毕业生就业数据的分析基础上,将2014届毕业生就业进展、存在问题进行了呈现,对各专业负责人及毕业班级导师的问题进行了回应和研讨。经过研讨,统一了思想,形成了共识,凝练了办法,对于学院就业工作的推进具有重要意义。

【校企携手走进社区宣传节能低碳】2014年6月10日,环境专业师生联合北京国际工程咨询公司、北京大升光华节能科技有限公司来到东城区北新桥街道办事处民安社区"携手节能低碳、共建碧水蓝天"为主题的大型宣传活动,社区居民参与踊跃,反响良好。

【喜获"绿色未来奖"】2014年6月23日,2014国际学生环境与可持续发展大会(International Student Conference on Environment and Sustainability)在上海同济大学召开,由李颖老师指导的环研13级岳娇同学的"建筑垃圾资源化源头管理对策研究"喜获2013年"绿色未来奖"。"绿色未来奖"每次评选名额不超过20名,竞争激烈,来自北京大学、清华大学、同济大学、重庆大学、北京建筑大学等高校的20位学生获此殊荣。

【英语四级一次通过率首次突破70%】2014年9月1日,作为主考年级的2012级英语四级一次通过率达到72.3%,比2011级提高10个百分点,这也是环能学院英语四级一次通过率首次突破70%。

【启动"星火"学生骨干培训班】2014年10月21日,"星火"学生骨干培训班全面启动。

118名学生骨干参与到涵盖"思想理论学习、心理健康教育、技能培训、素质提升、朋辈交流"等5大培训板块和"如何做好一班之长、三驾马车带动学风"等18项培训活动中去。

【2014届毕业生就业工作以整体就业率100%圆满收官】 2014年11月1日，环能学院2014届毕业生就业工作圆满收官，实现本研整体就业率100%，研究生签约率100%，本科生签约率99.19%的突破。

【创设"阅动水漾年华"班级图书馆项目】 2014年10月27日，给排水专业13级创设"阅动水漾年华"班级图书馆项目，撑起一片"阅读的晴空"，班级图书馆组织本专业同学们合理利用时间多读书，读好书，有利于培养学生读书思考的良好习惯，也促进形成良好班风和学风。

【全面开展学习和践行社会主义核心价值观主题团日活动】 2014年11月17日，环能学院37个团支部近1200名团员全面开展了以学习和践行社会主义核心价值观为主题的团日活动，活动形式多样，激励了团员青年结合自身经历和体会畅谈对社会主义核心价值观的理解和感悟。

【北京市大学生化学实验竞赛取得历史性突破】 2014年12月13日，环能学院在2014年北京市大学生化学实验竞赛中取得历史性突破，选派的5支代表队在56支参赛队伍中脱颖而出，获得一等奖3项、二等奖2项和三等奖1项的佳绩，成为所有参赛高校中获得一等奖最多的单位。

【环能学院研究生工作情况】 2014年新增全日制研究生116人，新增在职硕士研究生55人，毕业研究生105人；8人获2013年研究生国家奖学金，11人获2014年夏季毕业研究生优秀硕士学位论文，9人获2014年夏季优秀毕业研究生；提出并讨论修改了"环能学院研究生毕业发表学术成果的要求"的文件。

（六）对外交流

【"欧亚低碳城市可持续发展领域高等教育合作项目"研讨会成功举办】 2014年7月7日，北京建筑大学成功举办"欧亚低碳城市可持续发展领域高等教育合作项目"研讨会。北京建筑大学组织的"欧亚低碳城市可持续发展领域高等教育合作项目"北京研讨会在西苑饭店成功举办。该项目由来自欧洲和亚洲的共计11所高校和科研院所共同参与，旨在开发一套用于低碳城市可持续发展的标准教材，促进欧亚在该领域的深入合作，提高高校在该领域的教育能力。

（七）党建工作

【概述】 环能学院党委始终坚持"围绕中心抓党建，抓实党建促发展"，将党的工作融入学科专业建设、师资队伍建设、人才培养、教学科研等各项工作之中，为推动学院可持续发展提供了思想保证、政治保证和组织保证。

【校领导深入环能学院检查党建先进校准备工作】 2014年2月27日，校领导深入环能学院检查党建先进校准备工作。校党委书记钱军，校长朱光，党委副书记张启鸿等校领导参加了此次检查工作并听取了汇报。环能学院党总支书记陈红兵主持了汇报会，并围绕总支概况、主要工作、特色工作和努力方向四个方面进行了工作汇报。环能学院院长李俊奇围绕"党政齐心协力，共促事业发展"，从事业发展、抓党建促发展和总结与展望三个方面进行了补充。校领导对环能学院的汇报给予了肯定，并提出了改进建议。此次检查对于环能学院顺利完成党建先进校相关工作具有重大指导意义。同时，环能学院也会以此次党建先进校评估为契机，以评促建，解放思想、统筹规划、齐心协力、攻坚克难，提升党组织的服务能力，抓党建，促和谐，推动学院快速发展。

【校领导到环能学院走访检查党风廉政建设执行情况】2014年12月11日，校长朱光、机电学院党委书记王跃进、宣传部部长孙冬梅、职员高蕾一行到环能学院走访检查党风廉政建设执行情况。环能学院班子成员、教工党支部书记及教代会代表参加了检查。环能学院党委书记陈红兵以"加强党风廉政建设 推动事业快速发展"为题，汇报了2014年党风廉政建设责任制检查自评情况，并对今后工作，提出了进一步完善的目标和办法。检查组对环能学院的工作予以了肯定，并建议环能学院在落实党风廉政建设工作过程中，切实做到紧密围绕设备管理、科研经费、重大项目、人才培养和职称评定等风险点把控的主要矛盾，落实好责任制度，以制度为保障，在落实过程中抓实、抓细，彰显出环能学院的工作特色。

（八）工会工作

【概述】学院以"党建领导，行政支持"开展教代会、工会、统战工作。依法治院，民主治院。

【2014环能教职工羽毛球比赛顺利举行】2014年1月9日下午，环能学院分工会在西城校区大学生活动中心举行了"2014环能教职工羽毛球比赛"，环能学院所有系部均积极参与了比赛。为增进教师感情，加强学院凝聚力，倡导"勤奋工作、健康生活"发挥了重要作用。

（九）实验室建设

【概述】实验室包括西城校区实验室和大兴校区实验室两部分，西城校区实验室服务于科研和教学，大兴校区实验室以服务本科生培养为主，两校区实验室协调管理。实验总面积6000平方米，其中大兴校区2100平方米，西城校区3900平方米，仪器设备总值5千万元，可开设实验项目400项，面向全校6个学院开设实验课。支撑2个国家级实验教学平台和6个省部级科研平台。

【2个北京市工程技术中心获批】2014年7月7日，环能学院获批2个北京市工程技术中心，包括北京市可持续城市排水系统构建与风险控制工程技术研究中心，北京市建筑能源高效综合利用工程技术研究中心。实验室建设成果显著，为学校面向首都和行业需求开展重大关键技术和重大科技成果转化，提供了重要载体。

【北京建筑大学燃气研究中心成立】2014年9月26日，北京建筑大学燃气研究中心成立揭牌仪式暨与北京市燃气集团有限责任公司产学研合作研讨会在北京建筑大学顺利举行。校长朱光、副校长宋国华、科技处处长白莽、环能学院和电信学院的部分班子成员和老师参加了此次揭牌仪式。中心的成立还得到了一直以来的合作伙伴——北京市燃气集团有限责任公司的大力支持，公司总经理支晓晔、副总经理董蓟伟、副总工程师刘燕及部分部门负责人出席了此次仪式。仪式由科研处处长白莽主持。

（十）重大事件

【环能学院召开教职工大会】2014年1月9日，环能学院在学宜宾馆召开教职工大会，学校党委书记钱军，教务处、科技处、研究生处、人事处、招就处、国交处、国际教育学院、基建处、资后处等部门领导出席会议，环能学院全体教职工参加会议。会议听取了党委书记钱军的讲话。环能学院在总结2013年工作及展望2014年工作的基础上，与参会部门进行了充分的沟通，加深了理解，沟通了思想，形成了共识。对于新阶段规划的完成，具有重要意义。

(陈亚飞 冯萃敏 张群力 黄 珧 王 刚 刘艳华 孙金栋 李俊奇)

四、电气与信息工程学院

（一）学院概况

北京建筑大学电气与信息工程学院拥有1个"控制科学与工程"一级学科，1个"建筑数字化工程与技术"培育增列交叉学科，4个本科专业：自动化、电气工程及其自动化、计算机科学与技术、建筑电气与智能化，1个北京市优秀教学团队，1个北京市学术创新团队，自动化专业为北京市特色专业建设点，"建筑电气与智能化实验教学中心"为北京市实验教学示范中心。2014年与中海外天润文化发展有限公司签约共建"移动互联创新研究中心"，与中国兴业太阳能技术控股有限公司签约成立"分布式能源及微电网联合研究中心"，成立了建筑节能与安全监控研究所，举办了2014年第八届海峡两岸信息科学与技术学术交流会。学院在职教职员工58人，退休教师22人，全日制学生986人，其中本科生911人，硕士研究生75人。

（二）师资队伍建设

【概述】 电气与信息工程学院拥有一支结构合理的师资队伍，2014年，学院有教职工58人，新引进教师2人，其中教授8人，副教授19人，1名北京市教学名师，1名北京市优秀教师，1名北京市师德标兵，7名北京市优秀青年骨干教师。博士和在读博士教师占专任教师数的79%。同时还聘请了多名具有工程实践经验的校外高级工程师为兼职教授。学院努力搭建青年教师发展帮助平台，营造老中青教师传帮带氛围。积极开展交流研讨和到企业锻炼，促进青年教师的成长成才，在2014/2014学年的本科教学工作中，青年教师学生评教结果全部为优秀。重视教师教学和科研水平的提高，执行教师素质提升计划，按照人均1000元安排教师培训及交流，组织开展讲座、座谈和交流20多场次。积极鼓励教师进修学习、参与实践。

【举行师生学术报告】 拜访中国工程院院士、中国科学院电工研究所研究员、我国电机领域著名的科学家顾国彪院士，他是我国电机蒸发冷却技术的奠基者和领路人。与国际铜业协会合作签约并启动建筑电气工程师校园大讲坛系列学术报告。系列学术交流拓宽了师生视野，了解行业发展现状和前沿技术，对于教学和科研起到了极大的推动作用。

【注重青年教师培养和引导】 新入校的青年教师实行一年培养期，在一年的时间里以到企业学习、为老教师助课、多听课等形式加强教学能力培养，提升教学能力。

【督导组专家及院领导督导青年教师教学】 贯彻执行督导组专家和学院领导对青年教师进行全覆盖跟踪听课工作，培养和提升青年教师的教学能力。

（三）学科建设

【概述】 加强了学校重点学科"控制科学与工程"的建设工作，实施培育增列交叉学科"建筑数字化工程与技术"建设方案。2014年1月设立学科与专业发展指导委员会，强化了教授治学。凝练了学科发展方向：机器人技术、智慧城市的建筑节能与安全、建筑数字化技术（BIM、视觉表现、虚拟仿真）、建筑电磁环境监测、城市噪声监测、移动互联。

围绕学科发展方向，结合大兴校区实验室建设，搭建实验平台，培养科研和教学团队，成立建筑节能与安全监控研究所，扩大学术交流，承办"第八届海峡两岸信息科学与技术学术交流研讨会"，提升了学术影响力和人才培养质量。

招收研究生27名，完成了控制科学与工程学术型硕士，以及建筑电气与智能化方向专业学位硕士培养方案，增设交叉学科课程，制定了电气与信息工程学院硕士研究生毕业标准，建立完善了硕士研究生导师负责制，保证了研究生培养质量。

【完善研究生培养体系，提高研究生培养质量】加强招生宣传工作，制作宣传网页，充分利用了微信等互联网手段，2014年外校一志愿报名考生人数比2013年增加了40%；注重本校考研学生培养，提高学生考研率，邀请陈文灯教授等考研专家为学生进行学习指导和辅导，提升学生的竞争力；把好"录取"关，制定合理的复试工作方案；修订培养方案，制定人才培养标准。2014年完成了控制科学与工程学术型硕士，以及建筑电气与智能化方向专业学位硕士培养方案，通过多方调研与研讨，进一步完善了研究生培养课程体系，增设相关交叉学科课程，制定了电气与信息工程学院硕士研究生毕业标准，对学术论文的科学研究水平提出了更高的要求，保证了人才质量；建立完善的导师负责制，严格过程管理，研究生导师每月至少听取研究生一次汇报；成立学习型科研小组，提高学习效率。2014年研究生3人获得国家奖学金，2人获评学校优秀毕业研究生，2篇硕士学位论文获评学校优秀论文。

【成立了建筑节能与安全监控研究所】2014年1月，成立了建筑节能与安全监控研究所。建筑节能与安全监控研究所是集科学研究、工程设计、技术咨询等工作为一体的综合性研究机构。研究所将发挥北京建筑大学人才资源和基础设施优势，为教师提供科研平台，面向北京地区的城镇化建设，应用现代高新技术，在建筑节能与安全监控领域开展科学研究。同时广泛开展国际、国内科研项目合作与学术交流，开展社会服务，为建筑节能与安全监控领域的技术发展做出贡献。

【与中国兴业太阳能技术控股有限公司签约成立"分布式能源及微电网联合研究中心"】2014年5月19日，电气与信息工程学院与中国兴业太阳能技术控股有限公司成立"分布式能源及微电网联合研究中心"，签署了战略合作协议。就分布式发电及微电网领域的新技术展开更加广泛而深入的研究，在产学研各方面密切双方战略合作关系，推动双方实现优势互补、互惠互利、协同创新。

【与中海外天润文化发展有限公司签约共建"移动互联创新研究中心"】2014年5月18日，电气与信息工程学院与中海外天润文化发展有限公司共建"移动互联创新研究中心"，并签署了战略合作协议。当前，我国正处于移动互联网高速发展阶段，为移动互联网行业以及相关教育行业发展提供了前所未有的政策支持和市场空间。北京建筑大学与中海外天润文化发展有限公司开展的校企战略合作，对打造实践教学、科技创新和研发平台，加强产学研的合作，对于推进企业技术创新和产业升级、推进高校的科研成果转化有着积极的促进作用。

【承办2014年第八届海峡两岸信息科学与技术学术交流会议】2014年8月22-24日由北京建筑大学、北京交通大学、淡江大学、金门大学、北京信息科技大学主办，北京建筑大学电气与信息工程学院承办的第八届海峡两岸信息科学与技术学术交流会议（CSCIST 2014）在北京成功举行。海峡两岸信息科学与技术学术交流会议是海峡两岸信息学科领域的专家学者为促进学术交流、分享研究信息科学与技术成果而举办的系列学术会议,自2006年起已先后在两岸大学中轮流举办了7届,对两岸信息科学与技术乃至经济社会的共同发展起到了促进作用。

(四)教学工作

【概述】加强以社会需求和行业发展需要为重点的教学改革研究,探索人才培养模式多样化的道路。完成了2014版本科培养方案教学大纲制定工作。加强学生工程实践能力的培养,依托昌盛联行商业地产管理顾问有限公司和中国BIM门户网新建了校外人才培养基地,落实双导师制度,聘请多名企业工程师和行业专家担任兼职导师承担实训教学任务、指导毕业设计、开展讲座,与山东建筑大学、天津城建大学、吉林建筑大学和青岛理工大学开展了联合毕业设计。

【修订2014培养方案】认真修订人才培养方案,不断创新人才培养模式。电气与信息工程学院以2014版本科和研究生培养方案修订和教学大纲修订为契机,通过对国内外建筑行业电气信息类专业人才培养目标、模式和方案的比较研究,组织了8次研讨会,邀请知名高校和行业知名企业专家对培养方案修订进行研讨,并针对各专业就业重点单位进行了用人单位调研,结合信息技术快速发展对技能型人才的广泛需求,加强以市场为导向、以社会需求和行业发展需要为重点的教学改革研究,探索人才培养模式多样化的道路。

【设立教学实践基地】注重实践教学内涵建设,增强实践教学效果。采取"课堂内外结合、多种形式互补"的形式,多层次全方位地加强电气信息类学生工程实践能力的培养,使工程项目训练贯穿于实践教学与大学生课外科技活动等整个实践训练的全过程,2014年,新增北京升华电梯有限公司为北京建筑大学电气与信息工程学院教学实践基地。

【加强教学督导与质量监控】以课堂教学为抓手,加强教学督导与质量监控。邀请学院督导专家组专家为电气与信息工程学院青年教师和新进教师作"如何提高课堂教学质量"的专题讲座,并开展了教学督导组专家与青年教师的座谈活动;开展青年教师讲课比赛,开展了教案等教学文件检查和评比活动;组织召开了学生、教师座谈会10余场次,组织实践教学检查、听课40余次。

【落实双导师制度】电气与信息工程学院聘请了多名企业工程师和行业专家担任兼职导师来学院承担实训教学任务、指导毕业设计、开展讲座,加强实践教学经费投入,购买元器件和相关图书资料,为学生参加电子设计大赛和开展毕业设计提供硬件保障。

【实行三校联合毕业设计】2014年电气与信息工程学院与山东建筑大学、天津城市学院联合,在建筑电气与智能化系试行三校联合毕业设计,取得良好效果。

【教学成果】由北京建筑大学电气与信息工程学院牵头申报的"智慧城市"国家级虚拟仿真实验教学中心入选2014年国家级虚拟仿真实验教学中心教育部公示名单;刘亚姝老师以92分的高分获得2014年学校教学优秀奖二等奖;2014年电气与信息工程学院举办了青年教师教学基本功比赛,推选王晓辉、肖宁、衣俊艳和文晓燕4位老师参加学校青年教师教学基本功比赛;全体教师学生评教分数均在90分以上;全国大学英语四级考试主考年级一次性通过率从2013年的46%提高到2014年的57%,提高11个百分点;2014年,获得校级优秀毕业设计(论文)8项8人次,2人获校级优秀毕业设计(论文)指导教师称号;建筑电气与智能化系获评学校先进教学基层组织单位,魏东获评学校先进教学管理人员。

【学生科技竞赛成果】2014年北京建筑大学电气与信息工程学院参与各级各类科技竞赛学生数超过300人次，116人次获得省部级以上奖励54项，其中，国家级35项、省部级19项，在2014年"尚和杯"中国机器人大赛暨RoboCup公开赛和全国大学生西门子杯工业自动化挑战赛中共斩获全国特等奖4项，取得了重大突破。在以往工作的基础上，电气与信息工程学院着重在竞赛教师梯队建设上下功夫，鼓励更多青年教师参与到竞赛指导工作中，学生科技活动指导教师队伍已经从最初的几个人扩大到现在的20余人，梯队建设工作初步完成。

（五）科研工作

【概述】2014年电气与信息工程学院申报国家自然科学基金项目14项，获批面上项目1项、青年项目1项，合作面上项目1项，实现学院国基金零的突破；申报北京市自然科学基金项目11项，获批面上项目2项，实现第二年连续获批；获批承担北京市科委科技计划绿色通道项目——基于BIM的建筑消防数字化技术及其示范应用研究项目；12月安装调试自主研发的全球最大3D打印设备；针对2015年度国家自然科学基金申报，12月15日，电气与信息工程学院召开自然基金申报经验交流会，5名获批国家和市自然基金教师介绍经验，同月聘请哈尔滨工业大学高会军教授做"青年教师科研能力提升"专题报告会。

【科研经费情况】2014年电气与信息工程学院到校科研经费285万元（2013年度267万元），其中横向项目到校经费132万元，基金类纵向项目到校经费66.4万元，省部市局级纵向经费40.6万元，专项科研经费45万元。本年度有科研经费进账的各级各类纵向科研项目23项，横向项目20项。

【科研成果情况】2014年度电气与信息工程学院共发表各类科研论文62篇，教材与专著8部，获批专利4项。

【实验室和基地建设情况】北京建筑大学电气与信息工程学院主动参与"北京技术创新行动计划（2014-2017）"重大专项，由北京理工大学、北京建筑大学、日本早稻田大学、意大利比萨圣安娜大学联合申报的"智能机器人与系统高精尖创新中心"于2014年11月18日通过答辩评审；2014年3月与北京电影学院签署共建协议，获批北京市2011计划培育项目"中国电影高新技术协同创新中心"；积极参与"中美清洁能源联合研究中心（CERC）"重大项目，2014年5月19日与中国兴业太阳能技术控股有限公司（CERC建筑能效联盟中方企业委员会主席单位）成立分布式能源及微电网联合研究中心；与国际铜业协会、中海外天润文化等公司签订了产学研合作协议，与美国飞思卡尔半导体、北京升华电梯有限公司洽谈了合作意向，与日本东京大学开展"白金城市"的合作研究；12月北京建筑大学电气与信息工程学院组织申报了"北京市机器人仿生与控制重点实验室"；继续参与深化"北京市建筑安全监测工程技术研究中心"的建设工作；通过专项实施了大兴校区机器人仿生与控制、艺术视觉与数字处理、电磁兼容、罗克韦尔先进控制等创新实验室的建设工作。

（六）学生工作

【概述】电气与信息工程学院在校全日制学生986人，其中本科学生911人，硕士研究生75人。学院以建设良好学风为根本，持续深入开展目标引领、基础管理、环境营造、帮扶助困、实践成才、就业促进六大工程。电气与信息工程学院通过推行手机收纳袋、举办电气大讲坛、组织科技竞赛、参观专业展览、开展早晚自习评比、结合党员先锋工程开展一对一学业帮扶、为学困生建立台账、建立"电力十足"微信平台推送课程复习资料、重点课程开展成绩分析交流会、开展"见贤思齐"电信榜样系列宣传活动树立典型、学生党员联系宿舍共建学风等具体措施积极开展学风建设工作。近500人次参与各级各类科技竞赛，136人次获奖，其中国家级奖励30项、省部级奖励24项。2014届本科生就业率97.07%、签约率95.12%，研究生就业率100%、签约率100%。

【开展小爱心，大不同志愿服务活动】2014年1月，电气与信息工程学院开展"小爱心，大不同"系列志愿服务活动，利用卖塑料瓶的钱，购买老人营养品捐赠给敬老院，将同学们的爱心传递给老人。

【学生在机器人大赛荣获特等奖】2014年10月12日，在中国合肥国际会展中心举办的中国机器人大赛暨RoboCup公开赛中，电气与信息工程学院学生代表队在经过肖玲琍、汪杰等老师的悉心指导，凭借着丰富的理论知识，熟练的专业技巧，在比赛中脱颖而出，最终获得武术擂台赛投影项目特等奖1项、舞蹈组——自创双足人形组特等奖2项和擂台组、舞蹈组、竞步组一等奖2项、二等奖4项、三等奖5项和优秀奖1项的优异成绩。

【学生在华北五省暨港澳台大学生计算机应用大赛中再创佳绩】由北京建筑大学电气与信息工程学院马晓轩、周小平、赵海龙、张翰韬等多位老师共同参与指导的参赛队伍在本次大赛中共获得1项一等奖和3项三等奖。由于出色的组织工作以及有多支队伍进入总决赛，北京建筑大学再次荣获优秀组织奖。

【电信学院举行学风建设表彰大会暨"电掣星驰，梦帆远航"文艺演出】12月16日，电气与信息工程学院为了表彰2014年度先进集体和个人隆重举行电信学院学风建设表彰大会暨"电掣星驰，梦帆远航"文艺演出。

（七）党建工作

【概述】电气与信息工程学院党建工作紧密围绕学校学院中心工作，凝心聚力，开拓进取，充分发挥学院党委的政治核心作用、党支部的战斗堡垒和共产党员的先锋模范作用，带动了学院事业又好又快发展。2014年学院党委以迎接党建先进校评估检查为契机，系统梳理完善了学院的各项规章制度；结合两校区工作实际，科学设置11个党支部，完成支部的换届改选工作，加强基层党组织建设；紧密围绕学校学院中心工作，凝心聚力，广泛开展了教育思想大讨论和调研工作；100%落实党的群众路线教育实践活动整改方案，工作中注重深入群众，关心群众，团结群众，切实解决师生实际困难；以社会主义核心价值体系为引领，创立品牌活动，深化师生思想道德教育，其中"围绕中心工作，党政齐抓共管，推进事业发展"和"搭建教师与学生党支部共建活动平台 共创良好班风学风"被列为学院党委特色工作，本科生第一党支部开展的"青春凝聚党旗下，共同体会延安情"活动在2014年北京高校红色"1+1"示范活动中获得优秀奖；围绕党员先锋工程活动，学院党委制定了具体的实施方案，各学生党支部在理论学习导师的指导下开展理论学习活动；以朋辈辅导、志愿服务、红色"1+1"等活动为载体，在实践中培养服务先锋；按照"坚持标准 保证质量 改善结构 慎重发展"方针做好党员发展工作，2014年电气与信息工程学院共有学生党员115名，占学生总数的11.39%。

【党风廉政建设责任制具体落实情况】电气与信息工程学院健全和完善了党风廉政建设和

反腐败工作的组织领导和责任分工，处级干部认真贯彻执行《中国共产党党员领导干部廉洁从政若干准则》等有关廉政规定，积极实施"阳光工程"，召开了教职工大会，由党政领导汇报学院教学、科研、经费等各方面情况，自觉接受广大教职工的监督。每位班子成员分别联系一个系（中心），定期参加各系、中心活动，保证了教育及时到位。坚持执行党务和院务公开计划，针对廉政防范风险点，2014年制定实施了《电气与信息工程学院实验仪器设备、元器件材料等采购管理办法》，严格管理工作流程。坚持贯彻民主集中制，注重发挥学术、学位委员会、教学工作委员会、学生工作领导小组等机构职责，就学院工作进行集中讨论，涉及"三重一大"等事情的决定上，均坚持民主集中制的原则，广泛争取教代会代表、广大教师的意见，各类津贴分配、先进的评比、荣誉的授予等涉及教职工利益的问题，执行投票表决制度。2014年，在分配大兴校区电信楼教学用房等重大事项上，多次召开研讨会，反复征求师生意见形成决议。把廉洁教育贯穿于师德师风建设之中，对教师强化职业道德和诚信科研教育，针对学生群体，利用新生入学教育、诚信考试教育、学生入党教育、主题班会教育、毕业教育等时机加强廉洁知识教育，培养学生崇廉拒腐的意志品质，营造"以廉为荣、以贪为耻"的廉政文化氛围。2014年在预算执行、经费使用、固定资产购置等党风廉政自查中均不存在问题。

（八）工会工作

【概述】 电气与信息工程学院分工会始终坚持"围绕中心、服务大局、统一思想、凝聚力量"为主题，创造性地开展工作。在党政的领导下，推进二级教代会工作，积极贯彻民主管理民主监督，党政工全力配合，营造团结和谐工作氛围，推进工作健康稳定发展。在校工会的领导下，积极开展分工会工作，在教职工思想教育、教学基本功比赛、送温暖、文体活动等方面细致梳理，关心丰富教职工生活，全力做好后勤保障。

【充分发挥工会、教代会作用，实施民主管理】 电气与信息工程学院坚持院务公开，及时公开学院经费使用、制度、评优晋级、教职工年度考核、教师奖励性绩效工资分配情况、各种捐款捐物等。实施民主管理，在学院工作中，对各种文件制度制定、教职工评优、职称评定、科研项目申报等均采取公开讨论、广泛争取意见，通过教师代表会、系主任会、学术学位委员会、教学工作委员会等机构，必要时经全体教职工大会民主讨论评定和决策，使教师参与学院重大工作决策。广泛开展各类文体活动，增强凝聚力，愉悦教职工身心。慰问生病、生小孩教职工；了解教师需求，切实解决子女入学等实际困难，营造学院和谐的氛围。积极支持和协助民主党派加强自身建设，发挥民主党派人士作用。

【举办电信学院首届师生羽毛球赛】 5月28-29日，在北京建筑大学西城校区大学生活动中心举办电气与信息工程学院首届师生羽毛球赛。活动丰富了师生的课余生活，更加强了老师和同学们间的友谊。

【关心退休教师生活】 电气与信息工程学院关心退休教职工生活，一年保证电话联系至少四次，慰问生病和年龄较大的退休教师，年底开展了新年团拜活动，邀请退休老师到大兴校区参观，共话学院未来。

（九）实验室建设

【概述】 2014年，电气与信息工程学院依托"建筑电气与智能化实验教学示范中心"市级实验教学示范中心，进一步提升实验室建设理念，归纳成功经验，凝练成果，组织申报了"北京市机器人仿生与控制重点实验室"。积极联合企业公司共建实验室，签署战略发展协议，建立高校产学联合培养人才的模式和机制，进一步推进学院实验室建设。

【"智能机器人与系统高精尖创新中心"通过答辩评审】 电气与信息工程学院参与"北京技术创新行动计划（2014-2017）"重大专项，由北京理工大学、北京建筑大学、日本早稻田大学、意大利比萨圣安娜大学联合申报的"智能机器人与系统高精尖创新中心"于2014年11月18日通过答辩评审。

【获批"中国电影高新技术协同创新中心"】 2014年3月电气与信息工程学院与北京电影学院签署共建协议，获批北京市2011计划培育项目"中国电影高新技术协同创新中心"。

【成立分布式能源与微电网联合研究中心】 电气与信息工程学院积极参与"中美清洁能源联合研究中心（CERC）"重大项目，2014年5月19日与中国兴业太阳能技术控股有限公司（CERC建筑能效联盟中方企业委员会主席单位）成立分布式能源及微电网联合研究中心。

【与多家企业签署产学研合作协议】 电气与信息工程学院与国际铜业协会、中海外天润文化等公司签订了产学研合作协议，与美国飞思卡尔半导体、北京升华电梯有限公司洽谈了合作意向，与日本东京大学开展"白金城市"的合作研究；

【组织申报机器人仿生与功能研究北京市重点实验室】 2014年12月电气与信息工程学院组织申报了"机器人仿生与功能研究"北京市重点实验室。

（十）重大事件

1月，电气与信息工程学院召开建筑节能与安全监控研究成立暨学术交流会，科技处刘芳老师代表学校宣读了《关于成立"北京建筑大学建筑节能与安全监控研究所"的通知》，标志着该研究所的正式成立。

3月，电气与信息工程学院与北京电影学院签署共建协议，获批北京市2011计划培育项目"中国电影高新技术协同创新中心"。

5月，电气与信息工程学院与中国兴业太阳能技术控股有限公司签约成立"分布式能源及微电网联合研究中心"。

5月，电气与信息工程学院与中海外天润文化发展有限公司签约共建"移动互联创新研究中心"。

8月，电气与信息工程学院承办了2014年第八届海峡两岸信息科学与技术学术交流会议。

9月，完成了2014版本科培养方案教学大纲制定工作，与山东建筑大学、天津城建大学、吉林建筑大学和青岛理工大学开展了联合毕业设计。

10月，在中国机器人大赛暨RoboCup公开赛中，电气与信息工程学院学生代表队在指导教师肖玲琍、汪杰等老师的悉心指导下，获得特等奖3项、一等奖2项、二等奖4项、三等奖5项和优秀奖1项的优异成绩。

11月，电气与信息工程学院参与"北京技术创新行动计划（2014-2017）"重大专项，由北京理工大学、北京建筑大学、日本早稻田大学、意大利比萨圣安娜大学联合申报的"智能机器人与系统高精尖创新中心"于2014年11月18日通过答辩评审。

11月，电气与信息工程学院与国际铜业协会合作签约。

12月，电气与信息工程学院组织申报了"机器人仿生与功能研究"北京市重点实验室。

12月，由电气与信息工程学院牵头申报的"智慧城市"国家级虚拟仿真实验教学中心入选2014年国家级虚拟仿真实验教学中心教育部公示名单。

（田　芳　杨　光）

五、经济与管理工程学院

（一）学院概况

经济与管理工程学院（以下简称经管学院）设有三系三所三中心，即：工程管理系、工商管理系、公共管理系；工程管理研究所、工程法律研究所、经济管理与人居环境研究所；MBA教育中心、经管学院实验中心、经管学院培训中心。在本科生教育方面，设置有工程管理、工程造价（2013年新批）、工商管理、市场营销和公共事业管理（招标采购方向）等五个专业。在研究生教育方面，全日制学术型设置有管理科学与工程、工商管理两个一级学科硕士学位授权点，包含企业管理、会计学和技术经济及管理等二级学科硕士学位授权点；专业学位设置有MBA（工商管理）、项目管理和物流工程硕士学位授权点；非全日制设置有项目管理领域和物流工程领域工程硕士学位授权点。管理科学与工程是北京市重点建设学科，工程管理专业是北京市级特色专业。

2014年经管学院在校本科生1370名，研究生252名（其中MBA39人，普硕40人，在职工硕173人），专任教师41名，其中教授11人，博士生导师2人，副教授15人。

经管学院毕业生定位于为北京地区经济建设和城市建设管理各行业服务，以其知识面广、专业知识扎实、应用能力强，既懂技术又懂管理的特点和优势受到用人单位的欢迎和认可，一大批毕业生成为公司经理、项目经理或总监。

（二）师资队伍建设

【概述】经管学院拥有一支结构合理、兼具学术研究、应用研究和实践经验的师资队伍。现有教职员工53人，其中专任教师41人，其他人员12人。其中教授11人，博士生导师2人，副教授15人，讲师及其他27人。

【调入人员名册】

经管学院2014年调入人员情况一览表

序号	姓名	性别	学历	类型	报到时间
1	丁锐	男	博士	专任教师	2014.02
2	王东志	男	硕士	科研秘书兼研究生教务	2014.11

【调出人员名册】

经管学院2014年调出人员情况一览表

序号	姓名	性别	学历	类型	调出时间
1	余玲艳	女	博士	专任教师	2014.12
2	刘国栋	男	博士	专任教师	2014.12
3	李守玉	女	硕士	团总支书记	2014.09

（三）学科建设

【概述】经管学院现有两个一级学科，即管理科学与工程和工商管理。

管理科学与工程学科起源于土木工程的施工管理专业，研究生教育始于1981年。于1998年成为管理科学与工程硕士学位授权点。2008年4月，其支撑专业工程管理通过建设部专业评估，2009年被评为北京市特色专业。管理科学与工程于2010年被列为北京市一级重点建设学科。

工商管理学科发展至今，经历了近20年的发展历程。从1997年，管理系成立，到2002年9月工商管理本科专业和市场营销本科专业第一届学生入学；再到2006年1月技术经济及管理二级硕士点开始招生，并设立企业管理二级硕士点；2011年3月，工商管理一级学科获得批准。

【学科建设成绩显著】管理科学与工程学科在原有学科的基础上，进一步凝练研究方向，形成了工程项目管理、工程建设法规与合同管理、建筑节能与可持续发展、建筑物流与供应链管理四个特色研究方向。通过北京市教委学科验收，取得良好的成绩。

工商管理学科在2013年基础上，按照学校要求，进一步凝练四个研究方向，形成了技术经济及管理、企业管理、招投标管理以及房地产经营与管理四个方向。

【召开学科建设研讨会】成功召开管理科学与工程学科建设研讨会。2014年4月在学宜宾馆召开了管理科学与工程学科建设研讨会。邀请天津大学王雪青教授分享了天津大学管理科学与工程学科建设的情况。选派一名教师参加1次国际学术会议。

开展学科建设调研工作。2014年12月，到西安建筑科技大学、北京工业大学进行调研，了解其他院校管理科学与工程学科建设情况，找差距，制定了十三五规划管理科学与工程学科建设的目标和任务。

2014年12月召开工商管理学科建设研讨会，邀请北京相关工科院校的管理学院院长和工商管理学科负责人以及京外建筑类院校的工商管理学科和专业负责人，共同研讨了新形势下，工商管理学科和工商管理类专业的方向定位及存在问题和发展机遇；2014年7月，针对房地产经营与管理方向，学院牵头召开了校企合作培养学生的研讨会，邀请了京外相关建筑院校的各工商管理及房地产经营与管理等学科和专业负责人、相关企业负责人以及英国皇家房屋经理人学会主席等近20人共同探讨目前校企联合培养学生的新途径和新方法；2014年9月，在2013年两岸学术交流基础上，学院派出了企业管理研究生和教师赴台湾大叶大学进行为期半学期的交流与交换，学习到了台湾培养人才的过程和方案以及学习方法，对我们的研究和教学具有促进作用；2014年12月，学院邀请了全国房地产专业教学指导委员会委员广州大学陈德豪教授到校做了"互联网＋房地产"的学术报告并与同学做了学术交流。

【加强与中国台湾地区交流】为了加强与中国台湾地区的学术交流，由一名教师和三位硕士研究生组团赴云林科技大学进行交流学习，项目获得成功。在台期间我院四位师生分别旁听相关课程，观摩多所大学的硕博论文答辩会，考察多所台湾大学与多个大型企业并参加"CEM2014（第18届）营建工程与管理学术研讨会"，发表了三篇具有较高学术水平的论文。我院师生所表现出良好的治学态度与风貌品格，为项目未来交流奠定更加扎实的互信基础。

由两位教师和10名MBA学生赴台湾大叶大学研修项目获成功。交流研习活动时间虽短，但内容详实，既学习了台湾地区企业经营和管理的知识和经验，又更加切身体验到台湾企业文化与精神，达到了研学的目标。

应台湾大叶大学邀请为台湾大叶大学 MBA 学生赴京研修班开设部分课程，给大叶大学 MBA 学员留下了深刻的印象，普遍反映颇有收获。

（四）教学工作

【概述】经管学院在夯实教学常规管理、深化课堂教学改革的同时，以新专业申报和 2014 版培养方案修订为契机，进一步优化专业结构、凝练专业特色、优化课程体系，提升人才培养的数量与质量。

【2014 版本科培养方案编制完美收官】2014 年 4 月，经管学院完成了工程管理等 5 个专业 2014 版培养方案的编制工作，并于 4 月 11-12 日，召开 2014 版本科专业培养方案的校内外专家论证会。二十二名高校专家、行业教育协会、行业协会、企业负责人、校友代表参会。论证会上各位领导、专家、校友对经管学院的专业建设等给予了很高的评价，同时也提出宝贵的修改意见。

【工程造价专业正式招生】新办工程造价专业顺利完成首次一本理工科招生，平均分数线高出一本线 30 分，超出工程管理专业 9 分。高素质的生源进一步夯实了我院工程管理类专业优势与特色，我校正式成为北京地区第一家高规格的工程造价本科人才培养基地。

【工程管理专业毕业设计深化改革】2014 届工程管理专业毕业生毕业设计方向由原来的"投标文件编制"单一方向拓展为"投标文件编制"、"房地产策划"、"项目可行性研究"、"信息管理系统设计"等四个方向，使工程管理专业学生毕业设计的比例由 40% 提高到 100%。

【工商管理类专业建设与发展研讨会成功举办】2014 年 12 月 14 日，我院与天津城建大学经济与管理学院共同发起举办了"建筑类院校工商管理学科与工商管理类专业建设与发展研讨会"。13 所高校的经管学院院长、工商管理系主任、MBA 中心主任、工商管理专业负责人及骨干教师参加本次研讨会。会议对工商管理专业评估标准、大类招生先进经验、专业人才培养模式、实践实习组织指导、教师教学科研水平提升等方面进行了热烈的讨论，总结提炼出许多有益的建议与办学经验，收到很好的效果。

【新生研讨课教学改革】由过去单人讲授专业概论改为由 10 名教授、8 名专业负责人、骨干教师等组成的教学团队教学，新生研讨课教学改革的探索成功起步。

【教学获奖】我院周霞老师获得 2014 年教学优秀奖二等奖。我院张宏老师获得中国建设教育协会首届全国建筑类微课比赛本科类一等奖，教育部教育管理信息中心第十四届全国多媒体课件大赛微课组三等奖和首届全国高校微课教学比赛北京市优秀奖。工程管理系获校级基层优秀教学单位奖。

（五）科研工作

【概述】经管学院 2014 年科研工作在全体教师的共同努力下取得了较好成绩。申请批准的项目共计 13 项。其中获得省部级项目 5 项，其他项目 8 项。到校经费共计 65 万元。共发表学术论文 76 篇。其中 EI 等检索论文 1 篇，核心期刊论文 40 篇，其他论文 35 篇。著作 12 部。

【承担科研项目数量和质量均有增加】

2014年经管学院承担的各类科研项目一览表

序号	项目名称	负责人	项目来源	项目级别	合同经费（万）	起止时间	项目分类
1	北京市突发事件舆情研判与应对策略研究	杨兴坤	北京市教育委员会	省部级	5	2014.01.01 2015.12.31	主管部门科技项目
2	基于时间序列的行业技术变革测度及企业适应能力研究	卢彬彬	北京市教育委员会	省部级	15	2014.01.01 2016.12.31	主管部门科技项目
3	政府购买社会力量助残服务研究	陈雍君	其他课题	省部级	1	2014.03.01 2015.08.31	其他研究项目
4	工程建设稽查执法疑难问题及安全研究	姜军	住建部	省部级	10	2014.06.01 2014.12.31	住房和城乡建设部研究项目（课题）
5	北京市延庆县南湾村村庄规划	丁锐	住建部	省部级	7	2014.06.01 2014.12.31	国家其他部委项目
6	高速公路融资模式的国际比较和我国的现实选择	彭斌	学校社科项目	校级	2	2014.07.01 2016.06.30	校设科研基金
7	基于可持续发展的矿粮复合区新农村建设研究	赵金煜	学校社科项目	校级	3	2014.07.01 2016.06.30	校设科研基金
8	美国房地产领域预防腐败体系对中国的启示	严波	北京建筑大学	校级	3	2014.07.01 2016.07.01	校设科研基金
9	国际建筑市场开放度与我国对外工程承包研究	邓世专	学校社科项目	校级	3	2014.07.01 2015.06.30	校设科研基金

横 向 课 题

序号	项目名称	负责人	项目来源	项目性质	合同经费（万）	起止时间	项目分类
1	二手房市场分析与预测	张原	企事业单位委托项目	服务	2	2014.01.02 2016.12.31	应用研究
2	北京市民防局宣传教育基地发展规划研究	杨兴坤	企事业单位委托项目	开发	8	2014.06.30 2014.09.30	应用研究
3	建筑劳务用工实名制管理体系研究	尤完	企事业单位委托项目	开发	4	2014.09.10 2015.12.31	应用研究
4	建筑工程施工协同管理统一标准编制研究	万冬君	企事业单位委托项目	开发	2	2014.12.10 2016.12.31	应用研究

（六）学生工作

【概述】 2014年经管学院学生工作在校学工部的指导下，在经管学院党委和行政班子领导下，在全体教职员工的支持下，以努力提高学生德育素质为核心，以促进学生综合能力全面发展为目标，各项工作均取得了长足的进步，顺利完成了今年的学生教育和管理等各项工作。

【辅导员队伍建设】2014年学院学生工作队伍较为稳定。学院组织辅导员参与培训，定岗定责，助力辅导员快速成长。确保班级导师队伍持续健康发展，通过开展培训，使班级导师及时了解工作内容，尽快进入角色。经过一年建设，学院学生工作队伍焕发勃勃生机，1名辅导员获评校级优秀辅导员，1名辅导员获评校级学生工作先进个人，1名辅导员考核优秀，成绩喜人；辅导员核心期刊发表论文1篇，北京市立项结题1项。班级导师参与学生活动出席率超过80%。

【学生就业】在学校、学院党委的领导下，在校招就处的具体指导下，经管学院本着为学生成长成才服务的宗旨，以就业为导向，努力加强就业指导，开辟就业新渠道，推进工作创新，强化内涵建设，注重提升实效。学院就业工作领导小组定期听取就业工作办公室汇报就业工作，并要求全体教师必须思想上高度重视毕业生就业工作，充分利用自身资源，积极为学生推荐就业岗位。组建就业工作团队，通过吸纳研究生和本科生党员来共同参与就业工作，定期填写《经管学院就业困难毕业生帮扶情况记录表》。构建指导体系，强化求职技能；充分利用资源，拓展就业渠道；创新服务方式，促进顺利就业；创建毕业生个人信息档案，搭建就业信息网络平台，开展毕业生就业分类指导。截至2014年10月31日，本科生就业率为98.03%，签约率为94.43%，研究生就业率为100%，签约率为96.77%。

【学生科技活动】为提高学生创新能力与团队意识，我院承办了北京建筑大学首届"鲁班杯"创新创业大赛。学生荣获中国成语大赛亚军1项；获全国大学生英语竞赛C类二等奖1项、三等奖2项；北京市第二十四届大学生数学竞赛一等奖1项；2014年第四届全国大学生计算机应用能力与信息素养大赛本科组三等奖2项；首都大学生创业大赛银奖1项，铜奖3项，其中两项晋级全国赛，并获全国大学生创业大赛银奖1项，铜奖1项，创历史最好成绩；在核心期刊上发表论文3篇。

【安全稳定】经管学院将学生学习、生活与活动区域划分成若干责任区，安排学生党员、干部担任负责人，联系班级、宿舍，及时掌握动态。学院还安排党员、干部联系学业困难学生、少数民族学生、家庭经济困难学生，结成帮扶对子，关心他们日常学习生活中的困难，及时排忧解难，发现问题及时反馈汇报，将不稳定因素降至最低。

学院较好完成学生安全稳定任务。关心家庭经济困难学生，全年累计资助困难学生68.75万元，其中0.6万用来帮助学生度过临时困难，累计帮助80名少数民族学生。协助2013年发生交通事故的学生开展民事诉讼，胜诉并获赔近40万元。圆满完成控烟的相关任务。妥善处理学生与外校人员感情纠纷事件、学生间感情纠纷事件等多起突发事件。

【主题教育】经管学院以十八大为契机，学生党员先锋工程为引领，加强学生思想政治教育，开展学生思想政治工作，取得较好效果。学院围绕社会主义核心价值观、十八大精神、十八届四中全会精神等开展"我为社会主义核心价值观代言"、"经管学院暑期'五个一'加油站主题班会"、"经管学院分团委学生会骨干成员学习十八届四中全会精神"、"积极践行社会主义价值观专访活动"等多项活动，做好骨干教育、班级引导和党团建设。1个班级获得北京市"我的班级我的家"优秀示范班级，实现我校历史性突破，2个班级获校级"十佳班级"称号；本科生第一、三党支部获得北京市"红色1+1"优秀奖；为实现中国梦而努力成长成才观念深入人心，成为广大学生的行动指南。

【志愿服务】经管学院积极搭建学生志愿服务平台，为学生提供实践平台。一年来学院依托大兴新秋老年公寓等单位，并在万明医院建立爱心志愿服务基地，结合校院重大事件，开发志愿服务项目，积极开展志愿服务活动，使学生在志愿奉献中锻炼成才。利用重大节日活动开展"学雷锋 进社区 我们在行动"主题活动，用实际行动彰显新时代的雷锋精神。参与北京市"社区青年汇"公益活动、开展"走进新时代——老年人计算机教学活动"、"爱助夕阳，关爱老人"主题志愿活动、"关爱智障群体，践行'友善'价值观"、经管学院举办"向残疾孤儿们献爱心活动"等活动，服务社会、帮助他人，积极弘扬社会主义核心价值观。

（七）对外交流

【概述】经管学院本年度对外交流取得新进展。

【与英国南威尔士大学3＋1交流项目】2014年9月我校向英国南威尔士大学3＋1项目派出本科生7人，交流学习周期为一学年。

【与国外其他大学建立合作意向】我校积极与美国奥本大学、澳大利亚南澳大学和波兰琴斯特霍瓦理工大学对口院系建立初步合作意向。

（八）党建工作

【概述】经管学院党委狠抓党的自身建设及教职工思想政治工作取得新成绩，切实发挥了政治核心作用，为学院发展提供了有效的思想、组织保证。

【开展迎评促建工作】按照学校"以评促建、重在建设"的总体要求，按照党建和思想政治工作先进校的要求完成了学院党委以《围绕中心抓好党建工作，促进学院事业整体发展》为主题的汇报，通过了学校党委规定的自查和检查任务，完成了学校布置的迎接考察组入校考察的各项任务，为学校最终获评党建和思想政治工作先进校的荣誉做出了学院的贡献。

【开展党性实践活动】以服务型党组织建设为重点，以"党建路桥工程"为载体，在在职教工党支部中开展了以《齐心协力做好工程造价新专业的建设与发展》、《农民工子弟学校帮扶活动》、《做好学生的专业领路人》为主题，旨在学习和践行社会主义核心价值观的主题党性实践活动，党支部的战斗堡垒作用和党员的先锋模范作用得到进一步体现。

【巩固党的群众路线教育实践活动成果】巩固和深化党的群众路线教育实践活动成果，学院班子自身建设逐步得到加强，较好地坚持了党政联席会议制度，重大问题集体讨论决策，遵守三重一大制度，坚持定期召开民主生活会，班子成员之间开展批评与自我批评促进提高，将班子的运行行为置于群众监督之中。坚持以高度负责的态度兑现整改承诺，落实好教育实践活动整改任务，让师生看到了变化和成效。学院班子成员个人政治素养、业务技能、大局意识均有提高。

【完善支部建设工作】进一步加强了学院党支部的组织建设，按时完成支委会换届选举和委员补选工作。党支部委员会建设得到进一步加强，党支部的战斗堡垒作用得到进一步加强。各党支部紧紧围绕中心工作开展党性实践活动、发挥了应有的作用，取得了一定成绩。

【开展政治思想教育活动】通过组织党员和教职工参加学校组织的报告会、座谈会、研讨会，完成了党员、教工和学生学习党的十八大精神的阶段学习任务。党员在线学习任务完成较好，获学校好评。党员领导干部在线学习任务全部完成。

【坚持党风廉政建设工作】 根据学校党委要求向学校以《党风廉政常抓不懈，事业发展稳步前行》为题汇报了学院党委2014年学院党风廉政建设整体工作情况，完成了自查和接受检查的任务。学院党委抓党风廉政建设坚持"五不原则"，即贯彻落实党风廉政建设部署任务不折扣，落实中央八项规定、市委十五条，纠正四风问题不缩水，廉政风险防控不懈怠，科研管理和规范不放松，党务公开和院务公开不拖延。强调加强学习提高认识，常明职责注意落实，高悬戒尺自省自重，收到良好效果。

（九）工会工作

【概述】 经管学院分工会共有会员54人，其中在编人员53人，非在编人员1人。下设四个工会小组，分别是：工程管理系工会小组、工商管理系工会小组、公共管理系工会小组、机关工会小组。分工会主席由分党委书记张庆春兼任。

【工会自身建设】 2014年初，举办分工会干部专题培训会。培训会邀请校工会常务副主席刘艳华、校工会办公室主任张瑶宁参加。经管学院分工会及教执委成员参加了培训会。刘艳华主席为大家做了报告，与会人员就刘主席的报告结合平时工作展开了讨论。组织学院工会委员或小组长多人次参与校工会工会干部培训会议。如："落实群众路线 创新工会工作"——第七届教代会（工代会）第二次会议专题培训等。组织参加的培训会议，提高了分工会委员会的综合素质、工作水平和管理水平，不断提高全院职工的维权意识和服务理念，认真抓好各项制度的落实，继续规范分工会工作。

【积极推进"职工之家"建设】 学院工会先后组织工会委员前往文法学院、理学院和体育部教工之家参观学习，并结合走出去，组织部分工会委员赴厦门大学和北京航空航天大学教工之家参观学习。9月份，召开工会委员及工会小组长会议，认真学习工会建家验收评价标准相关材料，积极准备建家验收。12月学院参加了学校工会建家验收工作。工会主席张庆春代表学院工会做建家工作汇报，工程管理系工会小组长樊瑜进行"先进工会小组"评比答辩，效果良好。为支持学院整体工作安排，原有"职工之家"活动室被调整为学院教学资料室。学院积极争取到学A-304作为活动室，并于11月份完成了调整工作。申报2014年工会财政专项经费购买的设备完全落实到位，"职工之家"环境布置初步完成并投入使用，为工会活动提供舒适的活动场所。

【关注教职工身心健康发展】 积极组织参与学校工会及其他分工会组织的活动。参加了理学院组织的乒乓球比赛、参观建大附小并参加建言献策、校园彩色走等一系列活动。特别是组织参加的校运动会，我院教师积极参与，取得所有集体项目比赛"二等奖"的好成绩。结合学院实际情况，开展教职工喜闻乐见的活动。1月份，组织教职工参观中央电视塔。5月份，分工会承办"科学饮食 健康生活"主题讲座。活动结束后，分工会继续以健康生活为主题，为每一位教职工购买了范志红教授出版的图书——《怎样吃出健康》。通过举办丰富多彩的活动，工会带领广大会员的业余文化生活向着多样化、高层次、团体化方向发展，极大地丰富了会员的业余生活。

【以标志性活动凝聚学院事业发展的推动力】 6月，启动了"2014经管榜样"推荐评选活动。活动得到了全院教职工和部分学生的响应和支持，推选出的王红春、尤完、张丽、杨兴坤、邹娥等5名"2014经管榜样"候选人物的事迹，还通过学院网页和事迹海报进行大范围宣传。学院将"2014经管榜样"推荐评选活动作为标志性活动开展，活动旨在发掘学院教职工身边的榜样人物，培育学院先进群体形象，进一步凝聚推动学院事业发展的力量，彰显践行社会主义核心价值观的示范引领作用。

【关心教职工生活】学院能够做到对新婚教师和生孩子的老师进行及时慰问，本年度对家里新生孩子的3名老师、新结婚的3名老师分别给予了慰问；针对家里老人去世的4位老师申请了慰问补助金；为1名患重病的老师申请学校及学院慰问补助。协助组织硕博公寓申请，及时反映硕博公寓分配方案意见并为需要申请硕博公寓的老师做好申请服务工作。学院还积极参与首都爱心捐款活动，捐款共计850元。

（十）实验室建设

【概述】经管学院"经管模拟实验中心"，设有管理模拟实验室、沙盘模拟实验室、工程项目数字化实验室、BIM实验室、物联网实验室、电子招投标实训室和信息中心，建筑面积956平方米，仪器设备860多台套，设备总值958余万元。开设实验课程20门，专职教师2人。经管实验中心主要支撑工程管理、工程造价、工商管理、市场营销、公共事业管理等五个专业的本科生教学和部分研究生教学，面向全校本科生、研究生开放，本年度承担本科生1300多人实验教学任务，开放时数约2360小时，接待国内外参观交流近300人次。

【实验室建设】

2014年经管学院实验室建设项目一览表

序号	项目名称	负责人	项目来源	实验设备（套/台）	实验场地（平方米）	合同经费（万元）	起止时间
1	招投标实训平台	张俊	北京市财政专项	310	336.49	178.43	2014.04.30 2014.09.30

（十一）重大事件

2014年4月1日，经管学院召开2013年度教职工大会。院长姜军代表学院向大会做2013年党政工作报告，并对2013年学院经费使用情况做了详细的说明。学院分工会副主席邹娥代表工会向大会做2013年度工会工作报告。经大会讨论，一致通过了姜军院长向大会做的2013年学院党政工作报告、2013年学院经费使用情况报告和邹娥副主席向大会做的2013年学院工会工作报告。党总支书记张庆春做了大会总结发言。

2014年4月11-12日，经管学院召开2014版本科专业培养方案论证会。副校长张大玉到会，校教务处长邹积亭、经管学院院长姜军、党总支书记张庆春及学院领导班子全体成员、学院各专业负责人、各系主任也参加了会议。会议特别邀请到住建部人事司高延伟处长，西安建筑大学副校长刘晓君教授，工程管理专业教学指导委员会主任委员、重庆大学经管学院院长任宏教授，房地产专业教学指导委员会主任委员、清华大学土木与水利工程学院副院长刘洪玉教授，中国造价协会秘书长吴佐民等二十二名高校专家、行业教育协会、行业协会、企业负责人、经管学院校友及应届毕业生代表参会。

2014年4月25日，经管学院召开2014年学科及科研建设研讨会。学校党委副书记张雅君、科技处处长白莽和研究生处处长陈静勇出席大会。会议特别邀请到住房和城乡建设部住房改革发展司司长倪虹，北京工业大学经济与管理学院党委书记黄鲁成，全国工程管理专业指导委员会副主任王雪青，北京林业大学经济与管理学院副院长田明华等四位专家和学者到会做报告。经管学院全体教师以及部分研究生参加了本次会议。本次研讨会对学院学科及科研发展规划进行讨论，希望通过本次会议学院能够借鉴好的工作方法，设计新的工作思路，从而更好、更准确地规划和落实我院学科及科研建设工作。

2014年7月9日，学校为在央视《中国成语大会》中获得亚军的邢正同学颁发特别奖学金。校领导朱光、张启鸿，宣传部、学工部、经管学院、团委等部门领导和校学生会代表出席了颁奖会。会上，邢正同学首先表达了对母校的感谢之情。经管学院党总支书记张庆春老师认为邢正同学具备了积极上进、均衡发展、集体荣誉感强、做事扎实和热爱中国传统文化等特点，是我校学生的优秀代表和学习榜样。

2014年8月2-3日，按照我校与台湾大叶大学的商定，经管学院为台湾大叶大学MBA学生举办了"产业发展与经营实务"研修班。台湾大叶大学设计与艺术学院黄俊熹副院长带领31名MBA研究生参加了学习。参加研修班的学员们对此次研修课程给予了高度评价，对我院做出的努力表示深深的感谢。此次北京之行，我校给台湾大叶大学MBA学生留下了美好印象。

2014年9月，2014年"创青春"全国大学生创业大赛复赛结果传来捷讯。来自北京11所高校的18件作品入围全国大学生创业计划竞赛终审决赛。近180位北京高校学子将赴湖北武汉参加此次盛会。我院魏庆、孙凡、张婕等同学的《逸乡居旅游策划公司》获铜奖。

2014年11月18日，经管学院邀请管理工程系创始人之一丛培经老师举办"热爱我们的工程管理专业专题讲座暨《建筑管理耕耘五十年》签名赠书仪式"。经管学院院长姜军、副院长赵世强、辅导员吴雨桐和全体2012级专升本学生参加了此次活动。此次讲座有助于同学们深入理解专业，鼓励同学们怀揣梦想，努力学习，为工程管理专业的发展贡献自己的一份力量，创造出绚丽多彩的辉煌人生！

2014年12月11日，校党委副书记张启鸿带领学校2014年党风廉政建设责任制专项检查第七工作组全体成员到经管学院检查2014年党风廉政建设工作落实情况。经管学院党委书记张庆春、副书记魏强及院党委委员、教工党支部书记、院办公室主任、教代会代表参加了检查会。在贯彻落实党风廉政建设部署任务落实方面，经管学院认真学习领会文件精神，明确岗位职责，坚持分工负责，落实一岗双责的各项要求，坚持日常教育不放松；在落实中央八项规定、市委十五条及纠正四风问题方面，经管学院不断巩固群众路线教育活动成效，把群众路线教育业已形成的好作风变成长效机制；在廉政风险防控体系建设方面，经管学院建立了四位一体的风险防控体制；在科研管理和规范方面，经管学院规范了审批程序，进一步明确项目负责人的职责，提高各项经费使用的计划性；在党务院务公开方面，经管学院做到了及时公布，及时反馈，确保了各项信息在全院教师中传递畅通。其后，检查组成员对经管学院党风廉政建设材料进行了检查，并反馈了意见。

2014年12月12-14日，经管学院院长姜军参加第四届服务贸易年会并被聘任为协会专家委员会常务理事。院长姜军教授携学院老师、研究生参加了在上海召开的由中国服务贸易协会主办的第四届中国服务贸易年会。工作会上，北京建筑大学经济与管理工程学院与中国服务贸易协会达成了初步合作意向，并签订了意向书。与中国服务贸易协会签订的服务贸易应用人才培养意向书将对我校的人才培养、学科建设起到积极的推动作用，也将为经济与管理工程学院的国际工程承包、工程法律、房地产、建筑企业走出去等方面跨越式发展带来机遇。

2014年12月19日，经管学院召开工程造价专业建设研讨会。中国建设工程造价管理协会吴佐民秘书长、学术部舒宇主任、资格部李成栋副主任、北京市造价协会林荫理事长；天津理工大学尹贻林教授、北京交通大学刘伊生教授；信永中和陈彪总经理、中国神华集团工程公司总经理助理白耀清、电力定额站董士波处长等行业协会、高校及企业嘉宾参加了会议。我校教务处副处长孙建民、经管学院领导班子、工程管理系骨干教师出席了会议。经管学院赵世强副院长主持会议。姜军院长介绍了新办专业情况及本次会议宗旨，教务处孙处长做了学校专业布局及对工程造价专业建设的期望的讲话。与会嘉宾围绕专业办学特色、专业课师资队伍建设、实践实习基地建设、共编教材、工程造价专业大讲堂等专业建设具体内容展开了讨论。会议气氛热烈，与行业专家的交流和讨论，对于我校工程造价专业建设起到了很好的借鉴作用。

（周　霞　周晓静　郝　迈　丁　锐　魏　祎　邹　娥　陈雍君　章　瑾）
（姜　军　彭　磊）

六、测绘与城市空间信息学院

（一）学院概况

2014年，测绘与城市空间信息学院在校党委、行政的正确领导下，在学校各机关部门和兄弟学院的大力支持以及全院教师的积极参与下，依据《北京建筑工程学院2014年党政工作要点》及《测绘与城市空间信息学院2014年工作计划》，紧紧围绕学校中心工作，着眼学院长远发展，进一步凝练办学特色、提高办学质量，积极开展基层党建和思想政治工作、教学科研工作、学科专业建设工作、学生工作和工会工作等，取得了显著成绩。

师资队伍方面引进教师1名，教工总数44人，其中专职教师38人，具有博士学位的老师35人，占教师总数的92.1%，分别服务于三系一部一中心，即测绘工程系、地理信息科学系、遥感科学与技术系、基础教学部、测绘信息遥感实验中心。

教学方面，根据2014年教学工作计划，围绕教学质量工程，在专业建设、教改研究、教学运行、教风建设、教学基础设施建设等方面开展了工作。完成了测绘工程专业工程教育认证申请，计划在2015年接受入校检查。遥感科学与技术专业作为北京建筑大学的三个新增专业之一，在2014年进行正式招生，招生情况良好，与测绘工程和地理信息科学专业分数相当。积极响应教务处号召，主动要求成为学分制试点学院，学生座谈会反应确实受益，并配合学分制，实行了学业导师制，让专业教师担任一定数量本科生的学业指导教师，有利于学生的学业安排。

研究生培养方面录取博士研究生1名，录取硕士研究生42名，硕士研究生比2013年增录10名，提高了31%。学院与北京测绘设计研究院和则泰集团签订产学研研究生联合培养基地协议。在学生对外交流方面，委派专门人员与加拿大约克大学、澳大利亚南昆士兰大学签署研究生联合培养协议。

学科方面针对上一轮学科评估结果，找差距、找问题，在薄弱环节加大工作力度，确保下次评估在保持现有排名基础上略有提升。

科研方面学院以代表性建筑与古建筑数据库研究中心和现代城市测绘国家测绘地理信息局重点实验室为依托,形成了6个研究所,所有专职教师分属于不同的研究所,定期开展活动。2014年新增国家自然科学基金1项、北京市自然科学基金1项;到校纵向经费145万,横向经费270万,总计415万。发表论文总计25篇,其中SCI检索1篇,EI检索3篇,中文核心期刊10篇。新增专利公开6项,申请发明专利6项。

学生工作方面学院把社会主义核心价值观教育与学生党建和思想政治教育工作相融合,以"学生党员先锋工程"为载体,开展主题理论学习、实践活动,坚持做好思想引领工作。低年级重理论基础,高年级重专业实践、考研。培养学生"学以致用"的意识,引导高年级学生进行专业实践,选拔优秀学生参加高端赛事。以GIS软件开发应用大赛、测绘科技论文竞赛、测绘实践技能大赛为平台,选拔学生参赛,提高学生动手能力。2014年就业率为98.8%,签约率为98.8%,签约率提升10个百分点。考上研究生21人,占学生比例17.1%,较去年同比增长4.1%。

此外,学院也重视教师的凝聚力建设及教师身心健康的引导,学院分工会组织了象棋、扑克牌、乒乓球比赛,4人制半场篮球赛,以及"快乐运动 情暖初冬——测绘学院组织教职工赴八达岭长城活动"等多项活动,并注意关心每位教师的特殊情况,充分发挥学院分工会维护教职工的合法权益、凝聚人心等方面的作用。

(二)学科建设

【重点学科】工作要点:力争"测绘科学与技术"一级学科增列为北京市重点学科。

完成情况:因重点学科评审时间一直不清,工作一直在准备中。

【学科评估】工作要点:针对学科评估结果,找差距,找问题,在薄弱环节加大工作力度。确保下次评估在保持现有排名基础上略有提升。

完成情况:在学生国家交流方面,正在委派专门人员与加拿大约克大学、澳大利亚南昆士兰大学签署研究生联合培养协议。在授予学位数方面,因前几年招生规模限制,增加不明显。在教师代表性学术论文方面,需结合科研工作部署,但效果不甚明显。

【"建筑遗产保护理论与技术"博士点建设】工作要点:确保2014年录取1名博士生,1-2名硕士生。

完成情况:分别录取1名博士研究生、1名硕士研究生,基本完成年度目标。

(三)研究生教育

【培养情况】本年应届毕业研究生共27名,全部顺利毕业并获得硕士学位。

在本年硕士研究生培养中,2人获全国大学生测绘科技创新论文大赛一等奖,1人获三等奖;4人获"天地图"应用开发大赛一等奖,5人获三等奖;1人获国家测绘科技进步一等奖;4人获国家地理信息科学技术一等奖;2人获国家奖学金。

与北京测绘设计研究院和则泰集团签订了产学研研究生联合培养基地协议。

【招生情况】本年度招生情况有较大突破,其中录取博士研究生1名,录取硕士研究生42名,硕士研究生比2013年增录10名,提高了31%。

录取学生质量也比往年明显提高,录取平均成绩为322分,比国家控制线高出37分,其中第一志愿考生平均成绩比国家控制线高出30分,调剂考生平均成绩比国家控制线高出39分。

（四）教学工作

测绘与城市空间信息学院根据2014年教学工作计划，围绕教学质量工程，在专业建设、教改研究、教学运行、教风建设、教学基础设施建设等方面开展了工作，在专业建设、教风建设、教师教学技能竞赛、教学基础建设等方面取得了明显的进步。

【专业建设与教学改革】

1. 2014版培养方案与教学大纲修订

根据教务处2014版培养方案修订指导精神，组织教师调研了多家用人单位、兄弟院校，分析2009版培养方案与现在专业最新发展的差距，完成了2014版培养方案的修订。通过充分调研，多次讨论，完成了2014版教学大纲的修订工作。

2. 完成专业综合改革中期检查

测绘工程专业综合改革试点已经实施一年多，按照教务处工作安排，2014年提交了测绘工程专业综合改革试点的中期检查报告。对综合改革取得的成果进行了总结，分析并安排了下一步的具体改革工作。

3. 测绘工程专业工程认证

完成了测绘工程专业工程教育认证申请，计划在2015年接受入校检查。

4. 遥感科学与技术新专业顺利招生

遥感科学与技术专业作为北京建筑大学的三个新增专业之一，在2014年进行正式招生，招生情况良好，与测绘工程和地理信息科学专业分数相当。

5. 率先试行学分制

积极响应教务处号召，主动要求成为学分制试点学院，经过半年来的试行，虽然在教学管理和运行上还存在一定的问题，但是总体情况良好，学生座谈会反应确实受益。配合学分制，实行了学业导师制，让专业教师担任一定数量本科生的学业指导教师，有利于学生的学业安排。

6. 新建校外实习基地

2014年，在学校领导和教务处的帮助下，根据学生实习的特殊性，和北农科技园签定了实习基地协议，并且在6月份安排了2个班在新建的实习基地进行了数字测图实习，效果良好。目前，测绘学院已经有北京市测绘院、鹫峰实习基地、清西陵实习基地、北农科技园实习基地。

7. 专业竞赛

继续实行以赛促学的方针，鼓励学生参加本专业全国类竞赛，规范学生参加竞赛和正常教学环节的协调，继续对获得全国专业竞赛的学生和指导教师进行奖励。主要有：全国大学生GIS应用技能大赛、全国高等学校测绘学科大学生科技论文大赛、普通高等学校大学生测绘实践创新能力大赛。

【主要教学成果】

2014年测绘与城市空间信息学院围绕本科教学质量工程，积极进行教学改革和研究，主要取得的成果如下：

1. 北京市第七届测绘科技比赛一等奖1项，二等奖2项。
2. 第三届全国大学生测绘技能大赛获得三等奖3项。
3. 第十届校级教学优秀奖三等奖1项。

4. 则泰杯全国第七届高等学校大学生测绘科技论文竞赛三等奖1项。
5. 教研立项：获得北京市教委教研项目立项1项。
6. 第十四届全国多媒体课件大赛微课组，优秀2项。
7. 第二届全国高校GIS青年教师讲课竞赛二等奖1项。
8. 第三届全国大学生GIS应用技能大赛三等奖2项。

（五）科研工作

【科研团队建设情况】 测绘学院2014年教职工总数44人，其中专职教师38人，具有博士学位的老师34人，占教师总数的92%，专职教师全部加入科研团队。学院以代表性建筑与古建筑数据库研究中心和现代城市测绘国家测绘地理信息局重点实验室为依托，形成了6个研究所，所有专职教师分属于不同的研究所，定期开展活动。

【科研立项】 学院2014年新增国家自然科学基金1项、北京市自然科学基金1项；到校纵向经费145万，横向经费270万，总计415万。

【实验室和基地建设】 现代城市测绘国家测绘地理信息局重点实验室为进一步提升科研水平、提高创新能力，分别在争取国家科技项目、北京市教委实验室专项经费项目设立、经费配套支持等方面开展了具体工作。新增固定资产为1250多万元，比去年增加520万元。为加强实验室与外界的学术交流先后邀请中国科学院许厚泽院士、陈俊勇院士、荷兰代尔夫特理工大学Sisi Zlatanova教授、南京师范大学汤国安教授、国家基础地理信息中心总工程师陈军教授等做学术报告。2014年9月实验室发布了第三次开放基金指南，经过认真审议和投票表决，资助6个项目。

2014年代表性建筑与古建数据库教育部工程研究中心获得了"北京市科研基地建设—科技创新平台"专项资金500万，新增购置了"倾斜数字航摄系统"；开展了海量精细三维空间数据管理和多源数据融合的精细三维重建的理论与应用研究，分别开发了具有完全自主知识产权的MaP3D-V1.0（海量精细三维空间数据管理系统）和L&P-3D V1.0（多源数据融合精细三维重建系统）；古建筑空间数据库已初具规模，完成了故宫、北海公园、焦庄户等重点文物300T的建库工作，实现对古建筑物的数字化存储与保护。

【科研成果】 新增学术专著2部，分别为王晏民老师等人25.5万字的《海量精细空间数据组织与管理》和蔡剑红老师18万字的《地价评估方法的不确定性研究》；获得测绘科技进步奖一等奖1项（王晏民等人《多源数据融合的精细三维重建技术研究与应用》）、地理信息科技进步奖一等奖1项（王晏民等人《海量精细三维空间数据管理系统研制与应用》）、中国施工企业管理协会科学技术科技创新成果二等奖1项（邱冬炜，单位排名第3）。2014年，学院发表论文总计25篇，其中SCI检索1篇，EI检索3篇，中文核心期刊10篇。新增专利公开6项，申请发明专利6项。

（六）学生工作

学院自然班级为19个，学生总数646人，本科生541人，硕士研究生104人，博士研究生1人。学生党员总数为92人，其中本科生党员44人，比例8.1%；研究生党员48人，比例45.7%。教师44人，其中教师党员33人，比例75%。

学院把社会主义核心价值观教育与学生党建和思想政治教育工作相融合，以"学生党员先锋工程"为载体，开展主题理论学习、实践活动，坚持做好思想引领工作。在学风建设活动过程中，融入"诚信"、"敬业"教育，引导学生爱学、乐学、敬业、敬学。低年级重理论基础，高年级重专业实践、考研。2014 年，地 121、地 131、地 132 荣获优良学风班；其中地 131 高数期末考试成绩位居全校第一，该班也被评为北京市"优秀团支部"、"优秀班集体"。2012 级四级通过率为 69%，2013 级（A 班）四级通过率为 100%。

培养学生"学以致用"的意识，引导高年级学生进行专业实践，选拔优秀学生参加高端赛事。以 GIS 软件开发应用大赛、测绘科技论文竞赛、测绘实践技能大赛为平台，选拔学生参赛，提高学生动手能力。2014 年荣获天地图 GIS 应用开发大赛一等奖 1 项、三等奖 2 项；测绘科技论文竞赛分获一、二、三等奖；测绘技能大赛荣获北京市一等奖 1 项、二等奖三项；全国测绘实践技能竞赛获三等奖 1 项；"美丽中国"第二届全国国家版图知识竞赛获北京市第一名、全国优胜奖。

2014 年学院针对毕业生开展了"诚信、爱岗、敬业"教育讲座 5 场，邀请拓普康技术有限公司、数慧技术有限公司等 8 家单位 HR 做就业宣讲 4 次，让毕业生提前了解就业政策、就业形势。制定"团体辅导"、"个性辅导"、"分类引导"等一系列就业帮扶措施，建立就业见习基地，把学生专业理论与实践相结合，让学生提前进入就业环境实习，掌握相关技术和公司工作流程，有效保证了就业率、签约率。2013 年，我院就业率为 100%，签约率 88%；2014 年就业率为 98.8%，签约率为 98.8%。签约率提升 10 个百分点。据用人单位反馈，我院学生在工作中表现出来的刻苦勤奋、踏实的品质，得到了用人单位的一致好评。

在考研方面，采用"内外帮扶"模式。对于拟考取国外研究生的学生，邀请学院有国外经历的教师王晏民、石若明、赵江洪等进行"一对一"辅导，帮助了解要求流程，做到有的放矢。对拟考取国内院校研究生的学生，依据报考院校进行"二次分类"，成立学习小组，举行专业课辅导班，聘请研究生为"考研小导师"，为考研助跑。2013 年考上研究生人数为 15 人，比例 13%；2014 年考上研究生人数 21 人，比例 17.1%，较去年同比增长 4.1%。

（七）党建工作

学院党建与思想政治工作紧紧围绕学院中心工作，党政班子认真研究分析学院发展现状，共谋事业跨越式发展，形成破解事业发展的一个共识："学院的党组织建设目标，就是促进学院事业的发展；学院事业发展，又是检验学院党建成效的重要标准。"

确定学院发展的三个抓手，一是学院领导带头，学院班子协调一致，狠抓事业发展；二是抓好人才引进与培养，下大力气抓优势团队建设；三是凝心聚力，一心一意谋发展。力争在科学研究、学科发展、人才培养三个方面形成突破。

2014 年度，地理信息系党支部被评为北京建筑大学优秀党支部，王震远被评为北京建筑大学优秀党务工作者，赵亮被评为北京建筑大学优秀党支部书记，郭明被评为北京建筑大学优秀共产党员，罗晓蕾被评为北京建筑大学优秀共产党员。

学院制定了切实可行的学院党风廉政建设长效机制，围绕八项规定、六条禁令进行对照检查，严格把好纵横项科研经费报销关口；对于学院的两个科研平台的重大经费使用，改革为学院党委书记与负责学科建设的副院长同时审批方可使用，在源头上实行反腐倡廉长效机制，确保重大经费使用的监督保障；教学和科研仪器设备采购由学院仪器设备委员会、学科建设委员会负责，杜绝仪器设备在申报、招投标、采购漏洞，确保仪器设备科学合理；认真开展党务公开、校务公开工作。

（八）工会工作

学院注重发挥工会、二级教代会作用，凝聚人心谋求发展，强调事业留人。突出二级教代会制度建设，加强二级教代会工作规范，确保二级教代会民主管理、民主监督职能以及教职工大会的四项职权得到落实，为构建民主之家创造良好条件。

创造和谐氛围，促进教师身心发展，举办了象棋、扑克牌对抗赛，"测绘杯"4人制半场篮球赛，以及"快乐运动 情暖初冬——测绘学院组织教职工赴八达岭长城活动"。

关心帮助有困难教师：2014年测绘学院一位青年教师，其父亲长期有病住院，岳母又突然住院，经济窘迫。学院分工会及时与学校工会共同帮助该教师5000元。另有一位退休老教授，长期坐轮椅，面临吃饭和送孙女上学的困难，学院分工会组织研究生送饭和送学的任务，已坚持了两年。

（九）重大事件

1月14日，测绘学院组织学生党员和学生骨干带着一份份"温暖"，走进"夕阳情"老年公寓，为那里的老人带去新春的问候和诚挚的祝福。

1月17日下午，测绘学院在西城校区召开2013年度总结大会，主要回顾了学院在教学、科研、学科建设、人才培养、实习基地、学生工作等方面取得的成绩，认真分析了存在的问题，并对2014年学院的各项工作提出展望。测绘学院全体教师参加会议，张大玉副校长出席会议。

1月18日，以"共舞天地图，畅想中国梦"为大赛口号的首届天地图应用开发大赛公布评选结果，经过形式审查、作品遴选、专家评审等程序，由我校测绘学院霍亮老师指导、2011级学生曹毕铮等9人提交的作品"中草药电子标本系统"荣获二等奖。

3月11日上午，测绘学院在本部资料室召开了2012、2013级学风建设工作会议。会议由学院党总支副书记王震远主持，学院领导班子、班级导师、辅导员参会。

5月6日下午，应测绘学院邀请，国家基础地理信息中心高级工程师黄蔚来到大兴校区，为研究生、本科生作题为"如何利用'天地图'进行应用开发"的报告。测绘学院党总支副书记王震远及辅导员一同参加报告会。

6月5日下午，测绘学院学生第一党支部入党积极分子答辩会顺利召开。会议由支部学生党员谢泠涛主持，党员王国利老师、支部书记李晨老师以及全体学生党员担任评委。全体积极分子列席观摩。

9月28日北京建筑大学测绘学院虚拟建筑研究所邀请北京华泰天宇科技有限公司在北京建筑大学教学一楼104教室共同举办有关"室内移动测量及BIM技术"的学术研讨会。来自各地的相关专家、测绘学院的部分老师和研究生50多人参加了本次学术研讨会。

10月26日下午，许厚泽院士来到我校测绘学院，与张大玉副校长、学院领导、教师、研究生和大一新生240余人畅谈"现代大地测量及其地学应用"。

10月30日上午，由北京市科学技术协会主办、北京测绘学会和北京市测绘设计研究院承办的"创新驱动，促进测绘地理信息转型发展"综合论坛在海淀区永兴花园饭店召开，测绘学院研究生参加了此次论坛。

11月5日下午，中国科学院陈俊勇院士应邀来到我校，作了题为"中国测绘地理信息'十三五'发展规划与展望"的报告。副校长宋国华、测绘学院院长王晏民、学院党委书记赵西安及其他学院领导、专业教师、研究生、本科生200余人一同聆听了报告会。

为丰富测绘学院教职工的业余文化生活，提高教职工身体素质，增强学院凝聚力，测绘学院分工会于 11 月 16 日组织学院教职工及家属赴八达岭长城开展"快乐运动 情暖初冬"活动。

12 月 5 日，第二届"天地图"应用开发大赛颁奖大会在天津举行，我校测绘学院研究生组成的三支代表队伍参加了第二届"天地图"应用开发大赛，获得大赛一个一等奖和两个三等奖的佳绩。其中，由杜明义、靖常峰老师指导，由白玉龙、孙永尚、戴培培、王帅帅组成的智慧城市参赛团队，凭借"全国各省实时油价"获得了本次比赛的一等奖。由赵西安老师指导，崔斌、朱中国等学生组成的影像建筑团队和由霍亮老师指导，张春星、孙晨龙、高泽辉等学生组成的城市信息化团队，凭借"遥感影像多星全分辨率开放式检索与在线应用"和"测绘成果数据分发共享服务平台"分别获得了本次比赛的三等奖。

12 月 30 日晚，测绘学院学生会在大学生活动中心举办"'测'夜难眠 喜气'羊''羊'"跨年联欢晚会。

12 月 31 日，国家基础地理信息中心总工程师陈军教授应邀来我校作题为"全球地表覆盖遥感制图数据集 GlobeLand30 及分析应用"的学术报告，报告会由测绘学院院长王晏民教授主持，人事处副处长侯妙乐、测绘学院专业教师、研究生和本科生参加了报告会。

（杜明义　赵西安　吕书强　张健钦　高兰芳　王震远）

七、机电与车辆工程学院

（一）学院概况

机电与车辆工程学院（简称机电学院）设机械工程系、机械电子工程系、车辆工程系、工业工程系、机电实验中心等教学部门及北京市建筑安全监测工程研究中心、北京市建设机械与材料质量监督检验站等科研服务单位。设置有机械工程、机械电子工程、车辆工程、工业工程共四个本科专业，其中车辆工程专业按汽车工程和城市轨道交通车辆两个方向招生。机电学院学科涵盖了机械工程一级学科和管理科学与工程学科，具有载运工具运用工程、检测技术与自动化装置等二级学科硕士学位授权点，招收载运工具运用工程专业、检测技术与自动化装置专业全日制研究生及机械工程、物流工程、工业工程专业工程硕士。

通过不断凝练，学院学科团队致力于在特种加工技术及应用、机电系统检测与控制、工程机械设计理论及应用、工程机械动力装置安全与节能、车辆运行品质及性能综合控制及生产过程管理与先进制造系统等方向开展研究，形成特色，服务城乡建设。

学院拥有城轨车辆运行状态监测、故障诊断与自牵引关键技术北京市学术创新团队、机械工程及自动化专业北京市优秀教学团队、北京市百千万人才 1 名、北京市长城学者 2 名、北京市青年拔尖人才 1 名、北京市青年学术骨干 5 人、北京市教学名师 1 人、"首都劳动奖章"、"北京市教育教学创新标兵"及"北京市优秀青年骨干教师"荣誉称号获得者。

自 2009 年以来，学院先后与北京地铁运营技术研发中心、住总集团等 19 家单位建立联合培养基地，与永茂建机、广达汽修等行业企业设立企业奖学金，服务学生成长成才。依托联合培养基地，学院大力开展学生科技创新计划，共获得国家级奖项7项，省部级奖项45项，学生为第一发明人的发明专利授权10余项，实用新型专利授权50余项。

三十年来，学院为首都城乡建设行业、高新技术企业培养了大批专业人才，历届毕业生受到了市场的欢迎，目前他们分布在北京市的各个企事业单位，从事设计、制造、技术开发、应用研究和管理等方面工作，他们中的大部分已成为单位的骨干或各级技术领导，为首都的经济建设做出了突出的贡献。毕业生就业率近年来连续保持在100%，在全校名列前茅。

（二）师资队伍建设

【概述】机电学院拥有一支结构合理、兼具学术研究、应用研究和实践经验的师资队伍。2014年，学院有教职工44人，其中专任教师32人（其中含科研岗2人，双肩挑干部3人），均为硕士以上学历，其中博士及以上学历24人，占专任教师总数的75%。40岁以下青年教师15人，占总数的46.9%，40-50岁教师12人，占37.5%。专任教师中正高职称5人，占总数的15.6%，副高16人，占总数的50%，中级及以下职称11人。学院具有博士生导师资格1人，硕士生导师资格24人，硕士生校外导师24人。

【人才培养资助项目】申报北京市属高等学校高层次人才引进与培养及创新团队建设计划项目3人，获得长城学者培养计划1人。申报获批北京市百千万人才工程市级人选1人，并获得百千万人才工程项目支持。

【人才招聘】年内引进车辆工程系（城市轨道交通车辆专业）教师1名。

（三）学科建设

【概述】机电学院学科涵盖了机械工程一级学科和管理科学与工程学科，具有载运工具运用工程、检测技术与自动化装置等二级学科硕士学位授权点，招收载运工具运用工程专业、检测技术与自动化装置专业全日制研究生及机械工程专业、物流工程专业、工业工程专业工程硕士。通过不断凝练，学院学科团队致力于在特种加工技术及应用、机电系统检测与控制、工程机械设计理论及应用、工程机械动力装置安全与节能、车辆运行品质及性能综合控制及生产过程管理与先进制造系统等方向开展研究，形成特色，服务城乡建设。

【机械工程专业学位硕士点获批】根据国务院学位委员会下发的《关于开展增列硕士专业学位授权点审核工作的通知》（学位〔2013〕37号）的精神，机电学院积极组织机械工程专业学位硕士点申报工作。依据国务院学位委员会《关于下达2014年审核增列的硕士专业学位授权点及撤销的硕士学位授权点名单的通知》（学位〔2014〕14号），"机械工程"专业学位授权领域点获批，自2015年起开始招生。此次增列进一步完善了机电学院专业学位硕士点布局，形成了本科机械工程专业、机械电子工程专业与研究生专业的对接。

【召开产品开发科学与工程自主设置交叉学科校内外专家征求意见会】9月24-26日，机电学院聘请著名机械工程专家、中国科学院闻邦椿院士等专家对产品开发科学与工程交叉学科硕士学位点进行咨询和初步论证。专家组充分肯定了设置产品开发科学与工程交叉学科的前瞻性和必要性，并对下一步工作提出了明确的指导性建议。机电学院将在此基础上进一步凝练特色、整合成果，完成申报资料的正式论证。

（四）教学工作

【概述】学院设有机械工程、车辆工程、机械电子工程、工业工程四个本科专业，其中车辆工程专业按汽车工程和城市轨道交通车辆两个方向招生，2014年招收5个自然班，在校本科生共20个本科班级，共计610人。学院教师承担5个专业方向学科基础课、专业基础课、专业课及其他相关专业的机械类必修课和选修课，拥有机械工程及自动化专业北京市优秀教学团队，北京市级精品课1门，校级精品课4门，校级优秀课12门，主编教材26部，其中北京市精品教材1部，教师中有荣获"首都劳动奖章"、北京市教育教学创新标兵、北京市级和校级教学名师奖、北京市优秀青年骨干教师奖、"育人标兵"、"优秀德育工作者"等荣誉称号获得者。学院的办学宗旨是：坚持以本科教学为中心，重视教学过程管理；重视实践教学和创新意识培养；注重在教学环节中根据科技发展情况引入新技术和新方法；坚持以市场为导向调整专业结构，调整教学内容和改进教学方法，保持与学校总体办学指导思想、办学定位、办学特色相一致，使我院的教育体系和结构符合培养国家及首都经济社会发展需要的应用型人才。2014年学院认真组织开学初、期中、期末教学检查，无教学事故、教学差错，教学正常有序开展。

【召开学生座谈会】期中检查阶段，学院分别在西城校区、大兴校区各召开学生座谈会5次，针对学生反映的问题，学院及时处理、反馈，并制定一系列措施督导改进。

【教学评价工作】学院积极开展教学督导工作，年内完成领导听课、督导听课共计90人次，教学督导组完成178份教学资料检查工作，对发现的问题及时反馈相关教师、教研室，进行整改并存档。教学督导工作及时有效开展，为学院教学平稳运行提供了有力保障。

【教学成果】2014年11月，周庆辉主持课题"基于'慕课'理念的实践类课程教学改革与探索——以《力学结构模型加工与性能检测综合实验》为例"获得2014年度北京高等学校教育教学改革立项；2014年11月，陈志刚等的"逻辑代数及其化简方法"荣获第十四届全国多媒体课件大赛高教工科组三等奖；周庆辉、尹静荣获第十四届全国多媒体课件大赛高教微课组优秀奖；尹静荣获中国建设教育协会全国建筑类微课比赛本科类作品二等奖；周庆辉荣获第十届（2013/2014学年）校教学优秀奖一等奖；苗新刚荣获2014北京高校青年教师社会调研二等奖；机械电子工程系荣获北京建筑大学先进教学基层组织单位，丁丁荣获北京建筑大学优秀教学管理个人，田洪森荣获北京建筑大学优秀实践教学管理个人。

【校外实践教学基地】10月9日，机电学院与北京市地铁运营有限公司地铁运营技术研发中心签订实践教育基地合作协议，挂牌设立"北京建筑大学实践教育基地"，并依托基地开展管理、实习、培训、人才输送及科研合作。

（五）科研工作

【概述】机电学院围绕服务城乡建设开展科研工作，教师申报科研项目的数量、层次和成果质量逐年上升，为企业或建设管理部门提供了大量的科技服务。学院下设北京市建筑安全监测工程研究中心、北京市建设机械与材料质量监督检验站等科研服务单位，为北京市的城市建设管理做出了巨大努力，得到了北京市建设部门的充分肯定。

【科研项目】机电学院年内获得国家自然科学基金项目1项，国家"十二五"支撑计划子课题2项，北京市自然科学基金重点项目B类（教委重点课题）1项，北京市教委科技计划项目2项。纵向到校经费83.3万元，横向到校经费127.5万元，到校经费总计210.8万元。

【科研成果】机电学院年内获山西省科学技术奖自然科学二等奖1项,山西省高等学校科学技术一等奖(科技进步)1项;申请发明专利34项,其中发明专利7项,获发明专利授权6项,实用新型专利授权8项,外观设计11项;发表论文32篇,SCI收录1篇,EI收录16篇,核心期刊论文12篇;出版专著2部。

【科研基地和科研平台建设】机电学院将北京市建筑安全监测工程技术研究中心作为建设重点,将基地作为开展高水平项目的突破口和重要平台,认真凝练研究方向,精心组织研究团队,争取科研项目。年内完成2015年财政专项的调研、子项目评审和申报,2014年项目招标、验收及上账等工作,完成北京市科委中期检查;组织申报城市轨道交通车辆运用安全北京市重点实验室,并和北京二七轨道交通装备有限责任公司申报城市轨道交通运维技术与装备国家工程实验室。

【校企合作】机电学院与北京地铁运营有限公司运营技术研发中心、永茂建机、广达汽修、意中意教育装备有限公司合作进一步深化,建立了本科生、研究生培养基地,为学院本科生、研究生提供奖学金,服务于学生的成长、成才。推进产学研合作,教师科研成果转化为企业服务。

【科技奖励】杨建伟教授作为第二完成人参与的《智能交通非线性动力学特性及其控制研究》课题荣获山西省科学技术奖(自然科学类)二等奖。

【研究生参与科研工作】研究生参与科研工作积极性提升,年内发表科技论文28篇,参与编写教材2部,申请发明专利2项,实用新型专利1项。2名研究生获得国家奖学金,2名研究生获得北京建筑大学优秀毕业硕士论文。

(六)学生工作

【概述】机电学院以培养和提高学生综合素质为主线,以创造良好学风为重点,加强学生的思想政治教育,搭建学习实践平台,丰富课余文化生活,实施学生党员先锋工程,充分发挥了学生教育工作在学院的稳定与发展中的积极作用。

【就业工作】学院高度重视就业工作,制定了《机电学院就业工作暂行办法》,明确就业工作的主要责任人,形成了全院教师共促就业的良好氛围。2014届毕业本科生共计134人,截止10月31日,签约率为96.27%,就业率为98.51%,毕业研究生11人,签约率、就业率均为100%。其中,本科生考上研究生4人,出国8人,升学率为8.96%。

【学风建设】召开学风建设大会,对优秀个人与集体进行了表彰。年内,学院分年级制定奖励措施,激励学生自主学习,获得校"学风建设创新奖"。为激发低年级同学从事科技创新实践的兴趣,使同学们更深刻了解科技创新的成果,在机电创新实践基地成立10周年之际,机电学院举办了学生科技作品展。

【党员先锋工程】年内学院在学生党员中实施党员先锋工程,在学生党员中培养一批"理论先锋"、"学业先锋"、"专业先锋"、"就业先锋"和"服务社会先锋",开展服务型党支部建设。

【机创大赛】3月25日举行第六届机械创新设计大赛校内选拔赛项目中期检查;5月6日举行"远大杯"北京建筑大学第六届机械创新大赛作品公开展示会,共23组作品参加;5月15日我校共24组作品参加首都高校第七届机械创新设计大赛暨第六届全国大学生机械创新设计大赛预赛,共获得了2项一等奖、9项二等奖和9项三等奖,获奖数量在24所高校(含14所985、211等重点高校)中排名第三,我校连续第四次获得优秀组织奖;7

月28日,由秦建军、王锐英老师指导,机电学院袁齐、刘承荣、鲁增辉、武伯有4位同学完成的作品"随心座椅"参加全国第六届机械创新大赛获得二等奖,我校连续三届在全国机械创新设计大赛上取得佳绩。

【文体活动】机电学院团总支学生会主办的 Timing show——校园才艺大赛决赛隆重举行,12组同学以自编自导的创意节目,为到场的师生献上了一场精彩的校园"达人秀"。10月28日,机电学院与文法学院共同举办了"梦开始的地方"文艺晚会。11月25日,机电学院主办了五人制足球比赛颁奖典礼暨足球嘉年华活动,包含颠球比拼、花式足球和师生友谊赛,样样精彩,全校热爱体育运动的师生们享受了一场足球的盛宴。

【学术讲座】机电学院举办北京地铁车辆应用学术讲座。5月20日首场讲座邀请北京地铁公司副总工程师、北京地铁研发中心主任、教授级高工张元主讲。6月3日机电学院邀请北京地铁运营有限公司地铁运营技术研发中心副主任、总工赵炜来到我校大兴校区,走进"行业企业进校园"系列讲座,为同学们上了一堂精彩的北京地铁专业课程。

【支部共建】6月4日机电学院本科生第一党支部党员和积极分子与机关退休第二党支部12位老党员来到房山区霞云岭乡堂上村爱国主义教育基地——"没有共产党就没有新中国"纪念馆参观学习,缅怀革命先烈,唱响红色歌曲,举行"与党同心,与祖国同行"主题教育活动。6月13日机电学院党总支与图书馆直属党支部在西城校区教工之家举行"寄语机电学院毕业生党员"主题教育活动。

【暑期社会实践】7月14日,机电学院小小永动机暑期社会实践团师生一行12人前往河南省漯河市临颍县南街村,进行了为期3天的实践调研活动。7月28日,机电学院以"机械牵线,科技引路,创新搭桥"为主题,选拔了12名在学生科技创新中取得优秀成果的同学,组成了科技创新暑期社会实践团,分别前往沈阳和大连进行了为期6天的暑期社会实践,并获评北京市优秀社会实践团队、优秀社会实践成果。

【英国机械工程师学会东北亚地区工程设计大赛取得佳绩】9月20日,英国机械工程师学会东北亚地区2014年工程设计大赛在北京建筑大学举行。经过激烈的答辩和作品现场展示等环节,我校由机电学院朱爱华副教授指导,梁文光、陈杰、钟尚宏、王兆华、金维5位同学完成的作品"iBath"获得第二名,并被评为最受欢迎作品。

【志愿服务】9月19日至21日,以"年轻工程师培育"为主题的英国机械工程师学会(IMechE)东北亚地区2014年年会在我校顺利召开。会议期间,机电学院选派的50余名志愿者圆满完成服务任务。服务过程中,志愿者们从自身做起、从小事做起,自觉地践行"爱国、敬业、诚信、友善"的社会主义核心价值观,充分展现我校学子良好的精神风貌和志愿精神。志愿者热情周到的服务得到与会人员的一致好评,IMechE国际副主席 Alan Lau、东北亚地区主席 WK Chow、国际发展1部部长 Joanna Horton 等中外宾客对我校志愿者的优秀素质和提供的优质服务给予了充分肯定,并向志愿者颁发了志愿服务证书。

机电学院青协走进了大兴区枣园社区,参加该社区服务站"爱心四点半"的活动。

(七)对外交流

【国际会议】为了培育新一代具有竞争力和高素质工科毕业生、构建现代工程师人才库,开展年轻工程师培育项目,机电学院于2014年9月19-21日承办英国机械工程师学会(The Institution of Mechanical Engineers,简称 IMechE)东北亚地区2014年年会,本次年会内容包括以改善中风病人生活为主题的工程设计大赛、工程英语大赛及高等教育论坛等版块。

（八）党建工作

【概述】机电学院党委共有党员121人，其中在职教职工党员35人、退休教职工党员13人、学生党员73人；正式党员人94人，预备党员27人；设有10个党支部，其中教职工党支部4个、退休教职工党支部1个、本科生党支部4个、研究生党支部1个。

【院理论中心组开展党的群众路线教育实践活动理论学习】在2013年党的群众路线教育实践活动工作的基础上，2014年继续完成了第四阶段和总结收尾阶段工作。重点是针对"四风"方面存在的问题，提出解决对策，制定和落实整改方案；对一些突出问题，进行集中治理，使贯彻党的群众路线成为党员、干部长期自觉的行动。

【机电-环能学院理论中心组（片组）学习】年内，学院党委组织班子成员认真学习了党的十八届三中和四中全会的精神和习近平总书记的讲话，多次组织安排机电-环能学院理论中心组（片组）集体专题学习。如12月2日，机电-环能学院理论中心（片）组专题学习了十八届四中全会精神。邀请人事处处长、法律专家孙景仙教授做十八届四中全会精神专题辅导报告。孙景仙教授详细解读了《中共中央关于全面推进依法治国若干重点问题的决定》文件精神。两个学院领导班子成员，围绕学习内容交流了学习心得和体会。针对如何建设有特色、高水平建筑大学双方在本科教学、卓越工程师计划实施、科研、学科、就业、学生工作以及中外合作办学等方面，进行了热烈的交流和讨论。

【学习阵地建设】为推进学习型党支部、学习型党委建设，为党员创造良好的理论学习环境，学院党委在学院大兴校区大楼内建设了"党员学习园地"，购置了阅览家具、党员教育学习图书100余册，音像资料光盘20余张，供党员学习和借阅。

【党建先进校专家组入校考察走访学院党委】2014年3月4日，由市委教育工委、市教委、市委组织部、市教育工会以及有关高校领导和专家组成的北京市第七次党建和思想政治工作先进校入校考察专家组考察工作。专家组走访机电学院听取了院党委书记汇报和院长补充汇报，查阅了支撑材料。汇报受到专家组的好评。学院党委组织整理支撑材料54盒，为学校党建先进校的评选工作做出积极贡献。

【党风廉政建设工作】学院党委认真学习贯彻中央"八项规定"和《关于实行党风廉政建设责任制的规定》，认真贯彻北建大党发〔2013〕33号《贯彻党员领导干部廉洁自律规定的实施办法》，落实党风廉政建设责任制，认真落实"一岗双责"的要求，把反腐倡廉建设融入工作之中，结合业务工作主动做好廉政风险防控，与业务工作一起部署、一起落实、一起检查、一起考核，将执行党风廉政建设责任制的情况，列为领导班子民主生活会和领导干部述职述廉的重要内容。

【规范设备及材料采购管理工作】为加强专项经费和科研经费有关设备及材料的采购和管理，由学院党委牵头，2014年4月专门制定了《设备及材料采购及管理细则》。细则明确了采购工作小组人员组成及职责、设备及材料采购工作程序、材料出入库管理规定等。

（九）工会工作

【概述】机电学院分工会努力建设团结机电之家，不断完善激励机制，高度重视全体教职工的身心健康发展，关爱教职工、维护教职工合法权益，充分发挥工会组织作用，保障学院稳定、快速发展。

【召开学院教职工大会】1月10日，机电学院召开2013年教职工大会。校纪委书记何志洪出席会议。大会向全体教职工汇报了2013年学院党政、分工会、教代会工作，以及学院党政经费、分工会财务情况。

【困难帮扶及离退休工作】学院分工会围绕以增强集体凝聚力为重点，及时慰问、关心教师，及时解决在职及退休教师的实际困难；组织退休教师参加校、院的活动；学院"七一"开展慰问退休党员、春节慰问退休职工等送温暖慰问活动。

（十）实验室建设

【日常实践教学情况】实验中心对2014年度的实践教学资料进行了自查和抽查，实践教学指导书、实验报告齐全，实验设备良好，实验教师指导认真，实验教学效果良好，未有出现实验教学事故现象。

【专项申报】完成2014年专项招标、设备安装调试等工作；组织2014年教学专项申报。

（张媛媛　高瑞静）

八、文法学院

（一）学院概况

文法学院现有教职工82人，专任教师73人，其中博士生导师1人，硕士生导师4人；教授7人，副教授28人，讲师30人，助教8人。师资队伍的职称、学历、年龄和学缘结构合理，师德高尚、教学质量好、科研能力强。有北京市社科基地1个，北京市大学生素质教育基地1个，北京市伦理创新科研团队1个，北京市优秀人才培养资助人选5人，北京市师德先进个人1名，北京市中青年骨干教师5人，校级教学名师2人，校级重点学科1个，校级特色专业1个。

文法学院设有法学和社会工作两个本科专业。法学和社会工作专业在夯实本专业基本理论知识和专业知识的基础上，结合学校办学传统和特色，开设与建筑和城市管理相关的课程，以满足城市化进程中对城市建设、城市管理、城市服务的复合型高级专门人才的需要。

文法学院下设法律系、社会工作系、外语系、教学实验中心，拥有北京市建筑文化研究基地、北京市大学生城市文化教育基地、房地产法律研究所、城市历史与文化研究中心、法学实训基地、社会工作实训基地、模拟法庭和图书资料中心等教学科研平台。

（二）师资队伍建设

【概述】文法学院现有专职教师73人，其中博士生导师1人，硕士生导师4人；教授7人，副教授28人，讲师30人，助教8人，包括北京市拔尖人才1名，青年英才2名，北京师德先进个人1名。教授人数占专职教师人数的9.6%，副教授占38.4%，副高以上教师占47.9%；具有博士及以上学位教师18人，占24.7%。45岁以上教师占专职教师总数的27.4%，36岁至45岁教师占50.7%，35岁以下教师占21.9%。学院已形成一支学历层次较高、学缘结构和年龄合理、师德高尚、教学和科研能力较强的教学与研究团队。

【召开青年教师教学基本功比赛】2014年11月2日，文法学院举办了青年教师教学基本功公开课演示，每位青年教师讲授15分钟。在这次展示过程中，参赛教师们进行了精心的准备，在着装、精神面貌、板书、教学语言、教态、教育技术手段、教学内容等多个方面展现出了较高的教师素质和较为扎实的教学功底。本次活动也为文法学院全体教师提供了一次相互学习交流的机会，希望大家多相互学习，希望青年教师切实抓好教学基本功，加强教学技能，进一步提高文法学院的教育教学质量。通过本次展示，文法学院遴选出6位教师参加学校的评选。

（三）学科建设

【概述】学科建设是我们发展的"龙头"和"核心"，代表着一个大学的实力，是科研水平、教学水平、师资力量、学术水准的综合体现。文法学院2014年社会工作专业硕士点申报成功，为2015年招生进行了精心准备，修订完善了培养方案，着手研究生招生考试命题的准备工作。设计学（伦理学与美学方向）招生和培养工作正常进行，建筑伦理学在北京高校形成了特色，以此为基础学校自主设置了设计学（中外设计比较学），已经通过论证，准备招生。两个交叉学科点的论证和建设工作进一步开展。一个是"城市文化空间"，另一个是"建筑法律"，分别召开了论证会，通过到东南大学等科研院所考察，进一步明确了建设方向，形成了建筑法律研究团队，以科研为龙头，强化教学，进一步实施资源整合。

（四）教学工作

【概述】保障基础教学工作的井然有序，确保外语教学的稳步发展，进一步提高思政课程的教学效果，继续打牢专业基础知识，强化应用务实能力培养，突出自身特色，找准定位，形成优势的本科专业培养模式。

【以青年教师培养为重点，提高师资队伍整体水平，为教学、科研奠定人才基础】根据目前我院青年教师占整个教师75%以上比例的实际情况，一年来，我们主要采取了三项措施：1. 制定了《文法学院青年教师培养和继续教学规划》、《文法学院青年教师科研奖励的意见》等文件，从制度上保障有章可循；2. 提出青年教师要过"二关"的培养目标，即要过"课堂关"、"科研关"，让其明确"教什么"、"怎么教"和"既要当好教书匠，更要成为大学者"等基本理念，使这种理念成为他们的人生信仰和精神追求；3. 采取以下3个措施，助推其成长：即"压担子"、"搭戏台"、"组戏班"。所谓"压担子"，就是要他们必须申报项目、写本子；所谓"搭戏台"，就是搭建发展事业的平台；所谓"组戏班"，就是为其穿针引线，组成科研团队，形成研究气氛和环境。

【开展教学基本功评选展示活动】根据学校教务处的工作安排及相关管理规定，文法学院针对我校"第十届青年教师基本功比赛"开展了系列准备工作，动员并要求35岁以下全体教师积极参赛，希望青年教师以本次比赛为契机，切实苦练教学基本功，加强青年教师的教学技能，从而提高文法学院的教育教学质量。

【召开2014年度外语教学工作研讨会】11月22日，文法学院召开了2014年度外语教学工作会研讨会。校领导朱光、宋国华、张启鸿、张大玉以及相关职能部门和各二级学院负责人参加会议。

研讨会上，外语系主任赵文通老师、2012年级组长鲍莉老师分别对我校四年来英语教学所开展的各项工作进行了全面的总结。外语系青年教师代表王隽进行了经验分享。她介绍了自己怎样融入学生，关爱每一个学生的成长，采取行之有效的措施，以爱心打动学生的教学经验。文法学院副院长刘国朝就外语教学在能力培养、网络教学、教学分层、专业英语、双语教学等多方面提升学生运用语言的能力，提出了下一阶段的工作目标。研讨会还邀请了土木学院和机电学院进行工作经验交流。土木学院的"学霸联盟"正能量引导学生,以及机电学院的"齐抓共管"激励机制,赢得了在场老师的热烈掌声。

在认真听取了大家的发言后,与会的校领导就进一步推动我校英语教学工作再上新台阶提出了新的要求。张大玉副校长强调外语系应进一步加强内涵发展,充分考虑学生的后续发展问题;希望总结经验,继承发扬,推动我校的英语教学工作继续发展。

张启鸿副书记在讲话中,对下一步英语教学的后续发展、与专业外语教学衔接,以及创造良好的外语学习氛围提出了要求。

朱光校长最后在总结时指出:四年的努力使我校的CET4达到市属院校的前列,成绩显著。这离不开各部门的通力配合,外语教师的辛勤付出,同时,也要考虑内涵的发展,在"言传身教、以老带新、因材施教"上做文章,外语教师的好风气给全校带了个好头,要在教师的自觉意识上下功夫,以好的教风和好的学风,推动教育教学质量的提升。

【总的工作思路】保障基础教学工作的井然有序,确保外语教学的稳步发展,进一步提高思政课程的教学效果,继续打牢专业基础知识,强化应用务实能力培养,突出自身特色,找准定位,形成优势的本科专业培养模式。

1. 外语:总结今年的成绩,分析不足,为明年的四级教学确定工作目标,下达工作任务。这学期召开一次外语工作会议,进一步提高总结。同时,认真总结以往经验,形成教学成果,争取有所突破。同时,协调好"2+2"教育、研究生培养工作,做到工作"一盘棋"。

2. 思政:组织思政项目报奖;开展推选思政课程比赛;推进核心价值观的"三进工作"。

3. 专业:申报教学成果奖;特色课程教材的研讨会。

更值得一提的是:今年,在外语系老师的奋力拼搏和努力下,2014年主考年级英语四级考试一次通过率达到67%,取得了非常好的成绩,完成了既定目标。鲍莉老师带领的教学团队,老教师以身作则,发挥表率作用,青年教师更是勇担重任,全身心投入教学工作中,他们早出晚归,辛勤奉献,赢得了学生的一致好评。赵文通老师被全校学生评为"我心中最美的老师"。

【获得的教学成果奖】

2014年文法学院教学成果奖一览表

序号	奖励名称	第一完成人	成果名称	所属单位	教研室	获奖级别	获奖等级
1	2014年全国大学生英语竞赛一等奖指导教师奖	许辉	全国大学生英语竞赛一等奖指导教师奖	文法学院	外语系	国家级	特等奖/一等奖
2	2014年全国大学生英语竞赛一等奖指导教师奖	吴逾倩	全国大学生英语竞赛一等奖指导教师奖	文法学院	外语系	国家级	一等奖
3	2014年全国大学生英语竞赛一等奖指导教师奖	许辉	全国大学生英语竞赛一等奖指导教师奖	文法学院	外语系	国家级	一等奖
4	2014年全国大学生英语竞赛一等奖指导教师奖	陈素红	全国大学生英语竞赛一等奖指导教师奖	文法学院	外语系	国家级	一等奖

续表

序号	奖励名称	第一完成人	成果名称	所属单位	教研室	获奖级别	获奖等级
5	第五届北京市大学生模拟法庭竞赛	王俊梅	第五届北京市大学生模拟法庭竞赛	文法学院	法律系	市级	一等奖
6	第五届北京市大学生模拟法庭竞赛	刘炳良	第五届北京市大学生模拟法庭竞赛	文法学院	法律系	市级	一等奖
7	北京市大学生英语演讲比赛指导教师奖	王隽	北京市大学生英语演讲比赛指导教师奖	文法学院	外语系	市级	三等奖
8	外研社大学生英语写作比赛指导教师奖	王隽	北京市大学生英语演讲比赛指导教师奖	文法学院	外语系	市级	三等奖
9	首届全国建筑类微课比赛本科类比赛二等奖	张宁娇	快速阅读技巧（首届全国建筑类微课比赛本科类比赛二等奖）	文法学院	外语系	部级奖	二等奖
10	首届全国建筑类微课比赛	裴娜	微案解疑——行政处罚普通程序	文法学院	法律系	部级奖	三等奖
11	第十四届全国多媒体课件大赛	裴娜	微案释疑—行政处罚普通程序	文法学院	法律系	国家级	三等奖
12	第十四届全国多媒体课件大赛微课组二等奖	张宁娇	快速阅读技巧（第十四届全国多媒体课件大赛微课组二等奖）	文法学院	外语系	部级奖	二等奖
13	第十届校级教学评比优秀教案奖	杜苗	第十届校级教学评比优秀教案奖	文法学院	外语系	学校级	其他奖
14	第十届校级教学优秀奖一等奖	侯平英	第十届校级教学优秀奖一等奖	文法学院	外语系	学校级	一等奖
15	北京建筑大学2014届校级毕业设计（论文）优秀指导教师奖	裴娜	2014届法学毕业论文	文法学院	法律系	学校级	其他奖
16	全国大学英语竞赛优秀辅导员奖	陈素红	全国大学英语竞赛辅导	文法学院	外语系	国家级	一等奖
17	中国教育实践与研究论坛征文大赛一等奖	杜苗	非英语专业学生翻译能力培养的研究与探索	文法学院	外语系	国家级	一等奖
18	北京高校青年教师优秀社会调研成果	杨娜	北京市社区公益服务项目化管理研究	文法学院	社工系	地市级	其他奖
19	北京建筑大学2014年优秀教学管理个人	徐丹石	北京建筑大学2014年优秀教学管理个人	文法学院	院办	学校级	其他奖

续表

序号	奖励名称	第一完成人	成果名称	所属单位	教研室	获奖级别	获奖等级
20	2014年全国大学生英语竞赛全国总决赛优秀指导教师	刘国朝	2014年全国大学生英语竞赛全国总决赛优秀指导教师	文法学院	院办	国家级	其他奖
21	北京建筑大学2015年优秀教学管理个人	刘国朝	北京建筑大学2015年优秀教学管理个人	文法学院	院办	学校级	其他奖
22	北京建筑大学第十教学优秀三等奖	高春凤	第十届校级教学优秀奖三等奖	文法学院	社工系	学校级	一等奖
23	《快速阅读技巧》获微课组二等奖	张宁娇	第十四届全国多媒体课件大赛决赛	外语系		国家级	二等奖
24	《微案释疑—行政处罚普通程序》三等奖	裴娜	第十四届全国多媒体课件大赛决赛	法律系		国家级	三等奖
25	北京建筑大学2014届校级毕业设计（论文）优秀指导教师奖	孙莹	2014届社工系毕业论文	文法学院	社工系	学校级	其他奖

（五）科研工作

【概述】 2014年文法学院科研项目共计10项，其中国家社科立项1项，省部级项目6项（含北京社科基金立项4项），到校经费总计64.5万元（含横向课题到校经费合计6万），发表文章67篇，其中核心期刊14篇，出版著作8部。

2014年文法学院承担的各类科研项目一览表

序号	项目名称	负责人	项目来源	项目级别	合同经费（万元）	起止时间	项目类别
1	城市空间伦理问题研究	高春花	国家社科基金	国家级	15	2013.12 2014.12	一般
2	北京历史文化魅力走廊—"中轴线与朝阜路"文化内涵挖掘与传播利用	宋国华	北京市哲学社会科学规划特别委托项目	省部级	15	2013.12 2015.12	特别委托
3	近代北京城市公共空间对城市文化影响研究	孙希磊	北京社科基金	省部级	5	2013.03 2015.12	一般
4	北京城乡独生子女家庭养老问题比较研究	赵仲杰	北京社科基金	省部级	5	2013.06 2015.06	一般
5	美国纽约城市地标法对北京建筑遗产保护的启示	左金风	北京社科基金基地项目	省部级	5	2013.12 2015.12	一般

续表

序号	项目名称	负责人	项目来源	项目级别	合同经费（万元）	起止时间	项目类别
6	北京市农村住房养老法律制度研究	张晓霞	北京社科基金	省部级	5	2013.04 2015.06	一般
7	上市公司股东直接诉讼与派生诉讼的选择提起问题研究	王丹	司法部	省部级	3	2013.05 2015.05	一般
8	北京市社区空巢老人精细化管理研究	张守连	北京市委组织部	司局级	10	2013.01 2015.12	一般
9	大学生思想政治教育与专业对接的方法与路径探索——以北京建筑大学为例	张守连	北京市教委	司局级	0.5	2013.01 2014.01	一般
10	北京市中华英才项目	杨娜	北京市教委	司局级	1	2013.07 2016.07	一般

2014年文法学院教师发表的学术论文一览表

序号	成果名称	第一作者	发表时间	发表刊物	刊物类别
1	Urban Spatial Justice in Australian Low-Carbon City: Perth as a case study	武烜	2014.06.24	The Science: Contemporary Problems of Architecture and Construction	国外学术期刊
2	论中国特色社会主义文化建设的价值原则	常宗耀	2014.04.01	《中国特色社会主义理论》	核心期刊
3	论中国梦的质、量、度	常宗耀	2014.06.15	探索	核心期刊
4	从哲学角度看翻译本质	蒋凤霞	2014.05.25	郑州大学学报哲学社会科学版	核心期刊
5	大学生社会主义公正观教育——基于高校思想政治教育的维度	汪琼枝	2014.08.31	思想教育研究	核心期刊
6	从墨尔本低碳城市空间模式看澳大利亚绿色城市空间正义	武烜	2014.05.16	思想教育研究	核心期刊
7	论大学生在对外交往中的跨文化交际能力培养	侯平英	2014.03.01	思想教育研究	核心期刊
8	论按贡献分配体现社会主义以人为本的价值诉求	汪琼枝	2014.02.10	商业时代	核心期刊
9	城市规划正义的基本理论问题分析	汪琼枝	2014.02.02	商业时代	核心期刊
10	思想政治教育视角下的专业教育问题探析	张守连	2014.11.25	思想教育研究	核心期刊

续表

序号	成果名称	第一作者	发表时间	发表刊物	刊物类别
11	中国梦是意识、制度和行为的统一	常宗耀	2014.12.15	学习论坛	核心期刊
12	中英现代化社会转型期官德建设比较研究	王乐	2014.12.10	理论界	核心期刊
13	让城市公共空间充满人文关怀	秦红岭	2014.11.24	瞭望	核心期刊
14	百姓安居呼唤建筑工程伦理	秦红岭	2014.05.26	瞭望	核心期刊
15	美国证券集团诉讼和派生诉讼合并提起情况研究及其启示	王丹	2014.08.01	私法研究	核心期刊
16	大学生社会主义核心价值观现状调查与路径建构	尹保红	2014.12.22	晋中学院学报	一般期刊
17	高校建筑文化类特色教育资源库建设的冷思考	秦红岭	2014.12.21	中国电力教育	一般期刊
18	加强大学生审美教育	杜苗	2014.12.15	学校教育研究	一般期刊
19	非英语专业学生翻译能力培养的研究与探索	杜苗	2014.12.04	教育管理与艺术	一般期刊
20	美国民事没收的类型与特征	王俊梅	2014.12.01	当代旅游	一般期刊
21	社区文化建设促进和谐社区构建的调查与思考	高春凤	2014.11.25	经济研究导刊	一般期刊
22	胡绳对马克思主义哲学大众化的理论贡献研究	张华	2014.09.30	北京建筑大学学报	一般期刊
23	中国古代建筑俭德及其时代价值	秦红岭	2014.09.30	北京建筑大学学报	一般期刊
24	提升北京公共文化空间软实力的思考与对策	秦红岭	2014.08.05	中国名城	一般期刊
25	艾思奇的"哲学讲话"对马克思主义哲学大众化的贡献	张华	2014.07.25	中共云南省委党校学报	一般期刊
26	毛泽东的人民主体观及其现实意义	常宗耀	2014.07.20	中国延安干部学院学报	一般期刊
27	无名城市叙事	许辉	2014.07.05	时代文学	一般期刊
28	美国建筑职业道德刍议	崔子修	2014.06.03	科技资讯	一般期刊
29	文化排斥视角下流动儿童文化融合教育路径分析	杨娜	2014.05.20	管理观察	一般期刊

续表

序号	成果名称	第一作者	发表时间	发表刊物	刊物类别
30	儒家个人诚信伦理的价值维度探究	袁和静	2014.04.30	产业与科技论坛	一般期刊
31	社会排斥视角下流动儿童教育政策主体责任的反思	杨娜	2014.04.15	产业与科技论坛	一般期刊
32	社区化多元共治：流动人口服务管理模式创新	高春凤	2014.04.09	管理观察	一般期刊
33	城市社区失独老人面临的问题与对策研究	晁霞	2014.03.30	产业与科技论坛	一般期刊
34	研究20世纪30年代马克思主义哲学大众化运动的意义及方法	张华	2014.03.20	北京建筑工程学院学报	一般期刊
35	试论价值观冲突管理的趋势	张守连	2014.03.10	商业经济	一般期刊
36	价值观冲突理性管理的主要维度	张守连	2014.02.20	商业经济	一般期刊
37	从结构功能看独生子女家庭的养老问题	赵仲杰	2014.01.20	教育论坛	一般期刊
38	需求视角下城市社区公共文化资源规划研究	高春凤	2014.01.06	经济研究导刊	一般期刊
39	高校工会主席胜任力模型研究	赵仲杰	2014.02.24	北京建筑工程学院学报	一般期刊
40	新城市主义视角下的城市空间代际公平：苏瓦港城市空间正义个案研究	武烜	2014.11.28	中国建筑学会2014年会论文集	国内学术会议论文集
41	以生态伦理观浅析城市建设中的以人为本	鲍莉	2014.11.26	伦理视域下的城市发展学术研讨会会议论文集	国内学术会议论文集
42	当代中国城市空间正义的缺失与建构	张华	2014.11.20	伦理视域下的城市发展学术研讨会会议论文集（2014）	国内学术会议论文集
43	德波景观社会的理论建构及其局限性探微	尹保红	2014.11.01	2014年北京建筑文化研究基地论文集	国内学术会议论文集
44	论北京市建筑文化遗产保护的公众参与机制	王丹	2014.09.01	建筑空间城市——北京建筑文化研究基地论丛（2013）	国内学术会议论文集
45	浅谈城市文脉与城市发展——以北京的城市建筑文化更新发展为例	张红冰	2014.09.01	建筑空间城市	国内学术会议论文集

续表

序号	成果名称	第一作者	发表时间	发表刊物	刊物类别
46	美国工程伦理教育特征及其发展趋势	郭晋燕	2014.09.01	建筑空间城市北京建筑文化研究基地研究论丛2013	国内学术会议论文集
47	新城市主义视角下的环境代际公平：维拉港城市空间正义个案研究	武烜	2014.09.01	建筑·空间·城市 北京建筑文化研究基地研究论丛（2013）	国内学术会议论文集
48	女性主义视野中的现代建筑审美	陈素红	2014.06.21	建筑空间城市	国内学术会议论文集
49	城市历史景观与城市传统的表现	陈熙	2014.04.01	北京建筑文化研究基地研究论丛	国内学术会议论文集
50	浅谈课堂教学艺术	张宁娇	2014.03.18	分享与启示：高校教师教学叙事与漫谈	国内学术会议论文集
51	教学相长令我自强	侯平英	2014.03.01	分享与启示	国内学术会议论文集
52	浅谈法学模拟训练课的教学体会	袁力	2014.03.01	分享与启示-高校教师教学叙事与漫谈	国内学术会议论文集
53	中国风水文化中的建筑选址原则	刘炳良	2014.02.10	北京建筑文化研究基地研究论丛2013	国内学术会议论文集
54	大学英语教学的非语言特性	陈素红	2014.01.21	教育教学改革与研究论文集	国内学术会议论文集
55	老龄化背景下《老年社会工作》课程的教学思考	晁霞	2014.01.06	2013年中国建设教育协会普通高等教育委员会教育教学改革与研究论文集	国内学术会议论文集
56	网络环境下促进学生自我管理学习的教学反馈的原则	郭晋燕	2014.01.06	中国建设教育协会普通高等教育委员会2013年教育教学改革与研究论文集	国内学术会议论文集
57	论北京旧城中轴线的设计特征与文化价值	秦红岭	2014.03.10	华中建筑	一般期刊
58	更宽泛时空视角下的美国城市变迁史	陈熙	2014.03.31	北京建筑工程学院学报	一般期刊
59	城市意象的多维性：新普利茅斯个案研究	张宁娇	2014.03.12	江苏师范大学学报	一般期刊
60	提升思修课程教学效果的途径分析	裴娜	2014.12.01	思想教育研究	一般期刊

续表

序号	成果名称	第一作者	发表时间	发表刊物	刊物类别
61	论约翰.罗斯金的建筑伦理思想	秦红岭	2014.11.10	华中建筑	一般期刊
62	政治学视野中的中国梦	常宗耀	2014.07.21	党政论坛	一般期刊
63	政治学视野中的中国梦境结构解析	常宗耀	2014.06.30	唐都学刊	一般期刊
64	融入视角下流动人口的城市社区管理	高春凤	2014.01.01	安徽农业科学	一般期刊
65	高校建筑的美育功能分析——以北京建筑大学新校区为例	李伟	2014.12.01	思想教育研究	一般期刊
66	北京城市独生子女父母老年居住意愿研究	赵仲杰	2014.02.23	理论视野	一般期刊
67	宫室之制与宫室之治：中国古代建筑伦理制度化探析	秦红岭	2014.10.15	伦理学研究	一般期刊

2014年文法学院教师出版学术著作一览表

序号	成果名称	第一作者	出版时间	出版社	性质
1	政府信任危机研究	尹保红	2014.06.01	国家行政学院	学术专著
2	学生实用英语高考必备	刘锐诚(外)、贾荣香	2014.05.01	中国青年出版社	编著
3	学生实用英汉大辞典	刘锐诚(外)、贾荣香	2014.01.01	中国青年出版社	编著
4	实用国际工程英语（双语版）	贾荣香	2014.04.15	外文出版社	正式出版教材
5	个案工作实务	孟莉	2014.02.19	高等教育出版社	正式出版教材
6	城魅：北京提升城市文化软实力的人文路径	秦红岭	2014.05.15	国家行政学院	学术专著
7	建筑空间城市：北京建筑文化研究基地研究论丛2013	高春花	2014.09.15	天津人民出版社	编著
8	中国建筑文化年鉴2012	高春花	2014.09.15	天津人民出版社	编著

【举办学术会议】2014年10月25-26日，由中国伦理学会、北京伦理学会、北京建筑文化研究基地主办，北京建筑大学文法学院承办的"伦理视域下的城市发展——北京建筑文化研究基地2014年学术年会"在京召开。来自政府部门、高等院校、科研院所的专家、学者以及欧洲建筑学会的国际友人100余人参加了研讨会。

中国伦理学会会长、清华大学人文学院院长万俊人教授在大会致辞中指出，现代化城市发展过程中的大城市问题,需要包括伦理学在内的社会各个领域去反思和研究,既要建设"看得见"的城市,又要塑造"看不见"的城市。"伦理视域下的城市发展",研究空间广阔,希望北京建筑文化研究基地的研究工作为建设更有文化、更有内涵的城市做出贡献。

北京建筑大学副校长张大玉教授指出,伴随着新型城镇化战略的快速推进,对城市建筑传承与创新的研究越来越受到社会的关注。北京建筑大学自2010年获批建筑文化北京市哲学社会科学研究基地以来,围绕北京城市建设文化特色与功能、建筑伦理、北京建筑文化遗产保护等研究领域,开展了系列研究,取得了丰硕的成果,为人才培养提供了良好的支撑平台。这次学术会议的召开既是对已有成果的总结交流,也是在新的时代背景下,进行建筑伦理与城市文化研究的新起点。

北京伦理学会会长、国家行政学院王伟教授指出,伦理学渗透到社会、经济发展的方方面面是目前伦理学发展的主要方向,北京建筑大学对于建筑伦理的研究是深化和改革伦理学研究的成功探索,希望能继续坚持下去,产生出更多的优秀研究成果。

北京市哲学社会科学规划办公室副主任李建平研究员指出,当代中国城市化发展的进程引人瞩目,但是特大城市的问题也十分突出,面对这些问题既要关注环境生态文明的建设,同时更要关注人文生态,即文化资源的保护。

在大会主题演讲中,中国传媒大学李淑文教授从文化的角度,解读了新型城镇化的文化意义;住建部李先逵教授从历史的角度,分析了城市化过程中创新与保护的关系;中国建筑设计研究院朱起鹏以北京宏恩观为例,提出了城市文化遗产保护、更新和发展的新思路;来自欧洲建筑学会的设计师米兰·斯塔沃克介绍了布拉格的传统开放空间;北京建筑大学文法学院秦红岭教授通过介绍三个典型案例,阐述了建筑伦理学研究的必要性和重要意义;中国浦东干部学院毛新雅副教授从人口空间的视角,介绍了提升特大城市新型城镇化水平的方法;湖南城市学院易永卿教授介绍了关于城市"冷漠症"的伦理引导;上海社会科学院陈忠研究员阐述了建筑伦理学的产生背景,建筑与伦理的互相开启作用以及如何进行建筑伦理学的建构等问题。

与会专家、学者,围绕城市发展空间与空间哲学、人文城市与公民教育、城市建设与生态文明、绿色建筑与国际视野等议题发表了精彩的演讲、进行了充分的交流和热烈的讨论。

北京建筑文化基地负责人、北京建筑大学党委组织部部长高春花教授表示,美好的城市应该是以人为本的、体现社会公平正义的、延续历史文脉的城市,此次论坛的参会人员来自不同领域,与会专家带着问题,讨论视域宽广,思想碰撞激烈,在研讨中结出了丰硕的思想果实。

此次研讨会是北京建筑文化研究基地自成立以来举行的第五次研讨会。近3年来,基地共承担科研项目74项,其中,国家社科基金项目4项,市社科规划办特别委托项目1项,规划办项目24项,科技部"十二五"科技支撑计划项目1项,教育部人文项目2项,开放性课题26项,横向课题6项。其中3项成果被政府采纳,6项成果直接服务于北京城市建设。随着建设工作的扎实开展,北京建筑文化研究基地在学界所受的关注度越来越高,影响力逐年增强。

（六）学生工作

【概述】 2014年，文法学院学生工作围绕凝炼文化特色、创建文化品牌这一主题，开展了大量品牌活动、其中包括重走五四路的党员主题教育活动、学校更名晚会、文化长廊展示活动、北京建筑大学英语演讲比赛等文化活动，在学校的校园文化建设中起到了举足轻重的作用。

【培养少数民族学生党员】 文法学院党总支探索少数民族学生党员发展路径，为少数民族地区培养优秀干部，文法学院于2008年开始招收少数民族生。针对文科生多、少数民族学生多的特点，学院党总支以培养优秀少数民族干部、促进民族团结、维护社会稳定为宗旨，通过具有鲜明特色的"政治引领、素质提升与生活帮扶"三结合的方式，对少数民族学生党员发展路径进行了积极的探索，成效显著。

【召开少数民族学生"茶话会"】 2014年3月3日是藏历新年后的第一天，为了给文法学院两名藏族学生旦增次仁和格桑曲珍庆祝节日，让远离家乡求学的少数民族学生感觉到来自文法大家庭的温暖，文法学院特邀请本学院藏族、维吾尔族、蒙古族、回族等少数民族学生15人在学院教工之家举办了别开生面的"茶话会"。学院院长孙希磊、党总支副书记李红和辅导员杨举参加了本次活动。

【邀请校友北京高院法官朱一鸣与在校生面对面交流】 2014年3月11日，文法学院团总支邀请了法学专业03级校友、北京市高级人民法院法官朱一鸣与在校法学专业学生进行了一场面对面交流，并在交流后亲自担任法官进行了一场校内"模拟法庭"表演赛。

【培养少数民族学生党员】 2014年3月18日，文法学院11、12、13级班长、团支书及团总支学生会部长在基础楼D座220召开了2014年春季学期学风建设暨早晚自习动员会。文法学院团总支书记杨举在会上对文法学院本学期的学风建设工作和早晚自习要求进行了通报和说明。

【举办优良学风班中期答辩】 2014年4月1日，文法学院为贯彻落实学校加强学风建设的要求，进一步推进班级学风建设，促进学生学业发展和个人成长，交流经验、宣传典型，扩大学风建设的覆盖面和在学生中的影响力，在大兴校区基础楼D212举办优良学风班中期检查答辩会。文法学院院长孙希磊、党总支书记肖建杰、学工部副部长冯永龙和辅导员杨举担任评委，大兴校区各班班级导师及班委成员参加了答辩会。

【宿舍文化节活动之头脑风暴】 2014年4月22日，由文法学院生活部筹备的宿舍文化节之头脑风暴活动在基D220教室举办。活动一经推出就吸引了众多文法学院学生积极报名参与。本次活动报名的宿舍囊括文法学院11级、12级和13级的学生。不仅11级的"大哥大姐们"当仁不让，12级和13级的学弟学妹们也表现突出。

【校级运动会表现优良】 2014年4月28日，文法学院秉承"强身健体，全员参与，人人争先，激发生命"的体育精神，坚持"全员动员、集体参与"的体育原则，实现锻炼体魄、陶冶情操的教育目的，精心组织和动员全体师生参加学校每年一度的田径运动会。在今年举行的校际运动会上，从运动员报名到入场方队训练；从志愿者的组织到礼仪队员的细致服务，都体现出文法学院奋发向上的精神状态。在这届运动会上获得了田径女子组第五名、入场方队奖的好成绩。同时，在志愿者服务和礼仪队的整体风貌方面表现出色，赢得人们的一致称赞。

【组织全校130余人重走五四路】 为弘扬"五四"精神，以具体行动践行习近平总书记北大讲话精神，2014年5月11日，文法学院组织本学院100余名学生以及机电学院和电信学院30余名学生，重走"五四"之路，文法学院团总支书记杨举、电信学院团总支书记曲杰和机电学院团总支书记刘星为领队，文法学院院长孙希磊亲自向同学们讲解"五四"精神的内涵及中国近现代史的相关爱国主义事件。

【举办培训和践行社会主义核心价值观片组学习会】2014年5月27日上午，按照校党委的要求和部署，文法学院、计信部和体育部联合组织了题为"培育和践行社会主义核心价值观"的片组学习会，会议在大兴校区基础楼D座317室举行，计信部主任郝莹、直属党支部书记魏楚元，体育部主任杨慈洲、直属党支部书记康均，文法学院党总支书记肖建杰、院长孙希磊、副院长李志国、党总支副书记李红出席了学习会，会议由文法学院院长孙希磊主持。

【举办四级动员大会】2014年5月27日，文法学院在基础楼D座212召开四级动员大会。院长孙希磊、党总支书记肖建杰、党总支副书记李红、团总支书记杨举参加了动员会。英语四级主考年级的鲍莉、刘宏、束东新老师受邀给予指导。

【举办高党积极分子讨论会】2014年5月27日下午，文法学院第53期高级党课积极分子讨论大会在基础楼D座317会议室进行。文法学院党总支书记肖建杰、党总支副书记李红全程参加了讨论会，会议由文法学院团总支书记杨举主持。参加本次讨论的同学有53期高级党课结业学员及文法学院人文理论社成员。

【"教材循环利用"宣讲会】2014年6月3日下午，文法学院"教材循环利用"宣讲会在基础楼D座212教室召开，文法学院党总支书记肖建杰、团总支书记杨举以及各班班委参加了此次宣讲会。

【"社会主义核心价值观"学习报告会】2014年6月10日，文法学院、体育部、计信部和理学院联合组织"社会主义核心价值观"学习报告会，报告会在大兴校区基础楼D座220室举行，文法学院、体育部、计信部和理学院全体教职员工近200人参加报告会。文法学院党总支书记肖建杰教授做了主题报告。

【强化英语口语教学】近几年，我校的大学英语教学质量呈上升的趋势，2009级、2010级和2011级学生的主考年级四级首次通过率分别达到46%、53%和57%，位于北京市属高校前列。学生学习英语的积极性也随之高涨，参加全国大学英语六级考试的学生人数逐年增多。在提高本科学生四级通过率的同时，文法学院英语系注意到学生的口语表达能力没有明显提高，于是结合北京市教委支持的"大学英语应用能力（口语）测试研究"项目，着手强化英语口语教学。

【学生成立调研小组深入调研北京老龄化问题】随着社会经济发展和人民生活水平的提高，与之而来的老龄化问题日渐突出。2014年的暑假期间，文法学院以社会工作专业的学生为主，成立了6人调研小组深入调研北京老年人问题。调研以社会工作专业的知识为基础，利用社会调查的专业方法，为北京老龄化问题提出自己的建议。

【举办中秋茶话会】2014年9月7日，中秋节将至，文法学院在大兴校区举行在校学生的中秋茶话会，师生共聚一堂，一起度过中华民族的传统节日。

【朋辈助新活动取得良好效果】文法学院自2012年开始开展朋辈助新工作，到今年九月迎新工作结束，可以说朋辈辅导员在大一新生的成长过程中起到了举足轻重的作用，他们的工作覆盖到了新生工作的各个方面，包括迎新现场接待、宿舍答疑、军训慰问等，甚至有的朋辈辅导员大学三年都跟自己带过的学弟学妹保持联系。

【学院领导探望2014级军训新生】2014年9月22日，文法学院党总支书记肖建杰、副书记李红亲切探望了我院2014级军训新生，并与学生进行了交流。每位同学都拿到了学院发给的水果，很多同学表示，"文法学院的人文关怀特别让人感动，几乎每天都有学长或者老师来探望我们，让我们感觉到了家一样的温暖。"

【利用专业优势宣讲社会主义核心价值观】2014年9月26日至30日，文法学院法学、社会工作学生依托自己所学专业相关知识，在大兴校区食堂北门为过往同学讲解基本法律知识以及社会工作助人技巧，以实际行动践行社会主义核心价值观。

【开展新生专业认知活动】为了帮助2014级新生深入了解学校、学院和专业，尽快适应大学生活，2014年9月30日，文法学院请法学系和社工系的老师、专家及往届毕业生为同学们开展了法学、社会工作专业的认识活动。

【本科生研究生参与北京旧城改造】2014年10月5日，为弘扬传统文化，践行社会主义核心价值观，文法学院组织了设计伦理学专业的全体研究生及部分本科生，对北京旧城的名人故居、传统四合院以及历史文化保护街区进行了一次有意义的文化探寻之旅。此行先后考察了较有代表性的北京护国寺街区、梅兰芳故居、定阜街、原辅仁大学旧址、帽儿胡同的婉容故居、可园、府学胡同的顺天府学旧址、文天祥祠堂、富强胡同的老舍故居等处。

【组织十一留校学生畅谈活动】为了让文法学院十一留校的学生过一个开心快乐的假期，2014年10月8日，学院组织学生在教工之家开展了"畅谈家乡文化美景 诉说爱国爱校深情"为主题的聚会活动，学院党总支副书记李红、团总支书记杨举及学院几十名包括藏族、维吾尔族等少数民族的学生一起参加了活动。

【文法学院和机电学院共同举办新生才艺大赛】为了给新生提供施展才华的舞台，彰显青春活力与个性，机电学院与文法学院共同举办的新生才艺大赛于10月8日晚隆重开幕。机电学院团总支书记刘星，文法学院团总支书记杨举以及校级院级学生会成员作为评委参与评分。比赛吸引了众多学生前来观看，一起享受了一场视听盛宴。

【开展就业指导工作】2014年10月13日，文法学院2015届毕业生就业动员大会在教1-223召开。文法学院院长孙希磊、就业指导中心蔡思翔、社工系赵仲杰和11级毕业班班导师杨娜、高春凤、石磊出席大会。党总支副书记李红主持会议。此次动员会充分引起了学生们对就业的重视，会后毕业生纷纷表示，这次毕业生动员大会提升了学生就业信心，明确解读了最新的政策，提供了大量的就业信息，大家会积极主动地开展就业工作。

【举办首届人文经典读书会】徜徉书海，阅读经典，是一所高水平大学彰显学术品质的标志。为了激发广大师生的科研积极性，活跃文法学院的整体学术气氛，促进大家阅读经典著作的积极性，文法学院于本学期组织"人文经典读书会"。10月17日下午，在大兴校区基础教学楼D座317会议室举办了文法学院首届读书会。孙希磊老师担任第一次读书会活动的主讲人，肖建杰担任点评人。文法学院副院长李志国、土木学院党总支书记何立新、文法学院部分青年教职工、设计伦理学专业的研究生以及其他学院的本科生参加了本次活动。

【文法学院和机电学院联合举办"梦·开始的地方"文艺晚会】2014年10月28日晚，文法、机电学院"梦·开始的地方"文艺晚会在大学生活动中心举办，我校党委副书记张启鸿莅临现场观摩指导,学工部部长黄尚荣、团委书记朱静、学工部副部长冯永龙及文法、机电学院的领导和近千名学生观看了演出。

【举办社会主义核心价值观研究生书画展】 2014年12月5-15日,文法学院举办"践行社会主义核心价值观,学习十八届四中全会精神"研究生书画展。本次活动共收到文法学院研究生书画作品六十五幅,作品向全校师生展示了高超的技巧和深厚的文化底蕴。

【举办十八届四中全会精神座谈会】 2014年12月16日,文法学院在大兴校区基础教学楼D座317召开学习十八届四中全会精神座谈会。参加本次座谈会的有学工部副部长冯永龙、文法学院学生党支部理论导师汪琼枝和文法学院团总支书记杨举以及文法学院学生党员和党员发展对象。会议由文法学院团总支书记杨举主持。

（七）党建工作

【概述】 2014年文法学院党总支围绕校院两级整体工作思路,从思想、组织、作风、制度上,明确责任,精准发力,真抓实干,为推动学院事业发展保驾护航。

【加强领导班子建设】 文法学院党总支班子成员坚持理论学习,不断提高自身的理论水平。学习内容丰富,形式多样。坚持二级中心组（片组）学习制度,与体育部、计信部组织片组学习2次,内容包括培育和践行社会主义核心价值观、学习十八届四中全会精神以及习近平总书记系列讲话等。

【加强党风廉政建设】 一是党政高度重视,成立党风廉政建设工作组。按照党委关于领导班子建设和提高领导班子科学决策水平的指示精神,成立文法学院党风廉政建设工作组,严格执行民主程序,坚持民主管理,推进领导干部的"一岗双责"制度。二是加强制度建设,制定党风廉政建设工作规范。按照党风廉政建设责任制的要求,分别肩负惩治和预防腐败的责任和义务,认真落实"三重一大"规定,落实"集体领导、民主集中、个别酝酿、会议决定"的办公会决策程序和会议制度。坚持每两周一次举行党政联席会议,就重大事项进行集体研究、民主决策。尤其对重大经费的使用、专项经费的申报与管理、行政管理、人才引进、师资培训等,都要上会进行逐项讨论和决策。三是加强民主监督,发挥工会和二级教代会的监督作用。做好院务公开制度化和规范化的工作,保障广大教职工的知情权、参与权、决策权和监督权,领导班子成员坚持每一学期定期向教代会代表汇报学院全面工作,接受民主评议。最后,规范学习制度,加强党风廉政建设的学习、宣传和教育工作。

【注重思想政治工作】 文法学院教工党支部以主讲主问的形式开展理论学习,参与理论课题。2014年,成功申请到首都大学生思想政治教育课题1项;做党的宣传员,在社会主义核心价值观和十八届四中全会精神宣讲活动中,不仅组织好本单位教职工的学习活动,还为学校各基层单位做形势报告若干场,解读要点,分析形势,宣传党的路线方针政策,受到普遍好评,有七位教师担任校党校教师;不断探索学生思想政治教育方法与手段的改革与创新,不局限于思想灌输和理论教育形式,将思想政治教育工作渗透于全方位、多形式、多层次的活动之中,如开展英模座谈会、升国旗仪式、英模报告会、红军事迹报告会、参观红色遗迹等,使大学生树立正确的人生观、价值观、世界观,深化爱国主义、集体主义、民族主义教育,使大学生健康成长成才;实施学生党员先锋工程。结合党员先锋工程,通过开展党员述学、党员宿舍挂牌、去养老院帮扶活动进行党的为人民服务精神的教育等。

【强化支部组织建设】2014年11月,完成了支部换届选举工作,新增研究生党支部1个,为学院下一步发展提供了更有利的组织保障。

【重视党员队伍建设】文法学院党总支积极做好在职教职工和学生的党员发展工作。2014年,2名教工成为入党积极分子,1名教工预备党员转正;目前全院86.9%的学生向党组织提交入党申请书。举办党校启蒙班1期,共培训学生124人,发展学生预备党员50名,预备党员转正3名。

【获奖情况】2014年文法学院党总支被评为校先进基层党组织,社工系党支部被评为先进党支部,校优秀共产党员2名,校优秀党支部书记1名,校先进党务工作者1名。

（八）工会工作

【概述】2014年,文法学院分工会始终坚持"围绕中心、服务大局、统一思想、凝聚力量"为主题,创造性地开展工作。在党政的领导下,推进二级教代会工作,积极贯彻民主管理民主监督,党政工全力配合,营造团结和谐工作氛围,推进文法学院工作健康稳定发展。在校工会的领导下,积极开展分工会工作,在教职工思想教育、教学基本功比赛、送温暖、文体活动等方面细致梳理,关心丰富教职工生活,全力做好后勤保障。

【体现人文关怀,发挥工会作用】在各种慰问、帮困扶贫、教法传帮带等方面,既有规范制度,又紧跟具体落实。2014年7月9日,经全体教职工大会通过了"文法学院教职工大会工作细则",进一步明确了教职工大会职权、工作程序以及组织制度,使学院实现民主管理民主监督有据可循。

【开展丰富多彩的活动,建"开心"之家】开展丰富多彩的活动,展现教工风采,提升会员素养。一方面,积极组织教职工参加学校组织的运动会、植树、摄影比赛等文体活动;一方面,结合本部门特点,开展丰富多彩的文娱活动,如白薯采摘,针对女性教师的化妆讲座等活动。

（李 伟 刘国朝）

九、理学院

（一）学院概况

理学院成立于2008年3月,是一个新兴且充满活力的二级学院,现有2个全日制本科专业:信息与计算科学,电子信息科学与技术;具有数学一级学科硕士授权点,覆盖基础数学、应用数学、计算数学、概率论与数理统计、运筹学与控制论5个二级学科。学院不仅承担本院的本科生、研究生的培养及理学专业的建设任务,还承担着全校大部分自然科学基础课的教学任务。

学院师资力量雄厚,现有教职工73名,其中教授8名,副教授27名,3名兼职博士生导师,91%的教师具有硕士以上学位。拥有2个北京市优秀教学团队,1个北京市学术创新团队,1个中央支持地方科研创新团队,1名北京市爱国立功标兵,1名北京高校优秀共产党员,1名北京市师德标兵,1名北京市教育创新标兵,5名北京市优秀中青年骨干教师,1名北京市高校优秀辅导员。

学院学科优势明显,教学成果丰硕。拥有北京市精品课程2门:高等数学和大学物理，北京市教学成果奖 3 项，北京市精品教材立项 1 项，北京市青年教师教学基本功比赛一等奖、二等奖各 1 项，每年指导学生参加全国、北京市的大学生数学建模竞赛、数学竞赛、物理竞赛获得国家级及北京市级奖项多项。

学院具备雄厚的科研实力，近年来，获国家科技进步奖 1 项，省部级奖项 3 项，完成国家自然科学基金项目 17 项、部省级及省教育厅科研项目 24 项；发表学术论文 460 余篇（SCI 等三大检索收录 180 余篇），出版教材著作 20 余部。学院教师经常参加各种国内外学术会议，并到英国、日本、美国、波兰等国家和地区进行学术交流。

理学院始终坚持学校的办学指导思想，认真落实学校的办学定位，积极开展前沿学术研究，创新教学方法，本着尊重学术人才、以学生为本的宗旨，开拓进取、求实创新，致力于培养服务城市化、德智体美全面发展、具有工程实践能力和创新精神的应用型高级专门人才。

（二）学科建设

【概述】 数学一级学科硕士点第一届学生顺利毕业，就业率 100％。2011 级 4 名研究生完成毕业论文答辩，获得工学硕士学位，顺利毕业。这是数学硕士学位授权一级学科点的第一届毕业生。1 人获得北京市优秀毕业研究生、校优秀毕业研究生称号，其毕业论文被评为校优秀学位论文。同时学院进一步规范硕士研究生培养环节，对研究生学位论文开题、中期检查、参加学术活动和会议等培养环节严格把关，召开了研究生开题报告会，完成了 2012 级研究生的开题和中期检查工作。今年研究生发表论文 9 篇，参加国内学术交流 13 人次，2 人获得 2014 年研究生国家奖学金。

【充分调研研讨，共商学科发展】 理学院领导班子成员和各系负责人对京内外十余所高校理学院进行了调研，详细分析学院学科发展现状，寻找与同类高校间的差距，召开学科发展研讨会进行深入研讨，初步谋划十三五学科发展规划。

【积极组织研究生参加会议、培训、研讨班】

2014 年理学院研究生参加的会议、培训、研讨班

序号	姓名	学术活动名称	时间	地点
1	陈卓	中国智能计算大会	2014.05.18-05.22	秦皇岛
2	张震	中国计算力学大会 2014	2014.08.10	贵阳
3	叶萌	生物数学暑期研讨班	2014.07.19-08.14	西安交通大学
4	陈习习	生物数学暑期研讨班	2014.07.19-08.14	西安交通大学
5	戚英	生物数学暑期研讨班	2014.07.19-08.14	西安交通大学
6	张克	中国智能计算大会	2014.05.18-05.22	秦皇岛
7	张克	MATLAB 培训	2014.05.09-05.12	北京
8	候菲	MATLAB 培训	2014.05.09-05.12	北京
9	陈卓	MATLAB 培训	2014.05.09-05.12	北京

续表

序号	姓名	学术活动名称	时间	地点
10	陈建杰	SPSS-China 官方主办的 2014 年全国 SPSS 官方培训与认证班	2014.03.23-03.25	北京科技大学
11	陈建杰	人大经济论坛统计软件培训中心主办的 2014 年 SAS 金融培训班	2014.07.12-07.15	对外经贸大学
12	张辉	SPSS-China 官方主办的 2014 年全国 SPSS 官方培训与认证班	2014.03.23-03.25	北京科技大学
13	张辉	人大经济论坛统计软件培训中心主办的 2014 年 SAS 金融培训班	2014.07.12-07.15	对外经贸大学

（三）教学工作

【概述】理学院负责全校理工类通识基础课程的教学工作和两个新专业及理科实验班的人才培养工作。在学校主管领导、教务处领导的精心指导和大力支持下，各兄弟学院和职能部门的积极配合下，理学院教学运行平稳正常，教学效果成绩显著。

【严格质量监控 提升教师能力】学院非常重视教学质量监控，对于学校督导组专家提出的意见，及时反馈到各个系，与每位教师进行沟通，并采取了相应的改进措施。领导班子坚持每周听课制度，坚持重要课程考试分工巡查制度，特别是针对近 3 年参加工作的青年教师加强督导。

理学院教学督导组专家每月召开一次月度总结交流会，做到月月有重点。完成开学初教学检查、学期教师教学评估、教研申报项目初评、青年教师基本功比赛初选推荐等工作。认真做好日常随堂听课的工作，本学期里每位教师至少被督导组专家听课 2 次。

理学院非常重视青年教师基本功的培养，专门召开教学督导组专家教学经验交流和督导反馈会，与会的教师积极参与讨论，特别是年轻教师，受益匪浅。随后理学院组织 35 岁以下青年教师全部参加学院基本功初赛，经过理学院领导班子、教学督导组专家、各系主任组成的评委推荐，最后推荐 9 位教师参加学校青年教师基本功大赛。在今年举办的教学优秀奖比赛中，经过培训辅导，反复雕琢，刻苦演练，理学院选拔推荐的靳旭玲老师荣获三等奖，充分展现了理学院青年教师的教学水平和能力。

【深化教学改革，提升教学质量】自实施高数课程教学改革以来，学校和教务处高度重视，理学院全院上下齐心协力，狠抓落实，已经取得一定成效。为进一步推进高等数学课程的改革与建设，巩固改革取得的成果，2014 年采取有效措施，进一步调动学生学习的积极性：实行院系对接，加强沟通和交流。理学院加强了与学生所在学院主管领导、辅导员、班主任之间的沟通，将学生学习状态、月考情况定期向各学院通报，形成齐抓共管的良好态势；实施月考制度，加强过程化管理。增大平时成绩所占比重，实施阶段性考试，促进学生重视平时的学习，而不是考前突击；依据学生特点，进行个性化辅导。辅导形式多样，主要体现在坚持课前早自习、充分利用固定的辅导时间、多样化的练习和按需增加辅导答疑几方面。特别是针对少数民族学生，单独开设课程辅导。这些举措成效显著，提高了学生对基础课重要性的认识和学习积极性，促进整体教学水平的提高。2014 年获得促进人才培养综合改革项目-基础课改革资助。

【推进教学研究 狠抓课程建设】教学工作是大学的生命线，理学院积极组织教师进行教学教研项目、教材项目、实践教学研究项目等的立项申报，获批4项教学改革项目；完成4门核心课程建设项目验收，并成功获批完成3门核心课程（高等数学系列课程、物理/物理实验、力学课程群）延续建设立项和4门校级双语课程（材料力学、常微分方程、工程制图、概率论与数理统计）建设立项。完善了教学资源库的建设，教学模式、教学内容、教学方法、教学手段与考试方式改革的研究和实践，全面提高基础课程、双语课程教学水平。2014年数学系、力学系荣获学校先进教学基层组织单位称号。

【加强专业建设 谋划长远发展】 理学院领导班子带队开展京内外985、211、建筑类高水平大学的专业调研活动，学习了好的经验，开阔了研讨思路。两个专业查找差距，制定具体可行目标，并多次研讨，规划好各专业在"十三五"时期的发展。

以2014版培养方案的修订为契机，组织各系教师、教学工作委员会多次研究讨论，邀请校外专家指导培养方案的全程修订，学院召开培养方案论证会，凝练理科专业特色，最后形成"夯实基础，突出实践"的电子专业、信计专业、理科实验班2014版中英文对照培养方案；下半年，理学院各基础课程群和各专业进入了2014版培养方案中关键的课程教学大纲制定环节。在教务处大力支持下，每门关键课程都请高水平大学的权威专家教授进行审定，已初步完成打印，上报学校。

理学院召开了专题专业建设汇报会，学校主管领导听取了信计专业、电子专业负责人目前发展情况的介绍，对专业的发展提出了希望和要求。会后，针对专业发展遇到的具体问题，主管领导帮助联系相关部门，支付了现阶段迫切需要解决的电子11-1两校区上课的交通费用。

电子信息科学与技术专业与北京理工大学优势专业建立专业教学合作与交流，提高新专业建设质量；加强校外实习基地建设，召开专业实践基地建设经验交流会，两个专业已与新增6家用人单位洽谈合作意向，其中2家已经签订为见习基地；根据学校相关规定，配合教务处圆满完成了理科实验班25人转专业工作（一本13人，二本12人）。

【加强实验室建设】 在学校教学专项资助下，专业实验室建设、实践教学平台已初见成效，能保证学生实践教学和课程设计的需求。物理实验室、力学实验室、信计机房等的设备、环境，目前已过保修期，维修任务量增大，但在实验室教师的艰苦努力下，保证了理学院负责的实践类教学的正常进行。

组织完成财政专项设备建设工作，信计专业完成高年级信息安全实验室二次改建工作，电子专业重点搭建电子专业基础实验室综合实验平台和两个研究型实验平台：光电信息处理综合实验平台和光伏发电与智能建筑综合实验平台。

2014年应用物理系黄尚勇老师荣获学校优秀实验教学管理人员称号。

【鼓励本科生积极参与学科竞赛】 理学院积极组织学生参加2014年高等数学竞赛、大学生物理竞赛、大学生物理实验、全国大学生数学建模与计算机应用大赛、蓝桥杯软件设计大赛等学科和科技竞赛，指导教师付出了大量的时间和心血，成绩卓著。

荣获全国大学生数学建模竞赛北京市一等奖一项，北京市二等奖一项；北京市大学生数学竞赛一等奖2名，二等奖5名，三等奖7名；第31届全国大学生物理竞赛团体奖，一等奖5名，二等奖8名，三等奖22名；北京市大学生物理实验竞赛三等奖2项；数学建模：北京市二等奖3人次；蓝桥杯软件设计大赛：全国二等奖1人次、北京赛区一等奖2人次、北京赛区二等奖2人次、北京赛区三等奖7人次、北京赛区优秀奖5人次。

【加强招生及其宣传工作】配合学校全面部署，根据理学学科、专业优势，修订理学院2014年的招生简章，制作宣传展板、制作宣传彩页、制作宣传手册；派出专业教师骨干进行校内、校外、京内、京外高招咨询宣传。2014年京外生源约占我校招生总生源的一半，理学院招生91人，其中实验班36人，信计27人，电子28人。

（四）科研工作

【概述】科研项目、学术论文数量和质量稳中有增。

本年度学院新增科研课题12项，其中包含主持的国家自然科学基金项目2项、其他国家级项目1项、北京市教委科技计划面上项目2项、中国建筑材料科学研究总院开放课题1项、校设科研基金5项，参与国家自然科学基金1项，在研项目科研经费达524.35万元。全年发表科研论文近70篇，SCI、CSSCI检索24篇，EI检索9篇，核心期刊13篇；出版教材和参考书7部，学术论文的质量与水平得到稳步提升。

2014年理学院承担的各类科研项目一览表

序号	项目名称	教师	主持/参与	项目分类	起止时间	合同经费（万元）
1	Kazhdan-Lusztig多项式的首项系数	王利萍	主持	国家自然科学基金	2012.01.01 2014.12.31	22
2	液膜流动Marangoni效应边界层解析理论研究	张艳	主持	国家自然科学基金	2013.01.01 2015.12.31	25
3	媒体报道与医疗资源制约的新发传染病模型研究	崔景安	主持	国家自然科学基金	2014.01.01 2017.12.31	62
4	多铁材料中非共线磁性与电极化耦合机制的理论研究	陈蕾	主持	国家自然科学基金	2014.01.01 2016.12.31	25
5	建筑室外环境舒适度改善模拟与评价	宋国华	主持	其他国家级项目	2014.01.01 2016.12.31	128
6	棉花仓储环境监测信息的远程获取、存储与展示系统	张长伦	参与	科技部	2012.01.01 2014.12.30	20
7	全面提高开放型经济水平研究	刘志强	参与	国家社科基金项目	2013.07.01 2015.08.01	30
8	变量阶常微分方程问题解的研究	侍爱玲	参与	国家自然科学基金	2014.01.01 2017.12.30	5.25
9	光伏玻璃组件在服役环境下的短期失效与耐久性分析	王秀芳	主持	中国建筑材料科学研究总院开放课题	2014.12.01 2015.12.31	10
10	结合局部搜索和进化机制求解过程控制系统稳态模型	梁昔明	主持	北京市自然科学基金资助项目	2012.01.01 2014.12.30	11
11	石墨烯的射流空化法制备及其在润滑上的应用研究	俞晓正	参与	北京市自然科学基金资助项目	2013.01.01 2015.12.31	3
12	初始地应力场反演及回归分析方法研究	石萍	主持	北京市教育委员会科技发展计划项目面上项目	2012.01.01 2014.12.31	15

续表

序号	项目名称	教师	主持/参与	项目分类	起止时间	合同经费（万元）
13	具有人工干扰森林种群数学模型及其动力学行为研究	王晓静	主持	北京市教育委员会科技发展计划项目面上项目	2012.01.01 2014.12.31	12
14	城市居民出行信息自动获取技术及分析方法研究	徐志洁	参与	北京市教育委员会科技发展计划项目面上项目	2011.09.01 2015.12.31	30
15	具有连续分布偏差变元的双曲微分方程的振动理论研究	张蒙	主持	北京市委组织部优秀人才资助项目	2012.09.01 2014.08.31	3
16	一类具有非线性边值条件的分数阶微分方程解的存在性	侍爱玲	主持	北京市教育委员会科技发展计划项目面上项目	2013.01.01 2015.12.31	15
17	基于节能路由无线传感器网络数据融合技术研究	张长伦	主持	北京市自然科学基金资助项目	2013.01.01 2015.07.31	6.5
18	空心微珠表面磁控溅射金属膜的结构及生长机理研究	俞晓正	主持	北京市教育委员会科技发展计划项目面上项目	2013.01.01 2015.12.31	15
19	北京市教委科技创新平台项目．特色教育资源库建设项目．图呈建筑	杨谆	主持	北京市教育委员会科技发展计划项目面上项目	2013.04.01 2014.04.01	8
20	多校区办学模式下大学生思想政治教育机制的优化研究	郝迈	参与	北京市教育委员会科技发展计划项目面上项目	2013.12.06 2015.12.31	4
21	计算机代数、吴方法和孤立子方程的混合解	吕大昭	主持	北京市教育委员会科技发展计划项目面上项目	2014.01.01 2016.12.31	15
22	纵向数据中的变量选择和统计推断问题	牟唯嫣	主持	北京市教育委员会科技发展计划项目面上项目	2014.01.01 2016.12.31	15
23	太阳能电池光谱响应特性的研究	黄尚永	主持	校设科研基金	2012.07.01 2014.06.30	0.8
24	不同载荷下脆性材料破碎能耗理论与实验研究	王秀芳	主持	校设科研基金	2012.07.01 2014.06.30	3
25	基于金属磁记忆现象的铁磁构件内微裂纹定量化检测研究	白会娟	主持	校设科研基金	2012.07.01 2014.06.30	3
26	具有角动量的光束的传输特性研究	黎芳	主持	校设科研基金	2012.07.01 2014.06.30	3
27	脉搏波传播的数值模拟研究	何凡	主持	校设科研基金	2012.07.01 2014.06.30	3

续表

序号	项目名称	教师	主持/参与	项目分类	起止时间	合同经费（万元）
28	泛函微分方程在生态数学中的应用	王晓静	主持	校设科研基金	2012.07.01 2014.06.30	3
29	混合型全局优化方法的机理及应用研究	梁昔明	主持	校设科研基金	2012.07.01 2014.06.30	3
30	城市轨道交通网络的交通流动传播动力学特征及其仿真	张长伦	参与	校设科研基金	2012.07.01 2014.06.30	3
31	具有角动量的光束的传输特性研究	黎 芳	主持	校设科研基金	2012.07.06 2014.06.30	3
32	压缩感知及其在图像修复中的应用研究	王恒友	主持	校设科研基金	2013.07.01 2015.07.30	0.8
33	集聚经济研发对企业生产率影响研究的数理方法及实证分析	刘志强	主持	校设科研基金	2013.07.01 2014.07.30	0.8
34	城市轨道交通桥梁结构在多重荷载作用下的振动响应研究	王少钦	主持	校设科研基金	2013.07.01 2015.06.01	3
35	多铁性材料的第一性原理研究	陈 蕾	主持	校设科研基金	2013.07.01 2015.06.01	3
36	仿射Weyl群的Kazhdan-Lusztig多项式的首项系数	王利萍	主持	校设科研基金	2013.07.01 2015.07.30	3
37	集聚经济、研发对企业生产率的影响研究的数理方法及实证分析	刘志强	主持	校设科研基金	2013.07.01 2014.07.01	0.8
38	单模FP腔半导体激光器的光谱调制特性研究	高 卓	主持	校设科研基金	2014.07.01 2016.06.30	3
39	基于灰色系统的无线传感网络故障管理机制研究	张 健	主持	校设科研基金	2014.07.01 2016.06.30	0.8
40	基于偏小二乘法的初始地应力场反演及回归分析方法研究	石 萍	主持	校设科研基金	2014.07.01 2016.06.30	0.8
41	基于"构件-装配体"方式的中国古建筑参数化三维建模设计方法研究	张士杰	主持	校设科研基金	2014.07.01 2016.06.30	0.8
42	内源性凝血过程微观机理的动力学研究	许传青	主持	校设科研基金	2014.07.01 2016.06.30	3

2014年理学院教师发表的学术论文一览表

序号	成果名称	作者	时间	发表刊物	类别
1	Predicting the hygroscopicity of imidazolium-based ILs varying in anion by hydrogen-bonding basicity and acidity	王晓静	2014.01.05	RSC Advances	SCI
2	Complex dynamics of a predator-prey model with impulsive state feedback control	崔景安	2014.01.15	Applied Mathematics and Computation	SCI
3	Asymptotic behavior and extinction of delay Lotka-Volterra model with jump-diffusion	崔景安	2014.01.15	Journal of Applied Mathematics	SCI
4	Mathematical analysis of a cholera model with vaccination	崔景安	2014.02.15	Journal of Applied Mathematics	SCI
5	An SIRS Model for Assessing Impact of Media	崔景安	2014.02.25	Abstract and Applied Analysis	SCI
6	on nonsmooth semi-infinite minimax programming problem with $(\emptyset, \rho)$-invexity	许传青	2014.03.04	abstract and applied analysis	SCI
7	Mathematical Model of Schistosomiasis under Flood in Anhui Province	崔景安	2014.03.06	Abstract and Applied Analysis	SCI
8	The Effect of Impulsive Vaccination on Delayed SEIRS Epidemic Model Incorporating Saturation Recovery	崔景安	2014.03.25	Discrete Dynamics in Nature and Society	SCI
9	Wall shear stresses in a fluid-structure interaction model of pulse wave propagation	何凡	2014.04.01	Journal of Mechanics in Medicine and Biology	SCI
10	High-pressure phase transition and lattice dynamics of rock-salt and FeSi-type phases of MgS	苏欣纺	2014.04.03	PHILOSOPHICAL MAGAZINE LETTERS	SCI
11	A review on the transport properties of ionic liquids	王晓静	2014.04.23	Journal of Molecular Liquids	SCI
12	Similarity solutions of Marangoni convection boundary layer flow with gravity and external pressure	张艳	2014.04.30	Chinses Journal of Chemical Engineering	SCI
13	The Effect of Continuous and Pulse Input Nutrient on a Lake Model	崔景安	2014.05.06	Journal of Applied Mathematics	SCI
14	几种后尾分布尺度参数的最短区间估计	于健	2014.05.11	统计与决策	CSSCI
15	广义误差分布中尺度参数的最短区间估计	于健	2014.06.11	统计与决策	CSSCI
16	地区法治环境对企业出口决策的影响研究	刘志强	2014.06.20	科研管理	CSSCI
17	地区行政垄断对企业生产率的影响分析——基于企业所有制异质性视角	刘志强	2014.07.01	经济问题探索	CSSCI
18	区域振兴战略与中国工业空间结构变动——对中国工业企业调查数据的实证分析	刘志强	2014.08.01	经济研究	CSSCI
19	Inference for One-Way ANOVA with Equicorrelation Error Structure	牟唯嫣	2014.08.01	The scientific world journal	SCI

续表

序号	成果名称	作者	时间	发表刊物	类别
20	Spatial velocity distributions in pulse-wave propagation based on fluid-structure interaction	何凡	2014.09.01	Journal of Biological Physics	SCI
21	Some notes on robust sure independence screening	牟唯嫣	2014.09.10	Journal of Applied Statistics	SCI
22	An effective hybrid cuckoo search algorithm for constrained global optimization	梁昔明	2014.09.17	Neural Computing and Applications	SCI
23	Rank Adaptive Atomic Decomposition for Low-Rank Matrix Completion and Its Application on Image Recovery	王恒友	2014.10.21	Neurocomputing	SCI
24	Learning with positive and unlabeled examples using biased twin support vector machine	徐志洁	2014.11.01	Neural Computing and Applications	SCIE
25	Generalized Scott Topology on Sets with Families of Pre-orders	武利刚	2014.02.18	Electronic Notes in Theoretical Computer Science	EI 期刊
26	A biomechanical comparison of blood flow and mechanical characteristics of the early arteriosclerotic and healthy arteries using a fluid-wall interaction model	何凡	2014.04.01	Biomedical Engineering: Applications, Basis and Communications	EI 期刊
27	Assessment of PBE0 Calculation of C-NO_2 Bond Dissociation Energies for Nitroaromatic System	苏欣纺	2014.04.30	Advanced Materials Research	EI 期刊
28	不同曲率弯管对气相爆轰波传播特性的研究	郝莉	2014.06.29	北京理工大学学报	EI 期刊
29	爆炸驱动载荷下结构瞬态响应研究	郝莉	2014.06.29	北京理工大学学报	EI 期刊
30	Numerical analysis of the 2-dimensional diffusion models of chloride ions based on the FDM with alternating direction implicit schemes	白羽	2014.06.30	Advanced Materials Research	EI 会议
31	FAST AND ROBUST SKEW CORRECTION IN SCANNED DOCUMENT IMAGES BASED ON LOW-RANK MATRIX DECOMPOSITON	王恒友	2014.07.13	The International Conference on Machine Learning and Cybernetics	EI 会议
32	Improved Particle Swarm Algorithm with Dynamic Adjustment basing on Velocity Information	梁昔明	2014.08.19	2014 10th International Conference on Natural Computation (ICNC)	EI 会议
33	Thermal Conductivity Model with Non-constant Boundary Condition in One-dimensional Semi-infinite Case	白羽	2014.11.01	Applied Mechanics and Materials	EI 会议
34	北京市手足口病的流行趋势预测	崔景安	2014.03.15	生物数学学报	核心
35	嵌入共轭梯度法的混合粒子群算法	梁昔明	2014.04.15	小型微型计算机系统	核心
36	在大学物理实验教学中,应重视实验方法的讲解	曹辉耕	2014.05.26	教育研究	核心
37	威布尔分布中尺度参数的最短区间估计	于健	2014.05.27	江西师范大学学报	核心

续表

序号	成果名称	作者	时间	发表刊物	类别
38	Mlinex 损失函数下一类分布族参数的 Bayes 估计	于健	2014.06.30	数学的实践与认识	核心
39	线性回归中的渐近最优性	牟唯嫣	2014.07.01	信阳师范学院学报	核心
40	基于 BPSO-RBF 神经网络的网络流量预测	梁昔明	2014.09.27	计算机应用与软件	核心
41	基于多种群离散差分进化的图像稀疏分解算法	梁昔明	2014.10.07	模式识别与人工智能	核心
42	关于构造多元高斯过程协相关函数的一个注记（英文）	牟唯嫣	2014.11.01	中国科学院大学学报	核心
43	土木类工程制图课程的双语教学模式探索与实践	王少钦	2014.12.08	图学学报	核心
44	金属磁记忆检测技术模型建立及仿真研究	白会娟	2014.12.15	现代科学仪器	核心
45	Stability and Hopf Bifurcation of a Kind of Pinus Koraiensis Ecological System with Time Delay	宋国华	2014.12.15	生物数学学报	核心
46	Existence of Solutions for Two-Point Boundary Value Problem of fractional dDfferential equations at Resonance	侍爱玲	2014.08.05	International Journal of Differential Equations	核心
47	Existence of Solution for Fractional Differential Problem with a Parameter	侍爱玲	2014.03.01	数学研究通讯	
48	员工培训对企业劳动生产率的影响分析——基于企业所有制视角	刘志强	2014.03.01	北京建筑工程学院学报	
49	将建模引入数学数学教学的两个案例	张鸿鹰	2014.04.01	高等数学研究	
50	培养学生科学思维和创新能力的研究与实践——谈大学数学研究型教学	张艳	2014.04.01	大学数学	
51	关于上好夜大数学第一课的探讨	刘长河	2014.05.06	高等继续教育学报	
52	高等数学概念教学阶段分析与对策思考	刘世祥	2014.05.27	城市建设理论研究	
53	Web-based Instruction for the Numerical Analysis Course	白羽	2014.06.01	Education Research Frontier	
54	解非线性方程的 Newton 迭代法的一点注记	刘长河	2014.06.01	北京建筑大学学报	
55	大学物理演示实验在光学中的探讨与实践	黎芳	2014.01.01	教育教学论坛	
56	光电传感器在自制水表流量计中的应用	贺柳良	2014.02.10	中国现代教育装备	
57	探索与时代进步相适应的数学教育理念	张鸿鹰	2014.08.01	数学教育与教学数学研究	
58	Pressure dependency Grüneisen parameter for bcc Mo	聂传辉	2014.08.08	Applied Physics Research	
59	黏弹性流体双加速平板问题的解析	张艳	2014.08.10	2014 年中国计算力学大会会议论文集	

续表

序号	成果名称	作者	时间	发表刊物	类别
60	一类时滞红松种群数学模型的动力学行为研究	宋国华	2014.09.25	北京建筑大学学报	
61	具有时滞和媒体播报效应的流感模型	王晓静	2014.09.25	北京建筑大学学报	
62	谈模糊数学中的创新思维的培养	刘世祥	2014.10.20	商品与质量房地产研究	
63	与工科专业相结合的矩阵论课程教改探索	张艳	2014.10.31	中国西部科技	
64	光伏建筑组件额定工作温度测试方法研究	王秀芳	2014.11.03	第14届中国光伏大会（CPVC14）论文集	
65	研究生最优化教学方法探索	刘世祥	2014.12.25	城市建设理论研究	
66	概率论与数理统计教学体会	刘长河	2014.12.31	建筑类高校教育教学改革实践研究	
67	应用分形插值及分形维数预测混凝土损伤裂纹	白羽	2014.12.31	北京建筑大学学报	

2014年理学院教师出版的教材著作一览表

序号	著作名称	作者	出版社	出版时间	ISBN号
1	高等数学习题精讲选编	张艳，崔景安	中国建材工业出版社	2014.03.01	978-7-5160-0500-2
2	注册工程师执业资格考试公共基础知识复习教程（第三版）	郝莉	中国电力出版社	2014.04.01	978-7-5123-5740-2
3	注册工程师执业资格考试公共基础知识真题解析（第二版）	郝莉	中国电力出版社	2014.04.01	978-7-5123-5741-9
4	注册工程师执业资格考试公共基础知识真题解析（第二版）	魏京花	中国电力出版社	2014.04.01	978-7-5123-5741-9
5	注册工程师执业资格考试公共基础知识复习教程（第三版）	魏京花	中国电力出版社	2014.04.01	978-7-5123-5740-2
6	注册电气工程师公共基础考试百日备考	魏京花	中国建筑工业出版社	2014.05.01	978-7-112-16388-5
7	普通物理演示实验	苏欣纺，魏京花，黎芳，黄伟	清华大学出版社	2014.07.01	978-7-302-36620-1

（五）对外交流

【概述】学术交流次数频繁，形式多样。教师参加国内外学术会议、培训30多人次，邀请国内外专家举办学术讲座10余次，有8名教师参与博士论坛活动，1名教师到美国进行访问交流。

2014年理学院邀请校外专家学术报告会和博士论坛

序号	讲座日期	主讲人	主讲人单位	讲座名称
1	2014.01.06	杨丽萍	美国micron optics公司	Optical Sensing Solutions Turning Light Into Enlightenment
2	2014.04.29- 2014.06.25	马万彪	北京科技大学	"泛函微分方程"系列讲座
3	2014.05.13	吕金虎	中国科学院数学与系统科学研究院	如何申报国家和北京市自然科学研究基金项目
4	2014.05.19	朱怀平	加拿大约克大学	Forcasting of mosquito abundance and risk of West Nile Virus in Ontario
5	2014.05.20	王晓静	北京建筑大学理学院	红松种群与具有时滞和媒体效应的传染病模型的动力学行为研究
6	2014.05.20	徐志洁	北京建筑大学理学院	机器学习简要介绍
7	2014.05.20	白会娟	北京建筑大学理学院	金属磁记忆现象的定量检测
8	2014.06.23	徐大顺	南伊利诺伊大学	Stability of Host-Parasitoid Systems
9	2014.06.24	陈蕾	北京建筑大学理学院	铁基超导材料
10	2014.06.24	许传青	北京建筑大学理学院	基于毁伤概率的战斗建模仿真和优化算法研究
11	2014.07.11	陈兰荪	中国科学院数学与系统科学研究院	浅说"半连续动力系统"——状态脉冲反馈控制系统
12	2014.09.24-10.06	田建军	新墨西哥州立大学	微分方程动力系统的应用
13	2014.11.15	王连文	华中师范大学	滑模控制对传染病传播的影响
14	2014.11.29	司新辉	北京科技大学	渗透管道流动中的数学物理问题及方法
15	2014.11.28	王术	北京工业大学	以贡献求支持，以拼搏求发展，以特色谋繁荣——北京工业大业应用数理学院三年规划草案
16	2014.11.28	于永光	北京交通大学	北京交通大学理学院学科发展基本情况简介
17	2014.11.29	刘志强	北京建筑大学理学院	经济研究
18	2014.11.29	武利刚	北京建筑大学理学院	分层量化Domain的结构保持与比较
19	2014.11.29	王利萍	北京建筑大学理学院	Kazhdan-Lusztig多项式的首相系数

2014年理学院教师参加学术会议和培训人员情况

参会人	会议名称	主办单位	参会日期
崔景安	International workshop on Biomathematics Modelling and its Dynamically Analysis	黑龙江大学	2014.01.11
王晓静	MATLAB数据及图形处理应用培训班	中国科学院计算技术研究所教育中心	2014.03.15
王晓静	高校科研项目申报与评审专题研修班	教育部高等学校师资培训交流北京中心	2014.04.12

续表

参会人	会议名称	主办单位	参会日期
梁昔明	中国智能计算大会暨国际电子商务联合会中国峰会	东北大学秦皇岛分校	2014.05.23
崔景安	微分方程及应用	人民大学	2014.06.07
贺柳良	北京市属高等学校科研能力与师德素养提升高级研修班	北京市高等学校师资培训中心	2014.06.24
王晓静	第八次全国微分方程定性理论会议	山东大学	2014.07.02
崔景安	10th AIMS Conference on Dynamical Systems, Differential Equations and Applications	Universidad Autónoma de Madrid,	2014.07.07
王恒友	The thirteenth International Conference on Machine Learning and Cybernetics	Hebei university, IEEE system, city university Hong Kong	2014.07.13
侍爱玲	非线性分析国际会议及第十八届全国非线性泛函分析会议	哈尔滨师范大学	2014.07.14
余丽芳	全国微课慕课开发与应用研修班	中国高等教育研究中心	2014.07.25
魏京花	全国微课慕课开发与应用研修班	中国高等教育研究中心	2014.07.25
王俊平	2014年第十五届大学物理教学研讨暨教师培训会	清华大学出版社	2014.07.27
聂传辉	2014年第十五届大学物理教学研讨暨教师培训会	清华大学物理系 贵阳大学理学院	2014.07.27
白羽 吕亚芹	第四届全国数学文化论坛学术会议	中国数学会,内蒙古师范大学	2014.08.02
梁昔明	the 2014 10th International Conference on Natural Computation (ICNC 2014)	厦门大学	2014.08.19
王晓静	北京高校数学教育发展研究中心2014年暑期培训会	北京建筑大学	2014.08.20
王晓静	动力系统及其在生命科学中的应用	华中师范大学数学与统计学院	2014.10.10
崔景安	动力系统及其在生命科学的应用	华中师范大学	2014.10.10
俞晓正	2014 Internation Conference on Materials Engineering, Manufacturing Technology and Control	ICMEMTC 2014	2014.10.24
魏京花	2014高等学校光学教学研究会扩大理事会暨学术研讨会	高等学校光学教学研究会 中国计量大学	2014.10.31
任艳荣	第九届力学课程报告论坛	高等教育出版社	2014.11.07
余丽芳	高校物理课程教学系列报告会(2014)	全国高等学校教学研究中心、南京大学	2014.11.21
魏京花	高校物理课程教学系列报告会(2014)	全国高等学校教学研究中心、南京大学	2014.11.21
王俊平	高校物理课程教学系列报告会2014	全国高等学校教学研究中心等	2014.11.22

续表

参会人	会议名称	主办单位	参会日期
王晓静	英语能力培训	北京建筑大学	2014.12.02
崔景安	微分方程前沿问题与进展研讨会	安徽大学	2014.12.05
王俊平	北京高师教育技术与微课培训	北京高师培训部	2014.12.12
梁昔明	第17届IEEE计算科学与工程国际会议	电子科技大学	2014.12.19
崔景安	数学传染病学和数学生态学	运城学院	2014.12.19

（六）党建工作

【概述】2014年理学院党总支坚持"围绕中心抓党建、抓好党建促发展"的思路，以实施师德建设工程为载体，团结带领全院师生解放思想、抢抓机遇、真抓实干，以重点突破带动整体发展，为推动学院事业科学发展奠定坚实的思想基础和提供有力的保障。理学院党总支共设有10个党支部，它们是数学系党支部、应用物理系党支部、力学系党支部、工程图学系党支部、信息与计算科学系党支部、物理与光电实验中心党支部、退休教师党支部、本科生第一党支部、本科生第二党支部、研究生党支部，共有92名党员（截至2014年12月1日）。

【党总支委员研讨会】2014年1月7日下午，在基础楼C座509理学院召开党总支委员会，全体委员参会，会上党总支书记程士珍全面总结了2013年党总支工作，讨论了党员发展问题，强调了党性实践活动的具体要求，布置了近期党建工作安排。

【学校党委到理学院检查党建先进校准备落实情况】为迎接北京市对我校党建先进校评比检查工作，党委副书记张雅君、纪委书记何志洪、党委组织部部长高春花和副部长赵海云于2014年1月9日上午走访理学院，检查党建先进校准备工作的落实情况。理学院全体领导班子及总支委员、支部书记参加了会议。会议由高春花部长主持。

首先理学院党总支书记程士珍以"围绕中心 服务大局 夯实基础 为事业发展保驾护航"为题做了发言。其次校领导检查理学院党支部工作手册、党的群众路线教育实践活动开展情况、"加强服务型党支部建设"主题党性实践活动、学生党员先锋工程活动、党风廉政建设等党建支撑材料。最后党委副书记张雅君总结发言，她肯定了理学院的党建工作，条理清晰，梳理全面，工作扎实，党总支工作对学院发展起到了促进作用。其他几位领导对汇报内容、特色凝练以及努力方向提出宝贵意见。

【领导班子召开群众路线教育实践活动"回头看"专题交流会】2014年1月17日下午，理学院召开了学院领导班子群众路线教育实践活动"回头看"专题交流会。受学校委派党的群众路线教育实践活动联络员吴翔同志参加了本次"回头看"交流，理学院领导班子全体成员参加了会议，会议由理学院党总支书记程士珍同志主持。

首先由程书记代表理学院领导班子，从学习教育是否扎实、查摆问题是否聚焦、自我剖析是否深刻、谈心交心是否充分、开展批评是否认真等五方面汇报了开展群众路线教育实践活动以来的自查报告。随后，对开展党的群众路线教育实践活动中，座谈会上老师们提出的问题逐一进行解答，全体班子成员结合工作情况汇报了个人"回头看"自查情况报告。联络员吴翔同志非常认真的听取了与会人员的发言，表示理学院开展的党的群众路线教育实践活动非常扎实，对20个问题不回避，认真研究解决办法，而不是刻意强调困难，领导班子成员也都是边学边整边改，这与以前会议很不同，感到耳目一新。

最后，程书记结合学校党委统一安排，希望领导班子成员团结一致，认真思考下一步工作计划，促进理学院事业发展。

【迎接党建先进校评选进校检查工作动员和部署会】2014年2月26日下午，理学院召开迎接党建先进校评选进校检查工作动员和部署会，党总支书记程士珍首先在全院教职工大会上进行动员，说明了党建先进校评选的重要意义，以及相应工作安排；其次召集了党委委员和支部书记，集中布置支撑材料和接待准备工作。

【党建先进校评选进校检查工作】2014年3月4日，理学院党政一把手、支部书记、党委委员、党员代表、教授代表等座谈会人员全部到位，做好党建先进校评选进校检查的准备工作，党总支书记程士珍做好了教职工思想政治工作的汇报，到下午16:00接到通知，检查组临时取消了到理学院走访计划。

【支部书记工作例会】2014年3月28日下午，理学院党总支召开党支部书记会议，研讨2014年党总支工作计划，布置上半年党建工作和学习培训内容，并就党费收缴标准进行补充说明。

2014年4月8日下午，理学院党总支召开党支部书记会议，制定2014年党总支工作计划，布置评选优秀基层党组织、优秀党务工作者和优秀党员的工作，公布2013年市委组织部党费收支情况，强调党支部党性实践活动立项要求和提交时间。

2014年5月6日下午，理学院召开支部书记工作例会，宣布党建先进校评选结果，公布本学期党支部工作计划和党性实践活动立项情况，讨论平安校园奖金分配方案，研讨党员发展问题。

2014年7月8日下午，理学院召开支部书记工作例会，做本学期党建和党总支工作小结，公布慰问困难党员情况，研讨下学期党总支工作计划，做好暑假安全稳定工作安排。

2014年9月29日下午，理学院召开支部书记工作例会，集中学习中国共产党发展党员工作细则、北京高校培育和践行社会主义核心价值观实施意见、教育部关于近三年教育系统纪检信访和案件工作情况的通报等，要求每个支部至少提交一篇培育与践行社会主义核心价值观学习心得体会，提交上学期党支部工作小结，围绕践行社会主义核心价值观活动，讨论本学期党总支工作计划，做好国庆节期间安全工作检查。

2014年12月30日下午，理学院召开支部书记工作例会，按照组织部相关文件指示和精神，部署各支部召开党员民主生活会的筹备工作和要求，特别强调做好党员和群众之间的深入谈话，通过开展批评与自我批评，找出差距，制定出努力方向，自觉接受群众的监督。另外学习组织部下发的文件，并安排年底慰问困难退休教职工"1帮1"的帮扶活动。

【青年教师座谈会】2014年4月8日下午，理学院召开青年教师座谈会，领导班子和35岁以下青年教师参加，会议由党总支书记程士珍主持。参会青年教师集中反映了一些热点话题，比如职称评审、财务报销、大兴交通等具体问题，分管领导从教学、科研、教风学风建设等方面组织学习了有关文件。

【评优推荐会】2014年4月15日下午，理学院召开评优推荐会，党总支委员和支部书记参会，对各支部提出的优秀基层党组织、优秀党务工作者和优秀党员的候选人，采取匿名投票表决方法,按分配名额择优上报给学校。

【党风廉政建设辅导报告】2014年5月13日下午,理学院邀请纪委书记何志洪做党风廉政建设辅导报告,理学院全体教职工70余人参会。会议由党总支书记程士珍主持。

何书记以"学习贯彻十八大精神 加强党风廉政建设"为题,首先传达了中央和市委关于党风廉政的最新要求,详细解读了中央"八项规定"和"六项禁令"、北京市"十一项禁令"和"十五条举措"等制度和文件的主要内容与精神。其次分析了当前教育系统党风廉政的形势任务以及存在的不足,要求广大教职工调整思维方式,熟知有关规章制度和法律法规,把党风廉政建设融入日常教学、科研、学科建设等业务工作中。最后何书记用大量丰富鲜活的腐败案例,深入剖析,举一反三,告诫所有教职工,要学得懂规矩和制度、要听得进提醒与劝告、要守得住道德与底线、要经得起审计与举报。

与会教师认为,听了报告心情非常沉重,案例发人深省,是一次记忆深刻的党风廉政教育。学院将进一步完善制度,落实"一岗双责",把反腐倡廉各项工作与贯彻十八届三中全会精神、作风建设等紧密融合,抓早抓小抓及时,切实推进学院的改革与发展。

【培育和践行社会主义核心价值观辅导报告】2014年6月10日下午,理学院、文法学院、体育部、计信部等联合组织"社会主义核心价值观"学习报告会,报告会在大兴校区基础楼D座220室举行,理学院全体教职员工都参加了报告会。会上文法学院党总支书记肖建杰做了主题报告。首先她结合当代中国实际,用详实的内容、丰富的材料,分析了社会主义核心价值观提出的必要性和紧迫性;在此基础上,就如何培育和践行社会主义核心价值观进行了重点阐述:深入开展马克思主义的立场、观点、方法的教育;坚持中国特色社会主义共同理想,重点分析了道路自信、理论自信和制度自信;传承中国传统价值观念的精华,中国传统文化与马克思主义有契合之处以及要吸收和借鉴世界优秀文明成果等。

【党总支委员工作例会】2014年6月10日下午,理学院党总支召开委员工作例会,会上讨论发展党员问题,研讨党支部活动内容和方式,确定"七一"前夕慰问在职和退休困难党员名单。

2014年6月24日下午,理学院党总支召开委员工作例会,会上审议学生发展党员问题,布置党员爱心捐款时间和任务,通知全体党员参观高校警示展的时间和地点,指出党支部手册存在的不足。

2014年9月9日下午,理学院党总支召开委员工作例会,研讨践行社会主义核心价值观工作安排,会上讨论党建先进校奖励发放办法,研究本学期党总支工作计划。

【基层党组织负责人培训会】2014年10月17日下午,理学院支部书记参加了学校组织的基层党组织负责人培训会,会上听两个报告"如何推动高校党建工作创新"(李丽辉)和"关于社会主义核心价值观的几个热点问题"(韩振峰),组织部副部长赵海云"解读中国共产党发展党员工作细则",组织部部长高春花概括总结了以往发展党员材料中存在的不足,要求各党支部要把党员发展工作做细做扎实。

【理论中心组扩大会】2014年11月21日下午,理学院党政领导、支部书记、系主任召开理论中心组扩大会,会上主要研讨理学院未来发展问题如师资队伍建设、学科发展、科研团队、专业建设等。

【召开党风廉政建设工作会】为进一步加强党风廉政建设责任制,把反腐倡廉各项任务和措施落到实处,按照学校党风廉政建设责任制检查的总体安排,理学院于2014年12月

11日上午，召开党风廉政建设工作会。学校党风廉政建设责任制检查工作组成员学校党委副书记张启鸿、文法学院院长孙希磊和校办综合科科长陈娟一行人到理学院听取汇报并查阅有关文件资料。理学院领导班子、党委委员、教工党支部书记、教代会代表等20余人出席本次会议。

张书记在会上对学校该项工作的基本要求进行了说明。理学院党委书记程士珍从强化领导责任，落实"一岗双责"；加强思想作风建设，开展党风廉政建设学习教育活动；干部廉洁自律，抓早抓小抓及时；发挥工会教代会作用，营造风清气正浓厚氛围等四个方面，向检查小组详细汇报了一年来学院党风廉政建设工作情况。理学院院长崔景安做了补充说明，他提到在制度建设方面，学院不仅要求分管领导各负其责，落实"一岗双责"制；还强化"人人有责"，做好全院教职工反腐倡廉教育，提高整体拒腐防变意识。

检查小组听取汇报后，张书记征求了参会人员意见，在肯定理学院党风廉政建设工作扎实的基础上，传达了中纪委十八届四次全会对党风廉政建设和反腐败工作提出的新要求。同时，结合今年各高校科研经费使用不当而引发的高校教师违纪案例，给在座的理学院老师们上了一堂生动的党风廉政教育课。

通过此次检查，理学院领导班子纷纷表示，将进一步加强党风廉政建设工作，建立健全规章制度，通过多种渠道加强党风廉政宣传，加强监督检查，从而确保全院师生有一个风清气正、和谐温馨的学习工作环境。

【理论中心组扩大会】 2014年12月13日下午，理学院党政领导、支部书记、系主任召开理论中心组扩大会，会上研讨理学院十三五规划。首先回顾理学院十二五期间取得的成绩，其次结合各系调研情况，与兄弟院校相比找差距，之后讨论理学院在十三五规划的工作重点。

（六）工会工作

【概述】 按照学校2014年党政工作要点，理学院分工会、教代会结合本单位的实际情况，在学院党委的领导下，紧紧围绕党政所需、工会所能、职工所盼的难点和热点问题，创新工作思路，增强工作实效。不断提高分工会服务学校和学院发展、服务教职工成长的能力水平，协助党政解决好教职工最关心、最直接、最现实的利益问题，积极疏通教职工利益诉求的渠道，广泛听取并如实反映教职工的意见和要求，努力为学校和学院发展建言献策。

【召开理学院2013年教职工代表（工会会员）大会】 2014年1月7日，理学院2013年教职工代表（工会会员）大会在大兴校区基础楼C座509召开。校党委副书记张启鸿同志受邀参加了学院年会，会议由理学院党总支书记兼分工会主席程士珍主持。

首先理学院院长崔景安作理学院2013年党政工作总结，汇报了2013年学院在党建、教学、科研等五个方面的主要工作和取得的成绩；之后理学院分工会主席程士珍作理学院2013年分工会、教代会工作报告，总结了理学院分工会在民主管理、监督机制、送温暖活动、文体活动等方面内容；最后理学院办公室主任王恒友对理学院2013年分工会经费使用情况进行说明。

最后，分管理学院的党委副书记张启鸿同志做了总结发言，他首先对理学院全体教职工辛勤工作表示慰问并提前向大家恭贺新春，其次强调了学校完成"三大工程"后面临的困难和挑战，表扬了在深化教学改革中数学系高等数学课老师所付出的辛苦，明确了学校深化教学改革的决心,最后对全院教职工提出殷切希望,希望全院教职工团结协作,勇于创新,再创佳绩。

【召开党政联席会研究工会工作计划】2014年3月3日下午,理学院召开党政联席会,领导班子成员结合分管工作就党建和思想政治工作、工会和教代会、教学和专业建设、学科和师资队伍、学生教育和就业工作等进行认真讨论,制定2014年党政工作计划。明确工会和教代会工作方案。

【举行春季快走比赛活动】2014年3月11日下午,清风送爽,万物更新,理学院分工会为增强教师体质,凝炼团队精神,树立"快乐运动"的健康理念,在大兴校区运动场举行春季快走比赛活动。春季快走比赛既使身心得到了放松,又能督促自身运动习惯的养成,是一次非常有意义的活动。

【举行第二届师生乒乓球赛活动】2014年5月8日下午,理学院在体育楼室举办了"理学院师生乒乓球赛",旨在增加师生之间沟通机会。比赛期间,各位老师们技术老练,经验丰富,在处理球路上很有特色,同学们也不甘示弱,积极应对。本次活动的举办,彰显了学院的特色,为广大师生提供了一个相互交流、切磋球技的平台,增进了师生间的交流与友谊。

【爱心基金捐款】理学院分工会积极响应学校号召,动员广大教职工参加学校工会组织的"首都教职工爱心基金捐款"活动,共计捐款1420元。

【承办大兴校区教职工乒乓球大赛】2014年6月17日,在体育楼举办了大兴校区教职工乒乓球大赛。本次活动由校工会主办,理学院承办。来自理学院、经管学院、文法学院和计信部经过选拔有43位教师参与了此次比赛,分为男子单打、女子单打、男子双打、女子双打和男女混合双打五组,比赛决出冠亚军。

【理学院数学系工会小组开展心理素质拓展训练活动】时至期末,紧张而有序的工作已接近尾声,回想这一学期以来,全体数学系的老师克服种种困难,为切实提高学生的高数成绩,积极探索,扎实推进高等数学教学改革。老师们为了这一学期的工作付出了辛勤的汗水,也承受了很大的压力,为了缓解老师们的心理压力和紧张情绪,6月25日下午,理学院邀请学生工作部心理素质教育中心陈亚飞老师走进数学系工会小组,带领数学系老师开展了一场生动的心理素质拓展训练活动。活动现场气氛热烈,老师们互动踊跃,心理减压游戏、情感分享与倾诉等环节让老师们在热烈欢快的气氛中缓解了压力、调节了心情。

【召开教职工考核工作会】2014年9月17日理学院召开教职工考核工作领导小组工作会,会上各系(中心)主任分别介绍推优和候选人情况,考核领导小组通过匿名投票,评选出10名考核优秀人员,并张榜公示一周后上报学校。

【召开全院教职工大会】2014年9月29日理学院召开全院教职工大会,根据学校职工福利费管理办法(北建大人发〔2014〕8号),理学院结合实际情况,按照"收支平衡、略有结余、普遍惠及"的原则,制定出新的理学院分工会经费使用管理规定,会上全院教职工进行了表决,一致同意,此规定从9月开始执行。

【理学院在学校第十三届教职工运动会取得佳绩】2014年11月4日下午学校召开第十三届教职工运动会,理学院分工会积极参与团体项目:跳长绳、同舟共济和众星捧月等比赛,每个项目组建两支队伍共计40人次角逐,荣获"同舟共济"一等奖,"跳长绳"二等奖,展示了理学院团结奋进的精神风貌。

（八）大事记

1月6日下午1点，理学院邀请美国micron optics公司的亚太区发展部经理杨丽萍在基础楼A座108为电子信息科学与技术专业在校生做了题为"Optical Sensing Solutions Turning Light Into Enlightenment"的学术讲座。理学院副院长宫瑞婷、党总支副书记郝迈、理学院应用物理系全体教师和电子11、12、13级全体学生参加了讲座。此次讲座，理论联系实际，拓宽了学生专业视野，了解了专业发展领域中的新技术，促进了学科发展。

1月7日，理学院2013年教职工代表（工会会员）大会在大兴校区基础楼C座509召开。校党委副书记张启鸿同志受邀参加了学院年会，会议由理学院党总支书记兼分工会主席程士珍主持。这次工会表扬了在深化教学改革中数学系高等数学课老师所付出的辛苦，明确了学校深化教学改革的决心。

1月7日，理学院2013年教学研讨会于2014年1月7日在基础教学楼C座顺利召开，分管校领导张启鸿书记出席了本次会议。会议由理学院院长崔景安教授主持。崔院长在会上强调理学院坚持深化教学改革的决心不动摇，同时对教学改革重点课程高等数学的任课教师提出表扬，他们克服诸多困难，认真执行早晚自习学习计划，组织多次集体备课和月考考试，加强日常教学管理和过程监控，对提高高等数学教学质量起到促进作用。

1月9日，为迎接北京市对我校党建先进校评比检查工作，党委副书记张雅君、纪委书记何志洪、党委组织部部长高春花和副部长赵海云走访理学院，检查党建先进校准备工作的落实情况。理学院全体领导班子及总支委员、支部书记在基础教学楼C座参加了会议，会议由高春花部长主持。这次检查对理学院党总支工作具有重要的指导意义，党总支进一步明确了整改方向，将利用假前一周时间认真筹划，为迎接党建先进校进校检查做好准备。

1月16日，随着2013/2014学年第一学期高等数学期末考试的结束，高等数学期末考试集体阅卷工作在大兴校区基础楼C座-509会议室展开，阅卷采用流水作业的方式，理学院领导班子成员为阅卷老师做好服务，从精神和物质上给予大力支持。通过集体阅卷，任课教师之间进行了充分交流，探讨教学方法，传授教学经验，整个过程和谐团结，达到了共同提高的目的。为了进一步深化高等数学教学改革，数学系将在总结经验的基础上，探讨更适合的方式和方法。

1月17日，根据校党委关于党的群众路线教育实践活动工作的统一要求，理学院在基础教学楼C座召开了学院领导班子群众路线教育实践活动"回头看"专题交流会。受学校委派党的群众路线教育实践活动联络员吴翔同志参加了本次"回头看"交流，理学院领导班子全体成员参加了会议，会议由理学院党总支书记程士珍同志主持。本次会议让大家认真思考下一步工作计划，促进理学院事业发展。

2月27日，为了更好地迎接党建先进校入校考察，理学院在学院楼A座101教室召开了动员会，党总支书记程士珍、副书记郝迈、辅导员和全体学生参加了这次党建先进校入校考察动员会。此次动员会由郝迈主持。此次动员会的圆满召开不仅让同学们了解了党建先进校的相关事宜，也点燃了同学们的昂扬斗志，同学们表示有信心迎接入校考察的到来，要以最佳的精神面貌展现我校当代大学生的风采。

3月5日至3月10日，理学院学生在雷锋精神的感召下，自发来到基础楼C座自习教室进行义务扫除，为学院同窗打造一个整洁、卫生的学习环境，使同学们能更投入地学习，取得更好的成绩。这次活动使大家更加认同了雷锋精神"奉献"、"助人"的内涵，并纷纷表示今后将为雷锋精神的传承和发扬贡献出自己的力量。

3月11日，在这个初春的季节里，理学院分工会为增强教师体质，凝炼团队精神，树立"快乐运动"的健康理念，下午在大兴校区运动场举行春季快走比赛活动。我院教职工在程士珍书记的带领下，走出课堂，走向运动场，在自由的气氛中挥汗如雨。此次春季快走比赛既使身心得到了放松，又能督促自身运动习惯的养成。

3月14日，理学院数学系在基础教学楼C座召开了新学期首次高等数学教学研讨会，理学院院长崔景安、党总支书记程士珍、副院长宫瑞婷和数学系的全体教师参加了研讨会，会议由数学系主任白羽主持。本次会议使大家在全面总结工作经验的基础上，齐心协力，深化改革，乘势而上，为以后取得更好的成绩做准备。

3月20日，理学院本科生第一党支部在基础教学楼C座举行了以"青年需要担当、奋斗成就梦想"为主题的主讲主问制理论学习活动。本次活动旨在进一步引导学生党员坚定理想信念，紧跟时代步伐，刻苦拼搏钻研，在思想、学习和生活等各个方面发挥先锋模范作用，进一步加强基层学生党支部建设。本次活动的主讲人是理学院本科生第一党支部徐延钊同学。他是电子121班的一名品学兼优的学生，曾任理学院团总支组织部部长、院学生会骨干和班团支部书记等。本次活动引导大家继续发扬北建大精神，坚持远大理想，树立正确的理念，理智思考、理性面对并解决所面临的问题，充分发挥党员的引领和示范作用，着力做好理学院党建工作。

4月1日，理学院在基础教学楼C座召开了理学院高等数学任课教师座谈会。党委副书记张启鸿、学工部副部长冯永龙、理学院党政班子成员、数学系正副主任及高等数学全部任课教师参加了会议。会议由理学院院长崔景安主持。本次会议强调了高等数学的重要性，对任课教师激活课堂教学给予一定的期望。

4月8日下午，理学院在大兴校区基C-509召开了学风建设座谈会，理学院党政班子成员、各班导师、辅导员、专业课老师以及各班学生代表参加了此次座谈会，会议由党总支副书记郝迈主持。通过此次学风建设座谈会，增强了师生之间的交流与理解，对学院准确把握学生的动态，及时发现并解决学生在思想、学习、生活中遇到的各种问题，把学生们提出的合理建议应用到教学和学生工作中具有积极的意义，对提高学院办学质量具有重要的推动作用。

5月7日18:30，理学院在大学生活动中心为广大师生呈现了一场精彩绝伦的视觉盛宴——"Born To Dance"街舞狂欢夜。来自北京印刷学院、北京石油化工学院、北京理工大学、北京工商大学、首都经济贸易大学、北京科技大学六校的街舞爱好者们也来同赴这场街舞盛会。七校舞者欢聚一堂，展现了当代大学生青春洋溢的风采。

5月8日，理学院在体育楼室举办了"理学院师生乒乓球赛"，本次活动的由理学院学生会承办，旨在为理学院乒乓球爱好者提供条件，增加师生之间沟通机会。本次活动的举办，彰显了理学院的特色，为广大师生提供了一个相互交流、切磋球技的平台，增进了师生间的交流与友谊。

5月12日下午，理学院在基A116举行了12级四级考试动员大会。理学院院长崔景安、党总支书记程士珍、副院长梁昔明、副院长宫瑞婷、党总支副书记郝迈、12级班级导师、12级英语教师和12级全体学生参加了本次活动。动员会由郝迈主持。本次会议鼓励同学们认真努力学习，克服自身的惰性，突破自我，顺利实现目标。

5月13日下午，纪委书记何志洪在大兴校区基础楼C座509会议室，作了题为"学习贯彻十八大精神 加强党风廉政建设"的专题报告会。理学院全体教职工70余人听取了报告。党总支书记程士珍主持报告会。这是一次记忆深刻的党风廉政教育，促进了学院进一步完善制度，落实"一岗双责"，把反腐倡廉各项工作与贯彻十八届三中全会精神、作风建设等紧密融合，抓早抓小抓及时，切实推进学院的改革与发展。

5月13日，理学院在大兴校区基础楼C座509会议室举办了自然科学研究基金项目申请辅导会，邀请到中国科学院数学与系统科学研究院博士生导师、研究员吕金虎做"如何申报国家和北京市自然科学研究基金项目"的专题讲座。我校科技处处长白莽、理学院全体教职工70余人参加了会议。会议由理学院院长崔景安主持。本次会议肯定了理学院近几年在科研方面的进步和良好的发展态势，强调了要把基础理论和应用结合起来，寻找多个可持续发展的研究领域。

5月18日，理学院全体研究生党员及部分入党积极分子在支部书记郝迈老师的带领下来到了位于香山脚下的抗战名将纪念馆。在纪念墙前，11位研究生党员进行了庄严的入党宣誓。通过这次宣誓和参观活动使全体党员重新接受了一次爱国主义教育，感受到我们今天的幸福生活是无数先烈用鲜血和生命换来的，是那么的来之不易。结合支部刚刚开展的学习习总书记北大五四讲话中提到的当代青年的责任和理想，大家一致表示：一定要珍惜在校的学习生活，勤奋学习、努力工作、无私奉献，不辜负先烈和人民的期望，做一名合格的共产党员。

5月20日，理学院在大兴校区基础楼C-509会议室举办博士论坛第四场学术报告会。院长崔景安、书记程士珍、副院长梁昔明以及感兴趣的老师等40多人参加了报告会，会议由梁昔明教授主持。通过报告所提供的丰富案例资料、图片以及三位报告人缜密详尽的表述，开阔了老师们的研究视野，得到老师们的支持和响应。理学院领导班子将和广大教师一道，继续开展这项活动，为老师们搭建科研平台，提高服务水平，进一步凝练学科专业发展特色，进一步整合理学院所有资源条件，凝心聚力、真抓实干，通过科研团队建设进一步加强理学院的科研实力，为理学院乃至学校的更好更快发展不懈努力。

5月20日，为强化教风、学风建设，进一步推进高等数学教学改革，理学院在大兴校区基础楼C-509召开了本学期的高等数学改革座谈会，副校长张大玉、教务处处长邹积亭、学工部部长黄尚荣、教务处副处长张艳、学工部副部长冯永龙和吴建国、各二级学院党总支副书记出席了座谈会，理学院全体领导班子成员和数学系全体教师参加了此次座谈，会议由理学院院长崔景安主持。此次理学院高等数学改革工作座谈会的召开，增加了任课教师与二级学院的相互了解，增强了高等数学任课教师进行教学改革的信心，在本学期接下来的教学活动中，理学院数学系将与二级学院联手，重点加强对成绩不理想的学生的辅导，做到"不放弃，不抛弃"任何一位学生，增强他们学习高等数学的自信心，调动他们学习高等数学的积极性，为第三次月考和期末考试做好准备。

5月25日，北京建筑大学理学院信131班熊望子同学在2014年"CCTV Star of Outlook"希望之星英语风采大赛大学组比赛中力压群雄，成功以北京赛区第四名的成绩从北京市近2000名参赛选手中突围，并将代表北京赛区于6月13-15日在北京出战全国总决赛。此次全国总决赛中北京市共八人入选，熊望子同学成为我校首次晋级北京赛区决赛并挺进全国总决赛的选手，将用三天时间角逐全国十强的席位。

5月25日，为了进一步提高学生骨干的综合素质，增进友谊，培养团结合作，不畏艰难的团队精神，理学院学生会组织了学生党员、班级学生干部、团总支学生会学生干部的代表共37人前往怀柔石门山拓展训练基地成功举行了一次意义非凡的拓展训练活动。在每个训练项目的共同配合努力中，大家彼此加深了了解，切身体会了沟通交流、团结协作的重要性，更加理解"制定计划"、"落实计划"对一个团体的意义，同学们将积极地面对未来在学习、生活、工作中的困难。短短一天的素质拓展训练，让所有人都满怀着感动，收获着精神财富，累并快乐着。

5月27日，理学院在大兴校区基础楼C座-509会议室召开了专业实践基地建设经验交流会。信计系、物理系、物理与光电实验中心及理学院领导等20多人参会。会议由理学院副院长宫瑞婷主持。本次交流会指出各专业接下来进一步加强与企业的联系，认真规划好每一步时间节点，把实践实习工作落到实处。

5月30日，理学院副院长宫瑞婷、党总支副书记郝迈、物理与光电实验中心黄尚永老师一行三人到北京天普集团走访调研。公司技术副总经理杨经理、人力资源部赵经理等负责同志热情接待了我方。这次调研使双方达成了进一步合作的意向，包括企业的技术负责人和人力资源负责人到我校进行宣讲、组织专业师生参观天普集团新能源示范中心、进一步建设校企合作基地等。

6月6日，应理学院邀请，从2014年4月底到6月6号，北京科技大学数理学院应用数学系主任、博士生导师、教授、马万彪在西城校区教5-110教室，先后做了四次关于"泛函微分方程"的学术讲座，理学院部分老师和研究生参加了报告会。本次讲座所讲授的内容、传授的方法以及跟与会师生的一些有益的讨论使大家受益匪浅，必将在以后的科研工作中开花结果。

6月6日，理学院副院长梁昔明、党总支副书记郝迈、信息与计算科学系副主任张健一行三人到北京农业信息技术研究中心走访调研。中心软件工程部主任吴华瑞、朱华吉博士等负责同志热情接待了我方。本次调研进一步加强了对方与学校的联系，拓展了校企合作的途径。

6月11日，理学院在基C-423教室召开了2015届信息与计算科学专业毕业生就业动员会，动员会由信111班导师王恒友主持，理学院党总支副书记郝迈出席并讲话，信111班全体同学参加会议。通过本次会议，同学们们对就业形势，如何找准就业定位，如何选择就业方向及就业面试时应注意的问题有了更加明确和清晰的认识。同学们将以此为转折点，调整心态，积极主动参与到实习、就业过程之中。

6月17日，在体育楼举办了大兴校区教职工乒乓球大赛。本次活动由校工会主办，理学院承办，理学院学生会进行具体组织实施。来自理学院、经管学院、文法学院和计信部经过选拔有43位教师参与了此次比赛，校工会张瑶宁到场助阵。在锻炼身体的同时，增进了同事间的互动与交流，构建了一个健康和谐的校园氛围。

6月24日，受邀来自美国南伊利罗伊大学的徐大舜博士在大兴校区基础楼C-509会议室进行学术报告会。院长崔景安、书记程士珍、副院长梁昔明以及全院具有硕士、博士学历以及感兴趣的老师等20多人参加了报告会，会议由理学院科研副院长梁昔明教授主持。本次报告所提供的丰富案例资料、图片，开阔了老师们的研究视野，得到老师们的支持和响应。

6月25日，理学院党总支副书记郝迈和专业负责人黄伟教授、专业教师聂传辉老师又到北京建业通工程检测技术有限公司走访，公司吴总经理热情接待了我方，双方就公司情况、毕业生信息和合作意向等进行了深入交流。虽然整体上就业形势严峻，但只要同学们思想上重视，认真做好准备工作，积极提升个人实力，机会总是留给有准备的人。

6月25日，理学院邀请学生工作部心理素质教育中心陈亚飞老师走进数学系工会小组，带领数学系老师开展了一场生动的心理素质拓展训练活动。活动现场气氛热烈，老师们互动踊跃，心理减压游戏、情感分享与倾诉等环节让老师们在热烈欢快的气氛中缓解了压力、调节了心情。最后，陈亚飞老师对当天的活动进行了总结，生活本来可以更精彩，希望老师们能够更多地关注工作以外的美好，更好的调节身心状态，提高生活的幸福指数。

6月27日，在基础教学楼C座四层的信息与计算科学专业活动室举办了一场模拟面试，信111班全体学生参加了此次面试活动。这次活动是由北京金商祺科技股份有限公司的人力资源总监和销售主管组织安排。此次活动，一方面使同学们得到了更多展示自我的机会；另一方面，通过简历和面试环节的准备，同学们对自己大学生活作了系统梳理，认清了自己的不足与缺憾，树立正确的职业目标，不断提升综合实力、完善自我，全面提高就业竞争力。

7月2日18:00基础教学楼C座418教室，理学院本科生第一党支部也迎来了一批新生力量的加入。支部的全体党员、发展对象及介绍人参加此次发展会。会议由党支部书记陈思源老师主持。

8月28日，在理学院党总支副书记郝迈老师和团总支书记陈思源老师的带领下，理学院"问鼎京郊"暑期社会实践团队一行7人来到大兴区榆垡镇，调研当地村民、村干部对大学生村官的认可程度，深入了解大学生村官的生活工作环境。

9月10日，2014年国家自然科学基金项目经过资格审查、通讯初评、会议评审等程序后，最终立项结果已于近日正式公布。理学院老师在完成繁重教学任务的同时，积极承担各类科研工作，今年共申报国家自然科学基金项目8项（面上项目2项、青年科学基金项目6项），获批项目2项（面上项目和青年科学基金项目各1项），获得批准项目负责人为力学系的郝莉教授和何凡博士，批准经费总计105万元。至此，理学院在研国家自然科学基金项目达到8项，覆盖了数学、力学和物理三个一级学科，在国家自然科学基金项目的资助下，理学院的整体科研实力必将得到极大的提升。

9月13日，新学期，新起点；新生到，新气象。滚滚夏日的暑意即将退去，也迎来生机盎然、充满活力的2014级新同学，一幅幅崭新的面孔让本就活力四射的北建大显得更加生机勃勃。早上七点，在理学院团总支书记陈思源老师组织带领下，理学院志愿者们早早地来到基础楼A座中央大厅准备，等候新生的到来。下午，为了促进与新生家长的沟通交流，理学院党总支书记程士珍老师、理学院党总支副书记郝迈老师召开了2014级理学院新生家长见面会。会后，党委副书记张启鸿、党委常委张素芳、理学院班子成员一行慰问走访了理学院的新生宿舍。满满一天的新生报到工作最终圆满结束。

9月11日，理学院14级朋辈辅导员组织14级新生班负责人召开了入学后的第一次联席会，理学院党总支副书记郝迈老师和团总支书记陈思源老师参加了会议。朋辈辅导员之间相互交流，为学弟学妹提出很多切实可行的建议，使新生更快融入北建大理学院这个大家庭。次日上午8:30，14级朋辈开展"新生游园会"活动，全体14级理学院新生在朋辈辅导员的组织带领下，介绍参观整个大兴校区。活动后，同学们纷纷表示这次活动不仅增进了同学们之间的情谊，而且为他们提供了一次近距离了解大学、了解大学生、了解大学生活的机会，为同学们更快地适应大学生活奠定了良好的基础。

9月18-19日，在基础楼C座201进行了2014级理学院团总支学生会干事招新面试活动。团总支学生会主席团及部长全体成员参与面试环节，理学院党总支副书记郝迈、团总支书记陈思源也出席担任了面试官。此次招新活动将会为理学院团总支学生会注入一批新鲜的血液，也为14级的新生们提供了一个展现自我、挑战自我、超越自我的平台。

9月22日下午，在基础楼A座223教室为理学院大一新生上了开学第一课，为他们开启大学生活的第一篇章。同学们用热烈的掌声下迎来了理学院党总支书记程士珍、党总支副书记郝迈、心理素质中心陈亚飞、理学院教务李洪、理学院裴晨老师。会议由理学院团总支书记陈思源老师主持。会后，在理学院党总支书记程世珍老师的带领下一行人来到新生宿舍，进行慰问走访，并为辛勤训练的军训同学们带来了水果茶歇，提醒同学们要认真对待军训生活，铸就坚强意志，养成良好习惯。同时，鼓励同学们应该勇于担当，以执着的信念、优良的品德、丰富的知识、过硬的本领，努力践行社会主义核心价值观，勇做走在时代前列的奋进者、开拓者、奉献者。

9月28日，理学院研究生党支部在西城校区实验一号楼424召开支部大会，选举产生新一届党支部书记、宣传委员、组织委员。郝迈老师以及各位学生党员出席了此次会议，换届改选工作圆满完成。支部书记郝迈老师对本学期的支部工作作了部署：本学期支部重点是将社会主义核心价值观教育融入党员先锋工程活动当中，理论学习将围绕社会主义核心价值观的重要论述和十八届四中全会精神学习开展，积极开展研究生对本科生考研帮扶工作。本学期将进一步完善研究生党支部的制度建设，使研究生积极分子培养、党员发展和教育更加系统化、规范化。

10月21日，理学院在大兴校区基础楼C座-509会议室召开了青年教师座谈会。参加此次会议的有理学院领导班子、理学院督导组成员和全体青年教师，会议由理学院副院长宫瑞婷主持。通过座谈，老中青教师相互启发，开拓了教学思路，加深了爱校爱生的情怀，老师们纷纷表示要以高尚情操、丰富学识和人格魅力影响和教育学生。

10月22日上午，理学院党总支副书记郝迈，电子111班级导师、任课教师黄尚永组织带领班级30多名同学到LED（发光二极管）行业领先企业北京佰能光电技术有限公司参观学习。通过与企业的交流发现，LED行业从生产到测试到售后的全产业链都对电子信息类毕业生有需求，这次有同学带了简历现场递交，也有同学参观后表示很感兴趣，会在以后就业过程中重点关注。参观结束后，双方还就联系公司技术人员到学校给专业师生做讲座、校企共建高校青年教师社会实践基地等进一步合作达成意向。

10月26日，北京建筑大学理学院研究生党支部组织了以"学习长征精神"为主题的党性实践活动。支部成员在长城脚下朗诵毛泽东同志的七律《长征》，大家在诗歌的旋律中深切体会革命先辈创立国家之艰难，立志为祖国建设做出自己的贡献。长征精神是我们宝贵的精神财富。这次活动，加深了对长征事迹的认识，今后我们将围绕弘扬正能量，传递正效应，将长征精神科学地融入大学生社会主义核心价值体系教育中去，真正将社会主义核心价值体系教育的内在要求内化于心，外塑于行。

10月份以来，理学院党总支结合开展学生党员先锋工程活动的有关要求，组织各学生党支部先后开展了理论学习活动，结合《关于培育和践行社会主义核心价值观的意见》展开了深入的讨论交流活动。理学院学生党支部将继续广泛开展学习讨论、主题宣传、交流分享和实践活动，引领广大青年见贤思齐、崇德向善，进一步坚定理想信念，提升党性修养，使广大学生党员带头传播正能量，争做社会主义核心价值观的践行者、守护者、建设者。

11月2日，理学院在大兴校区基础楼A座-128教室举行了青年教师教学基本功比赛。学院领导班子、系主任以及督导组成员组成评审组，学院青年教师参加，比赛由副院长宫瑞婷主持。我院青年教师占全院教师的三分之一，学院以多种形式为青年教师搭建发展平台，并以青年教师教学基本功比赛为载体，形成了定期集体备课、评课、个别督导等培训形式，青年教师教学能力显著提升。

11月17日，理学院2015届本科毕业生就业工作推进会在大兴校区基础楼C座509召开。院长崔景安、院党委书记程士珍、副院长梁昔明、宫瑞婷出席会议。参加会议的还有学院各系主任、专业负责人，2015届毕业班班级导师及学生辅导员。会议由党委副书记郝迈主持。崔院长进行总结讲话。他对各位系领导、专业教师、辅导员分层分类引导、积极开展学生就业工作的责任心给予肯定。同时提出就业工作是专业发展的关键，针对当前出现的就业新形势、新问题，应做好组织协调工作，有效地将专业特色、人才培养与就业工作相结合，并围绕近期就业推进工作提出了几点要求：（1）深入细致地开展专业教育工作，让学生充分了解社会需求充足这一专业优势，树立学生专业自信意识；（2）利用专业课程和实践教学环节引导学生了解就业方向，市场需求等内容，做好就业求职的准备；（3）按照就业工作的时间节点，做好落实工作，各系定期向学院汇报就业工作进展情况。

11月25日晚6:30，为了丰富在校大学生的课余文化生活，给大家提供一个"以舞教友"、"以舞会友"的欢乐平台，理学院团总支学生会在大学生活动中心开展了一次别开生面的冬日交友舞会。舞会现场热闹非凡，活力飞扬，为到场的学工部副部长冯永龙、理学院党总支副书记郝迈、心理素质教育中心陈亚飞、辅导员陈思源以及全体参加了本次活动的同学们献上了一场精彩的舞会。这场别具一格充满趣味的冬日交友舞会不仅让本来寒冷的冬夜因同学们的活力与热情变得其乐融融，同时，多姿多彩的节目表演，更为同学们建立了相互交流、展现自我的平台，促进人际交流圈的增大，在青春年华中注入了生机与活力，为大学生活增光添彩。

11月28-29日，理学院召开了学科发展研讨会。校党委副书记张启鸿出席了会议，理学院领导班子全体成员、理学院各系（实验中心）正副主任、数学系全体教师等参加了会议，会议由理学院崔景安院长主持。通过这次学科研讨会的深入研讨和交流，进一步理清理学院下一步的发展思路，瞄准下一步发展的参照系，集思广益、凝聚力量、统一思想，制定出学院下一阶段的发展战略，谋划理学院未来。

11月29日上午，理学院在北京卧佛山庄多功能报告厅举办博士论坛学术报告会。教务处副处长张艳教授、理学院副院长梁昔明教授以及全院感兴趣的老师、研究生等50多人参加了报告会，会议由副院长梁昔明教授主持。通过报告所提供的丰富案例资料、图片以及报告人缜密详尽的表述，开阔了老师们的研究视野，得到老师们的支持和响应。理学院领导班子将和广大教师一道,继续开展这项活动,为老师们搭建科研平台,提高服务水平,进一步凝练学科专业发展特色,进一步整合理学院所有资源条件,凝心聚力、真抓实干,通过科研团队建设以进一步加强理学院的科研实力,为理学院乃至学校的更好更快发展不懈努力。

12月2日下午,理学院在基础C-509召开班级导师工作会,理学院班子成员、全体班级导师、辅导员、学生党支部书记参加会议,会议由理学院党委副书记郝迈主持。最后,院党委书记程士珍老师总结讲话,程书记代表学院向班级导师们的辛勤付出表达了敬意。她谈到导师工作任重而道远,各位班级导师工作认真负责,也取得了一定的成绩。程书记还强调,导师工作应该注意加强三个方面的内容:一是加强学生干部队伍建设,二是加强学生实时动态管理,三是加强班风学风氛围营造。通过班级导师细致入微的工作,帮助学生成长成才,做好学生人生发展道路上的风向标。

12月3日晚,在基础教学楼A座211教室开展了以"理绘蓝图"为主题的学生骨干培训活动,旨在使每一位学生骨干、班级干部成为有想法、有活力、有朝气的优秀学生干部。参加培训的学员是由理学院和测绘学院全体学生会成员与14级班委组成。本次培训,邀请到互联网名人"神速蜗牛"刘峰和理学院2013届毕业生原院学生会主席李论,理学院团总支书记陈思源老师出席了此次活动,并参与了学员们讨论及交流环节。讲座由理学院团总支组织部朱俊铭主持。通过这次骨干培训,学员们获益良多。其中,理学院学生会副主席柴海波同学表示,这次讲座很大程度上调动了他对于未来团学工作的积极性,对他自己的个人定位有了进一步的认识,在今后的工作和学习中将尽可能考虑如何实现效率的最大化。

12月9日,为进一步学习贯彻十八届四中全会精神与培育和践行社会主义核心价值有机结合,理学院开展了分层次、分专题的理论学习宣传活动,于当日邀请我校机关党委书记王德中作了题为《依法治国的几个问题》的报告。理学院领导班子成员以及全院教职工60余人出席会议,会议由学院党委书记程士珍同志主持。通过这次十八届四中全会精神主题学习活动,理学院教师们了解到依法治国的历史渊源,理解了依法治国的一系列新观点、新举措。会后,程书记要求各党支部以"主讲主问制"理论学习模式,组织全院师生党员深入学习会议精神,准确领会全会的核心内容,确保全会精神学习教育取得实效。

12月11日,为进一步加强党风廉政建设责任制,把反腐倡廉各项任务和措施落到实处,按照学校党风廉政建设责任制检查的总体安排,理学院召开党风廉政建设工作会。学校党风廉政建设责任制检查工作组学校党委副书记张启鸿、文法学院院长孙希磊和校办综合科科长陈娟一行人到理学院听取汇报并查阅有关文件资料。理学院领导班子、党委委员、教工党支部书记、教代会代表等20余人出席本次会议。通过此次检查,理学院领导班子纷纷表示,将进一步加强党风廉政建设工作,建立健全规章制度,通过多种渠道加强党风廉政宣传,加强监督检查,从而确保全院师生有一个风清气正、和谐温馨的学习工作环境。

(王恒友 程士珍)

第十二章 教学辅助工作

一、图书馆

(一) 概况

2014年10月28日,在全校各方面的努力下,经过三年建设,一座宏伟的标志性建筑——大兴校区新图书馆凌云出阁,进入试开馆状态。12月27日,经过2个月调试运行后,举行了隆重简朴的正式开馆仪式,参加仪式的校内外嘉宾有200多位。

大兴校区新图书馆,总使用面积22473平方米,其中地下层使用面积1566平方米,是报告厅和会议室,提供220-520个座位;一层使用面积3230平方米,设立读者服务大厅、休闲和文化展览区、读者接待室等;二层使用面积2677平方米,是TU类建筑特藏文献资源和数字媒体学习区;三层使用面积3364平方米,是人文社科和北京专题文献阅览区;四层使用面积3216平方米,是人文社科、外文和报刊文献阅览区;五层使用面积2468平方米,是自然科学技术文献和规范资料阅览区;六层使用面积2365平方米,是文化和校史展览区;七层使用面积3587平方米,是读者研讨交流和馆员办公区。

随着新馆的开放,呈现给师生们的还有图书馆的新标志——馆徽、馆训和馆旗。经过多次的精心设计和读者、馆员们投票评选,我们确定了"知识之窗"馆徽,"以人为本"馆训,以及具有本馆特色的馆签、馆印和馆旗。为此,图书馆发布了《北京建筑大学图书馆文化环境建设指南》,用以指导图书馆内外空间环境和装饰设计、标识系统设计,同时揭示、树立图书馆的生动丰富的文化意象和自强不息的精神追求。图书馆坚持以服务读者为根本宗旨,并将本馆的宗旨集中体现在新的馆训中:"以人为本,以本为道,建本励学,知本敦行",成为我们的思想指南与行动纲领。

结合新馆建设,数字化资源系统和服务平台、安检系统、自助借还系统、信息发布系统、广播系统、机房和信息存储系统、自助服务系统、电子阅览系统、标识系统、移动图书馆系统等陆续建成投入运行,全馆实现无线免费上网,为读者提供方便、快捷的信息化服务,图书馆已成为内部以局域网连接,以集成系统进行管理,连接校园网和互联网,一证通用,资源共享的图书馆。本馆以开放的资源布局、现代化的管理手段和"以人为本"的服务理念为核心,实行"藏、借、阅、咨一体化"的开放服务管理模式,向读者提供借阅、咨询和文化素质教育等文献信息服务。积极开展BALIS原文传递、馆际互借服务、读者在我心中优质服务日宣传活动。图书馆荣获BALIS馆际互借服务先进集体三等奖和先进个人二等奖;荣获BALIS原文传递服务最佳进步奖和先进个人二等奖;荣获CASHL经济学学科服务最佳推广奖二等奖;再次被评为北京科技情报学会2014年度先进单位。

截至2014年底,图书馆舍总使用面积2.46万平方米,馆藏中、外文图书150万册(包括建筑学院、文法学院、经管学院等二级学院资料室藏书近20万册，中国建筑图书馆近30万册），生均达到150册，期刊1582种，数据库40个（其中中文27个，外文13个，含自建库3个，自建网络资源平台2个），电子图书400万种（连网络非本地共有121万种），主页访问量突破150万次。拥有阅览座位2000多个，年日均接待读者1100人次。

（二）馆舍建设

2014年是图书馆全面实施新馆室内环境建设工作的一年。暑期完成老馆向新馆的全面搬迁和1-5层的家具、标识安装，2014年12月27日成功举行新馆开馆典礼。

【新馆家具、标识、设备环境布置过程】

1. 确定家具造型、色彩、质感协调方案

2013年招标阶段，通过组织馆员评判厂商展示的样品，以及专题研讨会，对于新馆家具应当选择怎样的款式、造型和色彩、质地，基本形成了统一的意见。否定了同济大学设计院提供的与环境色——浅黄木色同色的家具方案，转而采用钢木家具与实木家具设计成两种款式与色彩质地的布置方案。最大量的钢木书架采用深灰色架体，白色混油背板；实木书架采用樱桃木色，阅览桌椅及其他中高档办公家具均统一成樱桃木色。

2014年1月至3月，家具设备小组指导天坛和远洋两家中标厂商提交制作方案及实物样品，经馆务会讨论，确定读者家具和办公家具配置，以及钢木、实木家具两种款式的细节，包括iPad架标与苹果机代理商合作制作的实施方案。

2014年4月至5月，家具设备小组研究撤空六层后全馆家具的调整方案，经馆务会讨论，结合搬迁时间，初步确定制作与安装计划；审定前台制作方案。

2. 家具制作安装，开馆前调整

2014年5月，报学校《关于我校新建图书馆内部服务项目的报告》，建议水吧（咖啡吧）服务项目和iPad电子资源体验服务。

家具设备小组研究地下密集库规划。

2014年6月，签署《新建图书馆Apple体验中心合作意向书》。

2014年6月底，致基建处《关于图书馆装修的部分意见》，协调LED屏及二层电子阅览室、七层会议室装修分界。

2014年7月，家具设备小组研究家具计划调整、书墙和前台制作方案。

2014年8月，家具设备小组研究确定家具项目调整方案，确定展柜方案，一层大厅服务台方案（仿石台面，白色；台座黑胡桃木质；三色方案），照明配置，移动办公柜，7段10个工位，长大椭圆，iPad20组，架位板预留孔道，透明亚克力。二层书墙整体式、固定式，30厘米厚。制作清单签字生效。

2014年8月底，图书馆交接，家具公司进场安装准备。与基建处协调图书馆搬家和进场、机房问题等。

2014年9月，完成首层家具安装，馆员进驻临时办公。研究教务处拟用图书馆房间临时办公方案。研究信息发布屏幕、热水器、垃圾筒1-7层各层布置方案。党政办要求档案室设在图书馆，拟方案。

2014年9月底，完成二、三、四层家具安装布置，继续优化调整馆藏布局方案。

2014年10月，馆务会现场会，新馆大厅服务台安装，二层书架护板、电子阅览室家具安装。质量组，图书馆装修自查质量报告。新馆地下报告厅投入使用，举办首次会议。

开馆前各项准备工作检查，临时办公室迁址，总服务台面板安装，南大门闸机安装。完成报刊阅览区家具调整，服务台里加管灯加灯罩。

3. 试开馆后家具设备追加调整、制作安装

2014年10月底，确定信息大屏幕安装方案，7层摄影室装修方案，全馆桌椅调整方案。研究教务处7层办公方案。

2014年11月底，确定七层八间研讨室家具方案。致校领导《北京建筑大学图书馆内门改造的请示》。

4. 馆徽、标识标牌设计安装

2014年1月，研究馆徽方案，比较研讨。

2014年6月底，发布《关于请师生推选图书馆馆徽的启示》。

2014年7月，发布《关于选定图书馆馆徽的通知》。确定馆徽和标识设计、库室名称等。馆务会确定房间布局（顺时针）编码规则。

2014年9月，完成文化环境（标识）设计方案。完成招标前窗帘及顶棚遮阳预选方案。

2014年10月，完成二、三层图书、设备、临时标识安装布置。完成北京建筑大学图书馆新意象——图书馆文化环境建设指南（初稿）、空间房间名称、编码规则。

2014年10月底，标识方案基本审定（初稿），根据优化情况随时调整，以免反复变化。完成标识中英文方案修改汇总。

2014年12月，馆务会通过标识方案ppt，因空间功能随时调整和优化，标识实施临时方案，正式方案不急实现，逐步实施。预定27日正式开馆准备情况和计划。通过馆徽方案和图书馆文化环境建设指南。

2014年12月27日举行新馆开馆典礼，只开1-4层，其他各层尚未完成。

【西城老馆改造与环境布置】 2014年9月10日校长办公会研究西城老馆改造方案，图书馆交出地下库室和一、二层给建筑学院，只留三、四层；基建处负责。下午图书馆研究三、四层改造方案、家具调整方案。

2014年9月16日，老馆改造启动。研究标识方案，由公司调整出图。

2014年9月26日馆务会，研究老馆改造、办公家具计划、调整和进度。老馆拆迁后的布局家具等调整。

2014年10月8日，馆务会现场会，确定老馆旧家具处置方案。

(三) 文献资源建设

1. 订购2014年度中文期刊1100种，1455份；报纸79种，103份；外文期刊127种，127份。
2. 采购中外文图书4.5万种，编目加工图书8.4万册。
3. 文献数字化图书3000册。

北京建筑大学图书馆2014年度文献资源采购财政专项计划

序号	项目名称	经费（元）
1	中文图书资料购置项目	4100000.00
2	中文纸质期刊资料	400000.00

续表

序号	项目名称	经费（元）
3	进口图书资料购置项目	1500000.00
3-1	港台版纸质图书资料与地图	500000.00
3-2	外文纸质图书资料	1000000.00
4	外文纸质期刊资料	1000000.00
合计	图书资料购置项目	7000000.00
5	文献数字化制作项目	500000.00

（四）信息化与数字图书馆件建设

2014年8月29日起，实施2013年新竣工楼配套项目：

1. 信息化建设——新建图书馆电子阅览检索系统一期建设项目（2013年新竣工楼配套）；

2. 信息化建设——新建图书馆云数据服务器工程一期建设项目（2013年新竣工楼配套）；

3. 信息化建设——新建图书馆云数据灾备工程一期建设项目（2013年新竣工楼配套）；

4. 设备购置——图书馆特藏空间恒温环境一期建设项目（2013年新竣工楼配套）；

5. 信息化建设——新建图书馆多媒体信息发布系统一期建设项目（2013年新竣工楼配套）；

6. 信息化建设——新建图书馆数字化公共广播系统一期建设项目（2013年新竣工楼配套）；

7. 信息化建设——新建图书馆云数据网络工程一期建设项目（2013年新竣工楼配套）；

8. 信息化建设——新建图书馆自助借还系统二期建设项目（2013年新竣工楼配套）；

9. 信息化建设——新建图书馆读者自助复印打印系统一期建设项目（2013年）；

2014年专项：信息化建设——图书馆防火墙及移动访问平台建设。

（五）信息咨询与读者服务

【信息咨询】2014年1月，赵燕湘老师完成了北京高校网络图书馆教参项目中的我校市级、校级精品课程的数据采集和编制工作，提交精品课程数据共计51门（数据1326条）。

2014年3月，张煜老师、刘春梅老师、赵丹老师先后完成了文法学院、环能学院、经管学院《科技文献检索》课程教学大纲的编写工作，最终由郭燕平老师统稿后发给各学院并上报教务处。

2014年4月至5月，信息咨询部在本校区与大兴校区同时开展馆际互借与原文传递宣传月活动，新增用户200余人。

2014年4月8日，刘春梅老师、杨洁华老师到大兴校区文法学院举办"馆际共享与读秀移动图书馆"讲座，并当场发放宣传材料，参加教师50人，现场完成BALIS申请填表、注册工作。

2014年4月23日,信息咨询部与科技处、研究生工作部联合举办《图书馆的电子资源与馆际共享》专题讲座,参加学生上百人。

2014年10月27日前赵燕湘老师、郭燕平老师共同参与制作了第一版《读者服务指南》,印制1500份;2014年12月27日前郭燕平老师全权负责完成了第二版《读者服务指南》的制作,共计印制2000份。

2014年12月10日之前刘春梅老师、杨洁华老师、赵丹老师合作完成了498册学位论文的分类整理工作,部门全体馆员合作完成了原有1千余册纸本论文的整理上架工作。

2014年12月12日,信息咨询部全体馆员共同承办了北京高校图工委之信息素质教育专业委员会举办的"大数据时代的信息素养教育与创新人才培养"学术研讨会,北京地区53所高校图书馆150多人参加了会议。

2014年12月12日下午,北京建筑大学图书馆与北京科技情报学会联合举办了学术论文写作辅导专题报告会,邀请原《清华大学学报》(自然科学版)编辑赵军平老师等专家为大家做了精彩的报告。

【读者服务】从2014年5月1日起,开始催还图书,为搬迁新馆做准备。

2014年7月11日晚正式闭馆。

2014年7月14日按计划开始搬迁工作。

2014年10月28日搬迁工作基本完成,馆员到位,开始试开馆,开馆时间:8:30-22:30。

2014年12月13日,大兴校区与西城校区借助通勤班车,实现异地借还。

2014年12月27日,馆藏、馆员调整到位,正式开馆。

2014年,图书管理引进RFID技术,读者借阅册数由本科生12册、研究生20册、教师25-40册,增加为统一40册。

统计:

(1) 全年流通量:134441册次;
(2) 办理离校手续:2050个;
(3) 办理上账登记:511份;
(4) 收缴罚款:4602元。

开馆时间(节假日和寒、暑假除外):周一-周日8:30-22:30。

(六) 教学科研工作

截至2014年12月31日,图书馆共计完成信息素质教育方面的课程328学时,其中校级公选课《电子资源信息检索与利用——图书馆导航》128学时;院级选修课《科技文献检索》、《文献检索与写作》、《文献检索》152学时;研究生必修课《信息检索》48学时,共计300余名硕士研究生掌握了信息检索技巧及论文写作方法。

(七) 文化教育活动

【文化讲座】

2014年文化讲座一览表

时间	讲座主题	主讲	地点	主办单位
3月18日	文学发展与精神享受(一)	杨雨教授	大兴校区基础楼A208教室	图书馆

续表

时间	讲座主题	主讲	地点	主办单位
3月25日	文学发展与精神享受（二）	杨雨教授	大兴校区基础楼A208教室	图书馆
4月1日	文学发展与精神享受（三）	杨雨教授	大兴校区基础楼A208教室	图书馆
4月8日	文学发展与精神享受（四）	杨雨教授	大兴校区基础楼A208教室	图书馆
4月15日	文学发展与精神享受（五）	杨雨教授	大兴校区基础楼A208教室	图书馆
4月22日	文学发展与精神享受（六）	杨雨教授	大兴校区基础楼A208教室	图书馆
3月11日	丞相胡同与菜市口	王锐英教授	大兴校区基础楼A207教室	图书馆
4月15日	漫谈微电影	电影学院宿志刚教授	大兴校区学院楼B座报告厅	图书馆
6月10日	匾额 拓片 艺术国学	北京科举匾额博物馆姚远利馆长	大兴校区基A-139教室	图书馆
11月18日	文学发展与精神享受（七）	杨雨教授	大兴校区基础楼A304教室	图书馆
11月25日	文学发展与精神享受（八）	杨雨教授	大兴校区基础楼A304教室	图书馆
12月2日	文学发展与精神享受（九）	杨雨教授	大兴校区基础楼A304教室	图书馆
12月9日	文学发展与精神享受（十）	杨雨教授	大兴校区基础楼A304教室	图书馆
12月16日	文学发展与精神享受（十一）	杨雨教授	大兴校区基础楼A304教室	图书馆
12月23日	文学发展与精神享受（十二）	杨雨教授	大兴校区基础楼A304教室	图书馆
11月23日	金筎暗拍 琴尚在御——国鹏讲古琴	中国国际广播电台HIT FM开台主持人国鹏	大兴校区基础楼A座报告厅	图书馆主办，校电视台及非物质文化遗产社协办
12月3日	裴娜老师与你一起说宪法	裴娜	大兴图书馆凌云报告厅	图书馆

【读书活动】

1.2014 年 4 月 15 日，北京建筑大学第八届"开卷·展翼"读书活动开幕式在大兴校区环能报告厅隆重举行。本届读书活动的口号是"展开梦想之翼，放飞理想之歌"，活动时间从 2014 年 4 月开始至 2015 年 4 月结束。图书馆文化工作室负责具体工作事项。

2. 第七届读书活动 Logo 设计大赛于 2013 年 12 月初拉开帷幕，截止到 2014 年 1 月 26 日共收到 27 份参赛作品。图书馆文化工作室组织评选出第一名 8 号作品"书卷常青"，作者杨桓；第二名 10 号作品"畅游阅读，开阔眼界"，作者康佳意；第三名 14 号作品"打开思想"，作者孙德霖。其中名字为"书卷常青"的 LOGO 作品已经被读书活动组委会采用，今后将成为北京建筑大学"开卷"系列读书活动的标志。

3.2014 年 5 月 12 日，在大学生心理健康日来临之际，由 BALIS 资源协调中心与北京尚善公益基金联合举办的"知识守护心灵，阅读传递爱心"启动仪式，在北京建筑大学大兴校区图书馆西库举行。此次公益书架由北京尚善基金会捐赠，同时发放《关爱精神健康关注抑郁症认知手册》300 册、精神健康公益宣传页 400 份、捐赠精神健康相关书籍 25 种，总计 50 册。尚善基金会将每年定期组织专家推荐符合尚善公益书架定位的最新书籍，更新补充公益书架。

4.2014 年 12 月 11 日，由北京建筑大学图书馆学生馆员团队和心联会共同主办的首届"Sea 思引 2014 北京建筑大学自由式演讲"活动，成功在北京建筑大学图书馆五层凌云报告厅拉开序幕。尚善公益基金会秘书长伍华先生担任本次活动的特邀嘉宾。活动结束后，北京尚善公益基金会，图书馆学生馆员团队以及北京建筑大学经管青协初步达成三方合作意向，将为北京建筑大学学生志愿者队伍的建设和精神健康公益项目的推动共同努力！

【阅读推广活动】

1. 北京建筑大学第七届"开卷·我的大学"系列读书活动之"当我遇见你"的主题征文活动圆满结束。本次征文比赛由参赛选手自拟题目，自选文体，用手中的笔记录下自己与书籍的故事，讲述大学生活中的趣闻与感受。截止到 2013 年 11 月 30 日，共收到稿件 93 份。文化工作室组织评选，经过征文复评评委王锐英、沈茜、陈靖远、冯宏岳、孙冬梅、刘艳华、黄尚荣、朱静、高蕾老师的审议，最终评出征文获奖作品一等奖 1 名，二等奖 3 名，三等奖 6 名，优秀奖 21 名。

2. 北京建筑大学图书馆文化工作室组织评选的图书馆 2013 年度"阅读之星"评选活动圆满结束，评选出"阅读之星"43 名。

3.2014 年 4 月 23 日，为了响应 4 月 23 日世界读书日，北京建筑大学图书馆第八届"开卷·展翼"系列图书漂流活动在大兴校区食堂北门举行了隆重的启动仪式。图书馆馆长王锐英，图书馆文化工作室主任芦玉海出席了启动仪式，并放漂了图书。

4.2014 年 9 月 19 日，图书馆转发"阅读之城——北京读书计划"活动之"城市荐读书目"。"世界读书日"期间，北京市文化局和首都图书馆联盟共同举办了"阅读之城——北京读书计划"公益阅读活动。评定出 30 种图书入围"2013-2014 年度城市荐读书目"。北京建筑大学图书馆文化工作室将入选书目推荐给师生，并在师生中征集大学生必读书目。

【《北建大馆讯》】完成第 50 期至 56 期共 7 期《北建大馆讯》的组稿、编辑、审核、印刷、发放及电子版网上同步传送工作。

【举办展览】

2014 年举办展览一览表

时间	展览主题	地点	主办单位
3月7-11日	老北京城沙盘模型展	大兴校区大学生活动中心	图书馆
6月10-13日	匾额拓片艺术国学	大兴校区基础教学楼 A 前广场及图书馆馆内	由北京市教育委员会高教处、北京高校图工委、北京高校图书馆协会、北京高校博物馆联盟主办，北京科举匾额博物馆、北京建筑大学等高校图书馆联合举办

【学生馆员管理工作】2014 年 3 月 11 日和 17 日，北京建筑大学图书馆分别在大兴及西城校区为新聘任的学生助理馆员召开了聘任工作会议。会议由文化工作室主任芦玉海主任主持，图书馆王锐英馆长和沈茜书记为受聘同学颁发了聘任荣誉证书，并对受聘同学提出了希望和要求。此次聘任学生馆长助理和学生馆员共 70 人，聘期为 2014 年 3 月 1 日-2015 年 3 月 31 日。

2014 年 10 月 11 日，北京建筑大学图书馆学生馆员工作委员会（简称：学馆委）首次选举大会，分别在大兴校区基础楼 D 座 220 教室和西城校区教一 226 教室召开。在场的全体学生馆员以无记名投票方式，选举产生七位常设委员会成员。会后，学馆委七位当选委员经过讨论，选举产生首届学生馆员工作委员会主席李天予，副主席杨柳溪、王佑宇、张玺、马思宇，委员陈杰、李颖欣。北京建筑大学图书馆首届学生馆员工作委员会的正式成立，标志着广大同学以主人翁精神参与学校图书馆工作的新境界和新机会，学馆委将带领学生馆员团队为师生读者们竭诚服务。

2014 年 11 月 18 日下午，北京建筑大学图书馆新馆地下一层建本报告厅内举行了图书馆学生馆员大会暨馆员培训会，图书馆馆长王锐英、图书馆各部门负责人、图书馆学馆委委员、全体学生馆员出席。大会由学馆委副主席王佑宇主持。同时，图书馆各业务部门还对学生馆员开展了业务培训，使学生馆员们对图书馆业务有了初步了解，强化了大家的参与意识与主人翁的责任感。

【北京建筑大学图书馆教师文库建设】完成教师赠书 235 种图书的登记整理，馆藏教师著作完成 485 条书目数据整理及校正工作。

【其他工作】

1. 2014 年 4-6 月，完成《北建大建筑博物馆画册》修改稿审核校正工作，经过四次的审核校正，最终完成终稿。

2. 北京建筑大学图书馆"把微笑挂在脸上，把服务放在心中"优质服务宣传日活动，分别于 2014 年 5 月 13 日和 20 日在两个校区食堂门口开展。北京建筑大学图书馆文化工作室全体同志分别参加了宣传活动。

（八）党建、工会工作

2014 年，图书馆直属党支部以大兴校区新馆开馆筹备为中心，积极配合学校做好党建先进校专家组进校检查工作，率领全体党员充分发挥模范带头作用，同时做好工会工作，确保全年各项工作顺利完成。

【党建工作】

1. 圆满完成学校接受党建先进校检查组入校检查的重要任务。一是对全体馆员进行了动员工作，确保全馆上下保持最好的精神状态；二是整饬图书馆环境，布置老北京模型展览并组建宣讲团队，接受入校专家检查；三是整理党支部2010年以来的工作材料，全面梳理了5年来的党建工作材料，按照学校体例要求整理文件近20盒；四是配合学校要求，全面保障了检查组进校期间各项工作。

2. 紧抓班子廉政务实，团结协作。一是配合完成新馆搬家工作，旧馆搬新馆是一项紧迫而艰巨的任务，直属党支部加强沟通协调，党员干部带头表率，较好地完成了工作；二是继续深入开展党风廉政教育与制度建设，及时学习和部署学校有关党风廉政建设的要求，年底接受了党委党风廉政工作检查，获得充分肯定。

3. 加强馆员思想政治工作。一是在工作中贯彻社会主义核心价值观，把工作做好；二是培育图书馆精神文化，发动馆员积极参加，为图书馆文化建设做贡献；三是及时了解新馆启用后出现一层冬冷夏热问题，并配合馆长积极协商解决。

4. 党员教育与管理。一是加强政治理论学习。按照学校党委的统一部署，先后集体学习了十八届三中、四中全会精神和习总书记系列讲话精神，同时个人在线学习方式全部完成；二是开展党性实践活动。倡导做"有文化、有思想"的党员，在全馆带头学习。先后组织党员读书论坛和外出参观红色基地及业务相关的博物馆多次。

5. 退休党小组。仍然按照季度活动4次，组织退休党员与毕业学生党员共话十八大，学习十八大精神的辅导报告。

【工会工作】

1. 积极筹备新家建设。2014年，针对新馆启用的情况，在充分利用好旧馆的基础上，积极筹划新馆工会之家的建设。一是集思广益，到学校兄弟单位学习借鉴工会之间的建设经验和方法；二是配合馆长对新馆布局进行规划，为新馆工会之间的选址做好前期工作；三是积极发动馆员参与新家建设，广泛征求馆员对新家的要求；四是充分展现新馆的优势，接待了外校参观3次。

2. 文体活动。一是积极组织馆员休闲活动，配合学校组织游览青龙峡1次；二是组织馆员外出参观学习，全年组织馆员先后参观人大、北师大、清华等兄弟高校的图书馆；三是体恤关心员工，先后开展国庆、教师节、中秋节等节庆活动，进一步增进馆员的感情；四是培育馆员的主人翁精神，组织馆员拍摄新图书馆活动。

3. 民主管理。组织教代会代表参加校教代会（工代会），提交提案7份。本年度馆内考核、评优、聘任，都严格按照学校的要求，充分发挥馆员的主人翁意识，通过民主程序完成。

4. 帮扶慰问工作。上期福利费余额6344.76元。支出情况是：祝贺添丁1人次，老人去世4人次，生病修养超过一周4人次，住院4人次，经济困难补助3人次，向学校申请补助2人次。

5. 完成校级模范之家复评，准备材料，答辩。文化采编工会小组获得校先进工会小组。

6. 完成校工会爱心募捐2次，共募集善款795元。

（陈靖远　齐　群　张文成　郭燕平　孔　娟　朱晓娜　芦玉海　袁伟峰）

（王锐英　毛发虎）

二、学报编辑部

【概况】2014年，学报编辑部紧紧围绕学校整体工作要求，在学校党委和行政的领导下，在上级新闻出版部门及行业协会、学会的具体指导下，坚持以党的十八大精神为指导为指针，坚持"双百"方针，坚持以自然科学为主，兼顾其他学科，重在提高质量，力求体现学校办学实力、办学特色，积聚力量，增强实力的办刊思路，为提高学校核心竞争力提供学术成果展示平台。2014年，学报共出刊4期，报送主管部门及校内、外交流3000余册。刊物符合新闻出版部门和中国科技期刊学会及中国高校自然科技期刊协会的编辑、出版要求，刊物的版本参数、编排规范以及语言文字的使用均符合国家相关法规，学报的学术水平也有所提高，影响因子、基金论文比趋于稳定，被国内各大数据库全文收录，为RCCSE中国核心学术期刊（扩展版）。编辑部能有序按计划完成学报的发行工作，及时向有关出版管理单位、版权管理单位和国家图书馆、首都图书馆等部门寄送样刊，及时向订阅单位寄送期刊，定期扩大与兄弟院校、相关科研院所和工程技术类学术期刊的交流范围。

【完成更名与改版工作】2014年，在北京建筑大学更名工作完成后，学报编辑部即开始《北京建筑工程学院学报》更名为《北京建筑大学学报》申报及学报改版工作。2014年6月，经国家新闻出版广电总局和北京市新闻出版广电局批准，更名为《北京建筑大学学报》。2014年9月，首期《北京建筑大学学报》出版发行。在更名完成之后，成功进行了国家新闻出版广电总局组织的第一批全国学术期刊申报工作。

【提升办刊水平】2014年，学报编辑部坚持按栏目办刊的思想，培育特色栏目。重点建设建筑科学、土木工程、市政与环境工程、城市管理工程等体现学校特色最为明显、学科学术实力较强的栏目。重点围绕学校科研项目积极组织稿件，学报影响因子、基金论文趋于稳定，稿件数量有较大幅度上升。加强学报网页建设，建设《北京建筑大学学报》全文特色数据库，学报1985-2014年全文数据库已经建立并可以进行网上查询，并制作了1985-2013年学报全文数据光盘。加强学报规范化建设，形成了以编辑、组稿、审稿、校对为主体的管理制度体系。严格执行以编辑、组稿、审稿、校对为主体的管理制度，并注重刊物编辑、审稿、排版、校对及印制等环节的管理，保证了稿件的学术质量和专业水平，刊物质量进一步提高。加强学报编辑人员的培训工作，在坚持自主学习的基础上，积极参加上级单位及行业学会等组织的培训及研讨，编辑人员的素质有所提高，大大提高了工作效率及办刊质量。

【进一步提升服务质量】2014年，学报编辑部结合党的群众路线教育实践活动，牢牢把握服务社会、服务师生的宗旨，积极为师生搭建良好的学术成果展示平台，按照国家新闻出版广电总局的要求，在以自然科学为主的基础上，增加人文社会科学稿件，为非自然科学师生提供学术资源，更好地为全校教师提供了学术成果的展示平台。编辑部工作人员能够认真负责，热心接待每一位作者，服务意识强；能够按照编排要求，悉心指导作者在论文撰写程式、规范中存在的不足和问题；能够耐心及时解决作者的疑问，与作者建立了良好的工作关系。学报编辑部工作效率、服务意识和服务质量均有大幅度提高，学年内各期学报均能提前出版并发行，并及时给作者发放稿酬，给审稿人发放审稿费，做到作者和审稿人满意。

【重大事件】2014年6月，经国家新闻出版广电总局和北京市新闻出版广电局批准，《北京建筑工程学院学报》更名为《北京建筑大学学报》。

2014年9月，更名后的首期《北京建筑大学学报》出版发行。

（牛志霖）

三、建筑遗产研究院

（一）概况

作为一个集建筑遗产保护规划与工程设计、技术咨询与培训、研究生培养等于一体的综合性研究机构，建筑遗产研究院自成立以来，在学校层面上积极开展学科合作、课题申报、项目设计、对外交流等各项活动，结合专业优势，为提高国家公共文化服务水平，加强优秀传统文化传承做出积极努力。2014年，建筑遗产研究院继续发展以建筑遗产保护与利用为核心的研究优势，在学科建设、教学工作、科研工作、国际交流等方面均有较大突破。

建筑遗产研究院成立近1年来，在组织多学科和多单位合作的各级科研课题申报、主持并参与建筑遗产保护与利用的项目研究、推动多学科协同介入建筑遗产保护领域的技术攻关、开展建筑遗产保护领域的国际及国内交流活动，以及整合学校教学资源进行建筑遗产保护领域的人才培养工作等方面取得了丰硕的成果。目前建筑遗产研究院共有3名研究人员，其中教授2人，讲师1人，拥有博士学位2人。

（二）学科建设

【概述】建筑遗产研究院2014年通过举办会议，及组织校内会议等方式，积极将科学研究成果在国内及学校层面的相关领域推广，扩大学科建设影响力。

【主办会议】2014年9月19-20日，由北京建筑大学建筑遗产研究院与中国建筑设计研究院建筑历史研究所联合主办，中国文物学会传统建筑园林委员会与《中国建筑文化遗产》杂志社共同协办的"文化遗产保护规划理论及实践学术研讨会"在北京国谊宾馆隆重举行。会议由中国建筑设计研究院建筑历史研究所陈同滨所长主持，北京建筑大学副校长、建筑遗产研究院院长张大玉在开幕式发表致辞，北京建筑大学建筑遗产研究院常务副院长汤羽扬，中国文物学会副会长付清远担任分议题主持人，会议历时1天半。参会人员包括朱光亚、黄滋、常青、杜启明、周俭、张杰、张宪文、张广汉、陈薇、周萍、王立平、姜中光、李虹、吴东风、杨昌鸣、戴俭、孙华、张兵、陈耀华、杨锐、宋晓龙、冯斐菲、杭侃、刘松茯、奚江琳等30余位主场发言的专家学者，以及具有文物保护规划资质单位的专业技术人员、相关领域研究人员及研究生，共百余人参加，会议反响强烈。这次会议是北京建筑大学建筑遗产研究院成立以来主办的第一次全国性文化遗产保护领域的学术会议。这是一次文化遗产保护规划领域的盛会，与会专家学者均是近十余年来从事文化遗产保护规划的中坚力量。大家围绕我国文化遗产保护规划面临的机遇与挑战、经验与问题、理论与方法，以及新出现的类型等进行了广泛的讨论。

【组织校内会议】建筑遗产研究院除从事建筑遗产保护、工程设计、技术咨询与培训、研究生培养等综合性研究工作外，其重要任务之一便是落实北京建筑大学科教兴校的宏观战略，组织学校多学科和多单位合作，开展科研课题申报、配合各学院开展建筑遗产保护方面的培训，参与学科建设，为各学科介入建筑遗产保护领域以及国际国内合作提供咨询、信息、服务。2014年，以建筑遗产研究院为平台，学校多部门组织校内会议，取得良好效果。

2014年建筑遗产研究院主办校内会议一览表

	时间	出席名单	主要建议
1	2013.12.30	汤羽扬、张艳霞、张晓霞、杜明义、范霄鹏	建筑遗产研究院召开2014年度国家社会科学基金项目申报工作研讨会
2	2014.1.7	张大玉、汤羽扬、张艳霞、张晓霞、杜明义、范霄鹏	建筑遗产研究院召开下设研究团队及其定位问题工作会议
3	2014.4.1	汤羽扬、张艳霞、张晓霞、杜明义、范霄鹏	建筑遗产研究院召开"科研基地建设-科技创新平台-建筑遗产保护与利用"科研经费统筹会
4	2014.8.18	汤羽扬、张艳霞、张晓霞、杜明义、范霄鹏	建筑遗产研究院召开"科研基地建设-科技创新平台-建筑遗产保护与利用"科研经费中期检查会
5	2014.11.23	汤羽扬、张艳霞、张晓霞、杜明义、范霄鹏	建筑遗产研究院召开"科研基地建设-科技创新平台-建筑遗产保护与利用"科研经费年终绩效检查会

（三）教学工作

【概述】除张大玉教授、汤羽扬教授参加本科、研究生、博士生的教学工作外，建筑遗产研究院的青年教师也承担我校建筑与城市规划学院本科生的教学工作。

（四）科研工作

【概述】2014年建筑遗产研究院签署九项横向课题；与北京建工建筑设计研究院合作，主持承担多项工程项目；发表5篇期刊文章；组织召开横向课题开题、中期检查、结题论证会；张大玉教授、汤羽扬教授等在"文化遗产保护规划理论及实践学术研讨会"发言。

【曲阜、邹城历史城市振兴与发展控制实施细则】《曲阜、邹城历史城市振兴与发展控制实施细则》是中华人民共和国向国际复兴和发展银行申请贷款资助山东孔孟文化遗产保护和发展项目之一，目的是为曲阜、邹城历史城区保护与振兴的实施工作编制一本指导手册，用以保护中国历史文化名城曲阜、邹城的城市特色和品质，规范城市中各类城市规划与建筑设计的管理和技术要求，使文化遗产能够增加当地经济、社会和教育效益。本项目定位是侧重城市规划与建设工程实施之间的控制与导引层面，强调对历史城区和街区的振兴、改造、重建提供基本原则和有益的实践参考，以及具体的指导框架。本项目总负责人为汤羽扬教授。子课题负责人为欧阳文教授、李春青副教授、王兵老师、张曼老师。参加本项目的硕士研究生共计36人，分为曲阜和邹城两组，每组18人，并分由2位老师领队指导。2014年10月30日，成立《曲阜历史城市振兴与发展控制实施细则》、《邹城历史城市振兴与发展控制实施细则》编制项目组。通过解读任务书，了解世行及当地意见与建议，总结前一阶段成果，项目组确定具体工作内容。主要包括现状调研、专题研究与成果编制三大部分。

2014年建筑遗产研究院承担的主要科研课题一览表

	项目名称	主持人	委托单位	起止时间
1	曲阜历史城市振兴与发展控制实施细则	汤羽扬	曲阜市文化城办公室	2014.11 2015.03
2	邹城历史城市振兴与发展控制实施细则	汤羽扬	邹城市文化办公室	2014.11 2015.03
3	长春市吉长道尹公署旧址（道台衙门）保护修缮工程设计	汤羽扬 张曼	长春润德投资集团有限公司	2014.08 2014.12
4	武汉大学半山庐保护修缮工程设计	汤羽扬 张曼	武汉大学	2014.04 2014.12
5	武汉八路军武汉办事处、新四军军部旧址保护修缮工程设计	汤羽扬	八路军武汉办事处旧址纪念馆、汉口新四军军部旧址纪念馆	2014.04 2014.12
6	北京市西城区第一次地理国情普查总体设计	杜明义	西城区政府	2014.09 2014.11
7	2013年"智慧东城"行动计划—东城区三维空间可视化共享服务平台—降雨量实时监测预警系统	靖常峰	东城区政府	2014.12 2015.07
8	2013年"智慧东城"行动计划—东城区三维空间可视化共享服务平台—全景影像数据资源库建设	刘扬	东城区政府	2014.12 2015.07
9	山东济宁润佳生态游乐园可行性研究	张大玉	济宁润佳生态游乐园	2014.03 2014.08

2014年建筑遗产研究院发表论文一览表

	论文或专著名称	作者	刊物名称	发表时间
1	屈家岭考古遗址公园详细规划	汤羽扬	世界建筑	2014.12
2	上甘棠村古建筑群保护规划	汤羽扬	世界建筑	2014.12
3	价值、选择、继承	汤羽扬	世界建筑	2014.12
4	一处小型古文化遗址展示利用案例的启示——以澧县八十垱遗址展示为例	汤羽扬	中国建筑文化遗产	2014
5	泾县黄田村古村落展示利用方式探析	汤羽扬	中国古建园林	2014.10

（五）社会服务

【概述】建筑遗产研究院借助各方面资源，积极开展对外交流，提供社会服务。对提高科研基地在国内外建筑遗产保护领域的知名度，发挥积极作用。

2014 年建筑遗产研究院组织社会服务一览表

	开放时间	开放方式与成效
1	2014.03.25	"城市设计准文本-历史街区的更新基线"学术沙龙；近50名学生参与
2	2014.04.01	"传统民居保护与利用技术方法研究"学术沙龙；吸引近30名学生参与
3	2014.05.28	"日本传统村落保护程序与方法"学术沙龙；吸引近30名学生参与
4	2014.06.11	"土遗址保护的现状与进展"学术沙龙；吸引近50名学生参与
5	2014.06.30	"基于原真性和完整性的历史文化保护区植物景观规划"学术沙龙；吸引近20名学生参与
6	2014.07.08	"壁画彩画的保护技术"学术沙龙；吸引近20名学生参与
7	2014.12.08	"意大利雷佐城堡的保护与功能提升/传统乡土建筑保护的原则、方法与应用"；吸引近50名学生参与
8	2013.12.27	举办国家文物保护系统"建筑遗产保护与利用专业人才研修班"结课答辩会；多位建筑遗产保护专家及来自全国24个省、市、自治区的省市文物局、文物管理中心等各级文物保护单位的43位学员参加
9	2013.12.27	建筑遗产研究院与丰台文化委合作交流会；双方负责人及代表工作人员近十余名参加
10	2014.02.13	建筑遗产研究院与电气与信息工程学院召开交叉学科对接研讨会；由数十位双方校代表教师参加
11	2014.02.14	北京市大葆台西汉墓遗址保护规划研讨与评审会；由数十位建筑遗产保护专家参加，近20余名学生旁听学习
12	2014.02.19	建筑遗产研究院与校产办联合召开资源整合研讨会；双方负责人参加
13	2014.03.17	举办与《中国建筑文化遗产》杂志社的合作交流会；多位杂志社工作人员参加
14	2014.05.11	同济大学戴仕炳教授到我院展开近现代历史建筑表面修复与保护技术专题讲座；近30名学生参加
15	2014.06.10	建筑遗产研究院与泰国清迈大学合作交流会；双方负责人及代表教师参加
16	2014.09.15	建筑遗产研究院与环境与能源工程学院召开研究生教育交流会；由数十位双方院校代表教师参加
17	2014.10.09	建筑遗产研究院与中国建筑设计咨询公司合作交流会；对方3位负责人参加
18	2014.12.08	建筑遗产研究院与意大利设计大学合作交流会；双方负责人及代表教师参加
19	2014.12.24	建筑遗产研究院与文法学院召开交叉学科对接研讨会；由数双方负责人参加

（六）重大事件

2014年9月19-20日，北京建筑大学建筑遗产研究院与中国建筑设计研究院建筑历史研究所联合主办，中国文物学会传统建筑园林委员会与《中国建筑文化遗产》杂志社协办的"文化遗产保护规划理论及实践学术研讨会"在北京国谊宾馆隆重举行。

（张　曼　汤羽扬）

四、建筑设计艺术（ADA）研究中心

（一）概况

北京建筑大学建筑设计艺术（ADA）研究中心，成立于2013年9月，是一个拥有全球视野，对建筑、设计、艺术等先锋性理论与实践进行深入研究和创新性实践的综合性研究机构。

北京建筑大学建筑设计艺术（ADA）研究中心致力于广泛汇聚国内外具有重要影响力的专家、学者、建筑家、设计家和艺术家，结合学术的前沿理论及实践需求，打造国际水准、国内一流的学术平台。

北京建筑大学建筑设计艺术（ADA）研究中心秉承使命，致力于中国建筑设计艺术与文化的国际化、现代化，促进中国设计文化的思想飞跃，提升中国设计文化理论创新，为中国设计文化引领世界潮流做出贡献。

截至2014年12月31日，ADA研究中心共设立了策展与评论研究所、都市型态研究所、现代建筑研究所、当代建筑理论研究所、自然设计建筑研究所、光环境设计研究所、现代城市文化研究所、建筑与跨领域研究所、住宅研究所、中国现代建筑历史研究所、世界聚落文化研究所、现代艺术研究所共12个专项研究机构，成立现代建筑研究会、勒·柯布西耶建筑研究会共2个研究会，并于2014年9月设立了国内第一家建筑专业画廊——ADA画廊。

（二）师资队伍建设

【概述】 截至2014年12月31日ADA研究中心共有教师14名，汇聚了国内外顶尖的建筑师、设计师、艺术家等建筑、设计、艺术及相关领域的专家和学者。

2014年建筑设计艺术研究中心教师一览表

姓名	职务
王 昀	建筑设计艺术研究中心主任/现代建筑研究所主持人/现代建筑研究会主持人
方振宁（日籍）	策展与评论研究所主持人
齐 欣（法籍）	都市型态研究所主持人
刘东洋（加拿大籍）	当代建筑理论研究所主持人
朱 锫	自然设计建筑研究所主持人
许东亮	光环境设计研究所
黄居正	勒·柯布西耶建筑研究会主持人
王 辉	现代城市文化研究所主持人
梁井宇（加拿大籍）	建筑与跨领域研究所主持人
马岩松	住宅研究所主持人
黄元炤（中国台湾）	中国现代建筑历史研究所主持人
李静瑜	ADA媒体中心负责人/ADA画廊执行总监
张捍平	世界聚落文化研究所主持人
赵冠男	现代艺术研究所主持人

1. 王昀：ADA 研究中心主任兼 ADA 研究中心现代建筑研究所主持人

中国美术家协会建筑艺术委员会委员，中国建筑学会壁画专业委员会副主任，清华大学建筑学院建筑学设计导师，《建筑师》、《世界建筑 WA》、《华中建筑》、《UED》等专业杂志编委，方体空间工作室主持建筑师。北京建筑工程学院建筑学学士学位，东京大学建筑学博士学位。

曾于 1994 年获日本《新建筑》第 4 回 S×L 国际建筑设计竞赛获一等奖。

曾于 2012 年参加意大利威尼斯国际建筑双年展中国馆；于 2011 年参加中国深圳·香港城市建筑双城双年展、意大利罗马"向东方-中国建筑景观"展、捷克举办中国·当代·建筑展；于 2010 年参加德国举办中国建筑展、威尼斯建筑艺术双年展；于 2009 年参加比利时布鲁塞尔举办的"'心造'——中国当代建筑前沿展"；于 2006 年参加第二届中国国际建筑艺术双年展；于 2004 年参加首届中国国际建筑艺术双年展、"'状态'中国青年建筑师 8 人展"。

出版有《传统聚落结构中的空间概念》、《空间的界限》、《从风景到风景》、《向世界聚落学习》繁体字版、《向世界聚落学习》简体字版、《空间穿越》、《一座房子的哲学观》、《空谈空间》、《空间的潜像》、《建筑与音乐》、《中国当代建筑师系列——王昀》等多本建筑理论专著。

2. 方振宁：ADA 研究中心策展与评论研究所主持人

著名华裔日籍艺术家、国际著名策展人，建筑及艺术评论家。日本当代著名华裔艺术家、建筑及艺术评论家、自由撰稿人。毕业于中央美术学院版画系，获学士学位。1983 年于中国美术家协会机关刊物《美术》杂志社任责任编辑；曾于中央电视台中国电视剧制作中心任美术主管，北京故宫博物院紫禁城出版社任文字和美术责任编辑。2004 年成立方媒体工作室，从事艺术和建筑评论及策划。2008 年至今受文化部中国对外文化集团委托策划中国对外当代建筑展。2008 年至今执教于中央美术学院建筑学院，教授艺术与建筑比较课程，以及研究生的艺术与建筑评论。2011 年至今执教于中央美术学院设计学院，教授极少主义艺术课程。2012 年第 13 届威尼斯建筑双年展中国国家馆策展人。现为 ADA 研究中心策展与评论研究所主持人。

3. 齐欣：ADA 研究中心都市型态研究所主持人

著名华裔法国建筑师，1983 年毕业于清华大学建筑系获学士学位，1988 年毕业于法国巴黎 Villemin 建筑学院获建筑深造文凭 CEAA，1991 年毕业于法国巴黎 Belleville 建筑学院获建筑师文凭 DPLG，1994 年起在福斯特（亚洲）任高级建筑师，1997 年起在清华大学任副教授，2002 年组建齐欣建筑设计咨询有限公司，2013 年起兼任清华大学建筑学设计导师，2014 年起任中国科学院大学客座教授。2002 年获 WA 建筑奖；2003 年被评为中国房地产十佳建筑影响力青年设计师；2004 年获亚洲建筑推动奖；2004 年获法国文化部授予的艺术与文学骑士勋章；2010 年获全国优秀工程勘察设计行业一等奖；2011 年获北京国际设计三年展建筑设计奖。主要建筑作品：北京国家会计学院，北京天科大厦，东莞松山湖管委会，杭州玉鸟流苏商业街，南京江苏软件园，北京奥体公园下沉广场，杭州西溪湿地艺术村 L、K 地块。2003 年参加法国蓬皮杜中心"中国当代艺术"展；2004 年参加法国建筑博物馆中国当代建筑师"立场"展；2005 年至 2009 年参加深圳第一至第三届城市与建筑艺术双年展；2009 年举办北京歌华艺术中心齐欣个展；2011 年参加罗马

"向东方"中国城市与建筑展。现为 ADA 研究中心都市型态研究所主持人。

4. 刘东洋：ADA 研究中心当代建筑理论研究所主持人

著名建筑评论家。1985 年毕业于上海同济大学建筑系城市规划专业获学士学位，1989 年毕业于加拿大马尼托巴大学获城市规划硕士学位，1994 年毕业于加拿大马尼托巴大学获城市规划与人类学交叉学科博士学位。1998 年结束在加拿大温哥华谭秉荣建筑事务所的工作，定居大连，并在各校授课，2000 年后开始大连城市史调查与研究，2008 年后开始网络写作，自由撰稿人，2010 年后开始《建筑师》杂志"城市笔记人"专栏写作。1988 年，因美国加州大学戴维斯分校的植物园设计获美国艺术家基金会二等奖。2001 年，因云南玉溪主城区规划获加拿大当年规划师协会海外规划奖。自 2000 年起，连续 13 年参加主持华南理工大学建筑学院东方所的"冬月论坛"。自 2000 年起，连续 7 年参与同济大学常青教授主持的"建筑人类学"研究生课程，参与了东南大学建筑历史与理论丛书的翻译计划。翻译出版有《人文主义时代的建筑原理》、《城之理念：有关罗马、意大利及古代世界的城市形态人类学》等建筑理论书籍。现为 ADA 研究中心当代建筑理论研究所主持人。

5. 朱锫：ADA 研究中心自然设计建筑研究所主持人

著名建筑师。1985 年毕业于北京建筑工程学院获学士学位，1991 年毕业于清华大学建筑系获硕士学位并留校任教，2000 年毕业于 UC Berkeley 获建筑与城市设计硕士学位。2005 年创建朱锫建筑事务所，任主持设计师，2006 年被古根海姆基金会选为阿布扎比古根海姆博物馆设计师，2007 年被古根海姆基金会选为北京古根海姆博物馆设计师，2011 年被评为"当今世界最具影响力的 5 位（50 岁以下）建筑师之一"，2011 任欧洲密斯·凡·德罗建筑奖评委，2014 年任美国哥伦比亚大学客座教授。1989 年获"设计特别奖"（国际建筑协会、联合国教科文组织），2004 年获奥运建筑数字北京国际设计竞赛一等奖，2004 年获 WA"中国建筑奖"，2005 年获"中国建筑奖"（美国），2007 年"全球设计先锋"（美国），2008 年"最优秀建筑"（中国香港），2008 年"亚洲最高荣誉设计大奖"，"亚洲文化优异设计大奖"，（中国香港），2009 年"库瓦西耶设计奖"（英国），2011 年"当今世界最具影响力的 5 位（50 岁以下）建筑师之一"（美国）。主要建筑作品有：数字北京——奥运控制中心，艺术家蔡国强工作室，深圳 OTC 设计博物馆，深圳规划局办公楼，北京古根海姆博物馆，阿布扎比古根海姆艺术馆，民生当代美术馆，武汉大学美术馆等。作品曾多次参加国际国内建筑展览：2003 年参加法国蓬皮杜中国艺术展，2004 年参加中国当代青年建筑师 8 人展，2004 年参加"内化城市"中国青年建筑师 6 人展，2004 年参加"中国首届建筑艺术双年展"，2005 年参加巴西圣保罗双年展，2005 年参加 U 空间艺术展，2006 年参加荷兰中国当代建筑展，2010 年作品"意园"参加第十二届威尼斯建筑双年展，2012 年参加 1st 卡利亚那艺术双年展，2012 年参加西四北设计国际邀请展。现为 ADA 研究中心自然设计建筑研究所主持人。

6. 许东亮：ADA 研究中心光环境设计研究所主持人

著名光环境设计师。1985 年毕业于东南大学建筑系获学士学位，1988 年毕业于哈尔滨工业大学建筑系获硕士学位，1991 年赴日本从事设计工作，2005 年成立栋梁国际照明设计中心，任中心负责人，中国照明学会理事。主要光环境作品有：成都 101 研究所、成都华润万象城、大成国际中心、大连高新区万达广场、青岛李沧万达广场、泉州万达广场、万达瑞华酒店、无锡动漫城、伊金霍洛大剧院及体育馆、郑州绿地中央广场、主语城、西湖文化广场、莲花酒店、哈尔滨大剧院、成都华润东湖、中间建筑。主要景观光环境作品有中关村西区景观照明、仁皇山风景区、黄龙洞风景区、苏阳桥、天马栈桥、秀湖公园、愚园、云台山云台阁、杭州奥体中心。2012年威尼斯建筑双年展作品"lightopia"、2013年西班牙塞戈维亚中国宫参展、2013年上海喜马拉雅美术馆开馆展、2013年上海新天地原初回顾展参展、2013年北京798白盒子艺术中心展参展。翻译出版有《伊东丰雄——走向轻型建筑》、《清水建设的细部》、《间接照明》、《世界空间设计》等，著有《光意象》、《光的理想国·光探寻》。现为ADA研究中心光环境设计研究所主持人。

7. 黄居正：ADA研究中心勒·柯布西耶研究会主持人

《建筑师》杂志主编。东南大学建筑系获学士学位，日本筑波大学艺术研究科建筑学专业获硕士学位，日本筑波大学艺术学研究科建筑学专业博士课程就读，后中途回国。2004年《中国青年建筑师8人展（北京世纪坛美术馆）》策展人；2004年澳大利亚新南威尔士大学访问学者；世界华人建筑师协会会员；中国建筑创作论坛小组核心成员；中国美术家协会建筑艺术委员会筹备委员；《南方建筑》杂志编辑委员会委员；中央美术学院建筑学院课程教授。曾在《建筑学报》、《华中建筑》、《南方建筑》、《住区》等杂志上发表多篇学术论文，编著出版了《大师作品分析2——美国现代主义独体住宅》一书。

8. 王辉：ADA研究中心现代城市文化研究所主持人

著名建筑师。1990年毕业于清华大学建筑学院建筑系获学士学位，1993年毕业于清华大学建筑学院建筑系获硕士学位，1997年毕业于美国迈阿密大学建筑系获硕士学位，1993-1995年于中央工艺美术学院环境艺术系任教师，1997-1999年于纽约Gensler事务所任建筑师，1999-2001年于纽约Gary Edward Handel事务所任高级建筑师，1999年至今URBANUS都市实践建筑设计咨询有限公司创始合伙人。主要建筑作品有：唐山城市展览馆，大连海中国美术馆，唐山博物馆改扩建，白云观珍宝花园，北京梨花村新型生态社区。2013年首都第十九届城市规划建筑设计方案优秀方案奖，2012年UED博物馆建筑设计奖，2010年第三届美国《建筑实录》"好设计创造好效益"中国奖 年度奖及最佳公共建筑奖，2009年中国建筑学会建筑创作大奖，2004年第二届WA佳作奖和鼓励奖，2004年深圳市住宅规划奖，2005年入选美国建筑师学会会刊《建筑实录》年度全球十大设计先锋，2006年首届美国《商业周刊/建筑实录》中国奖 最佳公共建筑奖，2006年深圳勘测设计奖，2007年07深圳香港城市/建筑双城双年展最佳公众奖，2008年第四届WA奖佳作奖，2008年第二届美国《商业周刊/建筑实录》"好设计创造好效益"中国奖最佳公共建筑奖，2008年T＋A 2007建筑中国"年度建筑设计机构奖"。作品曾参加2012年从北京到伦敦—当代中国建筑展，伦敦；2011-2005年历届"深圳香港城市/建筑双城双年展"，深圳、香港；2010-2011年设计的立场－中荷跨界设计展，荷兰建筑师协会（NAI），上海、北京、成都、深圳、鹿特丹；2011年北京设计三年展，国家博物馆，北京；2011年"物我之境：田园/建筑/城市"国际建筑展，成都；2010年东西南北中—十年的三个民间叙事，北京、上海、成都、烟台；2009-2010年活的中国园林展，欧罗巴利亚中国文化年，布鲁塞尔；2009-2010年心造－中国当代建筑前沿展，欧罗巴利亚中国文化年，布鲁塞尔；2008-2009年土楼公舍－中国廉租住宅个展，库珀·休伊特国家设计博物馆，纽约；2008年中国建筑五人展，纽约建筑中心；2008年当代中国建筑展，法国建筑师学会,巴黎、巴塞罗那。现为 ADA 研究中心现代城市文化研究所主持人。

9. 梁井宇：ADA 研究中心建筑与跨领域研究所主持人

场域建筑（北京）工作室主持建筑师,城市研究者。毕业于温哥华不列颠哥伦比亚大学建筑专业,硕士。多次在国内外建筑院校、机构开设讲座；建筑作品及文章见于国内外各类刊物和出版物。除了从事建筑实践和城市研究,同时也是 2007 年大声展策展人之一,并作为 2009 年深圳香港双城双年展的策展团队成员负责展览空间设计。2000-2002 年期间,梁井宇曾作为电子艺术家为电子艺界（ELECTRONIC ARTS）游戏公司设计其游戏产品。在 1996-2002 年底回国前,梁井宇作为建筑师,工作于加拿大蒙特利尔及温哥华。近期完成和在案作品包括：北京伊比利亚当代艺术中心、上海民生银行美术馆及中国海关总署海关博物馆等。他还是 2008 年 WA 中国建筑优胜奖获得者。2008 年参与编译《农民自建抗震住宅》,2011 年翻译《庇护所》,2012 年出版《梁井宇——当代中国建筑师系列》。现为 ADA 研究中心建筑与跨领域研究所主持人。

10. 马岩松：ADA 研究中心住宅研究所主持人

著名建筑师。1999 毕业于北京建筑工程学院建筑系获建筑学学士学位,2003 毕业于美国耶鲁大学建筑系获建筑学硕士学位,2004 年成立 MAD 建筑事务所,曾先后执教于中央美术学院、清华大学。2008 年全球最具影响力 20 位青年设计师（ICON 杂志）,2009 年全球最具创造力 10 人（Fast Company 杂志）,2011 年国际名誉会员,（RIBA（英国皇家建筑学会）),2012 年"梦露大厦"：CTBUH 洲地区高层建筑最高奖,2013 年"梦露大厦"：2012 全球最佳摩天楼,2014 年世界青年领袖（世界经济论坛）,主要作品有：梦露大厦、鄂尔多斯博物馆、中国木雕博物馆、朝阳公园、南京证大喜玛拉雅中心、哈尔滨文化岛、卢卡斯叙事艺术博物馆。作品参加 2004 年第一届中国国际建筑艺术双年展,2006 年威尼斯 Diocesi 美术馆"MAD IN CHINA"个展,2007 年丹麦建筑中心"MAD IN CHINA"个展,2008 年第 11 届威尼斯建筑双年展 -"超级明星-未来中国城","非永恒城市"展览,2009 年纽约古根汉姆美术馆"世界集市,在空白中沉思：介入圆形大厅"展览,2011 年路易斯安那州现代艺术博物馆"生活"展览,2011 年罗马 MAXXI 博物馆"向东方：中国建筑景观"展览,2011 年北京国际设计周,2012 年西班牙马德里 ICO 博物馆"现代与传统之间"个展,2013 年北京"山水城市"个展,2014 年香港"构。建 M+：博物馆设计方案及建筑藏品"展览,2014 年柏林"未来城市——高山流水（中国山水城市设计展）"。现为 ADA 研究中心住宅研究所主持人。

11. 黄元炤：ADA 研究中心中国现代建筑历史研究所主持人

主要研究的领域为"中国近代与当代建筑史论的整合、研究、系谱与纲要"。他曾在多家建筑专业杂志、报纸发表共二十余篇关于"中国近代与当代建筑"的研究论文。近年来出版了两本著作,《20 中国当代青年建筑师》与《流向：中国当代建筑 20 年观察与解析（1991-2011）》（上、下册）。不同于普通一线建设人员,黄元炤作为中国建筑的观察者,完全跳脱出市场利益推动、政策与环境的影响,多年来一直以全面、客观、中肯的研究与观察的视角,总结并解析出我国建筑的发展。

12. 李静瑜：ADA 媒体中心负责人/ADA 画廊执行总监

2010 年毕业于北京建筑工程学院获建筑学学士学位,2012 年毕业于美国宾夕法尼亚大学设计学院获硕士学位,2012 年任职于《建筑学报》杂志社。现任 ADA 媒体中心负责人、ADA画廊执行总监。

13. 张捍平：ADA研究中心世界聚落文化研究所主持人

毕业于北京建筑工程学院获城市规划学士学位，2013年毕业于北京建筑大学获建筑学硕士学位。主要研究的领域为"聚落文化研究"，著有《翁丁村聚落调查报告》。曾多次在城市空间设计杂志中发表文章。现为ADA研究中心世界聚落文化研究所主持人。

14. 赵冠男：ADA研究中心现代艺术研究所主持人

2010年毕业于北京建筑工程学院获建筑学学士学位，2013年毕业于北京大学建筑学研究中心获工学硕士学位，主要研究领域为"现代艺术历史"，曾多次在国内建筑专业期刊中发表文章，著有《西方现代艺术源流概览》。现为ADA研究中心现代艺术研究所主持人。

（三）科研工作

【概述】2014年北京建筑大学建筑设计艺术研究中心继续针对现代建筑研究、传统聚落研究、中国近现代建筑历史、现代艺术等多个方面开展全面的研究工作，取得了丰富的研究成果。在科研工作的同时，举办对社会完全开放的ADA系列讲座，在讲座举办一年间，ADA系列讲座已经成为了建筑、设计、艺术以及相关学术领域的具有较高学术性和专业性的学术交流和发布平台。吸引了国内外众多建筑类高校老师和学生、国内各大设计单位、著名设计师、艺术家等的关注和参与。ADA中心还定期举办读书会活动，针对建筑、设计、艺术领域具有重要意义的理论专著进行研读、探讨和交流。在2014年，ADA中心还创办了全国第一座专业的建筑画廊——ADA画廊。并举办两次专业学术展览，获得了建筑、设计、艺术领域的广泛关注，形成了极大的学术影响。

【出版】

《光的理想国·光探寻》-许东亮/ADA光环境设计研究所-江苏凤凰科学技术出版社-2014.09

《激浪派在中国》-方振宁/ADA策展与评论研究所-中国青年出版社-2014.09

《山水城市》-马岩松/ADA住宅研究所-广西师范大学出版社-2014.10

【学术调研】

1. 现代建筑研究

2014年ADA中心在现代建筑研究的主要方向是研究建筑空间与音乐空间之间的关系，针对这一研究课题，进行了大量的文献资料的查询，以音乐空间与建筑空间转换的空间模型，申请并获批搭建1：1的"萨蒂的家"——音乐与建筑空间关系性研究模型。同时针对建筑与书法、斗拱、园林、绘画等不同领域中的空间域建筑的相关性进行了一系列的研究，获得了大量和丰富的研究成果。

2. 中国近现代建筑调查

2014年ADA中心继续对中国近现代建筑及历史进行调查和研究，针对我国近现代建筑历史研究匮乏和稀缺的现状，中心针对全国范围的近现代优秀建筑及建筑师进行全面的现场的调查和重点的研究。针对北京、天津、上海、广州、南京等重点地区进行多次反复的现场调查。获得大量中国近现代建筑历史的第一手资料，并将资料归纳整理，进行出版准备。

3. 聚落文化研究

2014年ADA中心对我国正在快速消失的传统聚落进行抢救式调研。7-8月开展了对于青岛里院建筑的现场调研，通过两次实地的调查和走访，获得了青岛里院建筑大量的第一手资料。11月份开展了对于河南窑洞民居的调查。

(四) ADA系列讲座

【概述】 ADA系列讲座是ADA研究中心主办的建筑、设计、艺术及相关内容研究思想讲座。讲座由ADA中心各个研究所主持人主讲，针对各自研究领域的最新的研究思想和研究成果在讲座中进行发布和阐述。2014年ADA系列讲座全面进行，讲座截至2014年12月31日共进行52场。讲座引起了全国高校学生、众多建筑设计从业者的关注，讲座现场反响热烈。

【2014年ADA讲座一览】

2014.03.05-方振宁-旅行既是教科书4-日本之行-第三阶梯教室

2014.03.11-梁井宇-建筑思维-在建筑凝固之前1-审美？建筑师为什么缄口不语-教1-104

2014.03.12-黄居正-现代建筑的流变1-从拉斐尔前派到包豪斯-第三阶梯教室

2014.03.18-梁井宇-建筑思维-在建筑凝固之前2-新千年价值备忘录-教1-104

2014.03.19-方振宁-旅行既是教科书5-毕尔巴鄂之行-第三阶梯教室

2014.03.25-梁井宇-建筑思维-在建筑凝固之前3-我们周围的食物-教1-104

2014.03.26-方振宁-旅行既是教科书6-苏黎世之行-第三阶梯教室

2014.04.01-梁井宇-建筑思维-在建筑凝固之前4-形式·场所·目的-教1-104

2014.04.02-方振宁-旅行既是教科书7-库尔和瓦杜兹之行-第三阶梯教室

2014.04.09-方振宁-旅行既是教科书8-洛桑之行-第三阶梯教室

2014.04.15-黄居正-现代建筑的流变 2-柯布西耶建筑起源的追溯与原型的展开（上）-教1-104

2014.04.16-方振宁-旅行既是教科书9-维特拉之行-第三阶梯教室

2014.04.22-黄居正-现代建筑的流变 3-柯布西耶建筑起源的追溯与原型的展开（下）-教1-104

2014.04.29-黄居正-现代建筑的流变 4-密斯·凡·德·罗：徘徊在古典与费古典之间-教1-104

2014.05.06-王辉-工艺性：现代建筑的一个传统1-手工建造作为一个传统-教1-104

2014.05.07-马岩松-社会住宅的社会精神1-社会变革和住宅革命-第三阶梯教

2014.05.12-马岩松-社会住宅的社会精神2-理想VS.现实-第二阶梯教室

2014.05.13-王辉-工艺性：现代建筑的一个传统2-细部工艺作为一个传统-教1-104

2014.05.14-许东亮-光的理想国1-建筑是如何亮起来的-第三阶梯教室

2014.05.19-许东亮-光的理想国2-城市是如何亮起来的-教1-104

2014.05.20-王辉-工艺性：现代建筑的一个传统3-建构作为一个传统-教1-104

2014.05.26-Florian Beigel/ Philip Christou-City and Time-第二阶梯教室

2014.05.28-王辉-工艺性：现代建筑的一个传统4-乌托邦绘制作为一个传统-教1-104

2014.06.04-朱锫-自然-设计/ Nature Inspired Design-第三阶梯教室

2014.09.16-许东亮＋叶军-光与媒体建筑-教1-104

2014.09.17-许东亮＋赵宗宝-光的感情表达-教1-104

2014.10.20-黄元炤-中国近代建筑研究1-近代历史、文明与建设之综述-教1-126

2014.10.28-黄元炤-中国近代建筑研究 2-近代建筑师之"个体"观察与关系-教 1-104

2014.10.29-方振宁-旅行既是教科书 10-圣彼得堡之行-教 1-104

2014.10.30-方振宁-旅行既是教科书 11-威尼斯之行-教 1-126

2014.11.04-黄元炤-中国近代建筑研究 3-近代建筑教育之源流与萌生-教 1-104

2014.11.05-刘东洋-从壁炉到壁炉：勒·柯布西耶第一幅油画的探幽-教 1-104

2014.11.06-刘东洋-柯布西耶的空间美学-ADA5 号车间

2014.11.13-方振宁-旅行既是教科书 12-罗马之行-教 1-126

2014.11.18-王辉-哥特建筑的一种阅读 1-形制-阅读基本类型学-教 1-104

2014.11.19-王辉-哥特建筑的一种阅读 2-柱式-阅读法国哥特建筑-教 1-104

2014.11.20-黄居正-阿尔瓦·阿尔托：幸福的建筑-教 1-123

2014.11.21-许东亮＋ISABELZHU-灯光设计在酒店中的应用-ADA5 号车间

2014.11.27-黄居正-卡洛·斯卡帕：时间的形状-教 1-123

2014.11.28-塔季亚娜·尤里耶娃（Tatiana Yurieva）- 马列维奇的艺术和周边-ADA5 号车间

2014.12.01-朱锫-自然设计-Nature Inspired Design-教 1-126

2014.12.03-王辉-哥特建筑的一种阅读 3-天花/阅读英国哥特建筑-教 1-104

2014.12.04-黄居正-路易·康：筑造的意志-教 1-123

2014.12.08-梁井宇-建筑思维-在建筑凝固之前 5-有人说你形式感很强？-教 1-126 教室

2014.12.10-梁井宇-建筑思维-在建筑凝固之前 6-传统这东西我明白，但继承是什么？-教 1-104 教室

2014.12.11-黄居正-建筑理论研究课程 4-场地建造-教 1-123

2014.12.15-梁井宇-建筑思维-在建筑凝固之前 7-众生与庇护"-教 1-126

2014.12.17-梁井宇-建筑思维-在建筑凝固之前 8-美之惑——建筑师难过美之关-教 1-104

2014.12.19-朱小地-中国传统建筑当代性研究/兼谈前门东区保护计划的初步方案-ADA5 号车间

2014.12.22-刘东洋-大连空间史 1-甲午战争前的金州古城-教 1-126

2014.12.24-刘东洋-大连空间史 2-山海之间的新区中心规划故事-教 1-104

2014.12.23-方振宁-旅行即是教科书 13-里昂之行-教 1-104

（五）ADA 读书会

ADA 中心创立 ADA 读书会活动，由中心教师组织开展。ADA 读书会是一个面向全社会及所有建筑、设计、艺术及相关学科教师、学生及从业人员所开展的一个针对在建筑、设计、艺术领域具有重要地位和影响作用的书籍的研读和交流活动。读书会由黄居正主持，邀请国内著名专家、学者共同主讲。读书会每期阅读一本书，并在读书会上对书籍内容、思想、阅读方式方法进行分享和交流。截至 2014 年 12 月 31 日，ADA 读书会共进行了 2 次。

【2014 年 ADA 读书会一览】

2014.12.23-黄居正/刘东洋-ADA 读书会-地中海与菲利普二世时期的地中海世界-ADA 中心红场

2014.12.25-黄居正/刘东洋-ADA 读书会-东京：空间人类学-ADA 中心红场

【ADA-STUDIO】 ADA 中心在 2014 年共进行了 2 次学术 STUDIO 活动。STUDIO 针对建筑学领域内的热点话题，从在校学生中进行选拔并组成工作小组进行专题性的分析和研究。STUDIO 活动得到了全国建筑类高校学生的关注和踊跃报名参加，活动在指导教师的带领下，针对不同的问题多次进行实地的现场调研、专题讨论，活动取得了丰富的研究成果。

【ADA-STUDIO 活动一览】

2014.11.25-2014.12.12-社会住宅研究 STUDIO 主持：马岩松

2014.12-2015.02-ADA-BIAD STUDIO——"未来城南"｜都市社会调查主持：朱小地

（六）ADA 画廊

【概述】 9 月 26 日，中国第一家拥有广泛专业性和学术性的建筑画廊——北京建筑大学建筑设计艺术（ADA）画廊在西城校区隆重开幕，并举行开幕首展"激浪派在中国"。校长朱光出席开幕式并作重要讲话。副校长张大玉及学校相关部门负责人也参加了开幕式。

ADA 画廊是北京建筑大学建筑设计艺术（ADA）研究中心设立的非营利性学术机构，做为中国第一个拥有广泛专业性和学术性的建筑画廊，将成为重要的艺术设计成果呈现场所，建筑文化普及、国内外建筑设计与艺术领域的学术交流平台。画廊的开幕引起了国内建筑界、艺术界的广泛关注。中国美术馆副馆长谢小凡，北京国际设计周筹备办副主任孙群，北京市建筑设计研究院有限公司董事长朱小地，中国建筑工业出版社社长沈元勤，清华大学建筑学院院长庄惟敏，著名建筑师、法国骑士勋章获得者齐欣，中国科学院大学建筑研究与设计中心主任崔彤，中央美术学院建筑学院副院长程启明，以及著名评论家、ADA 画廊首展"激浪派在中国"的策展人方振宁，北京建筑大学优秀校友、著名建筑师马岩松等分别为 ADA 画廊的开幕致辞。

出席开幕式的还有，清华大学建筑学院副院长单军，北京市建筑设计研究院有限公司总经理徐全胜，北京市建筑设计研究院有限公司胡越设计大师，清华大学建筑设计研究院副总建筑师祁斌，中国建筑工业出版社副总编王丽慧，《建筑学报》杂志总监刘爱华，《建筑师》杂志主编黄居正，激浪派基金会（纽约）策展人林凡榆，《UED》杂志主编彭礼孝、执行主编柳青，《建筑创作》杂志执行主编王舒展，《城市·空间·设计》主编卢军，《建筑技艺》杂志编辑部主任朱晓琳，英国 Taylor & Francis 出版社编辑主管孙炼等。

国内建筑界知著名建筑师和建筑学者董豫赣、周宇舫、张路峰、刘晓都、王辉、褚半以及人民日报、光明日报、中国建设报、中国青年报、北京人民广播电台、新京报、网易、TimeOut 等国内多家媒体也参加了当天的开幕式，并进行了报道。

【画廊展览】

1. 2014.09.26-2014.10.26 ADA 画廊开幕展 激浪派在中国

此次展览持续一个月，包含了激浪派建筑、激浪派艺术家作品、艺术与知识产权以及教育的改善等 4 个方面的内容，也是 2014 北京设计周活动的一部分。

此次展览的主体部分来自第 14 届威尼斯国际建筑双年展，对中国传统建筑的木结构和现代智能结构之间的继承关系的解释引起了观众的兴趣。据本次展览的策展人方振宁介绍，木结构中的木构件，如同中国象形文字中的偏旁部首，激浪派建筑预制系统与中国木结构建筑有着异曲同工之妙。麦西纳斯发明的预制系统意在通过提高生活质量实现社会福利，这也正和中国政府对城市化质量和提高市民生活品质的承诺相契合。因此，此次展览定位于中国传统建筑文化的传承和普通市民生活品质的提升。

2. 2014.11.28-2015.01.10　马列维奇文献展

"马列维奇文献展"（MALEVICH DOCUMENTA）于11月28日在北京建筑大学ADA画廊开幕。该展览由北京建筑大学建筑设计艺术（ADA）研究中心主办，ADA研究中心策展与评论研究所主持人、著名国际独立策展人方振宁策划并监制。2015年正值马列维奇在"0，10"展上发表至上主义宣言100周年之际，同时也是马列维奇逝世80周年。在这样一个历史节点上，举办关于马列维奇生平及创作的学术展览，表明中国艺术家和学者对马列维奇对20世纪艺术的贡献给予高度的重视和评价。同时，ADA画廊举办的"马列维奇文献展"也使中国成为今年第五个为纪念这一历史时刻而进行马列维奇相关学术展览的国家。

展览开幕式及讲座于28日下午在ADA研究中心NO.5车间举行，开幕式由ADA研究中心主任王昀教授主持，圣彼得堡大学贾吉列夫当代艺术博物馆馆长塔季亚娜·尤里耶娃（Tatiana Yurieva）教授专程受邀来到ADA中心并做"马列维奇的艺术和周边"（Malevich. More Than Art）的主题讲座，尤里耶娃馆长是圣彼得堡国立大学自由艺术与人文科学系教授，列宾美术学院艺术学正博士，俄罗斯联邦荣誉艺术工作者，俄罗斯艺术家联盟成员，国际艺术批评家协会成员，波罗的海双年展发起者与策展人。

展览分为四个部分：

第一部分是马列维奇的生平与创作年表。这份年表的资料来自七国语种（俄、英、法、德、荷、西、日等），这也是我们为什么说是至今为止最为全面的年表的原因。参观者在通读图文并茂的年表之后，可以清楚看到马列维奇一生作品流派的演变，这也是20世纪初俄罗斯先锋艺术史的一个缩影。该部分以年代为序，从汇总到大量的马列维奇的作品图片与历史照片中，针对展览空间展出了一份全面的马列维奇史料库，而展览形式犹如一部马列维奇的史诗。

第二部分是马列维奇至上主义宣言。它是马列维奇一生思想的结晶和至上主义作为20世纪重要艺术运动的理论基础，是首次被译为中文的重要基础文献。

第三部分是视频影像。展厅将循环播放一部珍贵的影像，由俄罗斯博物馆拍摄的有关马列维奇绘画形象的来源以及与自然的关系的《易容》（Преображение，44'31"），这也是在中国首次播放。

第四部分是装置艺术。在展厅角落将复原1915年彼得格勒"最后的未来主义画展0，10"的"马列维奇之角"。以史料照片为母本，把包括马列维奇第一幅《黑色正方形》在内的十余幅至上主义画作成比例立体式呈现。这是一次至上主义的时空穿越，也是表达百年之际中国艺术家向马列维奇的致敬。

（七）国内国际学术交流

2014年ADA中心所举办的活动和展览吸引了大量的来自于国内和国际众多建筑、设计、艺术等相关专业院校、团体、媒体的关注，并积极与中心进行学术和专业交流。截止到2014年12月31日，ADA中心与日本神户大学、宁波诺丁汉大学等多所国内外院校师生进行专业交流，与中国建筑工业出版社、《城市·空间·设计》杂志社建立学术联系。

2014年12月9日，ADA中心与瑞典驻华大使馆、香港设计共同举办了"建筑、景观与城市设计对话：[再]造城市空间体验"学术研讨会。研讨会于2014年12月9日下午在ADA车间举行了隆重的开幕式，出席开幕式的有我校校长朱光、瑞典驻中国大使罗睿德先生、ADA研究中心王昀主任、瑞典大使馆文化参赞马福力先生和专程从瑞典、香港及各地赶来的建筑师、艺术家及在京的多名学者。

开幕式由瑞典大使馆文化参赞马福力先生主持。朱光校长首先讲话，指出北京建筑大学正在为国家培养更多建筑设计艺术方面的优秀人才，ADA中心可以为此贡献更多的力量；ADA中心作为整合建筑设计和艺术的科研基地，今后可以为中国城市发展和建设提供更多优美的环境、建筑和优美的设计。朱光校长同时也希望ADA中心能借此在未来与瑞典及香港设计界进行更深入的合作，使ADA中心成为建筑、设计和艺术相融合的新的设计与研究平台；ADA画廊在未来可以通过展览等学术活动担负起与国际交流的作用。紧接着，瑞典驻中国大使罗睿德先生也为本次活动致辞，致辞中他首先回顾了自己年轻时在北京的记忆和经历，并向与会者分享了10年前他在《人民日报》上发表的"留恋老北京"的文章。在对瑞典首都斯德哥尔摩城市近代化的发展历程进行整体回顾的基础上，他希望北京不要再像之前斯德哥尔摩城市化发展一样，重蹈那些将珍贵老建筑进行拆除的覆辙。最后，建筑设计艺术（ADA）研究中心主任王昀教授进行了发言，他说："ADA中心虽然是一个年轻的研究机构，一年多时间得到了学校和学界的广泛支持和关注，ADA中心将一如既往，为中国建筑、设计及艺术的发展做出自己的努力。"

欧洲最大的工程咨询公司之一瑞典SWECO首席建筑师和规划师安娜·海斯勒（Anna Hessle）女士、瑞典马尔默市政府首席园境师欧拉·马林（Ola Melin）先生、香港Oval Partnership董事合伙人郝林博士、集合设计主持设计师卜冰先生以及《建筑师》杂志主编黄居正先生、《建筑学报》的李晓鸿主任等出席了当天的开幕式。开幕式结束后，来自中国、瑞典及中国香港等地的建筑设计行业的学者、嘉宾在ADA车间展开了积极和有创意的互动，各位嘉宾从不同的视角对当前城市与建筑现状及未来的发展趋势进行了热烈的讨论。

（八）重大事件

2014年1月18日，王昀在大兴校区报告厅进行2013年建筑设计艺术研究中心工作汇报

2014年2月13日，ADA中心光环境设计研究所、现代城市文化研究所成立

2014年3月6日，ADA中心勒·柯布西耶研究会、住宅研究所成立

2014年3月25日，ADA中心自然设计建筑研究所成立

2014年5月22日，ADA中心网站首页确认并上线

2014年6月30日，ADA中心现代艺术研究所成立

2014年8月3日，ADA画廊施工改造开始

2014年9月5日，ADA画廊正式建立

2014年9月8日，ADA中心当代建筑理论研究所成立

2014年9月10日，都市型态研究所成立

2014年9月26日，ADA画廊正式开幕

2014年9月27日，ADA光环境设计研究所主持人许东亮导演《启发光融——光绘

历史遗存空间》微电影首映

2014年10月29日,"萨蒂的家"空间研究模型的实施方案获得校领导批准

2014年12月12日,北京建筑大学ADA画廊主办的"激浪派在中国"项目,被评为2014北京国际设计周优秀展览项目

(张捍平　王　昀)

第十三章 社 会 服 务

一、北京建大资产经营管理有限公司

(一)概况

北京建大资产经营管理有限公司(以下简称资产公司),2008年4月根据教育部关于校办产业规范化建设的要求,由北京建工广厦资产经营管理中心(简称资产中心),改制成北京建筑大学所属的经营性资产管理公司,2014年9月变更为现名。注册资金1500万元,法定代表人朱光,总经理丛小密。

资产公司目前主要企业有北京建工京精大房工程建设监理公司、北京建工建筑设计研究院、北京建工远大建设工程有限公司、北京建达兴工程咨询有限公司、北京建工建方科技公司、北京致用恒力建筑材料检测有限公司、北京学宜宾馆有限公司、北京建广嘉业房地产开发有限公司和北京高校联合房地产开发有限公司等9家。

经过20多年的发展,公司在自身不断取得突破的同时,也在服务社会等方面发挥了重要作用。一是形成了相对完整的建筑行业产业链。目前我校校办企业主要经营范围包括房地产开发、建筑设计与规划、工程管理与造价、工程监理与咨询、建筑施工、工程测绘与三维激光扫描、建筑材料检测等,基本涵盖了建筑行业的主要领域。二是加强管理,初步建立了适合自身实际的产业管理体系。三是参与了一大批有影响的社会工程,获得了良好的社会评价。近年来各公司承担了天安门城楼修缮、北京前门大街保护工程、北京大学红楼修缮保护工程、宛平城-卢沟桥保护、新加坡佛牙寺、炎帝陵修复保护工程、明中都皇故城及皇陵石刻皇城中轴线修缮工程等项目的规划设计工作,出色完成了毛主席纪念堂修缮、国家体育馆、中央电视台新台址、凤凰国际传媒中心、北京雁栖湖国际会展中心以及北京、天津等地多条地铁线等重大工程的监理、测绘等工作,完成了北京理工大学中关村国防科技园、北京信息科技大学新校区建设工程等多所高校建设项目的管理工作,完成了大同云冈石窟、北京先农坛太岁殿等许多知名古建筑的三维激光扫描工作。曾获得鲁班奖、詹天佑奖、中国建筑钢结构金奖等多项荣誉。

(二)管理工作

【概述】2014年度,资产公司依托学校整体发展要求,立足整合校产企业管理工作更好地服务于学校发展、产业发展和企业发展。公司在多个方面开展了切实可行的推进工作,在各企业负责人考核、企业管理制度完善、管理工作提升等管理工作上扎实稳定给予支持,在不断提升产业布局、提高校办产业影响力、美誉度和社会服务等方面取得较好效果。

【开展2013年度企业负责人年度考核民主测评会】2014年1月15日,校产系统开展2013年企业负责人年度考核民主测评会,校产办、资产中心负责人以及各企业班子成员、部门负责人、管理基层骨干和职工代表参加了测评会,并结合各企业负责人汇报的企业取得的成绩及发展中存在的问题对他们进行了"德、能、勤、绩、廉"五个方面的测评。

【召开2014年校办企业经理书记（扩大）工作会】2014年3月18日，学校召开了2014年度第一次校办企业经理书记（扩大）工作会，部署2014年主要工作。副校长李维平、校产办和资产中心负责人、各校办企业职能部门副职以上人员及财务人员参加了工作会。李维平副校长在讲话中向与会人员着重分析了今后一个时期校办产业面临的机遇与挑战。各校办企业总经理分别汇报了本企业2014年基本经营目标和思路。校产办副主任祖维中代表校产办和资产中心在会上介绍了2014年我校校办产业主要工作任务和思路。校办产业党总支书记刘蔚通报了学校对校办企业负责人2013年工作的考核情况。校产办和资产中心与各企业总经理分别签订了《校办企业经营目标和党风廉政建设责任书（2014年）》。

【校办产业系统BIM联合开发工作进入培训阶段】2014年2月26日至2014年3月18日，BIM联合开发工作组聘请北京建工建筑设计研究院曹闵、北京工业大学教授赵雪峰和悉地国际设计顾问有限公司BIM工程师魏金丽、祁爽、郭伟峰等业内有关专家，对BIM组人员进行为期13天的培训。培训内容包括：Revit基础、Revit MEP、Navisworks施工模拟、MEP管线综合、CATIA基础等内容。经过13天的培训，BIM联合开发工作组的成员们对BIM软件有了更深入的了解，对BIM软件的应用范围、应用价值有了新的理解与认识，还有部分成员掌握了Revit（建筑、结构、MEP）Navisworks和CATIA等软件的建模使用，为下一步BIM应用研究工作奠定了坚实的基础。BIM工作小组由校产办和资产中心牵头，由北京建工建筑设计研究院、北京建工京精大房工程建设监理公司、北京建达兴工程咨询有限公司、北京建工远大建设工程公司、北京建工建方科技公司、北京建广嘉业房地产开发有限公司等企业参加，组成了由王健同志任组长，祖维中和丛小密任副组长，各企业有关人员共同参与的BIM联合开发工作组。开发组以北京建筑大学新校区食堂工程建设作为BIM研究载体，进行建设工程全寿命周期内的BIM应用研究。

【2014亚洲医院建设新格局高峰论坛成功在我校举行】2014年3月28-29日，亚洲医院建设新格局高峰论坛在大兴校区大学生活动中心隆重举行。中国女医师协会会长、原卫生部副部长何界生，国家卫生计生委规划司司长侯岩，中华医学会北京分会会长金大鹏，民建中央办公厅主任金丹华，北京市医院建筑协会会长任玉良，国际健康设计研究协会主席阿兰·迪兰尼，中国医学科学院肿瘤医院总体发展规划办主任侯惠荣，北京建筑大学校长朱光，副校长李维平等出席高峰论坛，并分别在开、闭幕式致辞。来自国内14个省、市的80家大型公立医院、外资医院、合资医院、民营医院的代表，38家美国、欧洲、新加坡、日本等国家及地区的医院建设发展同仁，以及30余名国际一流医院规划设计机构的代表，共400余位嘉宾落座圆桌，从设计理念、建造技术和政策措施等方面就我国医疗设施建设应如何适应新时期百姓对于优质医疗卫生建设和服务的新需求进行了深入研讨。此次论坛由民建中央人口医药卫生委员会、中国女医师协会、北京建筑大学、北京建工建筑设计研究院联合主办，北京市医院建筑协会协办，是继"HOSCON Asia亚洲医院建设新格局高峰论坛"成功在新加坡、南京、上海举办之后，首次移师北京。本次论坛多触角、多层次关注医疗建设的深层问题，与会专家从不同角度阐述了关于医院建设的各种观点。在为期两天的研讨中，围绕"从规划、设计、建造三个阶段打造一个高品质医院"、"医院建设中的专项设计如何体现并与大系统对接"、"医院管理及医疗服务与建筑设计如何进行有效衔接"、"提升医院品质——人性化高端医疗服务在中国的发展现状与趋势"、"养老产业对于

传统医疗机构和社会资本的意义"等话题进行了5场开放、务实、充满互动、极具建设性的圆桌对话。本次高峰论坛始终贯穿了理论与实际紧密结合的原则,坚持自主创新,注重实践、注重应用、注重解决实际问题。医院建设领域的知名专家学者结合实际,对医院建设领域的热点问题充分发表了意见,展开了热烈的讨论,形成了丰硕的理论成果,这些成果的取得将为医院建设可持续发展提供有益的借鉴。

【资产中心与房开控股集团和良乡高教园区签署合作协议】2014年4月3日,北京建工广厦资产经营管理中心在学校第一会议室举行与北京房开控股集团有限公司、北京良乡高教园区建设发展公司签署《合作框架协议》签约仪式。副校长李维平,北京房开控股集团有限公司总经理王义泊、党委书记许丽华,北京良乡高教园区建设发展公司总经理兼党委书记宋文月、副书记孙静,校产办和京精大房监理公司有关负责人参加了签约仪式。丛小密、王义泊和宋文月三位总经理分别代表三方签署了《合作框架协议》。根据协议,三方在未来的合作中,应充分发挥各方独特的资源优势,通过合理利用资源优势和行业特点的方式,开展涵盖多专业和多层面的技术交流与合作,具体涉及历史文化名城与村镇聚落保护规划、房地产开发、绿色建筑设计、建筑防灾与减灾技术、建筑垃圾资源化技术与应用、建筑节能改造及节能技术、污水处理技术、雨洪资源化技术与应用、工程管理咨询、新技术研发、成果转换、市场推广等一批在国内外具有一定影响的专业领域。

【承办北京高校科技产业协会2014年年会暨企业管理沙龙】2014年5月30日,北京高校科技产业协会2014年工作年会暨第三次校办企业管理沙龙活动在我校大兴校区四合院会议室举行。副校长、协会理事长李维平,北京市校办产业管理中心主任、协会副理事长翟士良,北京市校办产业管理中心副主任、协会秘书长盛国家,协会成员单位、各高校产业部门负责人等50多人参加了会议和沙龙活动。盛国家秘书长作了协会《2013年工作情况报告》,会议就2014年工作要点和协会网站建设征求了与会协会常务理事、理事单位代表的意见。翟士良主任在讲话中对2013年协会的工作和2014年工作安排给予充分肯定。我校校办产业党总支书记刘蔚主持了主题为"强化特色 寻求突破"的第三次全市校办企业管理沙龙活动。

【湖南城市学院副院长郑卫民一行来我校调研校办产业工作】2014年5月12日,湖南城市学院副院长郑卫民一行8人来我校交流校办产业管理和企业经营工作。李维平副校长代表学校接见了郑卫民副院长一行。校产办副主任祖维中主持召开了两校产业交流座谈会,我校资产中心总经理兼设计院院长丛小密、致用恒力建筑材料检测公司总经理严新兵、设计院常务副院长边志杰和王玮等参加了交流座谈会。座谈上,郑卫民副校长在讲话中表示希望相互交流在产业改革方面的模式与成功经验,以及设计院与监测中心运营管理经验。边志杰常务副院长结合设计院的宣传片详细介绍了我校设计院管理架构、管理体制、资质体系、人员规模、主要业绩等方面的情况和主要管理经验。丛小密总经理就设计企业如何明确发展方向、走特色发展的道路,如何在激烈竞争形势下求生存求发展,如何把设计院与学校的优势相结合、互相借力,如何变被市场推动到主动打造核心竞争力,如何发挥自己的优势与大院竞争等问题深入阐释了自己的看法。湖南城市学院规划建筑设计研究院吕贤军副院长介绍了设计院作为产学研的平台作用,以及设计院资质情况、人员情况。致用恒力检测公司总经理严新兵也介绍了公司的发展过程、运营情况、资质情况、下一步的发展思路以及与学校相关二级学院开展产学研合作的情况。湖南城市学院土木检测中心主任熊创贤介绍了该中心基本情况。祖维中副主任简要介绍了湖南城市学院设计院院长谭献良来我校挂职校产办副主任履职情况。座谈会结束后，祖维中副主任陪同郑卫民副院长等一起参观了我校设计院办公环境，走访了部分设计团队，实地考察了致用恒力检测公司的试验场地。下午，考察团还分为产业管理、财务管理、设计院综合行政管理、人力资源的管理、经营管理等小组分别与我校产业相关人员分别进行了一对一的深入交流。通过此次调研，使双方达到了相互了解、相互借鉴的目的，对于未来两校产业进一步交流与合作必将起到推动作用。

【召开 2014 年校办企业经理书记半年工作会】2014 年 7 月 24-25 日召开了 2014 年校办企业经理书记半年工作会。李维平副校长出席会议，校产办和资产中心负责人、校办企业领导班子成员、财务负责人和部分部门经理等参加了工作会。各企业负责人分别汇报了 2014 年上半年经营和党建工作情况，并就面对新的形势如何保持企业持续健康发展和如何对接落实学校的产学研合作政策展开了研讨。

【完成改制更名工作】2014 年 9 月 29 日，北京建工广厦资产经营管理中心改制更名为北京建大资产经营管理有限公司（下面简称资产公司），是学校作为唯一出资人的有限责任公司。

【组织人员参加校办产业系统信息员培训】2014 年 10 月 22-23 日，资产公司派出王珏及何晨晨两位同志参加了由北京市校办产业管理中心组织的 2014 年北京市校办产业系统信息员培训。北京市校办产业管理中心翟世良主任参加了本次会议，北京市有关高校、区县校办产业部门的信息员 40 余人参加培训。会议通报了 2014 年校办产业系统信息稿件采集情况，充分肯定了全市新闻宣传工作成绩，并指出了工作中存在的不足和改进的目标，对 2015 年的工作给予了指导性的意见。教育部科技发展中心《中国高校科技》杂志副总编陈礼达和北京师范大学教授姜申分别以"什么是新闻点和如何挖掘新闻点"和"新闻写作"为题对与会人员进行了培训。

【我校与北京六建集团有限责任公司签订《产学研战略合作协议》】2014 年 11 月 26 日，我校与北京六建集团有限责任公司在设计院举行《产学研战略合作协议》签约仪式。副校长李维平、六建集团公司总经理潘朝辉、总工程师于大海、副总工程师张红、研究院院长杨震卿，我校监理公司、设计院、远大公司和建工建方科技公司等校办企业负责人参加了签约仪式。根据《产学研战略合作协议》，双方将联合开展先进建筑技术课题申报及研究，促进技术成果产业化；开展人才培养对接，促进双方人才素质整体提升，北京六建根据需要，优先为我校优秀毕业生提供就业机会；利用各自在技术与市场信息方面的优势，加强沟通与协调，为双方技术发展提供支持。

【与安邦集团合作举办"建大安邦城市研究院揭牌仪式"】2014 年 12 月 20 日，我校与安邦集团共同举办了"北京建筑大学安邦城市研究院揭牌仪式"，北京市政府副秘书长朱炎、我校校长朱光、北京市规划委员会副主任王飞、我校副校长李维平、安邦集团副总裁李城坤、安邦集团研究合伙人、智库学者贺军，以及来自于城市规划、建筑设计学界的学者，部分地方政府代表，我校党政办、人事处、科技处、校产办、设计院等部门和单位负责人参加了揭牌仪式。仪式上先后由我校朱光校长、安邦集团董事长陈功、北京市规划委员会王飞副主任及北京市政府朱炎副秘书长作了重要讲话。北京市政府副秘书长朱炎、我校校长朱光、安邦集团副总裁李城坤共同为"建大安邦城市研究院"牌匾揭幕。研究院的成立为城市管理者、研究者搭建了一个很好的城市研究平台。

(三) 党建工作

【概述】2014年资产公司党建工作主要就公司各级党组织的党风廉政建设和党员先锋模范作用建设等方面逐步开展。公司党委立足于从群众中来，到群众中去的原则，积极稳妥的开展各项党建工作，组织各项活动，加强党员队伍建设，取得较好效果。

【召开党风廉政建设辅导报告会】2014年3月18日，学校纪委书记何志洪为各校办企业部门副经理以上人员做了题为"学习贯彻十八大精神 加强企业党风廉政建设"的辅导报告。副校长李维平、校产办和资产管理中心负责人、各校办企业职能部门副职以上人员及财务人员等100余人参加了报告会。校办产业党总支书记刘蔚主持了报告会。报告主要内容一是十八大以来中央关于党风廉政建设与反腐败斗争的新精神；二是加强企业党风廉政建设保障企业健康发展；三是企业审计发现的主要问题和典型案例。全体与会人员受到了一次深刻的党风廉政教育，对于今后我校校办产业健康发展将起到重要的推动作用。

【组织春季义务植树活动】2014年4月18日，校产办党总支组织部分党员及积极分子一行34人参加由密云县绿化办组织的"绿色生活，美丽家园"为主题的春季义务植树活动。本次植树活动是校产党总支开展主题实践系列活动之一，旨在发挥党员先锋带头作用并加强党支部凝聚力，同时为共创北京美好生态、服务国家生态文明建设做出贡献。

【召开校产系统通讯员表彰暨工作安排会】2014年5月4日，校产系统通讯员工作会在学校第三会议室召开。会议总结了2013年宣传工作成果，布置了2014年宣传工作重点。各党支部书记及通讯员十余人参加了会议。校产办党总支书记刘蔚从新闻宣传、思想政治工作、企业文化三个方面全面总结了校产宣传工作，2014年要深入贯彻落实党的十八届三中全会精神，突出宣传重点，注重来自一线的报道，提高宣传工作水平。会上，刘蔚为获得优秀通讯员的监理公司的李晓飞和设计院的何晨晨两位同志颁奖，并合影留念。通过本次会议，进一步明确了宣传工作的责任目标，提高了通讯员们对本职工作的重视。

【完成党支部换届选举工作】至2014年10月，校产系统按照国有企业领导班子"双向进入、交叉任职"的体制，顺利完成了支部换届选举。进一步完善现代企业制度条件下，党组织参与企业重大问题决策的体制、机制。新当选的支部书记分别为资产公司党支部祖维中、监理公司党支部李文华、设计院党支部曲秀莉、建方恒力党支部丁延辉、房地产党支部张宪亭、退休党支部吴学礼。

【组织学习党的十八届四中全会精神专题辅导报告会】2014年12月9日，校办产业党委在学宜宾馆报告厅组织学习党的十八届四中全会精神。机关党委书记王德中老师应邀作题为"关于依法治国的几个问题"专题辅导报告。校产办副主任祖维中和校产系统全体党员、入党积极分子参加了报告会。会议介绍了我国目前法治面临的挑战，回顾了十八大及十八届三中全会以来在法治建设上的重大举措，详细介绍了十八届四中全会提出的"建立一个目标、坚持五项原则、建设五大体系、提出六项任务"的法治建设规划，并从严格规范依法行政、完善执法程序、建立重大执法决策审核制、完善自由裁量权、明确执法责任追究制度、建立起公正文明的执法氛围等方面进行了阐述。

(王 珏 韩忠林 王建宾)

二、北京建工京精大房工程建设监理公司

(一) 公司概况

北京建工京精大房工程建设监理公司(以下简称公司)成立于1991年1月,隶属于北京建筑大学,伴随着我国监理事业的发展,是北京市成立最早的监理公司之一,是全国首批具有建设部监理综合资质及交通部监理甲级资质的大型工程咨询企业。公司主营工程建设监理、工程项目管理、工程技术咨询和工程技术服务。自成立至今,累计承担1000余项建设工程监理和项目管理任务,所涉及建设工程范围广泛,业务遍及全国及世界多个国家和地区。田成钢任公司总经理、法定代表人。

公司现有员工700余名,其中具有国家注册监理工程师、建筑师、结构工程师、房地产估价师、造价工程师及经济师、会计师、律师和英国皇家特许建造师、测量师等各类专业技术人员占全员的80%以上。

为满足业主在工程立项阶段、设计阶段、施工招投标阶段、施工阶段的全过程需求,公司建立了以现场项目部为技术基础、以公司整体实力为技术保证、以国内知名专家组成的专家顾问组为技术支持的三个层次的技术服务体系,在工程项目的执行过程中从不同深度给予充分的技术保证,以取得服务的最佳社会效益。

经过二十多年的锤炼,成功地缔造了"京精大房"品牌,跻身于全国监理行业前50强,累计获国家"鲁班奖"、"国家土木工程詹天佑奖"、"国家优质工程奖"、全国"钢结构金奖"和北京市"长城杯"、"优质工程"奖、北京市科技进步一等奖、二等奖等400余项。公司一贯坚持为行业发展做贡献的主导思想,积极参与行业内的各种活动,多次参与了行业的有关法规、规范的研究与起草工作。公司技术业务实力与在行业中所做的突出贡献也得到了社会的充分认可,连续十多年被评为全国和北京建设监理行业先进单位。现公司为中国建设监理协会常务理事单位、北京市建设监理协会副会长单位。

公司坚持"精心服务、诚实守信、以人为本、业精于勤"管理理念;坚持以市场为导向,以为业主提供全过程、高水平、深层次的建设工程项目监理和管理服务为宗旨;坚持以品牌为主线,以文化为核心,以人才为根本,以科技为动力,不断优化管理,不断提升效益,不断提升企业的核心竞争力,为成为综合型国际工程咨询企业而不懈努力。

(二) 管理工作

【概述】 2014年,公司紧紧围绕年初制定的工作方针:切实转变观念、积极推动创新,努力加大市场开拓和科技创新力度,进一步提高监理服务水平和企业风险控制能力,全面增强企业核心竞争力,推动企业持续健康发展。坚持稳中求进的工作总基调,秉承探索创新和以人为本的管理理念,全体员工团结一致、努力拼搏,扎实做好各方面工作,全面完成了公司确立的年度各项工作目标,为公司六三规划的核心之年画上圆满句号。

【召开年度总结大会】 2014年1月20日,公司300余人在大兴校区"小鸟巢"礼堂召开了2013年度工作总结会。总经理田成钢作了题为《振奋精神、凝聚人心、紧抓发展机遇、共创美好明天》的工作总结报告。对一年来的工作进行了回顾,对下一年的工作进行了展望和部署。总结会上还对2013年表现突出的项目部、总监理工程师、员工进行了表彰。

【召开管理人员聘任会】 2014年3月17日,公司全体机关人员齐聚学宜宾馆报告厅,召

开2014年度公司管理人员聘任仪式。总经理田成钢宣布了公司部门副经理及以上47名人员的聘任决定。

【三标管理体系认证审核】2014年3月19-21日，公司顺利通过了中国质量协会质量保证中心对公司三标体系的年度复审。

【召开事业部目标责任书签订会】2014年4月8日，公司与各事业部签订了《2014年度经营管理目标责任书》，事业部经营管理目标责任制的实施为事业部、分公司及外埠项目的规范化管理奠定了基础。

【申报获得新资质】2014年5月19日，公司成功取得"人民防空工程建设监理甲级资质"。这是公司积极拓展经营领域、开拓新的市场空间所取得的又一重大成果，也打开了监理公司承揽人防工程监理业务、扩大人防工程监理市场份额的新局面。

【宣传平台建设】2014年7月2日，召开公司司刊、网站建设讨论会，出台了《宣传平台建设实施办法》，明确了组织机构和工作职责，细化了操作流程和实施办法。

【推进落实科技创新】2014年，通过市场调研并结合实际工作需要，开展了管理、培训、沟通、服务四大功能的信息化平台建设。先期开发完成"质量验收"、"见证取样"两个移动终端模块。公司为了将现有的人员编制管理、项目信息管理、监理费用的应收和实收管理以及项目进度管理进行优化整合，开展了人力资源自动化管理平台的研发。还开通了"京精大房人事QQ群"、"总监微信群"，创建了"总监公众微信平台"，打造了即时交流的沟通渠道。

（三）经营工作

【概述】2014年公司密切关注市场经济形势和行业发展动向，把工作重点放在国内大型房地产企业及轨道交通领域，取得了可喜成绩。与国内大型房地产企业新签的合同占全年新签合同额的20.2%，轨道交通项目新签合同占全年新签合同额的42.9%。为超额完成公司经营目标起到了关键作用。

【经营业绩突出】2014年公司在监项目共计104个，其中房屋建筑工程占66%，市政公用工程占19%，其他工程占14%，项目分布在全国12个省市。今年公司新承接的项目中国内著名大型房地产企业的开发项目和轨道交通项目份额明显增多，公司的经营市场重点突出，拓展有效，综合实力稳步提升。

2014年京精大房承担的重点项目一览表

序号	工程名称	负责人	建设单位	合同经费（万元）	起止时间
1	长春地铁3号线	张振国	长春市轨道交通集团有限公司	1386.44	2014.08.15-2017.10.30
2	华远门头沟地块	郑国平	北京新都致远房地产开发有限公司	638	2014.08进场，预计2017.08结束
3	天府创新中心	赵宇	成都天投地产开发有限公司	489.419947	46个月，实施阶段22个月，缺陷责任期24个月
4	远洋新天地	韩文明	北京原创置业有限公司	711.685989	2014.11.30-2017.09.30
5	海淀山后线	李安清（执行）	北京城市快轨建设管理有限公司	4630.3095	2014.01.01开始实施，工期1092天

（四）人资管理工作

【概述】2014年公司人员规模实现了有效控制，员工总数控制在694人左右，年龄结构、持证比例进一步得到改善。

【机关人员深入一线】2014年4月15日，公司开展了机关年轻员工深入项目一线"接地气"的实践学习活动，旨在使机关员工能设身处地的了解项目一线同事们的艰辛，改进机关作风，使一线员工能感受到公司的关心和爱护，增强归属感，降低离职率。

【人员培训机制】2014年公司在利用总监例会传达政府文件、通报行业动态、提示工作要点的基础上，还先后邀请主管部门领导、行业有关专家对骨干人员进行了"绿色建筑发展概况"、"散装预拌砂浆管理规定"、"监理新规范宣贯"等主题的系列培训共计10次，组织专业参观学习及专项培训6次，营造了浓厚的学习氛围，使大家的业务水平和思维视野得到拓展。

（五）财务工作

【主要数据】2014年公司完成营业收入累计14017万元。全面完成了年初制定的19.5万元的人均年产值指标和利润指标。公司实现净利575.65万元，全年上缴税金1548.56万元，同比增长13.12%。公司利润、资产总额及上缴税金稳步上升。

（六）文化建设工作

【概述】公司始终注重企业文化建设工作。在企业内部创造荣辱与共、同舟共济、彼此珍重、和谐向上、快乐健康的环境和氛围，注重增加员工的快乐感和满意度，增强员工对公司的认同感和归属感。

【新员工拓展培训】2014年9月11日，公司组织1-3年司龄员工进行了拓展培训。通过培训增强了员工的归属感，也把京精大房团结凝聚的企业文化和积极进取的企业精神传递给每一位同志，增强了企业凝聚力。

【积极开展文娱活动】2014年10月24日，公司与北京京地咨询有限公司的篮球联谊赛拉开序幕，共20余人参加。10月31日，公司羽毛球大赛在首都体育馆正式拉开战幕。此次羽毛球大赛，在组织形式和比赛内容上既传承了以往积累的宝贵经验，又在此基础上进行了完善和创新。

（七）行业贡献工作

【概述】公司能够成为行业第一方阵中的一面旗帜，离不开各主管部门及学校各级领导的关爱，离不开行业内各位同仁们的鼎力支持。因此我们发挥自身优势，积极为行业建设和发展贡献力量。

【积淀自身实力】组织技术骨干编写了《城市轨道交通车站装饰装修工程质量通病及防治措施手册》，修订完成了企业标准《建设工程监理工作手册》、《监理文件编制规定》（房屋建筑篇和市政基础设施篇）。

【参与行业建设】2014年公司积极参加了《北京市建筑工程质量管理条例》的立法研究及条文的起草工作。应北京市质量监督总站和北京市东直门快轨有限公司的要求，作为牵头单位参加了北京市《城市轨道交通工程验收管理规程》的立项、编写计划制定及组织工作。公司作为副主编单位，参与了《北京市监理规程》和《施工组织设计管理规程》两个北京市地方标准的修编工作；参与审核了北京市地方标准《超长大体积混凝土跳仓法技术规程》；参加了由中国建筑业协会组织的"全国建筑业绿色施工示范工程实施情况"检查工作；参加了北京市监理人员分级管理实施办法及考试试题的编写和培训工作。参加了北京市建筑工程预拌混凝土驻场监理工作的策划及相关管理规定等文件的起草工作。

（八）企业荣誉

【概述】 2014年公司在监项目中，未发生一起涉及监理责任的质量安全事故，实现了公司年度质量安全监理控制目标，在北京市建筑市场监管信息平台中的成绩长期保持在前三名。在全市监理企业诚信体系评价中名列前茅，被北京市建筑业联合会评为"北京市建设行业诚信监理企业"。公司获得詹天佑奖2项、鲁班奖12项及各类省部级以上奖项共计400余项。

【项目获奖】 2014年公司监理的北京协和医院门诊楼和首都图书馆二期工程荣获"鲁班奖"，中铁诺德项目荣获"中国钢结构金奖"，G20会展中心项目获得了"2014年APEC会议参建荣誉证书"，15个项目荣获北京"长城杯"和天津"海河杯"等奖项。

【公司获奖】 2014年公司再次被中国建设监理协会评为"2013-2014年度先进工程监理企业"，被北京市监理协会评为"北京市建设监理行业优秀监理单位"，连续十七年保持行业先进。

（九）支部党建工作

【概述】 公司党支部一直是公司思想政治工作的主心骨。作为国有企业形象的一面旗帜，2014年把"群众路线教育实践活动"和"践行社会主义核心价值观"作为工作的重点。公司党支部在学校党风建设评估中荣获"优秀党支部"荣誉称号。

【党员实践活动】 2014年4月11日，公司党支部组织党员及积极分子赴雁栖湖国际会展中心，开展党的群众路线教育实践活动。2014年6月11日，京精大房党支部组织17名党员代表赴焦庄户地道战遗址纪念馆开展爱国主义教育实践活动，旨在增强公司党员的使命感和责任感。

【党员教育活动】 积极组织党员、入党积极分子参加党的群众路线教育实践活动，其中包括到生产一线学习慰问活动、爱国主义教育活动、义务植树及党员献爱心活动、对重点项目提供技术支持服务活动等。还组织了两批共18位入党积极分子完成了党校的党课学习，发展了一名新党员。

（李晓飞　王津宾）

三、北京建工建筑设计研究院

（一）公司概况

北京建工建筑设计研究院（以下简称设计院）成立于1960年，隶属于北京建筑大学，是在古建文保、医疗建筑、教育建筑、绿色建筑、养老建筑、BIM技术、建筑改造等领域具有研究型特色的设计院，在古建文保领域一直处于领先地位。

设计院具有双甲级三乙级设计资质：工程设计资质-建筑行业（建筑工程）甲级，文物保护工程勘察设计资质甲级；城乡规划编制资质乙级，旅游规划资质乙级，风景园林工程设计专项乙级，是北京市高新技术企业、北京市设计创新企业。

设计院现有员工428人，具有国家一级注册建筑师、一级注册结构工程师、注册公用设备工程师、注册电气工程师、注册城市规划师、注册造价工程师44人；各类高级专业人才70多人。国内具有影响力民居大师1人，国家文物局认定古建专家8人。已经组成了经验丰富、技术过硬、专业齐全、具有较高科研及设计水平、具有鲜明特色及富有创新精神的设计团队。

为与首都发展相适应，设计院以立足北京、面向全国、依托建筑业、服务城市化为己任，高度关注国计民生、文化传承等方面的发展，强化专业化发展和特色创新，在古建文保、医疗建筑、教育建筑、绿色建筑、养老建筑、BIM技术、建筑改造计与研究都由专门人才组建的研究中心7个，使研究与设计完美结合。

承揽业务范围涵盖各类公用与民用建筑工程设计、城市规划、城市设计、居住区规划与住宅设计、仿古建筑设计、古建筑修缮与保护、文物保护规划、体育场馆、医疗建筑、养老建筑、景观园林、室内设计、前期可研与建筑策划、各类工程项目咨询等领域。50余年来，设计院已在全国承接完成各类工程项目数千余项，获得各类奖项百余项。

设计院作为北京建筑大学科研与实践的基地，通过与国内外高校、科研机构和建筑事务所的长期合作，不断提升设计水平与综合实力，逐渐形成了以建筑设计为主体，以教学和科研为两翼的规划、设计、科研、教学综合体，实现设计院的全面整体腾飞。

设计院秉承"诚实守信，业广惟勤，博蓄出新，厚德共赢"管理理念，以北京建筑大学作为品牌建设的坚强后盾，以特色发展作为品牌建设的主要方向，以技术创新作为品牌建设的核心要素，以管理创新作为品牌建设的内在动力，在新形势下把市场驱动的粗放式发展模式，转化为内部驱动的精细化发展模式。

（二）管理工作

【概述】2014年是设计院新一届领导班子三年任期中的第一年，设计院的工作重心由发展规划制定、管理制度建设及团队建设等向全面落实各项发展目标转移。设计院继续采用统一管理、多元化经营模式运营。签订经营目标责任书，组织架构调整为矩阵式管理模式，使职能部门更好地为生产单位提供高效的服务和管理，适时调整了项目管理流程，进一步完善了项目管理制度，使全院上下执行力度加强，彰显实效性。2014年设计院在新常态下，统一思想，全面升级，树品牌人物，立品牌工程，求快速发展。通过加入产业联盟和行业协会，扩大企业知名度。由粗放型管理向精细化管理转变，经营业务从追求数量向追求质量转变，服务能力从被动型向主动型转变，技术从模仿型向研究型转变。转型同时加大整合各方面资源力度，创建各设计领域的技术发展平台，形成差异化经营和行业领先；借助未来大学科技园的建设，实现跨越式发展。为达到可持续发展的目的，着力进行人才储备，重点培养一批具有高度责任心和职业素养的骨干人才队伍，进一步壮大教授工作室团队，培育高端人才，筹建大师工作室团队，从而构成了设计院整体发展的框架。

【组织召开年度表彰大会】2014年1月20日，设计院在学校大学生活动中心组织召开年度表彰大会暨新春团拜会，校产办主任王健出席会议，设计院院长丛小密作了题为"务实推进研究型特色建设，打造设计院持续发展能力"的主题发言，常务副院长边志杰对2013年一年来设计院的总体工作情况进行总结。常务副院长王玮主持会议。会议安排了先进表彰与文艺节目环节，参会人员300余人，设立奖项：突出贡献奖、优秀项目奖、优秀团队奖、优秀管理者奖、优秀员工奖、优秀论文奖。

【适应发展调整机构】2014年3月4日，院务会讨论通过了《设计院发展组织框架与工作内容划分及流程构想》，设计院顶层设计为由院长及8位院级领导成员组成的院务会集体决策机制。以职能部室向各个生产部门提供服务和管理的主导思想，随着设计院业务发展，形成辐射式的服务体系，并由此形成新的矩阵式组织机构模式：组织框架图由四横五纵形成矩阵式，横向有四个职能部室，纵向有院团队、所团队、工作室、研究中心、外埠机构。

【召开管理人员聘任会】2014年4月6日，设计院召开管理人员聘任会，常务副院长边志杰宣布了各专业总工、院团队各专业室主任及机关职能部室负责人聘任决定。

【院领导责任分工】2014年4月16日，院务会会议决定领导班子责任分工：丛小密院长全面负责，制定发展战略与经营策略的规划，主管财务室，承担经营指标；边志杰常务副院长负责设计院年度经营指标和上交学校任务的签订，主管综合办、方案室工作和三个设计所，兼管古建文保中心的建设工作，承担经营指标；王玮常务副院长负责全院经营工作，主管市场经营部工作和三个设计所，兼管建筑改造中心的建设工作，承担主要经营指标；彭伟副院长负责市场经营工作和三个设计所，兼管绿色建筑中心的建设工作，承担经营指标；孙明总建筑师负责教育建筑研究中心，并配合市场经营工作，承担经营指标；李维副院长负责技术质量工作，主管技术质量部和三个设计所，兼管市场经营工作、医疗建筑研究中心工作、BIM技术研究中心工作、产学研工作，负责筹建环境能源中心工作，承担经营指标；吴学增副院长负责国际合作方面工作，兼管技术质量部工作和三个设计所，承担经营指标；王玥院长助理协助负责市场经营部工作，兼管养老建筑研究中心；曲秀莉党支部书记负责党建工作，直接负责综合办公室工作（含人力资源管理），协调院内外关系，兼管工会工作，负责产学研平台建设与企业文化建设。

【经营目标责任书签订】2014年4月16日，设计院与7位院领导签订了《2014年经营目标责任书》，并在月内与各综合设计所所长签订《2014年经营目标责任书》。

【编制和完善管理文件】2014年3月4日，院务会通过《会议制度》、《经营信息奖励原则》、《合作项目审图办法（试行）》、《项目备案办法》、《员工探亲往返费用报销制度》等制度文件。

【教授工作室合作协议】2014年3月4日，院务会通过《教授工作室合作协议》，为统一和规范教授工作室的管理，提供教授的科研工作产学研平台，提供了主要依据。

【BIM技术研究中心】2014年3月，由李维副院长负责，BIM技术研究中心抽调各专业工程师参加校产BIM科研课题组，以我校大兴校区新建食堂工程为依托，对建设项目前期、设计阶段、施工阶段、运营阶段进行全寿命周期BIM研究，并创新性地将三维激光扫描技术加以运用，相关研究成果在新建食堂工程中加以应用。9月30日，设计院与校产联合申报的BIM中心科研课题（课题经费50万元）获批。该项目由校产办王健主任牵头立项，设计院、北京建工京精大房工程建设监理公司、北京建工远大工程建设有限公司、北京建达兴工程咨询有限公司、北京建工建方科技公司等5家校产公司参与，工作由设计院李维副院长牵头组织。

【三标管理体系认证审核】2014年5月19-20日，设计院通过了北京中经科环质量认证有限公司对设计院三标体系的年度审核。

【建筑改造研究中心】2014年10月，设计院成立了建筑改造研究中心，以应对城市更新改造产生的巨大潜在市场需求。该中心汇集了中国建筑设计研究院、北京城建设计发展集团股份有限公司、中国建筑科学研究院、北京建筑大学土木与交通工程学院等国内高水平专家教授，开展多个项目的改造和方案论证工作，取得较好成效。

【建大安邦城市研究院】2014 年 12 月 22 日，在北京市有关领导的支持下，学校与安邦咨询公司联合成立的建大安邦城市研究院落户设计院，安邦咨询是国内最大的战略型民间智库公司，与中央和地方政府有着广泛而密切的联系。建大安邦城市研究院汇集了一批知名专家、学者、教授、大师，借助学校在城市建设方面的优势，研究过去和现在城市发展中存在的问题、未来城市发展的方向等重大城市规划命题，为中央和地方政府以及企业的决策提供参考，同时也是设计院城市规划设计、建筑设计的智库平台。

（三）经营工作

【概述】2014 年积极探索以技术引领、科技创新为核心的专业化经营道路，树立以科研带动生产的高校型设计院经营理念，依托各研究中心发展建设，不断拓展设计市场。设计院古建文保类项目产值突破 5000 万，取得可喜成绩；在医疗建筑方面取得重大进展；在文化旅游领域进行了拓展；在养老建筑方面取得突破；在大跨度公共建筑领域取得实质性进展；此外，在教育、轨道交通建筑、改造工程及室内装修方面继续扩大市场份额。

【成为中兴集团供货方】2014 年 7 月 28 日，设计院与中兴通讯集团有限公司签订战略协议，成为中兴通讯集团有限公司工程设计方面的 4 家工程设计供货方之一。

【进入医疗建筑市场】2014 年 6 月 26 日，设计院应邀参与了全部北京市重大医院建设项目竞标工作，与中国中元国际工程有限公司、中国建筑设计研究院同台竞技，设计院获得北京中医医院（约 23 万平方米）项目。这是设计院在北京医院建筑市场的重大突破。

【学校体育馆项目】2014 年 10-12 月，设计院中标了学校大兴校区标志性建筑体育馆的设计任务。

【经营业绩】2014 年全年新签署合同 353 项，其中民用建筑类项目 122 个、文物保护类项目 167 个、咨询类项目 30 个、规划类项目 29 个、其他类型 5 个。全年合同总额约 2.5 亿元，营业收入约 1.3 亿元，实现利润总额 387.11 万元，全年上缴税费 1087 万元，上交学校管理费 460 万元。设计院资产总额及上缴税金稳步上升，资产总额 5278.77 万元。

2014 年北京建工建筑设计研究院签订的主要设计服务合同情况一览表

签订日期	合同名称	合同分类	工程建设单位	项目负责人	工程规模	合同额（万元）
2014.01	牡丹江福泰大厦工程设计	民用建筑设计	宁安市福泰房地产开发有限公司	王玮	150000平方米	710
2014.01.03	临高县新盈中心渔港及配套项目规划设计	规划合同	临高县渔业发展控股有限公司	王玮	约 213.3公顷	230
2014.02.21	南召县黄鸭河景观带工程一期景观规划设计	规划合同	南召县规划局	荣玥芳		210
2014.03.29	濉溪县文旅体委柳孜大运河遗址保护管理规划编制采购	文物保护	濉溪县文化旅游体育委员会	姜芃		350

续表

签订日期	合同名称	合同分类	工程建设单位	项目负责人	工程规模	合同额（万元）
2014.05.04	淄川区磁村瓷窑址保护规划编制、淄博矿业集团德日建筑群修缮工程方案编制	文物保护	淄川文物事业管理局	杨玉玲	投资额约1600万元	244.9
2014.10.15	双河中小学建设工程	民用建筑合同	北京市劳动教局双河办事处	王 玮	29946平方米	397.35

（四）人力资源管理工作

【概述】设计院人力资源工作始终贯彻"请人以博、用人以专、育人以恒、留人以情"的工作方针，把人才作为市场竞争的重要元素，与维护企业资质放在同样重要位置。2014年人力资源工作在加强内部制度建设的基础上，探索新的管理模式。实行HR层级管理，积极开展各种培训，加强对外人力交流。2014年为应对设计院经营主体多样、员工差异大的现实，人力资源工作不断补充、完善人力资源管理制度，健全人力资源管理体系，进一步细化《员工录用条件》、《设计人员岗位职责》、《离职声明书》、《离职交接单》，并对2013版《员工手册》结合执行情况进行了重新修订，制定了《机关管理人员绩效考核管理办法》。设计院2014年人力资源总体仍是在快速成长态势，企业人员规模已经从2011年底的175人增长到2014年底的428人规模。

【分院负责人聘任】2014年2月25日，设计院任命韩戎为成都分院院长，任命王玮兼任海南分院院长。

【文保专家】2014年6月24日，设计院根据国家文物局发布的《关于推荐全国重点文物保护工程方案审核专家库专家的通知》（文物保函〔2013〕2059号），成功申报国家文物局资质认证专家9人。另外，为20余人报名参加国家文物局专家培训。

【HR交流】2014年11月19日，住房和城乡建设部人力资源开发中心一行五人来设计院调研、访问。设计院党支部书记兼综合办主任曲秀莉代表设计院组织接待，双方就设计院人力资源相关工作进行汇报交流。

【人才培训】2014年11月27日，设计院组织培训，邀请建筑学院党委书记牛磊担任主讲老师，来自团队各级管理人员和机关人员共计50余人参加培训，通过深入浅出的讲解与互动环节，引用大量生动的案例，明晰人生目标、促进前行动力、激发无限潜能，收到良好效果。

（五）文化建设工作

【概述】企业精神是企业文化之魂。设计院的企业精神是："传承文化、创新理念、践行人生、服务社会。"明确以人为本的企业文化发展方向，加大文化建设投入，创造和谐的工作氛围，提高员工个人素养。通过搭建文化建设平台，使员工在工作的同时享受"我与企业共成长"的快乐。

【羽毛球交流赛】2014年6-8月，设计院举办了第一届全院羽毛球交流赛。丛小密院长、边志杰常务副院长、王玮常务副院长、吴学增副院长为场上队员们加油。参赛选手来自设计院10多个部门，总计70余人，其中不乏院领导、院总工、部门经理、设计所所长、教授工作室负责人等。

（六）对外交流工作

【概述】设计院积极组织和参加设计研究方面的各种交流活动，邀请国内外著名设计机构和专家访问设计院，双方进行交流，探索合作的可能与空间。通过加强对外交流，拓展企业员工的设计视野，开阔思路，取长补短，促进企业发展。2014年先后邀请来自德国、日本、瑞典、美国等国家的知名设计机构来访。

【德国屋顶协会访问】2014年3月5日，德国屋顶协会访问学校，设计院与学校国际交流处合作接待，丛小密院长、李维副院长出席交流会，双方就中国传统建筑屋顶技术进行了广泛交流。德国屋顶协会主要介绍了德国屋顶相关技术的培训、设计、施工、人力资源等工作情况，倪吉昌教授向德方介绍了中国传统屋面技术及中式园林的建筑特点等方面内容，获得德国学者们由衷赞誉。

【举办2014年"中国设计与健康"国际研讨会】2014年10月30-31日，设计院与瑞典设计与健康国际学院、北京市医院建筑协会合作承办了"中国设计与健康"国际研讨会。来自11个等国家和地区以及北京医疗管理机构和国内知名医院建筑专家等200余人在马可波罗酒店参加研讨会。

【中国文物学会会员单位】2014年5月4日，设计院正式成为中国文物学会的会员单位。这标志着设计院在文保、文物领域又上了一个新的台阶。

【参加设计产业联盟会议】2014年6月20日，设计院正式成为"北京设计产业联盟"理事单位。

【PERKINS＋WILL访问设计院】2014年6月11日，全球著名的美国建筑设计事务所PERKINS＋WILL设计总监Steven R. Turckes和市场部总监伍东萍女士等一行3人到访设计院。院长丛小密等领导和结构专家出席接待来访嘉宾。

【日本CFK公司访问设计院】2014年6月20日，日本CFK公司一行3人到设计院交流访问，校产办主任王健、设计院院长丛小密、副院长彭伟、吴学增、结构专家杜伟教授参加了交流会，会议围绕轨道交通一体化展开交流讨论。

【日本久米公司访问设计院】2014年12月3日，日本久米设计株式会社一行3人到设计院交流访问，院长丛小密、副院长李维、格伦教授会见来访嘉宾。

【第二届中国绿色建筑产业专家论坛】2014年6月5-6日，设计院参加在学校大兴校区举行的第二届中国绿色建筑产业专家论坛。会议主题是"寻找绿色契机，促进产业发展"。设计院副院长彭伟带队，副总工罗辉在会上作了题为"聚力—联合能源解决方案"的主题发言。

【工程勘察设计行业交流】2014年8月7-8日，设计院参加工程勘察设计行业企业经营战略创新模式与可持续发展实务经验交流研讨会，设计院2位领导参会进行友好交流。

【结构专业委员会委员】2014年9月1日，设计院吴学增副院长任职北京土木建筑学会第九届建筑结构专业委员会委员。

（七）企业荣誉

【获奖情况】2014年度北京建工建筑设计研究院获奖情况见下表。

2014年度北京建工建筑设计研究院获奖情况一览表

序号	获奖名称	发奖单位	工程名称	获奖日期
1	2014精瑞奖最优规划设计奖	北京精锐住宅科技基金会	新首钢高端产业综合服务区总体规划	2014.10
2	2014精瑞奖最优建筑文化奖	北京精锐住宅科技基金会	高平市炎帝陵修复保护工程	2014.10
3	2014精瑞奖最优室内设计奖	北京精锐住宅科技基金会	内蒙古自治区巴彦淖尔市新建医院	2014.10
4	2014年全国医院基建十佳供应商评选活动"十佳专业服务供应商"	《中国医院建筑与装备》杂志社中国医院基建管理者俱乐部		2014.04.25
5	2013年度全国优秀城乡规划设计奖（村镇规划类）三等奖	中国城市规划协会	安徽省安庆市岳西县响肠镇请水寨村村庄规划	2014.12

（八）支部党建工作

【概述】2014年，在校党委和校产党总支的领导和支持下，在设计院全体党员的积极配合下，设计院党支部积极贯彻落实校党委布置的各项工作，结合设计院特点，围绕企业的中心工作，开展"五个一"工程，共有31名正式党员参与其中。不断加强支部自身建设，促进企业文化建设，融洽党群关系，为企业发展起到保驾护航作用。党支部以"紧抓党建促发展，争创学习和技术服务型党支部"为工作思路，为加强企业文化建设积极开展活动，从组织党员学习党章、观看党课教育影片学习活动到组织具有设计院特色的支部活动。积极配合学校党建评估工作，完善党支部工作手册，建立党员信息档案，完善支部的工作内容，丰富党员活动，加强党员学习，提高支部活动的活动效果。

【党支部换届选举】2014年9月，按照北建大党组发〔2014〕16号文件《关于做好党支部调整和换届选举工作的通知》，设计院党支部进行换届选举工作，经校党委批复后支部委员名单：党支部书记曲秀莉、组织委员丛小密、统战委员马小华、青年委员戴云飞、宣传委员张宁。

【党建评估】2014年2月28日，为配合学校党建评估，完善《支部手册》内容，设计院党支部总结各项活动学习记录和各种文件，并上报设计院历年11项获奖证书、奖牌、奖章等材料。

【参加党建培训】2014年6月12日，设计院党支部书记曲秀莉参加学校党建工作培训。培训主题为"中国传统价值观的基本内容与培育弘扬社会主义核心价值观"，由北京大学马克思主义学院的孙熙国教授主讲。

【优秀党支书】2014年7月1日，在学校召开的纪念中国共产党成立93周年暨"七一"表彰大会上，设计院党支部书记曲秀莉荣获北京建筑大学优秀党支部书记称号，是我校十名获奖优秀党支部书记中的一员。

【支部特色活动】2014年6月25日，设计院党支部结合设计院的业务范围与特点积极开展具有特色的支部活动，组织参观设计院获奖工程"密云古北口水镇"项目。

【党员献爱心】2014年11月18日，设计院党支部组织党员献爱心活动，为贫困山区捐衣物，为贫困大学生捐款。

【党员教育】2014年党支部积极组织全体党员学习《党课一小时》光盘，并召开落实"党的群众路线"座谈会、宣讲十八大报告精神，组织党员在线学习并100%完成，为了加强党员政治理论的学习，设计院党支部购买理论书籍40余册供大家学习。

（九）工会小组工作

【概述】2014年设计院工会小组继续围绕中心工作开展活动，增进员工间的沟通与交流，传递友谊与正能量，促进设计院的业务水平与员工素质的提高，起到了有效的沟通纽带和桥梁的作用。对老弱病残的员工送爱心，体现设计院大家庭的温暖。

【追悼慰问】2014年5月16日，设计院与学校离退休办公室共同组织设计院90岁高龄退休教师张兆栩的追悼会。

【接受捐赠】2014年6月25日，设计院接受已故退休教师张兆栩先生的家属捐赠的张先生的珍贵文献。其中包括1931年至1945年间的珍贵文献61份，以及张先生主持设计的工程图纸和其他文件，这些珍贵的资料为学校和设计院的历史提供了印证。

【趣味运动会】2014年11月20日，设计院工会小组联合学宜宾馆工会小组组织了学校职工趣味运动会。运动会上设计院党支部曲秀莉书记向参会人员表达了校工会组织对设计院在职员工的关心，提倡大家在紧张工作的同时不要忘记强身健体、愉悦身心，以最佳的精神状态更好的工作。

【荣获学校工会小组评比第一名】2014年12月，设计院参加2014年度学校工会小组评比，通过工作总结汇报与PPT展示，设计院工会小组获得全校第一名。

（十）产学研工作

【概况】设计院依托北京建筑大学各个学院的教学科研优势，在BIM、工程管理等方面积极开展产学研工作。与学校"建筑遗产研究院"、"现代建筑研究中心"紧密沟通，建立了良好的合作关系。

【教委课题】2014年5月16日，设计院正式承担北京市教委《利用中小学绿地地下空间建设停车场》的课题研究任务。课题组组长丛小密，研究负责人吴学增。

【数字化协同管理】2014年6月23日，设计院签订市属高校创新能力提升计划项目——《北京市建设工程全过程数字化协同管理机制研究》，此项研究由校产办牵头，校产企业中的设计院、北京建工京精大房工程建设监理公司、北京建工建方科技公司等合作参加。

【实习生实训】2014年年内，设计院院团队、各设计所、教授工作室安排实习生实训30人次，实习生来自北京建筑大学、中国矿业大学、辽宁科技大学、长春建筑学院、青岛理工大学、英国UCI上海交通大学、南阳理工学院、大连工业大学等。

（曲秀莉　李　维　罗　辉　王　玮　李翠红　高　韬　王建宾）

四、北京建工远大建设工程有限公司

（一）概况

北京建工远大建设工程有限公司（以下简称公司），系北京建筑大学直属企业。公司是于1993年成立的国有独资建筑市政施工企业，具有房屋建筑工程施工总承包贰级，市政公用工程施工总承包叁级，装修装饰专业承包贰级，钢结构工程贰级，防水工程专业承包贰级。张宝忠任公司总经理、法定代表人。

公司以建筑大学专家教授和高新技术为依托，拥有雄厚的专业人才队伍、资金和技术实力，现有工程技术人员150余人，中高级职称42人，项目经理25人，其中一级注册建造师12人，二级注册建造师13人，机械设备总值近千万元。

自公司成立以来，先后承建各类住宅建筑、工业厂房、公共建筑、学校建筑、大型商贸市场100万平方米等民用建筑，以及市政道路、桥梁、给排水、热力燃气管道防水工程和绿化工程数万平方米。作为学校所属企业，公司多年来一直致力于推动产学研协同发展，现已成为学校学生生产和管理实习的主工基地，学校教师和科研人员的科研成果推广、应用、开发的产学研基地。

公司成立至今，始终坚持诚信为本、信誉至上的经营理念，秉承质量第一、安全为重的工作标准，使公司业务规模不断扩大。围绕"以人为本"的宗旨，不断的引进人才、培养人才，适时增强公司的人才队伍建设。

时尚的设计，精湛的工艺，合理的施工，完善的售后，为大家营造舒心的经营氛围，因为专业，所以卓越。

(二) 管理工作

【概述】2014年是远大公司"打基础、强管理、谋发展"的一年，也是公司全面总结以往经验，不断探索发展新道路，努力寻求新发展的一年，更是公司实现自主经营管理关键性的一年。按照年初制定的工作目标，扎扎实实地开展各项工作，使公司市场开拓、经济效益、资质提升、质量安全管理以及队伍稳定等各项工作都有了良好的开端。

【管理文件修订】2014年，公司不断完善企业的各类制度建设，实现公司的制度化、科学化、规范化管理。在制度不断完善的基础上，完善对工作管理流程的编制，包括工程款支付管理流程、材料采购管理流程及合同签订管理流程等各项管理流程共计57项，公司管理流程编制在提高办事效率的同时也使各项工作得到有效的监督，规避各类经营风险。

【召开管理工作会】2014年3月，根据学校2014年对校办产业的工作部署，按照校产办和北京建工广厦资产经营管理中心的具体要求，结合公司的实际工作情况，公司对部门副经理及以上管理人员进行了重新聘任。此次管理人员重新聘任共涉及人员30余名，通过此次调整极大调动了骨干人员的工作积极性。

【公司改制更名】2014年8月6日，公司改制更名为北京建工远大建设工程有限公司，性质由全民所有制企业变更为有限责任公司。

【三标管理体系认证审核】2014年12月，公司通过质量、环境和职业健康安全管理体系认证监督审核，随着后续工作中的持续改进和调整，公司管理体系日渐完善和成熟。

(三) 经营工作

【概述】2014年是公司打基础、强管理、谋发展的一年，年初公司制定"动起来、走出去"的发展目标。为实现目标，公司积极开拓外部市场，并与北京教育系统及各兄弟院校紧密联系和沟通，通过努力，公司顺利入围朝阳教委和密云教委合格供应商名录，北京公交控股集团基建合格承包商企业库、门头沟市政管委、北京市公安局系统、石景山民政局系统及恒大地产合格供应商名录，并与北京印刷学院、北京石油化工学院、北京交通大学及北京农学院等高校建立联系，寻求合作机会。另外，公司在2014年初取得了文保古建一级资质，成立了古建项目部，在宁夏、青海、河南等地寻求合作开拓文物古建工程市场。鉴于公司目前施工建筑总包贰级、市政施工总承包叁级的实际状况,积极在人力、业绩等方面储备资源,把准市场方向,为下一步在古建市场拥有一席之地做好准备。

2014年建工远大承建工程情况一览表(代表性工程)

序号	工程名称	负责人	建设单位	合同额(元)	签订时间
1	教工、学生食堂(北京建筑大学大兴校区)及结构实验室	倪中元	北京建筑大学	87654681.28	2014.04.16
2	机电、电信工程学院楼工程	崔建平	北京建筑大学	56899940.70	2014.04.25
3	部分校舍维修改造工程	李立祥	北京建筑大学	3628929.70	2014.07.29
4	新南大门钢结构工程	孙强	北京建筑大学	1980000	2014.07.20
5	红山会议中心二期项目	胡景顺	北京国勤酒店管理有限公司	3700000	2014.01.08
6	平谷马坊项目A03-02地块室外道路、雨污水、室外消防工程	艾淳	北京首城置业有限公司	5500000	2014.02.17

(四)人力资源工作

【概述】2014年,公司根据发展需要,组建自己的专业项目部,引进高级管理人才,人员规模达到60人。

(五)财务工作

【概述】截至2014年底,公司合同总额累计达2.37亿元,全年实现总产值2.23亿元,完成350万元的上交任务。

(高丽敏 王建宾)

五、北京建达兴工程咨询有限公司

(一)公司概况

北京建达兴工程咨询有限公司(以下简称公司)成立于2011年4月,隶属于北京建筑大学,专业从事工程咨询、工程建设全过程项目管理。公司员工均具有中、高级职称及国家相关专业执业资格,是一家知识密集型咨询管理公司。

公司依托于北京建筑大学的专业化优势及深厚的行业人脉资源,可提供规划咨询、可行性研究、项目建议书、工程造价咨询、设计管理、全过程项目管理等一条龙服务的专业工程咨询。公司具有国家发改委颁发的工程咨询丙级资质,北京市建委颁发的造价咨询乙级资质和招标代理暂定级资质,并于2013年7月通过质量、环境和职业健康安全管理体系认证。

公司先后承接了北京建筑大学大兴新校区(一、二期)、北京信息科技大学新校区、北京理工大学国防科技园、中国石油大学行政办公楼、北京中医药大学良乡新校区、首都师范大学南校区行政教学楼、北京舞蹈学院学生宿舍综合楼、北京电影学院摄影棚和图书馆等项目的前期咨询、项目管理和造价咨询服务。

公司一贯秉承"开拓、创新、专业、诚信"的企业精神,遵循"以口碑获得信赖,以信赖创造价值"的经营方针，牢固树立"建达兴咨询"管理品牌，希望通过我们专业咨询、精心管理，为客户带来良好的经济效益和社会效益。

（二）管理工作

【概述】公司一直以来都将管理放在突出位置，作为极重要的工作来抓。2014年，公司围绕着完善内部管理、强化执行力这一中心思想开展各项工作，通过强化绩效考核、规范制度、完善管理、强化责任等方法进一步提高执行力和工作效率，促进了管理团队建设和各项工作的落实。

【召开全员培训会】2014年，按季度组织公司全员培训会，解决项目实施过程中遇到的各类问题，对新规范、三体系文件、数字校园建设和项目管理实践经验等进行专题培训。

【管理体系建设主要成果】2014年10月，公司所投资的北京建大兴业工程造价咨询有限公司取得招标代理业务暂定级资质，12月取得造价咨询乙级资质。制度管理方面，先后补充管理制度14篇，并对2012版《管理制度汇编》进行修订。体系运行管理方面，质量、环境和职业健康管理体系运行已渐入正轨。

（三）经营工作

【概述】2014年公司完成全年经营指标，全年签订合同额1358.23万元。公司业务以高校系统为主，工程项目管理和造价咨询为主要收入来源。

【经营业绩】2014年，公司共签订合同10份，合同总额1358.23万元，回款840.4万元。北京建大兴业工程造价咨询有限公司全资子公司签订合同21份，合同总额260.55万元，回款113.68万元。

（四）人力资源工作

【概述】健全和完善人力资源管理的相关机制，根据公司的经营战略及发展目标，按照专业化、系统化的人力资源管理理念和技术，完善公司人力资源管理平台。进一步完善薪酬考核评价体系，建立适应公司业务特点的灵活的薪酬制度，强化动态考核，规范化管理，具体措施为：实行目标管理，按月度、季度进行考核，贯穿全年，为全年工作目标的实现提供有力保障，更有效地调动了员工的积极性和创造性。

（五）财务工作

【概述】2014年较好地完成了财务核算、纳税申报、预、决算编制等管理工作，充分发挥了核算、监督职能。完成了对公司财务状况、经营成果、现金流量的动态分析和预测，进一步加强了公司财务动态监测管理工作。

【主要数据】2014年收入793万元；利润总额34万元；净利润21万元；上缴税费82万元，其中：增值税40万，个人所得税22万元，企业所得税15万元，城建税3万元；上缴管理费40万元。

（伊勇适　杨国康　王建宾）

六、北京建工建方科技公司

（一）概况

北京建工建方科技公司（以下简称公司）成立于1993年，隶属北京建筑大学，系北京中关村高新技术企业。2008年起，公司主营业务调整到三维激光扫描测绘、地理信息系统工程、精密测量工程等领域。近年来，公司依托北京建筑大学雄厚的教学及技术力量，实现了产、学、研的有机结合，尤其在高新测绘技术方面，走在了行业的前列。王晓刚任公司总经理、法定代表人。

公司具有乙级测绘资质，2009年成为北京中关村高新技术企业，2011年公司通过了质量管理体系、环境管理体系和职业健康管理体系的认证，公司也是北京建筑大学的实践教学基地。

目前，公司拥有三维激光扫描测绘、地理信息系统、精密测量工程和文物保护领域等方面的专家和各类专业技术人员40余人。下设经营部、财务部、综合办公室三个职能部门，三维数字营造中心、地理信息中心、测绘工程部三个业务部门，拥有多型号三维激光扫描仪、数台品牌全站仪、GPS接收机、精密数字水准仪、图形工作站、专业摄影设备等，并配有专业数据处理软件。公司在行业主管单位和北京建筑大学等单位的大力支持下，经过多年的项目实践、技术开发和应用，沉淀了建工建方企业作业流程和技术标准，形成了高新测绘企业自有的技术运行管理体系。

公司在三维激光扫描和三维GIS等高新测绘技术应用方面走在了同行业的前列。近年来，在文物保护、工业遗址、馆藏文物、现代特异型建筑测绘方面，以及在建筑设施信息管理系统、遗产建筑和遗址信息管理系统、虚拟现实、三维打印等方面进行了大量的应用、开发和实践。针对三大主营业务，以客户需求为主线，定制和深化测绘工程、三维激光扫描和三维GIS三大业务模块的服务及问题解决方案，力争做到方案先行，客户满意。

（二）管理工作

【管理方针】确定公司经营理念，制定"诚信服务、科技为先，开拓创新、以人为本，精益求精、铸就品牌，追求卓越、持续发展"的管理方针。

【部门设置】对原有的部门设置根据业务定位进行了调整，设为三个职能部门和三个业务部门并下设项目部，将原测绘一、二部合并为测绘工程部，完善了综合办的职能，成立了经营部。

【整章建制】2014年3月发布实施《薪酬管理制度》（2014版）；4月份试行《绩效考核管理制度》，严格按照管理制度规定落实季度、月度绩效考核和内审检查工作，并付诸绩效的兑现；5月份完成了三标体系、管理手册和程序文件的换版修订；6月初，完成了公司三标体系文件换版和公司内部的初审；7月份召开三标体系内审及管理评审会，对三标体系运行现状进行内部审核，保证体系的持续改进和发展；10月初，公司顺利通过三标体系认证审核，肯定了公司在经营管理方面取得的成绩。

【资质管理】2014年11月，公司完成测绘乙级资质复审换证的申报工作，并成功通过审核。

（三）经营工作

【概况】2014年公司充分发挥技术优势，合理整合资源，抓机遇，求发展，确定了适合公司发展的经营战略。第一，公司首次引入云经营理念，探索多渠道经营模式，鼓励公司全员参与经营，拓展经营渠道，最大限度获取经营信息，实现资源的有效共享。第二，以优质的项目成果作为公司强有力的广告，进行品牌推广，先做服务后做销售，积极拓展业务，最大限度实现公司的经营目标。

【经营业绩】2014年公司超额完成经营指标，2014年公司新签合同38项，合同额720万元，超额完成了公司年合同额420万元指标，完成率171.4%。

2014年建工建方承揽主要项目一览表

序号	项目名称	负责人	建设单位	合同经费（万元）	起止时间
1	复杂环境、富水粉细砂层地铁隧道动态化注浆与环境保护技术研究	王晓刚	北京建工土木工程有限公司	30	2014.06.30
2	北京地铁16号线工程土建施工01合同段监控量测	吴耐明	北京建工土木工程有限公司	114	2014.05.20 2016.08.30
3	北京地铁8号线三期工程土建施工04合同段监控量测	吴耐明	中铁一局集团有限公司北京地铁8号线三期工程土建施工04合同段项目经理部	90	2014.06.01 2016.09.30
4	北京地铁16号线土建施工01总监办监理控制测量、监测委托合同	王晓刚	北京建工京精大房工程建设监理公司	98.948	2014.05.18 2015.07.31
5	北京地铁8号线三期土建施工监理控制测量平行抽测	王晓刚	北京建工京精大房工程建设监理公司	41.13	2014.07 2016.09
6	北京地铁八号线三期三标监控量测	吴耐明	中铁十四局集团有限公司北京地铁八号线三期三标项目经理部	43.2	2014.07.01 2015.12.31
7	北京建筑大学设备购置-地下管网二期建设设备购置项目（第二包）	吴志群	北京建筑大学	99.6	2014.11.14 2014.12.15

（四）财务工作

【财务管理】2014年完善了财务管理制度，严格遵照财务中心的要求进行管控，规范了票据报销的审核、审批程序，规范了资金计划管理，确保成本有效控制。

【主要数据】2014年公司完成营业收入523.36万元，超过年初制定年450万元的营业收入指标，完成率116.3%，超过年初预算收入520万元，同比增加32.16%。

（五）人资管理

【概述】2014年公司人员规模实现了优胜劣汰，大力引进高素质、高技术型人才，目前公司在职人员总数已由年初的24人增至42人，现有正高级职称1人，副高级职称1人，中级职称8人，初级职称9人。

（六）文化建设

【办公环境】2014年3月，公司回归老校区实验甲2号楼办公，极大地改善了员工的办公环境和条件，激发员工工作热情。

【员工体检】公司全面实施人心工程建设，组织了员工的健康体检，发放了夏、冬两季工服，提升了员工对外的形象，凝聚了人心。

【培训拓展】2014年7月中下旬公司组织开展了新员工素质拓展培训，很好地锻炼了员工的坚强意志，增强员工团队凝聚力和整体向心力。

【技能大赛】2014年12月末组织首届员工技能大赛，选拔技术能手，极大地激发了员爱岗敬业、奋发向上的精神，掀起一股"帮、学、赶、超"的技术热潮。

（七）对外交流

【概况】坚持"走出去"战略，积极参与行业活动，及时掌握行业动态，与同行业建立了良好的互动关系。

【协会活动】2014年8月，参加中国建材协会和北京测绘学会会议，积极建言献策，了解测绘行业动态，广识行业精英；2014年12月参加北京测绘学会2014年学术年会，了解行业信息；参加测绘装备高端论坛，了解和把握测绘装备发展的技术前沿。

【专业授课】2014年5月受邀在国家文物局主办的古建筑培训班上作相关三维激光扫描技术应用方面的授课，使得公司三维激光扫描技术与应用成果在古建筑行业得到了大力的推广和认可；2014年10月受邀作为主讲教授参加测绘学会在杭州举办的三维激光扫描技术培训班，与测绘行业兄弟单位共同探讨三维激光扫描技术的应用前景和趋势，公司制作的相关成果得到了学会和培训班的参与单位的高度评价，增加了公司在行业内的影响力。

【石窟寺保护】2014年5月，参加石窟寺三维数字化标准专家讨论会，与云冈研究院签订了战略合作协议，为我公司在石窟寺三维激光扫描领域的快速发展打下良好基础；2014年6月，参加云冈石窟风化速度专家评审会，与云冈石窟研究院合作共同申报国家技术专利；2014年11月云冈数字化博物馆项目代表山西省参加晋、冀、豫、陕四省数字化博物馆评比，以第一名的优异成绩获得与会专家的一致好评。

【行业交流】2014年11月与则泰集团进行了三维激光扫描技术交流研讨，对三维激光扫描技术有了更新、更深入的认识和了解，充分意识到该技术广泛的市场需求和广阔的发展前景，并与则泰集团奠定了长远的合作基础。

（八）企业荣誉

【北京测绘科技进步奖三等奖】2014年9月，颐和园多宝塔三维激光扫描项目获得北京测绘科技进步奖三等奖。

【北京市优秀测绘地理信息工程三等奖】2014年9月，湖南省数字博物馆近现代保护建筑精细测绘和建筑信息管理系统获得北京市优秀测绘地理信息工程三等奖。

（刘 伟 王建宾）

七、北京致用恒力建筑材料检测有限公司

（一）概况

北京致用恒力建筑材料检测有限公司（以下简称公司）于2006年9月注册成立，前身为学校中建新力材料检测所。公司隶属北京建筑大学，是学校的校办企业和对外服务的窗口，也是北京市高校中唯一具有建设工程检测资质的校办检测机构。严新兵任公司总经理、法定代表人。

北京建筑大学为公司提供了得天独厚的人才、资金、地域、设备和环境的优势，这个优势为公司科学、准确、公正、规范地进行检测工作提供了保障，十余年的公正检测使公司成为工程建设方首选的试验检测单位。自1996年至今公司承检单位工程项目3100余个，总建筑面积达1800万平方米，公司所承揽的主要项目类型有：地铁、古建及部分

房建。

(二) 管理工作

【概述】2014年公司制度进一步完善，期间修订了《人力资源管理办法》、《市场经营管理办法》、《固定资产管理制度》、《印章使用审批制度》，公司管理逐渐制度化、规范化。

(三) 经营工作

【概述】公司在"巩固扩大房建市场、稳固加强古建市场、开拓新兴市场"的经营战略指导下，古建检测市场业务稳中有升，房建、地铁市场经营工作得到了进一步提升和加强。

2014年致用恒力承担的各类服务项目一览表

序号	项目名称	负责人	建设单位	合同经费（万元）	起止时间
1	北京地铁16号线工程土建施工03合同段	严新兵	北京城市快轨建设管理有限公司	214.77	2013.06-2016.12
2	大兴亦庄新城Ⅲ-Ⅰ街区F地块居住及配套项目	赵建勋	远洋国际建设有限公司	/	2013.11-2015.12
3	北京广播电视大学食堂改扩建工程	赵建勋	北京市林业建筑工程有限公司	/	2013.11-2015.06
4	西堂子胡同33号四合院部分文物建筑修缮工程	赵建勋	北京市海淀区振海建筑公司	/	2013.10-2014.05
5	远洋天著R4地块剪刀墙工程	赵建勋	远洋国际建设有限公司	67	2014.01-2016.12
6	清华大学生命科学一期	赵建勋	北京建磊国际装饰工程有限公司	/	2014.03-2015.10
7	陶然亭慈悲庵、云绘楼修复	严新兵	北京房修一建筑工程有限公司	/	2014.04-2014.12
8	通州西集住宅、商业配套公建工程	严新兵	北京城建亚泰建设集团有限公司	/	2014.05-2015.12

(四) 人力资源工作

【概述】为满足公司不断发展和业务量不断增加的需要，2014年公司招聘2名员工，另加4名实习学生。目前，公司实际拥有员工20名（不含3名兼职老师）。

(五) 财务工作

【概述】2014年公司实际收入455.46万元，营业税金及附加1.64万元，净利润3.31万元，上交管理费用20万元。

（高方红　王建宾）

八、北京学宜宾馆有限公司

（一）概况

北京学宜宾馆有限公司（以下简称宾馆），隶属于北京建筑大学。1998年11月1日试营业，1999年9月21日正式取得接待国内外宾客的特级旅店资质。原拥有客房25间，2014年8月装修报告厅及卫生间占用一间客房，现为24间客房，报告厅一处。马小华任总经理、法定代表人。

作为北京建筑大学校内唯一有住宿服务接待资质的小型企业，宾馆自成立以来，始终树立学校利益第一的思想和意识，始终把满足学校的接待需要尤其是重大接待需要，作为开展经营活动的基本准则。在学校一系列本科及专业学科的教学评估、党建和思想政治工作评估、建筑类高校书记校长论坛等活动中，宾馆始终按照学校的安排严格执行，认真落实，高质量、高水平地完成了各项接待工作，受到校领导的多次肯定和表扬。

2010年3月以来，相继高水平地接待了江西省和黑龙江省电视台"全国两会"新闻专题报道组的报道和转播工作。作为校内宾馆能够为党和国家级的重要会议提供配套的服务接待工作，既为学校争得了荣誉，也是我们作为北建大校产人个人职业生涯中的荣幸和骄傲。

近年来，在上级党委及行政的领导下，宾馆各项管理制度不断完善，各项工作有章可循，工作效率不断提高，服务水平不断提升。作为校办企业，有着自身的特殊性，通过统筹校内外两个市场，兼顾服务与经营两个任务，积极主动开拓校外资源，达到以外养内、学校利益最大化的目的。通过宾馆团队的共同艰苦努力，宾馆近年来圆满完成了各项经营指标，每年均被西城公安分局评为安全保卫工作先进单位，截至2014年年底，累计完成上交任务近731.7万元。

（二）管理工作

【概述】经过宾馆团队艰苦努力，实现了2014年安全生产无事故，圆满完成了2014年各项管理工作计划。继续做好常规的运行管理工作，宾馆前台住房收入统计表（即日报表）仍坚持三方审核签字，通过日报表、月报表的填写审核，整个宾馆的收入情况、客房使用情况，一目了然。安保部每日坚持做好安全巡查并认真填写巡查日志。严格执行财务纪律，严控不必要的开支。

（三）经营工作

【概述】2014年受大气候影响，行业整体经营形势下滑，酒店业经营压力明显增大。年初经理办公会对本年面临的经济形势和主要工作进行了深入研讨，统一了思想。对装修改造期间对经营管理工作造成的经济损失程度进行了充分讨论。

【服务全国两会新闻报道】2014年3月，接待黑龙江电视台"全国两会新闻报道组"入住，为报道组提供全方位优质服务，保障了他们各项工作开展，受到了好评。

【提升服务环境】2014年7-8月，学校组织对宾馆大厅及报告厅进行了大规模的装修，整体环境大为改善。

（四）财务工作

【概述】2014年实现净产值188.7万元，完成预算收入180万元的105%，人均净产值

17.15万元。完成上缴30万元，超额10万元。交纳税金21万元，净利润40万元，实现资产总额109万元。

（马小华　王建宾）

九、北京建广嘉业房地产开发有限公司

（一）概况

北京建广嘉业房地产开发有限公司成立于2011年，隶属于北京建筑大学，由北京建筑大学全资企业北京建大资产经营管理有限公司、北京建工京精大房工程建设监理公司、北京建工建筑设计研究院、北京建工远大建设工程有限公司四家企业投资筹建。公司业务范围涵盖房地产开发，销售商品房，投资管理，项目投资，物业管理，工程技术咨询，租赁建筑设备，承办展览展示，设计、制作、代理、发布广告，家居装饰及设计，仓储服务等业务。公司目前有员工3人，丛小密兼任董事长、总经理、法定代表人。

（二）人力资源工作

【概述】在编人员3人，学校编制0人。

（三）财务工作

【概述】2014年营业总收入850.59万元、成本费用总额787.44万元、利润总额87.75万元，实现净利润73.59万元。2014年上交税费共计39.43万元。

（宛　霞　王建宾）

第十四章 毕业生名单

一、2014年北京建筑大学本科毕业生名单

序号	班级	姓名	序号	班级	姓名	序号	班级	姓名
1	材101	陆昊南	29	材102	李然	57	测101	王晶晶
2	材101	张莹	30	材102	孙梦	58	测101	王安琪
3	材101	李燕琪	31	材102	王伟超	59	测101	褚丹丹
4	材101	岳晨阳	32	材102	王义霞	60	测101	马莹
5	材101	于畅	33	材102	赵冰心	61	测101	邓嘉芬
6	材101	张志平	34	材102	张雨生	62	测101	黄山
7	材101	赵慧子	35	材102	赵钊	63	测101	刘野
8	材101	孙俣澄	36	材102	白天鹤	64	测101	张琪
9	材101	郝志诚	37	材102	马骏	65	测101	宋子超
10	材101	雷昊	38	材102	赵军	66	测101	任为
11	材101	王可	39	材102	赵一瀚	67	测101	彭飞
12	材101	唐晨	40	材102	王昊雄	68	测101	顾帅
13	材101	王思盟	41	材102	张忏	69	测101	于力超
14	材101	林英汉	42	材102	朱凤来	70	测101	张森
15	材101	赵智博	43	材102	周赛	71	测101	宋杨
16	材101	谢腾飞	44	材102	张一驰	72	测101	宋秉庚
17	材101	王瑜	45	材102	谷伟楠	73	测101	吴惺博
18	材101	金乐	46	材102	田赛禹	74	测101	赵思仲
19	材101	胡阳	47	材102	张凌峰	75	测101	崔启文
20	材101	李冲	48	材102	张菁	76	测101	何李耀
21	材101	李俊全	49	材102	张海龙	77	测101	段振国
22	材101	时一	50	材102	王会新	78	测101	于楷洋
23	材101	乔桐	51	材102	武世杰	79	测101	曾佳
24	材101	唐星	52	材102	李露露	80	测102	王慧
25	材101	史俊	53	材102	俞寰	81	测102	路妍
26	材101	崔海峥	54	测101	姚远	82	测102	李师镝
27	材101	化雨	55	测101	葛佳	83	测102	王柳
28	材101	王健	56	测101	张冲	84	测102	廉莲

续表

序号	班级	姓名	序号	班级	姓名	序号	班级	姓名
85	测102	张楠	121	地101	索萌	156	地102	其美仁增
86	测102	白洁	122	地101	王锦航	157	地102	张诗妍
87	测102	孔祥思	123	地101	孙健	158	地102	罗卿
88	测102	胡博	124	地101	马草泉	159	地102	王鸿杰
89	测102	杨旭东	125	地101	王利新	160	地102	周志强
90	测102	安博琦	126	地101	陈晨	161	地102	张傲
91	测102	王夏彤	127	地101	穆意	162	地102	王骞
92	测102	彭东旭	128	地101	吴迪	163	地102	董帅
93	测102	陈明瑞	129	地101	常悦	164	地102	平安
94	测102	张懿	130	地101	邓健	165	地102	张杰汉
95	测102	吴桐	131	地101	汤溢	166	地102	王晨阳
96	测102	闫浩	132	地101	查冰	167	地102	耳立健
97	测102	郭爽	133	地101	张佳琪	168	地102	苏海立
98	测102	唐昊	134	地101	程思杰	169	地102	张云阳
99	测102	姜浩	135	地101	周诚敢	170	地102	崔雅铭
100	测102	孙萌鑫	136	地101	张圣善	171	地102	孙庆轩
101	测102	李凡	137	地101	程宏宇	172	地102	秦维静
102	测102	苏斌	138	地101	薛惠敏	173	地102	李志安
103	地101	罗晓蕾	139	地101	马立鹏	174	地102	陈虎
104	地101	侯杨杨	140	地101	刘彦辉	175	地102	暴文刚
105	地101	李维思	141	地101	贺敏	176	地102	王顺富
106	地101	杨洁	142	地101	许芳伶	177	地102	欧阳海冰
107	地101	范嘉雯	143	地101	高子康	178	地102	杨瑞杰
108	地101	叶梦旎	144	地101	刘金喆	179	地102	李业
109	地101	何美辰	145	地101	滕永核	180	地102	郑友能
110	地101	刘露诗	146	地102	阿莱·木拉提	181	地102	陈东学
111	地101	于丽瑟	147	地102	贾丽婷	182	地102	崔浩然
112	地101	叶赛赛	148	地102	龚雨桐	183	地102	胡之彬
113	地101	赵妍冰	149	地102	韦宇飞	184	地102	彭亚运
114	地101	宋楠	150	地102	张睿琪	185	地102	李振
115	地101	马瑞	151	地102	葛海怡	186	地102	孟梦
116	地101	杨琦	152	地102	韩珅辰	187	地102	翟涛
117	地101	葛伯宣	153	地102	冯文秀	188	电气101	马海啸
118	地101	王焦	154	地102	努尔妮萨罕·托合提如则	189	电气101	孙丹阳
119	地101	宁宇				190	电气101	张凯萌
120	地101	陈曦	155	地102	熊熹璐	191	电气101	任欣毅

续表

序号	班级	姓名	序号	班级	姓名	序号	班级	姓名
192	电气101	窦泽鑫	228	电气102	庄博超	264	动力101	蔡壮
193	电气101	章逸辰	229	电气102	陈永利	265	动力101	刘晨
194	电气101	段然马克	230	电气102	董家君	266	动力101	王子玉
195	电气101	吴子旭	231	电气102	阮宸宇	267	动力101	茹鹤南
196	电气101	胡斌	232	电气102	孔庆然	268	动力101	袁荣升
197	电气101	杨君清	233	电气102	李学铭	269	动力101	胡明志
198	电气101	张鹤	234	电气102	芦腾	270	动力101	王晨阳
199	电气101	胡亚伟	235	电气102	马毅	271	动力101	曹葆
200	电气101	唐路	236	电气102	张宇松	272	动力101	胡夏钧
201	电气101	侯霄宇	237	电气102	王群	273	动力101	刘念庆
202	电气101	程穆	238	电气102	余飞	274	动力101	张桐郡
203	电气101	杨明威	239	电气102	梁志	275	法101	索朗扎西
204	电气101	吴桐	240	电气102	张骞	276	法101	占楚华
205	电气101	董轩	241	电气102	耿雷	277	法101	刘子音
206	电气101	王志松	242	电气102	关鹏飞	278	法101	于澈
207	电气101	陈鑫	243	电气102	史茂林	279	法101	于水心
208	电气101	赵洋	244	电气102	高欣	280	法101	陆金杨子
209	电气101	屠文童	245	电气102	周岩	281	法101	张瑾
210	电气101	杨光	246	电气102	孙展	282	法101	王清越
211	电气101	赵譞	247	电气102	黄薇	283	法101	徐家英
212	电气101	迟玉凯	248	动力101	卢晓颖	284	法101	彭淼
213	电气101	任继强	249	动力101	孟中园	285	法101	贾玉婷
214	电气101	郑鹏飞	250	动力101	张文鹏	286	法101	曹畅
215	电气101	张平安	251	动力101	李浩智	287	法101	艾玉娇
216	电气101	李昭毅	252	动力101	佟峥	288	法101	孟夕楚
217	电气101	张文德	253	动力101	宗岩	289	法101	刘籽含
218	电气101	沈显祖	254	动力101	陈其喆	290	法101	邹佳君
219	电气102	周晟溦	255	动力101	朱弘午	291	法101	梁丽莉
220	电气102	陈博洋	256	动力101	张萌	292	法101	马丽萍
221	电气102	张海群	257	动力101	张逸雄	293	法101	黎启平
222	电气102	田苗	258	动力101	刘畅	294	法101	赫翔宇
223	电气102	张宇征	259	动力101	周祎晨	295	法101	柴纳智
224	电气102	马美婷	260	动力101	张祺	296	法101	张骁
225	电气102	张天一	261	动力101	张磊	297	法101	许智远
226	电气102	胡子晗	262	动力101	穆高欢	298	法101	刘秀
227	电气102	马跃	263	动力101	李健	299	法101	张旭

续表

序号	班级	姓名	序号	班级	姓名	序号	班级	姓名
300	法101	娄喜晨	335	法102	汪岩	371	工业101	见龙江
301	法101	孙茂淋	336	法102	马赫	372	工业101	黄为正
302	法101	韩春达	337	工设101	皎洁	373	工业101	杨鑫亮
303	法101	赵奕翔	338	工设101	关剑	374	工业101	叶辉
304	法101	晏振宇	339	工设101	俞晨驹	375	工业101	程圣洁
305	法101	朱琳	340	工设101	孙志强	376	工业101	鄂楠峰
306	法102	古丽米拉·阿不力孜	341	工设101	刘小彤	377	工业101	王铎
307	法102	朱思蓓	342	工设101	王一川	378	工业101	于洪德
308	法102	杨梦楠	343	工设101	付甜甜	379	工业101	方亮
309	法102	翟梓含	344	工设101	程静	380	工业101	付斌
310	法102	白璐	345	工设101	刘姿	381	工业101	姜楠
311	法102	张莹莹	346	工设101	张婧婵	382	工业101	张宽
312	法102	孙颖	347	工设101	张佳惠	383	工业101	黄伟东
313	法102	张佳欣	348	工设101	程婉晴	384	工业101	杨卓龙
314	法102	吴彤	349	工设101	曹明璐	385	工业101	袁满
315	法102	张洺楹	350	工设101	袁浙奕	386	工业101	张帆
316	法102	王华	351	工设101	胡玄轶	387	工业101	郭鑫
317	法102	高英杰	352	工设101	沈澹宁	388	工业101	赵飒
318	法102	孟祥磊	353	工设101	邹乐	389	工业101	高杰
319	法102	马榕	354	工设101	强项	390	工业101	王顺欣
320	法102	张子墨	355	工设101	赵方舟	391	工业101	纪建飞
321	法102	王骏英	356	工设101	路尧	392	工业101	许世卿
322	法102	徐欢	357	工设101	卢谦	393	工业101	郭亚超
323	法102	刘丽娜	358	工设101	陆飚	394	公管101	张享
324	法102	张鹏雪	359	工设101	芦志鹏	395	公管101	次仁曲珍
325	法102	吴冬阳	360	工设101	王宇宁	396	公管101	热旦卓玛
326	法102	杨志刚	361	工设101	韦顺翔	397	公管101	马学丽
327	法102	孙琳军	362	工设101	黄振宏	398	公管101	米合热阿依·艾斯凯尔
328	法102	把帅	363	工业101	李尤嘉	399	公管101	居瓦力亚·阿不都加帕尔
329	法102	王霁	364	工业101	汪佳宁			
330	法102	徐立洋	365	工业101	葛田子	400	公管101	陈冠洋
331	法102	田雨豪	366	工业101	李慧	401	公管101	孙佳莹
332	法102	彭玉成	367	工业101	陈璐	402	公管101	孙晨
333	法102	梁建坤	368	工业101	张宁	403	公管101	谢杰
334	法102	索朗次仁	369	工业101	李赛	404	公管101	田晓莹
			370	工业101	王梓玫			

续表

序号	班级	姓名	序号	班级	姓名	序号	班级	姓名
405	公管101	白雨欣	440	公管101	吴悠	476	管101	李鹏辉
406	公管101	马静雯	441	公管101	符方雅	477	管101	王一雯
407	公管101	符思	442	管101	刘欣哲	478	管101	顾春晓
408	公管101	王雪	443	管101	刘辰星	479	管101	郑路
409	公管101	高倩	444	管101	邓波尔	480	管102	赵之含
410	公管101	焦洋	445	管101	侯飞	481	管102	王僖
411	公管101	顾滢	446	管101	马思聪	482	管102	刘倩瑜
412	公管101	贺彦迪	447	管101	侯宜佳	483	管102	李娜
413	公管101	刁卓	448	管101	王晶	484	管102	李鑫
414	公管101	马冬雪	449	管101	万若萌	485	管102	段思婷
415	公管101	张昭	450	管101	叶晓蒙	486	管102	白靖雯
416	公管101	张凯洋	451	管101	高爱雪	487	管102	仰倩
417	公管101	宋菲	452	管101	姚建萌	488	管102	赵洋
418	公管101	孙超	453	管101	田博文	489	管102	陈子君
419	公管101	邓开心	454	管101	张馨月	490	管102	马璇
420	公管101	杨小梅	455	管101	闫修文	491	管102	徐佳子
421	公管101	刘颖桐	456	管101	雒易	492	管102	邹绍峰
422	公管101	叶尔扎提·乌尔别克	457	管101	张迪	493	管102	曹焱
			458	管101	李昂皓	494	管102	钮戈
423	公管101	孙睿	459	管101	王硕	495	管102	周鲁立
424	公管101	董萱	460	管101	张尧	496	管102	王少杰
425	公管101	李国众	461	管101	陈博伦	497	管102	黄昊宇
426	公管101	牟一夫	462	管101	刘昊	498	管102	朱振
427	公管101	付源	463	管101	臧鑫玉	499	管102	张维
428	公管101	魏铮	464	管101	唐皓晨	500	管102	于灏
429	公管101	袁僮骏	465	管101	陈萌	501	管102	高启耘
430	公管101	邓睿	466	管101	张俊岭	502	管102	杨双杰
431	公管101	李泽	467	管101	陈俊	503	管102	杨骏飞
432	公管101	许翔宇	468	管101	郑智炘	504	管102	梁家杰
433	公管101	张振	469	管101	孙志远	505	管102	马小军
434	公管101	赵维良	470	管101	梁其湛	506	管102	何建伟
435	公管101	王逸飞	471	管101	谢问	507	管102	王柏又
436	公管101	王驰	472	管101	刘新宇	508	管102	杨青
437	公管101	王恒	473	管101	胡冲	509	管102	郁丽
438	公管101	房建涛	474	管101	何欣	510	管102	张硕
439	公管101	吕记	475	管101	马峰	511	管102	韩鹏飞

续表

序号	班级	姓名	序号	班级	姓名	序号	班级	姓名
512	管102	吴桐	548	管103	林茹	584	环工101	袁梦
513	管102	李晶	549	管103	万奇	585	环工101	康雪冬
514	管102	王茜	550	管103	李蕊	586	环工101	张博雅
515	管102	王焕	551	管103	金芳	587	环工101	牛耘
516	管103	苏巍	552	管103	张莎莎	588	环工101	郑予宁
517	管103	娄雪	553	管103	邱勇	589	环工101	曹薇
518	管103	李硕	554	管103	张冉	590	环工101	关胜男
519	管103	庄晓宇	555	管103	王杉	591	环工101	林红
520	管103	李乐	556	规091	王天一	592	环工101	肖爽
521	管103	张小菊	557	规091	李静岩	593	环工101	阮宇萱
522	管103	吕萌	558	规091	王煦立	594	环工101	杨菁竹
523	管103	冯昱	559	规091	姜楠	595	环工101	赵亚静
524	管103	刘琦	560	规091	谷韵	596	环工101	张佳
525	管103	陈曦	561	规091	王潇	597	环工101	吴桐
526	管103	赫敏	562	规091	张晶宇	598	环工101	陈东奇
527	管103	庞婉	563	规091	孙思瑾	599	环工101	芦山
528	管103	邰典	564	规091	贺宜桢	600	环工101	魏子沫
529	管103	苏艳飞	565	规091	曲莎白	601	环工101	左烨
530	管103	夏红瑛	566	规091	李晨卉	602	环工101	李琛
531	管103	陈依骏	567	规091	张琬乔	603	环工101	龙昊川
532	管103	钟文轩	568	规091	赵琳	604	环工101	唐明磊
533	管103	伍叶	569	规091	邓美然	605	环工101	刘路阳
534	管103	张涵	570	规091	王惠婷	606	环工101	沈浩
535	管103	毛洪波	571	规091	宋卓芮	607	环工101	孙浩驰
536	管103	仲丁	572	规091	徐凯扬	608	环工101	瞿杨晟
537	管103	董芮言	573	规091	李浩	609	环工101	岳靖淋
538	管103	赵娜娜	574	规091	梁晓东	610	环工101	宋建礼
539	管103	刘金龙	575	规091	于洋	611	环工101	乔宝文
540	管103	郭倩	576	规091	张歆喆	612	环工101	林豫亮
541	管103	安邦	577	规091	邓啸骢	613	环工101	刘振利
542	管103	姚梓钧	578	规091	唐宇飞	614	环工101	王成
543	管103	韩学超	579	规091	李晓龙	615	环工101	晋文静
544	管103	白云	580	规091	宋名扬	616	环工101	张歆月
545	管103	韩宇	581	规091	张达	617	环工101	卫薇
546	管103	骆珊珊	582	规091	张秋扬	618	环工101	段继红
547	管103	李娇	583	规091	穆桐	619	环工101	张喆

续表

序号	班级	姓名	序号	班级	姓名	序号	班级	姓名
620	环工101	陈青	656	环科101	符其实	692	机102	刘悦
621	环工101	孟子钰	657	环科101	杜昆伟	693	机102	王齐
622	环工101	刘冉	658	机101	梁小晨	694	机102	王柱丹
623	环工101	郭成	659	机101	付冲	695	机102	张嵩
624	环科101	丁珅	660	机101	周博伦	696	机102	王东
625	环科101	洪辛璐	661	机101	段淼	697	机102	王硕
626	环科101	杨波	662	机101	郑旭达	698	机102	张月
627	环科101	云亲	663	机101	苏晨	699	机102	薛奇闻
628	环科101	吉羽佳	664	机101	杨阳	700	机102	张兵
629	环科101	贾燕妮	665	机101	朱英杰	701	机102	杜纪元
630	环科101	刘雨蒙	666	机101	王浩	702	机102	白拴龙
631	环科101	王玮琪	667	机101	樊新雅	703	机102	霍瑞
632	环科101	宋薇	668	机101	刘佳	704	机103	崔琪
633	环科101	李然	669	机101	张洋	705	机103	宋雪顿
634	环科101	刘芮杉	670	机101	康永超	706	机103	任思雨
635	环科101	梁云超	671	机101	刘刚	707	机103	刘午悦
636	环科101	李卓霖	672	机101	肖伟	708	机103	张潮
637	环科101	蔚可	673	机101	宋宝林	709	机103	何翔宇
638	环科101	王美仙	674	机101	朱学毅	710	机103	陈端阳
639	环科101	曹青	675	机101	孙文俊	711	机103	曹祎勍
640	环科101	何运	676	机101	冯帆	712	机103	赵迪
641	环科101	张景彬	677	机101	秦学宇	713	机103	赵军
642	环科101	任皓	678	机101	高英剑	714	机103	赵晓通
643	环科101	张天扬	679	机102	刘晓露	715	机103	王一乐
644	环科101	杨雪铮	680	机102	孟李婧睿	716	机103	毛志飞
645	环科101	苗海尧	681	机102	冯金月	717	机103	陈泽钰
646	环科101	王宇霄	682	机102	黄宇轩	718	机103	吕彤
647	环科101	贾强	683	机102	谭川	719	机103	鲁增辉
648	环科101	王家元	684	机102	于晓航	720	机103	陈宇腾
649	环科101	魏一哲	685	机102	魏立桐	721	机103	赵学强
650	环科101	陆辉	686	机102	赵佳俊	722	机103	芦雪坤
651	环科101	徐至澄	687	机102	徐旻昊	723	机103	杨馨贺
652	环科101	陈陈	688	机102	刘运韬	724	机103	李奇
653	环科101	朱佳焱	689	机102	周航	725	机103	李东阁
654	环科101	王瑞	690	机102	付震	726	机103	王姜楠
655	环科101	张鹤怀	691	机102	邱磊	727	机103	马新胜

续表

序号	班级	姓名	序号	班级	姓名	序号	班级	姓名
728	机103	孟令欣	763	计101	梁慧珍	799	计102	马运钢
729	机103	欧阳钦	764	计101	马倩	800	计102	刘行
730	机103	李经纬	765	计101	陆永杰	801	计102	马健
731	机103	汪锐	766	计101	尚帅	802	计102	胡海静
732	机104	修世敏	767	计101	张兴时	803	计102	娄云驰
733	机104	张敬纮	768	计101	黎凌	804	计102	车云龙
734	机104	崔梦华	769	计101	闫伟帝	805	计102	牟世强
735	机104	钱盈	770	计101	马云龙	806	计102	蒋春阳
736	机104	刘庆日	771	计101	杨璐鹏	807	计102	封宇
737	机104	朱晚贺	772	计101	崔一夫	808	计102	李显锋
738	机104	郭加源	773	计101	赵海峰	809	计102	刘武强
739	机104	武伯有	774	计101	付亚军	810	计102	柯皓飞
740	机104	苏可	775	计101	朱佳楠	811	计102	姜勇男
741	机104	马瀛溟	776	计101	王淼	812	计102	曹阳阳
742	机104	温大维	777	计101	郑琦	813	建091	冯頔
743	机104	王峥	778	计101	蒋建广	814	建091	杨旭
744	机104	张海峰	779	计101	安典典	815	建091	谌羽洋
745	机104	秦震	780	计101	荀朝国	816	建091	张雨晴
746	机104	孙宇铎	781	计101	李桐	817	建091	傅亦鸥
747	机104	张瑞峰	782	计101	张明茜	818	建091	刘昱迪
748	机104	杨文澈	783	计101	王磊	819	建091	郑春晖
749	机104	韩硕	784	计101	高健	820	建091	贾园
750	机104	王尧	785	计102	刘旭	821	建091	杨叶
751	机104	陈希	786	计102	屈欣欣	822	建091	王妍硕
752	机104	张鑫	787	计102	李婉莹	823	建091	陆远方
753	机104	刘硕	788	计102	方枝	824	建091	张禹茜
754	机104	蒋艺	789	计102	莫荔婷	825	建091	李倩男
755	机104	汪弘扬	790	计102	韩忠	826	建091	刘洋
756	机104	高启蒙	791	计102	邓执方	827	建091	李勇
757	机104	陈钢	792	计102	刘砚明	828	建091	林骁
758	机104	陈忠伟	793	计102	吉庆	829	建091	周仲平
759	计101	蒲莉梅	794	计102	张天贺	830	建091	余洋
760	计101	阿依努尔·阿不都乌江	795	计102	蒋伟昌	831	建091	杨尚智
			796	计102	戴林桐	832	建091	李劲夫
761	计101	武艳丽	797	计102	韩笑	833	建091	肖鹏飞
762	计101	沈小云	798	计102	刘尚	834	建091	张昊驰

续表

序号	班级	姓名	序号	班级	姓名	序号	班级	姓名
835	建091	陈斌	871	建电101	林琮超	907	交通101	王水
836	建091	王教萌	872	建电101	王则远	908	交通101	王东启
837	建091	刘星	873	建电101	陈野	909	交通101	李凡
838	建092	李彤	874	建电101	葛庆虎	910	交通101	李宁
839	建092	郑诗璇	875	建电101	毛昆仑	911	交通101	胡佳炜
840	建092	张霓珂	876	建电101	修圣朝	912	交通101	刘乾坤
841	建092	李如婷	877	建电101	宋雨祥	913	交通101	吴家兴
842	建092	张一凡	878	建电101	赵天一	914	交通101	王霄
843	建092	余新骁	879	建电101	高心宇	915	交通101	林鹏
844	建092	李思佳	880	建电101	康悦	916	交通101	陈佳威
845	建092	曹亦潇	881	建电101	李沅轩	917	交通101	贺成林
846	建092	吴晓萌	882	建电101	胡海鹏	918	暖101	李师文
847	建092	李孟洋	883	建电101	侯宇明	919	暖101	肖璇
848	建092	张欣桐	884	建电101	李宇阳	920	暖101	李婉珺
849	建092	康英璇	885	建电101	李升一	921	暖101	孙亚男
850	建092	孙培真	886	建电101	贾瀛胜	922	暖101	赵艾林
851	建092	张紫元	887	建电101	朱啸宇	923	暖101	狄楠
852	建092	赵屹	888	建电101	魏承晨	924	暖101	许晶晶
853	建092	姚博健	889	建电101	雍凌风	925	暖101	王雪琰
854	建092	茅天煜	890	交通101	张宇鹏	926	暖101	王思月
855	建092	吕健超	891	交通101	韩旭	927	暖101	陈嘉荣
856	建092	金甭	892	交通101	曹影	928	暖101	杨晓芃
857	建092	刘春茂	893	交通101	许楠	929	暖101	时凯
858	建092	刘洋	894	交通101	高思琦	930	暖101	金荣袁
859	建092	韩建屋	895	交通101	纪萌	931	暖101	刘志强
860	建电101	王横笛	896	交通101	王至言	932	暖101	谭腾
861	建电101	高雨晨	897	交通101	周雪	933	暖101	戴兵
862	建电101	张悦	898	交通101	张一鸣	934	暖101	洪晓威
863	建电101	郭鑫	899	交通101	冉墨文	935	暖101	刘未名
864	建电101	王竹颖	900	交通101	孙文博	936	暖101	陈佳宁
865	建电101	袁云霜	901	交通101	康晨	937	暖101	李爽
866	建电101	郭马赟	902	交通101	段皓仁	938	暖101	陶然
867	建电101	班玉婷	903	交通101	田丰粟	939	暖101	马硕
868	建电101	范嘉铭	904	交通101	于帆	940	暖101	姜佳庆
869	建电101	吉逸韬	905	交通101	张贺	941	暖101	吴金旭
870	建电101	郁麒麟	906	交通101	王硕	942	暖101	戴嘉林

续表

序号	班级	姓名	序号	班级	姓名	序号	班级	姓名
943	暖101	栗博	979	商101	梁雪楠	1015	商102	房允淞
944	暖101	陈思洋	980	商101	张亚敏	1016	商102	马辉
945	暖101	史静姿	981	商101	邰若尊	1017	商102	李晨
946	暖101	安春爽	982	商101	张岚	1018	商102	高杉
947	暖101	寇展通	983	商101	魏楠	1019	商102	王玉婉
948	暖102	任计晨	984	商101	王然	1020	商102	黄玉婷
949	暖102	任启文	985	商101	尚明慧	1021	商102	王伟
950	暖102	孙京扬	986	商101	谢子健	1022	商102	陈莹
951	暖102	柴梦	987	商101	孙霍娜	1023	商102	王盈
952	暖102	王伊依	988	商101	彭亦乔	1024	商102	金迪
953	暖102	付旭洁	989	商101	李璐璐	1025	商102	刘云飞
954	暖102	朱辰	990	商101	王靖靖	1026	商102	王文婧
955	暖102	申懿琳	991	商101	马萧萧	1027	商102	李辉
956	暖102	王凯雯	992	商101	穆塔力甫·木拉提	1028	商102	卜璇
957	暖102	任碧莹	993	商101	刘全权	1029	商102	车驰
958	暖102	赵兴	994	商101	董子硕	1030	商102	武婧雯
959	暖102	金春月	995	商101	许靖康	1031	商102	李勇
960	暖102	于哲	996	商101	高培原	1032	商102	肖力铭
961	暖102	郭啸尘	997	商101	薛飞	1033	商102	田雨霆
962	暖102	牛保柱	998	商101	孙旭	1034	商102	王雨哲
963	暖102	王研昊	999	商101	苗壮	1035	商102	麻力柯·马尔旦
964	暖102	赵宇明	1000	商101	刁硕	1036	商102	祝荣昕
965	暖102	姚申琦	1001	商101	张鑫	1037	商102	赵子豪
966	暖102	王岩松	1002	商101	赵惠冉	1038	商102	乔昊
967	暖102	冯轩	1003	商101	李建涛	1039	商102	王建保
968	暖102	张浩东	1004	商101	孟思桥	1040	商102	马建军
969	暖102	赵亚鑫	1005	商101	崔晨	1041	商102	冯鹏祥
970	暖102	韩兴元	1006	商101	连泽华	1042	商102	林羽鸿
971	暖102	刘畅	1007	商101	刘勍	1043	商102	马万元
972	暖102	孙成	1008	商101	王斯萍	1044	商102	尹梵州
973	暖102	何繁	1009	商101	佟蕊	1045	商102	李馨怡
974	暖102	王朝松	1010	商101	宋蕊	1046	商102	王昕
975	暖102	孙知	1011	商101	李丹	1047	商102	刘淼
976	商101	底梦皎	1012	商101	吴骆骆	1048	商102	邢红静
977	商101	杨楠	1013	商101	唐鸥	1049	商102	曹冬静
978	商101	郑婷婷	1014	商101	刘海泉	1050	商102	孙天阳

续表

序号	班级	姓名	序号	班级	姓名	序号	班级	姓名
1051	商102	徐政辉	1087	社102	周迪	1123	水101	崔文龙
1052	商102	王美玲	1088	社102	李祎瑶	1124	水101	闫宇
1053	商102	刘晓盼	1089	社102	张丹宇	1125	水101	杨宇航
1054	社101	扎西平措	1090	社102	金毓	1126	水101	时汉林
1055	社101	张思宇	1091	社102	谢筱萱	1127	水101	王超
1056	社101	柳旭	1092	社102	刘婧仪	1128	水101	杨帅
1057	社101	朱晓丽	1093	社102	翟立航	1129	水101	卢天航
1058	社101	焦雨辰	1094	社102	李秋实	1130	水101	魏煜恩
1059	社101	杨思予	1095	社102	张琪	1131	水101	郭宏策
1060	社101	曹珅	1096	社102	李明慧	1132	水101	徐嗣禹
1061	社101	齐霁	1097	社102	房晔	1133	水101	李春跃
1062	社101	匡馨	1098	社102	但鲜	1134	水101	李照东
1063	社101	马梦莹	1099	社102	海尔尼沙·依明	1135	水101	肖利成
1064	社101	张栩	1100	社102	刘娅婷	1136	水101	刘佳伦
1065	社101	孙冯军	1101	社102	杨柳	1137	水101	陈璐
1066	社101	李雨涵	1102	社102	李智丹	1138	水101	李学义
1067	社101	安格丽木	1103	社102	邱若雨	1139	水101	洪海旭
1068	社101	王璐	1104	社102	陈光华	1140	水101	李硕
1069	社101	赵雪晴	1105	社102	贾磊	1141	水101	卢超
1070	社101	赵吉	1106	社102	高鹏	1142	水102	呼彦佳
1071	社101	周冰伟	1107	社102	孟驰	1143	水102	赵萌
1072	社101	刘艺菲	1108	社102	茹铮	1144	水102	颜健仪
1073	社101	李晓伟	1109	社102	郭晓鑫	1145	水102	董加星
1074	社101	陈昱帆	1110	社102	武文豪	1146	水102	张欣尉
1075	社101	刘奕均	1111	水101	张旸	1147	水102	王齐
1076	社101	陈旭	1112	水101	翟羽佳	1148	水102	戴洁璞
1077	社101	孙思达	1113	水101	杜婧婷	1149	水102	张蕊
1078	社101	黄迪	1114	水101	奚凝楚	1150	水102	谢军
1079	社101	杨超	1115	水101	杨帆	1151	水102	窦佳杰
1080	社101	许清波	1116	水101	邵珺	1152	水102	吴坤
1081	社101	程威诺	1117	水101	李冰	1153	水102	王汉
1082	社101	吴万佳	1118	水101	李蒙	1154	水102	李和晨
1083	社101	田仕强	1119	水101	孙羽瞳	1155	水102	王申
1084	社102	次仁卓嘎	1120	水101	祝叶	1156	水102	李昂
1085	社102	开迪丽亚·买买提	1121	水101	陈浩翔	1157	水102	曹程龙
1086	社102	陈冉薇	1122	水101	徐钺	1158	水102	郭佳鑫

续表

序号	班级	姓名	序号	班级	姓名	序号	班级	姓名
1159	水102	张鹤	1195	土101	段星宇	1231	土102	管栋良
1160	水102	刘震	1196	土101	刘啸	1232	土102	张开
1161	水102	赵岱翔	1197	土101	刘鹏	1233	土102	邢帅
1162	水102	杨成博	1198	土101	陈齐禹	1234	土102	宗亚乐
1163	水102	陈佳伟	1199	土101	陈宇	1235	土102	柳聪
1164	水102	王星辰	1200	土101	刘洋	1236	土102	陈铎
1165	水102	于洋	1201	土101	郝志强	1237	土102	郝燚
1166	水102	何振兴	1202	土101	刘辉	1238	土102	王伟
1167	水102	万迪	1203	土101	李建永	1239	土102	熊安奇
1168	水102	王孟姝	1204	土101	徐微	1240	土102	管天成
1169	土101	田晓晨	1205	土101	田地	1241	土102	余飞
1170	土101	齐佳莅	1206	土101	刘洋	1242	土102	吕勇刚
1171	土101	刘朝阳	1207	土101	陈伟东	1243	土102	冯嘉年
1172	土101	张盟	1208	土101	赵昊	1244	土102	杨晓宇
1173	土101	王琳	1209	土101	朱旭	1245	土102	高旭鹏
1174	土101	周京京	1210	土101	王颖	1246	土102	张英
1175	土101	时铎	1211	土102	张云龙	1247	土102	姚畅
1176	土101	孙继源	1212	土102	焦月	1248	土102	王小童
1177	土101	胡雨蛟	1213	土102	史杰	1249	土102	张孟羽
1178	土101	陈昕岩	1214	土102	张倩	1250	土102	吴佳杰
1179	土101	杨一丁	1215	土102	李一然	1251	土102	王洪森
1180	土101	王申	1216	土102	崔盈利	1252	土103	陈晓艺
1181	土101	臧崇武	1217	土102	王文婷	1253	土103	周瑾
1182	土101	杨树	1218	土102	冯芮	1254	土103	方婧婷
1183	土101	王昕明	1219	土102	刘嘉瑞	1255	土103	王丹
1184	土101	孟洋	1220	土102	吴天樯	1256	土103	刘冬阳
1185	土101	朱天宇	1221	土102	宋恩泽	1257	土103	班莎芮
1186	土101	刘英奇	1222	土102	李开元	1258	土103	李星辰
1187	土101	王仁飞	1223	土102	臧懋循	1259	土103	胡文韬
1188	土101	齐波	1224	土102	秦嘉瑞	1260	土103	陈剑昊
1189	土101	李震	1225	土102	张鑫迪	1261	土103	王逸飞
1190	土101	王轩	1226	土102	刘佳泽	1262	土103	于江
1191	土101	丁鹏远	1227	土102	韩旭	1263	土103	刘鑫
1192	土101	张岩	1228	土102	韩硕	1264	土103	张梦野
1193	土101	刘冯伟	1229	土102	宋建硕	1265	土103	赵若玺
1194	土101	王言序	1230	土102	周错	1266	土103	傅宝阳

续表

序号	班级	姓名	序号	班级	姓名	序号	班级	姓名
1267	土103	向子明	1303	土104	冯鑫	1339	土105	杜鹏
1268	土103	李端	1304	土104	张伽伟	1340	土105	孙哲
1269	土103	胡艳豪	1305	土104	张驰	1341	土105	隗和佳
1270	土103	张建桥	1306	土104	李峥	1342	土105	王雪晨
1271	土103	高鹏飞	1307	土104	张皓	1343	土105	张冬雪
1272	土103	张云	1308	土104	王宏岩	1344	土105	郭文鹏
1273	土103	赵一超	1309	土104	张继超	1345	土105	张桥
1274	土103	黄金龙	1310	土104	季续	1346	土105	王学峥
1275	土103	王博	1311	土104	门天宇	1347	土105	朱昊
1276	土103	果新猛	1312	土104	杨晓宇	1348	土105	李兴
1277	土103	刘潇	1313	土104	张路玉	1349	土105	齐立立
1278	土103	王承金	1314	土104	佟士伦	1350	土105	张雷
1279	土103	舒振	1315	土104	贾伟超	1351	土105	石越峰
1280	土103	付利鹏	1316	土104	付广宇	1352	土105	韩昊岳
1281	土103	徐小松	1317	土104	陈竟	1353	土105	周伟
1282	土103	何骁	1318	土104	许维特	1354	土105	梁智博
1283	土103	沈栋晔	1319	土104	谢冰	1355	土105	公冶赛赛
1284	土103	朱江成	1320	土104	赵力	1356	土105	张云浩
1285	土103	黄忻言	1321	土104	程堃	1357	土105	李帆
1286	土103	刘星	1322	土104	吕佳楠	1358	土105	刘家成
1287	土103	袁立美	1323	土104	裴亚楠	1359	土105	杨晨旭
1288	土103	谢建伟	1324	土104	张沛艺	1360	土105	陈琳
1289	土103	武铮	1325	土104	龚迎霜	1361	土105	高明鑫
1290	土104	赵齐	1326	土104	李思宇	1362	土106	姚东
1291	土104	邸聪	1327	土104	臧若忱	1363	土106	高雅坤
1292	土104	侯枫琳	1328	土104	王桐原	1364	土106	李昕楠
1293	土104	王秀娟	1329	土104	贾熙正	1365	土106	周彤
1294	土104	杜佳	1330	土104	刘勇	1366	土106	高金桥
1295	土104	范仟和	1331	土105	何政政	1367	土106	游博雅
1296	土104	李靖	1332	土105	施博洽	1368	土106	宋蕾
1297	土104	李安朗	1333	土105	马艺琳	1369	土106	杨浩霖
1298	土104	陈曦	1334	土105	孙铭	1370	土106	李浩然
1299	土104	张海祯	1335	土105	杨旭	1371	土106	王健
1300	土104	朱新亚	1336	土105	冯杨乃惠	1372	土106	朱天意
1301	土104	杨帆	1337	土105	周丽	1373	土106	马胜凯
1302	土104	芦宁	1338	土105	刘寅枫	1374	土106	李冬晨

续表

序号	班级	姓名	序号	班级	姓名	序号	班级	姓名
1375	土106	王煦	1411	土107	肖文飞	1447	信101	王浩磊
1376	土106	张润泽	1412	土107	梁凯	1448	信101	焦秋博
1377	土106	郭立天	1413	土107	吕念平	1449	信101	岳良祥
1378	土106	姚骏	1414	土107	王佳旺	1450	信101	彭佑猛
1379	土106	尚文竹	1415	土107	张坤	1451	信101	薛苏海
1380	土106	张慧	1416	土107	贾宸颉	1452	营101	何佩珊
1381	土106	李硕	1417	土107	章良兵	1453	营101	唐世超
1382	土106	王志伟	1418	土107	代海滨	1454	营101	刘立国
1383	土106	于昕朋	1419	土107	刘项	1455	营101	刘小榕
1384	土106	李亮	1420	土107	陈理	1456	营101	次仁卓玛
1385	土106	刘磊	1421	信101	满缙	1457	营101	李辛未
1386	土106	李大军	1422	信101	李菁	1458	营101	李奇琪
1387	土106	王硕	1423	信101	赵娜	1459	营101	孟然君
1388	土106	鲁晨曦	1424	信101	孟凡畅	1460	营101	田宇航
1389	土106	吴文昊	1425	信101	高秀岑	1461	营101	加马力·努尔兰
1390	土106	李成奎	1426	信101	邢思雨	1462	营101	尹莉丽
1391	土106	李聪	1427	信101	黄梅靓	1463	营101	巴合提古力·艾尼
1392	土106	李磊	1428	信101	白孟洁	1464	营101	祖丽胡马·吐尔逊
1393	土106	鲁娇	1429	信101	刘子琨	1465	营101	姚颖
1394	土106	郭超跃	1430	信101	陈景源	1466	营101	梁春扬
1395	土106	勾美玉	1431	信101	李翔	1467	营101	闵美
1396	土106	杨晨威	1432	信101	高睿申	1468	营101	艾尼达杰扎西
1397	土107	黄玉	1433	信101	薛晨	1469	营101	祝博宇
1398	土107	高小宇	1434	信101	高嘉桐	1470	营101	冯宝心
1399	土107	张瑶美子	1435	信101	吕文侨	1471	营101	郭溢
1400	土107	魏钱钰	1436	信101	张天笑	1472	营101	刘冬杰
1401	土107	罗平	1437	信101	洪昊星	1473	营101	党鑫
1402	土107	郑志雅	1438	信101	李振东	1474	营101	刘畅
1403	土107	王钰涵	1439	信101	刘洋	1475	营101	麦尔旦·艾则孜
1404	土107	李焕珣	1440	信101	李冬斌	1476	营101	王华峰
1405	土107	龚皓	1441	信101	曹立阳	1477	营101	赵帅
1406	土107	迈超	1442	信101	张凯屹	1478	营101	宋琦
1407	土107	周韶毅	1443	信101	王卓鑫	1479	营101	梁曾琦皓
1408	土107	陈鹏	1444	信101	王子威	1480	营101	马梓城
1409	土107	马杨	1445	信101	汪科旭	1481	营101	南海娇
1410	土107	范磊	1446	信101	王超	1482	营101	宣彬

续表

序号	班级	姓名	序号	班级	姓名	序号	班级	姓名
1483	营101	徐媛媛	1512	营102	王昭星	1541	自101	秦泽
1484	营102	胡晓庆	1513	自101	李成瀛	1542	自102	鲍滨
1485	营102	次仁卓嘎	1514	自101	赵欣宁	1543	自102	程驰
1486	营102	韩雪	1515	自101	王博筠	1544	自102	戴岳琳
1487	营102	骆雯	1516	自101	叶思清	1545	自102	谈亦豪
1488	营102	王雯	1517	自101	李琳	1546	自102	尚洋
1489	营102	孙燕萍	1518	自101	蔡文婷	1547	自102	韩莹雪
1490	营102	闫妍	1519	自101	马峥	1548	自102	张淑静
1491	营102	朱爽	1520	自101	孙博文	1549	自102	高明翰
1492	营102	王婵媛	1521	自101	田浩	1550	自102	刘昱
1493	营102	奴力燕·哈斯木江	1522	自101	范家林	1551	自102	耿冬
1494	营102	常文琦	1523	自101	郭楠	1552	自102	王跃
1495	营102	赵康荔	1524	自101	池鹏	1553	自102	耿瑞琪
1496	营102	张可	1525	自101	高海陆	1554	自102	王牧珩
1497	营102	肖欢	1526	自101	张子峰	1555	自102	马钊
1498	营102	张丹丹	1527	自101	刘家	1556	自102	南浩
1499	营102	陈天润	1528	自101	李铮	1557	自102	常绍峰
1500	营102	刘玉博	1529	自101	陈奇	1558	自102	张瑞
1501	营102	吴奇	1530	自101	陈浩	1559	自102	黄衡恬
1502	营102	牛瀚文	1531	自101	李健	1560	自102	田禹
1503	营102	苏展	1532	自101	何强	1561	自102	霍强
1504	营102	刘彦强	1533	自101	姚艳杰	1562	自102	杨琪
1505	营102	李胜龙	1534	自101	刘文轩	1563	自102	陈洪圣
1506	营102	崔勋	1535	自101	王淼	1564	自102	付翔
1507	营102	蒋晓峰	1536	自101	石峰	1565	自102	杜展飞
1508	营102	王凯	1537	自101	吴铮	1566	自102	刘月骁
1509	营102	贾滕月	1538	自101	龙振国	1567	自102	郭博伟
1510	营102	郑德伟	1539	自101	于泽洋	1568	自102	张东阁
1511	营102	艾麦尔江·夏迪	1540	自101	鲍飞	1569	自102	周晓晨

二、2014年北京建筑大学本科生结业名单

序号	班级	姓名	序号	班级	姓名	序号	班级	姓名
1	工设101	崔克弘	9	土104	刘鸿铭	17	机101	高商
2	规091	刘若班	10	土105	李洋	18	公管101	周琳
3	规091	贺鹰	11	土105	门凯光	19	公管101	张策
4	土102	欧阳玲飞	12	测102	杨江燕	20	管102	张洋溢
5	土102	陈锦水	13	环工101	詹悦玚	21	建电101	王未名
6	土103	肖一霆	14	环科101	常天啸	22	建电101	周远
7	土103	盛誉	15	暖102	郗宇凡	23	自102	郭航
8	土103	米佳宾	16	工业101	张也	24	自102	任鹏飞

三、2014年外国留学生本科毕业生名单

序号	学号	姓名	中文姓名	性别	国籍	专业
1	6010ZJZ09003	MIRZAKHANOV AMANGALI	阿曼	男	哈萨克斯坦	城市规划
2	6010JJZ07009	SAHAR FARMAND	萨哈	女	伊朗	建筑学

四、2014年北京建筑大学学士学位获得者名单

（一）2013/2014学年第一学期授予普通高等教育本科毕业生学士学位名单

序号	学号	姓名	序号	学号	姓名	序号	学号	姓名
1	2103060912131	何佳轩	4	2107180912101	张巍	7	2104090912221	李雪峰
2	2106130911042	李桐	5	2104080913171	石里明	8	2102040715231	郑伟
3	2106130911221	严松	6	2106140911221	于雪			

（二）2013/2014学年第二学期授予普通高等教育本科毕业生学士学位名单

专业：法学

序号	学号	姓名	序号	学号	姓名	序号	学号	姓名
1	2105110911051	索朗扎西	8	2109201011082	王清越	15	2109201011152	刘籽含
2	2109201011012	占楚华	9	2109201011092	徐家英	16	2109201011162	邹佳君
3	2109201011022	刘子音	10	2109201011102	彭淼	17	2109201011172	梁丽莉
4	2109201011032	于澈	11	2109201011112	贾玉婷	18	2109201011182	马丽萍
5	2109201011042	于水心	12	2109201011122	曹畅	19	2109201011191	黎启平
6	2109201011052	陆金杨子	13	2109201011132	艾玉娇	20	2109201011201	郝翔宇
7	2109201011072	张瑾	14	2109201011142	孟夕楚	21	2109201011211	柴纳智

续表

序号	学号	姓名	序号	学号	姓名	序号	学号	姓名
22	2109201011221	张骁	35	2109201012042	白璐	49	2109201012182	张鹏雪
23	2109201011231	许智远	36	2109201012052	张莹莹	50	2109201012191	吴冬阳
24	2109201011241	刘秀	37	2109201012062	孙颖	51	2109201012201	杨志刚
25	2109201011251	张旭	38	2109201012072	张佳欣	52	2109201012211	孙琳军
26	2109201011271	孙茂淋	39	2109201012082	吴彤	53	2109201012221	把帅
27	2109201011281	韩春达	40	2109201012092	张洺楹	54	2109201012231	王雳
28	2109201011291	赵奕翔	41	2109201012102	王华	55	2109201012241	徐立洋
29	2109201011301	晏振宇	42	2109201012112	高英杰	56	2109201012251	田雨豪
30	2109201011312	朱琳	43	2109201012122	孟祥磊	57	2109201012261	彭玉成
31	2106151011102	古丽米拉·阿不力孜	44	2109201012132	马榕	58	2109201012271	梁建坤
			45	2109201012142	张子墨	59	2109201012291	索朗次仁
32	2109201012012	朱思蓓	46	2109201012152	王骏英	60	2109201012301	汪岩
33	2109201012022	杨梦楠	47	2109201012162	徐欢	61	2109211011281	马赫
34	2109201012032	翟梓含	48	2109201012172	刘丽娜			

专业：社会工作

序号	学号	姓名	序号	学号	姓名	序号	学号	姓名
1	2104091012291	扎西平措	21	2109211011202	陈昱帆	40	2109211012102	翟立航
2	2109210811241	张思宇	22	2109211011212	刘奕均	41	2109211012112	李秋实
3	2109210812221	柳旭	23	2109211011231	陈旭	42	2109211012122	张琪
4	2109211011012	朱晓丽	24	2109211011241	孙思达	43	2109211012132	李明慧
5	2109211011022	焦雨辰	25	2109211011251	黄迪	44	2109211012142	房晔
6	2109211011032	杨思予	26	2109211011261	杨超	45	2109211012152	但鲜
7	2109211011042	曹珅	27	2109211011271	许清波	46	2109211012162	海尔尼沙·依明
8	2109211011052	齐霁	28	2109211011291	程威诺			
9	2109211011062	匡馨	29	2109211011301	吴万佳	47	2109211012172	刘娅婷
10	2109211011072	马梦莹	30	2109211011311	田仕强	48	2109211012182	杨柳
11	2109211011082	张栩	31	2109211012012	次仁卓嘎	49	2109211012192	李智丹
12	2109211011092	孙冯军	32	2109211012022	开迪丽亚·买买提	50	2109211012202	邱若雨
13	2109211011102	李雨涵				51	2109211012211	陈光华
14	2109211011112	安格丽木	33	2109211012032	陈冉薇	52	2109211012231	贾磊
15	2109211011122	王璐	34	2109211012042	周迪	53	2109211012241	高鹏
16	2109211011132	赵雪晴	35	2109211012052	李祎瑶	54	2109211012251	孟驰
17	2109211011142	赵吉	36	2109211012062	张丹宇	55	2109211012261	茹铮
18	2109211011152	周冰伟	37	2109211012072	金毓	56	2109211012271	郭晓鑫
19	2109211011162	刘艺菲	38	2109211012082	谢筱萱	57	2109211012291	武文豪
20	2109211011172	李晓伟	39	2109211012092	刘婧仪			

专业：信息与计算科学

序号	学号	姓名	序号	学号	姓名	序号	学号	姓名
1	2101010811231	满缙	11	2108191011111	李翔	21	2108191011221	张凯屹
2	2108190911032	李菁	12	2108191011121	高睿申	22	2108191011231	王卓鑫
3	2108191011012	赵娜	13	2108191011131	薛晨	23	2108191011251	王子威
4	2108191011022	孟凡畅	14	2108191011141	高嘉桐	24	2108191011271	汪科旭
5	2108191011032	高秀岑	15	2108191011151	吕文侨	25	2108191011281	王超
6	2108191011042	邢思雨	16	2108191011161	张天笑	26	2108191011291	王浩磊
7	2108191011072	黄梅靓	17	2108191011171	洪昊星	27	2108191011301	焦秋博
8	2108191011082	白孟洁	18	2108191011191	刘洋	28	2108191011331	岳良祥
9	2108191011091	刘子琨	19	2108191011201	李冬斌	29	2108191011341	彭佑猛
10	2108191011101	陈景源	20	2108191011211	曹立阳			

专业：地理信息系统

序号	学号	姓名	序号	学号	姓名	序号	学号	姓名
1	2103071011012	罗晓蕾	25	2103071011271	穆意	48	2103071012052	张睿琪
2	2103071011022	侯杨杨	26	2103071011281	吴迪	49	2103071012062	葛海怡
3	2103071011032	李维思	27	2103071011291	常悦	50	2103071012072	韩珅辰
4	2103071011042	杨洁	28	2103071011311	邓健	51	2103071012082	冯文秀
5	2103071011052	范嘉雯	29	2103071011321	汤溢	52	2103071012092	努尔妮萨罕·托合提如则
6	2103071011062	叶梦旎	30	2103071011331	查冰			
7	2103071011072	何美辰	31	2103071011341	张佳琪	53	2103071012102	熊嘉璐
8	2103071011082	刘露诗	32	2103071011351	程思杰	54	2103071012112	其美仁增
9	2103071011092	王丽琴	33	2103071011361	周诚敢	55	2103071012122	张诗妍
10	2103071011102	叶赛骞	34	2103071011371	张圣善	56	2103071012131	罗卿
11	2103071011112	赵妍冰	35	2103071011381	程宏宇	57	2103071012141	王鸿杰
12	2103071011122	宋楠	36	2103071011402	薛惠敏	58	2103071012151	周志强
13	2103071011141	马瑞	37	2103071211501	马立鹏	59	2103071012161	张傲
14	2103071011161	杨琦	38	2103071211512	刘彦辉	60	2103071012181	王骞
15	2103071011171	葛伯宣	39	2103071211522	贺敏	61	2103071012191	董帅
16	2103071011181	王焦	40	2103071211532	许芳伶	62	2103071012201	平安
17	2103071011191	宁宇	41	2103071211541	高子康	63	2103071012211	张杰汉
18	2103071011201	陈曦	42	2103071211551	刘金喆	64	2103071012221	王晨阳
19	2103071011211	索萌	43	2106141011181	滕永核	65	2103071012231	耳立健
20	2103071011221	王锦航	44	2103071012012	阿莱·木拉提	66	2103071012241	苏海立
21	2103071011231	孙健				67	2103071012251	张云阳
22	2103071011241	马草泉	45	2103071012022	贾丽婷	68	2103071012261	崔雅铭
23	2103071011251	王利新	46	2103071012032	龚雨桐	69	2103071012271	孙庆轩
24	2103071011261	陈晨	47	2103071012042	韦宇飞	70	2103071012281	秦维静

续表

序号	学号	姓名	序号	学号	姓名	序号	学号	姓名
71	2103071012291	李志安	76	2103071012351	杨瑞杰	81	2103071212511	胡之彬
72	2103071012301	陈虎	77	2103071012371	李业	82	2103071212521	彭亚运
73	2103071012311	暴文刚	78	2103071012381	郑友能	83	2103071212531	李振
74	2103071012321	王顺富	79	2103071012391	陈东学	84	2103071212542	孟梦
75	2103071012341	欧阳海冰	80	2103071212501	崔浩然	85	2103071212551	翟涛

专业：环境科学

序号	学号	姓名	序号	学号	姓名	序号	学号	姓名
1	2104321011022	丁珅	13	2104321011142	李卓霖	25	2104321011281	王家元
2	2104321011032	洪辛璐	14	2104321011152	蔚可	26	2104321011301	魏一哲
3	2104321011042	杨波	15	2104321011162	王美仙	27	2104321011311	陆辉
4	2104321011052	云亲	16	2104321011172	曹青	28	2104321011321	徐至澄
5	2104321011062	吉羽佳	17	2104321011181	何运	29	2104321011351	陈陈
6	2104321011072	贾燕妮	18	2104321011191	张景彬	30	2104321011361	朱佳焱
7	2104321011082	刘雨蒙	19	2104321011201	任皓	31	2104321011381	王瑞
8	2104321011092	王玮琪	20	2104321011221	张天扬	32	2104321011391	张鹤怀
9	2104321011102	宋薇	21	2104321011241	杨雪铮	33	2104321011401	符其实
10	2104321011112	李然	22	2104321011251	苗海尧	34	2107181011161	杜昆伟
11	2104321011122	刘芮杉	23	2104321011261	王宇霄			
12	2104321011132	梁云超	24	2104321011271	贾强			

专业：无机非金属材料工程

序号	学号	姓名	序号	学号	姓名	序号	学号	姓名
1	2102050911121	陆昊南	16	2102051011161	谢腾飞	31	2102051012042	王伟超
2	2102051011012	张莹	17	2102051011181	王瑜	32	2102051012052	王义霞
3	2102051011022	李燕琪	18	2102051011191	金乐	33	2102051012072	赵冰心
4	2102051011032	岳晨阳	19	2102051011201	胡阳	34	2102051012111	张雨生
5	2102051011042	于畅	20	2102051011211	李冲	35	2102051012121	赵钊
6	2102051011052	张志平	21	2102051011221	李俊全	36	2102051012131	白天鹤
7	2102051011062	赵慧子	22	2102051011231	时一	37	2102051012141	马骏
8	2102051011071	孙俣澄	23	2102051011241	乔桐	38	2102051012151	赵军
9	2102051011081	郝志诚	24	2102051011251	唐星	39	2102051012171	赵一瀚
10	2102051011091	雷昊	25	2102051011271	史俊	40	2102051012181	王昊雄
11	2102051011101	王可	26	2102051011281	崔海峥	41	2102051012191	张忾
12	2102051011111	唐晨	27	2102051011301	化雨	42	2102051012201	朱凤来
13	2102051011121	王思盟	28	2103071011301	王健	43	2102051012211	周赛
14	2102051011141	林英汉	29	2102051012022	李然	44	2102051012221	张一驰
15	2102051011151	赵智博	30	2102051012032	孙梦	45	2102051012231	谷伟楠

续表

序号	学号	姓名	序号	学号	姓名	序号	学号	姓名
46	2102051012241	田赛禹	49	2102051012271	张海龙	52	2102051012301	李露露
47	2102051012251	张凌峰	50	2102051012281	王会新	53	2107181012012	俞寰
48	2102051012261	张菁	51	2102051012291	武世杰			

专业：工业设计

序号	学号	姓名	序号	学号	姓名	序号	学号	姓名
1	2101030711122	皎洁	10	2101031011062	张婧婳	19	2101031011161	赵方舟
2	2101030911131	关剑	11	2101031011072	张佳惠	20	2101031011171	路尧
3	2101030911211	俞晨驹	12	2101031011082	程婉晴	21	2101031011181	卢谦
4	2101030911231	孙志强	13	2101031011092	曹明璐	22	2101031011191	陆飚
5	2101031011012	刘小彤	14	2101031011102	袁浙奕	23	2101031011201	芦志鹏
6	2101031011022	王一川	15	2101031011121	胡玄铁	24	2101031011221	王宇宁
7	2101031011032	付甜甜	16	2101031011131	沈澹宁	25	2101031011231	韦顺翔
8	2101031011042	程静	17	2101031011141	邹乐	26	2101031011241	黄振宏
9	2101031011052	刘姿	18	2101031011151	强项			

专业：机械工程及自动化

序号	学号	姓名	序号	学号	姓名	序号	学号	姓名
1	2105111011012	梁小晨	21	2105111011281	高英剑	41	2105111012221	薛奇闻
2	2105111011022	付冲	22	2105111012012	刘晓露	42	2105111012231	张兵
3	2105111011031	周博伦	23	2105111012032	孟李婧睿	43	2105111012241	杜纪元
4	2105111011041	段森	24	2105111012041	冯金月	44	2105111012251	白拴龙
5	2105111011061	郑旭达	25	2105111012051	黄宇轩	45	2105111012271	霍瑞
6	2105111011071	苏晨	26	2105111012061	谭川	46	2105121011012	崔琪
7	2105111011091	杨阳	27	2105111012071	于晓航	47	2105121011032	宋雪顿
8	2105111011121	朱英杰	28	2105111012081	魏立桐	48	2105121011042	任思雨
9	2105111011131	王浩	29	2105111012091	赵佳俊	49	2105121011052	刘午悦
10	2105111011141	樊新雅	30	2105111012101	徐旻昊	50	2105121011071	张潮
11	2105111011151	刘佳	31	2105111012111	刘运镭	51	2105121011081	何翔宇
12	2105111011161	张洋	32	2105111012121	周航	52	2105121011101	陈端阳
13	2105111011181	康永超	33	2105111012131	付震	53	2105121011111	曹祎勃
14	2105111011191	刘刚	34	2105111012141	邱磊	54	2105121011121	赵迪
15	2105111011201	肖伟	35	2105111012151	刘悦	55	2105121011131	赵军
16	2105111011211	宋宝林	36	2105111012161	王齐	56	2105121011141	赵晓通
17	2105111011221	朱学毅	37	2105111012171	王柱丹	57	2105121011151	王一乐
18	2105111011231	孙文俊	38	2105111012181	张嵩	58	2105121011161	毛志飞
19	2105111011241	冯帆	39	2105111012191	王东	59	2105121011171	陈泽钰
20	2105111011251	秦学宇	40	2105111012211	张月	60	2105121011181	吕彤

续表

序号	学号	姓名	序号	学号	姓名	序号	学号	姓名
61	2105121011191	鲁增辉	75	2105331011022	张敬纭	89	2105331011171	张瑞峰
62	2105121011201	陈宇腾	76	2105331011032	崔梦华	90	2105331011181	杨文澈
63	2105121011211	赵学强	77	2105331011042	钱盈	91	2105331011191	韩硕
64	2105121011221	芦雪坤	78	2105331011052	刘庆日	92	2105331011211	王尧
65	2105121011231	杨馨贺	79	2105331011062	朱晚贺	93	2105331011221	陈希
66	2105121011241	李奇	80	2105331011081	郭加源	94	2105331011231	张鑫
67	2105121011251	李东阁	81	2105331011091	武伯有	95	2105331011241	刘硕
68	2105121011261	王姜楠	82	2105331011101	苏可	96	2105331011251	蒋艺
69	2105121011271	马新胜	83	2105331011111	马瀛溟	97	2105331011261	汪弘扬
70	2105121011291	孟令欣	84	2105331011121	温大维	98	2105331011271	高启蒙
71	2105121011301	欧阳钦	85	2105331011131	王峥	99	2105331011281	陈钢
72	2105121011311	李经纬	86	2105331011141	张海峰	100	2105331011291	陈忠伟
73	2105121011321	汪锐	87	2105331011151	秦震			
74	2105331011012	修世敏	88	2105331011161	孙宇铎			

专业：热能与动力工程

序号	学号	姓名	序号	学号	姓名	序号	学号	姓名
1	2104311011012	卢晓颖	10	2104311011111	张逸雄	19	2104311011211	王子玉
2	2104311011032	孟中园	11	2104311011121	刘畅	20	2104311011221	茹鹤南
3	2104311011041	张文鹏	12	2104311011131	周祎晨	21	2104311011231	袁荣升
4	2104311011051	李浩智	13	2104311011141	张祺	22	2104311011241	胡明志
5	2104311011061	佟峥	14	2104311011161	张磊	23	2104311011251	王晨阳
6	2104311011071	宗岩	15	2104311011171	穆高欢	24	2104311011261	曹葆
7	2104311011081	陈其喆	16	2104311011181	李健	25	2104311011291	胡夏钧
8	2104311011091	朱弘午	17	2104311011191	蔡壮	26	2104311011301	刘念庆
9	2104311011101	张萌	18	2104311011201	刘晨	27	2104311011311	张桐郡

专业：电气工程及其自动化

序号	学号	姓名	序号	学号	姓名	序号	学号	姓名
1	2107170811281	马海啸	10	2107171011091	杨君清	19	2107171011181	王志松
2	2107171011012	孙丹阳	11	2107171011101	张鹤	20	2107171011191	陈鑫
3	2107171011022	张凯萌	12	2107171011111	胡亚伟	21	2107171011201	赵洋
4	2107171011032	任欣毅	13	2107171011121	唐路	22	2107171011211	屠文童
5	2107171011042	窦泽鑫	14	2107171011131	侯霄宇	23	2107171011221	杨光
6	2107171011051	章逸辰	15	2107171011141	程穆	24	2107171011231	赵譞
7	2107171011061	段然马克	16	2107171011151	杨明威	25	2107171011241	迟玉凯
8	2107171011071	吴子旭	17	2107171011161	吴桐	26	2107171011251	任继强
9	2107171011081	胡斌	18	2107171011171	董轩	27	2107171011261	郑鹏飞

续表

序号	学号	姓名	序号	学号	姓名	序号	学号	姓名
28	2107171011271	张平安	39	2107171012081	马跃	50	2107171012221	梁志
29	2107171011281	李昭毅	40	2107171012111	陈永利	51	2107171012231	张骞
30	2107171011291	张文德	41	2107171012131	董家君	52	2107171012241	耿雷
31	2107171011301	沈显祖	42	2107171012141	阮宸宇	53	2107171012251	关鹏飞
32	2105111011051	周晟溦	43	2107171012151	孔庆然	54	2107171012261	史茂林
33	2105111011081	陈博洋	44	2107171012161	李学铭	55	2107171012271	高欣
34	2105121011062	张海群	45	2107171012171	芦腾	56	2107171012281	周岩
35	2107171012022	田苗	46	2107171012181	马毅	57	2107171012291	孙展
36	2107171012032	张宇征	47	2107171012191	张宇松	58	2107181011141	黄薇
37	2107171012042	马美婷	48	2107171012201	王群			
38	2107171012061	张天一	49	2107171012211	余飞			

专业：自动化

序号	学号	姓名	序号	学号	姓名	序号	学号	姓名
1	2107161011012	赵欣宁	19	2107161011231	王森	37	2107161012111	王牧珩
2	2107161011022	王博筠	20	2107161011241	石峰	38	2107161012121	马钊
3	2107161011032	叶思清	21	2107161011251	吴铮	39	2107161012131	南浩
4	2107161011042	李琳	22	2107161011261	龙振国	40	2107161012141	常绍峰
5	2107161011052	蔡文婷	23	2107161011271	于泽洋	41	2107161012151	张瑞
6	2107161011061	马峥	24	2107161011281	鲍飞	42	2107161012161	黄衡恬
7	2107161011081	田浩	25	2107161011301	秦泽	43	2107161012171	田禹
8	2107161011091	范家林	26	2107160912241	程驰	44	2107161012181	霍强
9	2107161011101	郭楠	27	2107161012012	戴岳琳	45	2107161012201	杨琪
10	2107161011111	池鹏	28	2107161012022	谈亦豪	46	2107161012211	陈洪圣
11	2107161011141	张子峰	29	2107161012032	尚洋	47	2107161012221	付翔
12	2107161011151	刘家	30	2107161012042	韩莹雪	48	2107161012231	杜展飞
13	2107161011161	李铮	31	2107161012052	张淑静	49	2107161012241	刘月骁
14	2107161011171	陈奇	32	2107161012061	高明翰	50	2107161012261	郭博伟
15	2107161011181	陈浩	33	2107161012071	刘昱	51	2107161012281	张东阁
16	2107161011191	李健	34	2107161012081	耿冬	52	2107161012291	周晓晨
17	2107161011201	何强	35	2107161012091	王跃			
18	2107161011211	姚艳杰	36	2107161012101	耿瑞琪			

专业：计算机科学与技术

序号	学号	姓名	序号	学号	姓名	序号	学号	姓名
1	2107181011012	蒲莉梅	3	2107181011032	武艳丽	6	2107181011072	马倩
2	2107181011022	阿依努尔·阿不都乌江	4	2107181011052	沈小云	7	2107181011081	陆永杰
			5	2107181011062	梁慧珍	8	2107181011091	尚帅

续表

序号	学号	姓名	序号	学号	姓名	序号	学号	姓名
9	2107181011101	张兴时	25	2107181211512	王磊	41	2107181012181	马运钢
10	2107181011111	黎凌	26	2107181211522	高健	42	2107181012191	刘行
11	2107181011121	闫伟帝	27	2107181012022	刘旭	43	2107181012201	马健
12	2107181011131	马云龙	28	2107181012032	屈欣欣	44	2107181012211	胡海静
13	2107181011151	杨璐鹏	29	2107181012042	李婉莹	45	2107181012221	娄云驰
14	2107181011171	崔一夫	30	2107181012052	方枝	46	2107181012231	车云龙
15	2107181011181	赵海峰	31	2107181012062	莫荔婷	47	2107181012241	牟世强
16	2107181011191	付亚军	32	2107181012081	韩忠	48	2107181012251	蒋春阳
17	2107181011201	朱佳楠	33	2107181012101	邓执方	49	2107181012261	封宇
18	2107181011211	王淼	34	2107181012111	刘砚明	50	2107181012271	李显锋
19	2107181011231	郑琦	35	2107181012121	吉庆	51	2107181012281	刘武强
20	2107181011241	蒋建广	36	2107181012131	张天贺	52	2107181012291	柯皓飞
21	2107181011281	安典典	37	2107181012141	蒋伟昌	53	2107181012301	姜勇男
22	2107181011311	荀朝国	38	2107181012151	戴林桐	54	2107181012311	曹阳阳
23	2107181011331	李桐	39	2107181012161	韩笑			
24	2107181211502	张明茜	40	2107181012171	刘尚			

专业：城市规划

序号	学号	姓名	序号	学号	姓名	序号	学号	姓名
1	2101020811141	王天一	11	2101020911102	李晨卉	21	2101020911211	张歆喆
2	2101020911012	李静岩	12	2101020911112	张琬乔	22	2101020911221	邓啸骢
3	2101020911022	王煦立	13	2101020911122	赵琳	23	2101020911231	唐宇飞
4	2101020911032	姜楠	14	2101020911132	邓美然	24	2101020911241	李晓龙
5	2101020911042	谷韵	15	2101020911142	王惠婷	25	2101020911251	宋名扬
6	2101020911052	王潇	16	2101020911152	宋卓芮	26	2101020911261	张达
7	2101020911062	张晶宇	17	2101020911161	徐凯扬	27	2101020911292	张秋扬
8	2101020911072	孙思瑾	18	2101020911171	李浩	28	2101020911312	穆桐
9	2101020911082	贺宜桢	19	2101020911181	梁晓东			
10	2101020911092	曲莎白	20	2101020911201	于洋			

专业：土木工程

序号	学号	姓名	序号	学号	姓名	序号	学号	姓名
1	0945026004	田晓晨	7	2102271011071	孙继源	13	2102271011131	杨树
2	2102271011012	刘朝阳	8	2102271011081	胡雨蛟	14	2102271011141	王昕明
3	2102271011022	张盟	9	2102271011091	陈昕岩	15	2102271011161	孟洋
4	2102271011042	王琳	10	2102271011101	杨一丁	16	2102271011171	朱天宇
5	2102271011052	周京京	11	2102271011111	王申	17	2102271011191	刘英奇
6	2102271011062	时铎	12	2102271011121	臧崇武	18	2102271011201	王仁飞

续表

序号	学号	姓名	序号	学号	姓名	序号	学号	姓名
19	2102271011211	齐波	56	2102271012171	韩旭	93	2102271013141	张梦野
20	2102271011221	李震	57	2102271012181	韩硕	94	2102271013151	赵若玺
21	2102271011241	王轩	58	2102271012191	宋建硕	95	2102271013161	傅宝阳
22	2102271011251	丁鹏远	59	2102271012201	周锴	96	2102271013171	向子明
23	2102271011261	张岩	60	2102271012211	管栋良	97	2102271013191	李端
24	2102271011271	刘冯伟	61	2102271012221	张开	98	2102271013201	胡艳豪
25	2102271011281	王言序	62	2102271012231	邢帅	99	2102271013211	张建桥
26	2102271011291	段星宇	63	2102271012241	宗亚乐	100	2102271013221	高鹏飞
27	2102271011311	刘啸	64	2102271012251	柳聪	101	2102271013251	黄金龙
28	2102271011321	刘鹏	65	2102271012261	陈铎	102	2102271013261	王博
29	2102271011331	陈齐禹	66	2102271012271	郝燚	103	2102271013271	果新猛
30	2102271011341	陈宇	67	2102271012291	王伟	104	2102271013291	刘潇
31	2102271011351	刘洋	68	2102271012311	熊安奇	105	2102271013301	王承金
32	2102271211511	郝志强	69	2102271012321	管天成	106	2102271013311	舒振
33	2102271211521	刘辉	70	2102271012331	余飞	107	2102271013321	付利鹏
34	2102271211531	李建永	71	2102271012341	吕勇刚	108	2102271013331	徐小松
35	2102271211542	徐微	72	2102271012351	冯嘉年	109	2102271013341	何骁
36	2102271211552	田地	73	2102271012361	杨晓宇	110	2102271013351	沈栋晔
37	2102271211561	刘洋	74	2102271212501	高旭鹏	111	2102271213511	朱江成
38	2102271211571	陈伟东	75	2102271212512	张英	112	2102271213521	黄忻言
39	2102271211581	赵昊	76	2102271212521	姚畅	113	2102271213532	刘星
40	2102271211591	朱旭	77	2102271212542	王小童	114	2102271213552	袁立美
41	2107341011102	王颖	78	2102271212552	张孟羽	115	2102271213561	谢建伟
42	2102270912251	焦月	79	2103071012331	吴佳杰	116	2102271213571	武铮
43	2102271012012	史杰	80	2107181011271	王洪森	117	2102271014012	赵齐
44	2102271012022	张倩	81	2102271013012	陈晓艺	118	2102271014022	邸聪
45	2102271012042	李一然	82	2102271013022	周瑾	119	2102271014032	侯枫琳
46	2102271012052	崔盈利	83	2102271013032	方婧婷	120	2102271014042	王秀娟
47	2102271012062	王文婷	84	2102271013042	王丹	121	2102271014052	杜佳
48	2102271012072	冯芮	85	2102271013052	刘冬阳	122	2102271014062	范仟和
49	2102271012081	刘嘉瑞	86	2102271013072	班莎芮	123	2102271014072	李靖
50	2102271012101	吴天樯	87	2102271013081	李星辰	124	2102271014081	李安朗
51	2102271012121	李开元	88	2102271013091	胡文韬	125	2102271014091	陈曦
52	2102271012131	臧懋循	89	2102271013101	陈剑昊	126	2102271014101	张海祯
53	2102271012141	秦嘉瑞	90	2102271013111	王逸飞	127	2102271014111	朱新亚
54	2102271012151	张鑫迪	91	2102271013121	于江	128	2102271014121	杨帆
55	2102271012161	刘佳泽	92	2102271013131	刘鑫	129	2102271014151	冯鑫

续表

序号	学号	姓名	序号	学号	姓名	序号	学号	姓名
130	2102271014161	张伽伟	168	2102281011211	王学峥	206	2102281012251	刘磊
131	2102271014181	张驰	169	2102281011221	朱昊	207	2102281012261	李大军
132	2102271014191	李峥	170	2102281011231	李兴	208	2102281012271	王硕
133	2102271014201	张皓	171	2102281011241	齐立立	209	2102281012291	鲁晨曦
134	2102271014221	张继超	172	2102281011251	张雷	210	2102281012301	吴文昊
135	2102271014241	门天宇	173	2102281011261	石越峰	211	2102281012321	李成奎
136	2102271014251	杨晓宇	174	2102281011271	韩昊岳	212	2102281012331	李聪
137	2102271014261	张路玉	175	2102281011291	周伟	213	2102281212501	李磊
138	2102271014271	佟士伦	176	2102281011301	梁智博	214	2102281212512	鲁娇
139	2102271014281	贾伟超	177	2102281011311	公冶赛赛	215	2102281212522	郭超跃
140	2102271014291	付广宇	178	2102281011321	张云浩	216	2102281212532	勾美玉
141	2102271014301	陈竟	179	2102281011331	李帆	217	2107181011221	杨晨威
142	2102271014311	许维特	180	2102281211501	刘家成	218	2102291011012	黄玉
143	2102271014331	谢冰	181	2102281211511	杨晨旭	219	2102291011022	高小宇
144	2102271014341	赵力	182	2102281211522	陈琳	220	2102291011032	张瑶美子
145	2102271014351	程堃	183	2102281211532	高明鑫	221	2102291011042	魏钱钰
146	2102271214502	裴亚楠	184	2102280912341	姚东	222	2102291011052	罗平
147	2102271214512	张沛艺	185	2102281012022	高雅坤	223	2102291011062	郑志雅
148	2102271214522	龚迎霜	186	2102281012032	李昕楠	224	2102291011072	王钰涵
149	2102271214532	李思宇	187	2102281012042	周彤	225	2102291011091	李焕珣
150	2102271214542	臧若忱	188	2102281012052	高金桥	226	2102291011101	龚皓
151	2102271214551	王桐原	189	2102281012062	游博雅	227	2102291011111	迈超
152	2102271214571	刘勇	190	2102281012072	宋蕾	228	2102291011141	周韶毅
153	2102280912331	何政政	191	2102281012081	杨浩霖	229	2102291011151	陈鹏
154	2102281011012	施博治	192	2102281012091	李浩然	230	2102291011161	马杨
155	2102281011022	马艺琳	193	2102281012101	王健	231	2102291011181	范磊
156	2102281011042	孙铭	194	2102281012111	朱天意	232	2102291011191	肖文飞
157	2102281011052	杨旭	195	2102281012131	马胜凯	233	2102291011201	梁凯
158	2102281011062	冯杨乃惠	196	2102281012141	李冬晨	234	2102291011221	吕念平
159	2102281011072	周丽	197	2102281012151	王煦	235	2102291011231	王佳旺
160	2102281011081	刘寅枫	198	2102281012161	张润泽	236	2102291011241	张坤
161	2102281011091	杜鹏	199	2102281012171	郭立天	237	2102291011251	贾宸颉
162	2102281011121	孙哲	200	2102281012181	姚骏	238	2102291011261	章良兵
163	2102281011151	隗和佳	201	2102281012201	张慧	239	2102291011271	代海滨
164	2102281011161	王雪晨	202	2102281012211	李硕	240	2102291011281	刘项
165	2102281011181	张冬雪	203	2102281012221	王志伟	241	2102291011301	陈理
166	2102281011191	郭文鹏	204	2102281012231	于昕朋	242	2102271014361	吕佳楠
167	2102281011201	张桥	205	2102281012241	李亮			

专业：建筑环境与设备工程

序号	学号	姓名	序号	学号	姓名	序号	学号	姓名
1	2104081011012	李师文	21	2104081011241	陶然	41	2104081012102	赵兴
2	2104081011022	肖璇	22	2104081011251	马硕	42	2104081012112	金春月
3	2104081011032	李婉珺	23	2104081011261	姜佳庆	43	2104081012131	于哲
4	2104081011052	孙亚男	24	2104081011271	吴金旭	44	2104081012141	郭啸尘
5	2104081011062	赵艾林	25	2104081011281	戴嘉林	45	2104081012151	牛保柱
6	2104081011082	狄楠	26	2104081011291	栗博	46	2104081012161	王研昊
7	2104081011092	许晶晶	27	2104081211502	陈思洋	47	2104081012171	赵宇明
8	2104081011102	王雪琰	28	2104081211512	史静姿	48	2104081012181	姚申琦
9	2104081011112	王思月	29	2104081211522	安春爽	49	2104081012191	王岩松
10	2104081011121	陈嘉荣	30	2104101011311	寇展通	50	2104081012201	冯轩
11	2104081011131	杨晓芃	31	2104080911251	任计晨	51	2104081012231	张浩东
12	2104081011141	时凯	32	2104080912311	任启文	52	2104081012241	赵亚鑫
13	2104081011151	金荣袁	33	2104081012012	孙京扬	53	2104081012251	韩兴元
14	2104081011161	刘志强	34	2104081012022	柴梦	54	2104081012261	刘畅
15	2104081011171	谭腾	35	2104081012032	王伊依	55	2104081012271	孙成
16	2104081011181	戴兵	36	2104081012042	付旭洁	56	2104081012281	何繁
17	2104081011191	洪晓威	37	2104081012052	朱辰	57	2104081012291	王朝松
18	2104081011201	刘未名	38	2104081012062	申懿琳	58	2104081012301	孙知
19	2104081011211	陈佳宁	39	2104081012072	王凯雯			
20	2104081011231	李爽	40	2104081012092	任碧莹			

专业：给水排水工程

序号	学号	姓名	序号	学号	姓名	序号	学号	姓名
1	2104091011012	张旸	19	2104091011221	徐嗣禹	37	2104091012121	窦佳杰
2	2104091011022	翟羽佳	20	2104091011231	李春跃	38	2104091012131	吴坤
3	2104091011032	杜婧婷	21	2104091011241	李照东	39	2104091012141	王汉
4	2104091011042	奚凝楚	22	2104091011251	肖利成	40	2104091012151	李和晨
5	2104091011052	杨帆	23	2104091011261	刘佳伦	41	2104091012161	王申
6	2104091011062	邵珺	24	2104091011281	陈璐	42	2104091012171	李昂
7	2104091011072	李冰	25	2104091011291	李学义	43	2104091012181	曹程龙
8	2104091011082	李蒙	26	2104091011301	洪海旭	44	2104091012191	郭佳鑫
9	2104091011092	孙羽瞳	27	2104321011341	卢超	45	2104091012201	张鹤
10	2104091011102	祝叶	28	2104091012012	呼彦佳	46	2104091012211	刘震
11	2104091011111	陈浩翔	29	2104091012022	赵萌	47	2104091012221	赵岱翔
12	2104091011121	徐钱	30	2104091012032	颜健仪	48	2104091012241	陈佳伟
13	2104091011131	崔文龙	31	2104091012052	董加星	49	2104091012251	王星辰
14	2104091011141	闫宇	32	2104091012062	张欣尉	50	2104091012261	于洋
15	2104091011161	时汉林	33	2104091012072	王齐	51	2104091012281	何振兴
16	2104091011171	王超	34	2104091012092	戴洁璞	52	2104091012301	万迪
17	2104091011191	卢天航	35	2104091012102	张蕊	53	2108191011062	王孟姝
18	2104091011211	郭宏策	36	2104091012111	谢军	54	2104091011151	杨宇航

专业：建筑电气与智能化

序号	学号	姓名	序号	学号	姓名	序号	学号	姓名
1	2107341011022	王横笛	11	2107341011161	郁麒麟	21	2107341011281	康悦
2	2107341011032	高雨晨	12	2107341011171	林琮超	22	2107341011291	李沅轩
3	2107341011042	张悦	13	2107341011181	王则远	23	2107341011301	胡海鹏
4	2107341011062	郭鑫	14	2107341011191	陈野	24	2107341011311	侯宇明
5	2107341011072	王竹颖	15	2107341011221	葛庆虎	25	2107341011321	李宇阳
6	2107341011092	袁云霜	16	2107341011231	毛昆仑	26	2107341011331	李升一
7	2107341011112	郭马赟	17	2107341011241	修圣朝	27	2107341011341	贾瀛胜
8	2107341011122	班玉婷	18	2107341011251	宋雨祥	28	2107341011351	朱啸宇
9	2107341011131	范嘉铭	19	2107341011261	赵天一	29	2107341011361	魏承晨
10	2107341011141	吉逸韬	20	2107341011271	高心宇	30	2107341011371	雍凌风

专业：测绘工程

序号	学号	姓名	序号	学号	姓名	序号	学号	姓名
1	2103061011012	姚远	17	2103061011181	张森	33	2103061012082	孔祥思
2	2103061011032	葛佳	18	2103061011201	宋秉庚	34	2103061012101	胡博
3	2103061011042	张冲	19	2103061011211	吴惺博	35	2103061012111	杨旭东
4	2103061011052	王晶晶	20	2103061011231	赵思仲	36	2103061012121	安博琦
5	2103061011062	王安琪	21	2103061011241	崔启文	37	2103061012131	王夏彤
6	2103061011072	褚丹丹	22	2103061011251	何李耀	38	2103061012141	彭东旭
7	2103061011082	马莹	23	2103061011261	段振国	39	2103061012151	陈明瑞
8	2103061011092	邓嘉芬	24	2103061011271	于楷洋	40	2103061012171	张懿
9	2103061011101	黄山	25	2103061011282	曾佳	41	2103061012181	吴桐
10	2103061011111	刘野	26	2103061012012	王慧	42	2103061012191	闫浩
11	2103061011121	张琪	27	2103061012022	路妍	43	2103061012201	郭爽
12	2103061011131	宋子超	28	2103061012032	李师镐	44	2103061012211	唐昊
13	2103061011141	任为	29	2103061012042	王柳	45	2103061012221	姜浩
14	2103061011151	彭飞	30	2103061012052	廉莲	46	2103061012231	孙萌鑫
15	2103061011161	顾帅	31	2103061012062	张楠	47	2103061012241	李凡
16	2103061011171	于力超	32	2103061012072	白洁	48	2103061012261	苏斌

专业：环境工程

序号	学号	姓名	序号	学号	姓名	序号	学号	姓名
1	2104101011012	袁梦	6	2104101011062	曹薇	11	2104101011122	杨菁竹
2	2104101011022	康雪冬	7	2104101011072	关胜男	12	2104101011132	赵亚静
3	2104101011032	张博雅	8	2104101011082	林红	13	2104101011142	张佳
4	2104101011042	牛耘	9	2104101011102	肖爽	14	2104101011171	芦山
5	2104101011052	郑予宁	10	2104101011112	阮宇萱	15	2104101011181	魏子沫

续表

序号	学号	姓名	序号	学号	姓名	序号	学号	姓名
16	2104101011191	左烨	25	2104101011301	宋建礼	34	2104101211562	张喆
17	2104101011201	李琛	26	2104101011321	乔宝文	35	2104101211572	陈青
18	2104101011221	龙昊川	27	2104101011331	林豫亮	36	2104101211582	孟子钰
19	2104101011241	唐明磊	28	2104101211502	刘振利	37	2104101211592	刘冉
20	2104101011251	刘路阳	29	2104101211511	王成	38	2104101211601	郭成
21	2104101011261	沈浩	30	2104101211522	晋文静	39	2104101011161	陈东奇
22	2104101011271	孙浩驰	31	2104101211532	张歆月	40	2104101011151	吴桐
23	2104101011281	瞿杨晟	32	2104101211542	卫薇			
24	2104101011291	岳靖淋	33	2104101211552	段继红			

专业：交通工程

序号	学号	姓名	序号	学号	姓名	序号	学号	姓名
1	2102300911291	张宇鹏	10	2102301011101	冉墨文	19	2102301011191	王东启
2	2102301011012	韩旭	11	2102301011111	孙文博	20	2102301011201	李凡
3	2102301011022	曹影	12	2102301011121	康晨	21	2102301011211	李宁
4	2102301011042	许楠	13	2102301011131	段皓仁	22	2102301011221	胡佳炜
5	2102301011052	高思琦	14	2102301011141	田丰粟	23	2102301011241	吴家兴
6	2102301011062	纪萌	15	2102301011151	于帆	24	2102301011251	王霄
7	2102301011072	王至言	16	2102301011161	张贺	25	2102301011261	林鹏
8	2102301011082	周雪	17	2102301011171	王硕	26	2102301011271	陈佳威
9	2102301011091	张一鸣	18	2102301011181	王水	27	2102301011281	贺成林

专业：工业工程

序号	学号	姓名	序号	学号	姓名	序号	学号	姓名
1	2105261011012	李尤嘉	12	2105261011131	叶辉	23	2105261011251	袁满
2	2105261011022	汪佳宁	13	2105261011141	程圣洁	24	2105261011261	张帆
3	2105261011032	葛田了	14	2105261011151	鄂情峰	25	2105261011271	郭鑫
4	2105261011042	李慧	15	2105261011161	王铎	26	2105261011281	赵飒
5	2105261011052	陈璐	16	2105261011171	于洪德	27	2105261011291	高杰
6	2105261011062	张宁	17	2105261011181	方亮	28	2105261011301	王顺欣
7	2105261011072	李赛	18	2105261011191	付斌	29	2105261011321	纪建飞
8	2105261011092	王梓玫	19	2105261011201	姜楠	30	2105261011331	许世卿
9	2105261011101	见龙江	20	2105261011211	张宽	31	2105261011351	郭亚超
10	2105261011111	黄为正	21	2105261011221	黄伟东			
11	2105261011121	杨鑫亮	22	2105261011231	杨卓龙			

专业：工程管理

序号	学号	姓名	序号	学号	姓名	序号	学号	姓名
1	2103061011221	刘欣哲	39	2106131012012	赵之含	77	2106131214042	庄晓宇
2	2106131011012	刘辰星	40	2106131012022	王僖	78	2106131214052	李乐
3	2106131011022	邓波尔	41	2106131012032	刘倩瑜	79	2106131214062	张小菊
4	2106131011032	侯飞	42	2106131012042	李娜	80	2106131214072	吕萌
5	2106131011042	马思聪	43	2106131012052	李鑫	81	2106131214081	冯昱
6	2106131011052	侯宜佳	44	2106131012062	段思婷	82	2106131214091	刘琦
7	2106131011062	王晶	45	2106131012072	白靖雯	83	2106131214101	陈曦
8	2106131011072	万若萌	46	2106131012082	仰倩	84	2106131214112	赫敏
9	2106131011082	叶晓蒙	47	2106131012102	赵洋	85	2106131214122	庞婉
10	2106131011092	高爱雪	48	2106131012112	陈子君	86	2106131214132	邰典
11	2106131011102	姚建萌	49	2106131012122	马璇	87	2106131214141	苏艳飞
12	2106131011111	田博文	50	2106131012132	徐佳子	88	2106131214152	夏红瑛
13	2106131011122	张馨月	51	2106131012151	邹绍峰	89	2106131214162	陈依骏
14	2106131011131	闫修文	52	2106131012161	曹焱	90	2106131214171	钟文轩
15	2106131011141	雒易	53	2106131012181	钮戈	91	2106131214182	伍叶
16	2106131011151	张迪	54	2106131012191	周鲁立	92	2106131214192	张涵
17	2106131011161	李昂皓	55	2106131012201	王少杰	93	2106131214202	毛洪波
18	2106131011171	王硕	56	2106131012211	黄昊宇	94	2106131214211	仲丁
19	2106131011181	张尧	57	2106131012221	朱振	95	2106131214222	董芮言
20	2106131011191	陈博伦	58	2106131012241	张维	96	2106131214232	赵娜娜
21	2106131011201	刘昊	59	2106131012251	于灏	97	2106131214241	刘金龙
22	2106131011211	臧鑫玉	60	2106131012261	高启耘	98	2106131214252	郭倩
23	2106131011221	唐皓晨	61	2106131012271	杨双杰	99	2106131214261	安邦
24	2106131011231	陈萌	62	2106131012281	杨骏飞	100	2106131214271	姚梓钧
25	2106131011241	张俊岭	63	2106131012291	梁家杰	101	2106131214282	韩学超
26	2106131011251	陈俊	64	2106131012301	马小军	102	2106131214292	白云
27	2106131011261	郑智忻	65	2106131012311	何建伟	103	2106131214301	韩宇
28	2106131011281	孙志远	66	2106131012321	王柏又	104	2106131214312	骆珊珊
29	2106131011291	梁其湛	67	2106131212522	杨青	105	2106131214322	李娇
30	2106131011301	谢问	68	2106131212532	郁丽	106	2106131214332	林茹
31	2106131011311	刘新宇	69	2106131212542	张硕	107	2106131214341	万奇
32	2106131211501	胡冲	70	2106131212551	韩鹏飞	108	2106131214352	李蕊
33	2106131211511	何欣	71	2106131212561	吴桐	109	2106131214362	金芳
34	2106131211521	马峰	72	2106131212572	李晶	110	2106131214372	张莎莎
35	2106131211532	李鹏辉	73	2106131212582	王茜	111	2106131214381	邱勇
36	2106131211542	王一雯	74	2106131212592	王焕	112	2106131214391	张冉
37	2106131212512	顾春晓	75	2106131214012	娄雪	113	2106131214401	王杉
38	2107181011321	郑路	76	2106131214021	李硕			

专业：工商管理

序号	学号	姓名	序号	学号	姓名	序号	学号	姓名
1	2106141011012	底梦皎	27	2106141011301	赵惠冉	54	2106141012151	车驰
2	2106141011022	杨楠	28	2106141011311	李建涛	55	2106141012172	武婧雯
3	2106141011032	郑婷婷	29	2106141211502	孟思桥	56	2106141012181	李勇
4	2106141011042	梁雪楠	30	2106141211511	崔晨	57	2106141012191	肖力铭
5	2106141011052	张亚敏	31	2106141211522	连泽华	58	2106141012201	田雨霆
6	2106141011062	邰若尊	32	2106141211532	刘勖	59	2106141012211	王雨哲
7	2106141011072	张岚	33	2106141211542	王斯萍	60	2106141012221	麻力柯·马尔旦
8	2106141011082	魏楠	34	2106141211552	佟蕊			
9	2106141011092	王然	35	2106141211562	宋蕊	61	2106141012231	祝荣昕
10	2106141011102	尚明慧	36	2106141211572	李丹	62	2106141012241	赵子豪
11	2106141011112	谢子健	37	2106141211582	吴骆骆	63	2106141012251	乔昊
12	2106141011122	孙霍娜	38	2106141211592	唐鸥	64	2106141012261	王建保
13	2106141011142	彭亦乔	39	2106141211601	刘海泉	65	2106141012271	马建军
14	2106141011162	李璐璐	40	2106141012012	房允淞	66	2106141012281	冯鹏祥
15	2106141011172	王靖靖	41	2106141012022	马辉	67	2106141012291	林羽鸿
16	2106141011191	马萧萧	42	2106141012032	李晨	68	2106141012301	马万元
17	2106141011201	穆塔力甫·木拉提	43	2106141012042	高杉	69	2106141012311	尹梵州
			44	2106141012052	王玉婉	70	2106141012332	李馨怡
18	2106141011211	刘全权	45	2106141012062	黄玉婷	71	2106141212502	王昕
19	2106141011221	董子硕	46	2106141012072	王伟	72	2106141212511	刘淼
20	2106141011231	许靖康	47	2106141012082	陈莹	73	2106141212522	邢红静
21	2106141011241	高培原	48	2106141012092	王盈	74	2106141212532	曹冬静
22	2106141011251	薛飞	49	2106141012102	金迪	75	2106141212542	孙天阳
23	2106141011261	孙旭	50	2106141012112	刘云飞	76	2106141212551	徐政辉
24	2106141011271	苗壮	51	2106141012122	王文婧	77	2106141212572	王美玲
25	2106141011281	刁硕	52	2106141012132	李辉	78	2106141212592	刘晓盼
26	2106141011291	张鑫	53	2106141012142	卜璇			

专业：市场营销

序号	学号	姓名	序号	学号	姓名	序号	学号	姓名
1	2104321011412	何佩珊	8	2106151011062	孟然君	13	2106151011122	祖丽胡马·吐尔逊
2	2106150711081	唐世超	9	2106151011072	田宇航			
3	2106150811241	刘立国	10	2106151011082	加马力·努尔兰	14	2106151011132	姚颖
4	2106151011012	刘小榕				15	2106151011142	梁春扬
5	2106151011022	次仁卓玛	11	2106151011092	尹莉丽	16	2106151011152	闵美
6	2106151011042	李辛未	12	2106151011112	巴合提古力·艾尼	17	2106151011161	艾尼达杰扎西
7	2106151011052	李奇琪				18	2106151011171	祝博宇

续表

序号	学号	姓名	序号	学号	姓名	序号	学号	姓名
19	2106151011191	冯宝心	33	2106151012012	胡晓庆	47	2106151012152	张丹丹
20	2106151011201	郭溢	34	2106151012022	次仁卓嘎	48	2106151012161	陈天润
21	2106151011211	刘冬杰	35	2106151012032	韩雪	49	2106151012171	刘玉博
22	2106151011221	党鑫	36	2106151012042	骆雯	50	2106151012191	牛瀚文
23	2106151011231	刘畅	37	2106151012052	王雯	51	2106151012201	苏展
24	2106151011241	麦尔旦·艾则孜	38	2106151012062	孙燕萍	52	2106151012211	刘彦强
			39	2106151012072	闫妍	53	2106151012221	李胜龙
25	2106151011251	王华峰	40	2106151012082	朱爽	54	2106151012231	崔勋
26	2106151011261	赵帅	41	2106151012092	王婵媛	55	2106151012241	蒋晓峰
27	2106151011271	宋琦	42	2106151012102	奴力燕·哈斯木江	56	2106151012251	王凯
28	2106151011281	梁曾琦皓				57	2106151012261	贾腾月
29	2106151011291	马梓城	43	2106151012112	常文琦	58	2106151012271	郑德伟
30	2106151211502	南海娇	44	2106151012122	赵康荔	59	2106151012281	艾麦尔江·夏迪
31	2106151211511	宣彬	45	2106151012132	张可			
32	2106151211522	徐媛媛	46	2106151012142	肖欢	60	2106151012301	王昭星

专业：建筑学

序号	学号	姓名	序号	学号	姓名	序号	学号	姓名
1	2106151011032	张享	18	2106351011192	顾滢	36	2106351011381	袁僮骏
2	2106351011012	次仁曲珍	19	2106351011202	贺彦迪	37	2106351011391	邓睿
3	2106351011022	热旦卓玛	20	2106351011212	刁卓	38	2106351011401	李泽
4	2106351011032	马学丽	21	2106351011222	马冬雪	39	2106351011411	许翔宇
5	2106351011042	米合热阿依·艾斯凯尔	22	2106351011232	张昭	40	2106351011421	张振
			23	2106351011242	张凯洋	41	2106351011431	赵维良
6	2106351011052	居瓦力亚·阿不都加帕尔	24	2106351011252	宋菲	42	2106351011441	王逸飞
			25	2106351011262	孙超	43	2106351011451	王驰
7	2106351011062	陈冠洋	26	2106351011272	邓开心	44	2106351011481	房建涛
8	2106351011072	孙佳莹	27	2106351011292	杨小梅	45	2106351011491	吕记
9	2106351011082	孙晨	28	2106351011302	刘颖桐	46	2106351011502	吴悠
10	2106351011092	谢杰	29	2106351011311	叶尔扎提·乌尔别克	47	2109211011182	符方雅
11	2106351011102	田晓莹				48	2101010811151	冯頔
12	2106351011122	白雨欣	30	2106351011321	孙睿	49	2101010811241	杨旭
13	2106351011132	马静雯	31	2106351011331	董萱	50	2101010911012	谌羽洋
14	2106351011142	符思	32	2106351011341	李国众	51	2101010911022	张雨晴
15	2106351011152	王雪	33	2106351011351	牟一夫	52	2101010911032	傅亦鸥
16	2106351011162	高倩	34	2106351011361	付源	53	2101010911042	刘昱迪
17	2106351011172	焦洋	35	2106351011371	魏铮	54	2101010911052	郑春晖

续表

序号	学号	姓名	序号	学号	姓名	序号	学号	姓名
55	2101010911062	贾园	69	2101010911211	张昊驰	83	2101010912112	张欣桐
56	2101010911072	杨叶	70	2101010911221	陈斌	84	2101010912122	康英璇
57	2101010911082	王妍硕	71	2101010911231	王教萌	85	2101010912132	孙培真
58	2101010911092	陆远方	72	2101010911241	刘星	86	2101010912141	张紫元
59	2101010911102	张禹茜	73	2101010912012	李彤	87	2101010912161	赵屹
60	2101010911122	李倩男	74	2101010912022	郑诗璇	88	2101010912171	姚博健
61	2101010911132	刘洋	75	2101010912032	张霓珂	89	2101010912191	茅天煜
62	2101010911141	李勇	76	2101010912042	李如婷	90	2101010912201	吕健超
63	2101010911151	林骁	77	2101010912052	张一凡	91	2101010912211	金鼐
64	2101010911161	周仲平	78	2101010912062	余新骁	92	2101010912221	刘春茂
65	2101010911171	余洋	79	2101010912072	李思佳	93	2101010912241	刘洋
66	2101010911181	杨尚智	80	2101010912082	曹亦潇	94	2101020911302	韩建屋
67	2101010911191	李劲夫	81	2101010912092	吴晓萌			
68	2101010911201	肖鹏飞	82	2101010912102	李孟洋			

(三) 2013/2014学年第二学期授予普通高等教育本科毕业生学士学位名单（往届补发学位）

序号	学号	姓名	序号	学号	姓名	序号	学号	姓名
1	2107170712171	宋向辉	4	2102270912042	于思洋	7	2102300811371	屈文强
2	2107160911032	林宁	5	2102290911141	孙宏伟	8	2105260911141	李斌
3	2102280912131	张骏驰	6	2102040711322	杨梦琪	9	2106150811301	何健

(四) 2014年授予外国留学生学士学位名单

序号	学号	姓名	中文姓名	性别	国籍	专业	学位类别
1	6010ZJZ09003	MIRZAKHANOV AMANGALI	阿曼	男	哈萨克斯坦	城市规划	工学学士学位
2	6010JJZ07009	SAHAR FARMAND	萨哈	女	伊朗	建筑学	建筑学学士学位

五、2014年北京建筑大学硕士毕业生名单

(一) 北京建筑大学2014届冬季毕业硕士研究生名单

序号	学号	姓名	专业	学院
1	1108140111001	任伟明	岩土工程	土木学院
2	1108140210018	赵杰峰	结构工程	土木学院

续表

序号	学号	姓名	专业	学院
3	1108140210023	张冬宁	结构工程	土木学院
4	1108140610001	秦吉丽	桥梁与隧道工程	土木学院
5	1108110110014	何珍栋	控制理论与控制工程	电信学院

（二）北京建筑大学2014届夏季毕业硕士研究生名单

序号	学号	姓名	专业名称	学院
1	1105040411001	白洁	设计艺术学	建筑学院
2	1105040411002	马妍妃	设计艺术学	建筑学院
3	1105040411003	单晓燕	设计艺术学	建筑学院
4	1105040411004	吴钰婕	设计艺术学	建筑学院
5	1105040411005	胡玥	设计艺术学	建筑学院
6	1105040411006	焦阳	设计艺术学	建筑学院
7	1105040411007	史琼	设计艺术学	建筑学院
8	1105040411008	王福亮	设计艺术学	建筑学院
9	1105040411009	温伟思	设计艺术学	建筑学院
10	1105040411010	杨珊珊	设计艺术学	建筑学院
11	1105040411011	曹原	设计艺术学	建筑学院
12	1105040411012	杜海娟	设计艺术学	建筑学院
13	1105040411013	霍俊达	设计艺术学	建筑学院
14	1105040411014	李焰楠	设计艺术学	建筑学院
15	1105040411015	罗兰	设计艺术学	建筑学院
16	1105040411016	孙洛伊	设计艺术学	建筑学院
17	1105040411018	许蕾蕾	设计艺术学	建筑学院
18	1105040411019	杨金枝	设计艺术学	建筑学院
19	1105040411020	闫静	设计艺术学	建筑学院
20	1105040411021	张艺	设计艺术学	建筑学院
21	1105040411022	刘彭	设计艺术学	建筑学院
22	1108130111001	迟群	建筑历史与理论	建筑学院
23	1108130111002	杜娟	建筑历史与理论	建筑学院
24	1108130111003	任中	建筑历史与理论	建筑学院
25	1108130111004	邵冬辰	建筑历史与理论	建筑学院
26	1108130111005	卢亚东	建筑历史与理论	建筑学院
27	1108130111006	张良	建筑历史与理论	建筑学院
28	1108130211001	张萌	建筑设计及其理论	建筑学院
29	1108130211003	陈雨露	建筑设计及其理论	建筑学院

续表

序号	学号	姓名	专业名称	学院
30	1108130211004	刁志远	建筑设计及其理论	建筑学院
31	1108130211006	江建文	建筑设计及其理论	建筑学院
32	1108130211007	姜腾	建筑设计及其理论	建筑学院
33	1108130211008	金颀	建筑设计及其理论	建筑学院
34	1108130211009	刘素雅	建筑设计及其理论	建筑学院
35	1108130211010	孟令雪	建筑设计及其理论	建筑学院
36	1108130211011	裴劭喆	建筑设计及其理论	建筑学院
37	1108130211012	汤莹	建筑设计及其理论	建筑学院
38	1108130211013	王斐	建筑设计及其理论	建筑学院
39	1108130211014	王华峰	建筑设计及其理论	建筑学院
40	1108130211015	王良苗	建筑设计及其理论	建筑学院
41	1108130211016	王双义	建筑设计及其理论	建筑学院
42	1108130211017	尉莎莎	建筑设计及其理论	建筑学院
43	1108130211018	夏邈	建筑设计及其理论	建筑学院
44	1108130211019	许程光	建筑设计及其理论	建筑学院
45	1108130211020	杨帆	建筑设计及其理论	建筑学院
46	1108130211021	杨鹏	建筑设计及其理论	建筑学院
47	1108130211022	杨天奇	建筑设计及其理论	建筑学院
48	1108130211023	言语家	建筑设计及其理论	建筑学院
49	1108130211024	战歌	建筑设计及其理论	建筑学院
50	1108130211025	张君君	建筑设计及其理论	建筑学院
51	1108130211027	张岩	建筑设计及其理论	建筑学院
52	1108130211028	赵昱	建筑设计及其理论	建筑学院
53	1108130310001	徐喆	城市规划与设计	建筑学院
54	1108130311001	袁琳溪	城市规划与设计	建筑学院
55	1108130311002	郭阳	城市规划与设计	建筑学院
56	1108130311003	梁姗	城市规划与设计	建筑学院
57	1108130311004	廖凯	城市规划与设计	建筑学院
58	1108130311005	李国安	城市规划与设计	建筑学院
59	1108130311006	刘基业	城市规划与设计	建筑学院
60	1108130311007	汪婧	城市规划与设计	建筑学院
61	1108130311009	荀春兵	城市规划与设计	建筑学院
62	1108130311010	杨晶	城市规划与设计	建筑学院
63	1108130311011	乐东昭	城市规划与设计	建筑学院
64	1108130311012	郑鑫	城市规划与设计	建筑学院
65	1108130311013	方文雄	城市规划与设计	建筑学院
66	1108130311014	梁中荟	城市规划与设计	建筑学院

续表

序号	学号	姓名	专业名称	学院
67	1108130311015	刘晓忱	城市规划与设计	建筑学院
68	1108130311016	施忠伟	城市规划与设计	建筑学院
69	1108130311017	索千惠	城市规划与设计	建筑学院
70	1108130311018	刘闯	城市规划与设计	建筑学院
71	1108130311019	霍阳阳	城市规划与设计	建筑学院
72	1108130311020	张昊	城市规划与设计	建筑学院
73	1108130311021	崔惠	城市规划与设计	建筑学院
74	1108130411001	许义慧	建筑技术科学	建筑学院
75	1108130411002	吴迪	建筑技术科学	建筑学院
76	1108130411003	李越	建筑技术科学	建筑学院
77	1108130411004	张慧洁	建筑技术科学	建筑学院
78	1108130411005	左安琪	建筑技术科学	建筑学院
79	1108510011001	李欣	建筑学硕士	建筑学院
80	1108510011002	李炎	建筑学硕士	建筑学院
81	1108510011003	罗璇	建筑学硕士	建筑学院
82	1108510011004	曹鹏	建筑学硕士	建筑学院
83	1108510011005	樊烁	建筑学硕士	建筑学院
84	1108510011006	高阳	建筑学硕士	建筑学院
85	1108510011007	郭彪	建筑学硕士	建筑学院
86	1108510011008	郭宇龙	建筑学硕士	建筑学院
87	1108510011009	黄骏	建筑学硕士	建筑学院
88	1108510011010	李静	建筑学硕士	建筑学院
89	1108510011011	陆云飞	建筑学硕士	建筑学院
90	1108510011012	王瑶	建筑学硕士	建筑学院
91	1108510011013	王艺洁	建筑学硕士	建筑学院
92	1108510011014	王增光	建筑学硕士	建筑学院
93	1108510011015	张丛	建筑学硕士	建筑学院
94	1108510011016	张文磊	建筑学硕士	建筑学院
95	1108510011017	南晓炫	建筑学硕士	建筑学院
96	1108510011018	尤枭	建筑学硕士	建筑学院
97	1108510011020	胡小雨	建筑学硕士	建筑学院
98	1108510011021	段少策	建筑学硕士	建筑学院
99	1108510011022	郭婧	建筑学硕士	建筑学院
100	1108510011023	白雪	建筑学硕士	建筑学院
101	1108510011024	陈冠锦	建筑学硕士	建筑学院
102	1108510011025	程颖	建筑学硕士	建筑学院
103	1108510011026	陈丽莉	建筑学硕士	建筑学院

续表

序号	学号	姓名	专业名称	学院
104	1108510011027	崔建刚	建筑学硕士	建筑学院
105	1108510011028	范恩闯	建筑学硕士	建筑学院
106	1108510011029	韩冰	建筑学硕士	建筑学院
107	1108510011030	孔祥玉	建筑学硕士	建筑学院
108	1108510011032	刘怀庆	建筑学硕士	建筑学院
109	1108510011033	申新	建筑学硕士	建筑学院
110	1108510011034	石洮钰	建筑学硕士	建筑学院
111	1108510011035	司腾	建筑学硕士	建筑学院
112	1108510011036	宋霄霄	建筑学硕士	建筑学院
113	1108510011037	谭瑞娟	建筑学硕士	建筑学院
114	1108510011038	田丹丹	建筑学硕士	建筑学院
115	1108510011039	王佳杰	建筑学硕士	建筑学院
116	1108510011040	王潘	建筑学硕士	建筑学院
117	1108510011041	王雯	建筑学硕士	建筑学院
118	1108510011042	杨宇茜	建筑学硕士	建筑学院
119	1108510011043	赵健	建筑学硕士	建筑学院
120	1108140111002	李候乐	岩土工程	土木学院
121	1108140111004	鲍凯	岩土工程	土木学院
122	1108140211001	崔雅倩	结构工程	土木学院
123	1108140211002	古瑞康	结构工程	土木学院
124	1108140211003	郝淑敏	结构工程	土木学院
125	1108140211004	何远营	结构工程	土木学院
126	1108140211005	姜岳	结构工程	土木学院
127	1108140211006	梁田	结构工程	土木学院
128	1108140211007	廖明	结构工程	土木学院
129	1108140211008	李凯锐	结构工程	土木学院
130	1108140211009	林垄	结构工程	土木学院
131	1108140211010	刘娖	结构工程	土木学院
132	1108140211011	宿宇	结构工程	土木学院
133	1108140211012	王月	结构工程	土木学院
134	1108140211013	韦捷亮	结构工程	土木学院
135	1108140211014	吴越恺	结构工程	土木学院
136	1108140211015	杨晨	结构工程	土木学院
137	1108140211016	张伟	结构工程	土木学院
138	1108140211017	黄宇星	结构工程	土木学院
139	1108140211018	王庆	结构工程	土木学院
140	1108140211019	徐开	结构工程	土木学院

续表

序号	学号	姓名	专业名称	学院
141	1108140211020	于显强	结构工程	土木学院
142	1108140211021	陈岩	结构工程	土木学院
143	1108140211022	刘振兴	结构工程	土木学院
144	1108140211023	孙文龙	结构工程	土木学院
145	1108140211024	刘骏超	结构工程	土木学院
146	1108140211025	王东方	结构工程	土木学院
147	1108140511001	高志新	防灾减灾工程及防护工程	土木学院
148	1108140511002	梁星明	结构工程	土木学院
149	1108140511003	郭俸铭	防灾减灾工程及防护工程	土木学院
150	1108140611001	陈冉	桥梁与隧道工程	土木学院
151	1108140611002	窦宇	桥梁与隧道工程	土木学院
152	1108140611003	李扬	桥梁与隧道工程	土木学院
153	1108140611004	平然	桥梁与隧道工程	土木学院
154	1108140611005	郑杰	桥梁与隧道工程	土木学院
155	1108230111001	杜林	道路与铁道工程	土木学院
156	1108230111002	赵贤兰	道路与铁道工程	土木学院
157	1108230111004	奚进	道路与铁道工程	土木学院
158	1108230111005	蔡雅彤	道路与铁道工程	土木学院
159	1108230111006	陈绍坤	道路与铁道工程	土木学院
160	1108230111007	高超	道路与铁道工程	土木学院
161	1108230111008	林霖	道路与铁道工程	土木学院
162	1108230111009	宋昭睿	道路与铁道工程	土木学院
163	1108521311001	韩凌翔	建筑与土木工程	土木学院
164	1108521311002	何一凡	建筑与土木工程	土木学院
165	1108521311003	李会珍	建筑与土木工程	土木学院
166	1108521311004	李江	建筑与土木工程	土木学院
167	1108521311005	李培河	建筑与土木工程	土木学院
168	1108521311006	李耸耸	建筑与土木工程	土木学院
169	1108521311007	刘畅	建筑与土木工程	土木学院
170	1108521311008	刘华政	建筑与土木工程	土木学院
171	1108521311009	刘姣姣	建筑与土木工程	土木学院
172	1108521311010	刘杨	建筑与土木工程	土木学院
173	1108521311011	龙全	建筑与土木工程	土木学院
174	1108521311012	罗姗姗	建筑与土木工程	土木学院
175	1108521311013	钱胜	建筑与土木工程	土木学院
176	1108521311015	王海峰	建筑与土木工程	土木学院
177	1108521311016	谢福娣	建筑与土木工程	土木学院

续表

序号	学号	姓名	专业名称	学院
178	1108521311017	杨勋	建筑与土木工程	土木学院
179	1108521311018	冯琛	建筑与土木工程	土木学院
180	1108521311019	付俊	建筑与土木工程	土木学院
181	1108521311020	韩宝仪	建筑与土木工程	土木学院
182	1108521311021	蒋磊	建筑与土木工程	土木学院
183	1108521311023	彭浩	建筑与土木工程	土木学院
184	1108521311024	祁志刚	建筑与土木工程	土木学院
185	1108521311025	唐瑞瑞	建筑与土木工程	土木学院
186	1108521311026	徐超	建筑与土木工程	土木学院
187	1108521311027	叶吉健	建筑与土木工程	土木学院
188	1108521311028	李海鹏	建筑与土木工程	土木学院
189	1108521311029	时彪	建筑与土木工程	土木学院
190	1108521311030	吴辉	建筑与土木工程	土木学院
191	1108521311031	杨旭	建筑与土木工程	土木学院
192	1108521311032	宋文杰	建筑与土木工程	土木学院
193	1108521311033	孙晨	建筑与土木工程	土木学院
194	1108521311034	李雅婷	建筑与土木工程	土木学院
195	1108521311035	孙岳	建筑与土木工程	土木学院
196	1108140311001	陈雪如	市政工程	环能学院
197	1108140311002	邸文正	市政工程	环能学院
198	1108140311003	刘泊	市政工程	环能学院
199	1108140311004	宋文倩	市政工程	环能学院
200	1108140311005	王鑫淼	市政工程	环能学院
201	1108140311006	王瑜	市政工程	环能学院
202	1108140311007	李剑屏	市政工程	环能学院
203	1108140311008	孙昆鹏	市政工程	环能学院
204	1108140311009	李业伟	市政工程	环能学院
205	1108140311011	向超	市政工程	环能学院
206	1108140311012	鲁莉萍	市政工程	环能学院
207	1108140311013	张璇蕾	市政工程	环能学院
208	1108140311014	张玉洁	市政工程	环能学院
209	1108140311015	左早荣	市政工程	环能学院
210	1108140411001	李幸春夏	供热、供燃气、通风及空调工程	环能学院
211	1108140411002	安龙	供热、供燃气、通风及空调工程	环能学院
212	1108140411003	刘凯敬	供热、供燃气、通风及空调工程	环能学院
213	1108140411004	刘松雨	供热、供燃气、通风及空调工程	环能学院
214	1108140411005	李小双	供热、供燃气、通风及空调工程	环能学院

续表

序号	学号	姓名	专业名称	学院
215	1108140411006	李云翔	供热、供燃气、通风及空调工程	环能学院
216	1108140411007	路作龙	供热、供燃气、通风及空调工程	环能学院
217	1108140411008	单绪宝	供热、供燃气、通风及空调工程	环能学院
218	1108140411009	孙海峰	供热、供燃气、通风及空调工程	环能学院
219	1108140411010	孙妍艳	供热、供燃气、通风及空调工程	环能学院
220	1108140411011	王娜	供热、供燃气、通风及空调工程	环能学院
221	1108140411012	杨阳	供热、供燃气、通风及空调工程	环能学院
222	1108140411013	颜龙飞	供热、供燃气、通风及空调工程	环能学院
223	1108140411014	尹硕	供热、供燃气、通风及空调工程	环能学院
224	1108140411015	蔡悠笛	供热、供燃气、通风及空调工程	环能学院
225	1108140411016	李思奇	供热、供燃气、通风及空调工程	环能学院
226	1108140411017	李思琢	供热、供燃气、通风及空调工程	环能学院
227	1108140411018	师可	供热、供燃气、通风及空调工程	环能学院
228	1108140411019	杨瑞云	供热、供燃气、通风及空调工程	环能学院
229	1108140411020	岳立航	供热、供燃气、通风及空调工程	环能学院
230	1108140411021	李梦沙	供热、供燃气、通风及空调工程	环能学院
231	1108140411022	赵陈捷	供热、供燃气、通风及空调工程	环能学院
232	1108140411023	周志伟	供热、供燃气、通风及空调工程	环能学院
233	1108140411024	魏志刚	供热、供燃气、通风及空调工程	环能学院
234	1108140411025	韦梓春	供热、供燃气、通风及空调工程	环能学院
235	1108140411026	肖颖	供热、供燃气、通风及空调工程	环能学院
236	1108140411027	杨国斌	供热、供燃气、通风及空调工程	环能学院
237	1108140411028	崔凌菲	供热、供燃气、通风及空调工程	环能学院
238	1108140411029	高艺珂	供热、供燃气、通风及空调工程	环能学院
239	1108140411030	贾涛	供热、供燃气、通风及空调工程	环能学院
240	1108140411031	阮振邦	供热、供燃气、通风及空调工程	环能学院
241	1108140411032	田泽辉	供热、供燃气、通风及空调工程	环能学院
242	1108140411033	王松	供热、供燃气、通风及空调工程	环能学院
243	1108300211001	颜溧	环境工程	环能学院
244	1108300211002	鲁朝阳	环境工程	环能学院
245	1108300211003	童晶晶	环境工程	环能学院
246	1108300211004	魏鹏	环境工程	环能学院
247	1108300211005	杨正	环境工程	环能学院
248	1108300211006	张思家	环境工程	环能学院
249	1108300211007	闫攀	环境工程	环能学院
250	1108300211008	吴金羽	环境工程	环能学院
251	1108521311037	张若愚	建筑与土木工程 （供热、供燃气、通风及空调工程方向）	环能学院

续表

序号	学号	姓名	专业名称	学院
252	1108521311038	张会俊	建筑与土木工程 （供热、供燃气、通风及空调工程方向）	环能学院
253	1108521311039	陈敬东	建筑与土木工程 （供热、供燃气、通风及空调工程方向）	环能学院
254	1108521311040	董梅	建筑与土木工程 （供热、供燃气、通风及空调工程方向）	环能学院
255	1108521311041	胡莹	建筑与土木工程 （供热、供燃气、通风及空调工程方向）	环能学院
256	1108521311042	蔺新星	建筑与土木工程 （供热、供燃气、通风及空调工程方向）	环能学院
257	1108521311043	李雪	建筑与土木工程 （供热、供燃气、通风及空调工程方向）	环能学院
258	1108521311044	马长明	建筑与土木工程 （供热、供燃气、通风及空调工程方向）	环能学院
259	1108521311045	宁磊	建筑与土木工程 （供热、供燃气、通风及空调工程方向）	环能学院
260	1108521311046	王茜	建筑与土木工程 （供热、供燃气、通风及空调工程方向）	环能学院
261	1108521311047	喻勇	建筑与土木工程 （供热、供燃气、通风及空调工程方向）	环能学院
262	1108521311048	周波	建筑与土木工程 （供热、供燃气、通风及空调工程方向）	环能学院
263	1108521311049	崔伟莎	建筑与土木工程 （市政工程方向）	环能学院
264	1108521311050	刘斌	建筑与土木工程 （市政工程方向）	环能学院
265	1108521311051	刘然彬	建筑与土木工程 （市政工程方向）	环能学院
266	1108521311053	魏胜	建筑与土木工程 （市政工程方向）	环能学院
267	1108522911001	李小静	环境工程	环能学院
268	1108522911002	崔爽	环境工程	环能学院
269	1108522911003	葛振	环境工程	环能学院
270	1108522911004	宋瑞宁	环境工程	环能学院
271	1108522911005	苏义敬	环境工程	环能学院
272	1108522911006	杨丽琼	环境工程	环能学院
273	1108522911007	张曼	环境工程	环能学院

续表

序号	学号	姓名	专业名称	学院
274	1108522911008	李盼盼	环境工程	环能学院
275	1108522911009	吴川	环境工程	环能学院
276	1108522911010	严锐	环境工程	环能学院
277	1108522911013	肖冰	环境工程	环能学院
278	1108522911014	张晓转	环境工程	环能学院
279	1108522911015	黎学琴	环境工程	环能学院
280	1108522911016	郭广亮	环境工程	环能学院
281	1108522911017	秦祎	环境工程	环能学院
282	1108522911018	赵泉宇	环境工程	环能学院
283	1108160311001	程顺清	地图制图学与地理信息工程	测绘学院
284	1108160311002	董友强	地图制图学与地理信息工程	测绘学院
285	1108160311003	冯毅	地图制图学与地理信息工程	测绘学院
286	1108160311004	李明轩	地图制图学与地理信息工程	测绘学院
287	1108160311005	李石磊	地图制图学与地理信息工程	测绘学院
288	1108160311006	王红	地图制图学与地理信息工程	测绘学院
289	1108160311007	陈玉龙	地图制图学与地理信息工程	测绘学院
290	1108160311008	马超	地图制图学与地理信息工程	测绘学院
291	1108160311009	陶涛	地图制图学与地理信息工程	测绘学院
292	1108160311010	杨兆瑛	地图制图学与地理信息工程	测绘学院
293	1108160311011	严家宝	地图制图学与地理信息工程	测绘学院
294	1108160311012	李晓峰	地图制图学与地理信息工程	测绘学院
295	1108160311013	盛林	地图制图学与地理信息工程	测绘学院
296	1108160311014	亓晨	地图制图学与地理信息工程	测绘学院
297	1108160311015	曾飞翔	地图制图学与地理信息工程	测绘学院
298	1108160311016	王青松	地图制图学与地理信息工程	测绘学院
299	1108160311017	蔡志敏	地图制图学与地理信息工程	测绘学院
300	1108160311018	宋红霞	地图制图学与地理信息工程	测绘学院
301	1108521511001	杜英龙	测绘工程	测绘学院
302	1108521511002	张腾波	测绘工程	测绘学院
303	1108521511003	刘艳巍	测绘工程	测绘学院
304	1108521511004	杨溯	测绘工程	测绘学院
305	1108521511005	赵浩	测绘工程	测绘学院
306	1108521511006	刘昊	测绘工程	测绘学院
307	1108521511007	张森岗	测绘工程	测绘学院
308	1108521511008	付昕乐	测绘工程	测绘学院
309	1108521511009	杨建朋	测绘工程	测绘学院
310	1108110111001	李兴伟	控制理论与控制工程	电信学院

续表

序号	学号	姓名	专业名称	学院
311	1108110111002	冯营伟	控制理论与控制工程	电信学院
312	1108110111003	任远	控制理论与控制工程	电信学院
313	1108110111005	赵研	控制理论与控制工程	电信学院
314	1108110111006	周天荟	控制理论与控制工程	电信学院
315	1108110111009	宋伟锋	控制理论与控制工程	电信学院
316	1108110111010	王建玲	控制理论与控制工程	电信学院
317	1108110111011	韩琦	控制理论与控制工程	电信学院
318	1108110111012	张卉	控制理论与控制工程	电信学院
319	1108110111013	廖春成	控制理论与控制工程	电信学院
320	1108110111014	刘超	控制理论与控制工程	电信学院
321	1108110111015	王少义	控制理论与控制工程	电信学院
322	1108110111018	李春祥	控制理论与控制工程	电信学院
323	1108110111020	戚宏博	控制理论与控制工程	电信学院
324	1108521311055	晏浚博	建筑与土木工程（建筑电气与智能化方向）	电信学院
325	1108521311056	毕小玉	建筑与土木工程（建筑电气与智能化方向）	电信学院
326	1108521311058	冉义兵	建筑与土木工程（建筑电气与智能化方向）	电信学院
327	1108521311059	申莉	建筑与土木工程（建筑电气与智能化方向）	电信学院
328	1108521311060	王志刚	建筑与土木工程（建筑电气与智能化方向）	电信学院
329	1108521311061	赵亚丽	建筑与土木工程（建筑电气与智能化方向）	电信学院
330	1108521311062	郑娇	建筑与土木工程（建筑电气与智能化方向）	电信学院
331	1108140411034	刘德东	供热、供燃气、通风及空调工程	机电学院
332	1108140411035	张敏娜	供热、供燃气、通风及空调工程	机电学院
333	1108521311036	杨青照	建筑与土木工程（建筑设备设计方法及理论方向）	机电学院
334	1108521311054	刘亚鹏	建筑与土木工程（建筑设备设计方法及理论方向）	机电学院
335	1108523611001	黄任文	工业工程	机电学院
336	1108523611002	杨桂雪	工业工程	机电学院
337	1108523611003	亢海腾	工业工程	机电学院
338	1108523611004	侯文昊	工业工程	机电学院

续表

序号	学号	姓名	专业名称	学院
339	1108523611005	武文娇	工业工程	机电学院
340	1108524011006	孟祥影	物流工程	机电学院
341	1108524011007	周泽洋	物流工程	机电学院
342	1108523911001	俞瑞霞	项目管理	经管学院
343	1108523911002	张超	项目管理	经管学院
344	1108523911003	吴云富	项目管理	经管学院
345	1108523911004	张振鹏	项目管理	经管学院
346	1108524011001	黄勃	物流工程	经管学院
347	1108524011002	吕映苗	物流工程	经管学院
348	1108524011003	王倩颖	物流工程	经管学院
349	1108524011004	杨美玲	物流工程	经管学院
350	1108524011005	韩正宝	物流工程	经管学院
351	1112010011001	郝爽	管理科学与工程	经管学院
352	1112010011002	李鑫	管理科学与工程	经管学院
353	1112010011003	赵志敏	管理科学与工程	经管学院
354	1112010011004	温炜	管理科学与工程	经管学院
355	1112010011005	宋定	管理科学与工程	经管学院
356	1112010011006	赵建超	管理科学与工程	经管学院
357	1112020411001	张磊	技术经济及管理	经管学院
358	1112510012001	庞颖	工商管理	经管学院
359	1112510012002	唐玭	工商管理	经管学院
360	1112510012004	姜涛	工商管理	经管学院
361	1112510012006	马银河	工商管理	经管学院
362	1112510012007	钱虹	工商管理	经管学院
363	1112510012010	王军	工商管理	经管学院
364	1112510012011	张鏖	工商管理	经管学院
365	1112510012014	卓雪洋	工商管理	经管学院
366	1112510012015	张慧	工商管理	经管学院
367	1112510012016	王东志	工商管理	经管学院
368	1112510012017	王开丽	工商管理	经管学院
369	1112510012019	许丽丽	工商管理	经管学院
370	1108110111008	李德生	控制理论与控制工程	理学院
371	1108110111016	刘阳阳	控制理论与控制工程	理学院
372	1108110111017	武占敏	控制理论与控制工程	理学院
373	1108110111019	祁术娟	控制理论与控制工程	理学院

（三）北京建筑大学2014届留学生毕业硕士研究生名单

序号	学号	中文姓名	姓名	性别	国籍	专业
1	6010ZJZ11002	丹尼	AKTANOV DANIYAR	男	哈萨克斯坦	设计艺术学
2	6010ZJG11010	清谷	GANBAT TSENGUUN	女	蒙古	技术经济及管理
3	6010YXN11015	阿里	ALI AZALDIN. MATOUGH. AHMED	男	利比亚	岩土工程
4	6010ZTM11013	哈森	ALZORGHANI IBRAHIM. H. HASSN	男	利比亚	岩土工程
5	6010ZTM12003	阿卜杜	AMMAR ABAULALI ABOBAKIR. O. ALI	男	利比亚	岩土工程
6	6010ZTM12001	尤金	DARKO EUGENE	男	加纳	结构工程
7	6010ZTM12002	艾伯特	OPOKU ALBERT APPIAH	男	加纳	结构工程

六、北京建筑大学2014届夏季结业硕士研究生名单

序号	学号	姓名	专业	学院
1	1143011410027	田野	建筑与土木工程	土木学院
2	1108510011031	李博平	建筑学硕士	建筑学院

七、2014年北京建筑大学硕士学位获得者名单

（一）2014届冬季（2013/2014学年第1学期）授予毕业研究生硕士学位名单

专业：控制理论与控制工程

序号	学号	姓名	性别	学位类别
1	1108110110014	何珍栋	男	工学硕士学位

专业：岩土工程

序号	学号	姓名	性别	学位类别
1	1108140111001	任伟明	男	工学硕士学位

专业：结构工程

序号	学号	姓名	性别	学位类别
1	1108140210018	赵杰峰	男	工学硕士学位
2	1108140210023	张冬宁	男	工学硕士学位

专业：桥梁与隧道工程

序号	学　号	姓　名	性别	学位类别
1	1108140610001	秦吉丽	女	工学硕士学位

专业：建筑与土木工程

序号	学　号	姓　名	性别	学位类别
1	1243011408004	王志国	男	工程硕士专业学位
2	1243011408005	聂长文	男	工程硕士专业学位
3	1243011408007	刘小刚	男	工程硕士专业学位
4	1243011408012	王会师	男	工程硕士专业学位
5	1243011408013	李永利	女	工程硕士专业学位
6	1243011409014	孟良	男	工程硕士专业学位
7	1243011410018	张鸣华	女	工程硕士专业学位
8	1243011410020	谢永清	男	工程硕士专业学位
9	1243011410023	邢占清	男	工程硕士专业学位
10	1243011410049	孙自亮	男	工程硕士专业学位
11	1243011410050	张从丽	女	工程硕士专业学位
12	1243011410053	康国俊	男	工程硕士专业学位

专业：项目管理

序号	学　号	姓　名	性别	学位类别
1	1243014008001	张檬檬	女	工程硕士专业学位
2	1243014008010	颜玫	女	工程硕士专业学位
3	1243014009005	高超	男	工程硕士专业学位
4	1243014009007	李芙慈	女	工程硕士专业学位
5	1243014009008	于梅	女	工程硕士专业学位
6	1243014009011	金淼	女	工程硕士专业学位
7	1243014009012	李根	男	工程硕士专业学位
8	1243014010001	王力光	男	工程硕士专业学位
9	1243014010003	张良泽	男	工程硕士专业学位
10	1243014010006	张健	男	工程硕士专业学位
11	1243014010010	张伟伟	男	工程硕士专业学位
12	1243014010014	郑义亮	男	工程硕士专业学位
13	1243014010015	张大昌	男	工程硕士专业学位
14	1243014010021	肖华琴	女	工程硕士专业学位
15	1243014011006	方砚升	男	工程硕士专业学位
16	1243014011013	贾慧岩	女	工程硕士专业学位

（二）2014 届夏季（2013/2014 学年第 2 学期）授予毕业研究生硕士学位名单

专业：设计艺术学

序号	学 号	姓 名	性别	学位类别
1	1105040411001	白洁	女	艺术学硕士学位
2	1105040411002	马妍妃	女	艺术学硕士学位
3	1105040411003	单晓燕	女	艺术学硕士学位
4	1105040411004	吴钰婕	女	艺术学硕士学位
5	1105040411005	胡玥	女	艺术学硕士学位
6	1105040411006	焦阳	女	艺术学硕士学位
7	1105040411007	史琼	女	艺术学硕士学位
8	1105040411008	王福亮	男	艺术学硕士学位
9	1105040411009	温伟思	女	艺术学硕士学位
10	1105040411010	杨珊珊	女	艺术学硕士学位
11	1105040411011	曹原	女	艺术学硕士学位
12	1105040411012	杜海娟	女	艺术学硕士学位
13	1105040411013	霍俊达	男	艺术学硕士学位
14	1105040411014	李焆楠	女	艺术学硕士学位
15	1105040411015	罗兰	女	艺术学硕士学位
16	1105040411016	孙洛伊	女	艺术学硕士学位
17	1105040411018	许蕾蕾	女	艺术学硕士学位
18	1105040411019	杨金枝	女	艺术学硕士学位
19	1105040411020	闫静	女	艺术学硕士学位
20	1105040411021	张艺	女	艺术学硕士学位
21	1105040411022	刘彭	男	艺术学硕士学位

专业：控制理论与控制工程

序号	学 号	姓 名	性别	学位类别
1	1108110111001	李兴伟	男	工学硕士学位
2	1108110111002	冯营伟	男	工学硕士学位
3	1108110111003	任远	男	工学硕士学位
4	1108110111005	赵研	男	工学硕士学位
5	1108110111006	周天荟	女	工学硕士学位
6	1108110111008	李德生	男	工学硕士学位
7	1108110111009	宋伟锋	男	工学硕士学位
8	1108110111010	王建玲	女	工学硕士学位
9	1108110111011	韩琦	女	工学硕士学位
10	1108110111012	张卉	女	工学硕士学位

序号	学 号	姓 名	性别	学位类别
11	1108110111013	廖春成	男	工学硕士学位
12	1108110111014	刘超	男	工学硕士学位
13	1108110111015	王少义	男	工学硕士学位
14	1108110111016	刘阳阳	女	工学硕士学位
15	1108110111017	武占敏	女	工学硕士学位
16	1108110111018	李春祥	男	工学硕士学位
17	1108110111019	祁术娟	女	工学硕士学位
18	1108110111020	戚宏博	男	工学硕士学位

专业：建筑历史与理论

序号	学 号	姓 名	性别	学位类别
1	1108130111001	迟群	女	工学硕士学位
2	1108130111002	杜娟	女	工学硕士学位
3	1108130111003	任中	男	工学硕士学位
4	1108130111004	邵冬辰	女	工学硕士学位
5	1108130111005	卢亚东	女	工学硕士学位
6	1108130111006	张良	女	工学硕士学位

专业：城市规划与设计

序号	学 号	姓 名	性别	学位类别
1	1108130310001	徐喆	女	工学硕士学位
2	1108130311001	袁琳溪	女	工学硕士学位
3	1108130311002	郭阳	女	工学硕士学位
4	1108130311003	梁姗	女	工学硕士学位
5	1108130311004	廖凯	男	工学硕士学位
6	1108130311005	李国安	男	工学硕士学位
7	1108130311006	刘基业	男	工学硕士学位
8	1108130311007	汪婧	女	工学硕士学位
9	1108130311009	荀春兵	男	工学硕士学位
10	1108130311010	杨晶	男	工学硕士学位
11	1108130311011	乐东昭	女	工学硕士学位
12	1108130311012	郑鑫	男	工学硕士学位
13	1108130311013	方文雄	男	工学硕士学位
14	1108130311014	梁中荟	女	工学硕士学位
15	1108130311015	刘晓忱	女	工学硕士学位
16	1108130311016	施忠伟	男	工学硕士学位
17	1108130311017	索千惠	女	工学硕士学位
18	1108130311018	刘闯	男	工学硕士学位
19	1108130311019	霍阳阳	男	工学硕士学位
20	1108130311020	张昊	男	工学硕士学位
21	1108130311021	崔惠	女	工学硕士学位

专业：建筑技术科学

序号	学 号	姓 名	性别	学位类别
1	1108130411001	许义慧	女	工学硕士学位
2	1108130411002	吴迪	女	工学硕士学位
3	1108130411003	李越	男	工学硕士学位
4	1108130411004	张慧洁	女	工学硕士学位
5	1108130411005	左安琪	女	工学硕士学位

专业：岩土工程

序号	学 号	姓 名	性别	学位类别
1	1108140111002	李候乐	男	工学硕士学位
2	1108140111004	鲍凯	男	工学硕士学位

专业：结构工程

序号	学 号	姓 名	性别	学位类别
1	1108140211001	崔雅倩	女	工学硕士学位
2	1108140211002	古瑞康	男	工学硕士学位
3	1108140211003	郝淑敏	女	工学硕士学位
4	1108140211004	何远营	男	工学硕士学位
5	1108140211005	姜岳	男	工学硕士学位
6	1108140211006	梁田	女	工学硕士学位
7	1108140211007	廖明	男	工学硕士学位
8	1108140211008	李凯锐	男	工学硕士学位
9	1108140211009	林埜	男	工学硕士学位
10	1108140211010	刘虓	男	工学硕士学位
11	1108140211011	宿宇	男	工学硕士学位
12	1108140211012	王月	男	工学硕士学位
13	1108140211013	韦捷亮	男	工学硕士学位
14	1108140211014	吴越恺	男	工学硕士学位
15	1108140211015	杨晨	男	工学硕士学位
16	1108140211016	张伟	男	工学硕士学位
17	1108140211017	黄宇星	男	工学硕士学位
18	1108140211018	王庆	男	工学硕士学位
19	1108140211019	徐开	男	工学硕士学位
20	1108140211020	于显强	男	工学硕士学位
21	1108140211021	陈岩	女	工学硕士学位
22	1108140211022	刘振兴	男	工学硕士学位
23	1108140211023	孙文龙	男	工学硕士学位
24	1108140211024	刘骏超	男	工学硕士学位
25	1108140211025	王东方	男	工学硕士学位
26	1108140511002	梁星明	男	工学硕士学位

专业：市政工程

序号	学号	姓名	性别	学位类别
1	1108140311001	陈雪如	女	工学硕士学位
2	1108140311002	邸文正	男	工学硕士学位
3	1108140311003	刘泊	男	工学硕士学位
4	1108140311004	宋文倩	女	工学硕士学位
5	1108140311005	王鑫淼	男	工学硕士学位
6	1108140311006	王瑜	女	工学硕士学位
7	1108140311007	李剑屏	女	工学硕士学位
8	1108140311008	孙昆鹏	男	工学硕士学位
9	1108140311009	李业伟	男	工学硕士学位
10	1108140311011	向超	男	工学硕士学位
11	1108140311012	鲁莉萍	女	工学硕士学位
12	1108140311013	张璇蕾	女	工学硕士学位
13	1108140311014	张玉洁	女	工学硕士学位
14	1108140311015	左早荣	男	工学硕士学位

专业：供热、供燃气、通风及空调工程

序号	学号	姓名	性别	学位类别
1	1108140411001	李幸春夏	男	工学硕士学位
2	1108140411002	安龙	男	工学硕士学位
3	1108140411003	刘凯敬	男	工学硕士学位
4	1108140411004	刘松雨	男	工学硕士学位
5	1108140411005	李小双	男	工学硕士学位
6	1108140411006	李云翔	女	工学硕士学位
7	1108140411007	路作龙	男	工学硕士学位
8	1108140411008	单绪宝	男	工学硕士学位
9	1108140411009	孙海峰	男	工学硕士学位
10	1108140411010	孙妍艳	女	工学硕士学位
11	1108140411011	王娜	女	工学硕士学位
12	1108140411012	杨阳	男	工学硕士学位
13	1108140411013	颜龙飞	男	工学硕士学位
14	1108140411014	尹硕	女	工学硕士学位
15	1108140411015	蔡悠笛	女	工学硕士学位
16	1108140411016	李思奇	女	工学硕士学位
17	1108140411017	李思琢	男	工学硕士学位
18	1108140411018	师可	男	工学硕士学位
19	1108140411019	杨瑞云	女	工学硕士学位
20	1108140411020	岳立航	男	工学硕士学位

续表

序号	学　号	姓　名	性别	学位类别
21	1108140411021	李梦沙	女	工学硕士学位
22	1108140411022	赵陈捷	男	工学硕士学位
23	1108140411023	周志伟	男	工学硕士学位
24	1108140411024	魏志刚	男	工学硕士学位
25	1108140411025	韦梓春	男	工学硕士学位
26	1108140411026	肖颖	女	工学硕士学位
27	1108140411027	杨国斌	男	工学硕士学位
28	1108140411028	崔凌菲	女	工学硕士学位
29	1108140411029	高艺珂	女	工学硕士学位
30	1108140411030	贾涛	男	工学硕士学位
31	1108140411031	阮振邦	男	工学硕士学位
32	1108140411032	田泽辉	男	工学硕士学位
33	1108140411033	王松	男	工学硕士学位
34	1108140411034	刘德东	男	工学硕士学位
35	1108140411035	张敏娜	女	工学硕士学位

专业：防灾减灾工程及防护工程

序号	学　号	姓　名	性别	学位类别
1	1108140511001	高志新	男	工学硕士学位
2	1108140511003	郭俸铭	男	工学硕士学位

专业：桥梁与隧道工程

序号	学　号	姓　名	性别	学位类别
1	1108140611001	陈冉	男	工学硕士学位
2	1108140611002	窦宇	男	工学硕士学位
3	1108140611003	李扬	男	工学硕士学位
4	1108140611004	平然	女	工学硕士学位
5	1108140611005	郑杰	男	工学硕士学位

专业：地图制图学与地理信息工程

序号	学　号	姓　名	性别	学位类别
1	1108160311001	程顺清	男	工学硕士学位
2	1108160311002	董友强	男	工学硕士学位
3	1108160311003	冯毅	男	工学硕士学位
4	1108160311004	李明轩	男	工学硕士学位
5	1108160311005	李石磊	男	工学硕士学位
6	1108160311006	王红	女	工学硕士学位
7	1108160311007	陈玉龙	男	工学硕士学位

续表

序号	学 号	姓 名	性别	学位类别
8	1108160311008	马超	男	工学硕士学位
9	1108160311009	陶涛	男	工学硕士学位
10	1108160311010	杨兆瑛	男	工学硕士学位
11	1108160311011	严家宝	男	工学硕士学位
12	1108160311012	李晓峰	男	工学硕士学位
13	1108160311013	盛林	男	工学硕士学位
14	1108160311014	亓晨	男	工学硕士学位
15	1108160311015	曾飞翔	男	工学硕士学位
16	1108160311016	王青松	女	工学硕士学位
17	1108160311017	蔡志敏	男	工学硕士学位
18	1108160311018	宋红霞	女	工学硕士学位

专业：道路与铁道工程

序号	学 号	姓 名	性别	学位类别
1	1108230111001	杜林	男	工学硕士学位
2	1108230111002	赵贤兰	男	工学硕士学位
3	1108230111004	奚进	男	工学硕士学位
4	1108230111005	蔡雅彤	女	工学硕士学位
5	1108230111006	陈绍坤	男	工学硕士学位
6	1108230111007	高超	男	工学硕士学位
7	1108230111008	林霖	男	工学硕士学位
8	1108230111009	宋昭睿	男	工学硕士学位

专业：环境工程

序号	学 号	姓 名	性别	学位类别
1	1108300211001	颜溧	女	理学硕士学位
2	1108300211002	鲁朝阳	男	理学硕士学位
3	1108300211003	童晶晶	女	理学硕士学位
4	1108300211004	魏鹏	男	理学硕士学位
5	1108300211005	杨正	男	理学硕士学位
6	1108300211006	张思家	女	理学硕士学位
7	1108300211007	闫攀	男	理学硕士学位
8	1108300211008	吴金羽	女	理学硕士学位

专业：管理科学与工程

序号	学 号	姓 名	性别	学位类别
1	1112010011001	郝爽	女	管理学硕士学位
2	1112010011002	李鑫	男	管理学硕士学位

续表

序号	学 号	姓 名	性别	学位类别
3	1112010011003	赵志敏	女	管理学硕士学位
4	1112010011004	温炜	女	管理学硕士学位
5	1112010011005	宋定	女	管理学硕士学位
6	1112010011006	赵建超	男	管理学硕士学位

专业：技术经济及管理

序号	学 号	姓 名	性别	学位类别
1	1112020411001	张磊	男	管理学硕士学位

专业：建筑设计及其理论

序号	学 号	姓 名	性别	学位类别
1	1108130211001	张萌	男	建筑学硕士专业学位
2	1108130211003	陈雨露	女	建筑学硕士专业学位
3	1108130211004	刁志远	男	建筑学硕士专业学位
4	1108130211006	江建文	男	建筑学硕士专业学位
5	1108130211007	姜腾	男	建筑学硕士专业学位
6	1108130211008	金颀	女	建筑学硕士专业学位
7	1108130211009	刘素雅	女	建筑学硕士专业学位
8	1108130211010	孟令雪	女	建筑学硕士专业学位
9	1108130211011	裴劭喆	男	建筑学硕士专业学位
10	1108130211012	汤莹	女	建筑学硕士专业学位
11	1108130211013	王斐	女	建筑学硕士专业学位
12	1108130211014	王华峰	男	建筑学硕士专业学位
13	1108130211015	王良苗	男	建筑学硕士专业学位
14	1108130211016	王双义	男	建筑学硕士专业学位
15	1108130211017	尉莎莎	女	建筑学硕士专业学位
16	1108130211018	夏邈	女	建筑学硕士专业学位
17	1108130211019	许程光	男	建筑学硕士专业学位
18	1108130211020	杨帆	男	建筑学硕士专业学位
19	1108130211021	杨鹏	男	建筑学硕士专业学位
20	1108130211022	杨天奇	男	建筑学硕士专业学位
21	1108130211023	言语家	男	建筑学硕士专业学位
22	1108130211024	战歌	女	建筑学硕士专业学位
23	1108130211025	张君君	女	建筑学硕士专业学位
24	1108130211027	张岩	女	建筑学硕士专业学位
25	1108130211028	赵昱	男	建筑学硕士专业学位

专业：建筑学

序号	学 号	姓 名	性别	学位类别
1	1108510011001	李欣	女	建筑学硕士专业学位
2	1108510011002	李炎	男	建筑学硕士专业学位
3	1108510011003	罗璇	女	建筑学硕士专业学位
4	1108510011004	曹鹏	男	建筑学硕士专业学位
5	1108510011005	樊烁	男	建筑学硕士专业学位
6	1108510011006	高阳	女	建筑学硕士专业学位
7	1108510011007	郭彪	男	建筑学硕士专业学位
8	1108510011008	郭宇龙	男	建筑学硕士专业学位
9	1108510011009	黄骏	男	建筑学硕士专业学位
10	1108510011010	李静	女	建筑学硕士专业学位
11	1108510011011	陆云飞	男	建筑学硕士专业学位
12	1108510011012	王瑶	女	建筑学硕士专业学位
13	1108510011013	王艺洁	女	建筑学硕士专业学位
14	1108510011014	王增光	男	建筑学硕士专业学位
15	1108510011015	张丛	男	建筑学硕士专业学位
16	1108510011016	张文磊	男	建筑学硕士专业学位
17	1108510011017	南晓炫	男	建筑学硕士专业学位
18	1108510011018	尤枭	男	建筑学硕士专业学位
19	1108510011020	胡小雨	男	建筑学硕士专业学位
20	1108510011021	段少策	男	建筑学硕士专业学位
21	1108510011022	郭婧	女	建筑学硕士专业学位
22	1108510011023	白雪	女	建筑学硕士专业学位
23	1108510011024	陈冠锦	男	建筑学硕士专业学位
24	1108510011025	程颖	女	建筑学硕士专业学位
25	1108510011026	陈丽莉	女	建筑学硕士专业学位
26	1108510011027	崔建刚	男	建筑学硕士专业学位
27	1108510011028	范恩闯	男	建筑学硕士专业学位
28	1108510011029	韩冰	女	建筑学硕士专业学位
29	1108510011030	孔祥玉	女	建筑学硕士专业学位
30	1108510011032	刘怀庆	男	建筑学硕士专业学位
31	1108510011033	申新	女	建筑学硕士专业学位
32	1108510011034	石洮钰	男	建筑学硕士专业学位
33	1108510011035	司腾	男	建筑学硕士专业学位
34	1108510011036	宋霄霄	女	建筑学硕士专业学位
35	1108510011037	谭瑞娟	女	建筑学硕士专业学位
36	1108510011038	田丹丹	女	建筑学硕士专业学位
37	1108510011039	王佳杰	男	建筑学硕士专业学位
38	1108510011040	王潘	男	建筑学硕士专业学位
39	1108510011041	王雯	女	建筑学硕士专业学位
40	1108510011042	杨宇茜	女	建筑学硕士专业学位
41	1108510011043	赵健	男	建筑学硕士专业学位

专业：建筑与土木工程

序号	学 号	姓 名	性别	学位类别
1	1108521311001	韩凌翔	男	工程硕士专业学位
2	1108521311002	何一凡	男	工程硕士专业学位
3	1108521311003	李会珍	女	工程硕士专业学位
4	1108521311004	李江	男	工程硕士专业学位
5	1108521311005	李培河	男	工程硕士专业学位
6	1108521311006	李耸耸	男	工程硕士专业学位
7	1108521311007	刘畅	男	工程硕士专业学位
8	1108521311008	刘华政	男	工程硕士专业学位
9	1108521311009	刘姣姣	女	工程硕士专业学位
10	1108521311010	刘杨	女	工程硕士专业学位
11	1108521311011	龙全	男	工程硕士专业学位
12	1108521311012	罗姗姗	女	工程硕士专业学位
13	1108521311013	钱胜	男	工程硕士专业学位
14	1108521311015	王海峰	男	工程硕士专业学位
15	1108521311016	谢福娣	女	工程硕士专业学位
16	1108521311017	杨勋	男	工程硕士专业学位
17	1108521311018	冯琛	女	工程硕士专业学位
18	1108521311019	付俊	男	工程硕士专业学位
19	1108521311020	韩宝仪	男	工程硕士专业学位
20	1108521311021	蒋磊	男	工程硕士专业学位
21	1108521311023	彭浩	男	工程硕士专业学位
22	1108521311024	祁志刚	男	工程硕士专业学位
23	1108521311025	唐瑞瑞	女	工程硕士专业学位
24	1108521311026	徐超	男	工程硕士专业学位
25	1108521311027	叶吉健	男	工程硕士专业学位
26	1108521311028	李海鹏	男	工程硕士专业学位
27	1108521311029	时彪	男	工程硕士专业学位
28	1108521311030	吴辉	男	工程硕士专业学位
29	1108521311031	杨旭	男	工程硕士专业学位
30	1108521311032	宋文杰	女	工程硕士专业学位
31	1108521311033	孙晨	男	工程硕士专业学位
32	1108521311034	李雅婷	女	工程硕士专业学位
33	1108521311035	孙岳	男	工程硕士专业学位
34	1108521311036	杨青照	男	工程硕士专业学位
35	1108521311037	张若愚	男	工程硕士专业学位
36	1108521311038	张会俊	男	工程硕士专业学位
37	1108521311039	陈敬东	男	工程硕士专业学位

续表

序号	学　号	姓　名	性别	学位类别
38	1108521311040	董梅	女	工程硕士专业学位
39	1108521311041	胡莹	女	工程硕士专业学位
40	1108521311042	蔺新星	男	工程硕士专业学位
41	1108521311043	李雪	女	工程硕士专业学位
42	1108521311044	马长明	男	工程硕士专业学位
43	1108521311045	宁磊	男	工程硕士专业学位
44	1108521311046	王茜	女	工程硕士专业学位
45	1108521311047	喻勇	男	工程硕士专业学位
46	1108521311048	周波	男	工程硕士专业学位
47	1108521311049	崔伟莎	女	工程硕士专业学位
48	1108521311050	刘斌	男	工程硕士专业学位
49	1108521311051	刘然彬	男	工程硕士专业学位
50	1108521311053	魏胜	男	工程硕士专业学位
51	1108521311054	刘亚鹏	男	工程硕士专业学位
52	1108521311055	晏浚博	男	工程硕士专业学位
53	1108521311056	毕小玉	女	工程硕士专业学位
54	1108521311058	冉义兵	男	工程硕士专业学位
55	1108521311059	申莉	女	工程硕士专业学位
56	1108521311060	王志刚	男	工程硕士专业学位
57	1108521311061	赵亚丽	女	工程硕士专业学位
58	1108521311062	郑娇	女	工程硕士专业学位
59	1243011409001	王仲	男	工程硕士专业学位
60	1243011409002	徐丽莎	女	工程硕士专业学位
61	1243011409003	黄洁	女	工程硕士专业学位
62	1243011409004	刘晓凤	女	工程硕士专业学位
63	1243011409006	王磊	男	工程硕士专业学位
64	1243011409007	姜吉涛	男	工程硕士专业学位
65	1243011409015	丁延辉	男	工程硕士专业学位
66	1243011409016	李学芳	女	工程硕士专业学位
67	1243011409017	侯振宇	男	工程硕士专业学位
68	1243011409023	尹星懿	女	工程硕士专业学位
69	1243011409024	邱迪	女	工程硕士专业学位
70	1243011409027	闫晓飞	男	工程硕士专业学位
71	1243011409028	田志强	男	工程硕士专业学位
72	1243011409029	向环宇	女	工程硕士专业学位
73	1243011409030	胡婧	女	工程硕士专业学位
74	1243011409031	贾林	男	工程硕士专业学位

续表

序号	学 号	姓 名	性别	学位类别
75	1243011409032	王红卫	女	工程硕士专业学位
76	1243011409033	范春明	女	工程硕士专业学位
77	1243011409036	王维婷	女	工程硕士专业学位
78	1243011409037	王鹏	男	工程硕士专业学位
79	1243011409040	宋立立	男	工程硕士专业学位
80	1243011409041	张嘉	男	工程硕士专业学位
81	1243011409043	段宏博	男	工程硕士专业学位
82	1243011410003	胡加鑫	男	工程硕士专业学位
83	1243011410012	张帆	男	工程硕士专业学位
84	1243011410022	张鹏展	男	工程硕士专业学位
85	1243011410032	李钦	男	工程硕士专业学位
86	1243011410034	曹云龙	男	工程硕士专业学位
87	1243011410038	张倩子	女	工程硕士专业学位
88	1243011410042	王佳	男	工程硕士专业学位
89	1243011410054	孟庆祝	男	工程硕士专业学位
90	1243011410055	尹晓宏	女	工程硕士专业学位
91	1243011410057	王睿	男	工程硕士专业学位
92	1243011411003	陈超	男	工程硕士专业学位
93	1243011411006	刘京涛	男	工程硕士专业学位
94	1243011411094	齐欢	女	工程硕士专业学位
95	1243011411110	许晶晶	女	工程硕士专业学位

专业：测绘工程

序号	学 号	姓 名	性别	学位类别
1	1108521511001	杜英龙	男	工程硕士专业学位
2	1108521511002	张腾波	男	工程硕士专业学位
3	1108521511003	刘艳巍	女	工程硕士专业学位
4	1108521511004	杨溯	男	工程硕士专业学位
5	1108521511005	赵浩	男	工程硕士专业学位
6	1108521511006	刘昊	男	工程硕士专业学位
7	1108521511007	张森岗	男	工程硕士专业学位
8	1108521511008	付昕乐	男	工程硕士专业学位
9	1108521511009	杨建朋	男	工程硕士专业学位

专业：环境工程

序号	学 号	姓 名	性别	学位类别
1	1108522911001	李小静	女	工程硕士专业学位
2	1108522911002	崔爽	女	工程硕士专业学位

续表

序号	学　号	姓　名	性别	学位类别
3	1108522911003	葛振	男	工程硕士专业学位
4	1108522911004	宋瑞宁	男	工程硕士专业学位
5	1108522911005	苏义敬	女	工程硕士专业学位
6	1108522911006	杨丽琼	女	工程硕士专业学位
7	1108522911007	张曼	女	工程硕士专业学位
8	1108522911008	李盼盼	女	工程硕士专业学位
9	1108522911009	吴川	男	工程硕士专业学位
10	1108522911010	严锐	男	工程硕士专业学位
11	1108522911013	肖冰	男	工程硕士专业学位
12	1108522911014	张晓转	女	工程硕士专业学位
13	1108522911015	黎学琴	女	工程硕士专业学位
14	1108522911016	郭广亮	男	工程硕士专业学位
15	1108522911017	秦祎	男	工程硕士专业学位
16	1108522911018	赵泉宇	男	工程硕士专业学位

专业：工业工程

序号	学　号	姓　名	性别	学位类别
1	1108523611001	黄任文	男	工程硕士专业学位
2	1108523611002	杨桂雪	女	工程硕士专业学位
3	1108523611003	亢海腾	男	工程硕士专业学位
4	1108523611004	侯文昊	男	工程硕士专业学位
5	1108523611005	武文娇	女	工程硕士专业学位

专业：项目管理

序号	学　号	姓　名	性别	学位类别
1	1108523911001	俞瑞霞	女	工程硕士专业学位
2	1108523911002	张超	男	工程硕士专业学位
3	1108523911003	吴云富	男	工程硕士专业学位
4	1108523911004	张振鹏	男	工程硕士专业学位
5	1243014009002	李国鸿	男	工程硕士专业学位
6	1243014009003	王兵	男	工程硕士专业学位
7	1243014009009	陈兵	男	工程硕士专业学位
8	1243014009013	于小侠	女	工程硕士专业学位
9	1243014009014	石大志	男	工程硕士专业学位
10	1243014010012	周怀坡	男	工程硕士专业学位
11	1243014010016	杨振宇	男	工程硕士专业学位
12	1243014010017	杨旭	男	工程硕士专业学位
13	1243014011014	贾胥永鑫	男	工程硕士专业学位
14	1243014011045	尹昊	男	工程硕士专业学位

专业：物流工程

序号	学　号	姓　名	性别	学位类别
1	1108524011001	黄勃	女	工程硕士专业学位
2	1108524011002	吕映苗	女	工程硕士专业学位
3	1108524011003	王倩颖	女	工程硕士专业学位
4	1108524011004	杨美玲	女	工程硕士专业学位
5	1108524011005	韩正宝	男	工程硕士专业学位
6	1108524011006	孟祥影	女	工程硕士专业学位
7	1108524011007	周泽洋	男	工程硕士专业学位

专业：工商管理硕士

序号	学　号	姓　名	性别	学位类别
1	1112510012001	庞颖	女	工商管理硕士专业学位
2	1112510012002	唐琎	女	工商管理硕士专业学位
3	1112510012004	姜涛	男	工商管理硕士专业学位
4	1112510012006	马银河	男	工商管理硕士专业学位
5	1112510012007	钱虹	女	工商管理硕士专业学位
6	1112510012010	王军	男	工商管理硕士专业学位
7	1112510012011	张鏖	女	工商管理硕士专业学位
8	1112510012014	卓雪洋	男	工商管理硕士专业学位
9	1112510012015	张慧	女	工商管理硕士专业学位
10	1112510012016	王东志	男	工商管理硕士专业学位
11	1112510012017	王开丽	女	工商管理硕士专业学位
12	1112510012019	许丽丽	女	工商管理硕士专业学位

（三）2014年授予来华留学毕业研究生硕士学位名单

序号	学号	中文姓名	姓名	性别	国籍	学位类别
1	6010ZJZ11002	丹尼	AKTANOV DANIYAR	男	哈萨克斯坦	艺术学硕士
2	6010ZJG11010	清谷	GANBAT TSENGUUN	女	蒙古	管理学硕士
3	6010YXN11015	阿里	ALI AZALDIN. MATOUGH. AHMED	男	利比亚	工学硕士
4	6010ZTM11013	哈森	ALZORGHANI IBRAHIM. H. HASSN	男	利比亚	工学硕士
5	6010ZTM12003	阿卜杜	AMMAR ABAULALI ABOBAKIR. O. ALI	男	利比亚	工学硕士
6	6010ZTM12001	尤金	DARKO EUGENE	男	加纳	工学硕士
7	6010ZTM12002	艾伯特	OPOKU ALBERT APPIAH	男	加纳	工学硕士

八、2014年北京建筑大学继续教育学院毕业生名单

孙 浩	骆玉涛	刘 奇	刘伟星	张世加	张 杨	李秋龙	侯丽君	王龙伟	
马靖宇	于克超	牛 佳	刘文济	谢 越	徐云龙	胡丹妮	陈 蒙	张仲良	
李 磊	赵 虎	赵 旭	张 迪	张丹丽	刘 涛	王 孜	宗 欣	孙 旭	
马智晓	孙永玲	刘海光	姜晓禹	李 硕	骆 然	刘 辉	王锦倩	张 健	
史鹏程	陈 硕	邱冰茹	杨海涛	蒋 毅	李 飞	张俊楠	吴嘉林	李爱强	
狄立彦	熊 炜	逄 娜	肖丽丽	吴春乐	任 远	陈东海	王 升	聂 闻	
何 亮	李 挺	赵永攀	刘宇轩	王丽园	王俊超	边晓伟	贾如林	董 莹	
姜 波	张锦丽	刘一博	裴德龙	罗 荣	王 珅	张 闯	张敬军	孙大雷	
宗玉辉	姜海涛	段美娜	孙 喆	刘 亮	姬莹莹	武署光	刘 辉	姜清山	
李 影	曾燕青	郝晓磊	赵书川	陈 冲	陈伟威	田 鹏	肖宝珣	董 帅	
宋荣亮	段秋艳	贾丽晨	杨晓旭	刘 航	王 辉	徐建武	胡全云	刘红波	
张 威	史跃然	张 雪	赵 敏	郭洪辉	李春艳	陈 伟	孟春妍	惠为余	
付 兴	黄婷婷	魏嘉瑞	沙韦华	徐 远	杜延生	李 智	郭宝玉	付 凌	
李 宁	许 建	邱 甜	李国利	王 佳	罗艳波	宋坤桃	刘媛媛	金 超	
张玉梅	高 蕾	孙芳菲	黄 伟	陈新宇	张 超	杨春丽	董斯琪	赵 添	
李会超	路 凯	常志锋	张 楠	杜 君	魏 云	王晓顺	郭亚楠	崔江华	
李聪聪	蒋 敬	张 鑫	关小旭	魏全营	尚 轩	刘宝根	王 晨	司运涛	
张景伟	刘 磊	李广超	李金舫	张建涛	马桂娟	张 磊	张冬霞	张建荣	
吴之波	谢艳雪	王晨薇	吴巧楠	徐睿瑶	李艳杰	孔令炎	王凯华	齐瑞轩	
赵慧渊	姜海涛	孙鑫淼	樊海良	李 杰	徐韦唯	张耀元	李 岱	张 莹	
崔萌曦	程 辉	曹 静	嵇 鑫	林秀桃	冯小军	焦 妍	刘 杰	米奇伟	
吴琦彬	刘艳杰	陈 清	张新宇	房静轩	郝朋宾	王保娣	赵建怡	李文报	
贾宝辉	何 珊	张阳阳	周炳阳	平芮宇	殷梦红	付春娜	黎 欣	魏 君	
王 盼	梁永飞	肖 乔	王 栋	彭添龙	李 想	周 帅	赵 欣	刘 欢	
张志广	彭毓武	杨 希	路 广	崔东生	宋 佳	朱迎杰	姜媛鑫	王秀霞	
刘甜甜	敖成翔	冯有忠	崔宝亮	李钟石	张 磊	张明伟	赵春明	沈亚南	
孙连献	杨华明	陈 磊	张振洪	张丙哲	马定伟	杨孝乐	高 峰	赵玉坤	
王海生	宋占东	王保申	赵汝文	张 蓓	陈 军	芦 川	朱思慧	张岩松	
冯云龙	李 丽	王海华	梁兵兵	杨瑞景	陈明卓	郝理修	郭 蕾	张雪明	
李振中	赵明星	肖 丹	王 东	李胜阳	李 斌	林文东	王凯隆	方 园	
曹天英	杨 杨	刘思琪	任婧洁	王 颖	徐益兰	吴 维	赵小龙	周洪波	
陈 曦	赵 文	孙志翰	张 杰	董 奇	杨会中	齐力强	孔会茹	蓝京生	
吕 巍	朱艳华	王天奇	梁 伟	刘 征	孙 刚	李兆新	王 萍	时 凡	
李洪利	刘长斌	赵风轩	许黎明	王聚涛	韩 义	张 彤	贾晓虎	付云伶	
黄 伟	韩庆林	劳霏飞	孙京伟	姜运河	尹纪峰	李艳艳	张思佳	李志磊	
孙继光	李 旸	王祉麟	杨 洁	白 霞	刘 博	石 妍	王红娜	孙伟龙	

柴春元	李 霞	张雅玲	景海静	周 烨	杜洁星	王 泽	贾雪梅	芦 迪
李玉蓉	曹丽霞	冯 怡	梁飞飞	殷建峰	陈丹丹	甄弘扬	姚 杰	伊建兵
张 旭	王彦海	马 莹	纪俐旭	刘燕北	沈 昱	谢 勇	李利红	张丽军
翟 琪	冯华萌	李 秀	李 琳	魏晓瑞	王运泽	马春光	魏 夕	李 楠
李 翾	李 丹	安文莉	张亚利	翟树萍	武海霞	王雪川	王颖惠	李 仁
高婧茹	马玉涛	黄 越	单琦燕	冯 喆	赵菁倩	范雅聃	张 娜	褚菲菲
陈雪娇	张 雪	王然然	王 倩	梁亚昆	段琳琳	路秋颖	张春艳	赵连平
范海涛	张文君	刘 萌	金婷玉	邢 文	闫 妍	马娇娇	单 良	李连锁
王伟楠	刘小芬	马 驰	李海平	柳 青	郑菲菲	钟玉蔓	郑 璐	王金波
赵春艳	闫亮亮	张美丽	姜 莹	彭 芳	田梦雨	徐程泽	韩红鸽	丁伯茹
杜二伏	李烁晨	贺佳磊	韩建秋	马彦苓	张 敬	王卫卫	许福兴	冯 美
王兆亮	郝建芳	梁宏松	张 娜	臧 波	果 硕	付 彬	李小康	柳 青
王 震	陈 克	孟庆志	王立国	郝 晴	屈 岩	李 静	聂玉宇	白 琨
宋 娜	徐紫薇	司文荣	彭兴宇	杨 霄	徐海明	郭晶晶	胜 琳	刘 实
冯知春	黄博文	李 征	刘金战	王世梅	薛建辉	王 硕	易丽芳	马 杰
李梦晨	白 泊	陈 妤	张海燕	解秋月	张 丽	夏 炎	荆 瑞	卿芳成
张欢欢	赵少扬	徐燕鹏	陈亚静	赵鹏飞	李少鹏	李雪菊	卢鹏飞	苏 生
陈楚乔	王艳梅	孙亚昆	李 芳	吴哲僧	王 嗣	韩 静	张国红	胡志勇
关 宁	孙爱学	崔少华	李 礼	卢 晶	杜 建	赵 册	赵 旭	宋 蕊
茹 欣	王 镪	张 晶	苟晓川	韩恩磊	兰海霞	肖 萌	许 朝	石启鹏
李 超	邓昊然	陈毅龙	杨 微	杨永麒	高 璐	郑志顺	刘 强	弋俊锋
闫 妍	张晓君	王 赓	于影影	王桂芳	于春华	李 进	赵 鹏	卫宝星
王 蔚	李新龙	王瑞华	陈 响	王劲平	王利敏	刘红梅	张世波	邓 钵
刘 辉	李文华	袁春景	陈珊芳	俞永军	玉荣钰	王秀平	耿红涛	倪春梅
朱小丽	杨 艳	柳怀威	徐玲玲	姜 超	周举军	高学东	王 磊	杨彩霞
武文利	王小杰	刘传进	陈雅娟	黄 斌	安志国	孙春杰	吕桂财	叶 香
李 娇	高宏伟	邹贤娥	刘 健	连治平	魏立杰	乔 磊	崔莉鹏	康建新
王海如	高文霞	范永涛	王天硕	李 润	饶姝娴	颜艳勤	王现伟	李雪峰
贾 楠	王 玉	程 宁	曲智超	张亚芳	安 江	李伶玲	黄葛英	刘木少
张亮亮	李树红	田喜梅	王建华	李 雪	隋美娜	刘秀芳	刘凌肖	罗积菊
张 伟	幸晓明	允利华	李海霞	张 杰	何京松	李泽楠	孙春苓	刘同坡
王志娟	陈惠贤	张丽娟	吉艳花	王丹丹	史丽丽	孙 超	郑 玲	陈 杰
王冬秀	钟世秀	刘爱连	王文智	黄继波	董耀红	周尤春	李 蕊	肖志龙
苏金玉	高胜男	崔丹蕊	刘小敬	刘丹丹	高 阳	黄 婕	王 莹	高 尚
徐 成	尹立营	贺龙涛	王 飞	李巧云	刘 彬	张金锁	万晓勇	王 超
朱政宇	王文波	胡晓朋	安 洋	郑建朝	李俊超	王爱征	侯忠义	刘亚辉
王泽玉	张 慧	路朝辉	张宝林	范立华	苏 航	闫庚雨	马 建	吕力臣
韩宝力	胡高永	王 亮	刘建海	邵泽鹏	赵 阳	杨子明	付 佳	邓锦涛
郝 越	冯 燕	单长燕	牛仕佳	凌士伟	王 斌	张 涛	李 富	申 武

童 凯	丁 婵	毕 成	邓海建	闫海廷	李洪新	魏思颐	许 诺	方剑锋
方 菁	李小晶	梁 宇	孙思敏	张 敏	韩 乾	蔺亚丽	王子慧	赖泽跃
王成旸	姜志慧	吴志兵	张振涛	王园园	陈 君	王 恒	赵 洋	

九、2014年北京建筑大学继续教育学院本科毕业生获得学士学位名单

李梦晨	陈 妤	解秋月	徐燕鹏	陈亚静	赵鹏飞	李雪菊	苏 生	孙亚昆
王 嗣	韩 静	李 礼	杜 建	赵 册	赵 旭	宋 蕊	肖 萌	杨 微
郑志顺	张晓君	徐海明	付云伶	黄 伟	胜 琳	高婧茹	马玉涛	黄 越
单琦燕	冯 喆	梁亚昆	段琳琳	路秋颖	张春艳	赵连平	范海涛	刘 萌
金婷玉	马娇娇	刘小芬	郑菲菲	赵春艳	韩红鸽	李烁晨	张 敬	王卫卫
郝建芳	孟庆志	聂玉宇	韩庆林	劳霏飞	孙京伟	尹纪峰	李艳艳	张思佳
李 旸	杨 洁	白 霞	张雅玲	景海静	周 烨	芦 迪	曹丽霞	殷建峰
陈丹丹	纪俐旭	刘燕北	李利红	张丽军	翟 琪	冯华萌	李 琳	马春光
李 楠	李 丹	翟树萍	王颖惠	沈亚南	陈 磊	张丙哲	杨孝乐	宋占东
王保申	张 蓓	芦 川	梁兵兵	郭 蕾	肖 丹	林文东	方 园	杨 杨
王桂芳	于春华	李 进	卫宝星	王 蔚	李新龙	刘 辉	李文华	俞永军
杨彩霞	武文利	陈雅娟	黄 斌	魏立杰	乔 磊	崔莉鹏	康建新	高文霞
朱迎杰	黄婷婷	魏嘉瑞	沙韦华	徐 远	李 智	付 凌	许 建	李国利
王 佳	宋坤桃	刘媛媛	张玉梅	杨春丽	路 凯	常志锋	崔江华	李聪聪
张 鑫	司运涛	张冬霞	吴之波	焦 妍	赵建怡	平芮宇	黎 欣	魏 君
刘伟星	李秋龙	马靖宇	牛 佳	刘文济	谢 越	徐云龙	胡丹妮	李 磊
赵 虎	赵 旭	张丹丽	王 孜	骆 然	杨海涛	吴嘉林	熊 炜	陈东海
聂 闻	赵永攀	王丽园	姜 波	刘一博	王 珅	孙大雷	段美娜	李 影
刘 航	郭洪辉	孙 浩	孟春妍	付 兴	柳春美	魏丽瑶	刘丽娜	董 婷
单 单	李 佳	魏 莹	杨英军	王岩申	李 炳	杨 洋	张少倩	李 莹
赵 静	冯 达	李娜娜	陈运泽	刘敬德	田明宇	刘学会	秦鹏飞	赵 艳
李 峥	刘 刚	闫海廷	李洪新	魏思颐	许 诺	方剑锋	方 菁	李小晶
梁 宇	孙思敏	张 敏	韩 乾	蔺亚丽	张 丽	夏 炎	赵少扬	卢鹏飞
王艳梅	李 芳	高 璐	玉荣钰	徐玲玲	姜 超	王小杰	孙春杰	叶 香
邹贤娥	王海如	李 宁	高 蕾	董斯琪	李广超	赵慧渊	郝朋宾	周炳阳
边晓伟	杨华明	张文君	李海平	钟玉蔓	张美丽	柳 青	王祉麟	杜洁星
王 恒								

十、2014年北京建筑大学自学考试本科毕业生名单

吴有良	常国永	于晓臻	刘 鹏	是 妍	王磊磊	乔继东	张 丹	韩暄宁
占 宇	徐阳阳	杨国强	李永强	周毕生	周海军	桑中华	王 宇	

十一、2014年北京建筑大学自学考试本科毕业生获学位名单

王力辉　彭保明　王景彪　句少云　李江涛　崔正茂

第十五章 表彰与奖励

一、单位和教师所获表彰与奖励

(一) 北京建筑大学2014年所获省部级及以上科技奖励一览表

序号	获奖人	所在学院	单位排名	项目名称	奖项、等级
1	王随林、艾效逸	环能学院	第一	防腐高效低温烟气冷凝余热深度利用技术	国家技术发明奖（二等奖）
2	刘栋栋	土木学院	第五	混凝土结构耐火关键技术及应用	国家科学技术进步奖（二等奖）
3	王晏民	测绘学院	第四	新建天津西站站房工程结构施工关键技术研究	华夏建设科学技术奖（二等奖）
4	李俊奇、袁冬海、车伍	环能学院	第一	新型村镇雨污水生态处理与资源化利用关键技术及实用装备	华夏建设科学技术奖（三等奖）
5	李颖、岳冠华	环能学院	第一	北京城镇化生态承载力的综合评价研究	华夏建设科学技术奖（三等奖）
6	王晏民、朱光、黄明、王国利、胡春梅、张瑞菊、郭明、危双丰、侯妙乐、胡云岗	测绘学院	第一	多源数据融合的精细三维重建技术研究与应用	测绘科技进步奖（一等奖）
7	王晏民、黄明、危双丰、郭明、杜岩竹、张瑞菊、王国利、胡春梅、赵江洪、夏国芳	测绘学院	第一	海量精细三维空间数据管理系统研制与应用	中国地理信息科技进步奖（一等奖）
8	崔景安、宋国华	理学院	第二	种群及其传染病时空演化动力学理论及方法	高等学校科学研究优秀成果奖（科学技术）二等奖
9	孙新学	实训中心	第四	保密项目	国防科学技术奖（进步）二等奖
10	杜晓丽	环能学院	无	农村污水生态处理技术体系与集成示范	国家科技进步二等奖

（周理安 房雨清 霍丽霞 刘 芳 高 岩）

（二）北京建筑大学2014年教师节表彰

1. 科技类

【教育部科学技术一等奖】 环保沥青路面新材料研发与工程应用：季　节　徐世法　索　智　许　鹰

【中国专利奖】 一种利用烟气冷凝热能的复合型防腐换热装置：王随林　潘树源　史永征　闫全英　傅忠诚　艾效逸　郭　全　徐　鹏

【北京市科学技术三等奖】 低品质掺合料混凝土关键技术的开发与应用：宋少民

【北京市科学技术三等奖】 当代北京城市弱势空间研究：金秋野

【华夏建设科学技术二等奖】 高效装配式低温辐射供暖板模块化技术与成套工程应用技术：王随林　闫全英　史永征　陈红兵　潘树源

【华夏建设科学技术三等奖】 混凝土结构防屈曲支撑消能减震体系研发与工程应用：吴　徽　张艳霞　张国伟

【华夏建设科学技术一等奖】 既有建筑安全性改造关键技术研究：刘栋栋

【地理信息科技进步二等奖】 全栈式GIS平台uninpho的研制与应用：霍　亮　朱　光　罗德安　靖常峰　沈　涛　赵江洪　张学东

【中国施工企业管理协会科学技术创新成果二等奖】 小半径曲线钢箱－混凝土组合连续梁桥施工与控制关键技术研究：龙佩恒　王毅娟　焦驰宇

【测绘科技进步三等奖】 城市高分辨率影像的地物自动提取与高效计算关键技术及应用：赵西安　吕京国

2. 教学类

【高等教育国家级教学成果一等奖】 注重中国优秀文化传承的建筑学专业人才培养体系研究与实践：汤羽扬　朱　光　胡雪松　吴海燕　刘临安　欧阳文　金秋野　李雪华

3. 全国优秀教师

秦红岭

4. 首都精神文明建设奖

李英姿

5. 在教育战线辛勤工作三十年的教职工（按姓氏笔画排序）

孔　娟　六　明　王　兰　车胜利　孙　义　孙希磊　代西武　李振明　李铁勋　李　冰　刘临安　杜明义　邵宗义　房志勇　周乐皆　顾　斌　崔景安　常宗耀　詹淑慧　蔡时连　魏京花

（张　莉　陈红兵）

（三）北京建筑大学2014年先进基层党组织、优秀共产党员、优秀党支部书记和优秀党务工作者

1. 2014年北京高校先进基层党组织：北京建筑大学体育教研部直属党支部

2. 2014年北京高校优秀共产党员

李英姿　北京建筑大学电气与信息工程学院电气工程系教授

牛润萍　北京建筑大学环境与能源工程学院热能与动力工程系副教授

3. 2014年北京高校优秀党务工作者

何立新　北京建筑大学土木与交通工程学院党总支书记

4. 2014年北京建筑大学先进党总支（直属党支部）

建筑与城市规划学院党总支

土木与交通工程学院党总支

环境与能源工程学院党总支

文法学院党总支

体育教研部直属党支部

5. 2014年北京建筑大学先进党支部

建筑学院建筑学系党支部

建筑学院本科生第二党支部

土木学院道路与桥梁工程系党支部

土木学院专业基础部党支部

环能学院实验中心党支部

电信学院自动化系党支部

经管学院工程管理系党支部

测绘学院地理信息系党支部

机电学院机电工程系党支部

文法学院社会工作系党支部

理学院信息与计算科学系党支部

后勤集团校园及工程修缮中心党支部

校办产业监理公司党支部

保卫部党支部

纪监审党支部

6. 2014年北京建筑大学优秀共产党员

丁　奇：建筑学院党总支副书记、副教授

马美婷：电信学院电10-2班团支部书记

王崇臣：环能学院环境科学与工程系副主任、教授

王雅杰：计算机教学与网络信息部工作人员、高级实验师

牛润萍：环能学院热能与动力工程系教师、副教授

石越峰：土木学院土10-5班学生

任艳荣：理学院力学系教师、副教授

刘　文：体育教研部教师、讲师

刘耀荣：理学院退休党员、副教授

齐　群：图书馆办公室主任、副教授

许　秀：离休党员、副教授

孙　拓：土木学院硕研13-3班班长

严新兵：校产致用恒力建筑材料检测有限公司总经理、工程师

李大伟：党政办公室副主任、副研究员

李英姿：电信学院电气工程系教师、教授

吴　徽：土木学院教师、教授
吴家钰：机关退休第二党支部书记
邹积亭：教务处处长、教授
张　宏：经管学院工程管理系党支部书记、副教授
张　蕊：土木学院党总支组织委员、院长助理、副教授
张宁娇：文法学院外语系教师、讲师
张京辉：校产监理公司总监理工程师、高级工程师
张媛媛：机电学院办公室主任、助理研究员
邵现波：后勤集团膳食中心食堂管理员、高级厨师
邵宗义：规划与基建处副处长、高级工程师
袁　力：文法学院法律系教师、讲师
袁　齐：机电学院工业 11-1 班宣传委员
郭　明：测绘学院地理信息工程系教师、研究生党支部书记、讲师
黄庭晚：建筑学院建研 12-4 班学生
魏　庆：经管学院公管 11-1 班班长
魏京花：理学院应用物理系教师、副教授

7. 2014 年北京建筑大学优秀党支部书记

于志洋：机关党总支保卫部党支部书记
卫　巍：环能学院党总支本科生第三党支部书记
马鸿雁：电信学院党总支电气系党支部书记
曲秀莉：校办产业党总支设计院党支部书记
冯宏岳：机关党总支大兴校区管委会党支部书记
李小虎：建筑学院党总支建研 13 党支部书记
汪琼枝：文法学院党总支思想政治理论课教研部党支部书记
赵　亮：测绘学院党总支本科生第二党支部书记
袁晓娜：理学院党总支数学系党支部书记
曾祥渭：机电学院党总支本科生第二党支部书记

8. 2014 年北京建筑大学优秀党务工作者

牛　磊：建筑与城市规划学院党总支书记
王跃进：机电与车辆工程学院党总支书记
王震远：测绘与城市空间信息学院党总支副书记
朱　静：团委书记
刘　蔚：校办产业党总支书记
李　红：文法学院党总支副书记
张　岩：党委组织部干部科科长
张庆春：经济与管理工程学院党总支书记兼副院长
何立新：土木与交通工程学院党总支书记
黄　琇：环境与能源工程学院党总支副书记

（张　俊　张　岩　孙景仙）

(四) 其他

2014年北建大民盟支部荣获"民盟北京市委先进基层组织"称号。多位党外人士在"心桥工程"主题活动中发挥了积极作用，取得了优异成绩。

党外代表人士高岩获得"新世纪优秀人才支持计划"（2014年1月-2016年12月）。

民盟盟员、副主任医师张复兵获民盟市委"社会服务工作先进个人"荣誉称号。

民盟盟员季节教授荣获第一届北京公路青年科技奖。

民盟盟员赵希岗副教授的作品《中国故事》在第二届世界华人美术书法展中获得最高奖——佳作奖。

（孙　强　孙冬梅）

校工会获北京市教育工会"2014年特色工作奖"及"2014年综合考评奖"，被评为"2014年经审工作规范化建设考核优秀单位"、"2014年度工会财务竞赛先进单位"及"2014年度财务工作规范化建设考核先进单位"。

图书馆分工会被北京市教育工会评为"北京市先进教职工小家"。

建筑学院分工会欧阳文同志、体育部胡德刚同志被中共北京市委教育工作委员会、北京市教育委员会、中国教育工会北京市委员会评为"2014年北京市师德先进个人"。

机关分工会孙冬梅同志获北京市教育工会"工会工作突出贡献奖"、张瑶宁同志被北京市教育工会评为"2013年优秀工会工作者"。

（张瑶宁　张素芳）

北京建筑大学荣获2013年度全国高校学生工作优秀学术成果名单

序号	获奖项目	成果形式	完成人	获奖等级
1	90后大学生挫折教育情境研究	研究报告	齐勇	一等奖
2	建筑类专业思想政治教育主体体验式教育的设计和研究	研究报告	周春、牛磊、康健、陈栋	一等奖
3	北京高校大学生"灰色技能"认同情况的现状调查报告	研究报告	贾海燕、翟伟	二等奖
4	低年级大学生学习动力的现状和对策研究	研究报告	齐勇	二等奖
5	土木类专业低年级学生主动学习能力的引导与训练模式研究	研究报告	李守玉、董军、王秉楠	二等奖
6	对高校学生奥运志愿者挫折承受力的影响分析与对策	论文	康健、丁建峰	二等奖
7	团体辅导在低年级大学生职业生涯教育中的方案设计	论文	卫巍	二等奖
8	论高校学生党员发展工作中的"统筹兼顾"	论文	冯永龙、张庆春	二等奖
9	高校班主任在大学生思想政治教育中的作用探析	论文	朱静	二等奖
10	全程化职业发展之道系列丛书-低年级大学生出访录	著作	牛磊、康健、李小虎、刘艳华	二等奖

北京建筑大学建筑学院辅导员康健老师荣获第二届北京高校辅导员职业能力大赛一等奖。北京建筑大学荣获"北京高校国防教育先进单位"。

（秦立富　李　红　黄尚荣）

二、学生所获表彰与奖励

（一）2014年"创青春"首都大学生创业大赛获奖名单

序号	作品名称	作品类型	获奖情况	指导老师
1	北京雨人润科生态技术有限责任公司	集体	金奖	李俊奇
2	安全培训及咨询——考虑个性化意识的大型人群集聚场所行人疏散行为仿真模拟与疏散管理	集体	银奖	李之红、李英子
3	北京air-building智睿建筑特种检测科技有限责任公司	集体	银奖	董军
4	逸乡居旅游策划公司	集体	铜奖	康健
5	北京博瑞家装实景软件有限公司	集体	铜奖	魏京花
6	北京KAS新型建材有限公司"净微尘自洁式"装饰面板项目	集体	铜奖	赵世强
7	蜂巢设计有限责任公司	集体	铜奖	秦颖

（二）2014年"创青春"全国大学生创业大赛获奖名单

序号	作品名称	项目负责人	作品类型	获奖情况	指导老师
1	行人安全疏散解决方案	朱紫涵	集体	银奖	李之红、李英子
2	北京air-building智睿建筑特种检测科技有限责任公司	汪林	集体	铜奖	董军
3	北京雨人润科生态技术赵杨有限责任公司	赵杨	集体	铜奖	李俊奇

（三）国家级学生科技类竞赛主要奖项

序号	竞赛名称	所获奖项	人次
1	东北亚地区2014年工程设计大赛	最受欢迎奖	5
2	"苏博特"杯第三届全国大学生混凝土材料设计大赛	二等奖	3
		二等奖	3
3	第五届全国混凝土设计大赛	二等奖	5
		三等奖	1
4	第四届全国大学生计算机应用能力与信息素养大赛	一等奖	2
		二等奖	3
		三等奖	48
5	第五届全国高等院校"斯维尔杯"BIM软件建模大赛总决赛	单项一等奖	1
		单项二等奖	1
		单项三等奖	2
		全能三等奖	1

续表

序号	竞赛名称	所获奖项	人次
6	第八届同济大学建造节暨纸板建筑设计建造竞赛	一等奖	13
7	"用友杯"全国大学生创业设计暨沙盘模拟经营大赛北京赛区总决赛	二等奖	7
8	2014 AUTODESK REVIT 杯全国大学生可持续建筑设计竞赛	二等奖	3
8	2014 AUTODESK REVIT 杯全国大学生可持续建筑设计竞赛	三等奖	4
8	2014 AUTODESK REVIT 杯全国大学生可持续建筑设计竞赛	优秀奖	7
9	2014（第二届）"室内设计6+1"校企联合毕业设计答辩	一等奖	4
9	2014（第二届）"室内设计6+1"校企联合毕业设计答辩	三等奖	4
10	2014年（第六届）全国大学生机械创新设计大赛决赛	二等奖	4
11	2014年全国大学生"西门子杯"工业自动化挑战赛	工程创新型赛项华北赛区一等奖	2
11	2014年全国大学生"西门子杯"工业自动化挑战赛	工程应用赛项一等奖	2
11	2014年全国大学生"西门子杯"工业自动化挑战赛	全国第二、特等奖	3
12	"方兴杯"第七届全国大学生房地产项目策划大赛	全国综合特等奖	6
12	"方兴杯"第七届全国大学生房地产项目策划大赛	二等奖	9
12	"方兴杯"第七届全国大学生房地产项目策划大赛	三等奖	9
13	第八届创意中国设计大赛	特等奖	7
13	第八届创意中国设计大赛	优秀奖	2
13	第八届创意中国设计大赛	二等奖	2
13	第八届创意中国设计大赛	三等奖	1
13	第八届创意中国设计大赛	环艺设计类二等奖	4
13	第八届创意中国设计大赛	环艺设计类优秀奖	9
13	第八届创意中国设计大赛	环艺类优秀奖	6
13	第八届创意中国设计大赛	大学组三等奖	2
13	第八届创意中国设计大赛	大学组优秀奖	2
14	2014年全国高等学校城乡规划专业城市交通出行创新实践竞赛	三等奖	5
15	全国交通科技大赛	三等奖	5
16	第三十届全国部分地区大学生物理竞赛	二等奖	1
16	第三十届全国部分地区大学生物理竞赛	非物理B类一等奖	12
16	第三十届全国部分地区大学生物理竞赛	非物理B类二等奖	9
16	第三十届全国部分地区大学生物理竞赛	非物理B类三等奖	17
17	2014年全国大学生英语竞赛	一等奖	2
17	2014年全国大学生英语竞赛	二等奖	7
17	2014年全国大学生英语竞赛	三等奖	11
18	中国大学生计算机设计大赛全国大赛	三等奖	3

续表

序号	竞赛名称	所获奖项	人次
19	"大金空调杯"第八届中国制冷空调行业大学生科技竞赛华北赛区	二等奖	3
20	"克莱门特杯"第八届华北地区大学生制冷大赛北京赛区	三等奖	3
21	2014年Autodesk Revit杯全国大学生可持续建筑设计竞赛	优秀奖	2
22	全国大学生英语竞赛C类	特等奖	1
		一等奖	2
		二等奖	2
		三等奖	5
23	2014 Revit杯全国大学生可持续建筑设计竞赛	优秀奖	4
		优胜奖	2
		二等奖	1
		三等奖	2
24	第十三届全国物理竞赛	二等奖	2
		三等奖	2
25	第七届全国大学生节能减排大赛	三等奖	3
26	2014年"金川"杯第七届全国大学生节能减排社会实践与科技竞赛	三等奖	5
27	第九届全国大学生"飞思卡尔"杯智能汽车竞赛	摄像头组三等奖	3
		电磁组三等奖	2
		光电组二等奖	3
		三等奖	4
28	2014"尚和杯"中国机器人大赛暨RobotCup公开赛	武当机器人（常规双足人形）项目比赛二等奖	1
		武当机器人（自创双足人形）项目比赛二等奖	3
		动作投影三等奖	1
		公开分项赛一等奖	2
		公开赛三等奖	1
		竞步机器人二等奖	1
		武术擂台动作投影三等奖	1
		武术擂台一等奖	1
		窄足竞步三等奖	3
		机器人竞技工程竞步交叉足赛二等奖	4
		机器人竞技工程竞步交叉足赛三等奖	3
		舞蹈组自创双足人形项目比赛特等奖	1
		体操三等奖	1
		窄足竞步二等奖	1

续表

序号	竞赛名称	所获奖项	人次
28	2014"尚和杯"中国机器人大赛暨RobotCup公开赛	机器人竞技工程竞步窄走赛三等奖	1
		舞蹈机器人项目比赛二等奖	1
		机器人竞技工程竞步窄足赛三等奖	4
		竞步交叉足组三等奖	1
		竞步三等奖	1
		双足竞走机器人三等奖	1
		舞蹈组二等奖	2
		机器人武术擂台一等奖	1
29	第五届蓝桥杯全国软件设计大赛	二等奖	1
30	全国测绘技能大赛	三等奖	4
31	全国大学生GIS技能大赛	三等奖	8
32	第七届全国大学生房地产策划大赛	二等奖	8
		三等奖	11

（四）北京市三好学生（共10个）

序号	所在学院	所在班级	姓名
1	建筑学院	建101班	卢亦庄
2	土木学院	土105班	石越峰
3	土木学院	土115班	张成媛
4	环能学院	水121班	李君博
5	电信学院	电111班	周势雄
6	经管学院	管112班	孙凡
7	测绘学院	地113班	付艳丽
8	机电学院	机101班	刘刚
9	文法学院	社101班	曹珅
10	理学院	信101班	王超

（五）北京市优秀学生干部（共3个）

序号	所在学院	所在班级	姓名
1	环能学院	暖111班	张瑞
2	经管学院	公111班	陈雨桐
3	文法学院	法111班	匡红宇

（六）北京市先进班集体（共3个）

序号	所在学院	班级
1	环能学院	水111班
2	经管学院	土115班
3	经管学院	商121班

（陈笑彤　朱　静）

（七）在北京高校红色"1＋1"示范活动评选中获佳绩

3月12日，在由北京市教工委主办的2013年北京高校红色"1＋1"示范活动评选活动中，北京建筑大学测绘学院本科生党支部荣获北京高校红色"1＋1"示范活动二等奖，建筑学院本科生第一党支部、环能学院本科生第三党支部以及经管学院本科生第三党支部分别荣获北京高校红色"1＋1"示范活动优秀奖。

（八）在北京高校红色"1＋1"示范活动评选中再获佳绩

12月31日，北京市委教育工委公布2014年北京高校红色"1＋1"示范活动结果，北京建筑大学共有7项学生党支部红色"1＋1"活动项目成果荣获嘉奖。

序号	所在学院	获奖学生党支部名称	获奖情况
1	测绘学院	测绘学院本科生第一党支部	三等奖
2	土木学院	交通与道桥工程研究生党支部	三等奖
3	经管学院	本科生第一和三党支部	优秀奖
4	电信学院	本科生第一党支部	优秀奖
5	文法学院	本科生第一党支部	优秀奖
6	建筑学院	建研2013级党支部	优秀奖
7	环能学院	市政研究生党支部	优秀奖

（秦立富　李　红　黄尚荣）

（九）2013/2014学年本科生普通高等学校国家奖学金获奖学生名单

序号	学生姓名	院　系	专　业
1	谢泠涛	测绘与城市空间信息学院	地理信息系统（城市规划GIS方向）
2	李雨溪	电气与信息工程学院	电气工程及其自动化
3	王鑫	电气与信息工程学院	电气工程及其自动化
4	吴文熙	环境与能源工程学院	给水排水工程
5	李珺娇	环境与能源工程学院	环境科学
6	陈美含	环境与能源工程学院	建筑环境与设备工程
7	孙田	机电与汽车工程学院	车辆工程（汽车方向）
8	田济	机电与汽车工程学院	工业工程
9	杨昆	建筑与城市规划学院	建筑学
10	刘天舒	建筑与城市规划学院	建筑学
11	李智仙	经济与管理工程学院	工程管理

续表

序号	学生姓名	院系	专业
12	孙凡	经济与管理工程学院	工程管理
13	程晨	理学院	信息与计算科学
14	李思童	土木与交通工程学院	城市道路与桥梁工程
15	张成媛	土木与交通工程学院	土木工程（建筑方向）
16	杨森	文法学院	社会工作系

（十）2013/2014学年本科生普通高等学校国家励志奖学金获奖学生名单

序号	学生姓名	院系名称	专业
1	赵琦	测绘与城市空间信息学院	测绘工程
2	史晶晶	测绘与城市空间信息学院	测绘工程
3	陈锐	测绘与城市空间信息学院	测绘工程
4	张雪	测绘与城市空间信息学院	测绘工程
5	黄俐	测绘与城市空间信息学院	地理信息科学
6	赵明	测绘与城市空间信息学院	地理信息科学
7	刘洋	测绘与城市空间信息学院	地理信息科学
8	王宁	测绘与城市空间信息学院	地理信息科学
9	甘夏莲	测绘与城市空间信息学院	地理信息科学
10	付艳丽	测绘与城市空间信息学院	地理信息科学
11	单天鹤	测绘与城市空间信息学院	地理信息科学
12	王伟	测绘与城市空间信息学院	地理信息科学
13	孙玉燕	测绘与城市空间信息学院	地理信息科学
14	刘景灿	测绘与城市空间信息学院	地理信息科学
15	苏荔丰	测绘与城市空间信息学院	地理信息科学
16	邰政	测绘与城市空间信息学院	地理信息科学
17	樊龙飞	测绘与城市空间信息学院	地理信息科学
18	符季颖	测绘与城市空间信息学院	地理信息科学
19	阿依努尔	测绘与城市空间信息学院	地理信息科学
20	朱雪梅	电气与信息工程学院	电气工程及其自动化
21	林炎华	电气与信息工程学院	电气工程及其自动化
22	张庆雷	电气与信息工程学院	电气工程及其自动化
23	李清涛	电气与信息工程学院	电气工程及其自动化
24	盛斌	电气与信息工程学院	电气工程及其自动化
25	赵博	电气与信息工程学院	电气工程及其自动化
26	李春燕	电气与信息工程学院	电气工程及其自动化
27	王嘉玥	电气与信息工程学院	电气工程及其自动化
28	戴范	电气与信息工程学院	电气工程及其自动化
29	刘世松	电气与信息工程学院	电气工程及其自动化

续表

序号	学生姓名	院系名称	专　业
30	梁娅静	电气与信息工程学院	计算机科学与技术
31	雍巧玲	电气与信息工程学院	计算机科学与技术
32	郭伟超	电气与信息工程学院	计算机科学与技术
33	张静秋	电气与信息工程学院	计算机科学与技术
34	毛腾	电气与信息工程学院	计算机科学与技术
35	马楠	电气与信息工程学院	计算机科学与技术
36	马静伟	电气与信息工程学院	计算机科学与技术
37	殷晓雨	电气与信息工程学院	计算机科学与技术
38	何珊珊	电气与信息工程学院	计算机科学与技术
39	文婳婳	电气与信息工程学院	计算机科学与技术
40	吉力力卡热·吉力力	电气与信息工程学院	计算机科学与技术
41	张宽	电气与信息工程学院	计算机科学与技术
42	土永顺	电气与信息工程学院	建筑电气与智能化
43	袁飞	电气与信息工程学院	建筑电气与智能化
44	杨帅	电气与信息工程学院	建筑电气与智能化
45	伍晓晖	电气与信息工程学院	建筑电气与智能化
46	王满丽	电气与信息工程学院	建筑电气与智能化
47	邵鹏楠	电气与信息工程学院	建筑电气与智能化
48	顾亚龙	电气与信息工程学院	建筑电气与智能化
49	董琪	电气与信息工程学院	建筑电气与智能化
50	贾广政	电气与信息工程学院	自动化
51	李玲	电气与信息工程学院	自动化
52	杨小梅	电气与信息工程学院	自动化
53	王鹏跃	电气与信息工程学院	自动化
54	潘贝	电气与信息工程学院	自动化
55	刘新科	电气与信息工程学院	自动化
56	魏江涛	环境与能源工程学院	给排水
57	王洪	环境与能源工程学院	给排水科学与工程
58	郭跃洲	环境与能源工程学院	给水排水工程
59	席广朋	环境与能源工程学院	给水排水工程
60	王磊	环境与能源工程学院	给水排水工程
61	孙钰林	环境与能源工程学院	给水排水工程
62	隋荻艾	环境与能源工程学院	给水排水科学与工程
63	徐庆龙	环境与能源工程学院	给水排水科学与工程
64	王欢	环境与能源工程学院	环境科学
65	赵远玲	环境与能源工程学院	环境科学
66	陈凯琦	环境与能源工程学院	环境科学

续表

序号	学生姓名	院系名称	专业
67	许柏宁	环境与能源工程学院	环境科学（环境工程方向）
68	杜雪冬	环境与能源工程学院	环境科学（环境工程方向）
69	王静	环境与能源工程学院	环境科学（环境工程方向）
70	牟清颖	环境与能源工程学院	建筑环境与能源工程
71	史向照	环境与能源工程学院	建筑环境与能源应用工程
72	崔金玉	环境与能源工程学院	建筑环境与能源应用工程
73	蓝云成	环境与能源工程学院	建筑环境与能源应用工程
74	杨雪	环境与能源工程学院	建筑环境与设备工程
75	董冰艳	环境与能源工程学院	建筑环境与设备工程
76	刘力宁	环境与能源工程学院	建筑环境与设备工程
77	周晓琴	环境与能源工程学院	建筑环境与设备工程
78	武玥	环境与能源工程学院	建筑环境与设备工程
79	林惠阳	环境与能源工程学院	建筑环境与设备工程
80	吴秀梅	环境与能源工程学院	建筑环境与设备工程
81	闫梦霏	环境与能源工程学院	热能与动力工程
82	刘荣	环境与能源工程学院	热能与动力工程
83	刘秀秀	环境与能源工程学院	热能与动力工程
84	王焜	机电与汽车工程学院	车辆工程
85	曹杰	机电与汽车工程学院	车辆工程
86	常晋义	机电与汽车工程学院	车辆工程
87	杨勇	机电与汽车工程学院	车辆工程
88	罗力敏	机电与汽车工程学院	车辆工程
89	梁文光	机电与汽车工程学院	车辆工程
90	张益溢	机电与汽车工程学院	工业工程
91	戎莹杰	机电与汽车工程学院	工业工程
92	刘艺文	机电与汽车工程学院	工业工程
93	邢慧宁	机电与汽车工程学院	工业工程
94	冯高磊	机电与汽车工程学院	工业工程
95	杨秋敏	机电与汽车工程学院	工业工程
96	蒋科学	机电与汽车工程学院	机电一体化
97	姜亚楠	机电与汽车工程学院	机械工程及自动化
98	杜小磊	机电与汽车工程学院	机械工程及自动化
99	荆红雁	机电与汽车工程学院	机械工程及自动化
100	穆鑫	机电与汽车工程学院	机械工程及自动化
101	石宏鑫	机电与汽车工程学院	机械工程及自动化
102	杨续颖	机电与汽车工程学院	机械工程及自动化
103	石将从	机电与汽车工程学院	机械工程及自动化

续表

序号	学生姓名	院系名称	专　业
104	熊国燕	机电与汽车工程学院	机械工程及自动化
105	芦爽	机电与汽车工程学院	机械工程及自动化
106	张俊玲	机电与汽车工程学院	机械工程及自动化（机电一体化方向）
107	王娜	机电与汽车工程学院	机械工程及自动化（汽车工程方向）
108	邱星慧	机电与汽车工程学院	汽车工程
109	庄小推	建筑与城市规划学院	城市规划
110	李颖欣	建筑与城市规划学院	城市规划
111	石潇	建筑与城市规划学院	城乡规划
112	陆昊	建筑与城市规划学院	工业设计
113	刘燕	建筑与城市规划学院	建筑学
114	郭小溪	建筑与城市规划学院	建筑学
115	高春雷	建筑与城市规划学院	建筑学
116	黄媛媛	建筑与城市规划学院	建筑学
117	杨柳溪	建筑与城市规划学院	历史建筑保护
118	买琳琳	建筑与城市规划学院	历史建筑保护
119	李晶晶	经济与管理工程学院	工程管理
120	张华	经济与管理工程学院	工程管理
121	王洪琴	经济与管理工程学院	工程管理
122	马海啸	经济与管理工程学院	工程管理
123	郭银飞	经济与管理工程学院	工程管理
124	游佳莉	经济与管理工程学院	工程管理
125	卫孟飞	经济与管理工程学院	工程管理
126	陈育琼	经济与管理工程学院	工程管理
127	贾旭	经济与管理工程学院	工程管理
128	王星	经济与管理工程学院	工程管理
129	邹壬迎	经济与管理工程学院	工程管理
130	李停停	经济与管理工程学院	工程管理
131	于珊珊	经济与管理工程学院	工程管理
132	李妮芝	经济与管理工程学院	工程管理
133	范飞翔	经济与管理工程学院	工程管理
134	万俊伟	经济与管理工程学院	工程管理
135	黄富恒	经济与管理工程学院	工程管理
136	门宗伟	经济与管理工程学院	工程管理
137	余杰	经济与管理工程学院	工程管理
138	刘丹丹	经济与管理工程学院	工商管理
139	郭丰祯	经济与管理工程学院	工商管理
140	朱思	经济与管理工程学院	工商管理

续表

序号	学生姓名	院系名称	专　业
141	张丹丹	经济与管理工程学院	工商管理
142	黄英美	经济与管理工程学院	工商管理
143	陈斯佳	经济与管理工程学院	工商管理
144	崔建平	经济与管理工程学院	工商管理
145	周欢欢	经济与管理工程学院	工商管理
146	宋晚晴	经济与管理工程学院	工商管理
147	王琮	经济与管理工程学院	工商管理
148	迪理努尔·艾斯海尔	经济与管理工程学院	工商管理
149	许朝雪	经济与管理工程学院	工商管理
150	郭昊	经济与管理工程学院	工商管理
151	热皮卡提·艾比力	经济与管理工程学院	工商管理
152	柴佳茹	经济与管理工程学院	公共事业管理
153	李丽燕	经济与管理工程学院	公共事业管理
154	桂金浩	经济与管理工程学院	公共事业管理
155	杨翠	经济与管理工程学院	公共事业管理
156	刘月怡	经济与管理工程学院	公共事业管理
157	曹凯花	经济与管理工程学院	公共事业管理
158	何梦婷	经济与管理工程学院	市场营销
159	田亚飞	经济与管理工程学院	市场营销
160	谢石华	经济与管理工程学院	市场营销
161	伊巴迪古丽·塞麦提	经济与管理工程学院	市场营销
162	艾孜买提·艾尔肯	经济与管理工程学院	市场营销
163	邢春梅	经济与管理工程学院	市场营销
164	陈润丰	经济与管理工程学院	市场营销
165	石丽萍	经济与管理工程学院	市场营销
166	程斌	理学院	电子科学与技术
167	柏晓蓉	理学院	电子科学与技术
168	刘坤	理学院	电子科学与技术
169	刘爽	理学院	电子科学与技术
170	李敏	理学院	电子科学与技术
171	唐菁	理学院	电子科学与技术
172	谭毛红	理学院	电子科学与技术
173	陈新	理学院	信息与计算科学
174	陈娅菲	理学院	信息与计算科学
175	金锋	理学院	信息与计算科学
176	刘海霞	理学院	信息与计算科学
177	祁晶	理学院	信息与计算科学

续表

序号	学生姓名	院系名称	专业
178	刘强	土木与交通工程学院	材料工程
179	王彦虎	土木与交通工程学院	城市道路与桥梁工程
180	邱成	土木与交通工程学院	城市道路与桥梁工程
181	袁广	土木与交通工程学院	交通工程
182	张慧	土木与交通工程学院	交通工程
183	周俊远	土木与交通工程学院	土木工程
184	苟东立	土木与交通工程学院	土木工程
185	冯燕	土木与交通工程学院	土木工程
186	郝云花	土木与交通工程学院	土木工程
187	姚俊博	土木与交通工程学院	土木工程
188	王凯林	土木与交通工程学院	土木工程
189	李博	土木与交通工程学院	土木工程（道桥方向）
190	俞轩	土木与交通工程学院	土木工程（道桥方向）
191	赵菲	土木与交通工程学院	土木工程（道桥方向）
192	桂晓珊	土木与交通工程学院	土木工程（道桥方向）
193	韩松	土木与交通工程学院	土木工程（道桥方向）
194	张佩佩	土木与交通工程学院	土木工程（道桥方向）
195	程琪珉	土木与交通工程学院	土木工程（道桥方向）
196	罗杰	土木与交通工程学院	土木工程（地下方向）
197	王利	土木与交通工程学院	土木工程（地下方向）
198	邓全祥	土木与交通工程学院	土木工程（地下方向）
199	张蕊	土木与交通工程学院	土木工程（建筑方向）
200	高垚	土木与交通工程学院	土木工程（建筑方向）
201	黄威振	土木与交通工程学院	土木工程（建筑方向）
202	陈小奔	土木与交通工程学院	土木工程（建筑方向）
203	黄国泽	土木与交通工程学院	土木工程（建筑方向）
204	谢庭	土木与交通工程学院	土木工程（建筑方向）
205	刘婷	土木与交通工程学院	土木工程（建筑方向）
206	王磊	土木与交通工程学院	土木工程（建筑方向）
207	王美玲	土木与交通工程学院	土木工程（建筑方向）
208	张旷	土木与交通工程学院	土木工程（建筑方向）
209	张坤	土木与交通工程学院	土木工程（建筑方向）
210	李全刚	土木与交通工程学院	土木工程（建筑方向）
211	卢嘉茗	土木与交通工程学院	土木工程（建筑方向）
212	唐付宁	土木与交通工程学院	土木工程（建筑方向）
213	高喜进	土木与交通工程学院	土木工程（建筑方向）
214	王霖	土木与交通工程学院	土木工程（建筑工程方向）

续表

序号	学生姓名	院系名称	专业
215	左健	土木与交通工程学院	土木工程（建筑工程方向）
216	刘建北	土木与交通工程学院	土木工程（建筑工程方向）
217	雷樵淞	土木与交通工程学院	土木工程（建筑工程方向）
218	赵兴华	土木与交通工程学院	土木工程（建筑工程方向）
219	张涛	土木与交通工程学院	土木工程（建筑工程方向）
220	王福晋	土木与交通工程学院	无机非金属材料（建筑材料）
221	崔鑫有	土木与交通工程学院	无机非金属材料（建筑材料）
222	张乐义	土木与交通工程学院	无机非金属材料工程
223	王婷婷	文法学院	法学
224	马小娟	文法学院	法学
225	马瑞雪	文法学院	法学
226	姜苗蕾	文法学院	法学
227	蒋东阳	文法学院	法学
228	米勒依·哈森别克	文法学院	法学
229	尤瑞菲	文法学院	法学
230	陆学晶	文法学院	法学
231	郑琼丽	文法学院	法学
232	田凯馨	文法学院	社会工作
233	余勤	文法学院	社会工作
234	韦家秀	文法学院	社会工作
235	靳蕾	文法学院	社会工作
236	王慧	文法学院	社会工作
237	姚奉雪	文法学院	社会工作
238	赵艺文	文法学院	社会工作

（十一）北京建筑大学2014届北京市优秀本科毕业生名单

序号	姓名	性别	专业	序号	姓名	性别	专业
1	奚凝楚	女	给水排水工程	11	陈萌	男	工程管理
2	呼彦佳	女	给水排水工程	12	段思婷	女	工程管理
3	胡夏钧	男	热能与动力工程	13	吴悠	女	公共事业管理
4	李浩智	男	热能与动力工程	14	常文琦	女	市场营销
5	寇展通	男	建筑环境与设备工程	15	卜璇	女	工商管理
6	时凯	男	建筑环境与设备工程	16	王子威	男	信息与计算科学
7	耿雷	男	电气工程及其自动化	17	赵齐	女	土木工程（房建方向）
8	梁慧珍	女	计算机科学与技术	18	石越峰	男	土木工程（道桥方向）
9	朱啸宇	男	建筑电气与智能化	19	贺成林	男	土木工程（交通方向）
10	袁云霜	女	建筑电气与智能化	20	李露露	男	无机非金属材料工程

续表

序号	姓名	性别	专业	序号	姓名	性别	专业
21	刘啸	男	土木工程（房建方向）	36	赵佳俊	男	机械工程及自动化
22	邸聪	女	土木工程（房建方向）	37	霍瑞	男	机械工程及自动化
23	赵冰心	女	无机非金属材料工程	38	王一乐	男	汽车工程
24	李靖	女	土木工程（房建方向）	39	葛田子	女	工业工程
25	陈宇	男	土木工程（房建方向）	40	陈璐	女	工业工程
26	周京京	女	土木工程（房建方向）	41	李孟洋	女	建筑学
27	孙铭	女	土木工程（道桥方向）	42	贾园	女	建筑学
28	曹影	女	土木工程（交通方向）	43	邹乐	男	工业设计
29	吕勇刚	男	土木工程（房建方向）	44	谷韵	女	城市规划
30	刘丽娜	女	法学	45	贾丽婷	女	地理信息系统
31	吴东阳	男	法学	46	孔祥思	女	测绘工程
32	但鲜	女	社会工作	47	罗晓蕾	女	地理信息系统
33	李明慧	女	社会工作	48	任为	男	测绘工程
34	李晓伟	女	社会工作	49	韦宇飞	女	地理信息系统
35	曹珅	女	社会工作	50	张冲	女	测绘工程

（曲 杰 李 红 黄尚荣）

（十二）2014年研究生国家奖学金获奖学生名单

序号	姓名	学科	年级	所在学院
1	杨安琪	建筑学	2012	建筑与城市规划学院
2	郝瑞生	建筑学硕士	2012	
3	谈抒婕	建筑学硕士	2012	建筑与城市规划学院
4	高天慕	建筑学硕士	2012	
5	王诗鑫	风景园林学	2012	
6	周琼	设计学	2012	
7	李书文	结构工程	2012	
8	王红霖	交通运输规划与管理	2012	
9	殷辰鹏	建筑与土木工程	2012	土木与交通工程学院
10	李瑞	建筑与土木工程	2012	
11	王晓晓	道路与铁道工程	2012	
12	周茜	建筑与土木工程	2012	
13	丁翰婉	建筑与土木工程	2013	
14	韩龙娜	供热、供燃气、通风及空调工程	2012	
15	张玉玉	市政工程	2012	
16	黄鑫	市政工程	2012	环境与能源工程学院
17	景焕平	环境工程	2012	
18	石安邦	环境工程	2012	
19	刘亮	环境工程	2012	

续表

序号	姓　名	学　　科	年级	所在学院
20	赵云涛	建筑与土木工程	2012	电气与信息工程学院
21	魏旭峰	模式识别与智能系统	2012	
22	赵静	检测技术与自动化装置	2012	
23	郑晓晓	管理科学与工程	2012	经济与管理工程学院
24	纪博雅	管理科学与工程	2012	
25	李天烁	摄影测量与遥感	2012	测绘与城市空间信息学院
26	王金海	载运工具运用工程	2012	机电与车辆工程学院
27	赵小刚	物流工程	2012	
28	李超	应用数学	2012	理学院
29	张辉	应用数学	2012	

（十三）2014年北京市优秀毕业研究生名单

推荐单位	学生姓名	推荐单位	学生姓名
建筑学院	夏邈　谭瑞娟　高阳　吴迪　方文雄　刘彭	测绘学院	李明轩
土木学院	何远营　叶吉健　陈绍坤　李候乐	机电学院	张敏娜
环能学院	崔伟莎　葛振　闫攀　贾涛	理学院	武占敏
经管学院	吕映苗　卓雪洋		

（十四）2014届冬季硕士研究生优秀学位论文获奖名单

推荐单位	学生姓名	专业名称	论文题目	导师姓名
土木学院	刘小刚	建筑与土木工程	复杂型钢内浇混凝土组合结构的绿色高性能混凝土关键技术研究	宋少民 肖南
土木学院	任伟明	岩土工程	洞桩法施作地铁车站下穿桥梁影响研究	张怀静 彭丽云

（十五）2014届夏季硕士研究生优秀学位论文获奖名单

序号	推荐单位	学生姓名	专业名称	论文题目	导师姓名
1	建筑学院	许蕾蕾	设计艺术学	北京旧城王府建筑色彩研究	李朝阳 陈静勇
2	建筑学院	刘彭	设计艺术学	汉藏结合建筑展示设计研究	李沙
3	环能学院	李云翔	供热、供燃气、通风及空调工程	液相添加剂对纳米LiBr溶液表面张力和沸腾温度的影响及其机理分析	解国珍
4	环能学院	李幸春夏	供热、供燃气、通风及空调工程	锅炉排烟冷凝余热深度利用方案与应用研究	王随林
5	环能学院	宋瑞宁	环境工程	基于InfoWorks ICM模型的雨洪模拟不确定性研究	张书函 李俊奇 宫永伟

续表

序号	推荐单位	学生姓名	专业名称	论文题目	导师姓名
6	环能学院	陈雪如	市政工程	PAC/AC-UF 处理再生水中有机污染物试验研究	冯萃敏
7	环能学院	李小静	环境工程	城市内涝风险评估与雨水控制标准比较研究	李俊奇 邝诺
8	环能学院	杨正	环境工程	城市内涝防治与大小排水系统研究	车伍
9	环能学院	杨丽琼	环境工程	生物滞留技术重金属净化机理与风险评估	王建龙 张建新
10	环能学院	向超	市政工程	再生水中有机物与营养物质对碳钢界面污垢性质影响研究	许萍
11	环能学院	闫攀	环境工程	生态城市视角下的可持续雨水系统构建及评价	车伍
12	环能学院	魏鹏	环境工程	植被浅沟运行效果评价及改进设计研究	李海燕
13	环能学院	邱文正	市政工程	嘉兴市路面雨水土壤渗滤回用技术研究	冯萃敏
14	机电学院	杨青照	建筑与土木工程	电火花加工抬刀的自适应控制研究	王跃进 周明 戴松高
15	机电学院	张敏娜	供热、供燃气、通风及空调工程	动车组风源系统可靠性研究	杨建伟
16	电信学院	张卉	控制理论与控制工程	基于无线传感器网络的室内定位系统的研究与实现	谭志
17	电信学院	任远	控制理论与控制工程	太阳能光电建筑发电量预测方法研究	王佳
18	理学院	武占敏	控制理论与控制工程	霍乱与媒体效应的传染病模型及研究	崔景安
19	土木学院	李候乐	岩土工程	跨河大直径盾构施工地表沉降及注浆加固研究	张怀静
20	土木学院	古瑞康	结构工程	冷弯薄壁型钢复合材料墙体抗剪性能试验研究	吴徽
21	土木学院	陈绍坤	道路与铁道工程	净水型透水路面材料与结构研究	徐世法
22	土木学院	叶吉健	建筑与土木工程	自复位钢框架整体结构分析及性能化设计	张艳霞 李文峰
23	土木学院	徐开	结构工程	RC 框架结构基于性能的抗震加固设计方法研究	吴徽
24	土木学院	李凯锐	结构工程	深部围岩分区破裂梯度模型的数值研究	戚承志
25	土木学院	郭俸铭	防灾减灾工程及防护工程	近断层地震下隔震结构组合限位研究	韩淼
26	土木学院	张伟	结构工程	高强钢绞线网-高性能砂浆加固钢筋混凝土梁抗冲击性能研究	廖维张
27	土木学院	祁志刚	建筑与土木工程	多塔悬索桥静动力特性及结构体系适宜性研究	董军 杨昀

续表

序号	推荐单位	学生姓名	专业名称	论文题目	导师姓名
28	测绘学院	李明轩	地图制图学与地理信息工程	多源交通路况信息处理技术与应用研究	张健钦
29	测绘学院	杜英龙	测绘工程	城市运行实景影像平台关键技术研究与实现	杜明义 陈品祥
30	测绘学院	曾飞翔	地图制图学与地理信息工程	基于影像的激光雷达点云边缘精细化技术研究	王晏民 胡春梅
31	测绘学院	严家宝	地图制图学与地理信息工程	基于GIS和智能体的公交运行仿真评价研究	张健钦

（刘　伟　薛东云　戚承志　汪长征）

第十六章 大 事 记

【在2013北京市教育系统节能减排主题系列活动喜获丰收】1月2日,"绿色北京——2013年北京市教育系统节能减排主题系列活动"举办工作总结会。会议对2013年北京市教育系统"节能减排"工作进行了总结和表彰。我校环能学院报送的多项成果获得佳绩;多名指导教师和学生获得表彰。本次系列活动自2013年6月启动,历时半年,由北京市教育委员会、北京市发展和改革委员会主办,北京教育科学研究院可持续发展教育研究中心承办。此次荣誉的取得与环能学院历来重视大学生科技竞赛是分不开的,今年6月底,环能学院接到学校转发的通知后,学院团总支积极落实文件精神,一方面组织了参加各类竞赛的队员选拔,并利用时间对参赛选手进行了集中学习和培训,最终为学校争得了荣誉。

【荣获"全国厂务公开民主管理先进单位"和"北京市厂务公开民主管理示范单位"称号】2014年1月,全国厂务公开民主管理先进单位揭晓,我校被评为"2013年度全国厂务公开民主管理先进单位",是全国17所获此殊荣的高校之一。我校今年同时被授予"北京市厂务公开民主管理示范单位"。多年来,我校党委、行政高度重视校务公开,全心全意依靠教职工办学。完善制度,构建长效机制,将校务公开融入各项管理制度之中,将民主公开之风融入师生员工的自觉行动和校园文化之中,使校务公开始终运行在制度化、规范化、经常化的轨道。丰富内容,畅通公开渠道,构筑校务公开、党务公开、信息公开三位一体、相互促进的"厂务公开民主管理"格局。创新形式,实施"点题公开",把公开的主动权交给群众,教职工最关注什么,最需要知道什么,学校就公开什么。2009年学校被评为"北京市厂务公开民主管理工作先进单位"。学校校务公开民主管理工作取得了扎实成效,极大地激发了学校活力,有力地促进了学校的改革发展。

【参加第三十届全国大学生物理竞赛北京赛区比赛载誉而归】第三十届全国大学生物理竞赛北京赛区的比赛于2013年12月7日分别在清华大学、北京大学、北京航空航天大学、北京理工大学四个学校同时举行,北京共有近八千名大二学生参赛。余丽芳老师率我校150名大二学生参加了此次竞赛,共有44名同学获奖,其中一等奖13名、二等奖12名、三等奖19名,获奖率29.3%。同时我校还获团体奖。获奖率远远高于同类院校,成绩高出多所211院校。为了准备这次全国竞赛,我校由理学院和考研社共同在2013年9月24日举办了校内物理竞赛。选拔出一些思维能力强,心理素质好且在物理学习方面表现优秀的学生,进行专门辅导。通过参与此项竞赛活动,提高了我校大学物理的教学水平,提升了学生对课内基础知识水平的提高,促进了学生自学能力、独立思考能力和灵活解决问题的能力,起到了促进教学改革,提高学生综合素质的作用。我校在本次大赛取得的优异成绩,是对我校学生实力的肯定,也反映了教学水平的不断提高。

【2013年度我校获得北京市教育工会系统多项奖励】2013年度我校工会工作获得北京市教育工会系统多项奖励。学校被评为"北京高校第八届青年教师教学基本功比赛优秀组织单位";校工会被评为"经审工作规范化建设考核优秀单位"及"财务工作规范化建设考核

先进单位";图书馆分工会被评为"北京市先进教职工小家";文法学院张宁娇获"北京高校第八届青年教师教学基本功比赛文史类B组二等奖";文法学院窦文娜提交的论文《国内外教师课堂提问有效性研究评述》被评为"北京高校第八届青年教师教学基本功比赛论文优秀奖";宣传部、统战部部长孙冬梅获"工会工作突出贡献奖";校工会张瑶宁被评为"优秀工会工作者";同时,北京市温暖基金会向我校颁发了首都教职工爱心基金捐赠证书。

【在首届"天地图"应用开发大赛中荣获二等奖】2014年1月,以"共舞天地图,畅想中国梦"为大赛口号的首届天地图应用开发大赛公布评选结果,经过形式审查、作品遴选、专家评审等程序,我校测绘学院2011级学生曹毕铮等9人提交的作品"中草药电子标本系统"荣获二等奖。"中草药电子标本系统"是我校测绘学院霍亮教授指导的本科生科研训练项目(简称:大学生科技立项)。在校团委和教务处的支持下,大学生科技立项鼓励越来越多的本科生参与科研训练,开展科技创新。测绘学院响应号召,积极动员本科生参与大学生科技立项,自2010级学生开始,测绘学院组织低年级优秀本科生加入专业教师的科研团队,以独立学习、团队研究的模式对学生开展高标准、严要求的训练,最大限度发挥学生科技创新潜力,在2013年的"第二届全国大学生GIS应用技能大赛"中,2010级、2011级王顺富、张计岩等八名本科生获得个人一等奖,为我校争得荣誉。2014年,测绘学院将组织更多的本科生参加"SuperMap杯全国高校GIS大赛"、"ESRI杯中国大学生GIS软件开发大赛"等科技竞赛,力争更大突破。

【国家级精品视频公开课《建筑与伦理》正式上线教育部爱课程网】2014年1月,我校文法学院秦红岭教授主讲的《建筑与伦理》课程在教育部爱课程网正式上线。爱课程网是国家级精品视频公开课和精品资源共享课的展示和传播平台。根据《教育部关于国家精品开放课程建设的实施意见》(教高〔2011〕8号),精品视频公开课是教育部、财政部"十二五"期间"本科教学工程"重点建设项目。正式上线的课程充分展示了当代中国高等教育风采,为推动高等教育开放,促进教学观念转变、教学内容更新和教学方法改革发挥了重要作用。《建筑与伦理》课程从人文视角、从广义的建筑伦理视角探讨人类建筑文化,引领学生认识建筑与伦理这个充满独特跨界魅力的话题。《建筑与伦理》课程从人文视角、从广义的建筑伦理视角探讨人类建筑文化,引领学生认识建筑与伦理这个充满独特跨界魅力的话题。课程通过五讲内容,即第一讲"精神之栖居:建筑的伦理功能"、第二讲"人伦之栖居:礼与中国传统建筑"、第三讲"愉悦之栖居:建筑审美的伦理意义"、第四讲"公平之栖居:城市规划的伦理审视"、第五讲"平等之栖居:性别视角下的公共空间",探讨并回答这些问题,以此拓宽学生的知识视野,提高学生的科学文化素养。该课程因视角独特、观点新颖、通俗易懂,在竞争中脱颖而出,此次精品视频公开课正式上线教育部爱课程网是我校在教学质量工程建设上的新突破。

【教育部副部长刘利民同志莅临我校视察指导】2月19日,教育部副部长刘利民同志来我校大兴校区视察指导,并就新校区建设相关工作进行调研。校党委书记钱军、校长朱光、校党委副书记张启鸿、副校长张大玉及相关部门负责同志陪同视察。刘利民副部长视察了我校大兴校区教学楼、教师办公场所、学生宿舍、大学生活动中心、硕博公寓等地,听取了校领导在新校区建设、学科建设、科学研究、人才队伍建设等方面的工作汇报。刘部长充分肯定了我校党委行政近几年来团结带领广大教职员工勇于开拓乘势而上的良好精神风貌，他表示，北京建筑大学在校党政的领导下，用了五年时间完成新校区一期、二期工程建设，极大地改善了学校的办学条件，跻身市属高校前列，同时学校注重内涵建设、学科建设、科学研究、师资队伍建设、人才培养等方面取得了突出的成绩。

【国家级教学成果奖申报工作有序推进】寒假期间，学校就申报工作召开了多次教学成果奖申报研讨会，申报工作过程呈现出领导高度重视、成员充分配合、工作组织有力的良好局面。校长朱光、党委副书记张雅君、副校长宋国华、张大玉等校领导多次参加申报工作研讨会，听取相关人员汇报，对申报工作做出重要指示，提出总体意见和建议，使申报成果进一步捋清思路、明确方向、凝练提高。项目组主要成员发扬赢在起点、贵在坚持的精神，牺牲了整个春节假期，把主要精力投入到项目整合、提炼、深化、提高过程中。同时，学校积极加强与教育部、北京市教委及有关专家的沟通，做到领会精神、把握政策、充分吸收专家意见和建议。学校将继续加强对成果奖申报工作进行研讨，并召开相关专家鉴定会，做好成果奖申报工作，力争我校国家级教学成果奖实现零的突破。

【召开党的群众路线教育实践活动总结大会】2月20日，我校在西城校区第二阶梯教室召开党的群众路线教育实践活动总结大会。市委教育实践活动第31督导组组长许祥源同志及其他3位督导组成员出席大会。学校领导班子成员，处级干部，教授代表，工会、教代会、团委代表，民主党派和无党派人士代表，党代会代表、市区人大代表、政协委员，离退休老同志代表等130余人参加了总结会。会议由校长朱光主持。

【探索"主讲主问制"理论学习新模式，推进学习型党组织建设】为推进学习型党组织建设，党委从2009年开始，在全校各党支部探索建立"主讲主问制"理论学习新模式。支委会根据党委部署，结合党员实际和需求，提前研究选定理论学习的主题；支部确定1名对该主题比较熟悉、理论功底相对较扎实的党员作为主讲人，提前做好深入的准备，撰写发言提纲，在支部学习会上做主题宣讲；支部确定1名党员作为主问人，提前了解该理论内涵，并研究提出能引发大家深入思考的问题，在主讲人宣讲后进行提问；组织全体党员围绕学习主题就提出的问题进行深入讨论，让每一名党员发表见解。近年来，党委围绕学习实践科学发展观、创先争优、学习贯彻《基层组织条例》、基层组织建设年活动、学习十八大精神等主题，统一部署开展了五个轮次的"主讲主问制"学习活动。每个轮次的部署，都有鲜明的学习主题、明确的学习要求和具体的学习内容，都会引发党员深入的思考，都会形成有价值的学习成果。该项目先后被评为"北京高校优秀基层党建工作创新项目"、"北京市优秀党建工作创新项目"，被市委教育工委列入《北京高校党的建设2013-2017年工作规划》进行全面推广。

【设立"廉政文化书架"加强廉政文化建设】2月25日下午，学校在图书馆二层举行"廉政文化书架"开架仪式。纪委书记何志洪，纪委（监察处）、审计处、图书馆等单位负责人及相关人员参加了开架仪式。"廉政文化书架"的设立是为了进一步加强我校廉政文化建设，营造"以廉为荣、以贪为耻"的校园廉政文化氛围，为全校党员干部广大师生提供一个学习廉政知识、接受廉政教育、强化监督意识的良好平台。在前期梳理图书馆现有廉政文化书籍情况的基础上，纪委（监察处）、审计处与图书馆又共同研究书目、选购了部分廉政文化图书，对现有的廉政文化书籍进行补充完善。截至目前，上架的廉政文化书籍内容涉及反腐倡廉理论、廉洁文化教程、党的政策法规、违纪违法案例剖析、廉政小说以及廉吏传等勤政廉洁方面的图书200余册。今后学校还将继续补充更新相关书籍，为读者提供数量更多、内容更加丰富的廉政文化书籍。

【被评为"平安校园示范校"】2月28日,"首都综治委校园及周边综治专项组会议暨高校安全稳定工作会议"在北京会议中心召开。会议宣布了"平安校园"创建达标学校和示范学校的决定,我校通过了"平安校园"创建验收工作并获得"平安校园示范校"的荣誉称号和100万元专项奖励,学校党委副书记张启鸿代表学校上台领奖。我校获得"平安校园创建示范校"的荣誉称号,是北京市委教育工委、市教委对我校安全稳定工作的肯定,也是全校师生员工共同努力的结果。学校将以此为新的起点,进一步巩固"平安校园"创建工作的成果,为建设有特色、高水平建筑大学提供坚强保障。

【获得北京市教委决算工作二等奖】2014年3月,北京市教委下发了《关于表彰2012年据算编制工作先进单位的通知》(京教函〔2013〕632号),我校2012年的决算工作获得北京市决算工作先进单位二等奖,并予以通报表扬。2012年我校的决算工作,是我校划归教委管理后,第一次按照市教委的要求编制决算,由于市教委已经形成了一套完善的决算编制管理体系,我校克服在管理体系、核算规则及项目设置等方面与教委不一致等困难,在各单位的大力配合及财务处的共同努力下,取得了较好的成绩,也是上级对我校财务业务工作的肯定。今后财务处将不断加强业务能力建设,规范财务管理,进一步提高我校的财务管理水平。

【召开"中国传统村落与建筑遗产保护协同创新中心"专家论证会】3月8日,"中国传统村落与建筑遗产保护协同创新中心"(下文简称中心)专家论证会在我校第一会议室召开。校长朱光、副校长宋国华、张大玉,科技处、建筑遗产研究院、建筑学院等相关人员参加会议,天津大学、北京建筑大学、清华大学、山东大学、文化部非物质文化遗产保护司、北京市公园管理中心、北京师范大学、中国建筑设计研究院建筑历史研究所、中国文化遗产研究院建筑保护所、中国艺术研究院、中国艺术报社等协同单位代表和专家学者共30余人参加会议。本次专家论证会充分肯定了中心筹备阶段的工作成效,进一步明确了中心下一步的申报认定工作重点,为中心未来的发展建设及申请教育部"2011协同创新中心"奠定良好的基础。

【在北京高校红色"1+1"示范活动评选中获佳绩】由北京市教工委主办的2013年北京高校红色"1+1"示范活动评选已于近期全部揭晓。我校测绘学院本科生党支部荣获北京高校红色"1+1"示范活动二等奖,建筑学院本科生第一党支部、环能学院本科生第三党支部以及经管学院本科生第三党支部分别荣获北京高校红色"1+1"示范活动优秀奖。2013年,我校党委组织部、学工部、团委与各二级学院共同组织开展了我校学生党支部红色"1+1"活动。我校红色"1+1"活动通过学生党支部与校外基层党支部开展共建,使大学生了解国情市情,在服务社会中增长见识,增强本领,进一步树立服务人民、扎根基层、艰苦奋斗等良好品质,收到了显著的效果。在今后的工作中,学校将此项活动作为学生党建工作的重要载体,与建立学生党建工作长效机制有机结合,在认真总结过去工作经验的基础上,结合思想引领、专业实践和特色工作等创新活动形式和内容,搭建学生党建路桥工程平台,力促师生互动,思想引导和专业学习相结合,积极引导学生党支部增进交流、加强实践学习,突显活动成效,进一步促进学生党建工作。

【青年志愿者协会挂牌成为"首都学雷锋志愿服务站"】2014年3月,由首都精神文明建设委员会发起的"首都学雷锋志愿服务站(岗)申报命名活动"评选结果揭晓,我校青年志愿者协会从各高校、机关、社区、民间志愿者组织中脱颖而出,顺利挂牌首都学雷锋志愿服务站。首都学雷锋志愿服务站(岗)申报命名活动自1月份启动以来,校团委指导我校青年志愿者协会积极参与申报。校青年志愿者协会的服务理念、服务质量、服务项目、服务领域、服务制度获得肯定,最终被确定为首都学雷锋志愿服务站。

【举办"鲁班杯"大学生创业计划竞赛】3月25日,12位专业评审,39组参赛项目,200余名北建大学子齐聚我校大兴校区"鲁班杯"大学生创业计划竞赛现场。大赛邀请到6位来自中国青年创业国际计划(简称YBC)的创业导师和6位来自图书馆、校团委、经管学院的校内老师担任评审。评审分三个会场进行,每个创业小组各显神通,充分展示了创业项目独特的创意,答辩过程中选手们与评委更是针锋相对,比赛异彩纷呈。在同学们的创业计划中,不仅关注到了企业的经济利益,还关注了公益事业,并充分体现了北建大的学科特色。"改性沥青材料项目"关注我国中西部地区的基础建设,"震颤式风力发电机组营销及推广计划"立志于节能事业发展,"蜂巢设计有限责任公司"开发集成化家具以满足大学生宿舍装饰需求,……,最终,经过三个小时的激烈角逐,竞赛产生一等奖10名,二等奖11名,三等奖17名。

【与清华同衡规划设计研究院共建北京高等学校"城乡建设与管理"产学研联合研究生培养基地】3月27日,我校与北京清华同衡规划设计研究院有限公司签署产学研联合研究生培养基地框架协议书,共建北京高等学校"城乡建设与管理"产学研联合研究生培养基地。我校副校长汪苏、相关院部领导,清华同衡常务副院长袁昕、副院长郑筱津、相关院所领导和我校优秀校友代表出席签约仪式。本次签约仪式实现了我校与北京清华同衡规划设计研究院有限公司双方合作建立产学研联合研究生培养基地的共同心愿,在双方的共同努力下,我校的"城乡建设与管理"产学研联合研究生培养基地将培育出更多成果,培养更多满足行业需求的高质量专门人才,为促进经济社会发展和推动中国建设事业的科技进步做出更大贡献。

【学校召开党总支(直属党支部)书记会部署工作】4月2日,党委召开了党总支(直属党支部)书记会,部署近期重点工作。党委副书记张雅君、纪委书记何志洪、党委常委张素芳、部分党务部门负责人及各党总支(直属党支部)书记参加了会议。会上,党委副书记张雅君首先总结了近年来学校党建工作情况,肯定了学校党建工作在"围绕中心抓党建,抓好党建促发展"中取得的扎实有效的成果;之后,重点就如何进一步做好党建工作同与会人员做了交流。她强调,面对新形势、新任务和新要求,要加强对干部任用、考核、培训以及如何更好发挥"三型"党组织建设等工作的研究,要进一步加强对基层工作创新经验的挖掘和总结,从机制上进一步调动党总支在学校党建工作创新中的积极性。纪委书记何志洪传达了北京市及教育纪工委对"严格执行八项规定"的有关精神,通报了北京市教育纪工委正在查处的2013年下半年北京高校违纪案件,并要求各党总支要加强廉政风险防控体系建设,把党风廉政工作融入日常工作和学院业务工作之中。

【我校与筑福抗震集团签订产学研联合研究生培养基地协议】4月3日,我校与筑福抗震集团签署产学研联合研究生培养基地框架协议书,共建北京高等学校"城乡建设与管理"产学研联合研究生培养基地。校党委副书记张启鸿、研究生工作部(处)部(处)长陈静勇、党委宣传部副部长孙强、建筑学院党总支书记牛磊、土木学院党总支副书记王秉楠、电信学院副院长魏东、经管学院党总支副书记魏强及我校相关部门人员出席签约仪式。筑福抗震集团总裁董有、副总裁温斌、党委书记兼人力总监李建波、抗震设计事业部总经理董利琴、抗震事业部总经理杨涛、集团研究院院长鞠树森等及我校就业在筑福抗震集团的优秀校友集团总工办主任兼结构总工程师吴保光（82届）、设计事业部专家级建筑师张鼎（95届）等出席签约仪式。本次签约仪式实现了我校与筑福抗震集团双方合作建立产学研联合研究生培养基地的共同心愿。在双方的共同努力下，我校的"城乡建设与管理"产学研联合研究生培养基地将培育出更多成果，培养更多满足行业需求的高质量专门人才，为促进经济社会发展和推动中国建设事业的科技进步做出更大贡献。

【我校师生参加2013年北京市大学生创新实践活动总结表彰会】 4月9日，北京市教委在北京化工大学举办2013年北京市大学生创新实践活动总结表彰会，北京市教育委员会副主任叶茂林在会上讲话，向包括我校在内的几十所高校在2013年大学生创新实践活动中做出的积极贡献表示感谢，我校教务处处长邹积亭、团委书记朱静及部分师生代表参加总结表彰会。过去的一年，我校学生在市教委主办的17项学科竞赛中取得优异成绩，北京市大学生建筑结构设计竞赛作为其中一项赛事，连续两年由我校成功承办。这些成绩的获得来之不易，体现了参赛同学的创新精神、执着的意志、扎实的理论基础、优良的工程实践能力，渗透着指导老师的心血和辛勤劳动，也是全校各部门、各单位通力合作的结果。我校将以学科竞赛和课外科技实践创新活动为重要载体，着力营造重视实践、理论联系实际的氛围，培养学生的创新精神和实践能力。

【我校与北京城建设计发展集团签订产学研联合研究生培养基地协议】 4月10日，我校与北京城建设计发展集团签署产学研联合研究生培养基地框架协议书，共建北京高等学校"城乡建设与管理"产学研联合研究生培养基地。副校长汪苏、研究生工作部（处）部（处）长陈静勇、环能学院党总支书记陈红兵、研究生工作部副部长李云山、招生就业处副处长朱俊玲、建筑学院副院长张忠国、土木学院党总支副书记王秉楠、经管学院党总支副书记魏强及我校相关部门人员出席签约仪式。北京城建设计发展集团总经理王汉军、人力资源部副部长满涛、轨道交通院院长于松伟、市政设计研究院副总工程师尹骁、城市设计研究院党支部书记史铁柱、海外设计研究院院长助理孙明、海外设计研究院建筑室主任王俊、轨道交通院一所所长巫江等出席签约仪式。本次签约仪式实现了我校与北京城建设计发展集团双方合作建立产学研联合研究生培养基地的共同心愿。在双方的共同努力下，我校的"城乡建设与管理"产学研联合研究生培养基地将培育出更多成果，培养更多满足行业需求的高质量专门人才，为建设有特色高水平建筑大学，促进经济社会发展和推动中国建设事业的科技进步做出更大贡献。

【第七届教代会（工代会）第二次会议代表团团长会召开】 4月16日，教代会执行委员会及教代会分团团长（副团长）会在第三会议室召开。会上，各代表团正副团长汇报了本团针对学校章程（征求意见稿）、2013年学校行政工作报告（征求意见稿）、工会、教代会工作报告（征求意见稿）、财务工作（征求意见稿）、经费审查委员会工作报告（征求意见稿）、职工福利费管理办法（征求意见稿）、工会工作细则（征求意见稿）、校务公开工作总结以及资产与后勤管理处、规划与基建处、审计处、财务处专题公开报告等12个文件的讨论情况。在此之前，已完成了大会议程的确定，点题公开内容征集及提案布置等工作。教代会（工代会）年会是学校民主政治工作中的一件大事，有助于进一步发挥教代会、工会在建设高水平建筑大学中的积极作用，提高教代会（工代会）代表的履职实践能力,增强广大教职工参与学校民主管理、民主决策和民主监督的积极性。第七届教代会(工代会)第二次会议将分为4月22日下午全体代表大会和4月29日下午代表培训会两个阶段。大会各项筹备工作正在有条不紊地进行。

【俞敏洪走进北建大】4月19日,北京建筑大学大兴校区基础楼a座(小鸟巢)门口就排起了长队。如果你问他们为什么排队,他们会异口同声地告诉你:"俞敏洪老师来了!"俞敏洪现任新东方教育科技集团董事长兼总裁,是全国青联常委、全国政协委员以及20世纪影响中国的25位企业家之一。俞敏洪讲话风趣诙谐,整场演讲掌声不断、笑声此起彼伏,高潮迭起。演讲一开始,他就提到《中国合伙人》这部电影,电影就是以他和他的另外两位大学同学为原型,三个年轻人创业的故事。对于黄晓明扮演的自己,俞敏洪幽默地说道:"黄晓明长得比我英俊一点,不过遗憾的是他没有我有内涵。"逗得全场笑声连连。此次活动由北京建筑大学主办,由北建大招生就业处、共青团北建大委员会承办。北京建筑大学学生会、北建大大学生科学技术协会具体执行。在全体工作人员的共同努力下,本次讲座圆满落幕,俞敏洪老师幽默精彩的演讲也让同学们能够重新审视自己,思考青春、规划人生!

【我校青年教师赴兰考调研】4月26-27日,我校学工部部长黄尚荣、组织部副部长赵海云带队,与宣传部、团委、建筑学院、土木学院、文法学院、测绘学院等有关部门负责人一行10人,赴兰考开展实践育人工作调研。走访了焦裕禄干部学院、黄河东坝头乡、中州民族乐器厂、宋庄现代农业基地、焦裕禄纪念陵园、张庄村委会、下马台等,并与兰考县、焦裕禄干部学院和东坝头乡的有关领导进行了座谈。参观焦裕禄纪念陵园过程中,焦裕禄精神一次次带给大家心灵的震撼。"破旧的棉袄补丁摞补丁,焦书记就白天穿着它访贫问苦,深夜忍着肝痛看文件,长年累月,藤椅上就被顶出了一个大窟窿。焦书记临死之前对家人说'活着没有治理好沙丘,死了就把我埋在沙丘上,我要和兰考人民永远在一起'。焦裕禄同志用自己的一生铸就了亲民爱民、艰苦奋斗、科学求实、迎难而上、无私奉献的精神⋯⋯"。听着讲解员的诉说,在场的所有教师都满含热泪。

【被评为"北京市党的建设和思想政治工作先进普通高等学校"】5月,从北京市教工委传来喜讯,我校被评为"北京市党的建设和思想政治工作先进普通高等学校",同时获得此荣誉的还有北京大学、清华大学、北京航空航天大学、北京工业大学。这是我校顺利完成新校区建设工程、申博工程、更名工程三大工程之后,学校事业发展中的又一项重大突破。2013年,市委组织部、市委教育工委、市人力资源和社会保障局共同启动了北京市第七次党建先进校评选。本次先进校评选包括学校申报、入校考察、组织答辩、提出建议名单、公示、表彰奖励等流程。党建先进校评估不仅是对党建工作的检查,也是对学校事业发展、管理水平、干部能力素质、教职工精神面貌等学校工作的全面检验和评估。这一荣誉称号的获得,必将进一步提高我校党建工作的水平,为建设有特色、高水平建筑大学,推动学校事业再上新台阶提供了坚实的思想基础和政治保障。

【党委理论中心组集中学习京津冀协同发展战略】5月7日,学校党委理论中心组在西城校区第一会议室集中观看了由国家发改委城市和小城镇中心研究员易鹏所做的《把握首都工作,领会京津冀协同发展要义》专题辅导录像。参加学习的有校领导、相关职能部门负责人、各党总支(直属党支部)书记。学习会由校长朱光主持。易鹏围绕京津冀为什么要协同发展、京津冀协同发展的逻辑思路两方面,从多个角度对中央提出京津冀协同发展战略做了客观分析。他提出，要以开放和逆向思维来思考未来的发展模式。要把京津冀三地有机地统一起来，建立"城市群"的概念，以北京的文化、科技的优势引领周边地区。只有打破固有思维，寻找新的发展模式，我国的经济才能做到可持续发展，才能实现我们的"中国梦"。本次专题学习对帮助中心组成员进一步领会京津冀协同发展战略的重要意义具有指导作用。

【乒乓球队参加首都高校乒乓球锦标赛喜获佳绩】5月12日，2014首都高校"世纪两千杯"乒乓球锦标赛5月10日-11日在清华大学曹光彪体育馆举行。本届锦标赛有来自北京市57所高校的600多名运动员参加。我校乒乓球男队获得甲C组冠军，女队获得乙D组第四名。本届比赛，我校男队由去年乙A组获得冠军后升至甲组，甲组高手云集，有中国人民大学、北京师范大学、北京林业大学、华北电力大学等队。比赛中全体队员齐心协力，顽强拼搏，半决赛3：2战胜中国人民大学，决赛3：2战胜北京外国语大学，最终男队卫冕团体冠军。女队也以第四名创造在此项赛事上的历史最好成绩，表现出北建大学子"知难而上、永攀高峰"的拼搏品质。"梅花香自苦寒来"。为了备战本届比赛，教练员王桂香老师放弃休息时间，精心指导队员，与队员们同甘共苦，在训练条件极其艰苦的环境下，以饱满的热情完成每天三个小时的训练任务，终于用汗水和心血浇灌出本届比赛的丰硕成果，为学校赢得了荣誉。

【吉林建筑大学一行来校交流座谈】5月13日，吉林建筑大学副校长戚欣一行来校调研，副校长宋国华及党政办公室、研工部、科技处、校产办等有关部门负责同志参加交流座谈。会上，宋校长对吉林建筑大学一行表示欢迎，介绍了学校近年发展的总体情况，希望两校之间加强交流，取长补短，共同促进事业的发展。吉林建筑大学戚校长对学校的热情接待表示感谢，对我校近几年取得的突出成绩表示赞赏。随后，学校科技处、研工部和校产办负责人分别就我校科研发展思路、学科建设、研究生管理和校产企业建设等情况进行了介绍。在交流中，双方还就关注的问题进行了深入的研讨。会后，一行人参观了金工实训中心、雨水实验室、基础教学楼等教学设施。

【与中海外天润文化发展有限公司签约共建"移动互联创新研究中心"】5月18日，我校与中海外天润文化发展有限公司共建"移动互联创新研究中心"签约仪式在大兴校区四合院会议室举行。副校长汪苏、党委副书记张启鸿、科技处处长白莽、电信学院党总支书记杨光、副书记武岚、副院长魏东、张雷、计算机系师生代表；中海外天润文化发展有限公司董事长华木林、副总经理刘嘉奕、产品总监陆超、高级商务经理李长晏、市场部经理刘慧娟，嘉宾周青出席了签约仪式。签约仪式由汪苏副校长主持。当前，我国正处于移动互联网高速发展阶段，为移动互联网行业以及相关教育行业发展提供了前所未有的政策支持和市场空间。我校与中海外天润文化发展有限公司开展的校企战略合作，对打造实践教学、科技创新和研发平台，加强产学研的合作，对于推进企业技术创新和产业升级、推进高校的科研成果转化有着积极的促进作用。

【召开学工系统学习贯彻习近平总书记五四重要讲话精神座谈会】5月21日，我校在西城校区第一会议室召开学工系统学习贯彻习近平总书记五四重要讲话精神座谈会。校长朱光、党委副书记张启鸿出席会议并作讲话。学工部、研工部、团委相关人员以及各学院党总支副书记、辅导员代表、学生代表参加了本次座谈会。会议由学工部部长黄尚荣主持。在纪念五四运动95周年之际，习近平总书记到北京大学考察并发表重要讲话，对广大青年树立和培育社会主义核心价值观、深化高等教育改革提出了明确要求。深入学习宣传贯彻讲话精神是当前首都高等教育系统的重大政治任务。座谈会上，团委书记朱静向会议介绍了学习贯彻习近平总书记五四重要讲话精神有关情况。土木学院硕研13-3班班长孙拓同学作为学生代表在会上作了发言。孙拓结合自身学习、生活和工作情况，阐述了对社会主义核心价值观的理解和认知，并分享了他对"勤学、修德、明辨、笃实"的认识和体会。经管学院党总支副书记魏强作为学工系统教师代表在座谈会上谈了自身学习体会和感悟。魏强副书记结合学院中心工作，紧紧围绕培养和践行核心价值观任务，汇报并交流了在培养和践行核心价值观方面所思所想所行。

【第二届中国绿色建筑产业专家论坛在北京建筑大学召开】6月5日是第43个世界环境日，我校主办的第二届中国绿色建筑产业专家论坛在我校大兴校区开幕。本届论坛以"寻找绿色契机，促进产业发展"为主题，北京建筑大学建筑与城市规划学院会同清华大学建筑学院、东南大学建筑学院、天津大学建筑学院等9单位联合主办。开幕式上，北京建筑大学校长朱光致欢迎辞。朱校长指出"面向绿色建筑科技发展和产业发展的重大需求，围绕绿色建筑政产学研用产业价值链，整合现有绿色建筑产业资源，相互衔接，充分发挥各自优势，鼓励创新，全面提高绿色技术创新能力和服务水平，是助推绿色建筑产业升级的重要途径"。朱校长还介绍了北京建筑大学在绿色建筑人才培养、科技创新的实践和成果。并指出本届论坛为加强绿色建主行业范围内的交流与合作构建了良好平台，呼吁与会专家共同围绕本次论坛主题深入探讨，为推进绿色建筑产业的可持续发展做出更大的贡献。中国工程院院士候立安，中国房地产研究会副会长兼秘书长苗乐如，清华大学建筑学院院长庄惟敏，美国城市管理协会David Grossman，中国就业培训技术指导中心培训处处长董立武，北京百高建筑科学研究院院长陆泽荣等领导、专家出席开幕式并致辞。论坛期间还举办了绿色建筑设计、房地产绿色战略、可再生能源的综合利用、绿色建筑人才需求和培养、绿色建材、新型城镇化建设等分论坛，来自全国的近50位专家、学者从绿色建筑设计、人才、材料、城市等角度详细阐述绿色建筑产业的发展问题，为我国绿色建筑产业建言献策，为建设领域生态文明建设贡献力量。

【举行中国传统文化与社会主义核心价值观专题讲座】6月12日，"建大讲堂"第二期在第二阶梯教室开讲。北京大学马克思主义学院党委书记、执行院长、北京大学中国文化发展研究中心主任孙熙国教授应邀做了题为《中国传统价值观的基本内容与培育弘扬社会主义核心价值观》的报告。孙教授从价值及价值观的涵义入手，深入浅出地阐述了中国传统价值观、社会主义核心价值观和西方价值观的关系，并对在知行合一、理解认同的基础上培育和践行社会主义核心价值观提出了具体建议。

【与北京市测绘设计研究院签订产学研联合研究生培养基地协议】6月17日，我校与北京市测绘设计研究院签署产学研联合研究生培养基地框架协议书，共建北京高等学校"城乡建设与管理（测绘地理信息）"产学研联合研究生培养基地。校长朱光，副校长汪苏，学校办公室主任赵金瑞，研究生工作部（处）部（处）长陈静勇，科技处处长白莽，测绘学院院长王晏民、党总支书记赵西安，党委宣传部副部长孙强，建筑学院副院长张忠国，测绘学院副院长杜明义、吕书强以及测绘学院教师代表、研工部、宣传部等相关部门人员出席签约仪式。北京市测绘设计研究院院长温宗勇、党委书记郝赛英、常务副院长杨伯钢、副院长程祥、陈品祥、院总工程师兼科技质量装备处处长贾光军、院办公室主任白文斌、人事教育处处长贾光军、研发中心主任张海涛、战略发展处处长助理臧伟以及相关部门人员出席签约仪式。本次签约仪式实现了我校与北京市测绘设计研究院双方合作建立测绘地理信息领域产学研联合研究生培养基地的共同心愿。在双方的共同努力下，我校的"城乡建设与管理"产学研联合研究生培养基地将培育出更多成果，培养更多服务行（企）业需求的高层次专门人才，必将进一步发挥学校的人才培养、科学研究、社会服务职能，实现校企双方资源共享、互惠共赢，为促进北京经济社会发展和推动城乡建设与管理领域的科技进步做出新的更大贡献。

【我校学生喜获2013年"绿色未来奖"】2014国际学生环境与可持续发展大会（International Student Conference on Environment and Sustainability）6月在上海同济大学召开，来自全球近50个国家300余名青年学子齐聚上海同济大学，参加主题为"生态文明与绿色经济"的"2014国际学生环境与可持续发展大会"，共同聚焦"可持续发展教育、食品与健康、生态系统与气候变化、绿色发展"四大重要议题。会议同时举行2014Klaus Toepfer环境奖学金、2013年度"绿苗计划"奖学金和2013年度"绿色未来奖"颁奖，我校环能学院由李颖老师指导的环研13级岳娇同学的"建筑垃圾资源化源头管理对策研究"喜获2013年"绿色未来奖"，奖学金金额为10000元人民币。"绿色未来奖"每次评选名额不超过20名，本次由来自北京大学、清华大学、同济大学、重庆大学等学校的20位学生获奖，我校环能学院学生已是第二次获得此奖项，这对今后学生投身环境领域的研究起到了积极的促进作用。

【大兴校区二级学院交接搬迁工作正式启动】6月26日下午，规划与基建处组织资产与后勤管理处、大兴校区管委会、保卫处、机电与汽车工程学院、电气与信息工程工程学院以及施工单位建工远大市政建筑工程公司召开大兴校区机电与电信学院组团建筑交接工作协调会议，就建筑的交接工作的启动以及后期实验设备的搬迁进行了工作部署。此次会议标志着我校今年大兴校区二级学院交接搬迁工作正式启动。由于二级学院实验室的实验设备多，所属部门多，交接工作相对复杂，且实验室的交接和设备的搬迁安装工作关系密切，提前准备的工作量大，为实现顺利交接，基建处组织相关部门联手共同启动建筑的交接及相关工作。会议就建筑的交接方式、实验室的房间对接以及设备搬迁安装其他具体问题达成了一致的意见。机电、电信学院的领导班子成员和具体交接工作负责人以及职能部门的对接工作人员出席了会议。

【大学生社会实践基地在延庆县南湾村挂牌】6月30日为深入贯彻落实党的十八大关于建设美丽中国的精神，充分发挥实践育人的优势，有效搭建"认识社会、回报社会"的多途径平台，进一步引导广大青年学生为祖国建设做贡献，结合学生专业特点，在2013年暑期社会实践活动良好基础上，由校团委指导建筑学院团总支组建了"青春中国梦·美丽乡村行"乡村调研社会实践团。近日，校团委书记朱静、建筑学院党总支副书记丁奇及团总支书记康健带领建筑学院部分本科及研究生同学来到拥有"四季花海"之称的延庆县四海镇南湾村举行"北京建筑大学社会实践点"挂牌仪式。"南湾村当下主导产业为花卉和民俗旅游，目前共种植数百亩玫瑰，今后还将继续扩大种植规模。村内民俗活动丰富，花卉种植面积广、种类繁多，春夏秋可上山采蘑菇，四季可赏花……"四海镇魏镇长向大家介绍着南湾村的历史与现状。建筑学院师生自去年起至今，在副书记丁奇老师的带领下，多次下乡来到村里与居民调研，从村庄产业发展、提升村民生活质量、保护乡村生态角度，对南湾村进行村庄规划、政策宣讲，与南湾村结下了深厚的友谊。在即将到来的暑假，建筑学院师生将继续为这里的村民提供乡村旅游规划、公共服务设施规划等实践活动。此次社会实践挂牌仪式也标志着我校今年的大学生暑期社会实践开始行动。

【与北京建谊集团签订产学研联合研究生培养基地协议】7月10日，我校与北京建谊集团签署产学研联合研究生培养基地框架协议书，共建北京高等学校"城乡建设与管理"产学研联合研究生培养基地。本次签约仪式实现了我校与北京建谊集团双方合作培养研究生的共同心愿。在双方的共同努力下，我校的"城乡建设与管理"产学研联合研究生培养基地将培育出更多成果，培养更多服务行（企）业需求的高层次人才，必将进一步发挥学校的人才培养、科学研究、社会服务、文化传承职能，实现校企双方资源共享、互惠共赢，为促进北京经济社会发展和推动城乡建设与管理领域的科技进步做出新的更大贡献。

【我校与北控水务集团签订产学研联合研究生培养基地协议】7月10日，我校与北控水务集团签署产学研联合研究生培养基地框架协议书，共建北京高等学校"城乡建设与管理"产学研联合研究生培养基地。本次签约仪式实现了我校与北控水务集团双方合作建立水环境领域产学研联合研究生培养基地的共同心愿。在双方的共同努力下，我校的"城乡建设与管理"产学研联合研究生培养基地将培育出更多成果，培养更多服务行（企）业需求的高层次人才，必将进一步发挥学校的人才培养、科学研究、社会服务、文化传承职能，实现校企双方资源共享、互惠共赢，为促进北京经济社会发展和推动城乡建设与管理领域的科技进步做出新的更大贡献。

【举行首届中国高等建筑教育高峰论坛】"首届中国高等建筑教育高峰论坛——建设领域卓越工程师教育"于7月16日-18日在我校大兴校区隆重举行，本次论坛由中国建设教育协会主办、中国建设教育协会普通高等教育委员会和我校共同承办。联盟的成立是为了联合相关高校、企业、行业协会等力量，建立校企联合实践育人机制，打造创新型工程人才培养平台，对于推动"卓越计划"深入实施具有重要的指导和引领作用。首批成员由哈尔滨工业大学、同济大学、重庆大学、西安建筑科技大学、北京建筑大学等27所高校和中国建筑工程总公司、中国建筑设计研究院、中国冶金科工集团、中国新兴建设集团、北京建工集团等14家企业组成。

【成立首个土建类卓越工程师联盟"卓越计划"】"建设领域土建类专业卓越工程师教育校企联盟"于7月17日在北京建筑大学成立，这是我国首个土建类卓越工程师联盟。首批成员由中国建设教育协会以及哈尔滨工业大学、同济大学、重庆大学、西安建筑科技大学、北京建筑大学等27所高校和中国建筑工程总公司、中国建筑设计研究院、中国冶金科工集团、中国新兴建设集团、北京建工集团等14家企业组成。

【获评教育部"2014年度全国毕业生就业典型经验高校"】7月18日，教育部在北京召开2014年度全国毕业生就业典型经验高校经验交流会。教育部党组成员、部长助理林惠青出席会议并做重要讲话，教育部高教司司长张大良宣读了50所典型经验高校名单，来自全国的50所就业典型经验高校负责人、部分省市毕业生就业指导机构负责人等参加了会议。我校被评选为"2014年度全国毕业生就业典型经验高校"（简称"就业50强"）。近年来，学校就业工作扎实开展、稳步推进，毕业生就业率连续三年保持在97%以上、平均签约率保持在92%以上，在北京地区高校中名列前茅。此次我校能够荣获"2014年度全国毕业生就业典型经验高校"称号，离不开校党政领导一贯的高度重视和正确引领，离不开多年来全校上下各部门、各学院为我校人才培养与毕业生就业工作投入的大量精力，倾注的大量心血。今后，我校的大学生就业工作将以获评此项荣誉为契机，奋发有为，创新实践，继续前进。

【参与承办"明式家具传统制作技艺学术研讨会暨明氏十六品高仿作品展"活动】 7月底，以"传承技艺，美丽中国"为主题的"中华传统技艺——明式家具传统制作技艺学术研讨会暨明氏十六品高仿作品展"在北京恭王府中华传统技艺精品馆隆重开幕。我校作为本次研讨会暨展览活动的承办单位之一，以建筑学院师生为主，积极参与了展览策划、展示设计、展品布置，以及明式家具传统制作技艺数字化保护案例片的策划与制作等工作。展览活动结束后，我校作为编撰单位将参加文化部恭王府中华传统技艺研究与保护中心《中华传统技艺3<小暑卷>："明式家具传统制作技艺学术研讨会暨明氏十六品高仿作品展"特辑》编辑出版工作。我校依托建筑遗产保护学科，融合非物质文化遗产保护与传承领域，进一步加强"传统技艺保护与现代设计"学科方向建设，促进学科交叉发展和产学研联合研究生培养，有效发挥出高等学校的文化传承作用。

【与兴创投资签署校外实践教学及产学研联合研究生培养基地协议】 8月12日，我校与北京兴创投资有限公司共建校外实践教学及产学研联合研究生培养基地签约和揭牌仪式在北京兴创投资有限公司举行。此次签约和揭牌，必将进一步促进我校与北京兴创投资有限公司的全面合作，必将进一步发挥学校的人才培养、科学研究、社会服务职能，实现校企双方资源共享、互惠共赢，为促进北京经济社会发展和推动城乡建设与管理领域的科技进步做出新的更大贡献。

【获得第六届全国大学生机械创新设计大赛二等奖】 2014年8月（第六届）全国大学生机械创新设计大赛决赛在东北大学隆重举行。由秦建军、工锐英老师指导，机电学院袁齐、刘承荣、鲁增辉、武伯有4位同学完成的作品"随心座椅"获得大赛二等奖，我校学生已连续三届在全国机械创新设计大赛上取得佳绩。

【90级校友毕业20周年再聚母校】 8月17日上午，北建大90级100多名校友齐聚学校，共同庆祝毕业20周年，并向母校捐赠了大兴校区图书馆文化石建设基金。副校长李维平，校友会主任李雪华，90级教师代表东城区区委副书记、政法委书记金晖参加了此次庆祝会和捐赠活动。

【在第四届全国大学生计算机应用能力与信息素养大赛海峡两岸赛中获得佳绩】 2014年8月19日-24日，"第四届全国大学生计算机应用能力与信息素养大赛"海峡两岸赛暨两岸学者学术交流研讨会在台湾师范大学落下帷幕。我校计信部教师万珊珊带领土木学院材131班何津同学参加IC3组的决赛，获得大赛二等奖。通过在宝岛台湾的数日相聚，加强了海峡两岸教师间、学生间和学校间的学术交流和文化交流，促进了两岸计算机基础教育的互动交流，也为我校计算机基础教育的课程改革积累了宝贵的经验。

【举办2014年第八届海峡两岸信息科学与技术学术交流会议】 2014年第八届海峡两岸信息科学与技术学术交流会议（CSCIST 2014）于8月22-24日在北京成功举行。海峡两岸信息科学与技术学术交流研讨会是海峡两岸信息学科领域的专家学者为促进学术交流、分享研究成果而举办的系列学术会议，自2006年起已先后在两岸大学中轮流举办了7届，对两岸信息科学与技术乃至经济社会的共同发展起到了促进作用。本次会议是由北京建筑大学、北京交通大学、淡江大学、金门大学、北京信息科技大学主办，北京建筑大学电气与信息工程学院承办的信息科学与技术领域高水平的学术会议。作为一所面向城市建设的大学，北京建筑大学近年来在信息科学方面积极推进移动互联、机器人控制、智能优化控制、建筑智能化技术等方面的学术研究，致力于建设便捷舒适的现代化城市。本次会议的成功举办将会对我校信息学科的发展起到促进作用，同时能够进一步扩大北京建筑大学与大陆、台湾地区知名院校、科研机构的技术合作与交流，促进北京建筑大学整体学科建设和科研水平的提升。

【获2014全国大学生"西门子杯"工业自动化挑战赛总决赛特等奖】8月25日，2014年全国大学生"西门子杯"工业自动化挑战赛总决赛在中国石油大学（华东）落下帷幕。经过激烈角逐，由我校电信学院李壮举老师指导，电信学院11级本科生刘晓坤、田舜禹、马南组成的工程应用型参赛队"BUCEA队"荣获了全国第二，并夺得赛会最高奖——特等奖的好成绩。

【获批设立博士后科研流动站】博士后科研流动站是加强高层次人才队伍建设，培养适应国家经济社会发展需要和具有自主创新能力的博士后人才队伍，加快国家重点发展领域和学科建设的重要平台。根据《人力资源社会保障部全国博士后管委会关于批准新设辽宁大学哲学等291个博士后科研流动站的通知》（人社部发〔2014〕60号），9月我校获批设立建筑学博士后科研流动站。此次我校获批设立博士后科研流动站，既是对我校前期各项工作的肯定，也对今后学科建设和人才培养工作提出了更高的要求。

【当选中国勘察设计协会传统建筑分会副会长单位】9月，中国勘察设计协会传统建筑分会成立大会暨中华建筑文化传承创新与新型城镇化高峰论坛在京举办，标志着我国传统建筑领域首个行业协会正式成立。在成立大会上，张锦秋院士受邀担任传统建筑分会名誉会长，北京市古代建筑设计研究所所长马炳坚当选为传统建筑分会首届会长。我校当选为传统建筑分会副会长单位，建筑学院范霄鹏教授当选为传统建筑分会副会长；北京建工建筑设计研究院当选为常务理事单位，边志杰副院长当选为常务理事。中国勘察设计协会副理事长王树平主持成立大会，叶如棠、王素卿一同为传统建筑分会授牌。我校在传统建筑研究和实践方面具有丰厚的专业积累，并长期致力于中国传统建筑文化的传播和教育，中国勘察设计协会传统建筑分会的成立对于我校扩大行业美誉度、推动专业人才的培养具有重要的意义。

【"文化遗产保护规划理论及实践学术研讨会"圆满落幕】9月19日上午，由北京建筑大学建筑遗产研究院与中国建筑设计研究院建筑历史研究所联合主办，中国文物学会传统建筑园林委员会与《中国建筑文化产》杂志社协办的"文化遗产保护规划理论及实践学术研讨会"在北京国谊宾馆隆重举行。这是一次文化遗产保护规划领域的盛会，与会专家学者均是近十余年来从事文化遗产保护规划中坚力量，大家围绕我国文化遗产保护规划面临的机遇与挑战、经验与问题、理论与方法，以及新出现的类型等进行了广泛的讨论。最后，陈同滨所长、汤羽扬副院长、付清远副会长分别发表讲话，对举办本次会议的重要意义给以充分肯定，并指出本次会议只是一个开端，希望借助更多的交流平台，为国家的建筑遗产保护事业做出更大的贡献。

【在英国机械工程师学会东北亚地区工程设计大赛中获得佳绩】9月20日，英国机械工程师学会东北亚地区2014年工程设计大赛（Design Competition）在我校圆满落下帷幕。经过激烈的答辩和作品现场展示等环节，我校由机电学院朱爱华副教授指导，梁文光、陈杰、钟尚宏、王兆华、金维5位同学完成的作品"iBath"取得第二名的好成绩，并被评为最受欢迎作品。在比赛过程中，我校参赛学生充分展现出了良好的综合素质与精神风貌，并借助大赛的平台增进了我校师生同东北亚地区高校的交流与合作，进一步拓宽了校际交流的领域。

【举办IMechE东北亚地区高等教育论坛】9月21日上午9点，英国机械工程师学会（IMechE）东北亚地区高等教育论坛在我校大兴校区基础楼报告厅举行，论坛以"青年工程师培养"为主题。我校校长朱光教授应邀出席，并做了题为《Practice and exploration on Education of Excellent Engineers in BUCEA》（北京建筑大学开展卓越工程师教育的实践与探索）的主题报告。精彩的主题报告之后，一场别开生面的开放论坛如期开始。我校机电学院教师代表周明就如何培养新时代创新型工程师与IMechE代表及香港理工大学、香港大学、清华大学、中国农业大学等高校代表进行热烈的讨论和交流。此次论坛开拓了我校工程师人才培养的国际视野，对我校进一步培养符合国际工程师标准的高素质工程人才具有积极作用。

【举办"爱我建大"新生军训定向越野比赛】9月21日，我校2014级军训团举行了一场定向越野比赛，本次比赛以"爱我建大"为主题，以大兴校区为比赛场地，让新生在比赛中感受了大兴校区的美景。1700余名新生以大兴校园西操场为起点参加了比赛，最终一营一连的男生凭借优异的身体条件和识图能力取得了第一名。参加比赛的同学表示，通过这项活动，熟悉了校园角落、花草与建筑等美丽环境，感觉自己和建大校园的距离更亲近了。

【获第八届"挑战杯"中国大学生创业计划竞赛铜奖】10月9日，我校与北京市地铁运营有限公司地铁运营技术研发中心共建校外实践教学及产学研联合研究生培养基地签约和揭牌仪式在北京市地铁运营有限公司地铁运营技术研发中心举行。此次签约和揭牌，将进一步促进我校与北京市地铁运营有限公司地铁运营技术研发中心的全面合作，发挥学校的人才培养、科学研究、社会服务职能，实现校企双方资源共享、互惠共赢，为促进北京经济社会发展和推动首都城市轨道交通领域的科技进步做出新的更大贡献。

【党委宣传部组织召开培育、践行社会主义核心价值观研讨会】10月11日，党委宣传部召开培育、践行社会主义核心价值观研讨会，与研究生教学、本科生教学、学生工作相关的部分老师及北京市教学名师代表围绕"如何将社会主义核心价值观教育融入日常工作"进行了研讨。与会老师结合本单位、本部门的工作和自身实践，从不同角度畅所欲言，提出：要全面利用校园媒体大力加强对社会主义核心价值观的广泛宣传，做到人人知晓；要结合工作实际，通过多种形式多种层次对社会主义核心价值观具体内容进行解读，做到人人入脑；要认真落实已有的各项规章制度，做到人人遵循；要在日常工作中从点滴做起，身体力行、以身作则，人人践行。

【中国机器人大赛喜传佳音 我校代表队荣获三项特等奖】10月12日，在合肥举办的中国机器人大赛暨RoboCup公开赛传来佳音，我校代表队在全国150个院校，1200支代表队，3000余人的竞争中获奖3项特等奖，创造历史最好成绩。

【获得全国高校就业指导课程特色教材课题立项】10月17日，教育部全国高等学校学生信息咨询与就业指导中心在北航逸夫科技馆召开立项单位课题研究工作会议，对获得全国高校就业指导课程特色教材课题立项的单位发布课题任务书。我校招生就业处组织申报的

《大学生职业发展与就业指导》教材获得教育部就业指导中心立项，本次全国共立项88个课题，北京地区高校立项8项。该课题是我校职业指导课程建设新的突破，通过该立项建设的实施和完成将进一步推动我校职业类课程质量和就业工作质量的提升。

【英国普利茅斯大学代表团访问我校】受我校建筑与城市规划学院邀请，10月21日，英国普利茅斯大学建筑学院院长Alessandro Aurigi先生带队来我校访问，陪同来访的还有该校中国区经理Nicola Seth、办公室主任Rebecca Peng。这是Alessandro Aurigi院长第一次访问我校。我校副校长宋国华、环能与能源工程学院党委书记陈红兵、国际教育学院院长吴海燕、建筑与城市规划学院副院长马英、教师王兵等参加了会谈，会议由国际合作与交流处处长赵晓红主持。

【英国威斯敏斯特大学来我校展开交流座谈】10月22日上午，英国威斯敏斯特大学副校长Alexander Hughes，建筑学院院长David Dernie来我校就建筑与城市规划专业学生联合培养框架事宜进行交流座谈。我校副校长宋国华、建筑与城市规划学院副院长张忠国、建筑与城市规划学院副院长马英、国际合作与交流处处长赵晓红、曹鑫浩参加了此次座谈会。

【在"创青春"全国大学生创业大赛中取得历史性突破】11月4日下午，2014年"创青春"全国大学生创业大赛（原"挑战杯"创业计划竞赛）在华中科技大学圆满落幕。我校参加终审决赛的3支创业团队经过激烈角逐，获得一银两铜的好成绩，首次获得全国大学生创业大赛的银奖，获奖质量和获奖数量均创历史最高。在北京市属高校中，大赛总积分排名第一。参赛同学充分发扬追求卓越的建大精神，对参赛细节精益求精，充分展现了建大学子良好的拼搏精神和竞赛风貌。

【举办"把壮美的紫禁城完整地交给下一个六百年"主题讲座】11月5日14时，中国文物学会会长、故宫博物院现任院长单霁翔教授在我校西城校区第二阶梯教室举办了名为"把壮美的紫禁城完整地交给下一个六百年"主题讲座，校长朱光出席并主持了讲座。整场讲座单院长围绕四个方面展开了介绍：一是全面介绍故宫的建筑格局与文物藏品。二是如何做好文物建筑修缮和环境综合整治工作。三是怎样实施"平安故宫"工程、世界文化遗产监测工程，如何完善故宫安全防卫系统、如何进行院藏文物防震和院藏文物抢救性科技修复保护。四是如何便民，为游客提供更加优质的服务，加强科技支撑，扩大文化传播。

【两个北京市实验教学示范中心顺利通过市教委专家组验收】教务处于11月17日组织召开了北京建筑大学市级实验教学示范中心评估验收会，接受本次验收的是我校建筑与环境模拟实验教学中心和水环境实验教学中心。验收会邀请北京航空航天大学冯文全教授、北京工商大学魏中龙教授、北京交通大学夏海山教授、北京工业大学郝瑞霞教授、北京交通大学张鸿儒教授作为评估验收专家。我校副校长张大玉教授、教务处、研究生处和建筑学院、环能学院的有关领导和老师参加了此次会议。会议由教务处副处长孙建民教授主持。此次接受市级实验教学中心验收，是对我校教学改革与教学质量建设工作的一次总结，学校将会继续支持各类实验中心的建设，提升学校实验教学水平，进一步提高我校人才培养质量。

【北建大教师在"北京市属高校创想杯多媒体课件制作与微课大奖赛"中获奖】11月19日北京市属高校"创想杯"多媒体课件制作与微课大奖赛颁奖典礼在首都师范大学国际文

化大厦刚刚落下帷幕,我校环能学院王文海老师获得一等奖,计信部王雅杰老师获得二等奖,经管学院余玲艳和体育部智颖新老师获得三等奖。市教委人事处副处长、师资管理办公室主任李海燕、市教委高教处副处长刘霄、首都师范大学副校长何奕骕、教育技术专家吴疆教授以及北京市高师培训中心主任出席了颁奖典礼,为获奖选手颁发了证书和奖牌。教务处计划以微课比赛为契机,以点带面,将微课程制作常态化,由一个章节扩展到一个课程,由视频片段到视频资源,逐步建立我校的微课程学习和教学资源库,为学生提供可视化的学习资源、为教师搭建相互观摩,共同提高教学质量的平台。

【获第六届北京市大学生模拟法庭竞赛一等奖】11月29日,第六届北京市大学生模拟法庭竞赛圆满落幕,由我校文法学院学生组成的代表队取得历史性突破,获得大赛一等奖。比赛遵循正式法庭审理案件的程序,赛题均由司法实践中的真实疑难复杂案例改编而成,采取抽签对抗淘汰赛制,由北京市各级法院、检察院、律师协会和高校选派优秀实务专家担任评委。我校代表队曾在第三届、第四届、第五届比赛中连续夺得竞赛二等奖,逐步成长为经验丰富、技能过硬的传统强队。

【获第四届北京市大学生交通科技大赛一等奖】11月29日,由我校土木学院和机电学院组成的四支代表队参加第四届北京市交通科技大赛,获得大赛一个一等奖,两个二等奖和一个三等奖的骄人成绩。其中,由土木学院《抑尘减霾功能型道路铺装新材料》获得了本次比赛的一等奖,机电学院《地沟油再生沥青铺面材料的开发和应用技术研究》和《北京河道运输的探讨》获得本次比赛的二等奖。由土木学院以《基于路段最优的网级沥青路面养护策略研究》获三等奖。实现了我校在该项比赛中的历史性突破。

【北京市委组织部来我校检查选人用人工作】为进一步加强对干部选拔任用工作的监督,深入整治用人上的不正之风,不断提高选人用人公信度,市委组织部近期对30家市属单位的干部选拔任用工作开展监督检查。2014年12月3日至5日,市委组织部第四检查组对我校选人用人工作进行检查。大会进行了干部选拔任用工作民主评议、新选拔任用干部民主评议、钱军同志任学校党委书记期间履行干部选拔任用工作职责情况的民主评议和《干部任用条例》知识测试。参会人员填写了民主评议表和知识测试题。检查组在校工作期间,还通过个别谈话、查阅选人用人工作材料、调阅部分处级干部人事档案等方式,对学校近年来选人用人工作进行全面了解和深入检查。

【我校学生在2014北京市大学生创业设计竞赛中取得新突破】12月6日,由北京市教委主办,中央财经大学承办的2014年北京市大学生创业设计竞赛在中央财经大学学术会堂圆满落幕。我校魏京花老师指导的聚风科技有限责任公司,李英子和车晶波老师指导的赛沃沃特环保科技有限公司在众多首都高校团队中表现突出,分别斩获大赛一、二等奖。

【获批三项北京高等学校教学改革立项项目】12月,北京市教育委员会下发了《北京市教育委员会关于批准2014年度北京高等学校教育教学改革立项项目的通知》(京教函〔2014〕567号文),我校"基于'慕课'理念的实践类课程教学改革与探索——以《力学结构模型加工与性能检测综合实验》为例"等2个项目获批2014年度北京高等学校教育教学改革立项面上项目;由北京第二外国语学院牵头,我校参与的"三位一体市属高校大学英语教育改革模式研究"项目获批2014年度北京高等学校教育教学改革立项联合项目。

【"与信仰对话 飞Young中国梦"名家报告会在我校举行】12月16日下午,由团市委、中国电信北京分公司主办,北京建筑大学团委承办的"与信仰对话 飞young中国梦"

名家报告活动在我校图书馆凌云报告厅举行。我校原党委书记，84岁高龄的许秀老师受邀作主题报告。校党委常委张素芳老师出席，团委副书记车晶波老师主持，校院两级团干部以及校级团学组织百名学生参加活动。

【北京建筑大学新图书馆隆重开馆】12月27日，北京建筑大学新图书馆隆重开馆。我校党委书记王建中、校长朱光、副校长李维平、党委副书记张启鸿、同济大学建筑设计研究院副总裁总建筑师任力之大师、图书馆馆长王锐英，设计单位、施工单位、装修、监理、家具、设备、环境建设和图书服务单位领导，以及教师代表、学生代表、北京各高校的图书馆馆长和图书情报界的同仁，前任退休的老馆长代表、各个学院和职能部门负责人代表，新宇集团以及我校教师、学生，图书馆全体人员共200余人参加。副校长张大玉主持开馆。

【市委、市委教育工委、市教委党风廉政建设责任制联合检查组到我校检查党风廉政建设工作】12月30日至31日，市委党风廉政建设责任制检查组，市委教育工委、市教委党风廉政建设责任制检查组联合到我校检查党风廉政建设责任制落实情况。市委检查组组长由市预防腐败局副局长张岚担任，成员包括市纪委预防腐败二室主任李固，市纪委办公厅副主任杨威，驻市科委监察处长孙茂腾，市财政局监督检查处干部杨学军，市审计局金融审计处干部张力维，市纪委预防腐败二室干部亓胜元、侯鹏志。市委教育工委、市教委检查组组长由市委教育工委副书记郑萼，首都经济贸易大学纪委书记杨世忠担任，成员包括北京工业大学纪委书记冯虹，北京城市学院纪委书记曹世平，市教育纪工委干部谢金松，首都经济贸易大学审计处刘红梅。市教育纪工委书记王文生参加了31日的检查工作。检查组下一步还将对学校进行实地暗访，最后结合现场检查及日常工作评估情况，形成《反馈意见》向学校书面反馈检查结果。

（李长浩　白　莽）

附录一 2014年新增、减员工一览表和名单

一、2014年接收调入教职工一览表

序号	单位名称	姓名	性别	出生日期	学历	学位	职称	进入我校形式
1	机关单位	王建中	男	1964.08.10	研究生	博士	研究员	从事业单位调任（入）
2	机关单位	扈恒畅	男	1989.12.11	研究生	硕士	助教	录用
3	机关单位	赵春超	男	1985.05.25	研究生	博士	助理研究员	录用
4	机关单位	逄宁	男	1982.07.18	研究生	博士	助理研究员	录用
5	机关单位	王璇	女	1987.03.04	研究生	硕士		从其他单位调入
6	后勤党总支	肖冰	男	1989.01.13	研究生	硕士	助教	录用
7	建筑与城市规划学院	王韬	男	1982.09.20	研究生	博士	讲师	录用
8	建筑与城市规划学院	刘剑锋	男	1978.11.19	研究生	博士	高级城市规划师	从其他单位调入
9	建筑与城市规划学院	桑秋	男	1978.11.21	研究生	博士	高级工程师	从其他单位调入
10	建筑与城市规划学院	韩风	男	1977.11.14	研究生	博士	讲师	录用
11	建筑与城市规划学院	齐莹	女	1980.08.18	研究生	博士	讲师	录用
12	建筑与城市规划学院	刘烨	女	1984.11.11	研究生	博士	讲师	录用
13	建筑与城市规划学院	陈玉龙	男	1984.08.13	研究生	硕士	工程师	录用
14	土木与交通工程学院	秦岭	男	1987.07.01	研究生	硕士	助教	录用
15	土木与交通工程学院	刘猛	男	1988.02.22	研究生	博士	讲师	录用
16	土木与交通工程学院	彭有开	男	1987.06.19	研究生	博士	讲师	录用
17	土木与交通工程学院	马伯宁	男	1986.01.06	研究生	博士	讲师	录用
18	环境与能源工程学院	韩志鹏	男	1989.10.04	研究生	硕士	助教	录用
19	环境与能源工程学院	崔俊奎	男	1974.04.18	研究生	博士	副教授	从事业单位调任（入）
20	电气与信息工程学院	辛山	男	1981.12.05	研究生	博士	讲师	从事业单位调任（入）
21	电气与信息工程学院	赵保军	男	1973.02.06	研究生	博士	讲师	从其他单位调入
22	经济与管理工程学院	王东志	男	1983.02.17	研究生	硕士	助教	录用
23	经济与管理工程学院	丁锐	男	1977.12.31	研究生	博士	讲师	录用
24	测绘与城市空间信息学院	刘芳	女	1981.12.06	研究生	博士	讲师	从事业单位调任（入）
25	机电与车辆工程学院	金涛涛	男	1983.09.06	研究生	博士	讲师	录用
26	文法学院	杨长更	男	1978.10.28	研究生	博士		录用
27	文法学院	郭昊	女	1985.12.11	研究生	硕士		从其他单位调入
28	文法学院	张译文	女	1981.07.13	研究生	硕士	馆员	从其他单位调入

续表

序号	单位名称	姓名	性别	出生日期	学历	学位	职称	进入我校形式
29	体育部	李焓锄	女	1982.04.09	研究生	博士	讲师	录用
30	体育部	孟超	男	1984.07.05	研究生	硕士	讲师	从事业单位调任（入）
31	图书馆	高振	男	1988.08.01	研究生	硕士	助教	录用
32	机关单位	郑娇	女	1989.02.09	研究生	硕士	助理实验师	录用
33	机关单位	王鲜云	女	1970.09.18	大学本科	硕士	中专高级讲师	从其他单位调入
34	机关单位	赵冠男	男	1987.09.11	研究生	硕士	助教	录用
35	机关单位	张曼	女	1982.01.05	研究生	博士	讲师	录用
36	设计院	吴学增	男	1972.11.14	研究生	博士	工程师	从其他单位调入
37	远大公司	倪中元	男	1965.02.24	大学本科	学士	工程师	从其他单位调入

二、2014年调出教职工一览表

序号	单位名称	姓名	性别	出生日期	职称	备注
1	环境与能源工程学院	解国珍	男	1954.01.14	教授	退休
2	电气与信息工程学院	肖玲俐	女	1959.01.26	工程师	退休
3	学校办公室	任树金	男	1954.01.02	高级工人	退休
4	校产	陈继东	男	1954.01.08	助理会计师	退休
5	校产	陈玉水	男	1954.01.27	干部	退休
6	图书馆	孙振旗	男	1954.03.30	中级工人	退休
7	校产	金磊	女	1959.03.30	副研究馆员	退休
8	工程实践中心	孙新学	男	1964.06.07	教授	调离
9	待聘人员	吴晓媛	女	1967.11.24	高级经济师	调离
10	图书馆	周慧欣	女	1959.04.12	实验师	退休
11	校产	杨利萍	女	1959.04.03	工程师	退休
12	文法学院	郑宁	男	1954.05.25	教授	退休
13	工会	傅钰	女	1959.05.07	副教授	退休
14	物业服务管理中心	张布宇	男	1954.05.05	中级工人	退休
15	校产	崔建新	男	1954.06.13	干部	退休
16	建筑与城市规划学院	郎世奇	男	1954.08.25	助理政工师	退休
17	后勤集团	戴彦发	男	1954.08.10	工人	退休
18	校产	邵平生	男	1954.08.15	中级工人	退休
19	校产	薛曦	男	1954.08.25	工程师	退休
20	学校办公室	钱军	男	1964.03.10	教授	调离
21	后勤集团	刘素花	女	1964.09.08	工人	退休
22	内退	张欣	男	1954.10.01	中级工人	退休
23	工程实践中心	潘克岐	男	1954.09.17	副研究员	退休

续表

序号	单位名称	姓名	性别	出生日期	职称	备注
24	土木与交通工程学院	洪桔	女	1958.09.26	副教授	退休
25	图书馆	陈红月	女	1959.10.18	副研究馆员	退休
26	计信部	宋军	男	1954.10.18	工程师	退休
27	资产与后勤管理处	张朋	男	1954.10.08	副教授	退休
28	校产	王学敏	男	1954.10.28	工程师	退休
29	文法学院	徐丹石	女	1959.11.02	讲师	退休
30	医务室	李素景	女	1959.11.03	副主任医师	退休
31	校产	闫全良	男	1954.11.13	助理工程师	退休
32	学校办公室	张雅君	女	1965.10.01	教授	调离
33	京精大房监理公司	计晓玉	女	1959.12.15	工程师	退休
34	建筑与城市规划学院	林川	女	1959.12.20	教授	退休
35	后勤集团	杨立群	男	1954.12.25	中级工人	退休

附录二 学校高级职称人员名单

一、教学岗位正高级职聘人员

序号	单位	姓名	性别	出生日期	民族	政治面貌	学历	学位	职称
1	学校办公室	王建中	男	1905.05.17	汉族	党员	博士研究生	管理学博士	研究员
2	学校办公室	朱光	男	1954.09.02	汉族	党员	硕士研究生	工学硕士	教授
3	学校办公室	宋国华	男	1955.01.17	汉族	党员	博士研究生	理学博士后	教授
4	学校办公室	何志洪	男	1956.10.24	汉族	党员	硕士研究生	工学硕士	研究员
5	学校办公室	汪苏	男	1959.12.14	汉族	民盟	博士研究生	工学博士	教授
6	学校办公室	李维平	男	1963.10.08	汉族	党员	硕士研究生	工学硕士	教授级高工
7	学校办公室	张大玉	男	1966.04.12	汉族	党员	硕士研究生	工学博士	教授
8	组织部	高春花	女	1964.02.19	汉族	党员	博士研究生	法学博士	教授
9	教务处	邹积亭	男	1961.03.12	汉族	党员	硕士研究生	工学硕士	教授
10	教务处	孙建民	男	1969.06.14	汉族	党员	博士研究生	工学博士	教授
11	教务处	张艳	女	1972.06.21	汉族	党员	博士研究生	工学博士	教授
12	研究生处	陈静勇	男	1963.04.03	汉族	党员	硕士研究生	文学硕士	教授
13	研究生处	李海燕	女	1975.11.27	汉族	党员	博士研究生	理学博士	教授
14	人事处	孙景仙	男	1968.02.01	汉族	党员	博士研究生	法学博士	教授
15	校产经营开发管理办公室	王健	男	1956.11.13	汉族	党员	大学本科	工学学士	教授
16	国际教育学院	吴海燕	女	1965.08.23	汉族	党员	博士研究生	工学博士	教授
17	继续教育学院	赵静野	男	1961.08.17	汉族	党员	博士研究生	理学博士	教授
18	建筑与城市规划学院	刘临安	男	1955.07.16	汉族	九三	博士研究生	建筑学博士	教授
19	建筑与城市规划学院	张忠国	男	1962.11.06	汉族	党员	博士研究生	理学博士	教授
20	建筑与城市规划学院	马英	男	1972.04.24	汉族	党员	博士研究生	工学博士	教授
21	建筑与城市规划学院	孙明	男	1960.05.08	汉族	九三	博士研究生	建筑学博士	教授
22	建筑与城市规划学院	胡雪松	男	1963.08.17	汉族	群众	硕士研究生	工学硕士	教授
23	建筑与城市规划学院	郭晋生	女	1960.07.27	汉族	群众	大学本科	工学学士	教授级高工
24	建筑与城市规划学院	范霄鹏	男	1964.10.14	汉族	群众	博士研究生	工学博士	教授
25	建筑与城市规划学院	谭述乐	男	1960.10.30	汉族	群众	博士研究生	艺术学博士后	教授
26	建筑与城市规划学院	李沙	男	1959.11.30	汉族	党员	大学本科	文学学士	教授
27	建筑与城市规划学院	樊振和	男	1955.01.06	汉族	党员	大学本科	工程硕士	教授

续表

序号	单位	姓名	性别	出生日期	民族	政治面貌	学历	学位	职称
28	建筑与城市规划学院	田林	男	1968.05.02	汉族	党员	博士研究生	工学博士	教授级高工
29	建筑与城市规划学院	欧阳文	女	1969.06.22	汉族	群众	硕士研究生	建筑学硕士	教授
30	土木与交通工程学院	戚承志	男	1965.03.25	汉族	党员	博士研究生	工学博士	教授
31	土木与交通工程学院	韩森	男	1969.10.19	汉族	党员	博士研究生	工学博士	教授
32	土木与交通工程学院	龙佩恒	男	1964.06.27	汉族	党员	博士研究生	工学博士	教授
33	土木与交通工程学院	吴徽	男	1954.12.16	汉族	党员	博士研究生	哲学博士	教授
34	土木与交通工程学院	刘栋栋	男	1955.01.29	汉族	党员	硕士研究生	工学硕士	教授
35	土木与交通工程学院	何淅淅	女	1961.05.13	汉族	群众	硕士研究生	工学硕士	教授
36	土木与交通工程学院	王孟鸿	男	1965.04.25	汉族	群众	博士研究生	工学博士后	教授
37	土木与交通工程学院	穆静波	男	1955.04.26	汉族	九三	大学本科	工学学士	教授
38	土木与交通工程学院	刘军	男	1965.11.11	汉族	党员	博士研究生	工学博士后	教授级高工
39	土木与交通工程学院	徐世法	男	1963.10.10	汉族	党员	博士研究生	工学博士后	教授
40	土木与交通工程学院	季节	女	1972.09.01	汉族	民盟	博士研究生	工学博士	教授
41	土木与交通工程学院	张新天	男	1964.03.15	汉族	党员	大学本科	工学学士	教授
42	土木与交通工程学院	宋少民	男	1965.09.11	汉族	党员	硕士研究生	工学硕士	教授
43	土木与交通工程学院	李地红	男	1963.03.18	汉族	党员	博士研究生	工学博士	教授
44	土木与交通工程学院	张怀静	女	1962.02.20	汉族	党员	博士研究生	工学博士	教授
45	土木与交通工程学院	董军	男	1967.03.14	汉族	党员	博士研究生	工学博士	教授
46	环境与能源工程学院	李俊奇	男	1967.11.02	汉族	党员	博士研究生	工学博士	教授
47	环境与能源工程学院	李德英	男	1955.11.16	汉族	党员	博士研究生	工学博士后	教授
48	环境与能源工程学院	李锐	女	1963.01.10	汉族	党员	硕士研究生	工学硕士	教授
49	环境与能源工程学院	王瑞祥	男	1965.04.02	汉族	群众	博士研究生	工学博士	教授
50	环境与能源工程学院	张金萍	女	1966.09.08	汉族	群众	博士研究生	工学博士后	教授
51	环境与能源工程学院	郝晓地	男	1960.04.19	汉族	群众	硕士研究生	工学硕士	教授
52	环境与能源工程学院	吴俊奇	男	1960.04.01	汉族	群众	硕士研究生	工学硕士	教授
53	环境与能源工程学院	曹秀芹	女	1965.12.02	汉族	党员	硕士研究生	工学硕士	教授
54	环境与能源工程学院	车伍	男	1955.08.12	汉族	群众	硕士研究生	工学硕士	教授
55	环境与能源工程学院	张明顺	男	1964.01.10	汉族	党员	博士研究生	理学博士	教授
56	环境与能源工程学院	张世红	女	1964.04.07	汉族	党员	博士研究生	哲学博士	教授
57	环境与能源工程学院	许淑惠	女	1966.04.03	汉族	党员	硕士研究生	工学硕士	教授
58	电气与信息工程学院	魏东	女	1967.12.06	汉族	九三	博士研究生	工学博士	教授
59	电气与信息工程学院	陈志新	男	1956.06.15	汉族	党员	硕士研究生	工学硕士	教授
60	电气与信息工程学院	王佳	女	1969.05.08	满族	群众	硕士研究生	工学硕士	教授
61	电气与信息工程学院	王亚慧	男	1962.07.07	汉族	党员	硕士研究生	工学硕士	教授
62	电气与信息工程学院	张少军	男	1955.04.01	汉族	党员	博士研究生	工学博士	教授

续表

序号	单位	姓名	性别	出生日期	民族	政治面貌	学历	学位	职称
63	电气与信息工程学院	李英姿	女	1966.06.29	汉族	党员	硕士研究生	工学硕士	教授
64	电气与信息工程学院	赵春晓	男	1964.02.06	汉族	九三	博士研究生	工学博士	教授
65	电气与信息工程学院	蒋志坚	男	1960.07.25	汉族	党员	博士研究生	工学博士	教授
66	经济与管理工程学院	姜军	男	1964.10.05	汉族	党员	硕士研究生	法学硕士	教授
67	经济与管理工程学院	赵世强	男	1960.07.01	汉族	党员	硕士研究生	工学硕士	教授
68	经济与管理工程学院	何佰洲	男	1956.06.04	满族	党员	大学本科	双学位	教授
69	经济与管理工程学院	陶庆	男	1959.10.30	汉族	群众	研究生班	工学学士	教授
70	经济与管理工程学院	尤完	男	1962.11.22	汉族	党员	博士研究生	管理学博士	教授
71	经济与管理工程学院	郭立	女	1966.07.14	汉族	群众	硕士研究生	管理学硕士	教授
72	经济与管理工程学院	李英子	女	1963.11.03	朝鲜族	党员	博士研究生	管理学博士	教授
73	经济与管理工程学院	张原	女	1967.01.17	汉族	九三	博士研究生	管理学博士	教授
74	经济与管理工程学院	秦颖	女	1968.08.23	汉族	党员	博士研究生	管理学博士	教授
75	经济与管理工程学院	周晓静	女	1967.02.25	汉族	党员	硕士研究生	工学硕士	教授
76	经济与管理工程学院	王平	女	1963.07.25	汉族	党员	大学本科	法学硕士	教授
77	测绘与城市空间信息学院	王晏民	男	1958.04.01	汉族	群众	博士研究生	工学博士	教授
78	测绘与城市空间信息学院	赵西安	男	1957.11.19	汉族	党员	博士研究生	工学博士	教授
79	测绘与城市空间信息学院	杜明义	男	1963.06.27	汉族	群众	博士研究生	工学博士	教授
80	测绘与城市空间信息学院	罗德安	男	1968.05.02	汉族	民盟	博士研究生	工学博士后	教授
81	测绘与城市空间信息学院	石若明	男	1960.01.06	汉族	群众	博士研究生	工学博士	教授
82	测绘与城市空间信息学院	霍亮	男	1968.10.20	汉族	党员	博士研究生	工学博士	教授
83	测绘与城市空间信息学院	陈秀忠	男	1956.06.16	汉族	党员	硕士研究生	工学硕士	教授
84	机电与车辆工程学院	杨建伟	男	1971.04.06	汉族	党员	博士研究生	工学博士	教授
85	机电与车辆工程学院	王跃进	男	1958.03.19	汉族	党员	硕士研究生	工学硕士	教授
86	机电与车辆工程学院	陈宝江	男	1956.12.07	汉族	党员	博士研究生	工学博士	教授
87	机电与车辆工程学院	刘永峰	男	1973.12.15	汉族	党员	博士研究生	工学博士后	教授
88	文法学院	孙希磊	男	1960.07.13	汉族	党员	研究生班	历史学学士	教授
89	文法学院	肖建杰	女	1965.03.11	汉族	党员	博士研究生	法学博士	教授
90	文法学院	李志国	男	1970.01.29	汉族	党员	硕士研究生	法学硕士	教授
91	文法学院	贾荣香	女	1961.08.13	汉族	群众	大学本科	文学博士	教授
92	文法学院	秦红岭	女	1966.09.26	汉族	民盟	硕士研究生	哲学硕士	教授
93	理学院	崔景安	男	1963.09.29	汉族	群众	博士研究生	理学博士	教授
94	理学院	程士珍	女	1964.09.13	汉族	党员	硕士研究生	理学硕士	教授
95	理学院	梁昔明	男	1967.02.12	汉族	党员	博士研究生	理学博士	教授
96	理学院	黄伟	男	1963.08.07	汉族	党员	硕士研究生	理学硕士	教授
97	理学院	郝莉	女	1963.11.30	汉族	群众	博士研究生	理学博士	教授

续表

序号	单 位	姓名	性别	出生日期	民族	政治面貌	学历	学位	职称
98	体育部	杨慈洲	男	1964.10.06	汉族	党员	研究生班	教育学学士	教授
99	计算机教学与网络信息部	郝莹	女	1965.06.23	汉族	党员	硕士研究生	工学硕士	教授
100	图书馆	王锐英	男	1958.12.02	汉族	群众	大学本科	工学学士	研究员
101	校产公司	格伦	女	1965.01.17	蒙古族	群众	硕士研究生	工程硕士	教授

二、教学岗位副高级职聘人员

序号	单 位	姓名	性别	出生日期	民族	政治面貌	学历	学位	职称
1	学校办公室	谢国斌	男	1956.03.05	汉族	党员	研究生班		副教授
2	学校办公室	张素芳	女	1960.05.01	汉族	党员	大学本科	双学位	副教授
3	机关党总支	王德中	男	1969.11.22	汉族	党员	硕士研究生	法学硕士	副教授
4	科技处	高岩	男	1973.12.14	汉族	群众	博士研究生	工学博士后	副教授
5	科技处	陈韬	女	1977.11.14	汉族	党员	博士研究生	工学博士	副研究员
6	人事处	侯妙乐	女	1974.09.28	汉族	群众	博士研究生	工学博士	副教授
7	国际合作与交流处	赵晓红	女	1969.08.14	汉族	党员	大学本科	文学学士	副教授
8	规划与基建处	邵宗义	男	1961.05.02	汉族	党员	大学本科	工学学士	副教授
9	建筑与城市规划学院	丁奇	男	1975.06.02	汉族	党员	硕士研究生	工学硕士	副教授
10	建筑与城市规划学院	赵可昕	女	1963.11.18	满族	群众	大学本科	工学硕士	高级工程师
11	建筑与城市规划学院	徐怡芳	女	1963.06.12	汉族	党员	博士研究生	工学博士	副教授
12	建筑与城市规划学院	孙克真	男	1956.07.18	汉族	群众	大学本科	农业推广硕士	副教授
13	建筑与城市规划学院	晁军	男	1969.01.21	汉族	群众	博士研究生	工学博士	副教授
14	建筑与城市规划学院	王佐	男	1971.01.16	汉族	群众	博士研究生	工学博士	副教授
15	建筑与城市规划学院	郝晓赛	女	1977.04.20	汉族	党员	博士研究生	工学博士	高级工程师
16	建筑与城市规划学院	冯丽	女	1962.04.06	汉族	九三	大学本科	工学学士	副教授
17	建筑与城市规划学院	孙立	男	1974.03.04	汉族	党员	博士研究生	工学博士	副教授
18	建筑与城市规划学院	荣玥芳	女	1972.01.15	汉族	党员	博士研究生	工学博士	高级规划师
19	建筑与城市规划学院	陈晓彤	女	1968.02.19	汉族	群众	博士研究生	工学博士	副教授
20	建筑与城市规划学院	刘剑锋	男	1978.11.19	汉族	党员	博士研究生	工学博士	高级城市规划师
21	建筑与城市规划学院	桑秋	男	1978.11.21	汉族	群众	博士研究生	理学博士	高级工程师
22	建筑与城市规划学院	杨琳	男	1968.07.12	汉族	党员	大学本科	工学学士	副教授
23	建筑与城市规划学院	滕学荣	女	1975.06.22	汉族	群众	博士研究生	文学博士	副教授
24	建筑与城市规划学院	赵希岗	男	1965.05.18	汉族	民盟	硕士研究生	文学硕士	副教授

续表

序号	单　位	姓名	性别	出生日期	民族	政治面貌	学历	学位	职称
25	建筑与城市规划学院	黄莉	女	1963.11.05	汉族	群众	硕士研究生	工学硕士	副教授
26	建筑与城市规划学院	房志勇	男	1957.11.20	汉族	民盟	大学本科	工学学士	副教授
27	建筑与城市规划学院	李英	女	1962.03.02	汉族	民盟	硕士研究生	工学硕士	副教授
28	建筑与城市规划学院	冯萍	女	1975.06.05	汉族	党员	硕士研究生	建筑学硕士	副教授
29	建筑与城市规划学院	陆翔	男	1958.06.06	汉族	民盟	硕士研究生	工学硕士	副教授
30	建筑与城市规划学院	许政	女	1969.04.28	汉族	群众	博士研究生	工学博士	副教授
31	建筑与城市规划学院	杨晓	男	1973.12.30	汉族	群众	硕士研究生	文学硕士	副教授
32	建筑与城市规划学院	李春青	女	1974.10.29	汉族	党员	博士研究生	工学博士	副教授
33	建筑与城市规划学院	靳超	男	1959.01.12	汉族	党员	硕士研究生	文学硕士	副教授
34	建筑与城市规划学院	钟铃	男	1960.05.30	汉族	九三	大学本科	文学学士	副教授
35	建筑与城市规划学院	朱军	男	1969.01.24	汉族	党员	硕士研究生	教育学硕士	副教授
36	建筑与城市规划学院	金秋野	男	1975.12.18	满族	党员	博士研究生	工学博士	副教授
37	建筑与城市规划学院	段炼	男	1965.05.01	汉族	九三	大学本科	文学硕士	副教授
38	建筑与城市规划学院	蒋方	男	1965.05.11	汉族	九三	大学本科	工学学士	副教授
39	建筑与城市规划学院	邹越	男	1967.10.27	汉族	党员	硕士研究生	工学硕士	副教授
40	土木与交通工程学院	赵赤云	女	1968.10.19	汉族	党员	博士研究生	工学博士	副教授
41	土木与交通工程学院	张艳霞	女	1970.09.27	汉族	党员	硕士研究生	工学硕士	副教授
42	土木与交通工程学院	邓思华	男	1963.01.24	汉族	群众	博士研究生	工学博士	副教授
43	土木与交通工程学院	赵东拂	男	1967.07.05	满族	党员	博士研究生	工学博士	副教授
44	土木与交通工程学院	祝磊	男	1980.08.25	汉族	群众	博士研究生	工学博士	副教授
45	土木与交通工程学院	廖维张	男	1978.12.25	汉族	党员	博士研究生	工学博士	副教授
46	土木与交通工程学院	杨静	女	1972.02.07	汉族	党员	硕士研究生	工学硕士	副教授
47	土木与交通工程学院	王亮	男	1977.12.27	汉族	党员	硕士研究生	工学硕士	副教授
48	土木与交通工程学院	侯敬峰	男	1978.01.21	汉族	党员	硕士研究生	工学硕士	副教授
49	土木与交通工程学院	王毅娟	女	1963.11.03	汉族	群众	硕士研究生	工学硕士	副教授
50	土木与交通工程学院	焦驰宇	男	1980.09.17	汉族	党员	博士研究生	工学博士	副教授
51	土木与交通工程学院	张蕊	女	1971.01.12	汉族	党员	博士研究生	工学博士	副教授
52	土木与交通工程学院	戴冀峰	女	1966.03.25	汉族	九三	硕士研究生	工学硕士	副教授
53	土木与交通工程学院	焦朋朋	男	1980.11.11	汉族	群众	博士研究生	工学博士后	副教授
54	土木与交通工程学院	李崇智	男	1969.02.17	汉族	党员	博士研究生	工学博士	副教授
55	土木与交通工程学院	侯云芬	女	1968.01.30	汉族	群众	博士研究生	工学博士	副教授
56	土木与交通工程学院	刘飞	男	1975.03.28	汉族	党员	博士研究生	工学博士	副教授
57	土木与交通工程学院	彭丽云	女	1979.06.05	汉族	党员	博士研究生	工学博士后	副教授
58	土木与交通工程学院	罗健	男	1957.10.28	汉族	党员	硕士研究生	工学硕士	副教授
59	土木与交通工程学院	张国伟	男	1979.04.18	汉族	党员	博士研究生	工学博士	副教授

续表

序号	单位	姓名	性别	出生日期	民族	政治面貌	学历	学位	职称
60	土木与交通工程学院	李飞	男	1981.10.13	汉族	群众	博士研究生	工学博士	副教授
61	环境与能源工程学院	陈红兵	男	1977.07.23	汉族	党员	博士研究生	工学博士	副教授
62	环境与能源工程学院	冯萃敏	女	1968.09.01	蒙古族	党员	硕士研究生	工学硕士	副教授
63	环境与能源工程学院	张群力	男	1977.08.13	汉族	党员	博士研究生	工学博士后	副教授
64	环境与能源工程学院	冯圣红	男	1967.11.28	汉族	群众	博士研究生	工学博士后	副教授
65	环境与能源工程学院	詹淑慧	女	1961.12.22	汉族	党员	大学本科	工学学士	副教授
66	环境与能源工程学院	刘蓉	女	1962.11.19	汉族	群众	硕士研究生	工学硕士	副教授
67	环境与能源工程学院	闫全英	女	1970.04.12	汉族	党员	博士研究生	工学博士	副教授
68	环境与能源工程学院	郝学军	男	1968.10.31	汉族	党员	硕士研究生	工学硕士	副教授
69	环境与能源工程学院	杨晖	女	1970.04.24	汉族	群众	博士研究生	工学博士	副教授
70	环境与能源工程学院	于丹	女	1974.06.26	汉族	党员	博士研究生	工学博士	副教授
71	环境与能源工程学院	徐鹏	男	1976.06.25	汉族	党员	硕士研究生	工学硕士	副教授
72	环境与能源工程学院	那威	男	1979.01.22	满族	党员	博士研究生	工学博士后	副教授
73	环境与能源工程学院	许萍	女	1971.10.09	汉族	党员	博士研究生	工学博士	副教授
74	环境与能源工程学院	仇付国	男	1974.10.14	汉族	党员	博士研究生	工学博士	副教授
75	环境与能源工程学院	王俊岭	男	1973.03.23	汉族	群众	博士研究生	工学博士	副教授
76	环境与能源工程学院	杨海燕	女	1976.03.29	汉族	党员	博士研究生	工学博士	副教授
77	环境与能源工程学院	马文林	女	1968.05.11	汉族	党员	博士研究生	理学博士后	副教授
78	环境与能源工程学院	李颖	女	1965.07.28	满族	党员	硕士研究生	工学硕士	副教授
79	环境与能源工程学院	王敏	女	1968.04.25	汉族	群众	博士研究生	工学博士	副教授
80	环境与能源工程学院	刘建伟	男	1979.03.03	汉族	党员	博士研究生	工学博士	副教授
81	环境与能源工程学院	王建龙	男	1978.11.13	汉族	党员	博士研究生	工学博士	副教授
82	环境与能源工程学院	任相浩	男	1974.09.03	朝鲜族	群众	博士研究生	工学博士后	副教授
83	环境与能源工程学院	崔俊奎	男	1974.04.18	汉族	党员	博士研究生	工学博士	副教授
84	环境与能源工程学院	王文海	男	1963.10.13	汉族	党员	硕士研究生	工学硕士	副教授
85	环境与能源工程学院	岳冠华	女	1963.12.19	汉族	群众	硕士研究生	理学硕士	副教授
86	环境与能源工程学院	王崇臣	男	1974.02.02	汉族	群众	博士研究生	工学博士	副教授
87	环境与能源工程学院	牛润萍	女	1979.10.01	汉族	党员	博士研究生	工学博士	副教授
88	环境与能源工程学院	孙方田	男	1977.09.13	汉族	党员	博士研究生	工学博士后	副教授
89	环境与能源工程学院	冯利利	女	1980.10.12	汉族	党员	博士研究生	工学博士后	副教授
90	环境与能源工程学院	郭全	男	1959.11.04	汉族	群众	大学本科	工学学士	副教授
91	环境与能源工程学院	宫永伟	男	1982.06.27	汉族	群众	博士研究生	工学博士	副教授
92	电气与信息工程学院	张雷	男	1977.04.12	汉族	党员	博士研究生	工学博士	副教授
93	电气与信息工程学院	刘辛国	男	1959.02.01	汉族	党员	硕士研究生	工学硕士	副教授
94	电气与信息工程学院	胡玉玲	女	1975.10.18	汉族	九三	硕士研究生	工学硕士	副教授

续表

序号	单位	姓名	性别	出生日期	民族	政治面貌	学历	学位	职称
95	电气与信息工程学院	张立权	男	1969.03.14	汉族	群众	博士研究生	工学博士	副教授
96	电气与信息工程学院	谭志	男	1970.09.26	汉族	群众	博士研究生	工学博士	副教授
97	电气与信息工程学院	岳云涛	男	1971.01.24	汉族	党员	博士研究生	工学博士	副教授
98	电气与信息工程学院	栾茹	女	1967.11.10	汉族	群众	博士研究生	工学博士	副教授
99	电气与信息工程学院	马鸿雁	女	1971.07.06	汉族	党员	博士研究生	工学博士	副教授
100	电气与信息工程学院	刘静纨	女	1969.07.21	汉族	党员	博士研究生	工学博士	副教授
101	电气与信息工程学院	龚静	女	1975.09.18	汉族	群众	硕士研究生	工学硕士	副教授
102	电气与信息工程学院	孙卫红	女	1969.05.04	汉族	党员	大学本科	工程硕士	高级工程师
103	电气与信息工程学院	田启川	男	1971.03.23	汉族	党员	博士研究生	工学博士后	副教授
104	电气与信息工程学院	王怀秀	女	1966.02.24	汉族	党员	博士研究生	工学博士	副教授
105	电气与信息工程学院	钱丽萍	女	1971.03.25	汉族	群众	硕士研究生	工学硕士	副教授
106	电气与信息工程学院	张琳	女	1975.09.12	汉族	党员	硕士研究生	工学硕士	副教授
107	电气与信息工程学院	衣俊艳	女	1978.08.11	汉族	党员	博士研究生	工学博士	副教授
108	经济与管理工程学院	张俊	男	1972.06.20	汉族	党员	博士研究生	管理学博士	副教授
109	经济与管理工程学院	戚振强	男	1973.10.02	汉族	党员	硕士研究生	经济学硕士	副教授
110	经济与管理工程学院	王炳霞	女	1968.03.12	汉族	党员	硕士研究生	工学硕士	副教授
111	经济与管理工程学院	张宏	女	1974.10.02	汉族	党员	博士研究生	管理学博士	副教授
112	经济与管理工程学院	孙杰	男	1976.04.18	汉族	党员	博士研究生	管理学博士	副教授
113	经济与管理工程学院	刘国东	男	1977.04.21	满族	群众	博士研究生	管理学博士	高级工程师
114	经济与管理工程学院	张卓	女	1972.07.17	汉族	党员	硕士研究生	工学硕士	副教授
115	经济与管理工程学院	张丽	女	1977.11.07	汉族	党员	博士研究生	管理学博士	副教授
116	经济与管理工程学院	王红春	女	1976.04.09	汉族	群众	博士研究生	工学博士	副教授
117	经济与管理工程学院	刘建利	女	1971.10.22	蒙古族	党员	博士研究生	管理学博士后	副教授
118	经济与管理工程学院	陈雍君	男	1973.10.24	汉族	群众	博士研究生	工学博士后	副教授
119	经济与管理工程学院	周霞	女	1975.02.27	汉族	党员	博士研究生	经济学博士	副教授
120	经济与管理工程学院	钱雅丽	女	1964.05.10	汉族	群众	大学本科	经济学学士	副教授
121	经济与管理工程学院	邵全	女	1968.02.14	汉族	群众	博士研究生	管理学博士	副教授
122	经济与管理工程学院	刘娜	女	1974.10.28	汉族	党员	博士研究生	管理学博士	副教授
123	测绘与城市空间信息学院	吕书强	男	1973.07.01	汉族	党员	博士研究生	工学博士	副教授
124	测绘与城市空间信息学院	刘旭春	男	1969.03.20	汉族	群众	博士研究生	工学博士	副教授
125	测绘与城市空间信息学院	周乐皆	男	1965.03.16	汉族	党员	研究生班	工学学士	副教授
126	测绘与城市空间信息学院	朱凌	女	1970.12.11	汉族	民盟	博士研究生	工学博士	副教授
127	测绘与城市空间信息学院	丁克良	男	1968.07.07	汉族	党员	博士研究生	工学博士	副教授
128	测绘与城市空间信息学院	胡云岗	男	1975.10.13	汉族	党员	博士研究生	工学博士	副教授
129	测绘与城市空间信息学院	赵江洪	女	1976.11.12	汉族	党员	博士研究生	工学博士	副教授

续表

序号	单位	姓名	性别	出生日期	民族	政治面貌	学历	学位	职称
130	测绘与城市空间信息学院	王文宇	女	1974.03.24	汉族	党员	博士研究生	理学博士	副教授
131	测绘与城市空间信息学院	危双丰	男	1979.10.24	汉族	党员	博士研究生	工学博士	副教授
132	测绘与城市空间信息学院	蔡国印	男	1975.11.16	汉族	党员	博士研究生	理学博士	副教授
133	测绘与城市空间信息学院	刘扬	男	1979.09.12	汉族	预备党员	博士研究生	理学博士	副教授
134	测绘与城市空间信息学院	张健钦	男	1977.04.08	汉族	党员	博士研究生	理学博士后	副教授
135	测绘与城市空间信息学院	庞蕾	女	1971.01.05	汉族	群众	博士研究生	工学博士后	副教授
136	测绘与城市空间信息学院	黄明	男	1971.09.17	汉族	党员	博士研究生	工学博士后	副教授
137	机电与车辆工程学院	朱爱华	女	1977.04.01	汉族	党员	硕士研究生	工学硕士	副教授
138	机电与车辆工程学院	唐伯雁	男	1965.08.02	汉族	党员	博士研究生	工学博士	副教授
139	机电与车辆工程学院	高振莉	女	1963.08.18	汉族	党员	硕士研究生	工学硕士	副教授
140	机电与车辆工程学院	孙义	男	1956.02.11	汉族	党员	硕士研究生	工学硕士	高级工程师
141	机电与车辆工程学院	窦蕴萍	女	1964.11.08	汉族	群众	硕士研究生	工学硕士	副教授
142	机电与车辆工程学院	秦建军	男	1979.06.21	汉族	党员	博士研究生	工学博士	高级实验师
143	机电与车辆工程学院	周明	男	1966.01.01	汉族	群众	博士研究生	工学博士后	副教授
144	机电与车辆工程学院	连香姣	女	1966.08.25	汉族	党员	硕士研究生	工学硕士	副教授
145	机电与车辆工程学院	赫亮	女	1972.02.03	汉族	党员	硕士研究生	工学硕士	副教授
146	机电与车辆工程学院	陈志刚	男	1979.05.14	汉族	党员	博士研究生	工学博士	副教授
147	机电与车辆工程学院	周庆辉	男	1973.12.28	汉族	党员	博士研究生	工学博士	副教授
148	机电与车辆工程学院	周素霞	女	1971.09.16	汉族	党员	博士研究生	工学博士	副教授
149	机电与车辆工程学院	卢宁	男	1976.10.08	汉族	群众	博士研究生	工学博士后	高级工程师
150	机电与车辆工程学院	高嵩峰	男	1972.10.16	蒙古族	党员	博士研究生	工学博士	副教授
151	机电与车辆工程学院	尹静	女	1978.07.06	汉族	党员	博士研究生	管理学博士	副教授
152	机电与车辆工程学院	秦华	女	1970.07.12	汉族	党员	博士研究生	工学博士	副教授
153	机电与车辆工程学院	田洪森	男	1964.05.23	汉族	群众	大学本科	工学学士	高级工程师
154	文法学院	刘国朝	男	1961.10.23	汉族	党员	大学本科	文学学士	副教授
155	文法学院	张晓霞	女	1972.05.02	汉族	党员	博士研究生	法学博士	副教授
156	文法学院	刘炳良	男	1972.11.25	汉族	党员	博士研究生	法学博士	副教授
157	文法学院	左金风	女	1971.02.17	汉族	群众	硕士研究生	法律硕士	副教授
158	文法学院	王俊梅	女	1974.11.18	羌族	党员	博士研究生	法学博士	副教授
159	文法学院	晁霞	女	1970.01.24	汉族	党员	研究生班	哲学学士	副教授
160	文法学院	高春凤	女	1971.05.22	汉族	党员	博士研究生	管理学博士	副教授
161	文法学院	孟莉	女	1967.03.24	汉族	民盟	硕士研究生	教育学硕士	副教授
162	文法学院	赵仲杰	男	1972.08.04	汉族	党员	博士研究生	法学博士	副教授
163	文法学院	郭晋燕	女	1963.06.21	汉族	九三	大学本科	文学学士	副教授

续表

序号	单位	姓名	性别	出生日期	民族	政治面貌	学历	学位	职称
164	文法学院	董艳玲	女	1963.04.03	汉族	九三	大学本科	教育硕士	副教授
165	文法学院	陈品	女	1967.07.30	汉族	党员	大学本科	双学位	副教授
166	文法学院	陈素红	女	1967.06.25	汉族	党员	硕士研究生	文学学士	副教授
167	文法学院	吴逾倩	女	1967.07.16	回族	九三	研究生班	文学硕士	副教授
168	文法学院	吴彤军	女	1968.08.15	汉族	九三	大学本科	教育硕士	副教授
169	文法学院	武烜	男	1974.11.30	满族	党员	硕士研究生	文学硕士	副教授
170	文法学院	王彩霞	女	1964.06.19	汉族	九三	研究生班	文学学士	副教授
171	文法学院	王天禾	女	1968.11.20	汉族	群众	大学本科	文学硕士	副教授
172	文法学院	李宜兰	女	1970.07.09	汉族	群众	硕士研究生	文学硕士	副教授
173	文法学院	郭晓东	男	1963.10.12	汉族	党员	硕士研究生	哲学硕士	副教授
174	文法学院	常宗耀	男	1962.01.14	汉族	党员	博士研究生	法学博士	副教授
175	文法学院	汪琼枝	女	1974.11.11	汉族	党员	博士研究生	哲学博士	副教授
176	文法学院	陈南雁	女	1975.06.15	汉族	党员	博士研究生	法学博士	副教授
177	文法学院	金焕玲	女	1978.12.01	汉族	党员	博士研究生	哲学博士	副教授
178	文法学院	张华	女	1976.01.02	汉族	党员	博士研究生	法学博士	副教授
179	理学院	宫瑞婷	女	1973.09.22	汉族	党员	硕士研究生	工学硕士	副教授
180	理学院	代西武	男	1963.08.17	汉族	党员	硕士研究生	理学硕士	副教授
181	理学院	张鸿鹰	女	1967.09.28	汉族	群众	大学本科	理学学士	副教授
182	理学院	吕亚芹	女	1964.10.08	汉族	群众	硕士研究生	理学硕士	副教授
183	理学院	刘长河	男	1966.04.16	汉族	党员	博士研究生	理学博士	副教授
184	理学院	刘世祥	男	1963.11.02	汉族	民盟	硕士研究生	理学硕士	副教授
185	理学院	王晓静	女	1972.04.15	汉族	党员	博士研究生	理学博士	副教授
186	理学院	侍爱玲	女	1970.03.02	汉族	群众	硕士研究生	理学硕士	副教授
187	理学院	白羽	女	1979.07.07	汉族	党员	博士研究生	理学博士	副教授
188	理学院	牟唯嫣	女	1981.10.22	汉族	党员	博士研究生	理学博士	副教授
189	理学院	许传青	女	1972.02.28	汉族	群众	博士研究生	理学博士后	副教授
190	理学院	聂传辉	男	1966.04.28	汉族	党员	硕士研究生	理学硕士	副教授
191	理学院	魏京花	女	1962.03.26	汉族	党员	大学本科	理学学士	副教授
192	理学院	余丽芳	女	1963.09.26	汉族	群众	大学本科	理学学士	副教授
193	理学院	王俊平	女	1968.09.27	汉族	党员	博士研究生	工学博士	副教授
194	理学院	马黎君	男	1970.12.14	汉族	党员	硕士研究生	理学硕士	副教授
195	理学院	王秀敏	女	1974.03.28	汉族	党员	硕士研究生	理学硕士	副教授
196	理学院	任洪梅	女	1962.11.04	汉族	群众	硕士研究生	理学硕士	副教授

续表

序号	单位	姓名	性别	出生日期	民族	政治面貌	学历	学位	职称
197	理学院	曹辉耕	男	1960.11.03	汉族	群众	大学本科	理学学士	副教授
198	理学院	石萍	女	1971.01.18	汉族	党员	硕士研究生	理学硕士	副教授
199	理学院	任艳荣	女	1973.02.02	汉族	群众	博士研究生	理学博士	副教授
200	理学院	俞晓正	男	1972.08.03	汉族	民盟	博士研究生	理学博士后	副教授
201	理学院	杨谆	女	1966.01.08	汉族	党员	硕士研究生	工学硕士	副教授
202	理学院	薛颂菊	女	1962.08.18	汉族	群众	大学本科	工学学士	副教授
203	理学院	张士杰	男	1956.03.30	汉族	党员	大学本科	工学学士	高级工程师
204	理学院	曹宝新	女	1960.12.15	汉族	群众	大学本科	工学学士	副教授
205	理学院	高雁飞	女	1971.07.01	汉族	党员	硕士研究生	工学硕士	副教授
206	理学院	毕靖	女	1974.10.18	汉族	党员	硕士研究生	工学硕士	副教授
207	体育部	康钧	男	1968.05.13	汉族	党员	大学本科	教育学学士	副教授
208	体育部	孙瑄瑄	女	1970.03.16	汉族	群众	大学本科	教育学学士	副教授
209	体育部	施海波	男	1970.03.20	汉族	党员	硕士研究生	教育学硕士	副教授
210	体育部	张胜	男	1974.05.29	汉族	党员	大学本科	教育学学士	副教授
211	体育部	刘梦飞	男	1974.01.25	汉族	党员	硕士研究生	教育学硕士	副教授
212	体育部	智颖新	男	1973.07.27	汉族	党员	硕士研究生	教育学硕士	副教授
213	体育部	朱静华	女	1968.04.28	汉族	党员	大学本科	教育学学士	副教授
214	体育部	李金	女	1980.11.06	汉族	党员	硕士研究生	教育学硕士	副教授
215	体育部	代浩然	男	1975.10.27	汉族	党员	硕士研究生	教育学硕士	副教授
216	体育部	胡德刚	男	1979.10.25	汉族	党员	硕士研究生	教育学硕士	副教授
217	计算机教学与网络信息部	吕橙	男	1969.03.09	汉族	群众	硕士研究生	工学硕士	副教授
218	计算机教学与网络信息部	李敏杰	女	1971.09.05	汉族	群众	硕士研究生	工学硕士	副教授
219	计算机教学与网络信息部	曹青	女	1966.05.04	汉族	群众	大学本科	理学硕士	副教授
220	计算机教学与网络信息部	李芳社	男	1963.02.27	汉族	群众	硕士研究生	工学硕士	副教授
221	计算机教学与网络信息部	邱李华	女	1966.11.06	汉族	群众	硕士研究生	工学硕士	副教授
222	计算机教学与网络信息部	张勉	女	1972.02.29	汉族	民盟	硕士研究生	理学硕士	副教授
223	计算机教学与网络信息部	万珊珊	女	1980.07.15	汉族	党员	硕士研究生	工学硕士	副教授
224	图书馆	齐群	女	1964.02.02	汉族	党员	大学本科	工学学士	副教授
225	图书馆	赵燕湘	男	1956.12.30	满族	党员	硕士研究生	理学硕士	副教授
226	待聘人员	周永生	男	1957.01.24	汉族	党员	硕士研究生	经济学硕士	高级工程师

三、其他专业技术职务正高级职聘人员

序号	单　位	姓名	性别	出生日期	民族	政治面貌	学历	学位	职称
1	学校办公室	赵金瑞	男	1955.07.24	汉族	党员	研究生班	工学学士	研究员
2	学校办公室	王燕	女	1965.05.24	汉族	党员	大学本科	法学学士	研究馆员
3	图书馆	郭燕平	女	1964.08.05	汉族	党员	大学本科	文学学士	研究馆员
4	校产公司	李凯	男	1956.08.16	汉族	党员	大学本科	工学学士	教授级高工

四、其他专业技术职务副高级职聘人员

序号	单　位	姓名	性别	出生日期	民族	政治面貌	学历	学位	职称
1	学校办公室	张启鸿	男	1969.05.18	汉族	党员	博士研究生	工学博士	副研究员
2	学校办公室	李大伟	男	1977.09.16	汉族	党员	硕士研究生	法学硕士	副研究员
3	宣传部	孙冬梅	女	1968.01.25	汉族	党员	研究生	教育学硕士	高级政工师
4	宣传部	高瑞静	女	1976.06.15	汉族	党员	硕士研究生	文学硕士	高级政工师
5	宣传部	高蕾	女	1978.04.23	汉族	党员	硕士研究生	文学硕士	高级政工师
6	纪委办公室（监察处）	彭磊	女	1975.01.29	汉族	党员	博士研究生	管理学博士	副研究员
7	纪委办公室（监察处）	于贵凡	男	1955.03.21	汉族	党员	研究生班	法学学士	高级政工师
8	审计处	孙文贤	女	1968.10.22	汉族	党员	大学本科	管理学学士	高级经济师
9	团委	朱静	女	1978.03.04	汉族	党员	硕士研究生	法学硕士	副教授
10	学生工作部	黄尚荣	男	1977.08.20	汉族	党员	硕士研究生	工学硕士	副教授
11	离退休人员管理办公室	王京梅	女	1962.11.03	汉族	党员	大学本科	经济学学士	高级经济师
12	离退休人员管理办公室	赵京明	男	1955.02.12	汉族	党员	大学本科		高级政工师
13	工会	刘艳华	女	1975.08.29	汉族	党员	硕士研究生	教育学硕士	副教授
14	教务处	李冰	女	1961.07.25	汉族	党员	大学本科	工学学士	副教授
15	招生就业处	李雪华	女	1972.02.10	回族	党员	博士研究生	理学博士	副研究员
16	招生就业处	朱俊玲	女	1978.10.25	汉族	党员	硕士研究生	教育学硕士	副教授
17	招生就业处	贾海燕	女	1979.10.29	汉族	党员	硕士研究生	教育学硕士	副教授
18	科技处	白莽	男	1972.02.20	汉族	党员	博士研究生	管理学博士	副研究员
19	科技处	房雨清	女	1964.04.05	汉族	党员	大学本科	工学学士	副研究员
20	科技处	刘芳	女	1972.06.20	汉族	党员	硕士研究生	工学硕士	高级工程师
21	人事处	张莉	女	1979.01.14	汉族	党员	硕士研究生	管理学硕士	高级经济师
22	财务处	贝裕文	男	1977.06.17	汉族	党员	硕士研究生	管理学硕士	副研究员
23	财务处	曾晓玲	女	1963.02.08	汉族	党员	大学本科	经济学学士	高级审计师
24	财务处	陈茹	女	1972.01.12	汉族	党员	硕士研究生	工商管理硕士	高级经济师

续表

序号	单位	姓名	性别	出生日期	民族	政治面貌	学历	学位	职称
25	规划与基建处	申桂英	女	1971.12.25	汉族	群众	大学本科	工程硕士	高级经济师
26	规划与基建处	何伟良	男	1957.02.14	汉族	九三	大学本科		高级实验师
27	规划与基建处	杨倩	女	1979.02.01	汉族	党员	大学本科	工程硕士	高级工程师
28	资产与后勤管理处	周春	女	1963.02.28	汉族	党员	硕士研究生	教育学硕士	副教授
29	资产与后勤管理处	杨湘东	男	1971.01.19	汉族	党员	大学本科	工学学士	副研究员
30	学报编辑部	牛志霖	男	1964.05.06	汉族	党员	硕士研究生	工学学士	副编审
31	学报编辑部	佟启巾	女	1965.06.18	满族	群众	大学本科		副编审
32	大兴校区管委会	冯宏岳	男	1975.12.16	回族	党员	大学本科	法学学士	高级政工师
33	医务室	贾瑞珍	女	1966.02.19	汉族	九三	大学	医学学士	副主任医师
34	土木与交通工程学院	何立新	男	1967.12.05	汉族	党员	大学本科	历史学学士	高级政工师
35	土木与交通工程学院	刘小红	女	1966.05.20	汉族	群众	大学本科	理学学士	高级工程师
36	土木与交通工程学院	周文娟	女	1977.02.18	汉族	党员	硕士研究生	工学硕士	副教授
37	环境与能源工程学院	孙金栋	男	1969.12.28	汉族	党员	大学本科	工学硕士	高级实验师
38	环境与能源工程学院	侯书新	女	1968.05.11	汉族	群众	大学本科	工程硕士	高级实验师
39	环境与能源工程学院	周琦	男	1959.11.20	汉族	群众	大学专科		高级实验师
40	环境与能源工程学院	董素清	女	1963.12.17	汉族	群众	大学专科		高级实验师
41	电气与信息工程学院	杨光	男	1974.08.15	汉族	党员	大学本科	工学硕士	副教授
42	电气与信息工程学院	张翰韬	男	1967.05.17	汉族	党员	大学本科	双学位	高级实验师
43	电气与信息工程学院	陈一民	男	1979.05.14	汉族	党员	大学本科	工学学士	高级实验师
44	电气与信息工程学院	阴振勇	男	1956.02.18	汉族	群众	大学本科		高级实验师
45	经济与管理工程学院	张庆春	男	1955.04.12	汉族	党员	研究生班		高级政工师
46	测绘与城市空间信息学院	王震远	男	1973.03.25	汉族	党员	硕士研究生	工学硕士	副教授
47	测绘与城市空间信息学院	廖丽琼	女	1969.05.29	汉族	群众	大学本科	工学学士	副教授
48	机电与车辆工程学院	汪长征	男	1981.01.11	汉族	党员	博士研究生	理学博士	副教授
49	机电与车辆工程学院	顾斌	男	1962.09.06	汉族	党员	大学本科	工学学士	高级工程师
50	机电与车辆工程学院	张惠生	男	1956.06.10	汉族	党员	大学本科	工学学士	高级实验师
51	文法学院	李红	女	1978.08.17	汉族	党员	研究生班	工程硕士	副教授
52	计算机教学与网络信息部	魏楚元	男	1977.05.28	汉族	党员	硕士研究生	工学硕士	高级实验师
53	计算机教学与网络信息部	朱洁兰	女	1981.12.14	汉族	党员	硕士研究生	理学硕士	高级工程师
54	计算机教学与网络信息部	郭志强	男	1966.06.20	汉族	党员	大学本科	工学学士	高级工程师
55	计算机教学与网络信息部	王雅杰	女	1980.09.25	汉族	预备党员	硕士研究生	理学硕士	高级实验师
56	计算机教学与网络信息部	王启才	男	1970.09.26	汉族	民盟	大学本科		高级实验师
57	计算机教学与网络信息部	李敏	女	1970.08.23	汉族	群众	大学本科	管理学学士	高级实验师
58	计算机教学与网络信息部	孙绪华	男	1980.06.15	汉族	党员	硕士研究生	工学硕士	高级工程师
59	计算机教学与网络信息部	张堃	女	1967.10.29	汉族	群众	大学本科	工学学士	高级工程师

续表

序号	单位	姓名	性别	出生日期	民族	政治面貌	学历	学位	职称
60	图书馆	陈靖远	男	1962.03.17	汉族	群众	硕士研究生	工学硕士	高级工程师
61	图书馆	沈茜	女	1973.01.12	汉族	党员	硕士研究生	管理学硕士	副教授
62	图书馆	朱晓娜	女	1975.05.25	满族	群众	大学本科		副研究馆员
63	图书馆	刘春梅	女	1963.02.03	汉族	党员	大学本科	文学学士	副研究馆员
64	图书馆	蔡时连	女	1963.11.26	汉族	群众	硕士研究生	理学硕士	副研究馆员
65	图书馆	何大炜	女	1968.08.05	汉族	党员	大学本科	经济学硕士	副研究馆员
66	图书馆	潘兴华	男	1963.02.15	汉族	党员	大学本科	工学学士	高级工程师
67	图书馆	张煜	男	1979.11.02	汉族	团员	大学本科	工程硕士	副研究馆员
68	工程实践中心	周渡海	男	1955.10.25	汉族	群众	大学本科		高级实验师
69	工程实践中心	王鲜云	女	1970.09.18	汉族	群众	大学本科	教育硕士	高级讲师
70	后勤集团	武全	男	1976.07.15	汉族	党员	硕士研究生	法学硕士	副教授
71	校产公司	丛小密	男	1965.08.17	汉族	党员	大学本科	工学学士	高级工程师
72	校产公司	田成钢	男	1959.07.12	汉族	党员	大学本科	工学学士	高级工程师
73	校产公司	周克勤	男	1962.09.06	汉族	党员	硕士研究生	工学硕士	副教授
74	校产公司	苏巧云	女	1965.12.30	汉族	群众	大学本科	工学学士	高级工程师
75	校产公司	耿秀琴	女	1962.10.08	汉族	党员	大学专科		高级工程师
76	校产公司	赵群	男	1967.01.06	汉族	群众	大学本科	工学学士	高级工程师
77	校产公司	谢四林	男	1966.03.16	汉族	党员	研究生班	工学学士	高级工程师
78	校产公司	田世文	男	1964.09.29	汉族	党员	研究生班	工程硕士	高级工程师
79	校产公司	边志杰	男	1966.10.24	汉族	群众	硕士研究生	工学硕士	副教授
80	校产公司	曲秀莉	女	1961.02.03	汉族	党员	大学本科	工学学士	副教授
81	校产公司	孙树清	男	1955.04.05	汉族	群众	大学本科		高级工程师
82	校产公司	崔健航	男	1962.05.25	汉族	党员	大学本科	工学学士	高级工程师
83	校产公司	罗辉	男	1969.06.10	汉族	群众	大学本科	工学学士	高级工程师
84	校产公司	李放	女	1966.11.04	汉族	群众	大学本科	工学学士	高级工程师
85	校产公司	王晓刚	男	1967.01.20	汉族	党员	大学本科	工学学士	高级工程师
86	校产公司	张宝忠	男	1960.08.07	汉族	群众	大学本科	工学学士	高级工程师
87	校产公司	张宪亭	男	1970.09.01	汉族	预备党员	研究生班	土木工程硕士	副教授
88	校产公司	蔡小刚	男	1956.02.28	汉族	群众	大学本科	工学学士	高级工程师
89	校产公司	王华萍	女	1973.04.08	汉族	党员	硕士研究生	工学硕士	高级工程师